WINKLER
WELTLITERATUR
DÜNNDRUCK
AUSGABE

JOSEPH VON EICHENDORFF

WERKE

BAND V

Politische und historische Schriften
Streitschriften

WINKLER VERLAG MÜNCHEN

Textredaktion, Anmerkungen, Register, Zeittafel und Auswahlbiblio-
graphie: Klaus-Dieter Krabiel. Mit einem Nachwort zur gesamten
Ausgabe von Peter Horst Neumann.
Band V

ISBN Leinen 3 538 050619 Leder 3 538 055610

POLITISCHE SCHRIFTEN

ÜBER DIE FOLGEN VON DER AUFHEBUNG DER LANDESHOHEIT DER BISCHÖFE UND DER KLÖSTER IN DEUTSCHLAND

Die neuere Zeit hat politische Umgestaltungen herbeigeführt, welche keinesweges durch ihre bloße faktische Existenz schon als abgemacht zu betrachten sind, sondern, eben weil sie in mannigfache Verhältnisse bedeutend eingreifen, gleichsam in fortwährender Verwandlung noch lange nachwirken werden.

Dazu gehört ohne Zweifel vorzüglich die Aufhebung der Landeshoheit der Bischöfe und Äbte sowie die Einziehung des Stifts- und Klostergutes der Katholiken in Deutschland. Es haben sich hierüber so viele, einander geradezu widersprechende Stimmen vernehmen lassen, und in der Tat ist durch diese Maßregel der frühere Standpunkt der katholischen Geistlichkeit so wesentlich verändert worden, daß es nicht ohne Interesse sein dürfte, die dabei zunächstliegende Frage schärfer ins Auge zu fassen und einmal näher zu erörtern, was für Vorteile oder Nachteile denn der katholische Religionsteil Deutschlands davon mit Wahrscheinlichkeit zu erwarten oder schon erlebt habe.

Der Gegenstand dieser Aufgabe wurzelt aber so tief in der Vergangenheit und in dem innersten Leben der Deutschen, daß ich es für nötig halte, vor allem andern die historische Bedeutung jener Erscheinungen, die wir vorlängst verschwinden sahen, als einen Leitfaden der Betrachtung festzustellen.

In der Geschichte gibt es nichts Willkürliches. Was sich bleibend gestaltet, ist nicht eigenmächtige Erfindung weniger, sondern aus dem Innersten des Volkes hervorgegangen.

Die beliebte Meinung daher, als sei der Reichtum und jene äußere Gewalt der Geistlichkeit im Mittelalter nur ein eigennütziges Kunststück schlauer Mönche gewesen, um eine kräftige und verständige Nation jahrhundertelang an dem Spinngewebe des Aberglaubens zu gängeln, diese oberflächliche Ansicht, sage ich, wird derjenige nicht teilen können, welcher die Vergangenheit mit jener ernsten, hingebenden Anerkennung einer höheren leitenden Weltkraft betrachtet, der allein das Heiligtum der Geschichte sich aufschließt.

Arm, verlassen und vom Staate verfolgt, bildete das Christentum anfänglich eine unsichtbare Kirche in der heiligen Gesinnung einzelner zerstreuter Gemeinden. In Griechenland, wo es zuerst öffentlich anerkannt wurde, sowie bei den Römern war die christliche Kirche mehr nur eine geduldete Anstalt neben dem Staate, um gelegentlich auch selig zu werden. Erst die abendländischen Völker germanischen Stammes waren es, welche das unschätzbare Gut mit aller tiefen Gewalt ihres jugendlichen Gemüts ergriffen und heimatlich machten. Bei den Deutschen insbesondere war es von Anbeginn an nicht eine vom Staat getrennte Richtung nach dem Überirdischen, das ganze häusliche und öffentliche Leben vielmehr wollte in der Idee des Christentums sich verklären. Diese echt Gläubigen dachten nicht daran, künstliche Verhältnisse aufzustellen und sich durch staatskluge Kauteln, trennend und sondernd, gegen einen Einfluß zu verwahren, der ihnen ja eben als das Versöhnende aller Verhältnisse, alles Getrennten, des Geistigen und Irdischen erschien.

Die Kirche wurde die Seele des Staats. Daher jene wechselseitige Beziehung zwischen Staat und Kirche wie zwischen Leib und Seele, daher jene wunderbare Vermischung von Geistlichem und Weltlichem oder vielmehr die innige Durchdringung beider Elemente.

Die äußeren Zeichen und Organe dieser Gesinnung waren

vorzüglich: der Grundbesitzstand der Geistlichkeit, ihre Gerichtsbarkeit und ihre Teilnahme an den Reichsversammlungen.

In doppelter Hinsicht: als Verkündiger des Worts Gottes
und als Bewahrer einer älteren höheren Bildung, waren die
Geistlichen zu Lehrern und Erziehern der Nation berufen.
Hierzu bedurften sie nach dem natürlichen Laufe menschlicher Dinge einer unabhängigen Existenz und mithin äußerer
Macht, solche zu behaupten, welche bei dem damaligen
Mangel an Geldreichtum nur durch Grundbesitz möglich
war. Und dieser wurde ihnen allerdings reichlich gewährt,
teils von den Königen selbst, um wüste Ländereien urbar zu
machen und als Gegengewicht gegen die übermütig werdenden Vasallen, teils aus der gläubigen Großmut anderer
mächtigen Laien durch unbedingte Schenkung oder mit dem
Beding lebenslänglicher Rente oder auch als aufgetragenes
Lehn, welches, da die Kirche nie ausstarb, natürlich derselben zuletzt heimfallen mußte.

Es kann in unserer Zeit unbegreiflich scheinen, vieles
wegzugeben ohne die Hoffnung einigen Ersatzes in diesem
Leben. Aber das irdische Leben war nicht engherzig abgeschlossen, sondern durch das einbrechende Morgenrot des
Christentums eben über das Grab hinaus heiter und ahn-
dungsreich erweitert und, als ein überglänztes Zwischenspiel,
in die Ewigkeit aufgenommen. Dem Glauben war der Himmel und eine unendliche, durch die Geistlichkeit vermittelte
Gemeinschaft der Heiligen aufgetan, welcher ein jeder, auch
wenn es ihm im irdischen Leben nicht vergönnt war, sich der
göttlichen Betrachtung ausschließlich zu weihen, mit Gut
und Blut angehören wollte. Und der König und Held erkannte seinen höheren Herren und Meister und gab ihm
demütig zurück, was er Zeitliches von ihm erhalten, in
Sehnsucht nach einer ohne Opfer nicht denkbaren, innigeren
Vereinigung mit dem ewigen Reiche, in tiefgefühlter Aner-

kennung der obersten Lehnsherrlichkeit Gottes über alles irdische Gut.

Gott und seinen Heiligen gehörte also das Kirchengut ursprünglich an, die Geistlichen waren nur dessen zeitliche Verweser, um es zu gewissen heiligen Zwecken, die wir weiter unten berühren werden, zu verwenden. Daher war dasselbe, als dem Ewigen heimgefallen, auch außer allem zeitlichen Verkehr und unverletzlich.

Bei dem damaligen geringen Zusammenhang der einzelnen Landschaften untereinander konnten aber die Könige das Ganze der schroff-eigentümlichen Massen nicht unmittelbar leiten, nur der größere Grundbesitzer hatte in seinem Landbezirk die natürliche Macht, Verordnungen Nachdruck zu geben, und gleichwie daher die Könige solche Landbesitzer zu Grafen und Herzogen einsetzten, um in ihrem Namen in den besonderen Bezirken auf Ordnung zu halten und Recht zu sprechen, so wurde diese Befugnis und Pflicht aus gleichen Gründen auch den nunmehr begüterten Bischöfen und Äbten schon unter den Karolingern um so mehr ausdrücklich beigegeben, als die Bischöfe auch schon früher freiwillig von den Parteien selbst zu Schiedsrichtern erwählt wurden. So entwickelte sich äußerlich die weltliche Gerichtsbarkeit der Geistlichen, anfangs nur persönlich, als Amt für kurze Dauer oder auf Lebenszeit, später, wie bei den Grafschaften und Herzogtümern, auf Grund und Boden haftend und mit diesem auf jeden Nachfolger übergehend.

Aber aus den Wäldern Germaniens wehte noch der frische Freiheitssinn durch das jugendliche Geschlecht, die Neigung, die innerste, besondere Eigentümlichkeit nicht nur in der freien Person des einzelnen, sondern auch in allen Verhältnissen bis zur Persönlichkeit frei und besonders zu entfalten und darzustellen, blieb ein Nationalzug der Deutschen. Die Bürger der Stadt erkannten einen Schutzherren, die Vasallen den Kaiser, aber jene wollten innerhalb ihrer Mauern, diese in ihrem Bezirk allein ordnen und für die Würdigkeit des inneren Wesens einstehen. So geschah es, daß die Grafen und Herzöge und mit ihnen die Bischöfe und Äbte allmählich Landesherren wurden und jene Reichsunmittelbarkeit erlangten, welche erst spät, nachdem durch lange Kämpfe der ursprüngliche Geist schon zum Teil verdampft war, in staatsrechtlichen Begriffen förmlich anerkannt und festgehalten wurde.

An den allgemeinen öffentlichen Geschäften und Reichsversammlungen endlich nahmen die Bischöfe schon sehr früh, seit Pippin verfassungsmäßig, Anteil, so wie auch häufig umgekehrt die Grafen und Herzöge an den Synoden der Geistlichkeit.

Und so sehen wir denn die Kirche, im Schoß des Staates heimatlich wurzelnd, sich wie einen mächtigen Baum erheben, Äste, Blätter und Zweige in scheinbarer Verwirrung durcheinander schlingend, in der Tat aber alles irdische Mark und Trieb und die dunkele Sehnsucht der Nation innerlich nach oben leitend und in grünen Kronen versöhnt dem Himmelslichte zuwendend.

In jenem nationalen Trieb nach eigentümlicher Persönlichkeit liegt an sich die Trennung. Wir sehen daher die Stände: Adel, Leibeigene, Städte, in diesen wieder einzelne Korporationen, überall scharf und eckig gesondert hervortreten und das Allgemeinere, irdisch Verbindende, den König, selbst wiederum nur als ein Einzelnes, als den mächtigsten Grundbesitzer, ins Dunkel zurückdrangen. Nur eben durch eine überwiegende Persönlichkeit kann der König, wie Chlodwig und Karl der Große, in der Tat herrschen. In dieser Sonderung, wo jeder Herr in seiner Burg, jede Bürgerschaft in ihre Ringmauer sich ein- und abschließt, keimt notwendig unendlicher Streit ohne Versöhnung, denn jede Persönlichkeit, jede Eigentümlichkeit kann nicht teilweise nachgeben, ohne sich aufzugeben, da sie, für sich allein betrachtet, ebenso recht hat wie jede andere. Daher jener wie die Köpfe der Hydra ewig nachwachsende und sich aus sich selber erzeugende Kampf zwischen Vasallen und Lehnsherren, zwischen Adel und Städten, zwischen den bürgerlichen Korporationen und den Stadtobrigkeiten selbst, ja zwischen einzelnen Burgen bis ins Unendliche hinab. Von solchem nicht zu schlichtenden Streite ist menschlicherweise gar kein Ende abzusehen, bis alle besondere Eigentümlichkeit wechselseitig totgeschlagen ist und nun die ungeschlachteste unter ihnen in der Öde, wie ein steinerner Löwe über einem Grabgewölb, starrgewaltig recht behält. Es mußte ein solcher Kampf früher oder später notwendig zu dem Entgegengesetzten jener wilden Bestrebungen, zur Universalmonarchie führen.

Aber eben jenem deutschen Naturtriebe nach eigentümlicher Freiheit, an die man Blut und Leben setzte, lag die dunkel tiefe Sehnsucht nach einem vielleicht auf Erden nie ganz erreichbaren vollkommenen Dasein und mithin nach einer höheren Versöhnung zum Grunde. Denn nur das Eigentümliche ist wahrhaft lebendig und frei, und nur unter Freien ist eine Vereinigung denkbar.

Eine solche Erlösung aber, welche der dem Tode geweihte Kampf der wilden Naturkräfte niemals gewähren konnte, brachte das Christentum, diese große Versöhnung, welche, indem sie die Gottheit selbst persönlich und zum Menschensohn macht, die Menschen zu Gotteskindern aufnimmt. Wie die weiße Taube mit dem Ölzweig flog die himmlische Botschaft über die empörten Gewässer dahin, und aus den dunkelen Fluten erhob sich ein neues Reich Gottes, von dem allein das irdische Glanz und Bedeutung erhielt, die Selbstsucht faßte die Selbstopferung, der Kraft gesellte sich die Liebe, *ein* Glaube umschlang alle die irdisch Vereinzelten. –

Und in dieser hohen Bedeutung erscheint uns denn auch die Kirche, nach ihren Grundanlagen, überall vermittelnd, versöhnend und vereinigend.

Es ist, sagt man, das Regiment der Seelen in die Hände der Geistlichen so wie das weltliche in die der Könige gelegt worden. Aber das Leben ist unteilbar wie Seele und Leib, und die Trennung beider Elemente ist eben der Tod. Und so sehen wir auch bald die Kirche durch das Mittelglied des Grundbesitzes sichtbar und lebendig in den sogenannten weltlichen Staat mannigfaltig hineinranken und eben dadurch die Geistlichkeit zwischen König, Adel und Volk sich als einen unabhängigen Stand beschwichtigend aufstellen, nicht diese oder jene besondere Standesrichtung teilend, sondern alle die weltlich Geschiedenen gleichmäßig in sich aufnehmend. So erscheint die Geistlichkeit, auch bloß als politisches Gegengewicht betrachtet, immer als der vereinigende Geist der sondernden Kraft und mußte ihre hohe Bestimmung, eine stete Beziehung des Weltlichen auf das ewige Reich Gottes lebendig zu erhalten, um desto würksamer erfüllen können, je mehrere äußere Berührungspunkte ihr Einfluß fand, je mannigfaltiger dieselbe durch den Grundbesitz in das innerste Getriebe des Staates verflochten wurde.

Grund und Boden, also dem Spiele menschlicher Leidenschaften zum Teil entrissen und unsichtbaren überirdischen Zwecken geweiht, mußte nun überhaupt eine tiefere Beziehung und Bedeutung erhalten und heilig werden, es mußte hierdurch überhaupt die Selbstsucht, dieses Sondernde in der Kraft, in die Idee der Aufopferung für ein Höheres, in den Gedanken der Ewigkeit versenkt werden.

Andererseits erwuchs nun die Geistlichkeit auch äußerlich als ein unabhängiger Stand, durch den Grundbesitz der besonderen Nation gleichsam vermählt, durch die inwohnende geistliche Kraft aber keinem einzelnen Stande untergeordnet oder vergleichbar, sondern in ihren Grenzen durchaus unbestimmbar und unendlich.

Gleichwie es, nach einem noch bis jetzt nicht ganz untergegangenen Naturgefühl, eine höhere Ehre gibt, als die vor

Gerichten verhandelt und gutgetan wird, so schlingt sich auch eine in der weltlichen Verwirrung vergebens nach klarer Erscheinung ringende, nur in der Poesie zuweilen wehmütig aufklingende Schönheit durchs Leben, so gibt es auch ein Recht und Unrecht außer dem Gesetz, welches nur das, was jene geheimnisvolle Wurzel über die Oberfläche hinaustreibt, unter die alles gleichstellende Schere nehmen kann. Diesen tiefen Widerspruch zu lösen und eine höhere Gerechtigkeit schon auf Erden darzustellen war die große Bedeutung der Hierarchie.

So eröffnete sie der vom Weltsinne allezeit verkannten Sehnsucht nach einer schöneren Vollendung, den Gläubigen, die nicht durch teilweise, sondern durch eine gänzliche Aufopferung sich mit Gott versöhnen und der göttlichen Betrachtung ganz weihen wollten, die Friedensstätten der Klöster; so war es vorzüglich die Geistlichkeit, welche mitten im Kriege jenen wunderbaren Gottesfrieden bildete, wo die Kraft und der Menschenstreit, sobald die Glockenklänge wie himmlische Boten über das Land gingen, demütig vor dem Unsichtbaren die blutigen Waffen senkten. In gleichem Sinne reichte die Geistlichkeit durch die Sende, jenes sittliche Rügegericht, sowie durch die Heiligung der Ehe, leitend und an das Ewige mahnend, in jene ursprüngliche Tiefe des Volksgemüts hinab, wo kein menschliches Gesetz mehr auslangt. Ja, ihre weltliche Gerichtsbarkeit selbst, aus solchem innigen Verständnis der Menschennatur hervorgegangen, konnte unmöglich ihre Doppelgewalt, die geistliche in der weltlichen, ganz verleugnen. Und wenn wir auch nicht gewiß wüßten, wie sie damals geordneter und vollkommener war als die weltlicher Herren, wie sie viele große Mißbräuche, z. B. den wenn auch schönen Irrtum der Ordalien beseitigte, so dürfte schon die häufige Klage über ihr erstaunliches Umsichgreifen beweisen, daß sie dem allgemeinen Bedürfnis angemessen, ja daß sie wohl, so wie der

Altar für den Verfolgten, ein Asyl war gegen die frevelhafte Willkür und heftige Rache einer kräftigen Zeit.

So entwickelte die Geistlichkeit durch das Medium der äußeren Macht eine unberechenbare geistige Kraft. Nicht weltlich wurde dadurch das Geistliche, denn der spätere Verderb lag viel tiefer, sondern das Weltliche wurde geistlicher. Wir sehen das starrgeschlossene Leben, vom Himmelsglanze heiter angestrahlt, sich wie eine Blume in Liebe, Ehre und Andacht zu jenem wundersamen Verein des Rittertums gestalten, dessen Betrachtung uns, nachdem wir vieles andere überlebt und alt geworden sind, noch immer, wie die Erinnerung an die morgenhelle Jugend, mit tiefer Freudigkeit erschüttert. Und wenn zwar anfänglich auch des weltlichen Ritters Schwert mit kirchlicher Feierlichkeit geweiht wurde zur Verteidigung der Religion und zum Schutze der Witwen und Waisen, das Ganze des Rittertums aber niemals eine allgemeine, äußerlich geordnete Verbindung wurde, so sehen wir dagegen jene innige Durchdringung des Geistlichen und Weltlichen noch einmal ernster und strenger in den geistlichen Ritterorden, wie den geharnischten Geist der Zeit, erscheinen.

Das Christentum ist nicht der Anteil eines einzelnen auserwählten Volkes, sondern wie das Sonnenlicht über den ganzen Erdkreis aufgegangen. Es konnte daher der Klerus, obgleich er sich äußerlich überall nach der Eigentümlichkeit seiner Nation mehr oder weniger gestaltete, seiner inneren Natur nach, als Verkündiger jenes allgemeinen Heils sowie als Bewahrer einer allgemeineren, der altrömischen Bildung, niemals ganz national, er mußte vielmehr notwendig ein durch seine vorangedeutete Natur in allen Ländern engzusammenhängender wahrhafter Weltstand sein, er mußte, gleichwie er der höhere Mittelpunkt alles Vereinzelten in seiner besonderen Nation war, auch ein gemeinsames Band aller christlichen Nationen überhaupt werden.

Die allgemeinen Konzilien waren die erste Form dieses geistlichen Vereins. Aber die Konzilien, als nur seltene vorübergehende Versammlungen, konnten einerseits keinen festen Mittelpunkt gewähren, sie mußten andererseits, als geistige Aristokratien, ohne solchen höheren Mittelpunkt unvermeidlich zu bedenklichen Spaltungen führen. Es läßt sich in dieser Hinsicht die Eigentümlichkeit der einzelnen sowie der Nationen, welche die Konzilien weder verleugnen konnten noch sollten, mit dem Christentum gar nicht in *einen* Richtpunkt stellen. Alle besondere Eigentümlichkeit mag sich noch so mannigfaltig, ja widersprechend entwickeln: sie wird, wenn sie sonst echter Art und wahrhaft ist, ihre Freiheit immer nur durch ihre Beziehung auf ein über alles Besondere Erhabenes behaupten können und sich eben dadurch, je bestimmter, entschiedener sie für sich besteht, innerlich zu einem desto kräftigeren Ganzen vereinen. Das innerste Wesen des Christentums dagegen ist immer und überall durchaus eins und dasselbe, es ist kein Werden in sich, etwa durch Hinzuerfindungen menschlicher Vernunft, noch zu vervollkommnen, wenn es gleich ein Werden ist für die Gläubigen, insofern es ein immer innigeres Verständnis, eine unermeßliche unendliche Aneignung und Christianisierung aller Verhältnisse bis in den ewigen Himmel hinein nicht nur zuläßt, sondern erheischt. Jede eigenwillige Sonderung daher von dieser einigen Wesenheit kann nicht mehr, wie die besondere Eigentümlichkeit, das Leben einer höheren Beziehung in sich tragen, denn diese Beziehung, das Höchste des Menschen, ist ja eben das Christentum, sie wird also, dem Chaos wieder heimgefallen, ohne Heimat und von Rätsel zu Rätsel geworfen, immerfort abwärts schwärmen durch das dunkle Labyrinth der Menschenbrust bis zu dem ganz Vereinzelten, Erstarrten, zur Selbstsucht. Es gibt demnach nur *eine* wahre Religion und keine sogenannte Vernunftreligion, die sich ein jeder fürs Haus selbst machen und nach dem jedesmaligen, oft von Blutswallungen abhängigen Wechsel seiner armseligen Gefühle schneidermäßig bald abstutzen, bald wieder anflicken könnte und woraus dann, mehr ins Große getrieben, endlich wohl gar ein militärisches, adeliges oder kaufmännisches Christentum entstehen dürfte. Ebensowenig kann es nationale Religionen geben, oder wir müßten denn in toter Neutralität die allerdings eigentümliche und nationale Art, wie die Japaner ihre dickköpfigen und fettbäuchigen Fetische anbeten, eben auch gutheißen.

Es ist daher ein ewig unwandelbarer Mittelpunkt notwendig, der, wie die Sonne in unserem Planetensystem in Gottes Hand fest ruhend, mit seinen Strahlen, so mannigfaltig sie sich auch am Irdischen zum bunten Farbenspiele brechen mögen, alles gleichmäßig durchdringt, alles Feindselige und Auseinanderstrebende, wie mit unsichtbaren Armen, in gleicher Liebe und Sehnsucht ewig zu dem Born des Lichtes hinzieht. Eine solche Sonne, eine solche immerwährende Offenbarung und feste Burg des christlichen Glaubens war die ursprüngliche Idee eines Statthalters Christi auf Erden – des Papstes, dessen Primat daher die Katholiken, durchdrungen von der Notwendigkeit einer solchen Einheit, schon als vom göttlichen Stifter der Kirche selbst eingesetzt annehmen.

Der wohltätige Einfluß von der Gewalt der Hierarchie wird gegenwärtig häufig und stürmisch verleugnet, von manchen wohl nur darum, weil sie von der Schlechtigkeit mehrerer Päpste auf die Nichtigkeit des Papsttums selbst schließen und dasselbe nach seinem Mißbrauche beurteilen, oder weil es überhaupt am bequemsten ist, etwas, was sich freilich aus unserer Zeit heraus nicht leicht begreifen läßt, lieber ganz wegzudisputieren. Wenn man aber nicht etwa annimmt, daß der Deutsche aus dem Schlamm seiner Wälder wie ein Baum nach und nach heraufgewachsen sei, erst Füße, dann dumm Gebein und Magen, bis endlich unsere Zeit auch Herz und Kopf daraufgesetzt hat, so daß nun nichts mehr darüber geht, so wird man wohl schwerlich leugnen können, daß eine solche Gewalt, wie die geistliche war, sich auch in jenen früheren Jahrhunderten weder der lieben Dummheit durch Betrug aufheften noch der tüchtigen Schlagfertigkeit durch die Waffen aufdringen ließ. In dem tiefen Gefühl und Bedürfnis andächtiger Völker selbst ruhten vielmehr schon die Lineamente dieser Macht, welche im Klerus nur erst sich selber klar und daher, wie immer das Bewußtsein, herrschend wurde.

Es war das innere Gegengewicht, die beständige Oberaufsicht, das Sittengericht der weltlichen Gewalt durch den Geist und die öffentliche Meinung der Völker, vor welcher der mächtigste Herrscher noch erzittern mußte, da sie in dem Papst einen unerschütterlichen Sprecher fand und so wirklich Gottes Stimme wurde. Gleichwie der wilde Held Attila, nachdem er unbezwungen den halben Erdkreis verheert, von der Gestalt des Papstes, der ihm waffenlos in ernster Glorie an den Toren Roms entgegentrat, wie vor einem Strahl überirdischer Hoheit im Innersten versengt und überwunden wurde, so bricht sich in der Geschichte mehr als einmal das Meer wilden Übermuts, empörter Leidenschaft und Willkür an diesem heiligen Fels, und der gewaltigste Herrscher mußte eine höhere Macht als die des Schwertes, die Übermacht der Gesinnung anerkennen.

Als Friedensvermittler des christlichen Europas sehen wir die Päpste des elften und zwölften Jahrhunderts den kleinen zerstreuten Zwist um jeden Pfeffersack (wie Maximilian I. zu sagen pflegte) in einen idealen Kampf gegen die asiatischen Ungläubigen, für die Befreiung Jerusalems verwandeln und so eine großartigere Sittlichkeit der Politik entzünden; und selbst wo die geistliche und die weltliche Macht miteinander ringend erscheinen, ist es ein Kampf für die Freiheit, indem, beide voneinander unabhängig, immer wechselseitig die eine siegreich und schützend hervortritt, wo die andere in toter

Alleinherrschaft alle Eigentümlichkeit vernichten mochte. Man könnte, um obiges Gleichnis von der Sonne noch einmal aufzunehmen, die geistliche Gewalt die Zentripetalkraft, die weltliche die Zentrifugalkraft der Weltgeschichte nennen, beide in scheinbarer Zwietracht die höhere Eintracht, Gerechtigkeit und Freiheit erhaltend.

Als ein mahnendes Gewissen, ein ungeschriebenes Völkerrecht bildend, schlang die Hierarchie auf solche Weise die ersten lebendigen Züge durch die Geschichte zu jener christlich europäischen Staatenrepublik, welche später der romantische Geist Heinrich IV. von Frankreich nachträumte und die nun in dem Begriffsskelett unseres heutigen geschriebenen Völkerrechts wie eine Mumie begraben liegt, worin der lebendige Sinn künstlich ausgetrocknet worden. Schwerlich kann man sich bei diesem castrum doloris des frommen Wunsches erwehren, daß in jeglicher Zeit nicht bloß das Erb-, Pfand-, Wechsel- und Mäklerrecht der einzelnen, sondern auch das bedeutendere Recht der Staaten eine ähnliche Garantie haben möchte, wie sie die Hierarchie gewährte, eine Stimme, die noch gewaltiger mitsprechen dürfte als die der Kartaunen.

Wenn wir aber jene Idee einer innigen Durchdringung der geistlichen und weltlichen Macht zum ewigen Frieden und zu einem Reiche Gottes auf Erden niemals vollkommen und bleibend ausgeführt finden, wenn wir vielmehr die beiden Gewalten sehr oft im Kampfe gegeneinander und nur selten in Harmonie sehen, so müssen wir demütig bekennen, daß wir – Menschen sind, deren wahrhaftestes, größtes Streben immer in die Ewigkeit hinauslangt, deren innerstes Werk hier nicht fertig wird, und daß jene beiden Mächte, als die höchsten Gipfel des irdischen Daseins, das, was sie in ihrem Kampfe suchten, ihre höhere Vereinigung, vielleicht nur in jenem Reiche erlangen können, wofür ja überhaupt das irdische Leben nur die Vorbereitung und ein redliches Erkämpfen sein soll.

So sehen wir denn andächtige Völker jahrhundertelang die Hierarchie, diesen ungeheueren Dom der allgemeinen Kirche, aus dem eigenen gläubigen Gefühl herausbauen, gleich einer aus dem Senfkorn des Glaubens aufstrebenden Riesenblume, alle gewaltigen unbewußten Elemente einer tiefbewegten Zeit in wunderbarer Verzweigung, in immer kühneren Bogen nach oben rankend, mit tausend jungen Knospen sehnsüchtig in das Himmelslicht hinauflangend; Könige und Helden knien auf den mächtigen Pfeilern umher, und Engel wiegen sich singend auf den Blättern, und ein andächtiger Chor durchsäuselt und belebt, wie Gottes Atem, das Ganze. Aber die bauenden Geschlechter faßt droben in der einsamen Wolkenhöhe dieses Münsters der menschliche Schwindel, die Schwere zieht sie zur Erde, der eifersüchtigen Mutter, zurück und das Werk bleibt, wie in babylonischer Sprachverwirrung, unvollendet. Denn der allmächtige Glaube, welcher Berge versetzt, ist in seinen Grundfesten erschüttert, und das lebendig pfeilernde Rankengeflecht erstarrt allmählich zu Stein, die Knospen können sich nicht mehr von innen zu Sonnenblumen entfalten.

Und so wollen wir denn an dem Wunderbau, der noch in seiner Erstarrung hieroglyphisch auf Vergangenheit und Zukunft deutet, nicht vorübergehen ohne Ehrfurcht vor dem Übermenschlichen und ohne tiefe Wehmut – denn in dieser Wehmut ist unendliches Hoffen und freudige Zuversicht!

*

Nachdem ich in vorliegenden Blättern versucht habe, die Ausbildung und historische Bedeutung der Hierarchie, deren Überreste sich in der Landeshoheit der Bischöfe und Äbte und in dem Grundeigentum der Stifter und Klöster noch bis auf unsere Zeiten erhalten hatten, in wenigen Hauptzügen

darzustellen, will ich nunmehr, mit besonderer Rücksicht auf
Deutschland, zu untersuchen bemüht sein: ob jene Bedeutung völlig untergegangen sei oder inwiefern sie auch noch für
uns gelte, ferner: in welchem zufälligen oder notwendigen
Wechselverhältnis zu derselben auch noch jetzt jene äußere
Macht der Geistlichkeit stand und welcher vorteilhafte oder
nachteilige Einfluß daher endlich von der Vernichtung dieser
Macht auf den katholischen Teil Deutschlands mit Wahrscheinlichkeit zu erwarten sei.

Als der Glaube, indem ihn der Verstand grübelnd begreifen
wollte, von der Erde wich und nun auch die Hierarchie, die
nur in und durch den Glauben bestand, großenteils zusam-
menstürzte, da verwirrte sich der Gedanke in sich selbst, und
ein ungeheueres Schwanken aller inneren und äußeren Verhältnisse, die ihren festen Mittelpunkt verloren hatten, erschütterte ganz Europa. Vergebens strebte der Dreißigjährige
Krieg, der kein Religionskrieg mehr war wie die Kreuzzüge,
mit dem irdischen Schwerte ein neues Leben zu gründen, er
konnte nur die Bande des alten völlig auflösen.

In dem dumpfen Gefühl von der Notwendigkeit einer
Vereinigung erfand man nun für den erloschenen Bundesgeist
ein Surrogat: das System des äußeren Gleichgewichts, ein
System, das, wenn es überhaupt ausführbar wäre, entweder
zu einem völlig toten Stillstand, einem starren Nebeneinan-
dersein führen müßte, oder es dürfte, da es überhaupt keinen
absoluten Stillstand gibt und jeder Staat bei gleichbleibender
äußerer Größe durch inneres Wachstum an intensiver Größe
sehr überwiegend zunehmen kann, das Ab- und Zuwägen,
das Blutvergießen und Seelenverkaufen billigerweise gar kein
Ende nehmen. In der Wirklichkeit aber erscheint diese Proze-
dur nicht anders als der Affe in der Fabel, welcher den
Kätzchen ihren Käse abwägt und, da das Zünglein der
Waage niemals stillstehen will, bald von dieser, bald von jener
Waagschale ein Stückchen wegnimmt und verschluckt, bis

am Ende der große Affe alles verzehrt hat und die kleinen
Kätzchen das leere nüchterne Nachsehen behalten. Dann
steht freilich das Zünglein ewig still!

Anders und gründlicher aber, als sich durch solches künstliche Gehänge von Gewichten abhelfen ließe, ward das wahrhafte Gleichgewicht aller Staaten in ihrem eigenen Innern
zerstört. Indem das Gegengewicht des Glaubens, der Religion und der Nationalsitte unterging, schnellte alles in der
anderen materiellen Richtung bis zu einer schwindelnden
Höhe hinauf. Wenn nach der früheren Einrichtung Deutschlands der Staat durch Religion, ehrwürdige Gewohnheiten,
eigentümliche Sitten und durch eine innige Verbrüderung
vom Lehnsverbande bis zu den Zünften hinab ein geistiges,
organisch lebendiges Ganze bildete, so wurde nunmehr, mit
offenbarer Geringschätzung aller moralischen Triebfedern,
die Macht jedes Staates einzig nach statistischen Tabellen,
nach der günstigen oder ungünstigen Handelsbilanz und nach
Kanonen berechnet. Das Prinzip des Lebens, das gesunde
Verhältnis zwischen Seele und Körper des Staats war gestört,
die verlorene und verkannte Gewalt der inneren Würdigkeit
sollte einzig und allein und zuverlässiger vertreten werden
durch die äußere Gewalt der Waffen. Und so wurde denn der
schöne deutsche Wald, wo Stamm an Stamm in lebendiger
mannigfaltiger Eigentümlichkeit die starken Arme ineinan-
derwob zur grünen Burg der Freiheit, in mechanischer
Gleichförmigkeit zu der großen Schlag- und Schlachtmaschine der stehenden Heere verzimmert. – Wie aber die
größte materielle Kraft nichts ist ohne die Gesinnung und die
kleine unwiderstehlich allein durch den Geist, das ergibt sich
in der neuesten preußischen Geschichte aus der lehrreichen
Vergleichung der Kriegesjahre 1807 und 1813. Ja, wie überhaupt jede einseitige Richtung, wenn sie als leitende Weltkraft auftreten will, nur eine taube Blüte ist, zeigte sich in
noch größerem Umfange, da in der französischen Revolution

der durch eine falsche Philosophie aufgeblasene Verstand, nachdem er alleinherrschend den Thron eingenommen, in blutigem Wahnsinn sich selber anstatt der heiligen Krone die rote Narrenkappe aufsetzte.

Das durch jene entscheidende Spaltung zwischen Geist und Körper entstandene, wie ein helles, gespensterartiges Leben erscheinende Schwanken der öffentlichen wie der häuslichen Verhältnisse vibriert nun wachsend fort und fort und vielleicht am fühlbarsten in Deutschland, in dessen tiefem Gemüt, wie es scheint, alles Welthistorische geistig ausgeboren und ausgekämpft sein will. Hier vorzüglich sehen wir, wie in der Polterkammer eines bedeutungsvollen Laboratoriums, den Protestantismus neben dem Katholizismus, und zwar nicht wie in Großbritannien im tyrannischen Stillstand der Unterdrückung, wir sehen die endlich bei dem Heidentum angelangte Aufklärung und einen das Katholische und Protestantische seltsam verwirrenden Mystizismus im Kampfe gegeneinander und beide, als bloße Karikaturen dessen, was sie zu wollen scheinen, gegen eine mächtig aufstrebende höhere Erkenntnis; wir sehen den Geist der Lüge sich künstlich durch Sitten und Verhandlungen schlingen, die hohle Begeisterung, die sich selbst nicht glaubt, die Charakterlosigkeit in tausenderlei gleißenden Charaktermasken, die napoleonische Ehe gegen das Sakrament der Ehe und ein fieberhaft unsicheres Experimentieren aller Gesetzgebung. Aber durch den Morgennebel dieser durcheinanderringenden, noch unkenntlichen Massen schlingen sich heimlich, doch unverkennbar die Lineamente einer neuen Bildung, eine tiefgefühlte Sehnsucht, die, sich selbst noch nicht klar, vorerst als Unruhe erscheint. Wir wollen dem Herren freudig danken, daß wir die tödliche Erschlaffung, nicht ohne große ahnungsvolle Träume einzelner Genien, ausgeschlafen; aber wir wollen uns auch nicht verhehlen, daß wir zu einem welthistorischen inneren Kampfe erwacht sind.

Die wie grillenhafte Einfälle zwischen Tag und Nacht hin-
und herschießenden Gedanken müssen einen heiteren Mittelpunkt gewinnen, das Gesetz im Staate sowie das Recht der
Staaten gegeneinander muß eine heilige Gewähr haben, die
nicht bloß durch künstlich erdachte, noch so gut gemeinte
Verfassungen zu erlangen ist, welche ja wieder nur durch die
Gesinnung garantiert und lebendig werden können. Diese
Garantie, eine standhafte Volksgesinnung, kann sich auf
nichts Vergänglichem gründen, der Geist der Lüge kann nur
vernichtet werden durch den Geist der Wahrheit, durch das
Christentum und eine ewige innige Beziehung desselben auf
den Staat. Wenn wir aber die innere Wiedergeburt und
Verjüngung des Volks durch das Christentum als die erste
und unerläßliche Bedingung eines besseren Daseins voraussetzen, so werden wir einen fortdauernden, entschiedenen
Einfluß der Geistlichkeit auf das Weltliche schwerlich ausschließen mögen. Nicht als ob die Freiheit des Forschens, das
tiefsinnige Streben unserer Philosophen nach Wahrheit, wie
ein geschlossenes Gewerbe, einzig in die zünftigen Hände der
Geistlichkeit niedergelegt werden sollte; sondern jene höhere
Intelligenz im Volke lebendig vermitteln und wirklich zur
Weltkraft machen soll und kann gewiß nur die Geistlichkeit,
diese aus und mit der Nation wachsende wahrhafte Universitas des Volkes. Und am Ende ist ja auch das Christentum,
dem nur sein Recht auf Erden wieder werden soll, so überaus
hell und vortrefflich, daß es auch durch eine weniger gelehrte
und scharfsinnige, aber *ehrliche* Auslegung niemals entstellt
oder gar verdorben werden kann.

Ich möchte nicht behaupten, daß die Landeshoheit der
Bischöfe und Äbte und die Grundherrschaft der Geistlichkeit, so wie sie und das römische deutsche Reich *zuletzt*
war[en] oder vielmehr nicht mehr war[en], überall den oben
angedeuteten wohltätigen Einfluß auf Deutschland geäußert
habe. Bevor ich mich jedoch auf eine besondere Prüfung der

geistlichen Staaten und ihrer Mängel einlasse, deren allein der Edle von Sartori in seinem „Staatsrecht der deutschen katholischen geistlichen Erz-, Hoch- und Ritterstifter" achtunddreißig hintereinander abzählt, will ich nur vorerst überhaupt bemerken, daß die Aufhebung der weltlichen Macht der Geistlichen überall wohl nicht aus tiefdurchdachten Grundsätzen, sondern bekanntlich aus Finanznot erfolgt ist und daß man bereits vorhandene Mittel zu einem großen, wünschenswerten Zwecke nicht zerstören sollte, bevor man bessere an ihre Stelle zu setzen imstande ist. Für ein solches Mittel aber halte ich den durch die Landeshoheit und reichsständische Macht der Bischöfe gesetzlichen Einfluß der Geistlichkeit, nicht nur im Inneren der Kirche, sondern auch auf Krieg und Frieden, auf Gesetzgebung und Verwaltung, überhaupt auf die christliche Einrichtung des öffentlichen und häuslichen Lebens in Deutschland.

Viele sind ernstlich der Meinung, der Staat sei die durch einen ich weiß nicht wann und wie geschlossenen Vertrag errichtete Vereinigung mehrerer Menschen zur Sicherung ihres irdischen Eigentums. Hiernach wäre die sehr beträchtliche Klasse der Armen sowie mancher herrliche deutsche Mann, der das Unglück hat, alles das Seinige in sich zu tragen, ganz eigentlich vogelfrei und außer dem Staate; und diese Ansicht scheint allerdings mehreren neuen deutschen Verfassungen dunkel zum Grunde zu liegen, wo die Fähigkeit zur Volksvertretung einzig auf der Markscheide des Goldes und Silbers probiert wird. Bei solcherlei lockeren Vereinen, die jedoch eines so weitläufigen Schutzes, dessen Kosten oft mehr betragen als das zu schützende Eigentum, schwerlich wert sein dürften, ist freilich der Staatszweck durch eine wohlbediente Artillerie, eine wohlberittene Gendarmerie, mehrere Justizstellen und einige Galgen hinlänglich erreicht.

Wenn wir aber den Staat vielmehr als eine geistige Gemeinschaft ansehen zu einem möglichst vollkommenen Leben

durch Entwickelung der Geistes- und Gemütskräfte im Volk,
welche ja eben allein Leben genannt werden kann, wenn wir
daher überzeugt sind, daß die materiellen Staatskräfte nur
insofern bedeutenden Wert haben, als sie die eigentümliche
Entfaltung jener Gottesblume beschirmen und erleichtern,
daß mithin jener innere Lebensbaum nicht etwa dort verschnitten, dort mit fremdem Reis gepfropft oder künstlich an
Spalieren gekreuzigt werden soll, um alles in eine in ihrer
eigenen Vollblütigkeit erstickende, einseitige monströse Ausbildung der äußeren Kraft hineinzutreiben, sondern daß der
Körper als ein hülfreicher Knecht allein der Seele dienen muß:
bei einer solchen Betrachtungsweise, sage ich, werden wir,
wo vom Wohl und Wehe der Nation die Rede ist, ungern die
würksame Beratung eines Standes entbehren wollen, der
einerseits vorzugsweise dazu berufen ist, das Wort Gottes,
den Kern aller menschlichen Weisheit, auf Erden lebendig zu
erhalten, andererseits aber, seiner Natur und Beschäftigung
nach, das innere Wesen und Bedürfnis des Volks gründlicher
erkennen kann als jeder andere. Sollte aber gar eine Staatseinrichtung fürchten, eine wahrhaft geistliche Prüfung nicht
ertragen zu können, so hülft ihr alle furchtsame Vorsicht
doch nicht, sie trägt den Keim des Todes schon in sich.

Man möchte gegen vorstehendes vielleicht einwenden, die
geistlichen Regenten, durch Klostermauern, Ehelosigkeit
und ihren abgeschlossenen Stand von der Nation geschieden,
seien mit dieser grade am wenigsten vertraut gewesen, und
überhaupt habe ihre Reichsstandschaft in die Angelegenheiten Deutschlands niemals auf jene geträumte wohltätige Art,
sondern nur verwirrend eingewürkt.

Das erstere ist schwer zu glauben. Denn ich frage: ist jene
Ringmauer des geistlichen Standes, in den überdies niemand
vor den reiferen Jahren aufgenommen werden darf, wohl zu
vergleichen mit der Kluft von Hoheit, welche den erblichen
Thronfolger von der Wiege an vom Volke trennt und ihn nur

zu oft mit einem lebenslang undurchdringlichen Höhenrauch umnebelt? Und wenn zwar auch Äbte einen Reichsstand bildeten, so waren doch damals die Klöster unstreitig die höheren Schulen des Lebens; die Bischöfe wurden aber nur selten aus der Zahl der Mönche, vielmehr recht mitten aus dem Volke, oft aus dem Bürgerstande, öfterer aus den Jüngstgeborenen adeliger Familien gewählt, welche demnach früher auch die glanzlose Kehrseite des Lebens gesehen, ja häufig sogar die Seelsorge, diese tiefste Erforschung des Volksgemüts, selbst verwaltet hatten und daher dem letzteren nicht leicht fremd sein konnten.

Der andere Einwand dagegen, als habe die geistliche Macht nur verwirrend eingewürkt, beruht auf einem Mißverständnis, das sich durch eine genauere Beleuchtung der Geschichte aufklären läßt.

Die geistlichen Staaten bildeten, schon ihres äußeren Interesses wegen und da sie untereinander bei weitem mehr eine geistige Einheit ausmachten als die weltlichen, jederzeit eine kräftige Opposition gegen die letzteren. Bald war alle ihre Gewalt über die öffentliche Meinung im Volke oder im Kurfürstenkollegio mit beispielloser Beharrlichkeit und Anstrengung gegen die Kaiser gerichtet, wo diese, wie die Hohenstaufen, im Übermut einer Heldennatur oder durch die Gunst äußerer Umstände sich versucht fühlen mochten, ihre Macht zur Alleinherrschaft auszubilden und die Leichendecke der Einerleiheit über den blütenvollen Reichtum der deutschen Mannigfaltigkeit zu werfen, oder wo sie heimlicher, aber in gleichem Streben die Erblichkeit der Kaiserwürde erschleichen wollten. Bald auch, und zwar öfterer, sehen wir sie, dem Kaiser getreu, mit geistlichen und weltlichen Waffen gegen einen verwilderten Adel kämpfen, welcher alle Bande der Lehnstreue und Gerechtigkeit in gewaltsamer Willkür aufzulösen trachtete. Überall und jederzeit unverrückt aber finden wir in dieser Körperschaft der geistli-

chen Staaten die Bestimmung und das wirksame Streben, die
Einheit und Unabhängigkeit der Gesellschaft der Kirche zu
behaupten, jener weltumfassenden Gesellschaft, welche niemals ohne großen gemeinsamen Nachteil dem Staate einverleibt und untergeordnet oder als Stoff zu beliebigen, mit der
Zeit wechselnden Zwecken verbraucht werden kann. – Nun
ist jedoch die tiefere Einsicht, welche überhaupt eine Weltkraft wie die Kirche anerkennt, und die höhere Gerechtigkeit, die das als wahr Erkannte auch äußerlich darzustellen
strebt, immerdar so feiner und überirdischer Natur, daß sie
wie eine himmlische Schöne auf Erden auch eines schützen-
den Ritters, gleichsam einer vollziehenden Gewalt bedarf,
um zur sicheren Erscheinung zu gelangen. Wo aber hat
nunmehr die Kirche, da sie, aller weltlichen Macht beraubt,
sich selbst nicht mehr beschützen darf und kann und da die
öffentliche Meinung schwankt wie nie, im Wandel der Zeiten
eine Garantie jener Gerechtigkeit?

Wenn wir nun in der deutschen Geschichte nichts weiter
sehen wollen als den Stammbaum einiger großen Fürstenhäu-
ser und nichts bemerkenswert finden als das allmähliche
Anwachsen der Übermacht derselben, so mag uns freilich die
Ein- oder vielmehr Gegenwürkung der Bischöfe und Äbte
vermöge ihrer Landeshoheit und Reichstandschaft als sehr
überflüssig und verwirrend vorkommen, indem sie allerdings
aller toten Gleichförmigkeit geradezu entgegen war. In der
Tat aber erscheint sie als das mächtigste Palladium der Eigentümlichkeit und Freiheit der Nation und hat gewiß, indem sie
einerseits den Adel beschränkte, andererseits aber auch Un-
freie in die höheren Regionen des Lebens emporhob, nicht
wenig zu der Entwickelung des Mittelstandes in Deutschland
beigetragen.

Wenn wir aber in den letzteren Zeiten jenen geistlichen
Einfluß in den alten Formen unleugbar erstarren sahen, so lag
die Schuld in uns, daß wir überhaupt kolossale Staatsformen

nicht mehr zu beleben vermochten, keineswegs aber in dem durch äußere Macht festbegründeten Stimmrecht der hohen Geistlichkeit bei Beratung deutscher Bundesangelegenheiten, welches ich vielmehr allen christlichen Zeiten, mit unwesentlichen Abänderungen, welche ja die wandelbare Zeit von selbst an- und abbildet, für unentbehrlich halte, oder wir müßten denn unbilligerweise annehmen, daß die Geistlichkeit nunmehr ihren ursprünglichen Beruf, wie ein altes abgetragenes Kleid, abgelegt habe und überhaupt nicht mehr geistlich sei.

Man sage nicht, daß sich nötigenfalls alle die oben beschriebenen Vorteile auch ohne die Unbequemlichkeit geistlicher Landeshoheit durch eine vernünftige Repräsentation erreichen lassen. Denn einmal scheint ja eben die Geschichte des Tages festsetzen zu wollen, daß nur Reichtum und Grundbesitz repräsentiert werden sollen, und andrerseits ist allerdings, so verwerflich auch die unbedingte Aufstellung dieses Grundsatzes an sich sein mag, doch so viel gewiß, daß eine Repräsentation, die nicht materiell mit dem Interesse des Staates verwachsen ist und keine äußere Gewähr ihrer Aufrichtigkeit aufzuweisen hat, nur durch Entwickelung höchst seltener außerordentlicher Geistesgaben, die man aber bei einem fortdauernden Institut wenigstens nie *voraussetzen* sollte, sich jenes öffentliche Vertrauen, jene Beachtung und das nachdrückliche würksame Ansehen gewinnen kann, ohne welches alle Repräsentation tot und fruchtlos ist. Sie wird vielmehr in der Regel immer der Spielball der leitenden Minister werden, wie es im englischen Parlament die geistliche Vertretung durch die Bischöfe auch wirklich ist, oder es entsteht, wo das geistliche Element noch gewaltiger ist und durch diese unnatürliche Ausschließung innerlich verderbt wird, mißbräuchlich jene Winkelratgeberei der Beichtväter, die um so kühner und gefährlicher ist, da sie gesetzlich nichts zu verantworten braucht und schlangenartig im Dunkeln sticht. Jede öffentliche Opposition aber ist erweckend und heilsam, indem sie das Gute sich selbst behaupten lehrt, nur muß sie lebendig sein, sonst bleibt es eitel Komödie, eine in leeren Ehrenformen festgehaltene Lüge.

Es scheint demnach in unseren Tagen der Geistlichkeit alles Organ benommen zu sein, um in den Gang der öffentlichen Verhandlungen, auf die Staatseinrichtung, überhaupt auf das *öffentliche* Leben einzuwürken, durch dessen Christlichkeit, Würdigkeit und Großartigkeit aber ein Volk, wie durch große Begebenheiten, oft bedeutsamer und würksamer erzogen wird als durch alles unsichere Schulmeistern und Experimentieren mit der Hausmoral von unten herauf.

Ich halte daher die Säkularisation der Staaten und Güter der Geistlichkeit in dieser Beziehung für ein Unglück für Deutschland und kann mich von der Wahrheit des oft gutmütig mißverstandenen, noch öfterer absichtlich verdrehten Spruches: „Ihr Reich sei nicht von dieser Welt" in dem gewöhnlich damit verknüpften Sinne keineswegs überzeugen. Ihr Reich ist grade von dieser Welt, aber freilich *für* eine andere; denn wie soll denn die Kirche, die sich vom Staate lossagt, ihr Wesen offenbaren?

Nach dieser Betrachtung des Einflusses, welchen die geistlichen Regenten als Reichsstände auf die Gestaltung und die öffentlichen Angelegenheiten Deutschlands geäußert, werde ich nunmehr versuchen, das Eigentümliche der geistlichen Staaten als solcher in ihren nachteiligen und vorteilhaften Würkungen näher zu beleuchten.

Ich glaube hierbei die überall aus der Geschichte sich aufdringende Bemerkung vorausschicken zu müssen, daß es überhaupt zwei verschiedene Ansichten oder vielmehr Entwickelungsformen der Staaten gibt, von denen man die eine die eigentlich französische, die andere die deutsche nennen könnte, weil jene in Frankreich, diese bei uns jederzeit in ihrer ungetrübtesten Gestalt erschienen ist. Das französische, monarchische Prinzip verfolgt, gleichsam ein Eroberer im eigenen Lande, Schlechtes und Vortreffliches, sobald es hindert, hinwegräumend, das einzige Ziel einer in allen Teilen mechanisch geordneten Einheit zur möglich größten materiellen Macht. Wir sehen in Frankreich sehr früh über den Trümmern der mannigfaltigen gräflichen und herzoglichen Macht die Burgunder, Normannen und Provenzalen, diese frischen Lebensbilder einer jugendlichen Zeit, bis auf die Erinnerung unkenntlich ineinander verwischt und verschmolzen zu *einem* großen Staat der Franzosen mit *einer* Hauptstadt und einigen Ministern. Die deutsche Richtung tiefsinniger nach innen gekehrt und sich selber ehrend, achtet, auch wenn es äußerlich stört oder verzögert, alles Heilige, berücksichtigt alles Herkömmliche, mag nichts aufgeben, was Leben in sich hat und daher als ein ergänzender Teil zum möglich schönsten Ebenmaß des ganzen Körpers unentbehrlich scheint, sie will kein zur Notdurft schnellfertiges, mechanisches, sondern ein in allen Teilen lebendiges organisches Ganze.

Wenn jene hochmütige Staatskunst allerdings mit ihrem berechneten Problem früher oder später einmal völlig fertig werden kann, um vielleicht ebenso schnell durch einen vulkanischen Ausbruch der unnatürlich verschränkten und niedergehaltenen inneren Kräfte in die Luft gesprengt zu werden, so erscheint dagegen das deutsche Wesen als ein weniger glänzendes, aber stillkräftiges Werden, das vielleicht hienieden niemals vollkommen fertig wird, vielseitig und unendlich wie die Natur, die flüchtige Gegenwart ewig an Vergangenheit und Zukunft anknüpfend. Jene Staaten mögen uns immerhin vorkommen wie ein wohlgefugter prächtiger Palast, dessen symmetrische Gleichmaße uns oft mit einem gewissen vornehmen Gefühl von Ordnung und Sicherheit erfüllen, das deutsche Treiben dagegen ist recht wie eine fröhliche Aussicht vom Berge ins Freie, schroffe Felsen, Ströme, Wälder

und Saaten in buntem Gemisch bis in die unermessene blaue
Ferne hinaus, wo Himmel und Erde einander rätselhaft berühren, jede einzelne Erscheinung, auf welcher der Blick
weilt, als ein Ganzes für sich bestehend, jeder Bach und
Strom seine eigene Bahn zum ewigen Meere suchend, alle
zusammen doch in *einem* Farbenton jene blühende Tiefe
bildend, welche, wenn sie auch das blöde Auge mit ihrem
Reichtum verwirrt, das Herz mit einem unvergänglichen
Naturgefühl wunderbar erhebt und erlabt.

Dieses Naturgefühl, die tiefe Lust und Freude an der
Freiheit eigentümlicher Entwickelung, dieser altgermanische
Berg- und Waldgeist, der erfrischend durch unsere ganze
Geschichte weht, hat uns bis heut unsere Tiroler, Österrei-
cher, Schwaben und Rheinländer in unvermischter Gesundheit erhalten, oft im prüfenden Kampf gegeneinander, wo die
Zeit, wie während der Reformation, aus ihren Fugen geris-
sen, ein loses Ineinanderschwimmen befürchten ließ, immer
aber, wie im Jahre 1813, *ein* Volk von Brüdern, wo es die
nationale Selbständigkeit gilt.

Nach allen bloß mechanischen Grundsätzen, welche die
handgreiflichen Staatskräfte, ohne an eine höhere Potenz zu
glauben, anatomisch zergliedern und abzählen und durch ein
simples Additionsexempel sodann die wirkliche Summe der
Nationalkraft gefunden zu haben meinen, nach dem aus
solchen Grundsätzen abstrahierten Völkerrecht, das eigentlich nichts anderes als das Recht der Stärke sein kann, haben
kleine Staaten überhaupt gar kein Recht zu existieren. Das
einzige Heil ist ja in der Masse; schwerlich aber wird ein
Reich mit so vielköpfigem Sinne leicht um jeden Pfeffersack
dem Rufe *eines* Kalbfells folgen. Am allerwenigsten durften
die geistlichen Staaten ein solches Fortbestehen sich heraus-
nehmen. Denn alle künstliche Einheit im Sinne jenes Syste-
mes hat am Ende nur die Entwickelung der möglich größten
materiellen Kraft zum Ziele. Hinsichtlich dieses letzteren

Elements aber waren die geistlichen Staaten in den letzten
Zeiten unleugbar die schwache Seite Deutschlands.

Die allgemeine Erstarrung in den welthistorischen Formen
der Hierarchie überhaupt schien auch die geistlichen Regie-
rungsformen, gleichsam das Alte mißgünstig verwahrend,
mit einer Eisdecke zu überziehen, welche die Anmaßungen
einer oft vorwitzig übereilten Zeit und die Frühlingsstrahlen
einer sich allmählich entwickelnden höheren Intelligenz
gleich spröde von sich abwies. Daher die nicht sowohl energi-
sche Opposition, als vielmehr zähe Unempfänglichkeit für
alle Neuerungen, das Einschlafen über dem Herkömmlichen,
daher noch immer die unverhältnismäßige Begünstigung des
alten Stiftsadels, die wichtige, wenn auch keineswegs durchaus gegründete Klage über schlechte Erziehungsanstalten und
Landschulen, daher eine fühlbare Schlaffheit in der inneren
Verwaltung und folglich teilweise Beamtentyrannei, Ver-
nachlässigung der Landeskultur, des Handels und der Industrie, mit veranlaßt durch übermäßige Anzahl müßiger Geistlichen, Verwirrung im Rechnungswesen und in der Ökonomie und folglich wenig Geld und wenige oder doch größtenteils übel berufene Soldaten. – Und in der Tat, wenn einerseits
das, was in neutraler Apathie sich im Strome einer gewaltig
anstrebenden Zeit behaupten will, nur unnützerweise die
Woge bricht und hemmt, und wenn andererseits allerdings
auch die materielle Staatskraft, abgesehen von aller damit
getriebenen Abgötterei, etwas an sich höchst Wünschenswer-
tes und Vortreffliches ist, so kann man in dieser Hinsicht die
Aufhebung der geistlichen Staaten als einen Gewinn für
Deutschland und natürlich zunächst für den katholischen
Teil desselben betrachten, indem derselbe dadurch von allen
den Übeln, welche jene Musterkarte besetzt, nunmehr wohl
größtenteils wirklich befreit sein mag. Er ist wie der reiche
Erbe einer großen Vergangenheit, welcher, lange in der
ängstlich hütenden Beschränkung des ahnenstolzen väterli-

chen Hauses festgehalten, nunmehr seiner Nation wiedergegeben worden, um in dem allgemeinen Kampfe der neuen Zeit die eigene Kraft zu versuchen. Und das ist recht, denn wo es einen faulen Fleck gibt, der mag nicht versteckt, sondern von der scharfen Zeit ausgeschnitten werden, ehe er die edelsten Teile angreift, was aber an gesunder Kraft vorhanden ist, kann nur ein tüchtiges fröhliches Leben gewinnen durch ungehinderte Regsamkeit in Gottes freier Luft.

Ein anderer Vorteil dagegen, welcher namentlich von den Außerkirchlichen mit der Aufhebung der geistlichen Landeshoheit gewöhnlich in Verbindung gesetzt wird, ist die Entkräftung oder gänzliche Vernichtung des päpstlichen Einflusses auf Deutschland.

Versteht man unter diesem Einfluß jene zu dem Papsttum keineswegs wesentlich gehörende politische Gewalt des Mittelalters, welche Könige absetzte und Länder verteilte, so beruhte diese allein auf der öffentlichen Gesinnung, die nirgends mehr besteht, und ihre Auferstehung in den jetzigen Staatenverhältnissen wieder befürchten wollen wäre wahrlich mehr als Gespensterfurcht, und es hätte wenigstens solcher gewaltigen Gegenanstalten gegen ein Phantom nicht bedurft.

Meint man aber die Sicherstellung der inneren Freiheit der deutschen Kirche, so ist der gewünschte Erfolg eines solchen Mittels, wie jene Aufhebung, sehr zweifelhaft. Man erinnere sich nur, daß Gregor VII. eben den Feudalnexus, ja seine Nachfolger alles Grundeigentum der Geistlichkeit aufgehoben wissen wollten, um über letztere eine ungemischte Alleinherrschaft zu behaupten. Wird nun zwar die jetzt geschehene Aufhebung *diese* Folge allgemein gewiß nicht haben, so könnte doch, wo die Besoldung des Klerus vom Staate die Stelle des ehemaligen freien Grundbesitzes einnimmt, leicht die entgegengesetzte, nicht mindere Gefahr eintreten, daß die Geistlichkeit in bloße Beamte des Staates verwandelt und demnach die Unfehlbarkeit des Staatsoberhaupts, anstatt der des Papstes, vorausgesetzt würde. Wir können bei einer für mehrere Jahrhunderte berechneten Einrichtung nicht immer auf ernstlich wohlwollende, echt christliche Regenten zählen, und es wird daher die katholische Religion, wenn sie nicht in die losen Elemente vorübergehender Meinungen, wechselnder Gefühlsaufwallungen oder absichtlicher Spitzfindigkeiten auseinanderfließen soll, nimmermehr eines fortdauernden, sichtbaren, festen Punktes der Einheit entbehren können, der, wahrhaft allgemein, in den vergänglichen äußeren Formen unserer Religion das ursprünglich Unvergängliche streng festhält und wie ein unwandelbarer Leuchtturm über den Wogen der bewegten Zeiten das ewige heilige Feuer beständig unterhält.

Jedenfalls scheinen mir alle die vorangeführten Gebrechen, da sie an sich gewiß reformationsfähig waren, bloß begreiflich zu machen, wie die Aufhebung der deutschen geistlichen Staaten erfolgen konnte, nicht aber, daß sie erfolgen mußte, gleichwie man einen lebendigen Baum nicht umhauen mag, weil er im Winter keine Blätter trägt, oder die Eiche nicht, weil sie ihren grünen Dom später entfaltet als anderes Holz.

Das Streben aber nach Entwickelung der Geisteskraft, welches sich als das unterscheidende Merkmal der neuen Zeit geltend macht und fortan auch als Grundbedingung des treuen Bewahrens eines religiösen Mittelpunktes unabweisbar wird, kann sich bei uns nicht in einer einseitigen, glänzenden Richtung hochmütig aufblähen, sondern setzt vielmehr, alle Kräfte gleichmäßig ergreifend, die freieste Äußerung der deutschen Natur in der eigentümlichen Mannigfaltigkeit notwendig voraus. Diese Mannigfaltigkeit, das gesunde innere Gleichgewicht in der Nation selbst, ist aber durch die Aufhebung der geistl[ichen] Staaten künstlich gestört, es ist ein Element der Bildung genommen oder doch unnatürlich zurückgedrängt.

Wir sehen in allen modernen Staaten durchaus den Verstand vorherrschen, dem sich alles andere unbedingt unterwerfen soll, wie es eben kann oder auch nicht kann. Diese einseitige Richtung, indem sie den Staat unabhängig machen will von der nicht zu berechnenden und daher auch nicht in ihr Gebiet gehörigen Kraft des Gemüts, sucht eine unwandelbare Sicherheit in der militärischen Gewalt und in der Macht des Reichtums und setzt auch in der Verwaltung in gleichem Sinne an die Stelle der freien persönlichen Verantwortlichkeit jene ängstliche, mechanische, papierene Kontrolle, welche mit dem Vertrauen alle ernste Würdigkeit des Geschäftslebens aufhebt und in der neueren Zeit oft den besseren Teil der Jugend in gefährlicher Gleichgültigkeit vom Staate abgewendet hat.

In den geistlichen Staaten, viel weniger von dem allgemeinen Zuge der Zeit ergriffen, trat dagegen mehr die Phantasie als das Waltende hervor. Schon an sich, als die einzigen übriggebliebenen Ruinen eines ungeheueren uralten Tempels, unterhielten sie mitten im Strome der Verwandelung eine beständige, fast mystische Gemeinschaft und Hinweisung auf eine große Vergangenheit, deren Erinnerungen andere Staaten nicht hastig genug vernichten zu können glaubten. Und wenn die geistlichen Staaten, freilich zu ihrem eigenen Untergange, in dem Streben nach möglich größter materieller Kraft und im Mechanismus der Verwaltung mit der Zeit nicht gleichen Schritt hielten, sondern schon ihrer geistlichen Natur nach nicht umhin konnten, vielmehr die annähernd sinnliche Darstellung des Überirdischen durch die Pracht des Gottesdienstes und eine gewisse Würde der Erscheinung sowie überhaupt in allem Weltlichen eine durchgehende geistliche Beziehung als ihre überwiegende eigentümliche Bestimmung anzuerkennen, wenn sie endlich aus sehr natürlicher Neigung oder Nachsicht durch heilige Sagen, durch eigentliche Volksfeste, wie die Wallfahrten, und viele andere innere und äußere Anregungen unleugbar einem poetischen

Volksglauben mehr sein angestammtes Recht ließen als andere Staaten, die nur zu oft aus Furcht vor Unkraut lieber alle Blumen mit ausjäten mochten: so werden wir schwerlich in Abrede stellen können, daß die geistliche Herrschaft, als natürliches Gegengewicht jener modernen Richtung, vorzüglich dazu geeignet war, ein wichtiges Element der Volksbildung, die Phantasie, lebendig zu erhalten und vor völliger Dienstbarkeit zu bewahren.

Daß sich dort demungeachtet nur wenige neuere Dichter, diese heutzutage gar seltsam zusammengesetzten Zeitprodukte, gebildet haben, beweiset nichts dagegen, seitdem es überhaupt keine eigentliche Volksdichter mehr gibt. Aber gewiß mehr als bloß klimatisch war die wohllebige Gemütlichkeit, an welcher man geistliche Untertanen überall von anderen heraus erkannte, und viele Volkslieder, die auf den Alpen Salzburgs und auf dem Weingebirge von Würzburg nach und nach verschollen, werden jetzt sorgsam in ästhetischen Herbarien aufgetrocknet, um in Teezirkeln botanisch zerlegt zu werden.

Am allerwenigsten aber war für die deutsche Bildung jene einseitige Übergewalt der Phantasie zu befürchten, wie sie in Spanien und Italien in zauberischen Blüten der Poesie ein überreiches, aber hinfälliges Leben schnell verduftete. Denn wenn überhaupt bei den Protestanten der Verstand als vorherrschend sich kundgab, so mußte bei der geographischen Vermischung und politischen Reichsverbindung von Katholiken und Protestanten in Deutschland zwar, wegen der lebendigen Reibung alles sich unmittelbar Berührenden, keine wesenlose Verschmelzung, aber wohl eine wechselseitige Durchdringung und Belebung beider zur gemeinsamen Klarheit führen.

Weit eher könnten manche Zeichen der neuesten Zeit die Besorgnis erregen, daß die Phantasie, in ihren natürlichen, tiefen Lebensströmen gehemmt, sich anderswo unnatürlich

Luft mache und, als fade Schwärmerei oder politischer Wahnsinn, alle ernsten Verhältnisse verwirrend unter Wasser setze, das, innerlich kalt und farblos, auf der Oberfläche ein falsches lügenhaftes Leben spiegelt.

Wenn wir ferner in Deutschland außer ein paar reichsstädtisch demokratischen Versuchen nur die eine Form unbeschränkter erblicher Monarchien sehen, so bildeten ohne Zweifel die geistlichen Staaten ein für das Ebenmaß des ganzen Reichskörpers sehr wohltätiges Mittelglied durch ihre Eigenschaft als Wahlstaaten und als beschränkte Herrschaft.

Ich kenne die Mängel der Wahlstaaten wohl, denn welche menschliche Form hätte deren nicht, als da sind: Zwiespalt bei der Wahl, öftere Wahl eines Untüchtigen, Kostspieligkeit eines jeden Wechsels, ja der Wechsel selbst, welcher allerdings manchen Bischof versuchen mochte, wie ein gewissenloser Pächter mehr für die Bereicherung seiner Nepoten als für das Wohl des Landes zu sorgen, und endlich eine zu große Beschränkung des Regenten durch die Wahlkapitulationen. Aber eben diese auch außer der Wahlkapitulation sich fortdauernd äußernde Beschränkung durch das Domkapitul, welche sich in vielen geistlichen Staaten zu einer wirklichen gemäßigten Aristokratie hinneigte, war der kräftigste Damm gegen alle etwanige Eingriffe eines eigennützigen geistl[ichen] Herrschers und mochte, weil sie aus eigener Erfahrung und Anschauung jedesmal nur auf das losging, was eben nottat, leicht ein natürlicheres Verhältnis zwischen Fürst und Volk begründen als manche unserer heutigen Konstitutionssurrogate. Und wenn überhaupt alle jene Mängel vielmehr nur mögliche und ungewisse Mißbräuche waren, die man vorkommendenfalls beseitigen mußte und konnte, so ist dagegen ganz gewiß, daß durch die Wahl, welche den Adel in die erhabene Reihe der Landesherren abwechselnd mit aufnahm, und durch den natürlichen Wetteifer zwischen erblichen und gewählten Fürsten das Geschlecht der deutschen Herrscher mit einem sich immer wieder verjüngenden und erfrischenden Element belebt wurde, vielleicht der bedeutendste Vorteil, den die geistlichen Staaten in Zeiten geistiger Entfaltung gewähren konnten.

Die hier wohl am schicklichsten zu berührende Meinung aber, als störten das Verhältnis des Regenten und sein geistlicher Beruf einander wechselseitig, kann ich nach meiner oben ausgesprochenen Ansicht von der Bestimmung der hohen Geistlichkeit keineswegs teilen. Solange wir das Geistliche und Weltliche als völlig geschieden betrachten, wird beides niemals zu einer wahrhaften Tüchtigkeit gelangen, und so kann ich auch insbesondere nicht glauben, daß ein Bischof, dem nicht zugleich eine klare Einsicht in das Weltliche beiwohnt, jemals für die Kirche von wesentlicher Würksamkeit sein könne. Am wenigsten wird er dies können, wenn er, durch keine Regentenpflichten an seine Diözese gebunden, durch keine landesväterliche Liebe mit derselben vereint, seine Renten vielleicht in der fernen Residenz seines weltlichen Oberhaupts verschwelgt, um etwa dann und wann, ohne einige Kenntnis des Volks, an ephemeren Regierungsexperimenten einen lauen Anteil zu nehmen.

Endlich ist der Untergang so vieler kleiner Staaten in Deutschland durch die Aufhebung der geistlichen Landeshoheit, meines Erachtens, ein sehr wichtiger Nachteil für deutsche Bildung und Einheit.

Wir können nur die gemeinsame Entwickelung der Geisteskraft, die Erhaltung des inneren Lebens als den letzten Zweck aller Staaten anerkennen. Nun können jedoch Religion, Wissenschaft, Vaterlandsliebe und alle Tugenden, welche den fröhlichen Kranz des Lebens flechten, indem sie jede für sich nicht diese oder jene einzelne Richtung des Geistes, sondern den ganzen Menschen in Anspruch nehmen, auch notwendig in jedem einzelnen nur nach seiner innersten besonderen Natur zum wahrhaften Leben gelangen; sie müssen, wenn sie nicht als bloße Begriffe in wesenloser Allgemeinheit erstarren sollen, in der Eigentümlichkeit jedes besonderen Volkes gleichsam persönlich werden. Sie können daher nicht nach Regierungsmaximen von außen angebildet, sondern, als etwas aus Gottes Gnade sich überall geheimnisvoll selbst Erzeugendes, nur erweckt und erzogen werden. Gleichwie aber die Kunst, Kinder zu erziehen, in der Anerkennung der Eigentümlichkeit eines jeden Kindes besteht und daher fast zu jedem in einer besonderen Seelensprache redet – weshalb mir die großen fabrikmäßigen Erziehungsanstalten mit ihren Universalmethoden als eine der schlechtesten Erfindungen unserer Zeit erscheinen –, so gibt es auch für die Erziehung eines an mannigfaltigen Richtungen so reichen Volkes als das deutsche nimmermehr eine Normalverfassung, die allen diesen Reichtum genügend zu umfassen imstande wäre, und leicht könnten in dieser Beziehung große Staaten, wo vieles verschwenderisch verschnitten und als Überfluß weggeworfen werden muß, weil es dem allgemeinen Leibe nicht anpassen will, sich zu den kleinen Staaten verhalten wie jene Menschenfabriken zu der Gemütlichkeit der häuslichen väterlichen Erziehung. Nur in kleinen Staaten, so weit die Geschichte reicht, hat sich eben durch die innigere Durchdringung gleichartiger Kräfte das Große gebildet, welches die Welt regieret. –

Wenn wir aber annehmen müssen, daß die Einheit nicht in der Gleichförmigkeit der Verwaltung und in sittlicher Verschmelzung, sondern in der wechselseitigen Anerkennung und festen Ineinanderverschlingung der mannigfaltigen Eigentümlichkeit besteht, welche eben ihre tiefgefühlte Freiheit durch einen gemeinsamen Bund zu bewahren strebt, so werden wir diese wahre Einheit am wenigsten von dem Unterstecken eines jeglichen unter jenen Allerweltshut erwarten, der eigentlich auf keinen Kopf paßt, weil er auf alle passen soll.

Und welchen verschiedenartigen Reichtum von Richtungen, Ansichten und Bildung verbreiteten die vielen Residenzen durch alle Gegenden Deutschlands, von denen nunmehr manche nur gelegentlich und spärlich von den Geistesstrahlen des höheren Lebens begrüßt wird. Schwerlich werden die mehreren Landesuniversitäten jemals den Verlust so vieler Hauptstädte, dieser hohen Schulen des reiferen Alters, zu ersetzen imstande sein, abgesehen von der dadurch verlorengegangenen Aufmunterung für die Künste, die jetzt, da ihr Wirkungskreis auf einige Hauptplätze beschränkt ist, nur wenige Herzen und Beutel rühren. Das Zusammendrängen von Palästen und das Zusammenschleppen der Bibliotheken und Kunstwerke in *eine* große Stadt kann für manche Zwecke sehr bequem sein. Aber in großen Residenzen gibt es immer so vieles andere zu tun, daß für den Kunstgenuß nur wenige zerstreute Zeit übrigbleibt, und dem Lande sind diese mit ihm gleichsam nationalisierte Schätze offenbar geraubt. Denn die meisten, die sich an ihnen vielleicht täglich zu erbauen verstehen und Lust haben, können die Reise nach jenem privilegierten Kunststapelplatze nicht erschwingen, wogegen den wirklich studierenden Künstlern das Reisen und Anschauen der Werke in ihrer eigentümlichen Heimat nicht dringend genug empfohlen werden kann.

Es wandelt den Reisenden eine niederschlagende Langeweile an, wenn ihm, wie er auch die Deichsel richtet, über all dieselbe Physiognomie der Städte und Sitten wiederbegegnet, wenn ihm, wie Goethe sagt, immer und überall das ewige Lied von Marlborough entgegenschallt. Und sollte dies bloß die eigene Schuld des verdrießlichen Reisenden sein? Könnte nicht wirklich eine ganze Nation, selbst bei dem größten äußeren Gewerbfleiße, von einer inneren Langweiligkeit, dieser eigentlichen Heckmutter aller Laster, befallen werden? Vor allem wolle uns daher Gott vor jener

Geistestyrannei *einer* einzigen Residenz behüten, wie sie Paris jahrhundertelang verheerend über ganz Frankreich ausübt!

Anstatt dieser reichen Mannigfaltigkeit von Formen und Richtungen sehen wir also jetzt nur *eine* Form und fast nur eine Hauptrichtung: die militärische. Aber Einerleiheit ist nicht nur keine Einheit, sondern vielmehr gerade die Verhinderung derselben, indem sie jene täuschende, unfreiwillige Halbbrüderschaft erzeugt, welche in ihre Nichtigkeit zerfällt, sobald es zur Beschirmung gemeinsamen Rechts einen wahrhaften Bundesgeist gilt, gleichwie in Polen, wo es eigentlich niemals weder freie Landleute noch Bürger, sondern nur *eine* herrschende Form, den Adel, gab, dennoch die Uneinigkeit des Reichstages zum Sprüchwort geworden ist. Sollte alles in die *eine* militärische Rüstung hineinfahren, so stünde zu befürchten, daß bald nichts mehr übrigbliebe, wofür sich eine Nation in Ernst rüsten möchte.

Insofern daher durch die Aufhebung der geistlichen Landeshoheit vielfache sehr schätzenswerte Elemente deutscher Bildung und Verfassung vernichtet worden sind, kann ich ein solches geistiges Ärmermachen als keinen Gewinn für Deutschland überhaupt betrachten, welches von jeher zu einer organischen Einheit der Mannigfaltigkeit bestimmt scheint.

Die Katholiken insbesondere sind nun zwar sämtlich in die allgemeine Gleichförmigkeit mit aufgenommen, sie werden weniger müßige Geistliche, aber mehr faule Soldaten haben, sie werden wahrscheinlich weniger beten und dagegen mehr Handel treiben, mehr Korn bauen, mehr Tuch usw. fabrizieren, aber die mehreren Soldaten werden noch weit mehr verzehren und verbrauchen, sie werden sich endlich auch geistig rascher und zeitgemäßer entwickeln, ob aber überall auf eine ihrer Natur angemessene Art, ob sie nicht das, was sie durch jene Eile gewinnen, an Eigentümlichkeit und durch das unwürdige Zerstückeln und Wechseln von Herren zu Her-

ren, wie schlechtes Gesinde, an Gesinnung und Moralität
einbüßen, ob sie daher überhaupt glücklicher werden – das
wird sich, meines Erachtens, erst nach mehreren Menschen-
altern mit einiger Wahrscheinlichkeit angeben lassen. Daß sie
sich aber ehedem glücklich fühlten, bezeugt die merkwürdige
Anhänglichkeit an die alte Herrschaft, die noch immer in
Mund und Herzen aller ehemaligen geistlichen Untertanen
fortlebt und sich in dem bekannten Volksspruch: „Unterm
Krummstab ist gut wohnen" verewiget hat. Ein solches
Volksurteil dürfte leicht ebensoviel gelten als alles abstrakte
Räsonnement dagegen. Denn am Ende weiß doch jeder selbst
am besten, ob ihm wohl oder wehe sei. Und wenn auch der
einzelne oft sehr dumm sein kann, so ist es doch ein ganzes
Volk gewiß niemals.

*

Wir wenden uns nunmehr zu der Beantwortung des anderen
Teiles der Frage, nämlich zu der Betrachtung der Vorteile und
Nachteile, welche von der Einziehung des Stifts- und Klosterguts für die Katholiken in Deutschland mit Wahrscheinlichkeit zu erwarten und zum Teil schon eingetreten sind. –
Da jene Einziehung mit der Vernichtung des Klosterwesens
gleichbedeutend ist, so führt diese Untersuchung natürlicherweise vorerst auf die nähere Begründung des Wertes oder
Unwerts der Klöster für unsere Zeit.

Die himmlische Idee, durch eine heldenmäßige Entsagung
des Irdischen, durch eine nicht teilweise, sondern gänzliche
Hingebung, in Wissenschaft, erhabener Beschaulichkeit und
heiliger Gesinnung sich Gott zu nähern, wird niemand vernünftigerweise verkennen und nur die ekelhafteste Gemeinheit verspotten. Auch ist nicht zu bezweifeln, daß noch in
der neuesten Zeit mancher Mönch eine Erleuchtung und
Gnade Gottes erfahren, wie sie der Weltmensch niemals zu

ahnen imstande ist. Aber eben weil dieses Verhältnis bloß ideal war, so mußte jeder Abfall von der Idee ein wahrer Fall sein, es war hier keine Vermittelung, kein teilweises Nachgeben oder Annehmen und Anpassen möglich; die Klöster mußten in ihrem innersten Geiste entweder immer und ewig dieselben bleiben oder etwas ganz und gar anderes werden, d. h. gar nicht sein. So ist immer das Tüchtigste in seiner Entartung das Verkehrteste, und das Erhabenste schweift durch einen leichten Umschwung der Gedanken in das Gebiet des Lächerlichen.

Ich will nicht behaupten, daß im Mittelalter jeder einzelne Mönch seinen heiligen Beruf erkannte und erfüllte, aber das andächtige Gefühl gläubiger Völker, deren inbrünstige Sehnsucht nach unmittelbarer innigster Vereinigung mit dem Höchsten diese Institute ins Leben gerufen hatte, erhielt dieselben auch im ganzen, sie immer wieder aus sich selbst verjüngend, Jahrhunderte hindurch auf der erhabenen Höhe ihrer inneren Würdigkeit und machte jene wohltätige geistige Rückwürkung derselben möglich, welcher Deutschland größtenteils seine Kultur, innere Ausbildung und Geschichte verdankt.

Als jedoch der Glaube überall wankte und eine kalte Klarheit, wie ein heller Wintertag, scharf an den Baum des Lebens griff, da mußte auch die äußerste Blüte früherer gläubiger Gesinnung, das Klosterleben, zuerst von der verwandelnden Erstarrung innerlich betroffen werden. Und wirklich läßt sich von diesem großen Abschnitt der Weltgeschichte an eine allmähliche Ausartung der Stifter und Klöster, ihre eigentliche Säkularisation nachweisen, welche viel weniger in einem äußerlichen Verfall der Zucht und Sitten als in ihrem Abfall vom heiligen Geist bestand.

So sehen wir gar bald in dem Orden der Dominikaner gegen eine keineswegs immer bloß angebliche Ketzerei sich das heimliche Gericht der Inquisition bilden, jenen furchtba-

ren Irrtum des erschütterten Glaubens, welcher, im Gefühl
der eigenen zunehmenden Ohnmacht das offene Licht scheu-
end, seine verlorene Macht über die öffentliche Meinung
nicht mehr mit den christlichen Waffen der Liebe und Überzeugung, sondern durch das Blutbeil festhalten will. Glücklicherweise ist diese finstere Geistestyrannei, welche die früheren Zeiten nicht kannten, an der freieren Natur der Deutschen nur wie ein Gespenst vorübergegangen. Aber ein anderes Übel, welches tiefere Wurzeln in Deutschland trieb,
entstand aus diesem Schwanken des Glaubens, nämlich der
Aberglaube. Denn wenn der Glaube von seiner eigentlichen
Heimat, dem Geheimnis Gottes und der Religion, abgewendet ist, so ist gar nicht abzusehen, warum er nicht alles und
jedes andere glauben sollte. Die nie völlig zu vertilgende
Gewalt des Wunderbaren im Menschen, einmal ihres inneren
Lichts beraubt, schwärmt in der Finsternis und wird, ihrer
selbst nicht mehr sicher, von einer wahnwitzigen grauenhaf-
ten Furcht vor den unheimlichen Kräften der Natur befallen,
während der wahre Glaube nur die Gottesfurcht kennt. So
trifft das eigentliche Hexenschlachten, woran auch protestantische Fürsten den tätigsten Anteil nahmen, grade in jene
Periode, wo die Reformation die vermeintliche geistige Vermittelung der alten und neuen Zeit begann. So sehen wir nun
auch in dem an sich phantastischen Boden der Klöster das
Unkraut des Aberglaubens im umgekehrten Verhältnis mit
dem sinkenden Glauben bis auf die neuesten Zeiten hinab
immer mehr überhandnehmen und, das Heiligste verzerrend
und verwirrend, in der Tat in manchen Gegenden Deutschlands den neuen frischen Trieb der Bildung verdumpfen.

Endlich aber hatte die Kirchentrennung selbst für die
Klöster auch den Geisteszwang und die Unduldsamkeit zur
Folge. Daß ehedem dort die Denkfreiheit keineswegs be-
schränkt war, daß die Mönche vielmehr an dem geistigen
Fortschreiten der Zeit lebendigen Teil nahmen, bezeugt

schon die höhere Bildung, die früher ausschließlich von ihnen ausging, ja auch späterhin wohl der Umstand, daß die Reformation selber sich ursprünglich in sächsischen Klöstern entwickelte, welches durch ein bloßes plötzliches Umschnappen der Gedanken ohne vorherige lange Vorbereitung kaum begreiflich sein dürfte. Jetzt aber durch den Kampf entschieden getrennter Parteien und durch den bald darauf folgenden unglücklichen Zwiespalt zwischen Philosophie und Religion bildete sich in den übriggebliebenen Klöstern der einseitige bloße Gegensatz, das tote Protestieren gegen den Protestantismus und jene geistige Beschränkung, welche wie der Vogel Strauß, indem sie die Augen zudrückend den Gegner nicht sieht, sich auch vor demselben gesichert wähnt. Es ist sehr natürlich, daß die Klöster hierbei an Bildung zurückblieben und mithin verspielen mußten, da sie, auf diese Weise sich selbst aus der Zeit scheidend, hartnäckig auf dem Ansehen abgelebter Formen beharren zu können meinten, während die Protestanten mit dem Winde des Zeitgeistes fortstürmten. Intolerant waren beide Parteien in gleichem Maße. Die Protestanten hätten aber von dieser durch die Not des Kampfes erzeugten kriegerischen Maßregel viel eher großmütig ablassen können, da sie durch die allgemeine revolutionäre Stimmung in Deutschland offenbar die Oberhand gewonnen hatten, während die Klöster wie von der neuen Zeit belagerte Festungen, sich selber geistig aushungernd, bis auf unsere Tage gar nicht aus dem Blockadezustand herausgekommen sind.

So entwickelte sich historisch in den Klöstern, mit vielen rühmlichen Ausnahmen, das verschriene Pfaffentum, argwöhnisch und unduldsam aus Not, heimtückisch aus Schwäche, abergläubisch aus gebrechender Kraft des Glaubens, unwissend aus Furcht vor falschem Wissen, faul, weil das eigentliche Ziel der Tätigkeit verfehlt war, und viel weniger eine heldenmütige Aufopferung des Irdischen als eine lang-

weilige Schlaffheit, die eben auf Erden nicht Sonderliches
aufzuopfern hat. Eine Reformation aber des Klosterwesens
durch größere Strenge der äußeren Disziplin, woran es manche Stifter in der neuen Zeit gar nicht fehlen ließen, konnte
würksam nicht stattfinden. Denn die Beschaulichkeit des
Klosterlebens ist notwendig entweder eine fortgehende gott-
durchdrungene Begeisterung oder ein geistiges Faulenzen.
Jene Begeisterung aber war im Volke, aus dem doch die
Klöster beständig verjüngt werden mußten, mehr oder minder an sich selbst irre geworden und ließ sich durch nichts
Äußerliches wiedererwecken. Sie waren daher zum Teil
schon vorlängst in sich selbst verfallen, und es ist allerdings
begreiflich, daß sie vom Zeitgeiste übergerannt wurden.

Daß sich aber die Katholiken in Deutschland eben für
diesen Sturz der Klöster, als über einen kostbaren Triumph
der neuen Zeit von unendlichen zu erwartenden Vorteilen,
erfreuen sollen, ist eine unsinnige, ja perfide Zumutung der
Protestanten. Denn alles bloße Zerstören ist an sich tot und
bringt keine Frucht, wenn es nicht, wie in der Natur, vielmehr ein immer organisch zusammenhängendes Verwandeln
und Wiederbeleben ist, wenn es nicht, das neue Leben schon
in sich tragend, bloß durch den eignen ungeduldigeren Flügelschlag die alte Hülle abwirft, um in neuer Gestalt freudiger
wiederzuerscheinen.

An und für sich hatten die Mönche so unrecht gar nicht,
wenn sie behaupteten, den Himmel offenzuhalten. Denn
abgesehen von der Kraft ihres Gebetes für andere, worauf sie
freilich jene Behauptung vorzüglich stützen mochten, so
mußten doch ungezweifelt die Gelübde der Keuschheit, der
Armut und des Gehorsams zur Selbstbeherrschung, zur geistigen Unabhängigkeit und zur Demut leiten, es mußte das
wahrhafte Klosterleben sehr viele dem Höchsten wirklich
näherbringen und auf diese Weise eine beständige geistige
Gemeinschaft zwischen Himmel und Erde, wie eine unsicht-

bare Himmelsleiter, erhalten. Ich will nicht leugnen, da jeder
seine eigene Weise hat und behalten soll, daß viele durch
Glück und Unglück eines rüstigen Lebens, durch eine tüchtige Meisterschaft im Weltlichen vielleicht ebenso zur höchsten Erkenntnis gelangen konnten, ja daß zumal in der neueren Zeit manches junge Gemüt beim Eintritt ins Kloster sich
selbst getäuscht und für die ganze Lebenszeit seinen innersten
Beruf verfehlt haben mag. Aber warum soll deshalb jene an
sich ehrwürdige Richtung nun ganz ausgeschlossen sein,
warum soll denn nun auf einmal wieder alles Heil einzig und
allein nur auf der breiten Heerstraße liegen? Gehen etwa in
der Lüderlichkeit ungebundener irdischer Lust und in der
aufgeblasenen Faulheit mechanischer Geschäftigkeit weniger
Seelen verloren als jemals in der Abgeschiedenheit der Klöster? Tun denn z. B. die Tausende, die täglich in Deutschland
ganz ernsthaft Schildwach stehen, wo gar nichts zu bewachen
ist, etwas Besseres als die Chorherren, die ihre Metten absin-
gen? Und zu was nützt denn am Ende überhaupt alle geprie-
sene Nützlichkeit, wenn sie zu dem unwandelbaren Ziele
alles menschlichen Treibens, zur ewigen Seligkeit, nichts
nützt? Es ist wahrlich nicht ohne Grund zu befürchten, daß
ein politischer Aberglaube die Stelle des religiösen eingenommen habe.

Für alle Zeiten gleich unentbehrlich aber dürften wohl
solche großartige Anstalten bleiben, welche nicht vom Staate
zu gewissen Zwecken geleitet, sondern, sich durchaus selbst
erhaltend, unbemittelten Männern die Möglichkeit darböten,
sich in sorgenloser Freiheit ganz und ausschließlich einer
höheren Betrachtung zu weihen, ohne sogleich das Gewicht
von Brotstudien daranzuhängen oder sich als Dozenten erst
an der grillenhaften Protektion der Großen und der Studenten abzuwetzen oder gar, um die Gunst des großen unge-
schlachten Lesepublikums buhlend, ihr innerstes Leben eilfertig an ein paar Buchhändler zu verkaufen. Es gibt zu allen

Zeiten äußerlich ungefüge Naturen, die, indem sie wie die Kunst nur um ihrer selbst willen da zu sein scheinen, vielleicht grade die praktischsten und die eigentlichen Produzenten sind und die der Staat, da er sie nicht wegleugnen kann, gerechterweise auch anerkennen sollte. Denn alle Arbeit, bloß um sich abzuarbeiten, alle mechanische Geschäftigkeit, hinter der sich die innere Leerheit so bequem verbirgt und die nur arbeitet, um zu essen, und ißt, um zu arbeiten, ist an sich faul und kann nur Leben und Bedeutung gewinnen durch die Gesinnung, welche aber eben einer fortdauernden Erfrischung bedarf von jener angeblich nichtstuenden und nichtsseienden Klasse.

Am augenscheinlichsten ist jedoch der allgemeine Nachteil, welcher von der Vernichtung der Frauenklöster zu erwarten steht. Ich gebe gern zu, daß der Ehestand der heiligste Beruf des Weibes ist, aber soll denn auch der hohen Tugend einer freiwilligen Jungfrauschaft und dem Unglück einer unfreiwilligen kein würdiges Asyl auf Erden vergönnt sein? Während durch Kriege, durch das Soldatenunwesen und durch die auffallend überhandnehmende Ehelosigkeit der Männer ohne das Gelübde der Keuschheit sich die Zahl der ohne eigene Schuld unverheiratet gebliebenen Mädchen täglich vermehrt, überlassen wir diese lediglich der Diskretion der Welt, welche sie nirgends willig aufnehmen kann, da sie als überflüssige Glieder der Gesellschaft nirgends hineinpassen. Ist denn nicht zu befürchten, daß diese Unglücklichen nun, von unverdientem Spott erniedriget und um der ungewissen Barmherzigkeit oft ohnedem überlasteter Verwandten entbehren zu können, vielmehr das Gelübde der Unkeuschheit ablegen oder daß bei dem weiblichen Geschlechte überhaupt durch eine so beunruhigende Aussicht jene nicht minder unsittliche Hast, um jeden Preis unter die Haube zu kommen, verdoppelt werde, welche die Heiligkeit der Ehe verkennt und die Familien vergiftet?

Solche Erwägungen oder vielmehr das unabweisbare Bedürfnis, das zuletzt immer recht behält, hat daher auch wirklich in der neuesten Zeit, wo irgend das betäubende Geräusch der Tagesblätter eine höhere Besonnenheit zu Worte kommen ließ, die Gründung oder Wiederbelebung von Klöstern für beide Geschlechter in manchen Gegenden Deutschlands herbeigeführt. Ja die Protestanten selbst, von der Gewalt der Wahrheit betroffen, versuchen soeben, einigen ihrer Erziehungs- und Krankenhäuser eine klösterliche Einrichtung wiederzugeben; freilich ein eitles Bemühen, da die Seele des Ganzen: der Ernst des Gelübdes und die kirchliche Weihe fehlen.

Doch ich werde nun nach diesen allgemeinen Betrachtungen, mehr ins einzelne eingehend, eine nähere Beleuchtung der Vorteile und Nachteile versuchen, welche mit der Einziehung des Klosterguts selbst in unmittelbarer Beziehung zu stehen scheinen.

Die Geschichte dieser Einziehung und des fernerweitigen Schicksals gedachten Gutes in Deutschland ist fast so mannigfaltig als die Staatsgebiete, worin sich dieselbe zu verschiedenen Zeiten begeben hat. Ich glaube daher, um nicht in einer weitläufigen Herzählung des Bekannten den Sinn obiger Frage zu verlieren, vielmehr auf die ursprüngliche Bestimmung der geistlichen Güter zurückgehen und untersuchen zu müssen, inwiefern diese Bestimmung auch noch für unsere Zeit gültig ist oder nicht und ob demnach dieselbe nach der Einziehung im ersteren Falle jetzt vollkommener erfüllt werde oder im anderen Falle eine weisere Verwendungsart die Stelle der vorigen eingenommen habe.

Jene ursprüngliche Bestimmung des Kirchenguts aber war nach dem zum Teil noch bekannten Willen der Gründer, nach der Tradition und Volksmeinung und nach ausdrücklichen kanonischen Satzungen eine dreifache: die Verherrlichung der Religion, der Unterhalt der Geistlichkeit und die Unterstützung der Armen.

Die Verherrlichung der Religion durch äußere Pracht des Gottesdienstes ist von vielen, und zwar Katholiken, vielleicht überschätzt worden, während sie von anderen, namentlich Reformierten, für schädlich oder doch überflüssig erklärt wurde. Bei jener Ansicht ist die Phantasie, bei dieser der Verstand überwiegend, in der höheren Einheit beider möchte wohl die Wahrheit liegen.

Es wäre sehr widersinnig anzunehmen, daß für den Menschen überhaupt nichts vorhanden sei, als was der menschliche Verstand begreift. Der Mensch kann schon sich selbst nicht begreifen, eben weil er durch ihm innewohnende unbe greifliche Kräfte mit dem Geheimnis der Ewigkeit verbunden ist, denn der Verstand vermag nimmermehr die einfache Frage: woher und wohin? zu beantworten. So haben denn auch die Katholiken von jeher die Gottheit als Geheimnis und unsere Beziehung zu ihr, die Religion, als etwas Unbegreifliches gefaßt. Nimmt aber auf diese Weise die Religion, wenn sie wirklich lebendig werden soll, nicht bloß den Verstand, sondern den ganzen Menschen in aller wunderbaren Fülle seines Daseins, mithin auch Herz und Einbildungskraft gleichmäßig in Anspruch, so führt sie von selbst zur bildlichen Darstellung, zur symbolischen Andeutung durch Künste und äußere Gebräuche, welche man dann ebenso irrtümlich sinnlich schelten mag als die bildende Kunst. Alle weltliche Pracht wird, wenn sie dem Irdischen frönt, eitel Hochmut, wenn sie aber Gott dient, selbst göttlich und eine Schwinge des Irdischen. Und wenn wir demnach einerseits die bildliche Pracht des Gottesdienstes als ein für alle Zeiten bedeutendes Bedürfnis der Kirche anerkennen müssen, so können wir andererseits auch nicht ableugnen, daß die Klöster derselben in dieser Beziehung auch noch in der neueren Zeit sehr wesentliche Dienste leisteten. Unablässig darauf bedacht, neue Kirchen zu gründen und die alten nach Kräften zu verzieren, erhielten sie, wenn man die Domkirchen ausnimmt, nicht nur fast allein noch jene Würde und Pracht, sondern sie wußten ihre kirchlichen Feste auch überall, nach der besonderen Eigentümlichkeit der teilnehmenden Gemeinden, eigentümlich zu gestalten und auszuschmücken.

Freilich liegt gerade hier der Mißbrauch und der Aberglaube am nächsten. Aber war denn auch wirklich alles Aberglaube, was wir aus lauter Furcht vor letzterem so eilfertig weggeworfen haben? Sind die Legenden nicht ein Teil und ein wichtiger Teil der vaterländischen Geschichte? Mochte sich das Volk an den völlig national gewordenen Heldengestalten der Heiligen nicht ebensogut erbauen als an dem Andenken berühmter Generale und Staatsmänner? Und ist es denn überhaupt ein Gewinn, daß der Mensch nun vor der Geisteswelt die Augen fest zudrückt, um sich, während die Betrachtung abwärts von ihm seinen Hochmut nährt, nach oben gänzlich zu isolieren?

Aber selbst abgesehen von aller unmittelbar religiösen Beziehung, konnte man die Klöster als die noch einzig übriggebliebenen, wahrhaft allgemeinen Anstalten ansehen zur fortdauernden Erhaltung und Erfrischung der Phantasie, jenes bedeutenden Elements aller Volksbildung, für deren Erweckung der Staat von Amts wegen nicht weniger sorgen sollte als für die Kultur aller anderen mechanischen und geistigen Kräfte des Menschen. Jene immer wiederkehrende bedeutungsvolle Pracht und Würde des äußeren Gottesdienstes, die stete Eröffnung so vieler schönen Kirchen mit ihren unzähligen Gemälden und Steinbildchen, belebt vom heiteren Glanz der Sonntagsfeier, wo das von Arbeit und Sorge der Werkeltage erschöpfte Volk sich selbst wiederfindet und innerlich besinnt, bildete wahrlich durch ganz Deutschland ein sich immer selbst erhaltendes, großes lebendiges Museum, welches durch die aus den Klöstern bereicherten und für sogenannte Kenner abgeschlossenen heutigen Museen niemals ersetzt werden kann, da sie den größeren Teil der

Nation, das Landvolk, völlig ausschließen, während dieses nur immer mehr auf einige sparsam erhaltene Pfarrkirchen beschränkt wird. Ich räume gern ein, daß sich unter der großen Menge von klösterlichem Kirchenschmuck mehr schlechte als gute Bilder befanden. Aber ist denn einerseits nicht zu befürchten, daß sich letztere auch vermindern werden, wenn nunmehr überhaupt weniger Bilder, gute und schlechte, gebraucht und bestellt werden? Und sind nicht andererseits eben durch deren ehemalige Menge mehrere Kunstgestalten, wie Christus, Maria und viele andere, so volkstümlich geworden, daß ihre Hoheit und überirdische Schönheit selbst von den unkünstlichsten Händen niemals ganz verdorben werden kann? – Ebensowenig kann ich die allgemeine Verminderung der Kreuze, Kapellen usw., welche die Klöster an jedem segensreichen Ort, an abgelegenen Straßen oder auch recht mitten im Gedränge des Lebens sorgfältig anbrachten, für einen Vorteil halten. Ein solches memento mori mit seiner wenn auch oft plumpen Andeutung des Unendlichen war immer besser als die mit schlechten Versen besudelten geschwätzigen Zeugen, die uns jetzt an jedem schönen Platz die Bäume entgegenstrecken und die mit ihrer sentimentalen Zudringlichkeit nur die Geistersprache der Natur verstören. – Endlich gehören hierher die schon oben einmal berührten, vorzüglich von den Klöstern veranlaßten und begünstigten Wallfahrten. Welche tiefe Bedeutung die letzteren noch bis auf den heutigen Tag im religiösen Volksgefühl behaupten, hat erst vor kurzem, gegen alles Räsonnement der modernen Unfehlbarkeit, über eine Million Deutscher bewiesen, welche dem unsichtbaren Heerbann nach Trier gefolgt. Aber selbst mit den Gegnern nur als bloße Volksfeste betrachtet, waren die Wallfahrten eine vortreffliche geistige Erfrischung des müdegearbeiteten Volks und gewiß weit eher imstande, einen brüderlichen Gemeinsinn entfernter und sonst geschiedener Bewohner zu wecken und zu erhalten, als manche künstliche Versuche dieser Art in der neuesten Zeit. Auf jeden Fall aber waren sie doch wohl ebenso gut als die Badereisen der Vornehmen und unvergleichlich besser als die sogenannten Volksfeste, welche heutzutage nur noch etwa die Restaurateurs und Feuerwerker geben und wo die irdische Lust, da sie von keinem höheren Gedanken mächtig besprochen wird, wie dort, von der Polizei umzingelt und über den Haufen geritten werden muß.

Diese eine Hauptbestimmung der geistlichen Güter – die äußere Verherrlichung der Religion, welche wir als wesentlich, und die fortdauernde Erfrischung der phantastischen Kraft im Volk, welche wir als wohltätig erkannten – ist offenbar nach der Einziehung jener Güter fast überall mehr oder weniger übersehen und vernachlässiget. Die Kosten des äußeren Gottesdienstes sind von der nicht berechnenden Vorliebe und Sorgfalt der Klöster zwar auf den Etat übernommen worden, aber der Bau neuer Kirchen ist nicht mehr zu erschwingen, und viele der alten sind geschlossen oder zu Fabriken, Magazinen u. dergl. verbraucht, ein Ärgernis, an das sich das sogenannte gemeine Volk nirgends ohne innere Einbuße gewöhnt. Ebensowenig ist für die Phantasieerweckung in jenem umfassenden Sinne gesorgt worden. Die Theater, welche hier wenigstens zum Teil einigen Ersatz gewähren konnten, werden vom Staate nirgends einer ernsten Beachtung gewürdiget und verwildern in der Buhlerei mit den ungewissen Launen und Gelüsten eines wetterwendischen Publikums. Die wahrscheinliche Folge aber hiervon dürfte einerseits die Störung einer klaren vollständigen Volksbildung und andererseits in der Religion selbst die allmähliche Trennung der Einbildungskraft und des Verstandes sein, welche, da jede dieser Kräfte für sich allein die Religion nicht zu fassen imstande ist, entweder in den Aberglauben oder Unglauben stürzt oder in eine neutrale schwächliche Gleichgültigkeit ausartet, Erscheinungen, welche sich schon jetzt auf eine erschreckende Weise kundgeben.

Die andere Hauptbestimmung der geistlichen Güter war der Unterhalt der Geistlichkeit, worunter ich jedoch nicht bloß die leibliche, sondern auch die geistige Erhaltung und Bildung der letzteren verstehe.

Ich habe schon oben darzutun versucht, daß die Kirche unabhängig vom Staate sei. Dies ist aber ein totes Wort, wenn nicht eben die eigentlichen Repräsentanten und Sprecher der allgemeinen Gesellschaft der Kirche, die Geistlichen, sich dieser Unabhängigkeit erfreuen, d. h. der Freiheit, sich nicht um des Staates, sondern um der Kirche willen selbständig zu entwickeln und den Geist der Kirche unbeschränkt kundzugeben. Nicht aus dem Staate heraus tritt hierdurch die Geistlichkeit, gleichwie der Gelehrtenstand, welcher in neuerer Zeit mehr oder weniger überall in Deutschland einer solchen Unabhängigkeit genoß, eben dadurch erst recht die verwandelnde und bildende Kraft im Staate wurde, der ja überhaupt nichts anderes als der äußere Ausdruck der inneren Entwickelung sein kann. Jene notwendige Freiheit der Geistlichkeit aber erscheint mir durch die Einziehung des geistlichen Guts auf zwiefache Art gefährdet, indem nämlich nunmehr einmal die Bildung und sodann auch die äußere Erhaltung des Klerus dem Staate allein anheimfällt.

Wenn es nimmermehr *eine* Erziehung für die verschiedene Eigentümlichkeit jedes Kindes gibt, so wird noch weniger eine Einerleiheit denkbar sein in der Art und Weise, wie sich die verschiedenen Stände innerlich selbst erzeugen, die wiederum nur der höhere Ausdruck für die verschiedene Eigentümlichkeit im Staate sind. Am wenigsten aber werden daher allgemeine Staatsmaximen auf die Bildung der katholischen Geistlichkeit anwendbar sein, die sich schon durch ihre Ehelosigkeit von aller äußeren Gemeinschaft mit dem Staate lossagt, um ihn, der Idee der Kirche ganz und in unvermisch-

ter Eigentümlichkeit hingegeben, um desto inniger zu durchdringen. Das Unterscheidende und unerläßlich Vorwaltende
in der Idee der katholischen Geistlichkeit ist der Geist der
Entsagung und inneren Mäßigung, eine gewisse Unbefleckt-
heit im Sein und Wissen, jene höhere Unschuld des Daseins,
in welcher noch die Gnade Gottes, alles eigene Verdienst in
sich verzehrend, unmittelbar mächtig ist. Es schließt dieses
geistliche Sein keineswegs die Welt von sich aus, es ist vielmehr, in seiner Vollkommenheit, die Klarheit selbst, in der
die Welt, wenn auch nicht in der Form des Erkennens, sich
selbst beschaut, der sichere Grund und Boden, wo alles
Wissen erst lebendig und alles Talent zur Tugend wird. In
diesem Sinne erzogen unverkennbar die Klöster nicht nur
ihre Novizen, sondern auch Weltgeistliche, teils durch ihre
Teilnahme an theologischen Lehrstühlen, besonders aber in
ihren Seminarien und sogenannten Konvikten, welche, oft
den eigentlichen Unterricht anderen überlassend, vielmehr
das Sein der Zöglinge in Anspruch nahmen und in Gehorsam
und Liebe ein Familienleben zu bilden strebten. Ich gebe zu,
daß sie in späterer Zeit jene Unschuld nur als etwas bloß
Passives, nicht auch als das Empfangende und Erzeugende
anerkannten und daß sie daher bei dem bloßen negativen
Reinhalten und Abwehren stehenblieben, das notwendig zur
geistigen Beschränkung führt. Ja, es läßt sich auch ebensowenig leugnen, daß jener Zustand der Unschuld im allgemeinen
weit hinter unserer Zeit liegt wie ein verlorenes Paradies, das
wir mit den Waffen des Erkennens wiedererobern wollen.
Aber eben deshalb erscheint mir die Geistlichkeit, unwandel-
bar wie die Religion, dazu berufen, durch Gottes Gnade jene
ursprüngliche Richtung des menschlichen Daseins, nach der
wir unablässig zurückkämpfen, als eine Freistatt und beständige Erfrischung über allen Zeiten und ihren Kämpfen in sich
zu erhalten, gleichsam als die ewigen Wächter und Boten des
Paradieses, um das Heimweh auf Erden immer zu erneuern.

Und diese ursprüngliche Jungfräulichkeit der geistlichen Bildung geht offenbar mehr oder weniger unter, seitdem die angehenden Geistlichen, in die niemals befriedigte Unruhe der Zeit hineingeworfen, mehr im allgemeinen Treiben der Welt erzogen werden. Besonders scheint die Vereinigung der katholisch-theologischen Fakultäten mit protestantischen Universitäten den beabsichtigten vorteilhaften Einfluß auf erstere nicht zu äußern. Denn solange zwischen beiden nicht ein wechselseitiges lebendiges Anerkennen stattfindet, wird die durch den Zeitgeist übermächtige Nachbarschaft bei dem katholischen Teil nur das scheue Zurückziehen, die finstere Verschlossenheit und Beschränkung noch vermehren, und es ist in der Tat kein erfreulicher Anblick, die katholischen Theologen auf solchen Plätzen wie im heimlichen Verruf umherschleichen zu sehen.

Es erzeugt sich dadurch in der jungen katholischen Geistlichkeit immer mehr der innere Zwiespalt, das an sich selbst irre gewordene Schwanken zwischen Wollen und Nichtwollen, jene gefallene Unschuld, die weder glauben kann noch den Mut hat, sich durch ein tüchtiges Erfassen und Erkennen des Irdischen zu bekehren, und die sich daher in ihrer nichtigen Halbheit ihres von allem Beruf entblößten Standes schämt. Man könnte sagen: ist erst die Scham da, wird auch die wirkliche Bekehrung nicht fern sein. Freilich, wenn das innerliche Ausgewechseltwerden, das bloße Aufgeben der Eigentümlichkeit Bekehrung wäre! Aber nicht in der Verschmelzung, in dem recht entschiedenen Behaupten und Beleben des Besonderen liegt hier wie überall die Rettung.

Mehr in die Augen fallend als der eben entwickelte Nachteil ist der ungünstige Umstand, daß der Geistlichkeit durch die Vernichtung ihres Grundbesitzes die einzige zuverlässige Garantie eines festen und sicheren irdischen Daseins genommen und dieselbe demnach mehr oder weniger auf den Erwerb hingewiesen ist.

Es ist häufig gegen den Reichtum der Geistlichkeit, als gegen ein vorzügliches Hindernis ihrer Gottseligkeit, geeifert worden. Auch mag er wirklich viele verlockt und faul gemacht haben. Im ganzen aber zeigt sich hier der wesentliche Unterschied zwischen den nach ihrer materiellen oder geistigen Richtung schon durch den Sprachgebrauch bezeichneten niederen und höheren oder innerlich vornehmen Ständen. Die letzteren, unter denen ich die Geistlichen obenan stellen möchte, können sich ihrer Natur nach mit dem Erwerb gar nicht abgeben, sondern setzen vielmehr eine wohlgegründete, völlig sorgenlose äußere Existenz als die unerläßliche Bedingung ihrer freien Entfaltung voraus, und es ist daher wenigstens noch niemandem eingefallen, die Industrie als eine geistliche Tugend zu preisen.

Abgesehen demnach von der unfehlbaren Einbuße an gemeiner Achtung, die ein von äußerer Würde entkleideter Stand allezeit erleidet, so ist wohl zu befürchten, daß die Geistlichkeit jetzt innerlich gestört und gründlich profaniert werde durch die erniedrigende Jagd nach Brot, durch das unglückliche Hauslehrerunwesen und wie immer der Erwerb der Armut sich helfen mag.

Aber der Staat, wendet man ein, besoldet ja nunmehr die Geistlichen. – Sie werden also Staatsbeamte, und hier liegt die Gefahr für die Unabhängigkeit der Kirche am nächsten.

Die Staatsbeamten, indem sie sich von der Eigentümlichkeit jedes besonderen Standes lossagen, sollen die Idee des Königs als das Versöhnende alles Besonderen und Feindseligen im Staate darstellen. Ihre Aufgabe liegt wesentlich in der Gegenwart, und der oft so scharf hervortretende Beamtengeist erfährt daher notwendig durch die Veränderungen und Ereignisse der verschiedenen Zeiten einen fortwährenden Wechsel, wie sich dies aus der Geschichte jedes großen Staates dartun läßt. Die Geistlichen dagegen, indem sie die Idee der Kirche, mithin die höchste Versöhnung aller Eigentümlichkeit und überhaupt alles Irdischen darstellen sollen, bilden einen wahrhaften Weltstand, den die Idee des Königs, hier selbst ein zu Versöhnendes, keineswegs in sich aufzunehmen vermag. Nimmermehr darf sich daher ein einzelner Staat anmaßen, die Gesellschaft der Kirche, die *alle* christliche Staaten umfaßt und über dem Zwiespalt der Gegenwart ewig die vergangenen Geschlechter mit den künftigen verbindet, nach der jedesmaligen besonderen Weise seiner Zeit zu regieren. Frei und ungehindert durchringt dieser erfrischende Strom von Licht belebend alle menschliche Verhältnisse, aber er verzengt und bildet die Verzerrung, wo er in künstlichen Gläsern unnatürlich gerichtet und gebrochen wird.

Wir erkennen hieran den wesentlichen Unterschied zwischen den Dienern der Kirche und den Staatsbeamten, dessen Verkennung, für beide verwirrend, nur zu leicht den Wahn erzeugt, als sei die Kirche um des Staates willen und daher demselben untergeordnet, eine herkömmlich geduldete Anstalt, um das Volk nach gewissen politischen Zwecken planmäßig zu verarbeiten, und die Geistlichen die brauchbaren Gelegenheitsmacher, um nach Bedürfnis im Frieden den Frieden und im Kriege den Krieg zu predigen. Auf jeden Fall aber ist die Vernichtung eines selbständigen irdischen Daseins der Geistlichkeit durch Einziehung ihres Grundeigentums vorzüglich dazu geeignet, diesen unheilbringenden Irrtum zu erwecken und, bei der daraus folgenden äußeren Abhängigkeit des Klerus, auch ausführbar zu machen, und wir können es nach einer solchen Verwandlung wenigstens nicht unnatürlich finden, wenn der grillenhafte Heinrich VIII. in England als Oberpriester sechs Glaubensartikel vorschrieb und selbst die gemäßigte Elisabeth fast alle geistliche Gewalt, als ein Regal, in Beschlag nahm.

Der dritte Teil der geistlichen Güter endlich war zur Unterstützung der Armen bestimmt. – Dieser Zweck liegt unbedingt im Kreise der Staatsverwaltung, welche mithin jederzeit die Pflicht hatte, für dessen bestmögliche Erfüllung zu sorgen. Ob aber hierzu die Einziehung des geistlichen Guts ein nötiges und sicheres Mittel war, wollen wir durch eine allgemeine Vergleichung der ehemaligen klösterlichen Verwendung dieses Erbteils der Armut mit dem heutigen Gebaren des Staates näher zu beleuchten versuchen.

Es ist bekannt, daß in den begüterten Klöstern (von denen hier, natürlich mit Ausschluß der Bettelmönche und der noch fortbestehenden geistlichen Krankenhäuser, überall nur die Rede sein kann) jederzeit Speis und Trank für die Armen bereitgehalten wurde und daß kein bedürftiger Reisende ohne Stärkung abgewiesen werden durfte. Man hat dieser ungewählten Gastfreiheit häufig den Vorwurf gemacht, daß sie die Faulheit auffüttere, und allerdings war sie gleichsam ein offener Wechsel, den der Müßiggang durch das ganze katholische Deutschland hatte. Aber – abgesehen davon, daß es an sich immer etwas Erfreuliches bleibt, recht viele Arme gespeist zu sehen, und zwar, wo möglich, lieber mit Brot und Fleisch als mit Rumfordschen Suppen – so ist es auch noch sehr zweifelhaft, ob durch das heutige entgegengesetzte System einer allzu besorglichen und immer unsicheren Dürftigkeitsprüfung, durch die allgemeine Jagd der Polizei auf die Armen, durch den länderdurchkreuzenden Schub, der die Schiebenden schwer belästigt und den geschobenen Müßiggänger, indem er dem Missetäter äußerlich gleichgestellt wird, nur zu leicht wirklich zum Verbrecher oder Lügenkünstler macht, ob endlich, bei der gewöhnlichen Ungewißheit der Verpflichtung zur Aufnahme des Verarmten und da die Klöster nicht mehr vor den Riß treten, durch das daraus überhandnehmende gemeindeweise Protestieren gegen die Tugend der Wohltätigkeit, ob, sage ich, mit so großen weitläufigen Anstalten für die Sittlichkeit in der Tat etwas Bedeutendes gewonnen sei. Wenn ehedem mancher unverdienterweise gespeiset wurde, so dürfte dagegen jetzt vielleicht zu

befürchten stehn, daß mancher wirklich Bedürftige leer aus
gehn oder andern durch unvorsichtige Vernichtung der bürgerlichen Ehre der Keim der Besserung und einer nützlichen
Tätigkeit für immer verschnitten werde. Gewiß aber sind die
in dieser Hinsicht an die Stelle der Klöster getretenen gewöhnlichen Armen- und Arbeitshäuser im allgemeinen weder ein zweckmäßiger noch zureichender Ersatz. Unzweck-
mäßig wegen ihrer fast durchgängig gefängnisartigen inneren
und äußeren Einrichtung, welche das ohnehin freudenlose
Dasein des Armen völlig verdunkelt, und wegen der dabei
selten streng genug vermiedenen Vermengung der unver-
schuldet Armen mit Sträflingen, wodurch erstere, während
man billigerweise alle leibliche Ansteckung sorgfältig verhü-
tet, unbilligerweise der bedeutenderen moralischen Pest
preisgegeben werden. Unzureichend aber, weil sie, ihrer
allgemeinen Natur nach, die auf die Persönlichkeit gerichtete
gelegentliche Unterstützung der Haus- und Landarmen, denen zu ihrer Subsistenz nicht alles, aber oft sehr vieles man-
gelt, diese würksame Hülfe zur rechten Zeit, deren sich die
Gutsuntertanen der Klöster unleugbar vorzüglich erfreuten,
völlig ausschließen und mithin überhaupt jenes lebendige
Wechselverhältnis von Mitleid und Dankbarkeit aufheben,
welches jetzt immer mehr von der Ostentation einer eitlen
Wohltuerei verdrängt wird, einer alles Heilige in der Wohltätigkeit vernichtenden Auflage.

Die andere Art, wie die Klöster das ihnen anvertraute
Armengut verwendeten, war die Unterstützung der studierenden Jugend, teils durch Freitische, Stipendien oder Übernahme des gänzlichen Unterhalts während der Studienjahre,
teils durch die Gymnasien, welche mit den Klöstern mehrerer
Orden, z. B. der Zisterzienser, regelmäßig verbunden waren.
Wer Gelegenheit gehabt hat, sich zu überzeugen, welcher
bedeutenden Menge unbemittelter Jünglinge die Klöster eine
höhere Ausbildung auf die mannigfaltigste Weise erleichter-

ten, ja einzig und allein möglich machten, der wird ehrlich
eingestehen müssen, daß ein ähnliches jetzt gar nicht mehr
stattfindet und daß hierin großenteils der Grund des heutigen
plötzlichen Mangels an katholischen Geistlichen zu suchen
ist, welcher leicht härter empfunden werden möchte als die
frühere, oft gerügte Überschwemmung der Pfarreien mit
Mönchen. Ihren Gymnasien, wo überdies ein Teil der Schüler freie Kost, oft auch Bekleidung erhielt, hat man häufig
eine finstere Strenge der Disziplin und die Dürftigkeit der
Unterrichtsgegenstände vorgeworfen. Es würde uns hier zu
weit führen, untersuchen zu wollen, ob die Strenge und eine
gewisse Mäßigung im Lehren oder die Unbeschränktheit und
Vielwisserei mit dem Wesen der Schule besser überein-
stimme; viel eher möchten wir den Klöstern vorwerfen, daß
sie, dem Geist aller Schule zuwider, dem kindlichen Gemüt
eine zu früh absondernde einseitige Richtung zu einem bestimmten Zwecke, zum geistlichen Stande, gegeben haben.
Immer aber bildeten sie doch, und zwar großenteils in den
abgelegensten Gegenden, sehr schätzbare geistige Erwek-
kungspunkte. Denn wenn es armen Eltern keinesweges
gleichgültig ist, ob die Schule eine oder mehrere Meilen
abliegt, so ist es für die Bildung der Jugend überhaupt von der
höchsten Bedeutung, daß der Knabe nicht völlig aus der
Familie auszuscheiden brauche.

Die Gründlichkeit eines anderen den Klöstern gemachten
Vorwurfes, als hätten sie ihre so ehrwürdigen Zwecken geweihten Güter dermaßen schlecht bewirtschaftet, daß sich
der Staat dessen von Amts wegen annehmen mußte, ist nicht
wohl einzusehen. Es ist wahr, daß sie häufig zum Nachteil
der Landwirtschaft von manchem strengen Rechte gegen ihre
Einsassen nicht Gebrauch machten, das jetzt eifrig aus der
Verdunkelung der Vergangenheit wieder hervorgesucht
wird. Auch teilte ihr Grundbesitz allerdings die allgemeinen
Nachteile aller anderen unverkäuflichen und großen Besit-

zungen, aber in weit geringerem Maße. Denn einerseits blieben die geistlichen Güter nicht, wie die eigentlichen Fideikommisse, in den Händen *einer* Familie, sondern waren vielmehr, indem sie abwechselnd in den Genuß von Mitgliedern so vieler und verschiedenartiger Familien kamen, ein wahres Nationalgut; andererseits aber wurden sie nur selten verpachtet oder gleichgültigen Verwaltern überlassen, sondern von jedesmal dazu ernannten und nicht zugleich mit der Seelsorge sich befassenden Klostergeistlichen selbst bewirtschaftet, bei deren Verwaltung wenn auch nicht die Liebe eines Familienvaters, doch immer die Sorgfalt des Miteigentümers und die Rücksicht auf die Standesnachkommenschaft würksam war.

Jetzt sind diese Güter größtenteils in Domänen verwandelt oder an Private veräußert worden. Daß der Fiskus, seiner Natur nach, der verschwenderischste Landwirt sei, ist allgemein anerkannt; ebenso gewiß ist es dagegen auch, daß die Klasse der reichen Kapitalisten, als der neuen Erwerber, nur selten jenen großmütigen Gebrauch von dem vielleicht höheren Ertrage dieser Güter machen wird und daß demnach die unabweisbare Erfüllung der eben dargestellten drei Hauptbestimmungen des geistlichen Guts dem Publikum zur Last fallen muß. Wie unerschwinglich aber diese Last werden kann, wenn dergleichen Stiftungen, anstatt sie im Wechsel der Zeiten sorgfältig immer wieder zu beleben, einmal vernichtet sind, davon gibt die ungeheure und doch immer unzureichende Armentaxe in England ein merkwürdiges Beispiel.

Die Geschichte der Reformation, mit welcher die eigentliche bedeutendste Einziehung des geistlichen Guts zusammentrifft, gewährt in dieser Hinsicht im allgemeinen keinen erfreulichen oder auch nur beruhigenden Anblick. In Schweden und Dänemark wurde dasselbe lediglich zum Besten der Krone in Beschlag genommen und nur ein geringer Teil seiner ursprünglichen Bestimmung wiedergegeben. In England verschlang ein nutzloser Krieg gegen Frankreich und vorzüglich die Lüderlichkeit Heinrichs VIII., seine verschwenderischen Verpfändungen und Schenkungen an Günstlinge und Mätressen, alles Kirchengut fast ohne bedeutende Spur von Ersatz. Und so wurde überall mehr oder weniger dieser ehrwürdige Nationalschatz, an welchem fromme Vorfahren jahrhundertelang gesammelt, bei der ersten sich darbietenden Gelegenheit dem Bedürfnis des Augenblicks, das oft viel besser unbefriediget bleiben mochte, hingeopfert, ohne dagegen in irgendeinem Staate die Finanzen gründlich zu verbessern, weil die plötzliche Ländervermehrung fast in gleichem Verhältnis auch den Aufwand der Höfe vermehrte und insbesondere überall die alles aufzehrende Gründung stehender Heere begünstigte.

Im nördlichen Deutschland selbst endlich, wo Luther heftig gegen die Fürsten eiferte, welche das Kirchengut sich zueigneten, wurden dennoch die Bistümer eine Beute der Großen und nur die kleineren mittelbaren Stiftsgüter großenteils zu gemeinnützigen und wohltätigen Zwecken verwendet. So entstanden z. B. im Meißenschen viele neue Schulen und in Hessen die Universität Marburg aus eingezogenen Klostergütern.

Mit Achtung wollen wir eine solche Verwendung, wo sie stattfand, anerkennen und diese in so mancher Hinsicht niederschlagende Betrachtung denn überhaupt mit dem freudigen Bekenntnis schließen, daß von den aus dem Schutte der Klöster sich erhebenden norddeutschen Bildungsanstalten eine geistige Erschütterung über das gesamte Deutschland ergangen ist, die nicht bloß das Vergängliche vernichtet, sondern auch das ewig Unvergängliche neu belebt hat.

Nicht darin liegt bei dem Kampfe des Alten und Neuen, worin wir begriffen sind, das Übel, daß das Veraltete weggeräumt worden ist, sondern in der Verblendung, welche den großen Sinn der Vergangenheit verkannte und daher mit dem bloßen Zerstören genug getan zu haben wähnte. Ebensowenig liegt das Heil in der unbedingten Wiederkehr zum Alten, denn in der Weltgeschichte gibt es keinen Stillstand. Aber der unvergängliche Geist aller Zeiten, der in keiner einzelnen vergänglichen Form festgebannt ist, das ewig Alte und Neue zugleich, soll, so scheint es die Vorsehung zu wollen, durch die göttliche Kraft des Erkennens nun sich selber bewußt werden und verjüngen. Es hat daher in unserer Zeit die Wissenschaft eine hohe religiöse Bedeutung.

Vor dem Neuen schützt, bei den heutigen literarischen und sozialen Verhältnissen, keine chinesische Mauer mehr; es wird im Gegenteil dasselbe, auf diese Weise nur von außen halb und abgebrochen vernommen, erst verwirrend und gefährlich, indem es eine verkehrte Lüsternheit erweckt und wohl einen betrüglichen Waffenstillstand, aber keinen Frieden schaffen kann. Es ist daher an uns, das Neue vielmehr scharf und unverzagt ins Auge zu fassen und, wo es lügenhaft befunden, auch auf dem Boden der Wissenschaft zu bekämpfen. Mögen die Klöster, wo eine höhere Weisheit sie wieder ins Leben gerufen, ihre welthistorische Aufgabe nicht verkennen, durch leuchtendes Vorbild sowie durch Christianisierung der Erziehung und der Volksgesinnung die Jugend und ihre Zeitgenossen zu dem großen Kampfe zu rüsten. Gott gebührt die Ehre, uns aber geziemt Wachsamkeit, Demut und frommer, getreuer Fleiß.

ÜBER GARANTIEN

Unter Garantie verstehen wir hier, dem neumodigen Redegebrauch folgend, die Gewähr für den Bestand irgendeines politischen Zustandes im Staate.

Es frägt sich also zunächst:

1. was soll eigentlich garantiert werden, und
2. welche ist nach der Natur dieses zu verbürgenden Gutes die zweckmäßigste Garantie desselben?

Hören wir über die erstere Frage die *Wohlgesinnten* unter den Stimmführern der Zeit – und nur von diesen kann hier überall die Rede sein –, so wird nach Beseitigung alles Unmöglichen, also an sich Verwerflichen, ihre Antwort allgemein in der Forderung bestehen, daß die Mittel materieller und intellektueller Erhaltung und Vervollkommnung, mithin vernünftige Freiheit allen Mitgliedern des Staates ohne Unterschied gleichmäßig gewährt und jene beiden Hauptinteressen durch die Interessenten selbst, also durch die Stände, vertreten werden.

In dieser letzteren Forderung aber liegt zugleich auch die Beantwortung der zweiten Frage; denn es ist damit in der Tat das eigentliche Wesen der *Konstitution* schon ausgesprochen.

Bevor wir uns in eine nähere Erörterung dieses Gegenstandes einlassen, halten wir es für rätlich, vor allen Dingen uns vor dem lärmenden Eilmarsch der Zeit zu verwahren, die, gleichsam in der Luft sich überschlagend, vor übergroßer Hast unversehens eine gute Strecke über ihr eigenes Ziel hinausgelangen dürfte.

Es wird nämlich wohl niemand in Abrede stellen, daß Vernunft und Freiheit, wenn sie zur lebendigen Erscheinung kommen sollen, sich erst individuell gestalten müssen, daß gleichsam das Wort Fleisch werden müsse, um überhaupt politische Geltung und Bedeutung zu haben. Denn das Volk lebt weder von Brot noch von Begriffen allein; es will etwas zu lieben, es will vor allem eine Heimat haben in vollem Sinne, d. i. seine eigentümliche Sphäre von einfachen Grundgedanken, Neigungen und Abneigungen, die alle seine Verhältnisse lebendig durchdringen und deren äußerer Ausdruck eben die Institutionen seines Landes sind. Nun haben wir aber in Deutschland alle alten Institutionen, an denen zahllose frühere Geschlechter andächtig gebaut, von der Reichsverfassung bis zu den Handwerkszünften hinab, in unglaublich kurzer Zeit von der Erde verschwinden gesehen. Zwischen dem zerworfenen Gestein wandeln Bauverständige und Projektenmacher vergnügt mit dem Richtmaß umher und kalkulieren über Anschlägen, aus dem Material nach ihrer Elle eine neue Welt aufzubauen; über den Trümmern aber sitzt das Volk verblüfft und unbehaglich und weiß nicht, was es will, weil es weder für die Vergangenheit, die ihm genommen, noch für die Zukunft, die noch nicht fertig, ein Herz hat. – Ob und was sich aus diesem Zerwürfnis neu gestalten werde, wird zur Zeit auch der kühnste Seher noch nicht vorauszubestimmen wagen.

Ist es etwas Rechtes, Wahrhaftes und historisch Notwendiges, so wird es wie alles Tüchtige sich selbst garantieren und in allmählicher Metamorphose die rechte äußere Form von selbst finden. Ist es in sich nichtig, so wird auch die mächtigste Gewähr es nimmermehr zur Wahrheit machen. In beiden Fällen aber erscheint es als ein unnützes, wo nicht törichtes Beginnen, schon jetzt den Unbestand maßloser Wünsche, den Wechsel widerstreitender Meinungen, mit einem Wort: die unberechenbare *Zukunft* im voraus garantieren zu wollen. Ja, durchgreifende Versuche hierin dürften leicht grade zum Gegenteil dessen, was ihre Verteidiger wollen, nämlich zu einer Störung und Hemmung aller freien Entwickelung führen, indem sie, von mehr oder minder willkürlichen Voraussetzungen ausgehend, derselben eine vorgefaßte abnorme Richtung geben.

Der Buchstabe überhaupt tötet immer und überall. So führt auch der pedantische Götzendienst mit allgemeinen Begriffen, unmittelbar und ohne historische Vermittelung auf das öffentliche Leben angewandt, notwendig zur Karikatur oder Tyrannei, wie die französische Revolution sattsam erwiesen hat, wo vor lauter Freiheit kein rechtlicher Mann frei aufzuatmen wagte und wo unter der heiligen Ägide der Vernunft der lächerlichste Unsinn ganz ernsthaft getrieben wurde.

Dasselbe gilt aus denselben Gründen für den Begriff der Konstitution. Nach dem abgezogenen allgemeinen Schematismus desselben besteht bekanntlich die Konstitution ein für allemal in Repräsentation durch zwei Kammern. Das erinnert aber ziemlich plump an die englische Verfassung, diese an die englische Geschichte und die letztere wieder an Elemente und Katastrophen, die uns völlig fremd sind. Dort wurden in früherer Zeit die eingesessenen Angelsachsen durch die Normannen unterjocht, über den Knechten lagerte sich wie eine zweite höhere Nation das Volksheer der Sieger, deren Fürsten als oberste Lehnsherren, nur in der gesetzgebenden Macht durch den Rat der Barone beschränkt, das monarchische Prinzip in seiner schärfsten Reinheit entwickelten. Die Ausartung dieses Prinzips unter *Johann* in entschiedenen Despotismus rief demnächst als natürliche Reaktion das *aristokratische Element* ins Leben, indem der Bund der Barone dem Tyrannen die Magna Charta abtrotzte. Als nun aber auch dieses Element seinerseits schnell zur Oligarchie erwuchs und die königlichen Vorrechte an sich riß, berief zuerst *Eduard*, zum notgedrungenen Gegengewicht jener Anmaßungen, den niederen Adel sowie Deputierte der Städte in das Parlament, und so war denn auch das dritte *demokrati-*

sche Element gesetzlich konstituiert. Nun wollte aber auch dieses allein herrschen und tauchte in einer der furchtbarsten Revolutionen alles in Blut, aus dem sich erst durch die *Deklaration der Rechte* jene drei Elemente geläuterter und geordneter wieder emporhoben.

Wir haben nun alle sicherlich keine Lust, diese Tragödie nachzuspielen, zumal da wir sogleich für den ersten Akt uns vergeblich nach einem fürchterlichen Tyrannen umsehen. Was ist also hierbei zu tun? Sollen wir in kühner Fiktion erst eine Konstitution setzen, um Kammern zu haben, oder umgekehrt erst Kammern erfinden, um eine Konstitution zu bekommen? Das letzte wäre wenigstens das natürlichere. Aber die erste *Kammer* soll ihrer Idee nach doch ohne Zweifel das Stabile repräsentieren, sie soll sein: Träger historischer Erinnerungen, Bewahrer der Ehre, sicheren Selbstgefühls, der Würde und unabhängigen Gesinnung; sie muß daher unerläßlich auf großes Grundeigentum und Erblichkeit basiert sein. Auf *Erblichkeit*, weil sie sonst unvermeidlich mit dem beweglichen Element der zweiten Kammer in eins zusammenfällt; denn soll sie, ihrer Bestimmung getreu, das *Stabile* vertreten – und tut sie das nicht, wozu wäre sie denn nütz? –, so kann sie unmöglich von der wetterwendischen Gunst der Wahl abhängig gemacht werden, die ja eben immer und überall, mehr oder minder, eine Buhlschaft mit den ewig wechselnden Liebhabereien und Launen der Menge, eine stete Aufmerksamkeit auf den täglichen Kurszettel der öffentlichen Meinung weckt und bedingt. Auf eigenem breitem *Grund und Boden* aber muß jene Kammer fest stehen, weil es töricht wäre, in den Mitgliedern einer für Jahrhunderte gemeinten Institution lauter große starke Charaktere vorauszusetzen, die auch ohne den Hinterhalt und Glanz materiellen Reichtums jederzeit Unabhängigkeit und das nötige Ansehen zu behaupten wüßten. Nun aber hat der Strom der Zeit auch das Grundeigentum als bloße Ware längst flüssig gemacht, und es ist, wenn wir etwa Österreich und die wenigen ehemals reichsständischen mediatisierten Fürstenfamilien ausnehmen, eine hinreichend zahlreiche Aristokratie in jenem Sinne in Deutschland gar nicht mehr vorhanden und würde mithin am allerwenigsten des Gegengewichts einer zweiten Kammer bedürfen. – Diese *zweite Kammer* dagegen soll Repräsentant der Nationalintelligenz sein, also des rastlos Fortstrebenden, Entwickelnden, ewig Beweglichen, notwendig gestützt auf Selbständigkeit der Gemeinden und getragen von der Macht einer entschiedenen öffentlichen Meinung. Aber das Gemeinwesen ist in Deutschland, namentlich in den sogenannten konstitutionellen Staaten, keinesweges schon zu einem sich selbst bewußten Leben gelangt, und – die natürlichste Folge davon – die öffentliche Meinung meint eben noch gar nichts als ein unverständliches Gemurmel der verschiedenartigsten Stimmen, durch das man von Zeit zu Zeit die Posaunenstöße liberaler Blätter hindurchschreien hört; sie ist vielmehr zur Zeit noch eine ziemlich komplette Musterkarte von allem, was jemals in ganz Europa, Amerika oder in dem verschlafenen Asien über Politik gedacht und geträumt worden.

Das Vorstehende will übrigens mehr nicht beweisen, als daß uns jetzt Konstitutionen überhaupt noch nicht so gewaltig nottun, als uns ihre Verfechter gern einreden möchten, und daß insbesondere selbst eine Konstitution, die für den einen Staat vollkommen angemessen wäre, alle seine Interessen befriedigte und sicherstellte, darum keineswegs auch für jeden anderen Staat passen würde, am wenigsten in Deutschland, wo noch eine frische Eigentümlichkeit der verschiedenen Stämme sich lebendig erhalten hat. Nimmermehr werden z. B. Tiroler und Friesen oder Ostpreußen und Rheinländer in Affekten, Gewohnheiten, Neigungen und Abneigungen miteinander sympathisieren. Es sind nicht bloß die Alpen dort und die Sandflächen hier, nicht hier der Schnaps und dort der

Wein, nicht die Verschiedenheit des Dialekts, des Klimas, der Religion oder der historischen Erinnerungen allein, sondern eben alles zusammen in seiner geheimnisvollen jahrhundertlangen Wechselwirkung. Welcher also ist nun hier der Normaldeutsche, dem sich alle andern akkommodieren müssen? Ich meine: keiner oder jeder in seiner Art; denn die deutsche Natur ist, Dank sei dem Schöpfer, nicht so arm, daß sie in der Eigentümlichkeit eines Stammes rein aufgehen sollte. Auch wäre das an sich ebenso langweilig als überflüssig, denn Einerleiheit ist keine Einheit. Schon im Privatleben bemerken wir, daß Freundschaft und Liebe grade die verschiedenartigsten Naturen zusammenfügt, eben weil nur diese Verschiedenheit reizen und sich wechselseitig ergänzen kann, indem jeder Teil von seinem Reichtum mitteilen will, was dem andern fehlt, und das empfangen, was der andere vollauf hat. Und so wird auch der großen Genossenschaft des Staates mit innerlich ausgewechselten Gesellen nichts gedient, sondern der der liebste sein, der ihr, weil mit ungebrochener Eigentümlichkeit, aus ganzer Seele dient, wie er eben kann und mag. Viele verschieden gestimmte Saiten geben erst Harmonie, und wahrlich, im Jahre 1813 gab es einen schönen Klang durch das gesamte Deutschland. Vor allem aber behüte uns Gott vor einem deutschen Paris, das, wie jenes benachbarte, alle besonderen Meinungen, Gedanken und Interessen aus dem ganzen Reiche einsaugte, um sie auf dem allgemeinen politischen Webestuhl der Zeit zu verarbeiten und dann das Zeug nach dem Ellenmaß seiner Tageblätter als offizielle Modeartikel wieder in die Provinzen zu versenden, die daran in Nord und Süd, bei Frost oder Hitze sehen mögen, wie sie damit weiter fertig werden. – Es ist indes im allgemeinen nach einem guten deutschen Sprichwort schon dafür gesorgt, daß die Bäume nicht in den Himmel wachsen. So mochte, unter anderen, in Spanien der Allerweltsbaum der konstitutionellen Freiheit, den man dort in der Eile gleich mit der Krone

einsenken wollte, in dem spröden Boden keineswegs Wurzel
fassen, und mit jener allzeit fertigen Verfassungsfabrikation
daher, welche die Konstitutionen dutzendweis aus der Tasche langt, verhält es sich fast wie mit dem Märchen vom
Wünschhütlein. Der Besitzer desselben, so oft er es dreht,
sieht alles um sich her verwandelt und befindet sich, nach
Laune, jetzt in Frankreich, dann in England, in Belgien usw.;
so macht er in Gedanken die große Runde um die Welt, zu
Hause ist aber unterdes alles ruhig beim alten verblieben.

Denn ein wahrhaftes Staatsleben kann, wie alles Innerliche,
nicht so obenher durch Machtsprüche der Aufklärung anbefohlen, der Volksgeist durch philosophische Zauberformeln
besprochen werden. Ja, wo dies gelänge – eine solche Aristokratie der Gelehrten oder Gebildeten wäre vielleicht die
verderblichste, wenn sie in ihrer verwegen experimentierenden Allgemeinheit, von der eigentlichen Natur und Geschichte der Nation keine Notiz nehmend, ein einiges Volk
nach und nach in zwei verschiedene Völker entfremdete,
gleichwie in China die Vornehmen für sich eine andere
Religion haben als das gemeine Volk. Wie im Drama vielmehr
– das ja sein Gesetz auch nur in der allgemeinen menschlichen
Natur hat – nicht die Charaktere von der Begebenheit, sondern die Begebenheiten von den Charakteren gemacht werden, so wird auch in der größeren Staatsaktion nur die
fortschreitende Entwickelung der nationalen Eigentümlichkeit, und nicht von oben herab die Regel von den drei
Einheiten, Regel, Handlung und Leben gestalten.

Aber setzen wir endlich, von dem soeben Vorausgeschickten ganz absehend, den Fall, eine Konstitution sei wirklich
fertig und gut, so entsteht die andere, ungleich wichtigere
Frage: wenn die Verfassung die wechselseitigen Interessen
des Staats garantieren soll, wo ist denn nun die Garantie für
die Verfassung selbst, ohne welche diese wiederum Null ist?

Das Papier tut es nicht. Nicht auf dem toten Buchstaben

beruht ja überall die Kraft und Heiligkeit des Vertrages, sondern einzig und allein auf der Treue, auf dem eben nicht zu versiegelnden Willen, ihn zu erfüllen. In gewöhnlichen Privatverhältnissen freilich wird auch das bloße Pergament schon durch den Richter bindend, hier aber steht Gott allein über den Kontrahenten, dessen Justiz nicht immer von dieser Welt ist. Ebensowohl daher, wie ein absoluter Monarch die selbstgegebenen guten Gesetze wieder zurücknehmen könnte, ebenso leicht läßt sich der Fall denken, daß ein konstitutioneller König, wenn er z. B. die Armee für sich zu gewinnen weiß, die papierne Garantie der Verfassung mit allen ihren Klauseln über den Haufen würfe. Wollte man dagegen einwenden, man dürfe ja nur Macht und Gegenmacht kunstreich verschränken, ein so genaues Gleichgewicht der pulsierenden Kräfte im Staate herstellen, daß kein einzelnes Element sich einseitig lossagen könne, so erwidern wir darauf: Geister kann man nicht wägen und messen, und der Geistreichste, wohin er sich auch schlage, wird doch überall den Ausschlag geben und jenes Gleichgewicht der platten Mittelmäßigkeit immerdar wieder zerstören. Es gibt einen Despotismus der Liberalität, der so unleidlich ist wie jede andere Tyrannei, indem er das frische Leben fanatisch mit eitel Garantien, Vor- und Rücksichten umbaut, daß man vor lauter Anstalten zur Freiheit nicht zu dieser selbst gelangen kann; und jenes ängstliche Abwägen und Klausulieren, wenn es an sich möglich wäre und gelänge, müßte notwendig zu wechselseitiger Neutralisation, zu völligem Stillstande, also zum politischen Tode führen.

Fassen wir das alles nun zusammen, so ergeben sich daraus ohne Zweifel folgende Resultate:

Erstens: Eine Verfassung kann nicht *gemacht* werden, denn Willkür bleibt Willkür und unheilbringend, sie komme, woher sie wolle; es ist aber gleich willkürlich, ob man den Leuten sagt: ihr sollt nicht frei sein, oder: ihr sollt und müßt grade auf diese und keine andere Weise frei sein! Weder das müßige Geschwätz des Tages noch die Meinung der Gelehrten oder irgendeiner Kaste darf hier entscheiden, sondern allein die innere Notwendigkeit als das Ergebnis der eigentümlichen, nationalen Entwickelung. Nicht vom Verfasser nennt man es Verfassung, sondern weil es alle Elemente des Volkslebens umfassen, der physiognomische Ausdruck der Individualität eines bestimmten Volkes sein soll. Mit und in der Geschichte der Nation muß daher die Verfassung, wenn sie nicht ein bloßes Luftgebilde bleiben will, organisch emporwachsen wie ein Baum, der, das innerste Mark in immergrünen Kronen dem Himmel zuwendend, sich selber stützt und hält und den mütterlichen Boden beschirmt, in welchem er wurzelt.

Zweitens: Jede Verfassung hat nur relativen Wert durch Identität mit ihrem Lande und Volke, eben weil sie keine wissenschaftliche Hypothese, sondern das bloße Resümee der individuellen innersten Erlebnisse und Überzeugungen der Nation ist.

Drittens: Keine Verfassung als solche garantiert sich selbst. Nicht als Vertrag, wie bereits weiter oben ausgeführt worden; nicht durch ihre Repräsentativformen, denn alle Repräsentation – wo nicht alles eitel Lüge sein soll – bedeutet nur ihren Mandanten, von dem allein sie Macht und Leben hat. Und dieser ist die öffentliche *Gesinnung*, welche das Ganze hält oder bricht, das moralische Volksgefühl von der inneren Notwendigkeit jener Staatsformen, welches sich aber wiederum nur da erzeugen kann, wo die Verfassung auf die vorgedachte organische Weise wirklich ins Leben getreten ist.

Es haben in neuerer Zeit in Deutschland mehrere Regierungen, namentlich auch nichtkonstitutionelle, während andere über Alt und Neu stritten, diesen Streit durch eine zeitgemäße Regeneration ihrer Gesetzgebung praktisch zu schlichten und hiermit zugleich das Volk für einen freieren Zustand allmählich zu erziehen versucht. Denn die Schule des

Lebens ist nur das Leben selbst; sie kann daher nicht durch Lehre, sondern allein durch lebendige Institutionen wirken. So wurde fast allgemein der Grundbesitz von den morschen persönlichen Fesseln, die nur noch drückten, ohne mehr zu halten, sowie das Gewerbe von jener bürgerlichen Aristokratie von Korporationen, Zünften und Innungen befreit, deren moralische Kraft im Mittelalter, als ein geschlossenes Zusammenhalten zu Schutz und Trutz, kein Kundiger leugnen wird, welche aber, nachdem der Staat selbst allen Schutz übernommen, allmählich Sinn und Haltung verloren hatten und nur noch als verknöcherte Monopole erschienen, mit ihren übertriebenen Scheidungen und Hemmungen jede lebendige Bewegung lähmend. Es wurde endlich den Gemeinden, mehr oder minder, möglichste Selbständigkeit, nämlich das Recht, ihren Vorstand zu wählen, das Recht der Steuerbewilligung, der Selbstverwaltung sowie Anteil an der gesetzgebenden Gewalt innerhalb ihrer Kreise gegeben und somit von unten herauf ein tüchtiges Fundament vernünftiger und gesetzmäßiger Freiheit gelegt.

Dieses schon jetzt mit dem Notdach einer Konstitution überbauen, was wäre es wohl anders, als den frischen Wuchs, der eben erst Wurzel faßt, eilfertig am Spalier allgemeiner Formen wieder kreuzigen und verknöchern und mit neumodiger Pedanterie an die Stelle lebendiger progressiver Bewegung den stereotypen Begriff der Freiheit setzen wollen? So mag wohl ein Federkünstler seinen Munsterbau auf dem Papier frischweg von der Spitze anfangen und sehen, wie er nachher mit der Grundlage zurechtkommt, aber jeder Verständige weiß wohl, daß man keinen Turm und keine Konstitution a priori in die Luft hängen kann.

Überdies hat gerade Deutschland unverkennbar tiefergehende innere Garantien bereits aufzuweisen, welche jenes den Nachbarn abgeborgte System wechselseitiger Kautelen und Klauseln um so mehr aufwiegen, als das letztere doch immer nur die Oberfläche zu berühren vermag, indem es notwendig von der Basis des Mißtrauens anstatt der lebendigen Liebe ausgeht.

Es sind namentlich die Universitäten in Deutschland, die hier zunächst in Betracht kommen. Während wir die englischen Kollegien in zünftiger Absonderung von der Welt immer mehr in der altertümlichen Form der Klosterschule – denen sie die erste Gestaltung verdanken, die aber längst ihre ursprüngliche religiöse Bedeutung verloren haben – erstarren sahen, arteten die Hochschulen in Frankreich auf dem entgegengesetzten Weg in bloße einzelne Abrichtungsanstalten für bestimmte bürgerliche Zwecke und Studien aus, so daß man sie füglich als höhere Realschulen bezeichnen könnte. Die deutschen Universitäten dagegen, im Wechsel der Zeiten sich mit diesen immer wieder verjüngend, suchten von jeher in ihrer philosophischen Gründlichkeit die einzelnen Disziplinen (oder Wissenschaften) in ihrem notwendigen Zusammenhange untereinander, alles Wissen in seiner höheren Beziehung, mithin als eine große sittliche Gesamtheit darzustellen. Ein Bestreben, das die Regierungen beständig anerkannten und förderten, indem sie einerseits mit aufopfernder Liberalität für den möglichsten Umfang und Reichtum der Lehre Sorge trugen, andererseits aber bei den Prüfungen zum Staatsdienst außer den hierzu unmittelbar erforderlichen Kenntnissen den Nachweis einer allgemein wissenschaftlichen Bildung zur Bedingung machten.

Dazu kommt ferner die Gunst eines andern, hier nicht zu übersehenden Umstandes, nämlich die politische Mannigfaltigkeit in dem deutschen Staatenverbande selbst. Ohne auf die Erörterung des schon oben berührten Unterschiedes zwischen Einheit und Einerleiheit hier näher einzugehen, so ist doch jedenfalls so viel klar, daß dieser Reichtum der verschiedenartigsten Staatsformen, wie er die Freiheit eigentümlicher Entwickelung begünstigt, zugleich auch eine großartige Vielseitigkeit der Ansichten zur natürlichen Folge haben und durch die naheliegenden mannigfaltigen Vergleichungspunkte notwendig das öffentliche politische Urteil schärfen und berichtigen mußte.

Alles dieses, verbunden mit einem sorgfältigen Schulunterricht der untern Volksklassen, hat in Deutschland eine Masse von wahrhafter Bildung, gleichsam ein geistiges Klima erzeugt, dem unwillkürlich Regenten und Regierte gleichmäßig angehören und das beiden eine sittlich notwendige Richtung gibt, nicht nach den materiellen Berechnungen künstlicher Theorien, sondern weil es sich eben so von selbst versteht. Die inneren Ansprüche, Bedürfnisse und Lebensgewohnheiten des gesamten Volkes sind dadurch allmählich auf einen anderen idealeren Punkt gerückt, so daß hier wahrhaft bedeutende Rückschritte zu früheren abnormen Zuständen, z. B. zu Leibeigenschaft oder willkürlicher Polizeigewalt, in sich moralisch unmöglich wären, gleichwie niemand die wirkliche Zeit zu stellen vermag, wenn er auch den Zeiger seiner Taschenuhr zurückstellt; denn rückt er ihn auch bis auf Mitternacht, die Sonne draußen scheint doch fort, weil sie muß. Es ist daher auch, manchen übertriebenen, dem Volke fremden Schreiern zum Trotz, wohl in keinem andern Lande als in Deutschland eine solche tiefe Loyalität und *politische Gerechtigkeit* allgemein verbreitet, welche im ganzen jedes Extrem, diesen Mißbrauch der Wahrheit, beharrlich abweist und somit gleichsam sich selbst garantiert.

Aber auf diesem eigentlich bloß negativen Grund und Boden rechter Gewähr ist im Verlauf der Zeiten eine andere *positive* Garantie erwachsen, deren Einfluß kein Unbefangener verkennen wird. Sie liegt in der eigentümlichen Gestaltung des deutschen Beamtenwesens, welches daher, in dieser Beziehung, noch eine nähere Betrachtung verdient.

Der durchgreifende Unterschied der deutschen Ansicht von den Grundsätzen anderer Verwaltungen, namentlich der französischen, besteht wesentlich darin, daß dort die Verwaltung eine Vermehrung und Verstärkung, gleichsam die Leibwache der Regierung gegen die Verfassung, hier aber nur die lebendige Vermittlerin zwischen Gesetz und Volk sein soll, daß mithin dort die Beamtenkaste als Partei notwendig einem geheimen Katechismus der mannigfaltigsten, nach den Umständen wechselnden Maximen und Kriegslisten unterworfen bleibt, während der nationale deutsche Beamte sich einer vollkommenen Selbständigkeit innerhalb des Gesetzes zu erfreuen hat. Es mag sein, daß jene Verwaltungsweise durch die hastige Beweglichkeit konstitutioneller Staaten geboten oder doch rätlich gemacht werde, ebenso gewiß aber ist, daß, wer den wechselnden persönlichen Ansichten, einer gleichsam jesuitischen Ordensregel, mit einem Worte: der Willkür von oben blindlings preisgegeben ist, nach menschlicher Weise die Willkür auch wieder nach unten üben wird und daß wohl schwerlich eine Nation frei zu nennen sei, wo eine Kette hierarchisch übereinandergestellter kleiner Tyrannen das Land umschlingt und unabwendbar von unten herauf alle wahre Freiheit wieder vernichtet, die ja eben nur durch die Verwaltung der Nation vermittelt und ins Leben gebracht werden kann.

Jenes deutsche Prinzip aber ist, und zwar am ausgebildetsten in Preußen, vorzüglich in dreierlei Hauptbeziehungen praktisch durchgeführt, nämlich: *durch Zugänglichkeit der Ämter für alle dazu Befähigte,* indem Anstellung und allmähliche Beförderung lediglich von Prüfungen abhängen, deren offenkundige Anforderungen an die intellektuelle und moralische Ausbildung der Bewerber ein für allemal feststehen; *durch kollegialische Verhandlung der Behörden,* indem alle bedeutenden Angelegenheiten im Plenum vorgetragen werden müssen, überall Stimmenmehrheit entscheidet und nur bei Gleichheit der Stimmen der Präsident den Ausschlag gibt, dem Überstimmten aber in der Regel das Recht verbleibt, sein abweichendes, motiviertes Votum zu den Akten zu geben; *endlich durch Unabsetzbarkeit der Beamten,* indem kein Beamter ohne zureichende gesetzliche Gründe, über deren Wert jedoch nur das Gericht zu entscheiden hat, entlassen werden kann.

Die natürlichen Resultate dieser Einrichtung ergeben sich von selbst. Jene gesetzlich festgestellte, allen Gebildeten eröffnete Konkurrenz, welche, wenigstens ihrem Prinzip nach, Gunst oder Ungunst bei der Anstellung ausschließt und wo jeder, in jedem, nach dem Maß seines Verdienstes, eigentlich sich selbst anstellt, ist gleichsam eine offene Einladung an die gesamte Nation, an ihrer eigenen Verwaltung nicht durch abstrakte Abhandlungen von der Rednerbühne, sondern selbsttätig und praktisch teilzunehmen. Die kollegialische Behandlung der Verwaltungsangelegenheiten aber gibt der Vielseitigkeit der Ansichten, der Opposition und Debatte ihr natürliches Recht; Vorteile, welche schwerlich durch den allerdings rascheren Geschäftsgang der Bürokratie aufgewogen werden, wo die Verantwortlichkeit den Vorgesetzten allein, der durch seine Einseitigkeit oder Übereilung verursachte Schaden aber alle Verwalteten trifft. Die Unabsetzbarkeit der Beamten in dem oben angegebenen Sinne endlich sichert äußere und innere Unabhängigkeit, ohne welche überhaupt eine lebendige und tüchtige Verwaltung nicht gedacht werden kann.

Ein auf solche Weise organisierter Beamtenstand wird begreiflicherweise jederzeit nicht eine feindliche Macht dem Volke gegenüber, sondern notwendig einen integrierenden Teil, eine lebendige, sich im Wechsel der Zeiten immer wieder verjüngende Repräsentation des Volkes bilden, durch welche dieses an der Verwaltung selbst faktisch partizipiert.

Die einfachste und kräftigste aller Garantien indes ist endlich überall nur das historische Ineinanderleben von König und Volk zu einem untrennbaren nationalen Ganzen, das seit

Jahrhunderten in gemeinschaftlicher Lust und Not bewährte Band wechselseitiger Liebe und Treue, mit einem Wort: nicht der tote Begriff des abstrakten Königs mit zu regierenden arithmetischen Zahlen, sondern der lebendige individuelle König, der nicht dieser oder jener sein kann, sondern eben *unser* König ist in allem Sinne. Gleichwie es sich aber in einer unentarteten Familie ganz von selbst versteht, daß der Vater den Sohn liebreich zum Besten leite und der Sohn den Vater ehre, so bedarf auch jenes gesunde Staatsverhältnis zu seiner Bürgschaft nicht des Vertrages, dieser Arznei erkrankter Treue.

[POLITISCHE ABHANDLUNG
ÜBER
PREUSSISCHE VERFASSUNGSFRAGEN]

Schon seit geraumer Zeit äußern sich öffentliche Blätter, namentlich in Süddeutschland, mehr oder minder bitter darüber, daß Preußen, das durch Intelligenz, politische Stellung und geographische Lage vorzüglich berufen sei, die zeitgemäßen Interessen Deutschlands zu umfassen und zu entwickeln, diesen mehr und mehr entfremde und in dem allgemeinen Anlauf der neuesten Zeit nach dem angeblich alleinigen Ziele der Völkerwohlfahrt sich wo nicht hemmend, doch gleichgültig und ohne lebendige Teilnahme verhalte.

Auf diese Reden konnte man, solange sie als die Meinungen einzelner erschienen, wie sie der Wellenschlag der Zeit jetzt zahllos emporhebt und wieder verschlingt, kein Gewicht legen. Seitdem aber sind diese Stimmen nicht nur in die Tageblätter auch des nördlichen Deutschlands eingedrungen, sondern sie haben selbst in den Ständeversammlungen der konstitutionellen deutschen Staaten einen bedeutenden Widerhall gefunden, welcher auf die Regierungen dieser Staaten – gleichviel ob in grundsätzlicher Übereinstimmung oder nur durch den Drang der Umstände – einen unverkennbaren Einfluß auszuüben anfängt.

Es erscheint daher an der Zeit, von seiten Preußens in dieser Angelegenheit eine allgemeine Verständigung eintreten zu lassen und ein störendes Mißverhältnis zu lösen, dem zum Teil unklare Ansicht der politischen Verhältnisse überhaupt, größtenteils aber eine auffallende Unkenntnis von dem, was in der letzteren Zeit in Preußen geschehen ist, zum Grunde liegt.

Zuvörderst wird der unbestimmte Vorwurf, als wolle
Preußen im deutschen Staatenverbande sich isolieren, durch
die offenkundige Erfahrung leicht zu beseitigen sein, daß
eben Preußen in der letzteren Zeit fortwährend die Politik
beobachtet hat, eine innigere Vereinigung der deutschen
Staaten, selbst mit eigener Aufopferung, herbeizuführen.
Denn in diesem Sinne sind die Handelsverträge mit Mecklenburg-Schwerin, den freien Hansastädten Hamburg, Bremen
und Lübeck, mit Bayern, Württemberg, der Zollverband mit
Hessen-Darmstadt, den Anhaltinischen Ländern und anderen kleinen deutschen Staaten zum nicht geringen Vorteil der
letzteren abgeschlossen worden.

Außer dem soeben erwähnten Vorwurf aber laufen die
oben gedachten Deklamationen wesentlich darauf hinaus:

I. daß Preußen in seinen Institutionen, die Anforderungen
der Gegenwart an politische Freiheit verkennend oder übersehend, hinter dem allgemeinen Aufschwunge der Zeit zurückgeblieben und inmitten allgemeiner Verjüngung politisch veralte,

II. daß es Preußen für den Bestand des Guten, das es haben
oder noch erstreben möge, an den nötigen Garantien fehle
und daß daher dasselbe zu diesem Zweck und um überhaupt
im Niveau der Zeit zu bleiben sich eine Konstitution geben
müsse.

I

Zur Würdigung der ersteren Behauptung, daß Preußen inmitten allgemeiner Verjüngung politisch veralte, dürfte es,
bei der vorhandenen Verwirrung der verschiedenartigsten
Stimmen, rätlich sein, vor allem sich darüber zu verständigen,
was denn die Gegenwart eigentlich wolle, d. h. was die Vernünftigen und Wohlgesinnten – denn nur von diesen kann
überall die Rede sein – unter dem Titel politischer Freiheit

eigentlich in Anspruch nehmen. Es wird nach Beseitigung alles Unmöglichen, also an sich Verwerflichen, allgemein in der Forderung bestehen, daß die Mittel materieller und intellektueller Erhaltung und Vervollkommnung allen Mitgliedern des Staates ohne Unterschied gleichmäßig gewährt und diese beiden Hauptinteressen durch die Interessenten selbst, also durch Stände, im Staate vertreten werden, da eben diese Interessen in ihren verschiedenen Modifikationen sich historisch in Stände spalten.

Die Aufgabe aber, einen solchen erwünschten Zustand zu begründen, kann der Staat natürlicherweise nur durch innere Gesetzgebung sowie durch gleichzeitige angemessene Organisation der Verwaltung genügend lösen.

Betrachten wir nun

a) *die innere Gesetzgebung Preußens* vom Jahre 1807 ab – also in einer Zeit, wo die Verfassungssucht sich noch keineswegs laut machte –, so bemerken wir in dieser Gesetzgebung bis auf den heutigen Tag einen merkwürdigen organischen Ideengang, wir finden den fortlaufenden roten Faden zweier politischer Hauptelemente: Hinwegräumung aller Hindernisse persönlicher und gewerblicher Freiheit und das Bestreben, die Emanzipierten für den würdigeren Zustand heranzubilden, sie auf dem neugewonnenen Boden der Freiheit wirklich heimisch zu machen.

Zum Belege dieser Wahrnehmung mögen nachstehende Andeutungen dienen:

Noch bis zum Jahre 1807 bestand bekanntlich in Preußen eine bedeutende Ungleichheit der Rechte unter verschiedenen Klassen der Einwohner. Namentlich war der Bauer, wenngleich in milderem Sinne, leibeigen, d. h. er war, ohne Grundeigentum, an den dem Gutsherren zugehörigen Boden gebunden, dessen Nießbrauch er durch gemessene und ungemessene Frondienste, durch Naturallieferungen und Geld vergüten mußte und welchen ohne ausdrückliche Genehmigung des Grundherrn weder er noch seine Söhne verlassen, sich verheiraten oder ein anderes Gewerbe ergreifen durfte – ein unglückliches, im Laufe von Jahrhunderten versteinertes Untertänigkeitsverhältnis, welches einer freigesinnten, auf das gemeinsame Wohl gerichteten Gesetzgebung Hindernisse entgegensetzte, wie sie die Regierungen im westlichen Deutschland nicht mehr zu bekämpfen hatten. Dennoch vertraute man in Preußen der geistigen Gewalt, welche das Rechte jederzeit über bloß materielle Rücksichten ausübt. Durch das Gesetz v[om] 9. Oktober 1807 über den erleichterten Besitz und freien Gebrauch des Grundeigentums usw. wurde der Erwerb von Grundstücken für alle Einwohner des preußischen Staates freigegeben, Bürger und Bauern zum Besitz adeliger Güter, zu gleichen Rechten mit den Edelleuten, befähiget, die teilweise Veräußerung von Gütern, Aufhebung oder Änderung der Lehne, Fideikommisse etc. durch Familienbeschluß nachgegeben, endlich alle Gutsuntertänigkeit im ganzen Staate aufgehoben und deren Wiederherstellung, selbst durch Vertrag, untersagt.

Aber dieser Freisprechung des bäuerlichen Standes, wenn sie wirklich ins Leben treten sollte, mußte notwendig eine bleibende Bürgschaft durch Grundeigentum verschafft werden. Es wurde daher durch das agrarische Gesetz vom 14. September 1811, in Verbindung mit dem Kulturedikt vom nämlichen Tage und Jahre, allen erblichen und nichterblichen Inhabern von Bauernhöfen, sie mochten zu Domänen, geistlichen, Kämmerei- oder Privatgütern gehören, unter der Bedingung, daß sie dem Gutsherrn dafür den dritten Teil ihrer sämtlichen Ländereien abtraten oder sich hierauf auf Kapitalsvergütung oder Rentenversicherung in Naturalien oder Gelde einigten, das freie Eigentum dieser Höfe verliehen, das Recht des Gutsherrn auf Naturaliendienste, gegen billige gesetzmäßige Entschädigung, aufgehoben und somit ein tüchtiger Stamm freier Landeigentümer geschaffen.

In organischem Zusammenhange mit diesen Gesetzen stellt endlich die Gesindeordnung vom 8. November 1810, den freieren Gebrauch geistiger und physischer Kräfte vor aller Willkür verwahrend, die Dienstverhältnisse fest, welche von da ab nur durch Vertrag begründet werden dürfen.

Ähnliche Beschränkungen indes, wie sie hiernach früher den Grundbesitz verkümmerten, lasteten auch auf dem Gewerbe; Zünfte und Innungen übten in eifersüchtiger Ausartung verderbliche Monopole und lähmten mit übertriebenen Scheidungen und Hemmungen jede lebendige Bewegung. Auch diese Fesseln wurden gebrochen, durch die Gesetze vom 28. Oktober 1810, vom 7. September 1811 und vom 30. Mai 1820, die Einführung einer allgemeinen Gewerbesteuer und die polizeilichen Verhältnisse der Gewerbe betreffend, wurde die Scheidung der Fabrikation und des Handels mit den selbst fabrizierten Waren sowie die Beschränkung des Gewerbebetriebes auf Städte und bestimmte Teile des Landes aufgehoben, einem jeden die Aneignung von Kunst- und Gewerbegeschicklichkeit auch bei nicht Zünftigen freigestellt, den nicht zünftigen Gewerbegenossen der Zutritt zu den bisher geschlossenen Zünften gestattet, zünftige und nicht zünftige Meister völlig gleichgestellt und die Ausdehnung eines Gewerbebetriebes auch auf mehrere andere gleichartige bewilliget.

War nun durch diese, man möchte sagen, bloß negativen Anordnungen, durch die Entfesselung des Grundbesitzes und des Gewerbes, die erste Bedingung, gleichsam der nationale Boden der Freiheit gewonnen, so nahm jetzt die Gesetzgebung darauf Bedacht, diese realen Umrisse auch zu beseelen und ein inneres tüchtiges Leben zu wecken, das den errungenen Boden zu behaupten imstande wäre. Nicht von

oben herab durch verwegen experimentierende allgemeine
Formeln, die dem Volke fremd blieben, konnte dies geschehen, sondern von unten herauf mußte das Volk allmählich zur
wahren Freiheit *erzogen* werden.

Mit Aufopferungen daher, wie sie andere Staaten schwerlich aufzuweisen haben dürften, ist in Preußen seit mehreren
Jahrzehnten vor allem das Volksschulwesen erweitert und
veredelt, mehrere tausend neue Schulen geschaffen, durch
Errichtung von Schullehrerseminarien und Musteranstalten
für Bildung tüchtiger Schullehrer gesorgt und auf diese Weise
bis in die entlegensten Winkel der Monarchie Licht und
Gesittung verbreitet worden, während in anderen Staaten,
namentlich in Frankreich, noch Tausende von Kindern ohne
allen Schulunterricht verwildern.

Ebenso geben von dem höheren Streben in Wissenschaft und
Kunst die Universitäten zu Berlin, Breslau, Halle, Bonn und
Königsberg sowie die Kunstakademien in Berlin und Düssel-
dorf ein von ganz Europa freudig anerkanntes Zeugnis.

Von der größten Bedeutung in dieser Beziehung aber ist
ohne Zweifel die Preußische Städteordnung vom 19. November 1808. Der offen ausgesprochene Zweck und Geist dieses
großartigen Gesetzes ist: Entwickelung bürgerlicher Freiheit
durch Bildung fester Vereinigungspunkte in den Bürgerge-
meinen und durch die ihnen erteilte Selbständigkeit in Verwaltung des Gemeinwesens. Zum Beweise wird ein kurzer
Umriß der Hauptmomente desselben genügen:

Jeder Einwohner, der städtische Gewerbe treibt und
Grundstücke besitzt, muß Bürger werden und alle Bürger-
pflichten übernehmen. Stand, Geburt, Religionsverschieden-
heit und überhaupt persönliche Verhältnisse machen bei Gewinnung des Bürgerrechts sowie bei Leistung der bürgerlichen Obliegenheiten keinen Unterschied. Die Bürgerschaft
wird in allen Angelegenheiten durch Stadtverordnete vertreten, deren Zahl, nach Maßgabe des Umfangs der Städte, 24

bis 102 beträgt und welche von der Bürgerschaft aus ihrer
Mitte jedesmal auf drei Jahre gewählt werden. Die Stadtverordneten erwählen nicht nur ihren eigenen Vorsteher, sondern aus der Bürgerschaft auch die der Stadt vorgesetzte
Behörde: den Magistrat, und zwar die unbesoldeten Magi-
stratspersonen, die Oberbürgermeister, Bürgermeister und
Kämmerer, auf sechs, die übrigen besoldeten Beamten auf
zwölf Jahre. Die eigentliche Verwaltung gebührt dem Magistrat, die Kontrolle der gesamten Verwaltung aber den Stadtverordneten, welchen zugleich ein wesentlicher Anteil an
allen allgemeinen Beschlüssen, an der Gesetzgebung und die
Bewilligung der Steuern, Ausgaben, Zulagen usw. zusteht.
Außerdem ist den Magisträten und Stadtverordneten die
Aufsicht über das Kirchen-, Schul- und Armenwesen der
Kommunen und, wo es aus höheren Rücksichten angänglich,
den die städtische Polizei ausübenden Magisträten auch die
Verwaltung der allgemeinen Polizei anvertraut. Dem Staat
bleibt das Recht der höchsten Aufsicht und der Bestätigung
der Kommunalbeamten.

Schon seit zweiundzwanzig Jahren hat diese von Allzube-
sorgten oft als demokratisch angefochtene, freisinnige Institution sich in Preußen segensreich bewährt, während in
anderen Staaten Deutschlands sowie in Frankreich die Emanzipation der Kommunen noch bis heut Gegenstand der Debatte geblieben ist.

An diese Gesetzgebung reiht sich endlich folgerecht die
im Jahre 1824 ins Leben gerufene Institution der Provinzial-
landstände. Die Landtagsabgeordneten werden von den Eingesessenen der einzelnen Kreise aus dem Stande der Ritter-
gutsbesitzer, der Städte und der Bauern gewählt und versammeln sich unter der Leitung des vom Könige zum Ordnen
ernannten Landtagsmarschalls alle zwei Jahr, um etwa bemerkte Mängel der Verwaltung zu rügen, Wünsche und
Vorschläge im Interesse der Provinz vor den Thron zu brin-

gen und die ihnen vorgelegten Entwürfe zu Gesetzen und Landeseinrichtungen zu prüfen und zu beraten.

Wenn nun hiernach die Betrachtung der inneren Gesetzgebung Preußens in der neueren Zeit den Vorwurf engherziger Verknöcherung auf keine Weise rechtfertiget, so erfordert es noch eine nähere Prüfung, inwiefern etwa

b) *die Organisation der Verwaltung* zu solchem Tadel Anlaß geben dürfte.

Auch hier mögen vorerst die Tatsachen für sich selbst sprechen:

Die richterliche Gewalt ist in Preußen von der Verwaltung völlig getrennt. In Absicht der Zivilprozesse entsagt der Fiskus gänzlich seinem früheren privilegierten Gerichtsstande. Die Stellung der Behörden ist durchaus kollegialisch, damit die Zweckmäßigkeit allgemeiner Beschlüsse in der Vielseitigkeit der Ansichten Bürgschaft finde. Die Bürgermeister und Stadtverordneten werden, wie wir oben gesehen, von den Stadtgemeinen, die Kreislandräte von den Gutsbesitzern gewählt. Nur sorgsam gebildete Männer dürfen, nach strenger Prüfung ihrer moralischen und intellektuellen Ausbildung, angestellt, kein Beamter dagegen ohne zureichende Gründe, über deren Wert jedoch lediglich das Gericht zu entscheiden hat, entlassen werden. Das Gesetz vom 26. Dezember 1808 sagt wörtlich:

„Die Regierungen sollen möglichst frei und selbständig unter eigener Verantwortlichkeit in ihrem Wirkungskreise fortschreiten. – Jeder Offiziant muß dem Dienst volle Anstrengung seiner Kräfte und einen rechtlichen Sinn widmen, darum müssen die Regierungen das Dienstverhältnis aber auch gegen ihre Untergebenen nicht zu einem Mietskontrakt und öffentliche Beamte nicht zu Mietlingen herabwürdigen, indem ein jeder von ihnen, nach dem Maß des ihm angewiesenen Berufs, zur Erhaltung und Beförderung des allgemeinen Wohls beitragen soll und darum nicht minder Mitglied der Nation selber ist."

Das Charakteristische dieser Verwaltungseinrichtungen ist demnach unverkennbar: Bürgschaft einerseits für die Verwalteten durch Wahl, durch Prüfung der anzustellenden Beamten und durch kollegialische Form der Verhandlung sowie andererseits würdige Stellung der Beamten selbst durch Vertrauen, möglichste Unabhängigkeit und Unabsetzbarkeit. – Diese letztere, in dem vorher angegebenen Sinne, verdient insbesondere eine nähere Beleuchtung.

Wer von den wechselnden Ansichten, ja Launen seines Vorgesetzten abhängig, mit einem Wort: der Willkür von oben preisgegeben ist, wird nach menschlicher Weise die Willkür auch wieder nach unten üben. Willkür in der Verwaltung aber ist Tyrannei, und wer möchte wohl ein Land frei nennen, wo eine Kette hierarchisch übereinandergestapelter kleiner Tyrannen das Land umschlingt und notwendig von unten herauf alle wahre Freiheit wieder vernichtet, die ja eben nur durch die Verwaltung dem Volke vermittelt und zum Leben gebracht werden kann? Daher z. B. in Frankreich, wo die Verwaltungsformen den unsrigen fast geradezu entgegengesetzt sind, die sich immer wiederholenden lauten Klagen gegen die Beamten, während in Preußen unter diesen sich ein Geist der Ehre und Pflichtmäßigkeit gebildet hat, der Vertrauen mit Treue erwidert und der Zuchtrute knechtischer Furcht nicht bedarf, ein Stand, der nicht als feindliche Kaste außer dem Volke steht, sondern von diesem als der berufene und natürliche Vertreter der Landschaften in ihren heiligsten Interessen geachtet wird.

Alle diese Betrachtungen dürften überzeugend dartun, daß Preußen weit davon entfernt ist, die Forderungen der Zeit zu verkennen oder hinter ihren Fortschritten zurückzubleiben, daß es vielmehr, tiefer gehend, sich ohne Geräusch innerlich

gesammelt und verjüngt und namentlich die sicherste Grundlage rechter Freiheit, ein politisches Leben im Lande, in den
Städten und Gemeinen, bereits entwickelt hat, das andere,
selbst konstitutionelle Staaten bis jetzt größtenteils noch
entbehren.

II

Aber, sagt man, es fehlt in Preußen die Gewähr, es fehlen die
Garantien für alle diese guten Einrichtungen, deren Bestand
lediglich auf der großartigen, gerechten Persönlichkeit des
Königs beruhe und daher durch eine Verfassung bleibend
gesichert werden müsse.

Bevor wir hierauf irgend etwas erwidern, müssen wir uns
vorweg vor dem lärmenden Eilmarsch der Zeit verwahren,
die, gleichsam in der Luft sich überschlagend, vor übergroßer
Hast unversehens leicht eine gute Strecke über ihr eigenes Ziel
hinausgelangen dürfte.

Es wird nämlich wohl niemand in Abrede stellen, daß
Vernunft und Freiheit, wenn sie zur lebendigen Erscheinung
kommen sollen, sich erst individuell gestalten müssen, daß
das Wort Fleisch werden müsse, um überhaupt politische
Gestaltung und Bedeutung zu haben. Der Buchstabe tötet
immer und überall. So führt auch der pedantische Götzendienst mit allgemeinen Begriffen, unmittelbar und ohne historische Vermittelung auf das öffentliche Leben angewandt,
notwendig zur Karikatur oder Tyrannei, wie die vorletzte
französische Revolution sattsam erwiesen hat, wo vor lauter
Freiheit kein rechtlicher Mann frei aufzuatmen wagte und wo
unter der heiligen Ägide der Vernunft der lächerlichste Unsinn ganz ernsthaft getrieben wurde.

Dasselbe gilt aus denselben Gründen für den allgemeinen
Begriff der Konstitution; ja eine Konstitution, die vielleicht
für den einen Staat vollkommen angemessen wäre, alle seine

Interessen befriedigte und sicherstellte, würde darum keineswegs auch für jeden anderen Staat passen, am wenigsten in Deutschland, wo noch eine frische Eigentümlichkeit der verschiedenen Stämme sich lebendig erhalten hat. Mit solcher allzeit fertigen Verfassungsfabrikation daher, welche die Konstitutionen dutzendweis aus der Tasche langt, verhält es sich fast wie mit dem Märchen vom Wünschhütlein. Der Besitzer desselben, so oft er es dreht, sieht alles um sich her verwandelt und befindet sich, nach Laune, jetzt in Frankreich, dann in England, in Belgien usw.; so macht er in Gedanken die große Runde um die Welt, zu Hause aber ist unterdes alles ruhig beim alten verblieben.

Aber setzen wir endlich, von dem soeben Vorausgeschickten absehend, den Fall, eine Konstitution sei wirklich fertig und gut, so entsteht die andere, ungleich wichtigere Frage: wenn die Verfassung die wechselseitigen Interessen des Staates garantieren soll, wo ist denn nun die Garantie für die Verfassung selbst, ohne welche diese wiederum Null ist? Das Papier tut es nicht (das haben wir erst neuerlich in Brasilien gesehen). Nicht auf dem toten Buchstaben beruht ja überall die Kraft und Heiligkeit des Vertrages, sondern einzig und allein auf der Treue, auf dem eben nicht zu versiegelnden Willen, ihn zu erfüllen, dessen äußere Manifestation bloß der geschriebene Kontrakt ist. In gewöhnlichen Privatverhältnissen freilich wird dieser durch den Richter bindend, *hier* aber steht Gott allein über den Kontrahenten, dessen Justiz nicht immer von dieser Welt ist. Ebensowohl daher, wie ein absoluter Monarch die selbstgegebenen Gesetze wieder zurücknehmen könnte, ebenso leicht läßt sich der Fall denken, daß ein konstitutioneller König, wenn er z. B. die Armee für sich zu gewinnen weiß, die papierene Garantie der Verfassung mit allen ihren Klauseln über den Haufen würfe. Wollte man dagegen einwenden, man dürfe ja nur Macht und Gegenmacht kunstreich verschränken, ein so genaues Gleichgewicht der pulsierenden Kräfte im Staate herstellen, daß kein einzelnes Element sich einseitig lossagen könne, so erwidern wir darauf: ein so ängstliches Abwägen und Klausulieren, wenn es an sich möglich wäre, müßte notwendig zu wechselseitiger Neutralisation, zu völligem Stillstande, also zum politischen Tode führen.

Fassen wir das alles nochmals zusammen, so ergeben sich daraus ohne Zweifel folgende Resultate:

Erstens: Eine Verfassung kann nicht *gemacht* werden, denn Willkür bleibt Willkür und unheilbringend, sie komme, woher sie wolle; es ist aber gleich willkürlich, ob man den Leuten sagt: ihr sollt nicht frei sein, oder: ihr sollt und müßt grade auf diese und keine andere Weise frei sein! Weder das müßige Geschwätz des Tages noch die Meinung der Gelehrten oder irgendeiner Kaste darf hier entscheiden, sondern allein die innere Notwendigkeit als das Ergebnis der eigentümlichen nationalen Entwickelung. Nicht vom Verfasser nennt man es Verfassung, sondern weil es alle Elemente des Volkslebens umfassen, der physiognomische Ausdruck der Individualität eines bestimmten Volkes sein soll. Mit und in der Geschichte der Nation muß daher die Verfassung, wenn sie nicht ein bloßes Luftgebilde bleiben will, organisch emporwachsen wie ein Baum, der, das innerste Mark in immergrünen Kronen dem Himmel zuwendend, sich selber stützt und hält und den mütterlichen Boden beschirmt, in welchem er wurzelt.

Zweitens: Keine Verfassung als vorgeschriebener Vertrag garantiert sich selbst, ihre Garantie beruht lediglich auf dem moralischen Volksgefühl von ihrer inneren Notwendigkeit, welches sich aber wiederum nur da erzeugen kann, wo die Verfassung auf die vorgedachte organische Weise wirklich ins Leben getreten ist.

Wenden wir nun das eben Gesagte auf unseren Staat an, so ergibt schon die obige Darstellung, daß Preußen, den Glanz theatralischer Knalleffekte mit Recht verschmähend, seit

ger Zeit eben auf jener als einzig naturgemäß bezeichneten
Bahn nationaler Entwickelung unablässig fortschreitet, daß
es, während andere über Alt und Neu streiten, das Ewigwahre in beiden still erkannt und durch seine innere Gesetzgebung und Verwaltung ein unerschütterliches Fundament
wahrhafter Freiheit gelegt hat. Dieses schon jetzt mit dem
Notdach einer Konstitution überbauen, was wäre es wohl
anderes, als den frischen Wuchs, der eben erst Wurzel faßt,
eilfertig am Spalier allgemeiner Formen wieder kreuzigen und
verkümmern und mit neumodiger Pedanterie an die Stelle
lebendiger, progressiver Bewegung den stereotypen Begriff
der Freiheit setzen wollen? So mag wohl ein Federkünstler
seinen Münsterbau auf dem Papier frischweg von der Spitze
anfangen und sehen, wie er nachher mit der Grundlage fertig
wird, aber jeder verständige Baumeister weiß wohl, daß man
keinen Turm a priori in die Luft hängen kann.

Blicken wir endlich noch weiter zurück in die Geschichte
Preußens, wie der große Kurfürst und Friedrich der Große
ihr Jahrhundert erleuchteten, wie die Gesetzgebung Friedrich Wilhelm[s] des Zweiten jene genialen Blitze zur wärmen-
den Flamme vereinigt und was endlich, wie wir oben gesehen,
in der neuesten Zeit getan worden, so muß es dem Unbefangenen auffallen, daß seit vielen Generationen ununterbro-
chen ein freisinniger Geist der Gerechtigkeit und wahrhafter
Aufklärung durch eine Reihe von Königen von sehr verschiedenartiger Persönlichkeit sich immerdar erhalten und zeitgemäß veredelt hat. In der Geschichte gibt es keinen Zufall. Wir
müssen wohl also das, was man Garantie nennt, seit geraumer
Zeit schon besitzen, ohne uns dessen vielleicht selbst recht
bewußt zu sein, wie der Gesunde ja eben nicht daran denkt,
daß er gesund sei.

Diese einfachste und kräftigste aller Garantien aber ist das
historische Ineinanderleben von König und Volk zu einem
untrennbaren nationalen Ganzen, das seit Jahrhunderten in

gemeinschaftlicher Lust und Not bewährte Band wechselseitiger Liebe und Treue, mit einem Wort: nicht der tote Begriff
des abstrakten Königs mit zu regierenden arithmetischen
Zahlen, sondern der lebendige individuelle König, der nicht
dieser oder jener sein kann, sondern eben *unser* König ist in
allem Sinn. Gleichwie es sich aber in einer unentarteten
Familie ganz von selbst versteht, daß der Vater den Sohn
liebreich zum Besten leite und der Sohn den Vater ehre, so
bedarf auch jenes gesunde Staatsverhältnis zu seiner Bürgschaft nicht des Vertrages, dieser Arznei erkrankter Treue.

Und dieser Geist wechselseitiger Liebe, Mäßigung und
Gerechtigkeit – das fühlt jeder Preuße – wird in dem Sturm
einer tiefbewegten Zeit ferner schirmend über uns walten,
daß der wohlbegründete Stamm, nach dem Maße, das Gott
ihm gegeben, freudig wachse und sich entfalte.

PREUSSEN
UND DIE KONSTITUTIONEN

Überblicken wir die neuere Geschichte, so erfaßt uns unwillkürlich ein ernstes Gefühl, wehmütig und erhebend zugleich. Zerfallene Burgen liegen einsam in der Abendstille, aus den Tälern schallt verworrenes Geräusch herauf, in dem noch keine Stimme zu unterscheiden, und ferner Glockenklang dazwischen, wie die Abschiedslaute einer untergegangenen Zeit. – Aber auf den Trümmern der Burgen spielen fröhlich rotwangige Knaben, und aus allen Mauerritzen, das morsche Gestein sprengend, treibt und ranket frisches Grün, niemand weiß, wohin es sich breite; die Ströme und Wälder rauschen noch immer fort wie damals, durch alle Wipfel fliegt ein scharfes Leuchten, und mit freudigem Schauer gewahren wir, daß es Morgenrot ist, was wir für versinkende Abendröte gehalten.

Was die Welt verwandelt hat, ist schon vielfach, ebenso gründlich als geistreich, gesagt worden. Fassen wir aber die Gegenwart schärfer ins Auge, so können wir es uns nicht länger verhehlen, daß dieser neugestaltende, fast dreihundertjährige Kampf noch keineswegs beendigt oder geschlichtet sei. Es ist noch immer ein und derselbe Grundtrieb, welcher, in seinem ersten Jünglingsfeuer die Bande des kirchlichen Absolutismus durchbrechend, durch wechselseitige Opposition neues Leben in die Kirche gebracht, dann, gleichsam müde von solchem Riesenkampf, als Aufklärung aus den Studierstuben der Gelehrten die Welt mit aufdringlicher Nützlichkeit langweilte und, nachdem er sich dort erholt und wissenschaftlich begründet, nunmehr erst praktisch in das äußere Leben hinaustritt und die politischen Elemente des gesellschaftlichen Verbandes zur Rechtfertigung vor seinen Richterstuhl fordert.

Diese ideale Bewegung geht indes begreiflicherweise nicht unmittelbar vom Volke aus. Überrascht vielmehr, planlos, blöde, zaudernd und ungeschickt verteidigt fast überall die zähe Masse Schritt vor Schritt die Erbschaft mächtiger Gewohnheit und den angestammten Boden historischer Heimat und nationaler Erinnerungen, die ihnen, ehe sie sich dessen versehen, die gewandten Gegner unter den Füßen hinwegdisputieren. Denn der Kampf wird mit ungleichen Waffen geführt. Während die vom Rost der Zeit angefressene Pietät der Altgläubigen eher die Luft als jene Eroberer verwundet, schießen diese hageldicht mit scharfgeschliffenen Zweifeln. Der Zweifel aber ist der Talisman, der, wo er auch nicht trifft, jeglichen Zauber löst.

Die Verständigen haben das Dach von der Weltbühne geschäftig abgebrochen, daß das Tageslicht plötzlich zwischen die Kulissen einfiel; die verblüffte Menge bemerkte nun mit Erstaunen, daß die Heldengestalten, die dort agiert, eigentlich doch auch nur Menschen waren wie sie, es wollte ihnen nach und nach gemuten, als seien manche Prachtgewänder da oben schon ein wenig abgetragen und farblos geworden, ja die Kecksten meinten am Ende, es hänge unter solchen Umständen doch nur von ihnen ab, sich da mit hineinzumischen und auch ein Stück Historie aus dem Stegreif zu improvisieren – und das arme, ausgenüchterte Volk lachte, mehr oder minder roh, über seinen bisherigen Aberglauben, der noch vor kurzem alle Seelen entzückt, gereinigt und erschüttert hatte.

In eine leidliche Illusion wieder hereinzukommen, wenn man einmal ins Lachen geraten, gehört unter die unmöglichsten Dinge, wie ein jeder schon vor der bretternen Bühne, welche die Welt bedeuten soll, sattsam erfahren mag. Auch ist es ganz gut, daß in den romantischen Mondschein, der die

früheren Jahrhunderte wunderbar beglänzte, das morgen-
kühle, scharfe Tageslicht noch zeitig genug hereinbrach, um
die Klüfte und Spalten der längst unterwaschenen und verwitterten Felsen zu beleuchten, die sonst unerwartet über den
Häuptern der Sorglosen zusammengestürzt wären.

Nicht darin liegt das Übel, daß der Verstand, im Mittelalter
von gewaltigeren Kräften der menschlichen Natur überboten,
sein natürliches Recht wiedergenommen, sondern darin, daß
er nun als Alleinherrscher sich keck auf den Thron der Welt gesetzt, von dort herab alles was er nicht begreift und was dennoch zu existieren sich herausnimmt, vornehm ignorierend.
Denn jede maßlose Ausbildung einer einzelnen Kraft, weil sie
nur auf Kosten der anderen möglich, ist Krankheit, und so geht
oft eine geistige Verstimmung durch ganze Generationen und
gibt der Geschichte unerwartet eine abnorme Richtung.

So geschah es denn auch, daß wir in der Tat alle alten
Institutionen, an denen zahllose frühere Geschlechter andächtig gebaut, von der deutschen Reichsverfassung bis zu
den Handwerkerzünften hinab, in unglaublich kurzer Zeit
von der Erde verschwinden sahen. Zwischen dem zerworfenen Gestein wandeln nun Bauverständige und Projektenmacher vergnügt mit dem Richtmaß umher und kalkulieren über
Anschlägen, aus dem Material nach ihrer Elle eine neue Welt
aufzubauen; über den Trümmern aber sitzt das Volk ohne
sonderliche Wehmut oder Erwartung, in der Einsamkeit von
einem epidemischen Unbehagen beschlichen, das sich vor
Langerweile von Zeit zu Zeit durch unruhige Neuerungs-
sucht Luft macht. Und das ist das schlimmste, wenngleich
unvermeidliche Stadium solcher Übergangsperioden, wo das
Volk nicht weiß, was es will, weil es weder für die Vergangenheit, die ihr genommen, noch für die Zukunft, die noch nicht
fertig, ein Herz hat. Denn das Volk lebt weder von Brot noch
von Begriffen allein, sondern recht in seinem innersten Wesen
von Ideen. Es will etwas zu lieben oder zu hassen haben, es

will vor allem eine Heimat haben im vollen Sinne, d. i. seine eigentümliche Atmosphäre von einfachen Grundgedanken, Neigungen und Abneigungen, die alle seine Verhältnisse lebendig durchdringe.

Es möchten hier die schönen Worte *Fichtes* wohl passen: „Wir philosophierten anfangs aus Übermut und verloren darüber die Unschuld; da schämten wir uns unserer Nacktheit und philosophieren nun aus Not, um der Erlösung willen." – Daß es bei solchem nihilistischen Interimistikum nicht verbleiben könne, wird ohne Zweifel von allen zugestanden. Woher aber die Erlösung kommen, wie ein neuer, realer Zustand herbeigeführt und begründet werden soll, darüber spaltet sich die Meinung. Die Hilfe kommt freilich immer von oben. Aber nach dem Wahlspruch: „Hilf dir selbst, so hilft dir Gott", müssen wir doch wohl schon selber eifrig Hand ans Werk legen, denn der Himmel liegt überall nicht wie ein Wirtshaus bequem an der Heerstraße, sondern will *erobert* sein.

Über der Lösung jener Frage nun haben sich zwei Hauptparteien geschieden, die einen rechts, die andern links hin, welche, wie wir gern annehmen, beide das Beste, wenngleich auf entgegengesetzten Wegen, redlich wollen, in der Hitze des Streites aber nach und nach so weit auseinandergekommen sind, daß die wechselseitigen Stimmen kaum mehr vernehmbar herüber- und hinüberklingen.

Die einen finden die Rettung nur in der Restauration des Alten und betrachten alles Vorstreben der persönlichen Freiheit als rebellische Auflösung. Ihre Doktrin läuft wesentlich auf das Hauptdogma hinaus, daß alle Gewalt im Staate von Gott und daher, wie dieser, notwendig absolute Einheit sei, welche von oben herab, gleichsam als göttliche Offenbarung, allem Besonderen erst Recht, Bedeutung und Richtung, aller Persönlichkeit, im Wege der Delegation, erst Geltung verleihe.

Dagegen ist einzuwenden:

1. daß – da die ganze Geschichte eigentlich eine fortgehende Offenbarung ist – jene ursprüngliche Göttlichkeit auch von jeder bloß faktischen Gewalt, z. B. in Republiken, für sich in Anspruch genommen werden könnte.

2. daß an sich tote Teile niemals ein lebendiges Ganze geben und mithin auch die wahrhafte Einheit nur in der eigentümlichen Freiheit der einzelnen ihre eigne Freiheit, Bedeutung und Kraft haben könne; und

3. endlich, daß das Leben des einzelnen wie der Völker nichts Stillstehendes, sondern, eben weil es lebt, eine ewig wandelnde, fortschreitende Regeneration sei und daß es demnach ein wo nicht frevelhaftes, doch jedenfalls vergebliches Beginnen wäre, irgendeinen historischen Zustand, der ja nur als einzelnes Glied der großen Kette relative Bedeutung hat, als Norm für ewige Zeiten festhalten zu wollen. – Wie in Tiecks „Zerbino" sieht man daher diese Partei die große Weltkomödie Szene für Szene mühsam zurückdrängen, während hinter ihrem Rücken das Stück sich unbekümmert weiter fortspielt.

Die anderen, welche sich links gewandt, dagegen stürmen atemlos vorwärts, den angeblich jungen Tag anzubrechen. Ohne Vorzeit und Überlieferung, als gelte es, ganz von neuem die Welt zu erschaffen, summieren sie schlechthin alle Persönlichkeiten als eine souveräne Macht, welche wiederum gleichviel wen als Obmacht zur Handhabung der nötigen Ordnung bevollmächtigt und von diesem Verwalter klüglich, schwarz auf weiß, eine Kaution sogenannter Garantien sich ausstellen läßt.

Diese Ansicht leidet an dem Grundirrtum, daß die Vielheit, die Summe aller freien Persönlichkeiten, welche notwendig eben das Wandelbare und den Wellenschlag der Zeit darstellt, schon an sich Einheit und eine feste Grundlage sei. Von der Entzweiung daher ausgehend, setzt sie in ihrer

sogenannten Obmacht – ihre Kreatur und Herrschaft zugleich – von Haus aus zwei unorganische feindliche Gewalten
im Staate statt eines lebendigen Mittelpunktes, das trennende
Mißtrauen als Lebensprinzip statt der bindenden Liebe. –
Beide Systeme aber in ihren Endpunkten sind bloß negativ,
jenes will im Namen des natürlichen Rechtes alles Positive
niederreißen, dieses über dem einmal nicht wieder zu belebenden Schutte nichts Neues wieder aufbauen.

Lebendiges Heil, wie es scheint, wird daher nur in der
Mitte dieser streitenden Meinungen gefunden werden. Wir
meinen nicht jene mechanische Mitte, welche in allgemeiner
Mittelmäßigkeit eine Kraft durch die andere aufzuheben und
somit die Schaukel der Zeit notdürftig in gleichgültiger
Schwebe zu erhalten versucht, sondern jene Höhe *über* dem
Streit, auf welche die Regenten von Gottes Gnaden berufen.
Außerhalb des wüsten Gedränges ungehindert vor- und
rückwärts sehend, sollen die Freigestellten die ewigen Ge-
birgszüge wie den wandelbaren Gang der Ströme überschauen, gleich einer Völkerkarte, auf der das Chaotische
allmählich in Maßen sich sondert und färbt. Sie sollen erkennen, daß dem Streite da unten zwei mächtige Elemente zum
Grunde liegen: der lebendige Freiheitstrieb einerseits, auf
dem die Bewegung, die Ehre und Individualität der Nationen
beruht, und andrerseits das tiefe Naturgefühl der heimatlichen Anhänglichkeit, der Treue und des Gehorsams, jene
stille fromme Genüge in der Menschenbrust, welche wie der
Glockenklang einer unsichtbaren, gemeinsamen Kirche
durch alle Zeiten und Völker geht. Beide Grundkräfte bedingen einander wie Recht und Pflicht, man könnte sie die
Zentrifugal- und Zentripetalkraft des politischen Universums
nennen, die eine unablässig nach dem Umkreis, nach Vereinzelung, die andere nach einem allgemeinen Mittelpunkte
ringend, beide, selbst mitten im Kampf, die Aufgabe einer
höheren Weltordnung andeutend.

Wie aber, frägt man nun, vermag eine Regierung in diesem gärenden Kampfe widersprechender Elemente jene Höhe zu halten und dieser sich zu bemeistern? Sie übe vor allem *Gerechtigkeit*, indem sie ohne Haß oder Vorliebe die Zeit mit ihren Anklagen, Wünschen und Forderungen hört, das Verkehrte entschieden abweist und dem Billigen und Rechten redlich sein Recht verschafft. Sie halte ferner *Maß*, indem sie vor jedem Extrem, diesem Mißbrauch der Wahrheit, sich hütet, das Richtige nicht zu hoch, das Hohe nicht zu niedrig anschlägt und weder eigensinnig an das Alte sich hängt noch der Zukunft aus eigener Machtvollkommenheit ungeduldig vorgreift. Sie walte endlich mit *Liebe*, indem sie die erwachten Kräfte, wo sie auch jugendlich wild und ungefüg sich gebärden, nicht unterdrückt, sondern sie zu veredeln und somit zu einer höheren Versöhnung zu befähigen trachtet.

Das ist ja eben die Aufgabe der Staatskunst, die Rätsel der Zeit zu lösen und den blöden Willen und die dunkele Sehnsucht der Völker zur klaren Erscheinung zu bringen. Sie ist kein abstraktes Spiel mit feststehenden, algebraischen Formeln, sondern eben eine lebendige *Kunst*, welche das frische wechselnde Leben, nach seinen über allen Wechsel erhabenen, höchsten Beziehungen, in jedem Moment lebendig aufzufassen und schön und tüchtig zu gestalten hat. Ja selbst ihre durch alle Jahrhunderte gefühlte Unzulänglichkeit, das Beste vollkommen darzustellen, ist nur eine Bürgschaft mehr, daß sie, wie alles Große, vom irdischen Boden vermittelnd in ein höheres Gottesreich hinüberlangt und daß mithin, in solchem höheren Sinne, alle Gesetzgebung nur provisorisch ist.

Es dürfte interessant und lehrreich sein, näher zu prüfen, inwiefern die jetzigen Staaten die Zeit erkannt und jene Aufgabe praktisch zu lösen unternommen haben. Es ist daher der Zweck gegenwärtiger Blätter, eine *solche Prüfung* zunächst insbesondere in Beziehung auf Preußen zu versuchen, teils weil das letztere, nach seinem ganzen Verhältnis, mit allen anderen Staaten Deutschlands in steter Wechselwirkung steht, teils weil dazu durch mannigfache, in neuester Zeit lautgewordene Zweifel, Mahnungen und Tadel gegen Preußen besondere Veranlassung gegeben ist. – Um jedoch hierbei sogleich in die Mitte der Sache zu kommen, sei es erlaubt, die Untersuchung an diese Stimme einer weitverbreiteten Meinung unmittelbar anzuknüpfen.

Schon seit geraumer Zeit nämlich äußern sich öffentliche Blätter, namentlich in Süddeutschland, mehr oder minder bitter darüber, daß Preußen, das durch Intelligenz, politische Stellung und geographische Lage vorzüglich berufen sei, die zeitgemäßen Interessen Deutschlands zu umfassen und zu entwickeln, diesen sich mehr und mehr entfremde und in dem allgemeinen Anlauf der neuesten Zeit nach dem angeblich alleinigen Ziele der Völkerwohlfahrt sich wo nicht hemmend, doch gleichgültig und ohne lebendige Teilnahme verhalte.

Auf diese Reden wäre an sich, solange sie als die Meinungen einzelner erscheinen, wie sie die Woge der Zeit jetzt zahllos emporhebt und wieder verschlingt, kein sonderliches Gewicht zu legen. Seitdem aber sind die Stimmen nicht nur in die Tageblätter auch des nördlichen Deutschlands eingedrungen, sondern sie haben selbst in den Ständeversammlungen der konstitutionellen deutschen Staaten einen bedeutenden Widerhall gefunden, welcher auf die Regierungen dieser Staaten – gleichviel ob in grundsätzlicher Übereinstimmung oder nur durch den Drang der Umstände – einen unverkennbaren Einfluß auszuüben anfängt.

Es erscheint daher auch schon in dieser Beziehung an der Zeit, in dieser Angelegenheit eine allgemeine Verständigung eintreten zu lassen und ein störendes Mißverhältnis zu lösen, dem zum Teil unklare Ansicht der politischen Verhältnisse überhaupt, größtenteils aber eine auffallende Unkenntnis von dem, was *in der letzteren Zeit* in Preußen geschehen ist, zum Grunde liegt.

Zuvörderst wird der unbestimmte Vorwurf, als wolle Preußen im deutschen Staatenverbande sich isolieren, durch die offenkundige Erfahrung leicht zu beseitigen sein, daß eben Preußen in der letzteren Zeit fortwährend die Politik beobachtet hat, eine innigere Vereinigung der deutschen Staaten, selbst mit eigener Aufopferung, herbeizuführen. Denn in diesem Sinne sind die Handelsverträge mit Mecklenburg-Schwerin, den freien Hansastädten Hamburg, Bremen und Lübeck, mit Bayern, Württemberg, der Zollverband mit Hessen-Darmstadt, den Anhaltinischen Ländern und anderen kleinen deutschen Staaten zum nicht geringen Vorteil der letzteren abgeschlossen worden.

Außer dem soeben erwähnten Vorwurf aber laufen die oben gedachten Deklamationen wesentlich darauf hinaus:

I. daß Preußen, die Anforderungen der Gegenwart an politische Freiheit verkennend oder übersehend, in seinen Institutionen hinter dem allgemeinen Aufschwunge der Zeit zurückgeblieben und inmitten allgemeiner Verjüngung politisch veralte,

II. daß es Preußen für den Bestand des Guten, das es haben oder noch erstreben möge, an den nötigen Garantien fehle und daß daher dasselbe zu diesem Zweck und um überhaupt im Niveau der Zeit zu bleiben sich eine Konstitution geben müsse.

Zur Würdigung der ersteren Behauptung dürfte es, bei der vorhandenen Verwirrung der verschiedenartigsten Stimmen, nötig sein, vor allem sich darüber spezieller zu verständigen, was denn die Stimmführer der Gegenwart eigentlich wollen, d.h. was die Vernünftigen und Wohlgesinnten – denn nur von diesen kann überall die Rede sein – unter dem Titel politischer Freiheit eigentlich in Anspruch nehmen. Es wird, nach Beseitigung alles Unmöglichen, also an sich Verwerflichen, allgemein in der Forderung bestehen, daß die Mittel materieller und intellektueller Erhaltung und Vervollkomm-

nung allen Mitgliedern des Staates ohne Unterschied gleichmäßig gewährt und diese beiden Hauptinteressen durch die
Interessenten selbst, also durch Stände, im Staate vertreten
werden, da eben diese Interessen in ihren verschiedenen
Modifikationen sich historisch als Stände gestalten.

Die Aufgabe aber, einen solchen erwünschten Zustand zu
begründen, kann der Staat natürlicherweise nur durch seine
innere Gesetzgebung genügend lösen, von deren Beleuchtung daher die obengedachte Prüfung überall auszugehen
haben wird.

Betrachten wir nun *die innere Gesetzgebung Preußens* vom
Jahre 1807 ab – also in einer Zeit, wo die Verfassungssucht
sich noch keineswegs laut machte –, so bemerken wir in
derselben leicht den durchgehenden, organischen Zusammenhang zweier politischer Haupttendenzen, nach denen
sämtliche bedeutendere Gesetze sich in zwei Hauptklassen
unterscheiden lassen, in solche, deren vorzüglicher Zweck
Hinwegräumung aller Hindernisse persönlicher und gewerblicher Freiheit ist, und in solche, wo das Bestreben vorwaltet,
die hiernach Emanzipierten für den würdigeren Zustand
heranzubilden, sie auf dem neugewonnenen Boden der Freiheit wirklich heimisch zu machen.

Wir wenden uns, wie billig, zunächst zu den ersteren. –
*Sogleich das Edikt v[om] 9. Oktober 1807, die Verhältnisse
der Landbewohner betreffend*, welches jene politische Reformation eröffnet, geht von der allgemeinen Ansicht aus, daß es
ebensowohl den unerläßlichen Forderungen der Gerechtigkeit als den Grundsätzen einer wohlgeordneten Staatswirt-
schaft gemäß sei, alles zu entfernen, was den einzelnen hindert, *den* Wohlstand zu erlangen, den er nach dem Maß seiner
Kräfte zu erreichen fähig ist. Dasselbe beginnt daher mit
Aufhebung der jener wohlwollenden Ansicht vorzüglich ent-
gegenwirkenden Beschränkungen, indem es alle Einwohner
des Staates in einer ihrer wesentlichsten Beziehungen, näm-

lich auf *Besitz und Genuß* von *Grundstücken*, möglichst ganz gleichstellt. Jeder Einwohner ist zum Besitz von Grundstükken aller Art, der Adelige also zum Erwerb auch bürgerlicher und bäuerlicher Besitzungen, der Bürger und Bauer zum Besitz adeliger Güter, ohne besondere Erlaubnis berechtigt. Alle Vorzüge, welche bei Gütererbschaften der adelige vor dem bürgerlichen Erben hatte, sowie die bisher durch den persönlichen Stand des Besitzers begründete Einschränkung und Suspension gewisser gutsherrlicher Rechte sind aufgehoben. Ein gesetzliches Vorkaufs- und Näherrecht soll ferner hin nur bei Lehnsobereigentümern, Erbzinsherren, Erbverpächtern, Miteigentümern und da eintreten, wo eine mit anderen Grundstücken vermischte oder von ihr umschlossene Besitzung veräußert wird. Die Besitzer an sich veräußerlicher Grundstücke aller Art sind, unter Vorbehalt der Rechte der Realgläubiger und der Vorkaufsberechtigten, zur teilweisen Veräußerung und also auch die Miteigentümer zur Teilung derselben unter sich berechtigt. Die Vererbpachtung von Privatgütern im ganzen oder in einzelnen Teilen, insofern dadurch die Rechte eines Dritten nicht verletzt werden, sowie die Änderung oder Aufhebung der Lehne, Fideikommisse und Familienstiftungen durch Familienbeschluß ist freigegeben. – *In Betreff der persönlichen Verhältnisse* aber ist dem Edelmann, ohne Nachteil für seinen Stand, bürgerliche Gewerbe zu treiben und jedem Bürger oder Bauer aus dem Bauer- in den Bürger- und aus dem Bürger- in den Bauerstand zu treten erlaubt. Insbesondere darf vom 9. Oktober 1807 an *kein Untertänigkeitsverhältnis* weder durch Geburt noch Heirat, Übernahme einer sonst untertänigen Stelle oder Vertrag mehr entstehen. Mit der Publikation dieses Gesetzes hört das Untertänigkeitsverhältnis derjenigen Untertanen und ihrer Frauen und Kinder auf, die ihre Bauerngüter erblich oder eigentümlich, erbzinsweise oder erbpachtlich besitzen. Mit dem Martinitage 1810 hört *alle* Gutsuntertänig-

keit – welche übrigens auf den Domänen mittels Kabinettsordre vom 28. Oktober 1807 schon vom 1. Juni 1808 an
abgestellt war – im ganzen Staate auf. Nach jenem Tage gibt es
nur freie Leute, wobei jedoch alle Verbindlichkeiten, die
ihnen als freien Leuten vermöge des Besitzes eines Grund-
stückes oder besonderen Vertrages obliegen, in Kraft bleiben.

Sollte indes die in diesem Gesetz enthaltene Freisprechung
des Bauernstandes nicht ein ideales Luftgebild bleiben, so
mußte ihr notwendig auch eine bleibende Bürgschaft durch
Grundeigentum verschafft werden. Einem solchen Unternehmen standen aber im preußischen Staate in den bisherigen
Einrichtungen eigentümliche Schwierigkeiten entgegen.
Sämtliche bäuerliche Besitzungen waren nämlich, mit wenigen Ausnahmen, *ohne Eigentum* entweder erblich oder
nichterblich. Die ersteren wurden von den Besitzern auf ihre
Deszendenz oder Seitenverwandte vererbt, und der Gutsherr
hatte die Verpflichtung, den erledigten Hof mit einem der
Erben des letzten Besitzers wieder zu besetzen. Von diesen
unterschieden sich die nichterblichen Bauerngüter, welche
von dem Gutsherrn an Bauern auf unbestimmte Zeit oder auf
gewisse Jahre oder auch auf Lebenszeit gegen Abgaben,
Pächte und Dienste in Benützung überlassen waren, durch
die willkürliche Wiederbesetzung beim Abgange des Nutz-
nießers und durch die gewöhnliche Befugnis, dabei die Abgaben und Leistungen erhöhen zu dürfen. Das Eigentum des
Gutsherrn unterlag aber bei diesen wie bei den erblichen
Bauerngütern der Beschränkung, daß er die Höfe nicht zu
eigener Benützung einziehen durfte, daß er sie vielmehr mit
Personen des Bauernstandes jedesmal wieder besetzen, sie in
kontributionsfähigem Zustande erhalten und die Steuern und
andere öffentliche Leistungen davon vertreten mußte. Ein
durch Jahrhunderte verknöchertes Verhältnis, das einerseits
einen durchaus patriarchalischen Zustand voraussetzte und
andrerseits durch die mannigfach sich kreuzenden wechsel-

seitigen Ansprüche jede Ausgleichung höchst verwickelt machte.

Demungeachtet wurde diese mit durchgreifendem Erfolge versucht. Durch *das Edikt, die gutsherrlichen und bäuerlichen Verhältnisse betreffend, vom 14. September 1811* wurden nämlich sämtliche bäuerliche Besitzungen, sie mochten zu geistlichen Domänen, Kämmerei- oder Privatgütern gehören, in Eigentum verwandelt und die darauf ruhenden Naturaldienste aufgehoben. Dafür mußten die *erblichen* Besitzer als Entschädigung entweder den dritten Teil ihrer sämtlichen Gutsländereien an den Gutsherren abtreten oder sich auf eine nach demselben Verhältnis auszumittelnde Kapitalsvergütung oder Renteversicherung in Gelde oder Körnern einigen sowie auch in beiden Fällen auf Abgabenvertretung oder sonstige Unterstützung von seiten des Gutsherrn Verzicht leisten und demselben die Hofwehr zurückgeben oder taxmäßig vergüten. Zur besonderen Vergütung des Hofes und dazugehörigen Gartens, welche nicht mit zur Teilung kommen, sondern dem Bauer ausschließlich verbleiben, ist außerdem der Vorbehalt einiger *Hilfsdienste* zu dringenden Bedürfnissen bis zum Betrage von höchstens zehn dreispännigen Spanntagen und zehn Manneshandtagen sowie im Wege freiwilliger Einigung auch eine größere Zahl der Diensttage nachgelassen, die letzteren dürfen jedoch nicht auf ewige Zeiten, sondern immer nur von zwölf zu zwölf Jahren stipuliert werden. Provokation auf geringere Entschädigung findet statt, wenn durch das motivierte Gutachten zweier Kreisverordneten begründet wird, daß die allgemeine Entschädigung durch ein Drittel der Gutsnützung den Verpflichteten offenbar verletze. – Bei den *nichterblichen* bäuerlichen Besitzungen waren die Gutsherren, wenn keine gütliche Einigung auf andere Weise erfolgte, berechtigt, die Hälfte jener Besitzungen an Äckern, Mieten, Wiesen, Holzung und Hütung zu ihren Gütern einzuziehen oder sonst willkürlich darüber zu

disponieren, und zwar in der Art, daß die Auseinandersetzung entweder durch wirkliche Landteilung oder durch Vergütung des Nutzungswertes jener Landeshälfte mit einer
Körnerabgabe oder durch Verbindung beider Arten der Ausgleichung bewerkstelliget wurde.

Nachdem nun durch diese Gesetzgebung erst die persönliche Unabhängigkeit des Landmanns festgestellt, dann diese
durch Grundeigentum garantiert worden, so bezweckte nun
das *Edikt zur Beförderung der Landkultur vom 14. September 1811*, den freien Gebrauch dieses gewonnenen Eigentums
zu sichern und möglichst zu verbreiten. Dasselbe hebt daher
im allgemeinen alle bisherigen Beschränkungen des Grundeigentums auf, indem es festsetzt, daß jeder Grundbesitzer
ohne Ausnahme befugt sein soll, über seine Grundstücke
insofern frei zu verfügen, als nicht Rechte eines Dritten dadurch verletzt werden, um auf diese Weise durch möglichste
Vereinzelung der Güter auch ärmeren Leuten zur Erwerbung
und Vermehrung von Eigentum Gelegenheit zu geben und
somit eine neue Klasse tüchtiger Grundeigentümer zu schaffen. Zur Förderung solcher Vereinzelung wird die Umwand-
lung des erbpachtlichen Verhältnisses durch Ablösbarkeit des
Kanons und des Laudemiums begünstigt sowie auch, bei
vorkommenden Vereinzelungen, die verhältnismäßige Repartition der Grundsteuer auf die abzutrennenden Teile angeordnet und alle bisherigen Einschränkungen der Benutzung
von Privatwaldungen aufgehoben. Erbliche Überlassungen
aber von Land an Arbeitsfamilien dürfen niemals unter Verpflichtung zu fortwährenden Diensten, sondern nur im Wege
des Verkaufs oder mit Auflegung einer bestimmten Abgabe
an Geld oder Körnern geschehen, damit sich hierdurch nicht
neue Abhängigkeitsverhältnisse bilden. Demnächst beschäftigt sich dieses Gesetz noch mit möglichster Entfernung
derjenigen Kulturhindernisse, welche aus besonderen Servi-
tuten entstehen, sowie mit Errichtung von praktischen land-

wirtschaftlichen Gesellschaften und Anlegung größerer und kleinerer Musterwirtschaften.

Während jene Vermittelung gegenseitiger Rechte und Verpflichtungen in einer Deklaration vom 29. Mai 1816 sowie in der Gemeinheitsteilungsordnung vom 7. Juni 1821 durch Anwendung rechtlicher und billiger Grundsätze noch im einzelnen näher bestimmt wird, dehnt endlich ein *Gesetz vom 7. Juni 1821* die *Dienstaufhebung* auch auf Dienste, Natural- und Geldleistungen von solchen Stellen aus, die *eigentümlich* zu Erbzins oder Erbpachtsrecht besessen werden. Die Aufhebung findet jedoch nur auf Antrag der Beteiligten, sowohl der Berechtigten als der Verpflichteten, statt. Spann- und Handdienste, welche zusammen jährlich den Betrag von fünfzig Manneshandtagen nicht übersteigen, werden nach den üblichen Arbeitspreisen zu Geld angeschlagen und in Rente vergütet, größere Dienste aber nach dem Kostenbetrage abgeschätzt, den der Berechtigte zur Beschaffung der bisher damit bestrittenen Arbeiten anwenden muß. Bei den letzteren hat der Provokat, hinsichtlich der Entschädigung, jedesmal zwischen Land und Rente die Wahl, der Dienstpflichtige ist aber zu jeder Zeit befugt, die Rente nach vorheriger sechsmonatlicher Kündigung gegen Erlegung des fünfundzwanzigfachen Betrages auch teilweise abzulösen. Nach denselben Bestimmungen können auch andere jährliche Naturalabgaben, Zehnten und Laudemien, gleichviel ob der Verpflichtete zur Klasse der bäuerlichen Wirte gehört, ob er dienstpflichtig oder ob beides nicht der Fall ist, in Rente verwandelt werden.

Aber auch noch in anderer Richtung hin hatte die Verwandlung der Zeit sich kundgegeben. Als nämlich im Mittelalter, bei wachsender Kultur und Begehrlichkeit, die Gewerbe und der Handel nach und nach von ihrem gemeinsamen Mutterboden, dem Landbau, sich abgelöst und selbständig gegliedert hatten, erschienen sie ursprünglich gleichsam als neue Erfindungen, welche die Unbeholfenheit der Masse patentierte. Dazu das Verhältnis der jungen Städte zu dem alten, eifersüchtigen Adel, die Unsicherheit und Kostbarkeit des Verkehrs, die ganze Sinnesart der Zeit endlich: alles drängte zu geschlossenem Zusammenhalten, zu Schutz und Trutz, und so entstand jene bürgerliche Aristokratie von Korporationen, Zünften und Innungen, deren moralische Kraft, da sie wirklich noch lebten, kein Kundiger verleugnen wird. Nachdem aber der Staat den Schutz übernommen, nachdem die Entdeckung der neuen Welt nicht nur plötzlich einen unendlichen Markt eröffnet, sondern ihn auch zugleich mit einer Masse edler Metalle überreich dotiert hatte, zog der allgemeine Umschwung der Güter, in steter Beschleunigung, immer weitere Kreise, welche die engen städtischen verschlangen und die Spießbürger zu Weltbürgern machten. Jene Einrichtungen mußten daher, wie ausgewaschene Kleider, Farbe und Haltung verlieren und allmählich nur noch als verknöcherte Monopole erscheinen, die mit ihren übertriebenen Scheidungen und Hemmungen jede lebendige Bewegung lähmten.

Das war ein allgemein gefühltes Übel. Aber Preußen gebührt offenbar das Verdienst, auch diese Fessel natürlicher Freiheit schon frühe mit ebensoviel Entschlossenheit als besonner Mäßigung gelöst zu haben. Durch das *Edikt über die Einführung einer allgemeinen Gewerbesteuer vom 2. November 1810*, in Verbindung mit dem *Gesetz über die polizeilichen Verhältnisse der Gewerbe vom 7. September 1811* und dessen *Deklaration vom 11. Juli 1822*, ist zwar die Auflösung der Zünfte und Innungen nicht ausdrücklich anbefohlen, aber durch völlige Gleichstellung des Unzünftigen mit dem Zünftigen vorbereitet und auf naturgemäße Weise herbeigeführt worden. Denn im allgemeinen darf hiernach niemandem der Gewerbeschein versagt werden. Der Gewerbeschein aber gibt dem Inhaber die Befugnis, das darin benannte Gewerbe auf bestimmte Zeit im ganzen Umfange des Staats, in Städten und auf dem platten Lande, unter dem Schutze der Behörden zu treiben, mit den auf den Grund desselben verfertigten Waren zu handeln und Lehrlinge und Gehilfen anzunehmen, wobei die Bestimmung über Lehrzeit, Lehrgeld usw. lediglich Gegenstand des freien Vertrages bleibt. Jedermann kann so vielerlei Gewerbescheine lösen und so vielerlei Gewerbe gleichzeitig nebeneinander treiben, als er selbst will, er darf nicht nur die Materialien und Werkzeuge, deren er zu seinem Gewerbe bedarf, selbst verfertigen, sondern, wenn er zu Werken gewisser Art befugt ist, auch alle zur Vollendung dieser Werke erforderlichen Arbeiten besorgen sowie auch alle zu *einer* Gattung gehörigen Gewerbe betreiben, wenn sie auch sonst durch verschiedene Zünfte getrennt waren. – Keiner Korporation, Zunft oder Innung und keinem einzelnen steht ein Widerspruchsrecht, welcher Grund dafür auch angeführt werden mag, zu. Dagegen sollen die bisherigen *ausschließlichen*, vererblichen und veräußerlichen Gewerbsberechtigungen in den Städten abgelöst und, bis dieses geschehen, mit 4½ Prozent verzinset werden, indem alle diejenigen, welche im Polizeibezirk der Stadt das Gewerbe fortan betreiben, nach dem Umfang desselben verhältnismäßige jährliche Beisteuern zu dem Ablösungsfonds zu leisten und was hiernach zur Ablösung noch fehlt die Stadtgemeinen zuzuschießen haben. – Übrigens darf jeder Zünftige dem Zunftverbande zu jeder Zeit entsagen, jeder zünftige Geselle, ohne Nachteil an seinen Zunftrechten, auch bei Unzünftigen arbeiten, jedes Gewerk aber durch Stimmenmehrheit der Meister sich selbst auflösen. Außerdem behält die Landespolizeibehörde sich das Recht vor, jedes Gewerk zu jeder Zeit für aufgelöst zu erklären.

In Beziehung auf den *Handel* endlich galt bekanntlich früherhin allgemein jene engherzige Politik, welche das bloße Zeichen und Mittel des Umlaufs, nämlich das Geld, als den alleinigen Zweck nahm und – um einen durch Mehrbetrag der Ausfuhr gegen die Einfuhr zu erzielenden Geldüberschuß im Lande zu bewirken – mit der Krämerwaage eine sogenannte Bilanz ängstlich abwog, ohne großes Bedenken manche höhere Interessen, Ehre und innere Wohlfahrt in die Geldschale werfend. Aber das Zünglein dieser Waage steht niemals still. Der Handel ist ein mächtiger Weltstrom geworden, der durch aller Herren Grenzen geht und dessen Steigen und Sinken, wie das Meer, nur noch von den Konstellationen am gemeinsamen politischen Himmel regiert wird, die allein in Gottes Hand stehen. Er läßt sich daher nicht mehr mit schlauer Willkür dort ablenken, um vielleicht gelegentlich eine vertrocknete Sandscholle zu bewässern, dort eindeichen, um dem Nachbar gegenüber ein schön Stück Land abzureißen. Preußen demnach begab sich fortan solcher Kunststücke und wollte lieber alles, was im eigenen Lande Handel und Wandel noch hemmte, ruhig hinwegräumen, damit dort der Verkehr vorerst nach dem Maß seiner natürlichen Kräfte sich von innen vollständig herausbilde und somit, wie alles Gesunde und Tüchtige, sich seine rechte Stelle in der Handelswelt selbst verschaffe.

Und in solchem Sinne verfährt *das Zollgesetz vom 26. Mai 1818*, wenn es den Verkehr im Innern frei macht und daher alle Beschränkungen desselben zwischen den verschiedenen Provinzen oder Landesteilen des Staats sowie alle Binnenzölle, Kommunal- und Privatabgaben vom Handel und Verkehr aufhebt und die Zollinien überall auf die Grenzen der Monarchie vorrückt. Alle fremde Erzeugnisse der Natur und Kunst können im ganzen Umfange des Staats eingebracht, verbraucht und durchgeführt werden; allen inländischen Erzeugnissen der Natur und Kunst wird die Ausfuhr verstattet und diese allgemeine Handelsfreiheit, mit Vorbehalt der Reziprozität gegen anders verfahrende Länder, als Grundlage der Verhandlungen mit fremden Staaten angenommen.

Bei der *Ausfuhr* gilt die Zollfreiheit als Regel. Dagegen

wird – um die inländische Gewerbsamkeit zu schützen und
dem Staate das Einkommen zu sichern, welches Handel und
Luxus, ohne Erschwerung des Verkehrs, gewähren können –
von fremden Waren bei der *Einfuhr* nach Gewicht, Maß oder
Stückzahl ein mäßiger Zoll und, wenn sie im Lande *verbleiben*, gleichzeitig eine durch einen alle drei Jahr zu revidieren-
den Tarif geregelte Verbrauchssteuer erhoben. Gegenstände,
welche bloß *durchgeführt* werden, unterliegen nur einem
einfachen, tarifmäßigen Ein- und Ausfuhrzoll und können,
ohne deshalb eine Verbrauchssteuer zu zahlen, innerhalb des
Landes unter der geordneten Aufsicht umgeladen, auch, der
Spedition oder des Zwischenhandels wegen, gelagert werden.
Befreiung von Ein- oder Durchgangszoll sowie Schadloshal-
tung wegen etwa behaupteter Exemtionen findet nicht mehr
statt.

Durch alle diese, man möchte sagen, bloß negativen Anordnungen, durch die Befreiung der Persönlichkeit, des
Grundbesitzes und des Gewerbes von den verrotteten Fesseln, die nur noch drücken, ohne mehr zu halten, war indes
nur erst der Schutt der alten Zeit zur Seite geschafft, gleichsam nur der Boden der neuen gesetzmäßigen Freiheit gewonnen. War es redlicher Ernst mit allem dem, so mußte nun
auch ein inneres tüchtiges Leben geweckt werden, das den
errungenen Boden zu behaupten und in der Ungebundenheit
sich selbst zu beschränken imstande wäre, indem es einer
höheren Einheit im Staate, der alleinigen Garantie aller Freiheit, sich unterwirft. Eine *wahrhafte* Unterordnung aber ist
immer nur Sache des selbständigen freien Entschlusses, der
wieder nur aus der allgemeinen Gesinnung hervorgehen
kann. Jenes höhere Staatsleben kann daher, wie alles Innerliche, nicht so obenher durch Machtsprüche anbefohlen, der
Volksgeist durch philosophische Zauberformeln besprochen
werden. Ja, wo dies gelänge – eine solche Aristokratie der
Gelehrten oder Gebildeten wäre vielleicht die verderblichste,

wenn sie, in ihrer verwegen experimentierenden Allgemeinheit von der eigentümlichen Natur und Geschichte der Nation keine Notiz nehmend, ein einiges Volk nach und nach in
zwei verschiedene Völker entfremdete, gleichwie in China
die Vornehmen für sich eine andere Religion haben als das
gemeine Volk. Wie im Drama vielmehr – das ja sein Gesetz
auch nur in der allgemeinen menschlichen Natur hat – nicht
die Charaktere von der Begebenheit, sondern die Begebenheiten von den Charakteren gemacht werden, so wird auch in
der größeren Staatsaktion nur die fortschreitende Entwickelung der nationalen Eigentümlichkeit, und nicht von oben
herab die Regel von den drei Einheiten, Regel, Handlung und
Leben gestalten. Man wende dagegen nicht ein, daß die
unruhige Gegenwart der ungünstigste Zeitpunkt für solche
Entwicklungsversuche sei. Die Völker sind jetzt allerdings so
ziemlich in ihre politischen Flegeljahre gekommen, eine unbequeme Durchgangsperiode voll Jünglingsdrang und Überschwenglichkeit, bald täppisch zufahrend zur Unzeit, bald
maulend ohne erklecklichen Grund, immer übertreibend und
zum äußersten bereit. Aber wir fragen jeden ehrlichen Schul-
mann, welche ihm lieber seien: jene ungefügen Gesellen, die
ausgären wollen, oder die zahme, geschlechtslose, altgeborene Brut, die niemals gärt, sondern ewig ein trübes, farbloses, unschmackhaftes Gemisch bleibt. Und so wird auch die
hohe Volksschule einer tiefergehenden Gesetzgebung jene
treibende Kraft, das, was wahr, edel und stark in dem verworrenen Ungestüm, unerschrocken, als erfrischendes Element, an das Ganze knüpfen und das Volk, nachdem es aus
allen früheren kleinen Genossenschaften herausgetrieben,
*von unten herauf zu der höheren Geselligkeit eines lebendi-
gen Gemeingeistes zu erziehen streben,* damit der einzelne
sich als Glied einer größeren Familie betrachten lerne, wo er
sich innerlich zu Hause fühle, der er auf Tod und Leben, in
Lust und Leid verbunden bleibe.

Die Schule des Lebens ist nur das Leben selbst; jene erziehende Gesetzgebung kann daher nicht durch Lehre, sondern muß durch lebendige Institutionen wirken. In Preußen aber sind es hiernach vorzüglich dreierlei Institutionen, die in dieser Beziehung in Anschlag kommen: die Städteordnung, die Provinzialstände und die Militärverfassung. Wir lassen füglich die Gesetze für sich selbst sprechen, indem wir durch kurze Umrisse der Hauptmomente derselben Geist und Absicht klarzumachen versuchen.

Die *Städteverordnung vom 19. November 1808* will, wie sie im Eingange selbst sagt, den Städten eine selbständige Verfassung sichern, in der Bürgergemeine einen festen Vereinigungspunkt gesetzlich bilden, ihnen eine tätige Einwirkung auf die Verwaltung des Gemeinwesens beilegen und durch diese Teilnahme Gemeinsinn erregen und erhalten. – Die Städte, welche nach der Volkszahl in große, mittlere und kleine eingeteilt sind und selbst wieder in Bezirke zerfallen, werden von ihren Magisträten regiert. Die Einwohner teilen sich in *Bürger*, d. i. solche, die städtische Gewerbe betreiben oder in der Stadt Grundstücke besitzen, und in Schutzverwandte, bei denen beides nicht der Fall ist, jene *müssen*, diese *können* das Bürgerrecht erwerben, welches überhaupt keinem Unbescholtenen versagt werden darf. Das Bürgerrecht, bei dessen Gewinnung Stand, Geburt, Religion oder sonstige persönliche Verhältnisse keinen Unterschied begründen, wird vom Magistrat erteilt und geht durch lange Abwesenheit ohne Besorgung eines Stellvertreters, durch entehrende Verbrechen sowie durch dreimal erlittene Kriminalstrafe wieder verloren. – Der Inbegriff sämtlicher Bürger der Stadt macht die Stadtgemeine oder die Bürgerschaft aus. Die Bürgerschaft erwählt aus ihrer Mitte ihre Repräsentanten, *Stadtverordnete*, deren Zahl in kleinen Städten auf 34–36, in mittleren auf 36–60 und in großen auf 60–100 festgesetzt ist. Stimmfähig und wählbar ist, mit Ausnahme der Magistratsmitglieder

während der Dauer ihres Amts sowie der Bürger weiblichen
Geschlechts, jeder Bürger, dessen reines Einkommen in den
kleineren und mittleren Städten 150, in den großen 200 Taler
beträgt. Jeder stimmfähige Bürger muß in der Wahlversammlung persönlich erscheinen, der ausbleibende wird durch die
Beschlüsse der anwesenden verbunden; wer ohne gesetzliche
Entschuldigung wiederholentlich nicht erscheint, kann seines
Stimmrechts und der Teilnahme an der öffentlichen Verwaltung für verlustig erklärt werden. Wenigstens zwei Dritteil
der erwählten Stadtverordneten sollen mit Häusern in der
Stadt angesessen sein. Die Wahl der Stadtverordneten und
ihrer Stellvertreter geschieht jährlich auf drei Jahre, und zwar
jedesmal mit einem Dritteil der gesetzmäßigen Zahl, wogegen
jährlich ein Dritteil derselben durch das Los wieder ausscheidet. Jedem stimmfähigen Bürger steht es frei, *einen* Kandidaten laut vorzuschlagen; über die hiernach verzeichneten
Wahlkandidaten werden sodann die Stimmen gesammelt,
wobei die Stimmenmehrheit entscheidet. Die Wahl wird,
nach vorheriger Prüfung durch die Stadtverordnetenversammlung, vom Magistrat bestätigt, insofern sich dagegen
nichts Wesentliches zu erinnern findet. – Die Stadtverordneten sind im vollsten Sinne Vertreter der ganzen Bürgerschaft
und nicht etwa einer einzelnen Korporation oder dergleichen, zu der sie zufällig gehören. Sie haben sämtliche Angelegenheiten des Gemeinwesens für die Bürgergemeine zu besorgen, in betreff des gemeinschaftlichen Vermögens, der
Rechte und Verbindlichkeiten der Stadt, namens derselben,
verbindende Erklärungen abzugeben, insbesondere die zu
den öffentlichen Bedürfnissen nötigen Leistungen auf die
Bürgerschaft zu verteilen und mit Rücksicht auf das allgemeine System des Staats die Steuern zu bewilligen. Das
Gesetz und ihre Wahl sind ihre Vollmacht, ihre Überzeugung und ihre Ansicht vom gemeinen Besten der Stadt ihre
Instruktion, ihr Gewissen die Behörde, der sie deshalb Re-

chenschaft zu geben haben. Nicht einzeln aber, sondern nur
in der Gesamtheit, durch gemeinschaftliche Beschlüsse, können sie von jener gesetzlichen Vollmacht Gebrauch machen.
Sie wählen jährlich aus ihrer Mitte einen Vorsteher und einen
Protokollführer, wobei nur wirkliche Staatsdiener und prak-
tizierende Justizkommissarien nicht wahlfähig sind, auch
sind sie, zur Prüfung der ihnen anvertrauten Angelegenheiten, Deputationen zu ernennen befugt. Alle Stadtverordne-
tenstellen müssen unentgeltlich verwaltet werden. Jedem
Bürger steht frei, über alle das Gemeinwesen der Stadt betreffende Gegenstände seine Meinung, Vorschläge oder Rügen
schriftlich der Stadtverordnetenversammlung einzureichen.
Die Beschlüsse der letzteren werden durch absolute Stimmenmehrheit gefaßt, dürfen aber nur vom Magistrat zur
Ausführung gebracht werden.

Der *Magistrat* besteht in einem Bürgermeister (in großen
Städten Oberbürgermeister) und mehreren, teils unbesoldeten, teils besoldeten Mitgliedern, von denen der Syndikus
und die gelehrten Stadträte nebst dem Stadtrat für das Bau-
fach auf zwölf Jahre, die übrigen aber nur auf sechs Jahre
bestellt werden. Sämtliche Magistratsmitglieder, mit Ausschluß des Oberbürgermeisters, werden, namens der Stadtgemeine, von den Stadtverordneten aus der Mitte der Bürgerschaft erwählt und von der Provinzialpolizeibehörde bestätigt, zu der Stelle des Oberbürgermeisters dagegen präsentiert
die Stadtverordnetenversammlung drei Kandidaten zur lan-
desherrlichen Auswahl. Der Magistrat ist die ausführende
Behörde, in welcher sich die ganze Geschäftsführung kon-
zentrieren soll. Alle Angelegenheiten aber, womit Administration verbunden oder die anhaltend Aufsicht und Kontrolle oder Mitwirkung an Ort und Stelle bedürfen, als: die
kirchlichen Angelegenheiten, Schulsachen, das Armenwesen, Sicherungsanstalten, Sanitätspolizei usw., werden durch
Deputationen besorgt, welche aus einzelnen oder wenigen

Magistratsmitgliedern, dagegen größtenteils aus Stadtverordneten und Bürgern bestehen, die von der Stadtverordnetenversammlung gewählt und vom Magistrat bestätigt werden.
Die Stadtverordneten in ihrer Gesamtheit kontrollieren die
ganze Verwaltung des städtischen Gemeinwesens in allen
Zweigen, sie prüfen alle Rechnungen und Etats und setzen die
Bedarfssummen fest. Sowohl der Magistrat als die Stadtverordneten können auf Einführung neuer und auf Abänderung
bestehender, vom Staat gegebener oder genehmigter Einrichtungen antragen, welche Anträge jedoch der Zustimmung der
Landespolizeibehörde und, wenn sie vom Magistrat ausgehen, der vorherigen gutachtlichen Vernehmung der Stadtverordnetenversammlung bedürfen. Wo nicht höhere Rücksichten entgegenstehen, ist dem die städtische Polizei ausübenden
Magistrat auch die Verwaltung der allgemeinen Polizei anvertraut. – Die *oberste Aufsicht* übt der Staat dadurch aus, daß er
die Rechnungen der Städte über die Verwaltung ihres Ge-
meinvermögens einsieht, die Beschwerden einzelner Bürger
oder ganzer Abteilungen über das Gemeinwesen entscheidet,
neue Statuten bestätigt und zu den Wahlen der Magistratsmitglieder die Genehmigung erteilt.

Was bei diesem Gesetze auch die einen zu tadeln, die
anderen noch zu wünschen finden mögen, darüber dürften
alle einverstanden sein, daß dasselbe einerseits das nach Klassen und Zünften geschiedene sowie das isolierte örtliche
Interesse der Bürger aufhebt und die Städte, als eine sittliche
Gemeinschaft, in ihrem höheren Verbande zum Staate darstellt. Andrerseits aber ist dasselbe, indem es dem demokratischen Element der Stadtverordneten die Wahl des Magistrats,
die Steuerbewilligung sowie Anteil an der gesetzgebenden
Gewalt gibt, unverkennbar selbst schon Mikrokosmus und
mithin die lebendigste, praktische Vorschule einer repräsentativen Staatsverfassung.

Eine gleiche Schule der Entwicklung gesetzmäßiger Freiheit eröffnet, in immer weiteren und umfassenderen Kreisen allmählich hinansteigend, das *Gesetz wegen Anordnung der Provinzialstände vom 5. Juni 1823*. Hiernach sollen den Provinzialständen als dem gesetzmäßigen Organ der verschiedenen Stände jeder Provinz die Entwürfe nicht nur provinzieller, sondern auch aller allgemeinen Gesetze, welche Veränderungen in Personen- und Eigentumsrechten und in Steuern betreffen, zur Beratung vorgelegt, ihren Beschlüssen die Kommunalangelegenheiten, unter Vorbehalt der Genehmigung des Staats überlassen und von denselben zugleich Bitten und Beschwerden im Interesse der Provinz entgegengenommen werden.

Jeder Provinzialverband besteht aus drei *Ständen*, aus der Ritterschaft, den Städten und den übrigen Gutsbesitzern, Erbpächtern und Bauern, mit Ausnahme von Schlesien, Sachsen, Westfalen und den Rheinprovinzen, welche in vier Stände geteilt sind, deren ersten die ehemaligen unmittelbaren Reichsstände, Fürsten und Besitzer freier Standesherrschaften, jene mit Viril-, diese mit Kuriatstimmen, bilden. Alle übrigen Stände erscheinen durch *Abgeordnete*, welche von ihnen, in der für jede Provinz und jeden Stand bestimmten Anzahl, auf sechs Jahre dergestalt gewählt werden, daß alle drei Jahre die Hälfte der Abgeordneten eines jeden Standes ausscheidet. Allgemeine *Bedingungen der Wählbarkeit sowie der Befugnis zur Wahl* sind: zehnjähriger ununterbrochener Grundbesitz, Gemeinschaft mit einer der christlichen Kirchen, Vollendung des dreißigsten Lebensjahres und unbescholtener Ruf; für die Wählenden genügt jedoch die Vollendung des 24. Lebensjahres und eigentümlicher Besitz, ohne Rücksicht auf seine Dauer. Der Vorsitzende auf dem Landtage, *Landtagsmarschall*, wird für die Dauer eines jeden Landtages vom Könige ernannt. Ebenso der Königl[iche] *Landtagskommissarius*, welcher, als die Mittelsperson aller Verhandlungen, den Ständen die Propositionen des Staats sowie alle denselben nötige Auskunft und Materialien mitteilt, die von ihnen abzugebenden Erklärungen, Gutachten und Vorstellungen zur weiteren Veranlassung empfängt und den Landtag eröffnet und schließt, ohne jedoch den Beratungen desselben beizuwohnen. Zu einem gültigen *Beschlusse der Stände* über solche Gegenstände, die vom Staat zur Beratung an sie gewiesen oder ihrem Beschlusse mit Vorbehalt landesherrlicher Sanktion überlassen oder sonst zur Kenntnis des Landesherren zu bringen sind, wird eine Stimmenmehrheit von zwei Dritteilen, bei allen anderen ständischen Beschlüssen nur die einfache Mehrheit erfordert. Bei Gegenständen, bei denen das Interesse der Stände gegeneinander geschieden ist, findet Sonderung in Teile statt, sobald zwei Dritteile der Stimmen eines Standes, welcher sich durch einen Beschluß der Mehrheit verletzt glaubt, darauf dringen. Das Resultat der Landtagsverhandlungen wird durch den Druck bekanntgemacht.

Wir reden endlich hier von der *Militärverfassung* Preußens zuletzt, weil sie in ihrem innersten Wesen recht eigentümlich auf jener vorbereitenden, den Gemeinsinn in den einzelnen Ständen belebenden Gesetzgebung, als eines ihrer organischen Resultate, beruht. Sie ist die erste Institution, welche die *Gesamtheit* des Volkes in seinem wichtigsten Interesse, als eine große moralische Einheit, umfaßt, indem sie durch Ausschließung aller Exemtionen und Stellvertretung, die eben die sittliche Bedeutung des Gesetzes notwendig wieder vernichten würde, den Grundgedanken einer allgemeinen, gesetzlich geordneten Nationalbewaffnung praktisch durchführt.

Nachstehende Grundzüge derselben, wie sie teils aus dem *Gesetz über die Verpflichtung zum Kriegsdienste v[om] 3. September 1814*, teils aus der *Landwehrordnung vom 21. November 1815* hervorgehen, mögen das Gesetz rechtfertigen:

Jeder Eingeborene, sobald er das 20. Lebensjahr vollendet hat, ist zur Verteidigung des Vaterlandes verpflichtet. Um aber Wissenschaft und Gewerbe im Frieden nicht zu stören, ist die bewaffnete Macht in Hinsicht auf Dienstleistung und Dienstzeit abgeteilt: in das stehende Heer, in die Landwehr ersten und zweiten Aufgebots und in den Landsturm. Zu dem *stehenden Heer*, das jederzeit ins Feld zu rücken bereit und die Bildungsschule der Nation für den Krieg ist, gehören, außer den zum Dienst sich freiwillig meldenden, alle jungen Männer vom 20. bis zum 25. Lebensjahre, von denen, da ihre Gesamtzahl zur Ergänzung der Armee nicht erforderlich ist, jährlich ein Teil durchs Los zum Dienst bestimmt wird. Die drei ersten Jahre befindet sich diese Mannschaft durchgängig bei ihren Fahnen, dann wird sie in ihre Heimat entlassen, wo sie zur Kriegsreserve übergeht und während der beiden letzten Jahre zum Dienst im stehenden Heere im Falle eines Krieges verpflichtet bleibt. Jungen Männern, welche sich den Wissenschaften oder wissenschaftlichen Gewerben widmen und entweder die höheren Klassen eines Gymnasiums besuchen oder eine wissenschaftliche Prüfung bestehen, ist es nachgegeben, auch noch vor dem 20. Lebensjahre als Freiwillige einzutreten und sich die Waffengattung und das Regiment selbst zu wählen. Diese gehen schon nach Verlauf des ersten Dienstjahres zur Kriegsreserve über, in welcher sie in den folgenden vier Jahren, ungestört in ihrer Heimat, nur für den Fall des Krieges zum Dienst in der Linie verpflichtet bleiben. –

Die Landwehr des ersten Aufgebots, welche jederzeit vollständig bekleidet und bewaffnet erhalten wird, ist bei entstehendem Kriege, als Unterstützung des stehenden Heeres, gleich diesem im In- und Auslande zu dienen bestimmt, im Frieden dagegen in ihre Heimat entlassen, wo sie nur jährlich einen Monat zusammengezogen und für sich und mit der Linie exerziert sowie an Sonntagen in ihren Aufenthaltsorten im Schießen geübt wird. Sie besteht teils aus denjenigen jungen Männern von 20 bis 25 Jahren, die nicht in der stehenden Armee dienen, teils aus der nach fünfjährigem Dienst aus dem stehenden Heere gesetzlich ausscheidenden Mannschaft vom 26. bis zum zurückgelegten 32. Lebensjahre. – *Zu der Landwehr des zweiten Aufgebots,* die im Frieden nur an einzelnen Tagen und in kleinen Abteilungen in ihrer Heimat zusammengezogen wird, im Kriege aber zur Verstärkung der Garnisonen, zu Besatzungen und, wenn es nötig, zur Ergänzung des Heeres bestimmt ist, gehören alle Waffenfähigen bis zum vollendeten 39. Lebensjahre. – Der *Landsturm* endlich tritt nur bei feindlichem Einfall in die Provinz auf Befehl des Königs zusammen. Im Frieden kann er von der Regierung zur Unterstützung der öffentlichen Ordnung in einzelnen Fällen gebraucht werden und besteht aus allen Männern bis zum 56. Jahre, die entweder in das stehende Heer und die Landwehr nicht eingeteilt oder aus der letzteren herausgetreten sind. – Die *Offizierstellen* der Linie werden, ohne Rücksicht auf den Stand, nur nach einer vorherigen Prüfung der wissenschaftlichen und sittlichen Qualifikation besetzt. Bei der Landwehr ergänzen sich dieselben in den höheren Graden durch Versetzung und gesetzmäßiges Ausscheiden aus der Linie, in den unteren Graden durch Wahl des Offizierskorps der Landwehr, unter Bestätigung des Königs.

Wir sind keineswegs gesonnen, die soeben beleuchtete Gesetzgebung als das absolute Heil anzupreisen, zu dem nichts mehr zu fügen oder von anderen hinzuzulernen wäre. So viel aber dürften die vorstehenden Betrachtungen jedem Unbefangenen ergeben, daß Preußen, während andere sprachen, sich ohne Geräusch innerlich gesammelt und es ernstlich gemeint hat, ein politisches Leben im Lande, als die sicherste Grundlage vernünftiger Freiheit, allmählich zu entwickeln und zu begründen.

Aber, sagt man, es fehlt in Preußen die Gewähr, es fehlen die Garantien für alle diese guten Einrichtungen, deren Bestand lediglich auf der großartigen, gerechten Persönlichkeit des Königs beruhe und daher durch eine Verfassung bleibend gesichert werden müsse.

Bevor wir hierauf irgend etwas erwidern, müssen wir uns vor allen Dingen vor dem lärmenden Eilmarsch der Zeit verwahren, die, gleichsam in der Luft sich überschlagend, vor übergroßer Hast unversehens eine gute Strecke über ihr eigenes Ziel hinausgelangen dürfte.

Es wird nämlich wohl niemand in Abrede stellen, daß Vernunft und Freiheit, wenn sie zur lebendigen Erscheinung kommen sollen, sich erst individuell gestalten müssen, daß das Wort Fleisch werden müsse, um überhaupt politische Geltung und Bedeutung zu haben. Der Buchstabe tötet immer und überall. So führt auch der pedantische Götzendienst mit allgemeinen Begriffen, unmittelbar und ohne historische Vermittelung auf das öffentliche Leben angewandt, notwendig zur Karikatur oder Tyrannei, wie die vorletzte französische Revolution sattsam erwiesen hat, wo vor lauter Freiheit kein rechtlicher Mann frei aufzuatmen wagte und wo unter der heiligen Ägide der Vernunft der lächerlichste Unsinn ganz ernsthaft getrieben wurde.

Dasselbe gilt aus denselben Gründen für den Begriff der Konstitution:

Nach dem abgezogenen, allgemeinen Schematismus desselben besteht bekanntlich die Konstitution ein für allemal in Repräsentation durch zwei Kammern. Das erinnert aber ziemlich plump an die englische Verfassung, diese an die englische Geschichte und die letztere wieder an Elemente und Katastrophen, die uns völlig fremd sind. Dort wurden in früher Zeit die eingesessenen Angelsachsen durch die Normannen unterjocht, über den Knechten lagerte sich, wie eine zweite höhere Nation, das Volksheer der Sieger, deren Für-

sten, als oberste Lehensherren, nur in der gesetzgebenden
Macht durch den Rat der Barone beschränkt, das *monarchische Prinzip* in seiner schärfsten Reinheit entwickelten. Die
Ausartung dieses Prinzips unter *Johann* in entschiedenen
Despotismus rief demnächst, als natürliche Reaktion, das
aristokratische Element ins Leben, indem der Bund der
Barone dem Tyrannen die Magna Charta abtrotzte. Als nun
aber auch dieses Element seinerseits schnell zur Oligarchie
erwuchs und die königlichen Vorrechte an sich riß, berief
zuerst *Eduard*, zum notgedrungenen Gegengewicht jener
Anmaßungen, den niederen Adel sowie Deputierte der Städte
in das Parlament, und so war denn auch das dritte *demokratische Element* gesetzlich konstituiert. Nun wollte aber auch
dieses allein herrschen und tauchte in einer der furchtbarsten
Revolutionen alles in Blut, aus dem sich erst durch die
Deklaration der Rechte jene drei Elemente geläuterter und
geordneter wieder emporhoben.

Wir haben nun alle sicherlich keine Lust, diese Tragödie
nachzuspielen, zumal da wir sogleich für den ersten Akt uns
vergeblich nach einem fürchterlichen Tyrannen umsehen.
Was ist also hierbei zu tun? Sollen wir, in kühner Fiktion, erst
eine Konstitution setzen, um Kammern zu haben, oder umgekehrt erst Kammern erfinden, um eine Konstitution zu
bekommen? Das letzte wäre wenigstens das natürlichere.
Aber die *erste Kammer* soll, ihrer Idee nach, doch ohne
Zweifel das Stabile repräsentieren, sie soll sein: Träger historischer Erinnerungen, Bewahrer der Ehre, sicheren Selbstgefühls, der Würde und unabhängigen Gesinnung; sie muß
daher unerläßlich auf großes Grundeigentum und Erblichkeit
basiert sein. Auf *Erblichkeit*, weil sie sonst unvermeidlich mit
dem beweglichen Elemente der zweiten Kammer in *eins*
zusammenfällt; denn soll sie, ihrer Bestimmung getreu, das
Stabile vertreten – und tut sie das nicht, wozu wäre sie denn
überhaupt nütz? –, so kann sie unmöglich von der wetter-

wendischen Gunst der Wahl abhängig gemacht werden, die ja
eben immer und überall, mehr oder minder, eine Buhlschaft
mit den ewig wechselnden Liebhabereien und Launen der
Menge, eine stete Aufmerksamkeit auf den täglichen Kurszettel der öffentlichen Meinung weckt und bedingt. Auf
eigenem breiten *Grund und Boden* aber muß jene Kammer
feststehen, weil es töricht wäre, in den Mitgliedern einer für
Jahrhunderte gemeinten Institution lauter große, starke Charaktere vorauszusetzen, die, auch ohne den Hinterhalt und
Glanz materiellen Reichtums, jederzeit Unabhängigkeit und
das nötige Ansehen zu behaupten wußten. Nun aber hat der
Strom der Zeit auch das Grundeigentum, als bloße Ware,
längst flüssig gemacht, und es ist, wenn wir etwa Österreich
und die wenigen ehemals reichsständischen mediatisierten
Fürstenfamilien ausnehmen, eine hinreichend zahlreiche Aristokratie in jenem Sinne in Deutschland gar nicht mehr
vorhanden und würde mithin am allerwenigsten des Gegengewichts einer zweiten Kammer bedürfen. – Diese *zweite
Kammer* dagegen soll sein: Repräsentant der Nationalintelligenz, also des rastlos Fortstrebenden, Entwickelnden, ewig
Beweglichen, notwendig gestützt auf Selbständigkeit der Gemeinden und getragen von der Macht einer entschiedenen
öffentlichen Meinung. Aber das Gemeinwesen ist in
Deutschland, namentlich in den sogenannten konstitutionellen Staaten, keineswegs schon emanzipiert oder zu einem sich
selbst bewußten Leben gelangt, und – die natürlichste Folge
davon – die öffentliche Meinung meint eben noch gar nichts
als ein unverständliches Gemurmel der verschiedenartigsten
Stimmen, durch das man von Zeit zu Zeit die Posaunenstöße
liberaler Blätter hindurchschreien hört, sie ist vielmehr zur
Zeit noch eine ziemlich komplette Musterkarte von allem,
was jemals in ganz Europa, Amerika oder in dem verschlafenen Asien über Politik gedacht, gefaselt und geträumt worden.

Das Vorstehende will übrigens mehr nicht beweisen, als daß uns jetzt Konstitutionen überhaupt noch nicht so gewaltig nottun, als uns ihre Verfechter gern einreden möchten, und daß insbesondere selbst eine Konstitution, die für den einen Staat vollkommen angemessen wäre, alle seine Interessen befriedigte und sicherstellte, darum keineswegs auch für jeden anderen Staat passen würde, am wenigsten in Deutschland, wo noch eine frische Eigentümlichkeit der verschiedenen Stämme sich lebendig erhalten hat. Nimmermehr werden z. B. Tiroler und Friesen oder Ostpreußen und Rheinländer in Affekten, Gewohnheiten, Neigungen und Abneigungen miteinander sympathisieren. Es sind nicht bloß die Alpen dort und die Sandflächen hier, nicht hier der Schnaps und dort der Wein, nicht die Verschiedenheit des Dialekts, des Klimas, der Religion oder der historischen Erinnerungen allein, sondern eben alles zusammen in seiner geheimnisvollen, jahrhundertlangen Wechselwirkung. Welcher also ist nun hier der Normaldeutsche, dem sich alle anderen akkomodieren müssen? – Ich meine: keiner oder jeder in seiner Art; denn die deutsche Natur ist, Dank sei dem Schöpfer, nicht so arm, daß sie in der Eigentümlichkeit eines Stammes rein aufgehen sollte. Auch wäre das an sich ebenso langweilig als überflüssig, denn Einerleiheit ist keine Einheit. Schon im Privatleben bemerken wir, daß Freundschaft und Liebe grade die verschiedenartigsten Naturen zusammenfügt, eben weil nur diese Verschiedenheit reizen und sich wechselseitig ergänzen kann, indem jeder Teil von seinem Reichtum mitteilen will, was dem anderen fehlt, und das empfangen, was der andere vollauf hat. Und so wird auch der großen Genossenschaft des Staats mit innerlich ausgewechselten Gesellen nichts gedient, sondern der der liebste sein, der ihr, weil mit angeborener Eigentümlichkeit, mit ganzer Seele dient, wie er eben kann und mag. Viele verschieden gestimmte Saiten geben erst Harmonie, und wahrlich, im Jahre 1813 gab es

einen schönen Klang durch das gesamte Deutschland! Vor
allem aber behüte uns Gott vor einem deutschen Paris, das,
wie jenes benachbarte, alle besonderen Meinungen, Gedanken und Interessen aus dem ganzen Reiche einsaugte, um sie
auf dem allgemeinen politischen Webestuhl der Zeit zu verarbeiten und dann das Zeug nach dem Ellenmaß seiner Tagesblätter, als offiziellen Modeartikel, wieder in die Provinzen
zu versenden, die dann in Nord und Süd, bei Frost oder Hitze
sehen mögen, wie sie damit weiter fertig werden. – Es ist
indem im allgemeinen, nach einem guten deutschen Sprichwort, schon dafür gesorgt, daß die Bäume nicht in den
Himmel wachsen. So mochte, unter anderen, in Spanien der
Allerweltsbaum der konstitutionellen Freiheit, den man dort
in der Eile gleich mit der Krone einsenken wollte, in dem
spröden Boden keineswegs Wurzel fassen, und mit jener
allzeit fertigen Verfassungsfabrikation daher, welche die
Konstitutionen dutzendweis aus der Tasche langt, verhält es
sich fast wie mit dem Märchen vom Wünschhütlein. Der
Besitzer desselben, so oft er es dreht, sieht alles um sich her
verwandelt und befindet sich, nach Laune, jetzt in Frankreich, dann in England, in Belgien usw.; so macht er in
Gedanken die große Runde um die Welt, zu Hause aber ist
unterdes alles ruhig beim alten verblieben.

Aber setzen wir endlich, von dem soeben Vorausgeschickten ganz absehend, den Fall, eine Konstitution sei wirklich
fertig und gut, so entsteht die andere, ungleich wichtigere
Frage: wenn die Verfassung die wechselseitigen Interessen
des Staates garantieren soll, wo ist denn nun die Garantie für
die Verfassung selbst, ohne welche diese wiederum Null ist?
Das Papier tut es nicht. (Das haben wir erst neulich in
Brasilien gesehen.) Nicht auf dem toten Buchstaben beruht ja
überall die Kraft und Heiligkeit des Vertrages, sondern einzig
und allein auf der Treue, auf dem eben nicht zu versiegelnden
Willen, ihn zu erfüllen. In gewöhnlichen Privatverhältnissen

freilich wird auch das bloße Pergament schon durch den Richter bindend, *hier* aber steht Gott allein über den Kontrahenten, dessen Justiz nicht immer von dieser Welt ist. Ebensowohl daher, wie ein absoluter Monarch die selbstgegebenen guten Gesetze wieder zurücknehmen könnte, ebenso leicht läßt sich der Fall denken, daß ein konstitutioneller König, wenn er z. B. die Armee für sich zu gewinnen weiß, die papierene Garantie der Verfassung mit allen ihren Klauseln über den Haufen würfe. Wollte man dagegen einwenden, man dürfe ja nur Macht und Gegenmacht kunstreich verschränken, ein so genaues Gleichgewicht der pulsierenden Kräfte im Staate herstellen, daß kein einzelnes Element sich einseitig lossagen könne, so erwidern wir darauf: Geister kann man nicht wägen und messen, und der Geistreichste, wohin er sich auch schlage, wird doch überall den Ausschlag geben und jenes Gleichgewicht der platten Mittelmäßigkeit immerdar wieder zerstören. Es gibt einen Despotismus der Liberalität, der so unleidlich ist wie jede andere Tyrannei, indem er das frische Leben fanatisch mit eitel Garantien, Vor- und Rücksichten umbaut, daß man vor lauter Anstalten zur Freiheit nicht zu dieser selbst gelangen kann, und jenes ängstliche Abwägen und Klausulieren, wenn es an sich möglich wäre und gelänge, müßte notwendig zu wechselseitiger Neutralisation, zu völligem Stillstande, also zum politischen Tode führen.

Fassen wir das alles nun zusammen, so ergeben sich daraus ohne Zweifel folgende Resultate:

Erstens: Eine Verfassung kann nicht *gemacht* werden, denn Willkür bleibt Willkür und unheilbringend, sie komme, woher sie wolle; es ist aber gleich willkürlich, ob man den Leuten sagt: ihr sollt nicht frei sein, oder: ihr sollt und müßt grade auf diese und keine andere Weise frei sein! Weder das müßige Geschwätz des Tages noch die Meinung der Gelehrten oder irgendeiner Kaste darf hier entscheiden, sondern allein die innere Notwendigkeit als das Ergebnis der eigentümlichen, nationalen Entwickelung. Nicht vom Verfasser nennt man es Verfassung, sondern weil es alle Elemente des Volkslebens umfassen, der physiognomische Ausdruck der Individualität eines bestimmten Volkes sein soll. Mit und in der Geschichte der Nation muß daher die Verfassung, wenn sie nicht ein bloßes Luftgebilde bleiben will, organisch emporwachsen wie ein Baum, der, das innerste Mark in immergrünen Kronen dem Himmel zuwendend, sich selber stützt und hält und den mütterlichen Boden beschirmt, in welchem er wurzelt.

Zweitens: Jede Verfassung hat nur relativen Wert durch Identität mit ihrem Lande und Volke, eben weil sie keine wissenschaftliche Hypothese, sondern das bloße Resümee der individuellen, innersten Erlebnisse und Überzeugungen der Nation ist.

Drittens: Keine Verfassung als solche garantiert sich selbst. Nicht als Vertrag, wie bereits weiter oben ausgeführt worden; nicht durch ihre Repräsentativformen, denn alle Repräsentation – wo nicht alles eitel Lüge sein soll – bedeutet nur ihren Mandanten, von dem allein sie Macht und Leben hat. Und dieser ist die öffentliche *Gesinnung*, welche das Ganze hält oder bricht, das moralische Volksgefühl von der inneren Notwendigkeit jener Staatsformen, welches sich aber wiederum nur da erzeugen kann, wo die Verfassung auf die vorgedachte organische Weise wirklich ins Leben getreten ist.

Wenden wir nun das eben Gesagte nochmals auf Preußen an, so ergibt schon die obige Darstellung, daß Preußen seit langer Zeit eben jene als einzig naturgemäß bezeichnete Bahn nationaler Entwickelung und allmählicher Metamorphose gewählt, daß es, während andere über Alt und Neu streiten, diesen Streit praktisch zu schlichten versucht und durch die zeitgemäße Regeneration seiner Gesetzgebung von unten herauf ein tüchtiges Fundament vernünftiger Freiheit gelegt hat. Dieses schon jetzt mit dem Notdach einer Konstitution überbauen, was wäre es wohl anderes, als den frischen Wuchs, der eben erst Wurzel faßt, eilfertig am Spalier allgemeiner Formen wieder kreuzigen und verknöchern und mit neumodischer Pedanterie an die Stelle lebendiger, progressiver Bewegung den stereotypen Begriff der Freiheit setzen wollen? So mag wohl ein Federkünstler seinen Münsterbau auf dem Papiere frischweg von der Spitze anfangen und sehen, wie er nachher mit der Grundlage zurechtkommt, aber jeder Verständige weiß wohl, daß man keinen Turm und keine Konstitution a priori in die Luft hängen kann.

Es mag ferner jedem Unbefangenen auffallen, daß jenes Prinzip innerer Regeneration in Preußen, trotz manchen vorübergehenden Reaktionen, durch alle Wechsel der Geschicke in der letzten Zeit, im Ernst des Unglücks wie in der Freude äußerer Macht und Größe, sich immer lebendig erhalten hat und daß also doch wohl hierbei etwas von dem, worauf die Konstitution abzielt, nämlich von Garantie, auch ohne Konstitution schon mit im Spiele sein dürfte. Diese Erfahrung läßt sich mit dem Gemeinplatze, daß alles Zeitgemäße sich selbst verbürge usw., nicht so obenhin abfertigen, es ist vielmehr eine positive Garantie, und sie liegt unverkennbar in der eigentümlichen Gestaltung des preußischen Beamtenwesens, welches daher, in dieser Beziehung, hier noch eine nähere Betrachtung verdient.

Schon die *Verordnung vom 26. Dezember 1808* wegen verbesserter Einrichtung der Provinzial-, Polizei- und Finanzbehörden sowie die gleichzeitig erschienene Regierungsinstruktion geben bezeichnend die allgemeinen Umrisse. Nachdem im Eingange *der Zweck einer näheren Verbindung der Verwaltungsbehörden mit der Nation selbst* ausgesprochen worden, heißt es darin: „denselben (den Regierungen) soll zugleich eine Verfassung gegeben werden, nach welcher sich die verschiedenen Zweige der inneren Administration mit voller Teilnahme umfassen, sie zwar im einzelnen sämtlich mit Sorgfalt beachten und pflegen, aber auch in steter Übereinstimmung zum Wohle des Ganzen leiten, alles einseitige, zeither stattgefundene Verwaltungsinteresse daraus entfernen, möglichst frei und selbständig unter eigener Verantwortlichkeit in ihrem Wirkungskreise forschreiten, nicht durch den toten Buchstaben des formalen Geschäftsganges allein, sondern auch durch Männer, welche sie aus dem praktischen Leben und der Nation selbst in ihrer Mitte haben, lebendiger auf und für dieselbe wirken können." – Ferner: „Jeder Offiziant muß dem Dienste volle Anstrengung seiner Kräfte und einen rechtlichen Sinn widmen, darum müssen die Regierungen das Dienstverhältnis aber auch gegen ihre Untergebene nicht zu einem Mietskontrakt und öffentliche Beamte nicht zu Mietlingen herabwürdigen, indem ein jeder von ihnen, nach dem Verhältnis des ihm angewiesenen Berufs, zur Erhaltung und Beförderung des *allgemeinen* Wohls beitragen soll *und darum nicht minder Mitglied der Nation selber ist.*"

Der durchgreifende Unterschied der deutschen Ansicht von den Grundsätzen anderer Verwaltungen, namentlich der französischen, besteht wesentlich darin, daß dort die Verwaltung eine Verwahrung und Verstärkung, gleichsam die Leibwache der Regierung gegen die Verfassung, hier aber nur die lebendige Vermittlerin zwischen Gesetz und Volk sein soll, daß mithin dort die Beamtenkaste, als Partei, notwendig einem geheimen Katechismus der mannigfaltigsten, nach den Umständen wechselnden Maximen und Kriegslisten unterworfen bleibt, während der nationale deutsche Beamte sich einer vollkommenen Selbständigkeit innerhalb des Gesetzes zu erfreuen hat. Es mag sein, daß jene Verwaltungsweise durch die hastige Beweglichkeit konstitutioneller Staaten geboten oder doch rätlich gemacht werde, ebenso gewiß aber ist, daß, wer den wechselnden persönlichen Ansichten, einer gleichsam jesuitischen Ordensregel, mit einem Worte: der

Willkür von oben blindlings preisgegeben ist, nach menschlicher Weise die Willkür auch wieder nach unten üben wird und daß wohl schwerlich eine Nation frei zu nennen sei, wo eine Kette hierarchisch übereinandergestellter kleiner Tyrannen das Land umschlingt und unabwendbar von unten herauf alle wahre Freiheit wieder vernichtet, die ja eben nur durch die Verwaltung der Nation vermittelt und ins Leben gebracht werden kann.

Das vorhin angedeutete Prinzip Preußens aber ist vorzüglich in dreierlei Hauptbeziehungen praktisch durchgeführt, nämlich:

durch Zugänglichkeit der Ämter für alle dazu Befähigten, indem Anstellung und allmähliche Beförderung lediglich von Prüfungen abhängen, deren offenkundigen Anforderungen an die intellektuelle und moralische Ausbildung der Bewerber ein für allemal feststehen;

durch kollegialische Verhandlung der Behörden, indem alle bedeutenden Angelegenheiten im Plenum vorgetragen werden müssen, überall Stimmenmehrheit entscheidet und nur bei Gleichheit der Stimmen der Präsident den Ausschlag gibt, dem Überstimmten aber das Recht verbleibt, sein abweichendes, motiviertes Votum zu den Akten zu geben. Endlich

durch Unabsetzbarkeit der Beamten, indem kein Beamter ohne zureichende gesetzliche Gründe, über deren Wert jedoch nur das Gericht zu entscheiden hat, entlassen werden kann.

Die natürlichen Resultate dieser Einrichtung ergeben sich von selbst. Jene gesetzlich festgestellte, allen Gebildeten eröffnete Konkurrenz, welche, wenigstens ihrem Prinzip nach, Gunst oder Ungunst bei der Anstellung ausschließt und wo also ein jeder, nach dem Maß seines Verdienstes, eigentlich sich selbst anstellt, ist gleichsam eine offene Einladung an die gesamte Nation, an ihrer eigenen Verwaltung nicht durch abstrakte Abhandlungen von der Rednerbühne, sondern selbsttätig und praktisch teilzunehmen. Die kollegialische Behandlung der Verwaltungsangelegenheiten aber gibt der Vielseitigkeit der Ansichten, der Opposition und Debatte ihr natürliches Recht; Vorteile, welche schwerlich durch den allerdings rascheren Geschäftsgang der Bürokratie aufgewogen werden, wo die Verantwortlichkeit den Vorgesetzten allein, der durch seine Einseitigkeit oder Übereilung verursachte Schaden aber alle Verwalteten trifft. Die Unabsetzbarkeit der Beamten in dem oben angegebenen Sinne endlich sichert äußere und innere Unabhängigkeit, ohne welche überhaupt eine lebendige und tüchtige Verwaltung nicht gedacht werden kann.

Ein auf solche Weise organisierter Beamtenstand wird begreiflicherweise jederzeit nicht eine feindliche Macht dem Volke gegenüber, sondern notwendig einen integrierenden Teil, eine lebendige, sich im Wechsel der Zeiten immer wieder verjüngende Repräsentation des Volkes bilden, durch welche dieses an der Verwaltung selbst faktisch partizipiert.

Und hierin eben liegt die Garantie, die wir vorhin für Preußen in Anspruch genommen. –

Die einfachste und kräftigste aller Garantien aber ist überall das historische Ineinanderleben von König und Volk zu einem untrennbaren nationalen Ganzen, das seit Jahrhunderten in gemeinschaftlicher Lust und Not bewährte Band wechselseitiger Liebe und Treue, mit einem Wort: nicht der tote Begriff des abstrakten Königs mit zu regierenden arithmetischen Zahlen, sondern der lebendige individuelle König, der nicht dieser oder jener sein kann, sondern eben *unser* König ist in allem Sinne. Gleichwie es sich aber in einer unentarteten Familie ganz von selbst versteht, daß der Vater den Sohn liebreich zum Besten leite und der Sohn den Vater ehre, so bedarf auch jenes gesunde Staatsverhältnis zu seiner Bürgschaft nicht des Vertrages, dieser Arznei erkrankter Treue.

[POLITISCHER BRIEF]

Aus den Hymnen, ehrlicher Freund, die du in deinem Briefe über Garantien und Konstitutionen anstimmst, merke ich wohl, daß du noch immer der alte bist. Schon als Student treibst du den sogenannten Komment mit einer Art von priesterlich-pedantischer Feierlichkeit und betrachtetest, nicht ohne Andacht, Schnurrbärte und lange ungekämmte Haare als Hieroglyphen der Tapferkeit und deutscher Mannheit. Erinnerst du dich noch, wie wir einmal in Heidelberg an einem schwülen Sommerabend einsam über die Berge wanderten? Wir hatten uns über Menschheitsrechte und Vaterland warm gesprochen; unter uns rauschte der Neckar, über uns die Wälder, von ferne funkelte ein Gewitter herauf. Da stand plötzlich auf einem Felsen vor uns ein fremder schöner Mann, beide Arme auf der Brust übereinandergeschlagen, seinen Hut keck in die Augen gedrückt, den einen Fuß trotzig vorgeschoben. In die Gewitternacht hinaus schien er, ohne uns zu bemerken, mit sich selbst zu sprechen; wir vernahmen nur abgebrochen: „Hier will ich's aufbaun! – Kraft – Freiheit – Millionen – beglükken –." Das traf dich wie eine Zauberformel. Vergebens hielt ich dich am Rockschoß, du stürztest tiefbewegt dem Fremden an die Bruderbrust. Aber der Mann stieß dich ziemlich unsanft zurück, denn du hattest ihn im Eifer nicht nur empfindlich auf sein Hühnerauge getreten, sondern er war überhaupt gar nicht begeistert gewesen. Er wollte – wie sich bald ergab – allerdings hier bauen, aber eine Fabrik nach englisch-französischen Grundsätzen, er meinte nur die Wasserkraft und die ausschließliche landesherrliche Freiheit für sich und hatte soeben berechnet, wieviel Prozente von den darauf zu wendenden Millionen ihn beglücken könnten.

Die Moral dieses kleinen Abenteuers, in Beziehung auf die großen Abenteuer, magst du dir immerhin selbst abstrahieren.

Im Grunde ist es auch nicht grade dein ausnehmender Enthusiasmus, der mich in Verwunderung setzt. Sind doch jetzt die Völker überhaupt – verzeihe mir den Ausdruck – so ziemlich in ihre politischen Flegeljahre gekommen, voll Jünglingsdrang und Überschwenglichkeit, bald läppisch zufahrend zur Unzeit, bald maulend ohne Grund, immer bereit, gleich den Schauspielern im „Hamlet" – um Hekuba – vor Begeisterung aus der eigenen Haut zu fahren, als sollte ihnen ein fremder Balg dann besser zu Leibe passen! Es mag vielleicht – Gott weiß es allein – solche unbequeme Durchgangsperiode, ein solcher säuerlich herber Gärungsprozeß notwendig sein; auch will ich keineswegs jene entgegengesetzte, zahme, geschlechtslose, altgeborene Brut verfechten, die niemals gärt, sondern ewig ein dickes, farbloses unschmackhaftes Gemisch bleibt. Nur sollen jene Gärenden nicht sogleich sich selbst der Welt als fertigen klaren Wein kredenzen, sie sollen uns ihre verwitterte Schulweisheit nicht als Himmelsleiter aufdrängen wollen. Wer Flügel hat, braucht keine Leiter, und wer keine hat, mag das Himmelstürmen überhaupt bleiben lassen.

Aber um wieder auf meine Verwunderung zurückzukommen: es ist, wie gesagt, eine andere Betrachtung, die mich fast an dir irremachen möchte. Ich weiß, du warst sonst immer ein geschworener Gegner jener weltbekannten, flachen, sogenannten Aufklärung. Wie denn nun? – Erkennst du denn wirklich die Alte nicht wieder, weil sie die Schminke gemachter Begeisterung aufgelegt, ein falsches, blendendes Gebiß eingesetzt und sich ein zierliches Freiheitskäppchen über ihre Glatze gestülpt hat? Du kennst ohne Zweifel die alte Volkssage von dem bösen, zänkischen Weibe, das, nachdem der Mann es endlich ins Wasser geworfen, ihm noch im Ertrinken mit der einen Hand über der Flut ein Schnippchen schlug. So auch mit dieser von vielen wackeren Schrifthelden scheinbar totgeschlagenen Aufklärung. Nachdem sie aus den Studierstuben der Gelehrten die Welt mit aufdringlicher Nützlichkeit auf das äußerste gelangweilt und sich dort in ihrer Art wissenschaftlich begründet hat, ist die Unvergängliche, die weder leben noch sterben kann, nunmehr erst praktisch geworden und hat behaglich und breit auf dem Throne der Welt Platz genommen, um das Leben mit seinen Wundern und Tiefen, seinem Glauben und Aberglauben, die sie alle längst an den Kinderschuhen abgelaufen, in systematische Paragraphen zu bringen, als wäre so ein Paragraph ein Ding an sich, ohne jene ewigen Grundlagen.

Mir kommt die ganze Wirtschaft dieser Verständigen immer vor, als brächen sie mitten in der Vorstellung eines Shakespearschen Stückes mit großen Rumor oben das Dach der Bühne ab, daß das Tageslicht plötzlich zwischen die Kulissen einfiel. Die verblüffte Menge bemerkt nun mit Erstaunen nichts als eitel Leinwand, es will ihr nach und nach gemuten, als seien manche Prachtgewänder da oben schon ein wenig abgetragen, ja die Kecksten meinen am Ende, es hänge unter solchen Umständen doch nur von ihnen ab, sich da mit hineinzumischen und auch ein Stück Historie aus dem Stegreif zu improvisieren – und das arme, ausgenüchterte Volk lacht, mehr oder minder roh, über seinen bisherigen Aberglauben, der noch vor kurzem alle Seelen entzückt, gereinigt und erschüttert hatte. – Wo, frag' ich dich, liegt nun die Täuschung: in jener begeisterten Anschauung, die der brettternen wie der Weltbühne erst Bedeutung gibt, oder in dieser prosaischen, schalen Wahrhaftigkeit?

Das alles merkt auch das Volk instinktartig, nach kurzem Lachen, sehr gut. Überrascht, planlos, blöde, zaudernd und ungeschickt verteidigt fast überall die zähe Masse Schritt vor Schritt die Erbschaft mächtiger Gewohnheit und den angestammten Boden historischer Heimat, den ihnen, ehe sie sich dessen versehen, die gewandten Gegner unter den Füßen hinwegdisputieren. Denn der Kampf wird mit ungleichen Waffen geführt. Während die vom Rost der Zeit angefressene Pietät der Altgläubigen eher die Luft als jene Eroberer verwundet, schießen diese hageldicht mit scharfgeschliffenen Zweifeln. Der Zweifel aber ist ein Talisman, der, wo er auch nicht trifft, jeglichen Zauber löst.

So sahen wir denn das lang unterwaschene Prachtgerüst der deutschen Reichsverfassung nach und nach zusammenstürzen, und in der ungeheuren Staubwolke zwischen dem zerworfenen Gestein wandeln nun Bauverständige und Projektenmacher vergnügt mit dem Richtmaß umher und kalkulieren über Anschlägen, aus dem Material, nach ihrer Elle, eine neue Welt aufzubauen, über den Trümmern aber sitzt das Volk verdutzt und unbehaglich und weiß nicht, was es will, weil es weder für die Vergangenheit, die ihm genommen, noch für die Zukunft, die noch nicht fertig, ein Herz hat.

Ruft man nun aber jene geschäftigen Architekten an, was *sie* denn eigentlich wollen, so schallt es: Konstitution zurück und nochmals Konstitution und abermals Konstitution! – Und was ist denn diese Konstitution? – Da plappern alle schnell und auf einmal, wie Schulknaben ihr gutgelerntes Pensum: Garantie der Nationalinteressen durch Repräsentanten in zwei Kammern!

Gut denn! Das erinnert aber ziemlich plump an die englische Verfassung, diese an die englische Geschichte und die letztere wieder an Elemente und Katastrophen dieser Geschichte, die uns, wie ich zu meinen mich unterfange, völlig fremd sind. Du wirst dich nämlich ohne Zweifel noch aus Prima entsinnen, daß in England über den unterjochten Angelsachsen die Normannen, wie ein Volksheer von Siegern, sich lagerten, daß ihre Fürsten, namentlich unter *Johann*, das monarchische Prinzip zum entschiedenen Despotismus ausbildeten, der, in natürlicher Reaktion, zunächst *das aristokratische Element* ins Leben rief, indem der Bund der Barone dem Tyrannen die Magna Charta abtrotzte, daß indes auch dieses Element seinerseits wiederum schnell zur Oligarchie erwuchs und daher zuerst *Eduard*, zum notgedrungenen Gegengewicht jener Anmaßungen, den niederen Adel sowie Deputierte der Städte in das Parlament berief und somit denn auch das dritte *demokratische Element* gesetzlich konstituierte. Nun wollte aber auch dieses allein herrschen und tauchte in einer der furchtbarsten Revolutionen alles in Blut, aus dem sich erst durch die *Deklaration der Rechte* jene drei Elemente geläuterter und geordneter wieder emporhoben.

Wir haben nun alle sicherlich keine Lust, diese Tragödie nachzuspielen, zumal da wir sogleich für den ersten Akt uns vergeblich nach einem fürchterlichen Tyrannen umsehen. Was ist also hierbei zu tun? Sollen wir in kühner Fiktion erst eine Konstitution setzen, um Kammern zu haben, oder umgekehrt erst Kammern erfinden, um eine Konstitution zu bekommen? Das letzte wäre wenigstens das natürlichere. Aber die *erste Kammer* soll, ihrer Idee nach, doch ohne Zweifel das Stabile repräsentieren, sie soll sein: Träger historischer Erinnerungen, Bewahrer der Ehre, sicheren Selbstgefühls, der Würde und unabhängigen Gesinnung; sie muß daher unerläßlich auf großes Grundeigentum und Erblichkeit basiert sein. Auf *Erblichkeit*, weil sie sonst unvermeidlich mit dem beweglichen Elemente der zweiten Kammer in *eins* zusammenfällt; denn soll sie, ihrer Bestimmung getreu, das *Stabile* vertreten – und tut sie das nicht, wozu wäre sie denn nütz? –, so kann sie unmöglich von der wetterwendischen Gunst der Wahl abhängig gemacht werden, die ja eben immer und überall, mehr oder minder, eine Buhlschaft mit den ewig

wechselnden Liebhabereien und Launen der Menge, eine
stete Aufmerksamkeit auf den täglichen Kurszettel der öffentlichen Meinung weckt und bedingt. Auf eigenem *Grund
und Boden* aber muß jene Kammer feststehen, weil es töricht
wäre, in den Mitgliedern einer für Jahrhunderte gemeinten
Institution lauter große, starke Charaktere vorauszusetzen,
die auch ohne den Hinterhalt und Glanz materiellen Reichtums jederzeit Unabhängigkeit und das nötige Ansehen zu
behaupten wüßten. Nun aber wirst du schwerlich leugnen,
daß der Strom der Zeit auch das Grundeigentum, als bloße
Ware, längst flüssig gemacht hat; und es ist, wenn wir etwa
Österreich und die wenigen, ehemals reichsständischen mediatisierten Fürstenfamilien ausnehmen, eine hinreichend
zahlreiche Aristokratie in jenem Sinne in Deutschland gar
nicht mehr vorhanden und würde mithin am allerwenigsten
des Gegengewichts einer zweiten Kammer bedürfen. Diese
zweite Kammer dagegen soll nach euerem Gutdünken Repräsentant der Nationalintelligenz sein, also des rastlos Fortstrebenden, Entwickelnden, ewig Beweglichen, notwendig gestützt auf Selbständigkeit der Gemeinden und getragen von
der Macht einer entschiedenen öffentlichen Meinung. Aber
das Gemeinwesen ist in Deutschland, namentlich in den
sogenannten konstitutionellen Staaten, keineswegs schon zu
einem sich selbst bewußten Leben gelangt, und – die natürlichste Folge davon – die öffentliche Meinung meint eben
noch gar nichts als ein unverständliches Gemurmel der ver-
schiedensten Stimmen, durch das man von Zeit zu Zeit die
Posaunenstöße liberaler Blätter hindurchschreien hört; sie ist
vielmehr zur Zeit noch eine ziemlich komplette Musterkarte
von allem, was jemals in ganz Europa, Amerika oder in dem
verschlafenen Asien über Politik gedacht, gefaselt und geträumt worden.

Wozu nun also dieser lärmende Eilmarsch, den sogenannten jungen Tag anzubrechen, als gälte es, die Welt ganz von

neuem zu erschaffen? Warum das tüchtige Fundament wahrhafter Freiheit, das unleugbar in Deutschland durch allmähliche, zeitgemäße Regeneration der inneren Gesetzgebung gelegt worden, schon jetzt mit dem Notdach einer Konstitution
überbauen? Wollt ihr denn den frischen Wuchs, der kaum
erst Wurzel faßt, eilfertig am Spalier allgemeiner Formen
wieder kreuzigen und verknöchern und mit neumodiger
Pedanterie an die Stelle lebendiger, progressiver Bewegung
den stereotypen Begriff der Freiheit setzen? Mögen jene
Architekten und Federkünstler immerhin auf dem Papier
ihren Münsterbau frischweg von der Spitze anfangen und
sehen, wie sie nachher mit der Grundlage zurechtkommen,
jeder Verständige aber weiß wohl, daß man keinen Turm und
keine Konstitution a priori in die Luft hängen kann.

Am allerwenigsten aber, lieber Freund, dürfte es gelingen,
jeden Staat ohne weiteres unter *einen* konstitutionellen Allerweltshut zu bringen, der für alle Köpfe, dicke und dünne,
passen soll und daher keinem bequem sitzt, zumal in
Deutschland, wo noch eine frische Eigentümlichkeit der
verschiedenen Stämme sich lebendig erhalten hat. Nimmermehr werden z. B. Tiroler und Friesen oder Ostpreußen und
Rheinländer in Affekten, Gewohnheiten, Neigungen und
Abneigungen miteinander sympathisieren. Es sind nicht bloß
die Alpen dort und die Sandflächen hier, nicht hier der
Schnaps und dort der Wein, nicht die Verschiedenheit des
Dialekts, des Klimas, der Religion oder der historischen
Erinnerungen allein, sondern eben alles das zusammen in
seiner geheimnisvollen, jahrhundertlangen Wechselwirkung.
Welcher also ist nun hier der Normaldeutsche, dem sich alle
andern akkommodieren müssen? Ich meine: keiner oder
jeder in seiner Art; denn die deutsche Natur ist, Dank sei dem
Schöpfer, nicht so arm, daß sie in der Eigentümlichkeit eines
Stammes rein aufgehen sollte. Auch wäre das an sich ebenso
langweilig als überflüssig; denn Einerleiheit ist keine Einheit.

Schon im Privatleben – ja an uns beiden selbst, mein Freund – ist leichtlich zu bemerken, daß Freundschaft und Liebe gerade die verschiedenartigsten Naturen zusammenfügt, eben weil nur diese Verschiedenheit reizen und sich wechselseitig ergänzen kann, indem jeder Teil von seinem Reichtum mitteilen will, was dem anderen fehlt, und das empfangen, was der andere vollauf hat. Und so wird auch der großen Genossenschaft des Staates mit innerlich ausgewechselten Gesellen nichts gedient, sondern der der liebste sein, der ihr, weil mit ungebrochener Eigentümlichkeit, aus ganzer Seele dient, wie er eben kann und mag. Viele verschieden gestimmte Saiten geben erst Harmonie, und wahrlich, im Jahre 1813 gab es einen schönen Klang durch das gesamte Deutschland. Vor allem aber behüte uns Gott vor einem deutschen Paris, das wie jenes benachbarte alle besonderen Meinungen, Gedanken und Interessen aus dem ganzen Reiche einsaugte, um sie auf dem allgemeinen politischen Webestuhl der Zeit zu verarbeiten und dann das Zeug nach dem Ellenmaß seiner Tageblätter als offizielle Modeartikel wieder in die Provinzen zu versenden, die dann in Nord und Süd, bei Frost oder Hitze sehen mögen, wie sie damit weiter fertig werden. – Es ist indes im allgemeinen nach einem guten deutschen Sprichwort schon dafür gesorgt, daß die Bäume nicht in den Himmel wachsen. So mochte, unter anderen, in Spanien der Allerweltsbaum der konstitutionellen Freiheit, den man dort in der Eile gleich mit der Krone einsetzen wollte, in dem spröden Boden keineswegs Wurzel fassen, und mit jener allzeit fertigen Verfassungsfabrikation daher, welche die Konstitutionen dutzendweis aus der Tasche langt, verhält es sich fast wie mit dem Märchen vom Wunschhütlein. Der Besitzer desselben, so oft er es dreht, sieht alles um sich her verwandelt und befindet sich, nach Laune, jetzt in Frankreich, dann in England, in Belgien usw., so macht er in Gedanken die große Runde um die

Welt, zu Hause aber ist unterdes alles ruhig beim alten verblieben.

Vielleicht wird dir dies auf andere Weise noch klarer. Ich habe mich nämlich, so oft ich mich in die Landtagsverhandlungen der deutschen konstitutionellen Staaten vertiefte, niemals des profanen Gedankens erwehren können, daß die dort deklamierenden Volksredner eigentlich eine bedeutende Ähnlichkeit mit burschikosen Studenten haben. Laß uns, mein Lieber, diesen Vergleich einmal etwas weiter verfolgen. Der Bursche, der recht den Hieber auf der Zunge führt, wird von den müßigen Tonangebern der Akademie zum Senior erwählt. Der Doktor, Advokat oder Professor, der immer den Mund voll Freiheit nimmt und nicht die Feder ausspritzen kann, ohne der Regierung einen Klecks anzuhängen, wird von den liberalen Redakteurs der Tageblätter auf ihren löschpapierenen Schilden auf die Rednertribüne gehoben.

Der Senior treibt das Präsidieren, das Hutdurchstechen und Smollistrinken mit Hinz und Kunz wie einen Gottesdienst, mit feierlichem Ernst, und wird fortgejagt, wenn er sich die Freiheit nimmt, einmal auf seine eigne Art frei und fröhlich zu sein. Die Volksredner, wie Komödienzettelpfähle mit langen Petitionen behangen und beklebt, verneigen sich – ohne auch nur zu lächeln – voll wechselseitiger Verehrung voreinander, beräuchern einander feierlich von allen Seiten, trinken Millionen Smollis zu und ergehen sich redselig durch alle Vokabeln des liberalen Katechismus; werden aber fortgejagt, wenn die Unglücklichen einmal das Stichwort, das grade an diesem Tage als Parole und Feldgeschrei gilt, verpaßt haben.

Beide endlich müssen pro patria raufen. Da fehlt es nicht an kunstreichen Finten, dort wird ein Ohr, hier ein Stück Ehre abgeschnitten, die Galerie, je mehr die Fetzen fliegen, jauchzt Bravo und Hetzo dazwischen, und alles endigt überall mit einem Komitat, einem Schmause und einigen Toasts. Draußen aber vor den hellerleuchteten Fenstern der schmausenden Patrioten steht hungernd das Volk und verwundert sich und weiß nicht, was los ist und wie ihm geschehen, als daß es zuletzt die Diäten zu bezahlen hat.

Ja, teuerster Freund, in Frankreich z. B. wissen sie in den Kammern doch wenigstens jedesmal genau, was sie wollen. Der eine will einen General ärgern, gleichviel ob er recht oder unrecht hat, der andere einem Minister ein Bein unterschlagen oder selbst Minister werden. Aber bei uns! – Ich bitte dich, gib dir einmal die unsägliche Mühe, diese langen Reden und Gegenreden durchzulesen. Muß man nicht auf den Gedanken kommen, als solle hier ein neues Kompendium des allgemeinen Naturrechts debattiert werden, das ebenso gut für die Irokesen oder Portugiesen als für Deutsche gelten könnte? Wenn z. B. der Bauer die Beschränkung des Wildstandes wünscht, so ist doch hierbei offenbar nichts abstrakt als der Professor auf der Tribüne, der sich erst gründlich abquält, ad vocem: Bauer eine Definition des Menschen und seiner Urrechte aufzustellen; ehe er aber damit zustande kommt, hat das unvernünftige Wild, das nichts nach Urrechten fragt, unterdes dem Bauer die Saat gefressen. Diese Volksvertreter, scheint mir, verhalten sich zu dem Volke ungefähr wie Don Quijote zu seinem Sancho Pansa. Jede Windmühle sehen sie in ihrem politischen Aberglauben für den erschrecklichen Riesen Absolutismus an, der mit seinen langen Jesuitenarmen in die dicke Finsternis hinausgreift, um Seelen zu fassen und zu knechten. Vergebens schwört der ganz erstaunte Sancho Pansa hoch und teuer, er erkenne ja deutlich die Mühlenflügel und des Müllers Schlafmütze am Fenster. – „Freiheit, Freiheit!" ruft der auf Menschenwohl erpichte Ritter voll Indignation entgegen, „du sollst eine Wahrheit werden!" und legt die Lanze tapfer ein. – Freilich, wo von der zu erobernden Insel die Rede ist, auf der der gute Knappe selbst dereinst absoluter Statthalter werden soll, da läßt dieser schon einmal fünfe grad sein und tut sich, ohne weiter viel zu grübeln, ordentlich Gewalt an, das Unglaubliche zu glauben. Nur das will er doch nimmer und nimmermehr sich einreden lassen, daß das kosmopolitische Barbierbecken auf dem Haupte seines Ritters wirklich Mambrins Helm sei.

Die Dulzinea aber dieser Ritter ist die öffentliche Meinung, die Dame, welche auf jenen Begriffsturnieren die Preise: Ehrenpokale und volksfreundliche Titel und Würden, austeilen soll. Aber wer ist eigentlich diese Vortreffliche? Woran erkennt man sie? Wo wohnt sie?

Ich habe auf dem Lande, wo bekanntlich das meiste Volk wohnt, sorgfältig Umfrage gehalten. Da wußte mir aber niemand Bescheid zu geben. Das müsse eine gelehrte, vornehme Dame sein, die sich mit dem armen Volke nicht gemein mache, meinten die Leute und wiesen mich nach der Stadt. Hier aber ging es mir auch verwunderlich genug. Einige ehrsame Bürger, die ich nach der Person fragte, taten, als hätten sie mich nicht gehört, und schlichen vorüber; andere gaben schüchtern nur halbe Antwort und verstohlene Winke, gleichsam wie vorsichtige Patrioten einer kleinen Stadt, wo soeben feindliche Einquartierung angelangt, mit der man nicht gerne in Händel geraten möchte. Ein halbtrunkener, verwegener Kerl endlich wies mich ohne weiteres in große, wüste Kellerräume. „Hier wird sie gemacht", sagte er; und ich erblickte mit Erstaunen große Tafeln, über Weinfässer gelegt, und an den Tafeln lange Reihen von Schreibern, die bald emsig schrieben, bald ein Glas schnell ausstürzten und dann starr vor sich an die Decke sahen, bald wieder rauschend die Federn schwenkten; lauter Redakteurs von Tageblättern, wie ich nachher erfuhr. „Mein Herr", redete ich den ersten Schreiber ganz verwirrt an, „ich bin wahrscheinlich irregegangen, ich wollte gehorsamst die Ehre haben, die öffentliche Meinung." – „Nun! was wollen Sie von mir?" – „Wie? Sie

selbst wären?!" – „Unbedenklich!" – „Aber", wandte ich
unmaßgeblich ein, „ich glaubte bisher immer – vox populi –
wie kommen Sie – wissen Sie?" – Da schleuderte der Schreiber
einen wütenden verachtenden Blick auf mich. „Nur nicht
lange räsoniert!" rief er mit giftblauem Gesicht aus, „unterdes
kann die ganze Staatenmaschine um Jahrzehnte zurückrük-
ken, wir haben hier anderes zu tun, wir, die wir die Zeiten
lenken!" – Und nun erhob sich aus dem schauerlichen Hintergrunde wachsend ein Tosen, Hämmern und Klappern, die
Blätter und Federn rauschten wieder, Preßbengel flogen,
„Finsterling!" scholl es bedrohlich dazwischen – und ich kam
heraus, ich weiß selbst nicht wie. Aber der Herr Redakteur,
glaube ich, wird mir meinen Vorwitz im nächsten Blatte
gedenken!

Und nun – höre ich dich fragen, alter Freund , was ist der
langen Rede kurzer Sinn? – Darauf antworte ich ehrlich und
ohne weitere Gleichnisse:

Erstens: Ihr sollt keine fremden Götter haben neben dem
einzigen wahren! oder kürzer: Fürchte Gott und scheue
keinen Redakteur!

Zweitens: Das Volk lebt weder von Brot noch von Begriffen allein; es will durchaus etwas Positives zu lieben, zu
sorgen und sich daran zu erfrischen, es will vor allem eine
Heimat haben in vollem Sinn, d. i. seine eigentümliche Sphäre
von einfachen Grundgedanken, Neigungen und Abneigungen, die alle seine Verhältnisse lebendig durchdringen und in
keinem Kompendium registriert stehen. Oder glaubt ihr
denn in vollem Ernste, ein wahrhaftes Staatsleben, wie alles
Innerliche, könne so obenher durch Machtsprüche der Aufklärung anbefohlen, der Volksgeist durch philosophische
Zauberformeln besprochen werden? Ja, wo dies gelänge –
eine solche Aristokratie der Gelehrten oder Gebildeten wäre
vielleicht die verderblichste, wenn sie in ihrer verwegen
experimentierenden Allgemeinheit, von der eigentlichen Na-

tur und Geschichte der Nation keine Notiz nehmend, ein einiges Volk nach und nach in zwei verschiedene Völker entfremdete, gleichwie in China die Vornehmen eine andere Religion für sich haben als das gemeine Volk. Wie im Drama vielmehr – das ja sein Gesetz auch nur in der allgemeinen menschlichen Natur hat – nicht die Charaktere von der Begebenheit, sondern die Begebenheiten von den Charakteren gemacht werden, so wird auch in der größeren Staatsaktion nur die fortschreitende Entwickelung der nationalen Eigentümlichkeit, und nicht von oben herab die Regel von den drei Einheiten, Regel, Handlung und Leben gestalten.

Dabei fällt mir auch noch ein anderer Umstand schwer aufs Herz, den ich dir, da ich einmal so schön im Zuge bin, keineswegs verhehlen will. Man hat nämlich früher immer gelehrt – und es ist eine alte Lehre schon von Christus her –, daß Liebe die eigentliche Seele jedes gesunden, tüchtigen Haushaltes ausmache, ohne die nur eitel Gezänk, Ungehorsam und Eigenwille, kurz: das Ganze eine schlechte Wirtschaft sei. Nun ist aber, wenn wir auch den Maßstab noch so sehr erweitern, nicht wohl einzusehen, warum es in dem großen Staatshaushalte viel anders sein sollte. Und doch ist es eben das Wesen eurer sogenannten Konstitutionen, das Mißtrauen als die alleinige Seele zu setzen, das auch mit seiner verwickelten Maschinerie wechselseitiger Garantien die Liebe ganz entbehrlich machen soll. Aus dem großartigen Drama des Entwicklungsganges der Staaten macht ihr offenbar ein gewöhnliches bürgerliches Schauspiel mit den altmodischen, stehenden Masken von schwachen Fürsten, abgefeimten Günstlingen und falschen Ministern, auf deren alberne und willkürliche Fiktion die ganze Intrige zugespitzt ist. Als wäre inzwischen nicht das gesamte Leben überhaupt allmählich auf einen anderen, idealeren Punkt gerückt, dem unwillkürlich Regenten und Regierte gleichmäßig angehören, so daß hier wahrhaft bedeutende Rückschritte zu frühe-

ren abnormen Zuständen, z. B. zur Leibeigenschaft oder wie
sonst eure politischen Gespenster heißen mögen, in sich
unmöglich wären, gleichwie niemand die wirkliche Zeit zu
stellen vermag, wenn er auch den Zeiger seiner Taschenuhr
zurückstellt; denn rückte er ihn auch bis auf Mitternacht: die
Sonne draußen schiene – auch ohne euere zärtliche Vorsorge
– doch fort, weil sie muß. – Verzeiht daher schon, wenn ich
mir die Freiheit nehme, euch ein wenig philisterhaft zu
finden. Denn was ist denn am Ende ein Philister anderes als
ein Mensch, dem das Gemeine wichtig und das Große gemein
nimmt?

Durch jenes Prinzip des Mißtrauens aber kommt in die
Konstitution notwendig ein geheimer Kriegszustand, ein
System wechselseitiger Eifersucht, List, Spionerei und Ver-
ketzerung, wo ein jeder gegen jeden sich eilfertig verbarrika-
diert, um nur auf seine eigene Hand geschwind über alle
Maßen frei zu sein. Laß es dich nicht verdrießen, mein
Lieber, dieses künstliche Minieren und Scharmützieren in
den Landtagsverhandlungen einmal näher zu betrachten: wie
sie da vorsichtig kapitulieren, dorthin zielen, um dahin zu
treffen (z. B. nach der unbedingten Preßfreiheit, um für sich
allein das unbedingte Monopol ihrer Zeitungsweisheit zu
erlangen), wie sie jedem, der seine eigene Meinung zu haben
sich untersteht, schnell das Medusenhaupt der öffentlichen
Meinung vorhalten und endlich, wenn ihnen die Gedanken
ausgehen, plötzlich eine Bombe von Kosmopolitismus, Bürgertum und Freiheit mit ungeheurem Knalleffekt zerplatzen
lassen, gleichwie in alter Zeit bei den öffentlichen Disputatio-
nen, wenn die Doktoren zu heftig aneinandergerieten, auf
einmal Trompeten und Pauken schmetternd einfielen, daß
man kein vernünftiges Wort mehr verstehen konnte. – Und
wenn es nun in diesem kleinen Kriege einem kühnen Partisan
auch wirklich gelänge, für sein besonderes Freikorps eine
ganz besonderliche Freiheit zu erobern – würdest du das

wohl eine gesunde Konstitution nennen, wo z. B. auf Kosten der rechten Hand plötzlich die linke in monströser Ausbildung anschwölle?

Setzen wir indes auch einmal den Fall, den ich keineswegs zugebe, daß eine Konstitution wirklich fertig und gut sei etc., so entsteht die andere, ungleich wichtigere Frage: wenn die Verfassung die wechselseitigen Interessen des Staates garantieren soll, wo ist denn nun die Garantie für die Verfassung selbst, ohne welche diese wiederum Null ist? Das Papier tut es nicht. Was wäre das für ein Vertrag, dessen ganze Kraft und Heiligkeit auf einem Stück Eselshaut und einem Klecks von Siegellack beruhte! Beides *bedeutet* doch überall nur den guten Willen, den Vertrag zu halten, mit einem Wort: die Treue, die sich eben nicht versiegeln läßt. In gewöhnlichen Privatverhältnissen freilich wird auch das bloße Pergament schon durch den Richter bindend, *hier* aber steht Gott allein über den Kontrahenten, dessen Justiz bekanntlich nicht immer von dieser Welt ist. So gut daher ein absoluter Monarch allerdings die selbstgegebenen Gesetze wieder zurücknehmen könnte, ebenso leicht könnte auch ein konstitutioneller König, wenn er z. B. die Armee für sich zu gewinnen weiß, die ganze papierene Garantie der Verfassung mit dem Bajonette wieder durchlöchern.

Du wirst mir hier ohne Zweifel sehr allgemein einwenden: man dürfe ja nur Macht und Gegenmacht kunstreich verschränken, ein so genaues Gleichgewicht der pulsierenden Kräfte im Staate herstellen, daß kein einzelnes Element sich einseitig lossagen könne usw. Darauf erwidere ich aber ebenso allgemein: Geister kann man nicht wägen und messen, der Geistreichste, wohin er sich auch schlage, wird doch überall den Ausschlag geben und dieses Gleichgewicht der glatten Mittelmäßigkeit immer wieder zerstören; ja jenes äquilibriste Kunststück ängstlichen Abwägens und Klausulierens, wie es an sich möglich wäre, müßte notwendig zuletzt zu neutraler gleichgültiger Schwebe, zu völligem Stillstande, also zum politischen Tode führen.

Ihr werdet euch daher doch wohl am Ende schon herablassen müssen, ein wenig tiefer zu gehen und neben eueren Paragraphen noch andere Garantien anzuerkennen. Nun wüßte ich aber – ernsthaft und aus voller Seele gesprochen – von allen nur *eine* wahrhafte und durchgreifende. Diese ist, so will mich bedünken, das *historische* Ineinanderleben von König und Volk zu einem untrennbaren nationalen Ganzen, das seit Jahrhunderten in gemeinschaftlicher Lust und Not bewahrte Band wechselseitiger Liebe und Treue, mit einem Wort: nicht der tote Begriff des abstrakten Königs mit zu regierenden arithmetischen Zahlen, sondern der lebendige individuelle König, der nicht dieser oder jener sein kann, sondern eben *unser* König ist in allem Sinne. Gleichwie es sich aber in einer unentarteten Familie ganz von selbst versteht, daß der Vater den Sohn liebreich zum Besten leite und der Sohn den Vater ehre, so bedarf auch jenes gesunde Staatsverhältnis zu seiner Bürgschaft nicht des Vertrages, dieser Arznei erkrankter Treue.

Am lächerlichsten ist mir daher immer die Wut vorgekommen, Verfassungen zu *machen*. Wahrlich, lieber Freund, es gibt einen Despotismus der Liberalität, der so unleidlich ist wie jede andere Tyrannei, indem er das frische Leben fanatisch mit eitel Garantien, Vor- und Rücksichten umbaut, daß man vor lauter Anstalten zur Freiheit nicht zu dieser selbst gelangen kann. Denn Willkür bleibt Willkür, sie komme, woher sie wolle; es ist aber gleich willkürlich, ob man den Leuten sagt: ihr sollt nicht frei sein, oder: ihr sollt und müßt grade auf diese und keine andere Weise frei sein! Mit dem Einrammen eines dürren Freiheitsbaumes ist gar nichts abgemacht. Mit und in der Geschichte der Nation muß die Verfassung, wenn sie nicht eine bloße Komödie bleiben soll, organisch *emporwachsen* wie ein lebendiger Baum, der, das innerste Mark in immergrünen Kronen dem Himmel zuwendend, sich selber stützt und hält und den Boden beschirmt, in dem er wurzelt.

Das aber dauert euch sicherlich zu lange, so wie wahrscheinlich auch dir schon mein Brief. Ich schließe daher mit der Bitte, mein Lieber, daß du auf deinen noch ziemlich gesunden Beinen feststehen mögest. Denn gib acht, die Zeit überschlägt sich gleichsam noch in der Luft vor übergroßer Hast und dürfte unversehens eine gute Strecke über ihr eigenes Ziel hinausgelangen.

DIE KONSTITUTIONELLE PRESSGESETZ-
GEBUNG IN DEUTSCHLAND

Unter den staatlichen Begriffen, die wir über den Kanal aus der großen Pariser Konstitutionsfabrik erhalten, haben wenige eine so lebhafte und allgemeine Teilnahme gefunden als der der Preßfreiheit. Kein Wunder, da diese nicht einen einzelnen Stand oder materiellen Besitz, sondern die Gesamtheit von Schriftstellern und Lesern gleich empfindlich berührt und jeder über das mitsprechen zu können glaubt, was alle angeht.

Viele betrachten die Preßfreiheit in vollem Ernst als den langverheißenen und erwarteten Messias, der seine Anhänger endlich wieder zu dem auserwählten Volke Gottes erheben werde. Aber weit eher, meinen wir, möchte durch einen aufrichtigen Zustand der Wahrheit die Preßfreiheit als umgekehrt durch die Preßfreiheit neue unerhörte Wahrheit erzeugt werden; und wahrhaft große Schriftsteller wenigstens, d. h. solche, denen es nicht um sich, sondern um das Rechte zu tun war, haben jederzeit ihre Erleuchtung geltend zu machen gewußt, eben weil ihnen die unsichtbare Macht, welche die Welt regiert, die Gewalt der *Überzeugung* zu Gebote stand.

Andere wieder halten, grade entgegengesetzt, die Preßfreiheit für ein absolut Böses, das die Ordnung der Dinge notwendig zerstören müßte. Ein – wenngleich in der neuesten Zeit ziemlich erklärlicher – politischer Aberglaube. Nicht in dem an sich unschuldigen Werkzeug der Presse liegt die Gefahr, sondern in der Sittenlosigkeit der Geister, in der entschieden einseitigen Richtung der Zeit, welche von der Presse Gebrauch macht. Gegen solche geistige Influenza aber werden einzelne polizeiliche Palliative, eben weil sie Palliative sind, sich jederzeit unzureichend erweisen; das tieferliegende Übel wird nur an der Wurzel durch die Schule tüchtiger Institutionen, durch große Tugenden der Regenten sowie durch übermächtige, wahrhafte (und daher ernst auf das Rechte gewandte) Talente unter den Regierten zu heben sein, was freilich weder so leicht noch so schnell abgemacht ist als der Entwurf eines Preßgesetzes.

Dasjenige endlich, worüber die Besonnenen, Gemäßigten und Wohlmeinenden aller Farben einig sind, läßt sich etwa in folgenden Satz zusammenfassen: Ohne gesellschaftlichen Zustand gibt es keine Presse. Im gesellschaftlichen Zustande aber ist *unbedingte* Freiheit überhaupt, also auch unbedingte Preßfreiheit, unmöglich. Es kommt demnach, in Rücksicht auf die Presse, nur auf die nötigen gesetzlichen Schranken an, um das Interesse der Gesamtheit zu sichern, ohne die Freiheit der einzelnen zu zerstören, oder mit anderen Worten: um den *Mißbrauch* der Presse zu verhindern.

Diese allgemeine Formel hat freilich fast ebenso wenig praktischen Wert als die oben angedeuteten Extreme; sie führt aber wenigstens unmittelbar auf die beiden Hauptfragen, um die sich eigentlich aller Streit dreht, nämlich: was ist Mißbrauch der Presse, und wie ist demselben am zweckmäßigsten zu steuern?

Es wäre ein ebenso unfruchtbares als vergebliches Unternehmen, von dem Preßmißbrauch eine genügende Definition geben oder auch nur alle einzelnen möglichen Fälle desselben im voraus aufzählen zu wollen. Die Sünden der Presse sind die der ewig wandelbaren öffentlichen Meinung; und wer möchte den bunten Wandel dieser Tagesgöttin im voraus registrieren? Auch ist es ja keineswegs das wirkliche Verbrechen oder die Lüge allein, die hier in Betracht kommen, sondern ebensooft nur das politisch Schädliche oder das schlechthin Unschickliche, deren Begriff und Bedingungen aber mit den Zeiten unaufhörlich wechseln, gleichwie auch im Materiellen ein und derselbe Stoff dem Gesunden heilsam, dem Kranken tödlich sein kann. Diese eigentümliche Natur der Presse daher macht für den Gesetzgeber wie für den Richter die unausgesetzte genaue Kenntnis nicht sowohl althergebrachter abstrakter Formeln, als vielmehr des innersten Volkslebens in allen seinen leisen Konturen und Bewegungen vorzugsweise zur Bedingung richtiger Wirksamkeit. Unter dieser unerläßlichen Voraussetzung aber, sollten wir meinen, wird auch hier, wie überall, das natürliche Gefühl particular und unerschütterlicher Gerechtigkeit sicher aus dem scheinbaren Labyrinthe führen, wenn man sich nämlich hütet, eine der konkurrierenden Parteien, in Furcht oder Vorliebe, von vornherein zu überschätzen, sondern, wie billig, die drei Hauptinteressenten hierbei, je nach der Wichtigkeit ihrer Bedeutung, vor dem Gesetze möglichst gleichstellt: die unverletzliche sittliche Gemeinschaft des Staats, die alle Freiheit und Entwickelung bedingt, die einzelnen, die ihr natürliches Hausrecht auch gegen den Preßbengel in Anspruch nehmen, und endlich die als Bildner der Menschheit achtungswerte Klasse der Schriftsteller. Sind diese Beziehungen nicht nach vorgefaßten Theorien, sondern nach dem Leben einmal klar und zeitgemäß aufgefaßt, so dürfte es auch dem Gesetzgeber leicht werden, die wechselseitigen Verletzungen dieses Verhältnisses als Mißbrauch im allgemeinen zu bezeichnen, sowie dem Richter, da er nicht durch die Formel vorgesehener Fälle gebunden ist, das Gesetz auf die Tat anzuwenden und z. B. bei angeblich aufrührerischen Schriften jederzeit zu erkennen, ob diese Schrift unter den eben stattfindenden Umständen, Richtungen und Gelüsten der Menge wirklich Aufruhr erzeugen konnte oder nicht. Auf die meist unerweisliche Absicht kann es bei Preßvergehen nicht mehr ankommen als bei allen anderen Vergehen. Das Herz richtet Gott allein; wer aber die zur Erreichung eines strafbaren Zwecks geeigneten Mittel ergriffen hat, muß sich vernünftigerweise auch die Annahme gefallen lassen, daß er den Zweck gewollt habe.

Jenes natürliche Wechselverhältnis scheint indes in dem Lärm und Getümmel der neuesten Zeit mannigfach verrückt zu sein. Es sind jetzt namentlich die Schriftsteller, welche dem Staat und den einzelnen gegenüber und im vermeintlichen Bunde mit einer angeblich souveränen öffentlichen Meinung mit großem Geräusch allen Schutz für sich allein in Anspruch nehmen möchten. Sie übersehen dabei, daß das, worauf es bei der Preßfreiheit doch eigentlich nur ankommt, große Gedanken und neue Wahrheiten, eben weil sie neu sind, jederzeit von der öffentlichen Meinung abweichen und daß der wahrhafte Schriftsteller nicht der Knecht, sondern der Meister der öffentlichen Meinung sein soll. Auch dem Genie gegenüber ist der einfältigste Mensch nicht rechtlos. Also nur keine geistigen Privilegien und Exemptionen vor dem Gesetz, wenn wir nicht das Recht des Stärkeren, ein geistiges Faustrecht herbeiführen wollen! Ein Nationalunglück aber für Kultur und alle freie Entwickelung wäre es, wenn eine einzelne Partei jemals der Presse sich zu bemächtigen vermöchte, um die Tyrannei eines einseitigen Liberalismus allgemein geltend zu machen und das Lebendigbewegende: die unabhängige, deutsche Freisinnigkeit, zu verschüchtern und zu überwältigen.

Die andere Frage – wie dem Mißbrauch der Presse am zweckmäßigsten zu steuern sei, ob durch Präventiv- oder Repressivmaßregeln, durch vorbeugende Zensur oder durch nachfolgende Strafe – ist bereits erschöpfend durchgesprochen und sehr verschieden beantwortet worden, je nachdem die einen die Freiheit der Mitteilung, die anderen die Sicherung der gesellschaftlichen Interessen vorzugsweise im Auge hatten. Man kann die Akten über diesen Gegenstand als geschlossen betrachten; und es ist endlich an der Zeit, sich zu entschließen und praktisch Hand ans Werk zu legen. Als

Resultat dieser Verhandlungen ergibt sich unverkennbar der Wunsch aller Unbefangenen, daß es gelingen möge, alle Zensur gänzlich zu beseitigen; zugleich aber auch die Überzeugung, daß dies, wie die Sachen gegenwärtig stehen, ohne bedeutenden Nachteil für das Ganze unmöglich sei und für jetzt nur annähernd geschehen könne durch eine Preßgesetzgebung, welche die unerläßlichen Garantien nach allen Seiten hin darzubieten vermöchte. Ein solches Gesetz aber wird jedenfalls in jedem einzelnen Staate Deutschlands nur dann von Erfolg sein können, wenn alle deutsche Staaten zwar mit Berücksichtigung der Eigentümlichkeit ihrer Verfassungen, doch in den Hauptgrundsätzen desselben untereinander übereinkommen, da der geistige Verkehr in den verschiedenen Ländern *eines* Volksstammes und einer gemeinsamen Sprache keine geographischen Grenzen kennt und durchaus als ein unteilbares Ganze behandelt werden muß; gleichwie ein Strom hier nicht einzudämmen oder plötzlich freizulassen ist, ohne bei dem Nachbar in verändertem Laufe durchzubrechen.

Es dürfte daher von Interesse sein, einmal näher zu betrachten, auf welchem Wege in der neuesten Zeit Deutschland in diesem Teile der Gesetzgebung vorgeschritten. Es kann hierbei natürlicherweise zunächst nur von den konstitutionellen Staaten die Rede sein, da bis jetzt nur in diesen Veränderungen von Belange und umfassendere Versuche der Art vorgekommen sind. Wir wünschten, Absicht, Richtung und inneren Zusammenhang dieser Bestrebungen klar zu machen und durch eine übersichtliche Darlegung der Tatsachen jeden in den Stand zu setzen, daran sein eigenes Urteil in der Sache zu bilden oder zu berichtigen.

Zu diesem Zweck scheint es aber notwendig, in nachstehendem Rückblick an die bisherige Lage dieser Angelegenheit in Deutschland mit einigen Worten zu erinnern.

*

Die Zensur ist fast so alt als die Buchdruckerkunst. Da die allgemeinere Verbreitung der letzteren mit den großen religiösen Bewegungen in Deutschland zusammentraf und diesen erst ihren unaufhaltsamen Umschwung gab, so ist begreiflich, daß zunächst die Kirche das Bedürfnis einer Verwahrung dagegen fühlte. Die Zensur wurde daher ursprünglich im deutschen Reiche überhaupt als ein Gegenstand der geistlichen Polizei betrachtet und zuerst durch den Reichsabschied von 1529, bis auf nähere Bestimmungen durch das nächste Konzil, allgemein eingeführt. Das Konzil hat jedoch hierin nichts geändert, und so wurde Zensurpflichtigkeit in Deutschland zur Regel, von welcher abzuweichen die Reichsgesetze bei ernstlicher Strafe verboten.

So mannigfaltig diese Anstalt sich in den verschiedenen Staaten auch gestalten mochte, so kann man doch als Hauptnorm annehmen, daß alle Druckschriften ohne Unterschied der Zensur unterworfen waren, daß diese von den Staatsbehörden, oft vom Vorstande derselben, manchmal kollegialisch, ausgeübt wurde und daß nur die Universitäten, in betreff der von ihnen zum Druck beförderten Schriften, Zensurfreiheit genossen, insofern die letzteren nicht etwa Angelegenheiten des deutschen Reiches oder das Verhältnis zu anderen Staaten berührten, wofür jederzeit die Zensur in der Regel der höchsten Staatsbehörde vorbehalten blieb. Die Strafen waren streng, die Vorschriften meist sehr unbestimmt, das Verfahren daher großenteils willkürlich.

Es drängt sich hier natürlich die Frage auf, wie aus diesem beschränkten Zustande der Presse dennoch Schriften hervorgehen konnten, welche, wenigstens im Prinzip, schon damals alles Material der Revolution enthielten. Diese auffallende Erscheinung ist indes nicht schwer zu erklären. Einmal hatten die Reichsgesetze überhaupt bereits ihre bindende Kraft verloren, und man nahm in den Gebieten einiger Reichsfürsten und Reichsstädte in der Tat so gut wie gar keine Notiz von der Presse. Im 18. Jahrhundert zumal hatte die unsichtbare Macht der Aufklärung, der weltbürgerlichen Toleranz und einer religiösen und politischen Freigeisterei allmählich Regierende und Regierte, Zensoren und Zensierte gleichmäßig ergriffen; man kam auf die strengen Preßgesetze fast nur zurück, wenn sich nachdrückliche Klagen erhoben, es existierte faktisch eine stillschweigend autorisierte Preßfreiheit außer dem Gesetz. Ja, als im Jahre 1775 zur Sprache kam, daß mehrere Bände der „Allgemeinen Deutschen Bibliothek" ohne vorherige Zensur gedruckt worden, gestand der Verleger, Buchhändler Nicolai in Berlin, verwundert ein, daß ihm und seinen sämtlichen Kollegen von dem Bestehen einer Zensur überhaupt bisher nichts bekannt gewesen sei. Sehr natürlich in ruhigen Zeiten, wo unanwendbare Theorien noch nicht die Prätention hatten, sich praktisch geltend zu machen, und die Wissenschaft nur in den Formen der Sitte und des Anstandes Eingang zu finden hoffen durfte. – So wahr ist es überall, daß die Zügellosigkeit erst sich selbst den Zügel schafft!

Der Deutsche Bund erkannte zuerst das Bedürfnis einer gemeinsamen Preßgesetzgebung für Deutschland an. Die Bundesakte sagt, Artikel 18:

„Die verbündeten Fürsten und freien Städte kommen überein, den Untertanen der deutschen Bundesstaaten folgende Rechte zuzusichern."

Dann folgen diese Rechte, und zwar unter Nr. 4:

„Die Bundesversammlung wird sich bei ihrer ersten Zusammenkunft *mit Abfassung gleichförmiger Verfügungen über die Preßfreiheit* und die Sicherstellung der Rechte der Schriftsteller und Verleger gegen den Nachdruck beschäftigen."

Diese Bestimmung ist mehrfach als eine Zusage unbeschränkter Preßfreiheit ausgelegt worden, es ist nicht einzusehen, aus welchem Grunde; denn *unbedingte* Preßfreiheit wäre ja eben eine solche, die keiner weiteren Verfügungen bedürfte. Der klare Sinn des Gesetzes ist offenbar: die Preßfreiheit wird als Grundprinzip anerkannt, aber die Feststellung der Norm ihrer Ausübung, der Bedingungen, unter welchen dieselbe bestehen soll, behält der Deutsche Bund sich vor. Diese Bedingungen aber können vernünftigerweise nicht bloß in dem Schutze derselben, sondern müssen wesentlich auch in Garantien Deutschlands gegen die Preßfreiheit bestehen, und es folgt also daraus von selbst, daß kein einzelner Bundesstaat hiernach befugt sei, einseitig ein Recht auf unbeschränkte Freiheit der Presse auszusprechen und somit etwas zu bestimmen, das, seiner Natur nach, in seinen Wirkungen weit über die Grenzen eines einzelnen Gebietes hinausgeht.

Mit dieser Ansicht stimmen auch die Verfassungsurkunden der deutschen konstitutionellen Staaten wesentlich überein. Alle erklären zwar die Presse für frei, es soll jedoch diese Freiheit in *Württemberg* (Artikel 28) sowie im *Großherzogtum Hessen* (Artikel 36) nur „unter Befolgung der gegen den Mißbrauch bestehenden oder künftig erfolgenden Gesetze" und im Königreich *Sachsen* (§ 31) „unter Berücksichtigung der Vorschriften der Bundesgesetze und der Sicherung gegen den Mißbrauch" stattfinden, in *Baden* aber (Artikel 17) „nach den künftigen Bestimmungen der Bundesversammlung gehandhabt werden". Die Verfassungsurkunden von *Kurhessen* (§ 37) und *Hannover* (Artikel 33) erklären sogar ausdrücklich die Zensur in den durch die Bundesgesetze bestimmten Fällen für zulässig.

Jene in der Bundesakte verheißenen *allgemeinen* gesetzlichen Bestimmungen sind jedoch nicht ergangen; vielmehr wurde von der Bundesversammlung am 20. September 1819

einstweilen beschlossen, daß alle Schriften, welche in der
Form täglicher Blätter oder heftweise erscheinen oder nicht
über 20 Druckbogen stark sind, in keinem deutschen Bundesstaate ohne Vorwissen und vorgängige Genehmhaltung der
Landesbehörden zum Druck befördert werden sollen; um
dem Mißbrauch der Presse vorzubeugen, insofern dadurch
die Würde des Bundes verletzt, die Sicherheit einzelner Bundesstaaten, deren Verfassung oder Verwaltung angegriffen
oder die Erhaltung des Friedens und der Ruhe in Deutschland
gefährdet wird

Zur Erreichung dieses Zweckes werden indes einerseits die
in den einzelnen Staaten gegen den Mißbrauch der Presse
bestehenden Repressivgesetze nicht als hinreichend anerkannt, andererseits übernehmen, in betreff der vorgedachten
Schriften, sämtliche Bundesmitglieder wechselseitige Verantwortlichkeit gegeneinander sowohl als auch gegen die Gesamtheit des Bundes.

Auf erhobene Beschwerde einzelner Staaten sowie auch aus
eigener Autorität darf die Bundesversammlung die zu ihrer
Kenntnis gelangten Schriften obenbezeichneter Art, wenn ihr
Inhalt nach dem Gutachten einer von ihr ernannten Kommission unzulässig befunden worden, durch einen Ausspruch,
von welchem keine Appellation stattfindet, unterdrücken,
und die betreffenden Regierungen sind verpflichtet, diesen
Ausspruch zu vollziehen.

Dieser einstweilige Beschluß sollte fünf Jahre lang in Wirksamkeit bleiben, vor Ablauf dieser Zeit aber untersucht werden: auf welche Weise die im 18. Artikel der Bundesakte in
Anregung gebrachten gleichförmigen Verfügungen über die
Preßfreiheit in Erfüllung zu setzen sein möchten, und demnächst ein Definitivbeschluß über die rechtmäßigen Grenzen
der Preßfreiheit in Deutschland erfolgen. Bekanntlich aber ist
jenes Provisorium erst am 16. August 1824 und späterhin am
20. November 1831, bis zur Vereinbarung über ein definiti-

ves Preßgesetz für ganz Deutschland, noch verlängert worden.

Jedes Provisorium ist indes wenig geeignet, die Ungeduld einer aufgeregten Stimmung zu befriedigen oder auch nur zu beschwichtigen. Die Besorglichen fanden die Bundestagsbeschlüsse zu liberal, die Ungestümen zu beengend; die Meinungen schwankten in ausschweifenden Theorien von einem Extrem zum anderen, weil sie keinen allgemein gesetzlichen Mittelpunkt vorfanden, der sie jedenfalls gezwungen hätte, sich selbst beschränkend auf das Positive und Mögliche zu richten.

Schon im Jahre 1819 wurden in den Ständeversammlungen heftige Stimmen für die Einführung einer mehr oder minder unbeschränkten Preßfreiheit hörbar. Wir glauben sie aber hier übergehen zu müssen, teils weil sie ohne praktischen Erfolg geblieben, teils aber, weil sich im wesentlichen die Wünsche, Behauptungen und Irrtümer später nur wiederholen.

Im Jahre 1830 nämlich regte der Sturm, der unerwartet aus Westen brach, auch in Deutschland gewaltigen Staub auf. Dieselben, die noch vor wenigen Jahren sich viel mit ihrem Deutschtum wußten, eilten, dasselbe ins Französische zu übersetzen und die fremden Bedürfnisse, Neigungen und Kautelen, gleich Vaudevilles, auf unsere politische Bühne zu bringen. Es konnte nicht fehlen, daß auch die Sache der Preßfreiheit mit einem Eifer wieder aufgenommen wurde, als ob jene Pariser Ordonnanz uns den Fehdehandschuh hingeworfen hätte. So auf den Landtagen von Hessen, von Sachsen und Hannover, namentlich aber in den Ständeversammlungen von Bayern und Baden im Jahre 1831, wurde dieser Gegenstand mit auffallender Ausführlichkeit behandelt und von beiden Kammern einstimmig auf gesetzmäßige Freiheit der Presse angetragen. –

Wir wollen, indem wir das Wesentliche der einzelnen Stimmen und Forderungen in den verschiedenen deutschen Staaten zusammenfassen, den Ideengang dieser ständischen

Verhandlungen in seinen Hauptzügen zu bezeichnen versuchen.

Überall geht man natürlicherweise von der Grundidee der Repräsentativverfassung aus, die man in die Verwirklichung einer Herrschaft des Gesamtwillens in allen Zweigen der Gesetzgebung und der Verwaltung des Staates setzt. Es komme hiernach – so argumentierte man weiter – alles darauf an, zunächst jenen Gesamtwillen zur unzweifelhaften Erscheinung zu bringen, welches wiederum nur durch möglichst freien, lebendigen Umlauf und Austausch der Gedanken, Meinungen und Wünsche der einzelnen, mit einem Wort: durch *Preßfreiheit*, vermittelt und somit jene unsichtbare Macht erzeugt werden könne, die mit dem Namen des „öffentlichen Geistes" bezeichnet wird.

Fragt man nun aber, wie billig, weiter nach, wodurch denn nun das Positive dieser verschiedenen Meinungen usw. im Staate praktisch erkennbar und wirksam, durch wen in letzter Instanz diese unsichtbare Macht des öffentlichen Geistes wirklich ausgeübt werde, so ist die Antwort: durch die Volksvertreter in den Ständeversammlungen, denen also jene Herrschaft des Gesamtwillens gebühren würde. Und dies ist allerdings der oberste Gesichtspunkt, den man fest im Auge behalten muß, um den ganzen Gang der Verhandlungen zu verstehen und zu würdigen.

Schon die Formen, in denen die Forderung der Preßfreiheit im allgemeinen hier durchgefochten wird, dürften eine nähere Aufmerksamkeit in Anspruch nehmen. Einige stehende Redensarten erinnern gradezu an ihren Ursprung, z. B.: man müsse endlich die Verfassung *zur Wahrheit machen* usw. Andere werfen ein flüchtiges, aber scharfes Licht auf die Natur dieser Verhandlungen überhaupt. So z. B. der Eifer, die Minister oder auch Abgeordnete abweichender Meinung im voraus einzuschüchtern und sie durch das vorgehaltene Medusenhaupt künftiger Verantwortung vor der Nation zu schrecken, wenn sie es sich etwa einfallen lassen sollten, gegen den Antrag zu stimmen. Eine Kriegslist, die wenigstens für die Vorfechter kein großes Vertrauen erweckt, daß sie wirklich die freie Mitteilung der Gedanken zur Wahrheit machen wollen. – Auch an Petitionen mit vielen Unterschriften fehlt es nicht, über deren eigentliche Bedeutung, sollte man meinen, das Publikum wohl schon längst belehrt sein sollte. Selbst das Landvolk, so behauptet man, wünsche die Preßfreiheit sehnlichst; und wenn dies auch nicht überall der Fall sei, so habe doch auch mancher sein Bedürfnis, sozusagen seinen Durst erst dann gefühlt, wenn ihm das Mittel zur Befriedigung – der Labetrank – dargereicht worden ist. Das letztere erinnert an starke Trinker, die sich erst durch überpfefferten Heringssalat künstlichen Durst schaffen, worauf indes das nüchterne Wasser des Journalgeschwätzes übel bekommen möchte. Die ganze Behauptung aber ist schwer zu glauben; denn unser deutsches Landvolk, das obendrein noch wahrscheinlich das gebildetste in Europa ist, hat bekanntlich wenig Zeit und Lust, viel zu lesen. – Mehrere Redner endlich bemühen sich, alles Schlimme, das in der letzten Zeit angeblich ihrem Vaterlande widerfahren, lediglich dem Mangel an Preßfreiheit zuzuschreiben, ja einige meinen: wo diese vorhanden, stehe alles auf das beste, wie in England, Frankreich – wo Preßzwang, alles übel, wie in Spanien, in Portugal, im Orient –, als sei auf einmal die ganze Vergangenheit ausgelöscht mit allen ihren nationalen Unterscheidungen, Begebenheiten und Institutionen, auf denen die Gegenwart in ihrer Tiefe beruht und welche noch die Zukunft, mit oder ohne Preßfreiheit, bedingen werden. – Gleichviel! Die Stellvertreter des Volkes, heißt es ferner, würden daher einen politischen Selbstmord begehen, wenn sie dem Volke länger die Preßfreiheit vorenthielten, ohne welche jede ständische Verfassung Lüge und Täuschung sei. Und ein rauschendes Bravorufen begleitet den Redner zu seinem Sitze.

Der Begriff der Preßfreiheit selbst aber, im Sinne dieser Stimmführer, wäre etwa als die *unbeschränkte* Befugnis zu bezeichnen zur Bekanntmachung der Gedanken durch Schrift, Druck und Bild, verbunden mit der einzigen Verpflichtung, den Gebrauch, den man von dieser Befugnis gemacht, demnächst zu verantworten. Mithin: das Repressivsystem in aller Ausdehnung.

Was bei dieser Gelegenheit gegen die Nachteile der Zensur deklamiert wird, ist oft sehr treffend, aber nicht neu und meist in französischen Journalen, namentlich im „Moniteur", umfassender und gewandter schon gesagt worden. Besonderes Gewicht wird hierbei überall auf das große Zensurgericht gelegt, welches die freie Presse selbst unter der Leitung der freien öffentlichen Meinung oder mit anderen Worten: das Publikum ausübe, das gemeine Lästerer verachte und brandmarke, wenn es auch vielleicht ihren Witz gern vernehme. Es ist indes hiergegen einzuwenden, daß ein so ungewisses und schwerfälliges Gericht allein keine hinreichende Garantie gegen die Preßfreiheit darbietet. Nicht bei Verleumdungen und Ehrenverletzung einzelner, weil einerseits es sich hier um *Tatsachen* handelt, die nicht im Bereich der öffentlichen Meinung liegen und deren nachträgliche Berichtigung – wenn sie an sich auch möglich ist – selten die Sache wieder gutmacht, und andrerseits, weil eben gemeine Lästerer überhaupt um solche Brandmarken sich wenig kümmern, wenn sie nur viel gelesen und bezahlt werden. Bei inneren oder äußeren Angelegenheiten des Staats aber würde jenes große Zensurgericht, eine solche gleichsam sich selbst regulierende Presse, notwendig eine allgemeine Teilnahme und Bekanntschaft des Publikums mit diesen Verhältnissen voraussetzen, wie sie, wenigstens in diesem Augenblick, in Deutschland noch keineswegs stattfindet. Man könnte freilich sagen: eben die freie Presse soll, indem sie alle Bedrängnisse, Zweifel und Wünsche des Volkes zur öffentlichen Verhandlung

bringt, jenes allgemeine politische Leben herbeiführen. Das
hat sie aber nirgend vermocht und kann es niemals vermögen.
Nur durch große, nationale Institutionen, in die ein Volk sich
in Lust und Not jahrhundertelang hineingelebt, wird eine
wahrhafte öffentliche Gesinnung erzeugt; wo dieser Kern
aller öffentlichen Verhandlung noch fehlt, wird auch die freie
Presse entweder in gelahrten Theorien, die das Volk nicht
berühren, sich unfruchtbar verzehren oder in wesenlosen
Ausschweifungen die Meinung nur noch mehr verwirren.
Man muß überall erst bestimmt wissen, was man will, ehe
man mit Erfolg darüber reden kann.

Gewöhnlich wird hier England als ein vorleuchtendes Beispiel angeführt. Aber auch dort wurde, anfänglich durch das
bekannte Tribunal der *Sternkammer* und späterhin von dem
Parlament selbst, eine entschiedene Polizeigewalt über die
Presse bis zum Jahre 1694 ausgeübt, nachdem durch mannigfache Revolutionen und die durch sie erzeugten Institutionen
sich längst ein bestimmter politischer Volkscharakter entwik-
kelt hatte. Ohne nun hier näher untersuchen zu wollen,
inwiefern der gegenwärtige Zustand der englischen Presse
glücklich zu preisen oder nicht, so ist doch so viel gewiß, daß
dort ein jeder, selbst einer bestimmten Fahne angehörend,
jede Äußerung, jeden Gedanken an der Farbe seiner Partei-
livrei ohne weiteres erkennt und sogleich weiß, was er davon
zu halten und was zu erwidern habe. Keineswegs aber ist das
deutsche Volk schon jetzt so eingekastet oder wenn man
lieber will: so genau orientiert. Die frechste Verkehrtheit
bliebe, wenn nicht belacht, doch meist unerwidert aus Mangel an Teilnahme oder Kenntnis, die politische Unbefangen-
heit würde überrascht von dem beredten Ungestüm der
wenigen, welche die sogenannte öffentliche Meinung in Pacht
genommen zu haben sich anmaßten, gleichwie ja auch in
Frankreich zur Zeit nur noch Paris allein in Anschlag kommen kann.

Jedes Gesetz, welchen Zustand es auch betreffe, kann diesen nicht isoliert im Auge festhalten, es will eben nur sein natürliches Verhältnis zu dem ganzen gesellschaftlichen Zustande, die Linie bezeichnen, wo Recht und Pflicht einander begegnen, die beiden Elemente wahrhafter Freiheit. Von der Preßgesetzgebung freilich behaupten manche: sie sei, ihrer Natur nach, bloß negativ, bloß beschränkend, weil man die Preßfreiheit nicht zu dekretieren brauche. Allerdings wird die letztere, unter gewissen Umständen und bei einem gewissen Kulturgrade, sich überall von selbst machen. Nirgends aber wird sie *bestehen*, wo man sie von vornhinein außer dem Gesetz erklärt; gleichwie das Samenkorn, das auch nur Luft, Licht und Regen bedarf, um zu treiben, notwendig verkommt, wenn man es von diesen ausschließt. Und wie nahe liegt auch hier der Mißbrauch der Gewalt oder einer übertriebenen Empfindlichkeit! Sie bedarf daher des gesetzlichen Schutzes so gut wie jede andere öffentliche Freiheit, und es ist ohne Zweifel die Aufgabe eines vernünftigen Preßgesetzes, genügende Garantien sowohl für die Preßfreiheit als gegen die Preßfreiheit aufzustellen.

Wie nun soll diese schwierige Aufgabe, nach dem Verlangen und den Vorschlägen der Majorität der Abgeordneten auf den deutschen Ständeversammlungen, praktisch gelöst werden?

„Es werde Licht durch die Preßfreiheit, es weiche die Finsternis, nieder mit der Zensur!" ruft ein Abgeordneter der badenschen zweiten Kammer aus. Und in der Tat, es ist das allgemeine Feldgeschrei. Nur darüber war noch die Frage, ob, den oben erwähnten Beschlüssen des Deutschen Bundes gegenüber, die Aufhebung der Zensur *sofort und ohne Ausnahme* auszusprechen sei, und diese Frage ist der bei weitem überwiegende und ausführlichste Gegenstand der ganzen Diskussion.

Der späterhin auf unbestimmte Zeit verlängerte Bundestagsbeschluß vom 20. September 1819 nennt und verordnet allerdings nirgends ausdrücklich Zensur, sondern verfügt nur, daß Schriften in Form täglicher Blätter usw. und solche, die nicht über 20 Bogen stark sind, in keinem deutschen Bundesstaate ohne Vorwissen und vorgängige Genehmigung der Landesbehörden gedruckt werden sollen. Diese allgemeine Fassung benutzte man zu der Behauptung, daß also hiernach keineswegs Zensur vorgeschrieben, sondern vielmehr nach Artikel 2 des gedachten Beschlusses grade den einzelnen Regierungen die freie Wahl der Maßregeln gegen den Mißbrauch der Presse lediglich überlassen sei, da jenes Vorwissen und Genehmhalten ja sehr wohl durch andere, mit der Preßfreiheit durchaus vereinbare Gewährleistungen erreicht und vermittelt werden könne. Es stehe mithin der unbeschränkten Preßfreiheit (d. h. im Sinne der Kammern: dem reinen Repressivsystem) nichts im Wege.

Eine offenbar gewaltsame Interpretation; denn einmal sagt der Artikel 3 des Beschlusses, daß die etwa im Staate schon bestehenden *repressiven* Maßregeln nicht genügen, sondern *vorbeugende* ergriffen werden sollen. Sodann aber muß doch jedenfalls die Behörde, welche jene Genehmigung auszusprechen, folglich unter Umständen auch zu verweigern hat, sich von dem Inhalte *vor* dem Druck überzeugen – und das ist ja eben das eigentliche Wesen der Zensur.

Aber auch auf diesen Einwand ist man gefaßt. Enthält, sagt man, der Bundesbeschluß wirklich das Gebot der Zensur, so ist er für die konstitutionellen Staaten unverbindlich und unanwendbar. Denn die Verfassungsurkunden der letzteren gewähren überall Freiheit der Presse, deren Aufhebung durch unbedingte Zensuranordnungen also auch nur auf verfassungsmäßigem Wege (d. i. mit Zustimmung der Landstände) erfolgen kann. – Hierbei übersieht man indes: erstens, daß durch jene Verfassungsurkunden selbst, wie bereits oben nachgewiesen worden, den in Rede stehenden Beschlüssen durchaus ein bedingender Einfluß gegeben ist, und zweitens, daß eine ausnahmsweise Unterwerfung der Zeitungen und Flugschriften unter die Zensur den vernünftigen Interessen der Preßfreiheit keineswegs widerspricht.

Glaubt man denn in vollem Ernst, daß diese täglich sich selbst überlebende Zeitungsweisheit, welche die Ereignisse an der Oberfläche aufrafft und einzelne Blätter, wie sie eben der Sturm des Tages zufällig abgerissen, verworren umherschleudert, jemals ein volles Bild von dem Baume des Lebens in Wurzel, Stamm und Zweigen geben, daß dieses isolierte, zerstückelte Wissen, diese hohle Phraseologie in der Tat eine tüchtige Volksgesinnung entwickeln könne? Es ist eine edlere Freisinnigkeit, unabhängig von den wechselnden Gelüsten der Zeit, über der sie bildend steht, es ist jener tiefere Ernst, jene getreue, gründliche Forschung allein, welche in allen Zeiten neue Zielpunkte aufstellt und neue Bahnen bricht. Diese aber ist notwendig Gegenstand wissenschaftlicher Erörterung und kann nur in allmählicher Metamorphose sich praktisch gestalten, nur in Institutionen dem Volke lebendig vermittelt werden. Sie ist frei und soll auch ferner frei bleiben.

Ganz anders dagegen verhält es sich mit den Tagesblättern. Unvorbereitet, unbegründet brechen Wahrheit, Systembruchstücke, Lüge und beschränkte Verkehrtheit auf das verblüffte Volk herein. Man könnte freilich sagen, eben die vielfach widerstreitenden Ansichten und Meinungen auf diesem Tummelplatze berichtigten oder neutralisierten einander wieder. Aber dem ist nicht so. Wer hätte Zeit oder Lust, alle diese zahllosen Schriften zu lesen, zu vergleichen, zu erwägen? Jeder greift nur das heraus, was seiner Neigung, seiner einmal vorgefaßten Meinung zusagt, die Gegner sind für ihn fast nicht vorhanden, und eine gewisse Virtuosität in der Einseitigkeit ist zuletzt das Ergebnis dieser Ephemeriden.

Daß die Presse überhaupt mißbraucht werden könne und daß dem Mißbrauch zu steuern sei, darüber sind so ziemlich

alle einig. Bei wissenschaftlichen Untersuchungen oder größeren Dichtwerken ist die Gefahr gering; die Bücher sind
teuer, nicht leicht faßlich, sie haben immer nur ein kleines
und gebildetes Publikum, das gegen die Verdrehungen der
Beschränktheit oder Bosheit gerüstet ist. Hier würde eine
vorgängige Zensur überflüssig und unklug sein, da die
Staatsautorität nicht berufen ist, in Kunstsachen oder über
Wahrheit oder Unwahrheit in wissenschaftlichen Erörterungen zu entscheiden, und daher auch den Schein vermeiden
muß, dies zu wollen. Wie aber mit den Zeitungen und
Flugschriften, wo der Irrtum gleichsam Wehrlose überfällt
und schleichendes Gift vielleicht in wenigen Stunden über
ein ganzes Land verspritzt werden kann? Sollte es denn nicht
die Pflicht jedes getreuen Hausvaters sein, wenn auch mancher Hausgenosse die Aufsicht unbequem findet, lieber jede
Brandstiftung zu verhüten, als hinterdrein den Brand zu
löschen? – Nein! – antwortet man – eben in dieser ungehin-
derten, blitzartigen Verbreitung der Gedanken liegt die Freiheit der Presse; man bestrafe hinterher den Sünder. Aber
Strafe ist nicht der Rache wegen, sie kann doch auch nur das
Übel – hier freilich ein schon geschehenes – verhindern
wollen. Sind die Preßstrafgesetze daher schlecht oder zu
mild, so schrecken und nützen sie nicht, sind sie streng, so
üben sie im allgemeinen notwendig gleichfalls eine *vorbeugende* Gewalt aus so gut wie die Zensur. Ich sage: im allgemeinen; denn freilich gegen jene politischen Zeitschriften
wird diese Strafgesetzgebung sich jederzeit unwirksam erweisen. Sie leben einzig und allein von der sogenannten
öffentlichen Meinung, als geistige Modejournale haben sie
wesentlich das Interesse, jede aufkommende Richtung möglichst zu überbieten und bis auf die äußersten Grenzen zu
treiben; bei ihnen wird daher die Scheu vor etwaiger Strafe
von der Furcht vor ihren Abonnenten notwendig überwogen werden. – Und dies ist, so scheint es, allerdings die

reservatio mentalis, aus der man so viel gegen die Zensur über Tagesblätter deklamiert.

So wurde denn überall vollkommene Zensurfreiheit, ohne Rücksicht auf Inhalt oder Form der zu druckenden Schriften, in Anspruch genommen. Nur die hessen-darmstädtsche zweite Kammer auf dem letzten Landtage begnügte sich, diese Forderung auf die *inländischen* Angelegenheiten zu beschränken, und stellte deshalb, da die erste Kammer überhaupt darauf nicht einging, eine einseitige Adresse an die Regierung, die aber bisher ohne Erfolg geblieben ist. Auch auf dem badenschen Landtage von 1831 waren mehrere Mitglieder der ersten Kammer der Meinung, man könne die Regierung nicht unbedingt um Einführung der Preßfreiheit, sondern nur darum bitten, daß sie hierüber vorerst sich mit der Bundesversammlung in Einvernehmen setze. Aber auch hier vereinigten sich zuletzt beide Kammern zu dem gemeinsamen Antrage auf allgemeine Aufhebung der Zensur.

Welche Garantien dagegen werden nun wider den Mißbrauch einer solchen unbeschränkten Zensurfreiheit in Vorschlag gebracht? Es sind im wesentlichen, wie bereits oben bemerkt worden: die nachträgliche Bestrafung der Preßvergehen und die Entschädigung des Verletzten, es ist die Beschlagnahme strafbarer Druckschriften, Beseitigung aller Anonymität und Kautionen. Wir wollen versuchen, die Haltbarkeit oder Unzulänglichkeit dieses Systems aus seinen eigenen Prinzipien zu entwickeln.

Bei *Strafbestimmungen* nun muß vor allem andern feststehen, was strafbar sei. Schon über diesen Grundbegriff aber beginnt die Kontroverse. Auch hier finden wir wieder das Lieblingsthema: ein Preßvergehen, sagt man, ist vorhanden, wo *im Sinne der öffentlichen Meinung* ein öffentliches oder persönliches Recht mittelst der Presse verletzt wird; als ob nicht eben das Gesetz das Kriterium der wechselnden, schwankenden Meinung sein sollte! Im Grunde der alte

Beweiszirkel: die öffentliche Meinung entscheidet, die Tagesblätter stellen die öffentliche Meinung dar, folglich usw. –

Andere behaupten: die durch die Presse verbreitete Rede
sei nur dann ein Verbrechen oder Vergehen, wenn sie als
solches schon an und für sich, auch ohne das Mittel der
Presse, sich darstelle. Das Werkzeug sei ganz gleichgültig; es
gebe keine eigene Klasse von *Preß*vergehen, sowenig als
Dolchverbrechen, Pistolenvergehen usw., und es bedürfe
demnach überhaupt keines besonderen Preßstrafgesetzes.
Wieder andere dagegen verlangen grade ein eigenes Preßgesetz, vorzüglich aus dem Grunde, weil hier eben keineswegs
von gewöhnlichen Vergehen und Beleidigungen, sondern
von solchen die Rede sei, welche auch ein Tugendhafter und
Patriot bloß aus zu großem Eifer verüben könne.

Die Wahrheit dürfte auch hier ziemlich mitteninne liegen.
Ohne Zweifel gibt es fast kein Verbrechen, das vermittelst der
Presse nicht wenigstens mittelbar, durch Aufreizung und
intellektuelle Teilnahme, begangen werden könnte. Es wäre
daher vergeblich, ja sogar zweckwidrig, alle möglichen Fälle
solcher Vergehungen im voraus aufzuzählen und, da es für
das immer neue Leben keine stehenden Normalfälle gibt,
durch diese den Richter fesseln zu wollen. Es wird vielmehr
bei den durch die Presse vollbrachten Rechtsverletzungen in
der Regel hinreichen, auf diejenigen Strafen zu verweisen, die
durch das allgemeine Strafgesetzbuch des Landes auf die
Klasse von Verbrechen, zu der jene Rechtsverletzung gehört,
gesetzt sind.

Andrerseits aber ist nicht zu verkennen, daß der Preßfrevel, eben durch das Werkzeug desselben, auch einen eigentümlichen Charakter erhält, der ihn gefährlicher macht als
andere Vergehen: die maßlose Veröffentlichung nämlich, der
größere Umfang und die größere Dauer der Verletzung. Die
letztere wird daher, wenn sie durch die Presse bewirkt worden, mit verhältnismäßig schwererer Strafe zu belegen sein

und diese wiederum nicht unbedingt, wie bei anderen Vergehen, durch den Beweis der Wahrheit der der Verletzung zum
Grunde liegenden Behauptung gesühnt werden dürfen.

Es fehlt zwar nicht an einzelnen Stimmen, welche unbedingte Wahrheitsfreiheit eben als den Grund und das Ziel
aller Preßfreiheit proklamieren. Allein auch hier scheint
einige Abgötterei mit dem Begriffe Wahrheit unterzulaufen.
Dadurch, daß etwas grade nicht erlogen ist, wird es noch
nicht edel oder wichtig und ersprießlich für die Menschheit;
um wenigsten berechtigt die Beweisbarkeit einer Handlung
an sich irgendeinen Dritten, dieselbe *öffentlich* bekanntzumachen. Wenn z. B. jemand in Kriegszeiten die wirkliche
Stellung der Armee seines Vaterlandes dem Feinde verrät, so
sagt er allerdings die Wahrheit, verdient aber dennoch den
Galgen. Wenn jemand Gebrechen, Lächerlichkeiten oder
unbewachte Äußerungen aus dem häuslichen Privatleben
oder vertraulichen Briefwechsel eines andern durch den
Druck öffentlich bekanntmacht, so mag das Mitgeteilte immerhin wahr sein, er bleibt dennoch ein Schuft. Es ist nicht
viel besser als die Verletzung des Briefgeheimnisses.

Das alles fühlten auch die Landstände gar wohl. Fast ohne
Ausnahme in ihren Beratungen wird bei Rechtsverletzungen
nicht nur das Mittel der Presse als ein Erschwerungsgrund
angesehen, sondern auch die Befreiung von Strafe durch den
Beweis der Wahrheit nur dann für zulässig erkannt, wenn der
Schriftsteller aus Gründen des öffentlichen Wohls oder seines
eigenen Privatrechts Tatsachen anführt, wo also die Beschul-
digung eine Amtshandlung oder eine gesetzlich als Verbrechen bezeichnete Handlung oder endlich solche Tatsachen
betrifft, die mit dem privatrechtlichen Verhältnisse desselben
in solcher Beziehung stehen, daß deren Bekanntmachung
seinerseits als Rechtsverfolgung oder Verteidigung erscheint.
– Es sind dies wesentlich die in England geltenden Grundsätze. Nur scheint ihre Beschränkung – wie hier geschieht –

bloß auf Verletzungen der *persönlichen* Ehre zu eng. In England ist es auch im Kriminalprozeß bei jedem Libell, sofern nur dieses die Tendenz hat, den öffentlichen Frieden zu stören, ganz unwesentlich, ob der Inhalt desselben wahr oder falsch sei; denn die Aufreizung, nicht die Unwahrheit ist das, was als Verbrechen bestraft wird, obgleich ohne Zweifel die letztere zur Vergrößerung der Schuld und folglich auch der Strafe beitragen kann.

Über die Art der Strafe selbst waren verschiedene Meinungen. Einige verwarfen überhaupt alle Freiheitsstrafen als entehrend. Aber bloße Geldstrafe allein wäre hier so gut wie gar keine; der Wohlhabende würde sie nicht empfinden und der Arme notwendig ganz straflos ausgehen. Die meisten vereinigten sich daher zu dem allerdings allein übrigbleibenden Auswege einer Vereinigung beider Strafarten, wobei jedoch dem Richter sowohl in betreff des Maßes der Strafe als auch darin ein möglichst weiter Spielraum zu lassen sei, ob er, nach Umständen, Arrest oder Geldstrafe allein oder beide zugleich zu verfügen für gut finde.

Das ganze Strafsystem beruht indes, wenn es ausführbar sein soll, zuletzt darauf, daß jederzeit jemand da sei, an den man sich halten, den man verantwortlich machen könne, es sei nun der Verfasser oder subsidiarisch der Herausgeber, Verleger oder Drucker. Einstimmig wurde daher überall das *Verbot der Anonymität* insoweit als notwendig anerkannt, daß wenigstens der Verleger und Drucker – bei Strafe der Konfiskation des Buches ohne Rücksicht auf dessen Inhalt – auf jeder Druckschrift sich zu nennen habe. Mehrere gingen noch weiter und verlangten die öffentliche Namhaftmachung des Verfassers selbst; eine Bedingung, die weder nötig noch ratsam erscheint. Unnütz, weil Verleger und Drucker für den Verfasser haften, durch dessen Nennung sie sich ihrerseits von der Verantwortlichkeit wieder befreien können. Nicht rätlich aber, weil eine solche Bedingung mehr oder minder die geheimen Impulse von befangener Furcht oder Eitelkeit in einen Kreis bannt, wo beide nur störend wirken können, und insbesondere eine große Anzahl derjenigen, welche am besten in die öffentlichen Angelegenheiten eingeweiht sind und dennoch sehr ehrenwerte Gründe der Anonymität haben können – als höhere Beamte oder Mitglieder der höheren Klassen der bürgerlichen Gesellschaft – von der Möglichkeit ausschließt, ihre Gedanken zum Gemeingut der Welt zu machen.

Geteilter war die Meinung über die Anwendbarkeit von *Kautionen* für die Herausgabe periodischer Schriften. Einige hielten dafür, man müßte die Höhe der Kaution nach der Größe des Druckorts bestimmen, was natürlicherweise zur Folge haben würde, daß alle Redakteurs ihre Pressen, keineswegs zum besten der Sache, in kleineren Städten aufschlügen. Andere wollten *gelehrte* Zeitungen, da diese nur ausnahmsweise politisierten, von der Kautionsleistung befreien; während wieder andere überhaupt alle Kaution verwarfen. Denn, sagen sie, ist die Summe klein, so nützt sie nichts, ist sie bedeutend, so schließt sie den talentvollen, aber unbemittelten Unternehmer aus, zumal in Deutschland, wo nicht, wie in Frankreich, aufgeregte politische Parteien gern hilfreiche Hand bieten. – Es hat indes die Gesetzgebung in der jetzigen Zeit, wo die guten Tagesblätter von der Flut der schlechten mit verschlungen werden, eben keine sonderliche Veranlassung, die unbedingte Vermehrung dieser Schriften zu begünstigen. Allerdings erscheint da, wo keine Zensur gilt, ein mäßiges Haftgeld als das geeignetste Mittel, die Erfüllung der Strafe und die Prozeßkosten sicherzustellen. Sonst aber dürfte es von wenig Nutzen sein. Denn eine kleine Summe ist, wie gesagt, ganz zwecklos und eine größere wird durch das Zusammentreten mehrerer Personen leicht zusammengebracht; in beiden Fällen aber kann sie einem an der Ehre Angegriffenen nimmermehr Ersatz bieten.

Ein Hauptgegenstand der Diskussion endlich war die Frage, ob es zweckmäßiger sei, die Untersuchung und Beurteilung der Preßvergehen den bestehenden Gerichten zu überlassen oder besonderen Schwurgerichten zu übertragen. Diejenigen, welche *gegen* die letzteren sprachen – es war im ganzen bei weitem die Minderzahl –, stellten vergeblich vor: daß diese in Deutschland bisher noch unbekannte Einrichtung, in ihrer isolierten Anwendung auf Preßvergehen und vor einer analogen Ausbildung des gesamten Strafverfahrens, unmöglich ein reifes, im Zusammenhange durchdachtes Werk sein könne, daß durch eine solche teilweise Einführung der Schwurgerichte in der Beurteilung ein und desselben Verbrechens, je nachdem es mittelst der Presse oder auf andere Weise verübt worden, eine auffallende Rechtsungleichheit begründet werde, welche das notwendige Vertrauen zu den ordentlichen Gerichten störe, und daß endlich der damit verknüpfte bedeutende Kostenaufwand in keinem Verhältnis zu dem Resultate stehe, da Verfolgungen durch den Staatsanwalt im öffentlichen Interesse, bei denen allein doch Schwurgerichte vielleicht von Bedeutung sein könnten, hoffentlich nur selten vorkommen würden. Ja in der badenschen ersten Kammer waren die Stimmen über diese Frage fast gleich, zehn erklärten sich gegen die neue Einrichtung, nur elf dafür. – Dennoch wurde zuletzt überall das Anklageverfahren mit Öffentlichkeit und Mündlichkeit der Verhandlung und die Einführung des Geschworenengerichts als ein Axiom angenommen.

Die für diese Annahme geltend gemachten Gründe lassen sich auf die beiden Hauptpunkte zurückführen, daß man die gewöhnlichen Gerichte zu der fraglichen Rechtspflege weder für unabhängig genug noch an sich für geeignet hält. Die meisten Preßvergehen, sagt man, sind politischer Natur und beziehen sich auf Tadel der Staatsverwaltung, ihre Beurteilung bedarf daher eines Gerichts, auf das die Staatsgewalt, die hier Partei ist, keinen unmittelbaren Einfluß ausüben kann. Sie berühren ferner so verschiedenartige Interessen, die Fäden der Zurechnung hierbei schlingen sich so lose und unscheinbar durch die mannigfaltigsten Lebensverhältnisse und lassen sich daher so wenig in Buchstaben des Gesetzes feststellen, daß ihre sichere Verfolgung eine allseitige Bekanntschaft mit dem Weltverkehr voraussetzt, wie sie billigerweise den gewöhnlichen Gerichten nicht zugemutet werden darf, wo sich so leicht eine beengende, stehende Praxis bildet, während die Verhältnisse des Lebens in jedem einzelnen Falle sich verschieden gestalten. Eine etwaige Trennung endlich der politischen Preßvergehen von Privatinjurien sei unausführbar, da jene keineswegs immer nur allgemeinen Tadel, sondern mehrenteils auch Personen beträfen und daher mit Privatinjurien oft so verbunden seien, daß ihre Unterscheidung unmöglich werde. Beiderlei Vergehen aber beruhten wesentlich auf allgemeinen, konventionellen Vorstellungen, auf der öffentlichen Meinung; nur die Stimme der Nation könne demnach hier entscheiden, ein Gericht, das gleichsam als das sensorium commune der Gesellschaft erscheine.

Allein man scheint hier zu übersehen, daß die Sünden der Presse in der Regel die der öffentlichen Meinung sind. Wenn daher nun Schwurgerichte hiernach eigentlich nichts anderes als das Organ der öffentlichen Meinung sein sollen, so wäre denn auch hier – was man eben dort hinsichtlich der Regierung vermeiden wollte – von einer anderen Seite wiederum Partei und Richter eins.

Schwerlich wird man indes behaupten können, daß die Jury im französischen Sinne, wie sie hier gemeint ist, wirklich der Volksgesinnung entspreche, daß sie – worauf es doch eigentlich ankäme – jemals, nach dem Spruche: vox populi vox Dei, gleichsam ein Gottesurteil darstelle. Allerdings erzeugt die Geschichte jeder Nation eine eigentümliche Volksansicht von den bedeutendsten Angelegenheiten ihres

Zustandes. Dieses Volksgefühl aber richtig zu erkennen und im einzelnen praktisch zu deuten ist immer nur Sache sehr weniger, höchst aufmerksamer und gewissenhafter Denker gewesen. Was davon an der Oberfläche in dem öffentlichen Geschwätz zutage kommt, ist mehr oder minder in dem Schmelztiegel der kurrenten Leidenschaften schon verwandelt; jene sogenannte öffentliche Meinung, sie ist kaum etwas anderes als das: tel est mon plaisir des vielköpfigen Publikums, dessen unzuverlässige Launenhaftigkeit längst zum allgemeinen Sprichwort geworden. Und kann man wohl erwarten, daß Geschworene, häufig von Parteien zu bestimmten Parteizwecken aus der Menge herausgegriffen, jederzeit tiefer gehen und diese Oberfläche, die ja eben ihre Vollmacht ist, verlassen werden? Gehört denn etwa weniger Mut dazu, dem Anathema der wie Stechfliegen immer auf denselben Punkt wieder zurückkehrenden Tagesblätter als der Rüge einer Staatsbehörde Trotz zu bieten; und ist es zuletzt nicht dieselbe Tyrannei, ob ich nichts für die Regierung oder nichts gegen die Regierung schreiben darf? – Setzen wir nur z. B. den keineswegs undenkbaren Fall, die pietistische Partei würde allgemein verbreitet in Deutschland – wie es ja in England mit der Partei der Rundköpfe einst wirklich der Fall war –, würde dann nicht von der öffentlichen Meinung, also auch von der Jury, alle Heiterkeit als unheilig verdammt und der Poesie, Kunst und Gelehrsamkeit, wie eben damals in England, für Jahrhunderte eine barbarische Niederlage beigebracht werden?

Dazu kommt notwendig hier auch noch die mit Schwurgerichten wesentlich verknüpfte Öffentlichkeit der Verhandlung in Betracht, wo die Sophistereien der Angeklagten und ihrer Verteidiger gar häufig eine wahre politische Lasterschule entwickeln. Man entfernt, wie billig, die Zuhörer, wenn von Unzucht die Rede ist. Aber es ist hier auch noch um eine andere, höhere Sittlichkeit zu tun, um die fromme

Genüge in der Menschenbrust, um jene deutschen Natur-
gefühle der Liebe, Treue und des Gehorsams, auf denen
unsichtbar die Ordnung des Ganzen beruht.

Alles dieses dürfte wenigstens gerechtes Bedenken erregen, so auf allgemeine Redensarten hin die Wohlfahrt des
Ganzen und die Ehre, ja oft auch das ganze äußere Wohl
der einzelnen, Schriftsteller oder Angegriffenen, allein auf
jene wandelbare Willkür der eingebildeten öffentlichen
Meinung zu setzen. Soll das Gericht in Preßangelegenheiten durchaus einen repräsentativen Charakter haben, so
mußte diese Repräsentation mindestens vollständig sein
und nicht der öffentlichen Meinung oder genauer gesagt:
den Unternehmern der Tagesblätter allein, sondern gleichmäßig auch den unabweisbaren Interessen der Regierung
sowie den Ansprüchen einer höheren wissenschaftlichen
Bildung zugute gehen. Am natürlichsten vielleicht entsprä-
che diesen verschiedenartigen Anforderungen eine aus allen
Elementen der Gesellschaft gemischte, unbesoldete Kommission, deren Mitglieder zum Teil die Regierung aus der
Zahl der Beamten, zum Teil die Landesuniversität sowie
die Magisträte der Städte, wo die Kommission ihren Sitz
hätte, aus ihrer Mitte erwählten, und zwar jedesmal nur auf
zwei bis drei Jahre, damit keine stehende Praxis sich bilde,
und für jede Provinz des Landes, weil eine Menge von
lokalen und persönlichen Beziehungen, welche den Fall
eben erst strafbar oder straflos machen, nur in unmittelbarer Nähe erkannt und richtig gewürdigt werden können.
Dieser Kommission müßte die Entscheidung zustehen, ob
in dem vom öffentlichen Anwalt oder vom Verletzten zur
Sprache gebrachten Falle wirklich ein Preßvergehen und
gesetzlicher Grund zur gerichtlichen Klage vorhanden sei;
wogegen die Abfassung des Strafurteils selbst den ordentlichen Gerichten um so mehr zu überlassen sein würde, als
bei der an sich einfachen Anwendung des Gesetzes kein

Spielraum der Willkür oder persönlichen Ansichten mehr
stattfinden kann.

*

Im vorstehenden haben wir versucht, die Ansichten, Forderungen und Wünsche in betreff der Preßangelegenheit darzustellen, welche in den Kammern der verschiedenen deutschen
Staaten in der letzten Zeit laut geworden sind. Inwiefern die
Regierungen denselben entsprochen haben, mögen die nachfolgenden Zeilen ergeben. Es ist namentlich *Weimar* und
Nassau, wo schon früher das Preßwesen durch besondere
neue Gesetzgebung geordnet wurde; zu gleichem Zwecke
haben im Jahre 1831 die Regierungen von *Bayern, Baden* und
Kurhessen ihren Ständen ausführliche Gesetzesentwürfe vorgelegt. Wir wollen die allgemeine Konkordanz sowie die
eigentümlichen Abweichungen dieser verschiedenen Gesetze
und Entwürfe nachstehend in wenigen Hauptzügen nachzuweisen versuchen.

Überall steht *Zensurfreiheit* an der Spitze dieser Verordnungen, in Weimar und Nassau ohne andere Beschränkung
als die der Verantwortlichkeit vor Gericht, in Bayern und
Baden dagegen mit der Ausnahme, daß – solange der Bundesbeschluß vom 20. September 1819 in Wirksamkeit bleibt –
Zeitungen, periodische und Flugschriften insoweit der Zensur unterworfen sein sollen, als sie die Verfassung oder
Verwaltung des Deutschen Bundes oder einzelner Bundesstaaten, außer Bayern und Baden, betreffen. Der bayerische
Gesetzesentwurf dehnt diese ausnahmsweise Zensurpflichtigkeit, unter der Bedingung der Reziprozität, auch noch auf
die Staatsverhältnisse zu oder in anderen Landen aus.

Die kurhessische Regierung insbesondere geht hierbei von
dem Gesichtspunkte aus, daß nach den Bundesbeschlüssen
Zensur keinesweges notwendig sei, sobald der Zweck durch
andere präventive Mittel erreicht werden könne, und daß

namentlich eine geteilte Zensur bloß für Artikel, die das Ausland betreffen, als ungenügend erscheine, teils weil die inneren Angelegenheiten von den auswärtigen sich nicht so streng scheiden ließen, teils weil der eigene Staat doch auch ein Bundesstaat und dadurch ein integrierender Teil des ganzen Bundes sei und also jede Gefahr, die ihm drohe, zugleich auch den ganzen Bund bedrohe. Der kurhessische Gesetzesentwurf setzt hiernach zwar nur für einen einzigen Fall, nämlich in Ansehung der zur Einreichung bei der Bundesversammlung bestimmten Reklamationen und Denk schriften, Zensur fest. Dagegen soll von *jeder* in Kurhessen erscheinenden Schrift – und zwar von periodischen Blättern eine Stunde, von anderen Schriften vierundzwanzig Stunden, und wenn sie über drei Bogen betragen, drei Tage vor der Versendung oder Ausgabe – ein Reindruck an eine von der Regierung in jeder Provinz zu bestimmende Behörde eingereicht werden und diese Behörde, unter der Verpflichtung ungesäumter Anzeige an das Gericht, zur Beschlagnahme befugt sein, wenn die Schrift nach den Bestimmungen des Entwurfes strafbar ist. Über diese vorläufige Beschlagnahme hat demnächst das Gericht zu entscheiden.

Die Polizei der Presse ist allgemein auf die bloße Aufsicht über die Buchdrucker und Buchhändler beschränkt, welche einer Gewerbsberechtigung bedürfen und Verzeichnisse vorlegen müssen. Jede Schrift soll den Namen des Verlegers oder Druckers sowie Druckort und Jahr, jede periodische Schrift außerdem noch den Namen des verantwortlichen Redakteurs enthalten, welcher letztere Kaution zu stellen und von jedem Blatt ein Exemplar mit seiner Unterschrift bei der Polizeibehörde zu hinterlegen hat. Die Strafgerichtsbarkeit steht ausschließend den Gerichten zu.

In Ansehung der Preßvergehen und -verbrechen unterscheiden sich jene Entwürfe dadurch voneinander, daß der bayerische und kurhessische (in Ermangelung eines umfassenden allgemeinen Strafkodex) eine ausführliche Aufzählung dieser Vergehungen und ihrer Strafen enthalten, während nach dem badenschen ein jeder, der mittelst der Presse sich eines Verbrechens oder Vergehens schuldig macht, zunächst in diejenige Strafe verfällt, womit die im Lande bestehende allgemeine Gesetzgebung dasselbe Verbrechen oder Vergehen überhaupt bedroht. Die Verübung durch den Druck ist nur ein Erschwerungsgrund, so wie die Verschweigung oder falsche Angabe der Namen des Verfassers, Verlegers, Druckers oder des Angegriffenen. – Überall aber trifft die Verantwortlichkeit den Verfasser, Herausgeber, Verleger, Drucker und Verbreiter in der eben angegebenen Reihenfolge. Der Beweis der Wahrheit von Anschuldigungen macht nur dann straffrei, wenn die letzteren ein öffentliches oder Rechtsverhältnis berühren, nicht aber, wenn ehrenrührige Handlungen aus dem Privatleben bekanntgemacht werden. Für zensierte Artikel ist nur der Zensor verantwortlich. Auch über Artikel, die im Auslande gedruckt sind, können von inländischen Gerichten Strafen erkannt werden. Jeder verurteilende Gerichtsspruch muß zugleich die Unterdrückung oder Vernichtung der als sträflich erkannten Schrift aussprechen. Preßvergehen oder -verbrechen können nur bestraft werden, wenn sie vollendet, d. h. wenn die sträflichen Schriften in Verkehr oder in Umlauf gesetzt worden sind; die Strafbarkeit verjährt aber in sechs Monaten nach Vollendung des Verbrechens oder nach Unterbrechung der eingeleiteten Untersuchung.

Das Verfahren endlich ist der Anklageprozeß mit Mündlichkeit und Öffentlichkeit der Verhandlung. Die Verfolgung geschieht durch Staatsanwälte (oder Fiskale), und zwar bei Preßverbrechen oder -vergehen, welche das öffentliche Interesse berühren, von Amts wegen, bei den das Privatinteresse (Ehrenkränkungen) betreffenden aber nur auf Ansuchen derjenigen, die eine Verletzung behaupten. Die Untersuchung gebührt den für die Untersuchung in Strafsachen überhaupt zuständigen Gerichten, welche auch vorher darüber, ob Grund zur gerichtlichen Verfolgung vorhanden sei oder nicht, zu erkennen sowie über die Zulässigkeit oder Aufhebung der etwa nachgesuchten oder polizeilich bereits bewirkten Beschlagnahme ungesäumt zu entscheiden haben.

In vorstehendem, obgleich es überall von dem gewöhnlichen Verfahren abweicht, stimmen alle jene Gesetze überein; von hier ab aber trennen sich die Ansichten. Nach dem bayerischen Entwurfe sollten neue besondere, den französischen mit wenigen Abänderungen nachgebildete Schwurgerichte über Schuld oder Nichtschuld sprechen und die gesetzliche Strafe demnächst von den ordentlichen Gerichten erkannt werden. Die übrigen Gesetze dagegen übertragen die Entscheidung über die Schuld sowie die Anwendung der gesetzlichen Strafe den Obergerichten, die erstere jedoch, wie sich versteht, gleich den Geschworenen, unter den durch die Mündlichkeit und Öffentlichkeit des Verfahrens bedingten Formen. – Gegen das Straferkenntnis findet überall das Rechtsmittel der Revision, gegen das Erkenntnis über die Schuld aber nur die Nichtigkeitsbeschwerde wegen Mangels in der Form statt. Die Erkenntnisse werden in der Regel öffentlich bekanntgemacht.

Diese wesentlichen Hauptzüge der neuen Gesetzgebung dürften schon hinreichend ergeben, daß die Regierungen den lautgewordenen Wünschen im ganzen, bis auf die Forderung unbedingter Zensurfreiheit, möglichst zu entsprechen suchten. Aber eben dieser Punkt war, wie schon oben angedeutet worden, recht der Mittelpunkt des Streites und gab nun auch bei Beratung der Gesetzesentwürfe selbst neue Veranlassung zu heftigem Widerspruch. Vergebens beschloß, namentlich in Bayern, die erste Kammer, dem die Zensur sanktionierenden Gesetzentwurfe nur den Wunsch beizufügen, die Staatsregierung möge sich bemühen, die Hindernisse hinwegzuräumen, welche der völligen Emanzipation der Presse noch im Wege stehen könnten; vergebens bequemten sich zuletzt auch beide Ausschüsse der Deputiertenkammer, auf jenen Beschluß einzugehen: die zweite Kammer beharrte dennoch auf unbedingter Aufhebung aller Zensur, was bekanntlich zur Folge hatte, daß der König, den Vorbehalt der Zensur für politische äußere Angelegenheiten festhaltend, dem hiernach modifizierten Gesetzentwurfe die Genehmigung versagte.

Wir können nicht umhin, bei dieser Gelegenheit nochmals unsere Überzeugung auszusprechen, daß, wie die Verhältnisse sich gegenwärtig gestaltet haben, weder Strafe noch Zensur allein ausreichen, sondern nur die angemessene Verbindung beider Maßregeln eine genügende Garantie gewähren dürfte. Denn die vielleicht zu erwartende Strafe wird bei den Zügellosen, die das Aufsehen und momentanen rauschenden Beifall als Broterwerb und höchstes Gut betrachten, viel eher in ein willkommenes Märtyrtum umschlagen als sie von neuem Frevel abhalten; während andrerseits eine *allgemeine*, rücksichtslose Zensur die gesamte achtbare Klasse der Schriftsteller unnützerweise verletzt und eine Opposition der Besseren ins Leben ruft, welche die ganze Maßregel in sich wieder unwirksam macht. Hält man daher, wie billig, einzig und allein den eigentlichen Zweck – Beseitigung des Mißbrauchs der Presse – fest und ehrlich im Auge, so wird die ganze Aufgabe darin bestehen, eine angemessene Beschränkung nur da eintreten zu lassen, wo sie durchaus nötig oder nützlich ist. Nun ist es aber namentlich die politische und politisch-kirchliche Schriftstellerei, welche, ihrer Natur nach, dem Mißbrauch vorzugsweise unterliegt, wenn die Verhältnisse und Begebenheiten, ohne wissenschaftliche und historische Begründung, an der Oberfläche willkürlich aufgerafft und nach Parteiabsichten durcheinandergewirrt werden; sie ist insbesondere heutzutage der wahre Tummelplatz, wo die Strohkränze jener wohlfeilen, zweideutigen Berühmtheit zu erringen sind, um so gefährlicher, je unmittelbarer ein solches gewissenloses Spiel die lebendigsten Interessen des Volkes berührt und aufreizt, ohne zu befriedigen. Man emanzipiere daher, ohne Rücksicht auf zufällige Bogenzahl, die Wissenschaft und Kunst, sie mögen den ausschließenden Inhalt ganzer Werke oder periodischer Blätter und Flugschriften bilden. Man unterwerfe aber dagegen der Zensur die – ihrer Natur nach ohnedies eine rein wissenschaftliche Behandlung ausschließenden – Zeitungen, Tageblätter und Flugschriften, welche politische oder kirchliche Angelegenheiten der Zeit betreffen, insofern nicht etwa die bekannte Persönlichkeit oder das öffentliche Verhältnis des Herausgebers oder Verfassers schon an sich Gewähr leistet und eine Ausnahme rechtfertigt.

Endliche Auskunft hierin liegt ohne Zweifel ebensosehr im Interesse der Preßfreiheit als der Staatsregierungen. Möchte daher eine solche billige Einigung recht bald einen Zustand lösen, der, wie alle Anarchie, zuletzt notwendig zu völliger Verwilderung führen müßte!

ALLGEMEINE GRUNDSÄTZE ZUM ENTWURF
EINES PRESSGESETZES

Nach dem 18. Artikel der Deutschen Bundesakte sollte die Bundesversammlung bei ihrer ersten Zusammenkunft sich mit Abfassung gleichförmiger Verfügungen über die Preßfreiheit beschäftigen. Die Beilage A gibt eine Übersicht der deshalb am Bundestage vom Anfang bis in die neueste Zeit stattgefundenen Verhandlungen. Es geht daraus hervor, daß zwar schon im Jahre 1818 eine aus mehreren Bundestagsgesandten bestehende Kommission zur Abgabe eines Gutachtens über die Einführung der obengedachten Verfügungen und Grundsätze in den deutschen Bundesstaaten ernannt wurde, daß diese Kommission aber ihre Aufgabe nicht gelöst hat. Es wurde vielmehr in der 35. Sitzung des Bundestages vom 20. September 1819 ein vorzüglich gegen den Preßunfug der Zeitungen und Zeitschriften gerichtetes einstweiliges Preßgesetz beschlossen und auf den Grund desselben auch für den preußischen Staat das Zensuredikt vom 18. Oktober 1819, und zwar letzteres mit Aufhebung aller früheren Bestimmungen über die Presse, erlassen. Beide Gesetze, welche ursprünglich auf die Dauer von fünf Jahren beschränkt waren, wurden im Jahre 1824 auf unbestimmte Zeit verlängert, so daß sie also noch jetzt maßgebend sind, jedoch immer nur als provisorische Maßregel und ohne die obige Bestimmung des Artikels 18 der Bundesakte aufzuheben.

So allgemeine Bestimmungen indes, wie die des Preßgesetzes vom 20. September 1819, sind jederzeit einer weiten Auslegung unterworfen, welche insbesondere im vorliegenden Falle zugunsten einer möglichst unbeschränkten Presse, teils durch das Streben mancher Regierungen nach falscher

Popularität, teils durch die mißliche Stellung, in welcher dieselben sich ihren Ständen gegenüber befanden, bedeutend gefördert wurde. Und so wird es denn um so erklärlicher, als jenes Gesetz sich für seinen Zweck, dem Preßunfuge zu steuern, nicht als zureichend bewährt hat.

Namentlich aber hat in der neuesten Zeit, infolge der Ereignisse des Jahres 1830, der Mißbrauch der Presse auf eine so schamlose und bedenkliche Weise überhandgenommen, daß sowohl die Königl[ichen] Ministerien der geistlichen etc. Angelegenheiten und des Innern und der Polizei als das unterzeichnete Ministerium sich von der Notwendigkeit überzeugten, dem Fortschreiten dieses Übels kräftig vorzubeugen.

Zur Erreichung dieses Zweckes wurden von dem K[öni]gl[ichen] Ministerium des Innern und der Polizei drei wesentliche Vorschläge gemacht.

Erstlich:

in der deutschen Bundesversammlung eine neue Vereinigung der Bundesstaaten zur gewissenhaften Beobachtung der Bundesbeschlüsse vom Jahre 1819 in Antrag zu bringen.

Diesem Vorschlage stand – abgesehen von dem möglichst abzuwendenden, mit der Ergreifung der Initiative hierin verbundenen Odium – das Bedenken entgegen, daß in mehreren größeren Bundesstaaten damals soeben die Stände versammelt waren und von allen Tribünen für eine ganz zensurfreie Presse deklamierten, daß von diesen Regierungen eher Nachgiebigkeit als Kraft des Widerstandes gegen ständische Wünsche und Anträge und mithin, bei der sehr überwiegenden Majorität der konstitutionellen Regierungen im Bunde, anstatt einer Verstärkung und besseren Verbürgung der fraglichen Bundestagsbeschlüsse vielmehr eine noch größere Erweiterung der Preßfreiheit sich erwarten ließ.

Der zweite eventuelle Vorschlag aber:

mit denjenigen Staaten, in welchen sich auf eine strenge
Aufrechterhaltung der die Zensur betreffenden Bundestagsbeschlüsse rechnen läßt, eine nähere Verbindung dahin
einzugehen, daß die in den übrigen deutschen Staaten
erscheinenden Druckschriften politischen Inhalts in jene
nur nach vorgängiger Rezensur eingeführt werden dürften,

würde in seiner Ausführung unfehlbar zu einer der bisherigen
vermittelnden Politik Preußens zuwiderlaufenden Trennung
zwischen den konstitutionellen und nichtkonstitutionellen
Staaten in Deutschland geführt haben.

Der dritte Vorschlag endlich war dahin gerichtet:

alle außerhalb der preußischen Staaten, wenn auch innerhalb des Deutschen Bundes gedruckten Bücher politischen
Inhalts vor ihrer Zulassung in die diesseitigen Staaten einer
nochmaligen Durchsicht zu unterwerfen und hiernach die
bestehende Gesetzgebung, nach welcher jede innerhalb des
Deutschen Bundes gedruckte Schrift auch im Bereiche des
Bundes Umlauf hat, abzuändern.

Die K[öni]gl[ichen] Ministerien der geistlichen und der auswärtigen Angelegenheiten waren einverständlich der Meinung,
daß dieser letztere Vorschlag, da er vielfache Interessen berührt
und eine Abänderung der bestehenden Gesetzgebung bedingt,
der Prüfung und Begutachtung des gesamten Staatsministerii
bedürfe, daß es dagegen, unter den oben angedeuteten Umständen, nicht ratsam sei, die Angelegenheit der Presse jetzt
vor den Bundestag zu bringen, sondern vielmehr hinreiche,
in jedem einzelnen Falle die betreffende Regierung mittels
besonderer diplomatischer Korrespondenz zur Ergreifung
der geeigneten Verfügungen in Anspruch zu nehmen, zumal
da das Königl[iche] Polizeiministerium durch die preußi-

schen Gesandtschaften, namentlich im südlichen Deutschland, von allen dort erscheinenden verderblichen Schriften so schleunig Kenntnis erlangt, um dieselben durch Verwehrung des Absatzes für Preußen unschädlich zu machen.

Des Königs Majestät haben mittels Allerhöchster Kabinettsordre vom 21. Juli d. J. diese Ansichten zu genehmigen und gleichzeitig anzuordnen geruhet, daß die Abänderung der bestehenden Gesetzgebung, „nach welcher jede innerhalb der deutschen Bundesstaaten gedruckte Schrift, sobald die im Beschlusse des Deutschen Bundes vom 20. September und in der diesseitigen Verordnung vom 18. Oktober 1819 vorgeschriebenen Formen beobachtet worden, im ganzen Umfange der Monarchie Umlauf hat", im Königl[ichen] Staatsministerio zur Beratung gebracht werde.

Inmittelst aber sind bei dem weiteren Verlauf der Verhandlungen über diesen Gegenstand *neue* Umstände zur Sprache gekommen, welche eine sorgfältige Erwägung in Anspruch nehmen. Es ergab sich nämlich immer deutlicher die Tendenz der konstitutionellen Staaten Deutschlands, in betreff der Preßgesetzgebung gemeinsame Verabredungen zu treffen, welche eine solche Absonderung der übrigen Bundesglieder zur Folge haben könnten, daß die nach dem Artikel 18 der Deutschen Bundesakte beabsichtigte Abfassung gleichförmiger Verfügungen über die Preßfreiheit für die Gesamtheit der Bundesstaaten dadurch auf immer unausführbar und jene bundesgesetzliche Bestimmung mithin illusorisch gemacht oder vielmehr in ihrer Wirkung aufgehoben werden würde. Eine Absonderung, welche nicht nur in Beziehung auf die Preßgesetzgebung in Deutschland von höchst bedenklichen Folgen sein müßte, sondern auch in allgemeiner politischer Hinsicht als ein großes Übel zu betrachten wäre, da sie notwendig den Keim einer Auflösung des Deutschen Bundes und eine gänzliche Umgestaltung der inneren Verhältnisse von Deutschland in sich tragen würde.

Unter diesen Umständen liegt es in dem wesentlichen Interesse Preußens, bei den sogenannten konstitutionellen Staaten Deutschlands möglichst schleunig dahin zu wirken, daß sie sich, bei den von ihnen beabsichtigten Veränderungen in der Preßgesetzgebung, nicht etwa zu übereilten Entschlüssen hinreißen lassen, welche jede Aussicht zu einer gemeinsamen Behandlung des Gegenstandes im Gesamtinteresse des Deutschen Bundes versperren, eine Einwirkung, die aber, wenn sie gelingen soll, nur von der Basis der inneren Gesetzgebung Preußens ausgehen kann und durch diese notwendig bedingt wird. Das Ministerium der auswärtigen Angelegenheiten dürfte daher keinen Anstand nehmen, diese Sachlage Sr. Majestät mit dem Anheimstellen vorzutragen: ob hiernach nicht die in Gemäßheit der Allerhöchsten Kabinettsordre vom 21. Juli 1831 einzuleitende Beratung im Staatsministerio, nach Maßgabe der soeben erwähnten Gesichtspunkte, auf die allgemeinen Grundsätze der preußischen Preßgesetzgebung auszudehnen sein dürfte.

Des Königs Majestät haben hierauf mittels der in Abschrift beiliegenden Allerhöchsten Kabinettsordre vom 24. Oktober d. J. zu befehlen geruhet, daß die Beratung des Staatsministerii sich nicht auf den in der Allerhöchsten Kabinettsordre v[om] 21. Juli c. zur Sprache gebrachten einzelnen Gegenstand beschränken, sondern vielmehr sich allgemein auf die Grundsätze erstrecken soll, auf welche eine Vereinbarung sämtlicher deutschen Staaten über das Preßwesen zur Beseitigung der Mißbräuche desselben zu begründen sei, und daß darüber, nach gemeinschaftlicher Beratung, ein Entwurf ausgearbeitet und Sr. Majestät mittels Berichts des Staatsministerii vorgelegt werde.

Es wird demnach auch bei dieser Beratung zuvörderst der allgemeine Grundsatz der Politik Preußens festzuhalten sein, welcher notwendig dahin gerichtet bleibt, die politischen Gegensätze in Deutschland zu vermitteln und auszugleichen, die Eintracht aller deutschen Regierungen und Völker unter sich zu pflegen und dadurch das sie vereinigende Band zur sicheren Verteidigung des gemeinsamen Vaterlandes gegen äußere Angriffe zu verstärken. Es wird hiernach insbesondere im vorliegenden Falle den eigentlichen Stoff der Prüfung, Erörterung und Beratung die innere Gesetzgebung Preußens bilden, insoweit man sich darüber zu verständigen hat, welche Anordnungen oder Einrichtungen dabei zu treffen seien, wenn Preußen sich selbst fähig machen will, auch mit den Regierungen der konstitutionellen Staaten Deutschlands eine solche Verhandlung des Preßwesens aufzunehmen, daß davon im Gesamtinteresse des Bundes ein Erfolg sich erwarten läßt.

Frägt man sich aber, worin denn eigentlich die hier zu vermittelnden und auszugleichenden Wünsche und Ansichten in jenen Staaten bestehen, so sind es im wesentlichen nur zwei Hauptgedanken, um die sich aller Zwiespalt dreht:

eine überall mehr oder minder ungestüm verlangte, unbeschränkte Freiheit der Presse, wie sie nirgend mit der bestehenden Ordnung vereinbar ist, wenn nicht die öffentliche Meinung der Verkehrtheit einiger unberufener oder boshafter Stimmführer preisgegeben und das innere Gleichgewicht im Staate untergraben werden soll, und das Verlangen, daß die wenigen hiernach noch etwa übrigbleibenden Preßfrevel nur durch die angebliche öffentliche Meinung, nämlich durch Geschworenengerichte, beurteilt werden.

Aus dieser Betrachtung dürften sich für die gegenwärtige Beratung folgende leitende Hauptrücksichten ergeben:

1. Möglichst kräftige und vollständige Steuerung alles Preßunfugs.
2. Vorsichtige Enthaltung von jeder Maßregel, von welcher für den beabsichtigten Zweck entweder gar kein oder

doch nur ein sehr ungewisser Erfolg, dagegen aber die Gefahr nachteiliger Rückwirkungen sich erwarten läßt.

3. Aus demselben Grunde daher möglichste Annäherung an die in betreff der Presse durch die herrschende Meinung, zumal in den konstitutionellen Staaten, proklamierten Formen, insoweit dies mit dem höheren Staatsinteresse vereinbar ist.

4. Die Aufstellung hiernach von umfassenden, von der Basis der bestehenden inneren Gesetzgebung ausgehenden, allgemeinen Grundsätzen, deren spezielle Verarbeitung und Anwendung sodann jedem einzelnen Staate nach seiner besonderen Einrichtung und Gesetzgebung überlassen bliebe.

Bei Erwägung der Mittel zur Erreichung des oben zu 1. angedeuteten Hauptzwecks, dem Preßunfug gründlich zu steuern, stößt man zunächst auf die vielbesprochene Frage über den Vorzug von Präventiv- oder von Repressivmaßregeln oder mit andern Worten: von Zensur oder Verantwortlichkeit, und ob es demnach angemessener sei, durch Zensur vor oder nach dem Drucke (durch Druckverbote oder Bücherverbote) ein zu befürchtendes Preßverbrechen zu *verhüten* oder ein bereits vorhandenes zu *unterdrücken*, d. h. jeden ungehindert drucken zu lassen, was er sich vor Gericht zu verantworten getraut, indem er, wenn er sich willkürliche Rechtsverletzungen durch den Mißbrauch der Presse erlaubt hat, die Folgen sich gefallen lassen muß, welche die im allgemeinen auf Verbrechen oder Vergehen, die durch Schriften verübt werden können, anwendbaren Gesetze bestimmt haben.

Aber es gibt kein Universalmittel für politische Übel, die immer und überall sich individuell gestalten, und so wird auch diese Frage in solcher abstrakten Allgemeinheit schwerlich jemals praktisch genügend zu lösen sein.

Denn hat man jene ehrenwerte Klasse von Gelehrten und rein wissenschaftlichen Schriftstellern im Auge, denen es um eine redliche Erörterung der Wahrheit zu tun ist und welche daher unabhängig sind von den wechselnden Gelüsten und Meinungen der Zeit, über der sie richtend und bildend stehen, so wird das Repressivsystem wo nicht überflüssig, doch ohne Zweifel vollkommen hinreichend und jede weitere Beschränkung nur störend und unklug sein, da die Staatsautorität, welche nicht berufen ist, über Wahrheit oder Unwahrheit in wissenschaftlichen Erörterungen zu entscheiden, auch den Schein vermeiden muß, dies zu wollen.

Ganz anders verhält es sich dagegen mit den politischen Libellisten, deren Werkzeug, eben weil ihre Gedanken nur von Tag zu Tag verkehren, ausschließlich die Tageblätter, Zeitungen, Flug- und Zeitschriften sind. Sie leben einzig und allein von der öffentlichen Meinung, und es liegt daher in ihrem wesentlichen Interesse, jede Richtung derselben möglichst zu überbieten und bis auf die äußersten Grenzen zu treiben, jede aufkommende Bewegung durch Geschrei zu verstärken. Hier wäre die Anwendung des Repressivsystems doppelt zwecklos. Einmal in Beziehung auf diese Schriftsteller, weil bei ihnen die Furcht vor der etwanigen Strafe ihres Preßunfugs von der Furcht vor der öffentlichen Meinung notwendig überwogen wird. Sodann aber auch in Ansehung des durch dergleichen Schriftstellerei zu bewirkenden Schadens, weil – bei der raschen und *allgemeinen* Verbreitung von Zeitungen, Zeit- und Flugschriften – der Richter jederzeit zu spät käme, um ein Übel zu verhindern, das durch die nachfolgende Bestrafung nicht wieder gutgemacht werden kann; abgesehen davon, daß keine allgemeine Gesetzgebung alle Fälle möglichen Preßmißbrauchs vorzusehen imstande ist, die vielleicht im Wechsel der politischen Verhältnisse und eigentümlicher Umstände nur erst in Beziehung auf diese sich als gemeinschädlich und straffällig ergeben und welche daher jederzeit nur durch Zensur abgewendet werden können.

Hiernach dürfte bei Behandlung des Preßwesens als erster Hauptgrundsatz aufzustellen sein:

> *Zeitungen, Zeitschriften und alle unter 20 Druckbogen betragenden Schriften, welche sich mit Gegenständen der Politik oder öffentlichen Verwaltung beschäftigen, sind der Zensur unterworfen und bedürfen zum Druck einer besonderen Erlaubnis der Zensurbehörde.*
>
> *Alle übrigen Schriften, namentlich gelehrte und rein wissenschaftliche Werke, dürfen ohne eine solche Erlaubnis gedruckt werden; aber Verfasser und subsidiarisch in dessen Stelle: Herausgeber, Verleger und Drucker bleiben für den Inhalt nach Maßgabe der allgemeinen gesetzlichen Strafbestimmungen verantwortlich.*

Eine weitere Ausdehnung der Zensur auch auf die letztgedachten Schriften findet das Ministerium der auswärtigen Angelegenheiten, wenn überhaupt diese Bestimmungen zur Grundlage einer Vereinbarung sämtlicher deutschen Staaten dienen sollen, nach seiner pflichtmäßigen Überzeugung durchaus unausführbar. Denn:

1. kann, bei den oben angedeuteten gegenwärtigen Verhältnissen der meisten deutschen Regierungen, diesen eine strenge Handhabung der Zensur gegen periodische Schriften nur unter der Bedingung der Preßfreiheit hinsichtlich der übrigen Druckschriften mit Erfolg zugemutet werden;

2. gewinnt Preußen durch diese zeitgemäße Liberalität die Meinung und Stimme der ausgezeichnetsten und mithin einflußreichsten Schriftsteller, eine überwiegende, intelligente Macht, die sich, bei einem entgegengesetzten Verfahren, nicht ohne empfindlichen Nachteil gegen die ganze Angelegenheit wenden dürfte.

3. endlich ist die Zensurfreiheit der in Rede stehenden Art von Schriften, im Verhältnis zu jenem Gewinn, nur ein geringes Wagnis. Denn gelehrte und rein wissenschaftliche Erörterungen können einerseits überhaupt, ihrer Natur nach, der Zensur nur selten und wenig Stoff bieten, andererseits aber haben sie immer nur ein kleines und ein höher gebildetes Publikum, das einer so sorgfältigen Bevormundung nicht bedarf.

Wollte man dagegen das Bedenken aufwerfen, daß durch die fragliche Zensurfreiheit einer Flut von Räsonnements über und gegen Preußen freier Lauf gegeben werde, so ist einmal überhaupt eine Prüfung und Beurteilung der inneren Staatseinrichtungen, vorausgesetzt, daß sie mit angemessener Bescheidenheit und mit gebührender Achtung gegen die Regierung angestellt werden, durch die preußische Gesetzgebung erlaubt. Sodann aber dürfte für diese Fälle eine Maßregel mit Erfolg anzuwenden sein, welche, indem sie am natürlichsten zu einer allgemeinen Verständigung führt, das Übel an der Wurzel angreife. Es könnte nämlich am Sitze eines jeden Oberpräsidii ein besonnener, wissenschaftlich gebildeter Mann von gediegener Gesinnung und Geschäftskenntnis mit der Verpflichtung angestellt werden, den Gang jener Literatur unausgesetzt zu verfolgen und vorkommende Irrtümer oder Angriffe, insofern sie überhaupt Beachtung verdienen, gleichfalls in öffentlicher Druckschrift entweder faktisch zu berichtigen oder aus dem wahrhaften Gesichtspunkte zu widerlegen.

Soll indes der oben aufgestellte Grundsatz zweckmäßig und mit den erforderlichen Garantien ins Leben treten, so folgt daraus von selbst:

a) *daß jede Schrift nur in einer vom Staat autorisierten (gewerbsberechtigten) Buchdruckerei gedruckt werden darf und mit dem Namen und Wohnort des Verlegers und*

Druckers sowie mit der üblichen Zeitbezeichnung des Druckes versehen sein muß.

Denn alle Gefahr liegt hier eigentlich nur in dem Geheimnis, zu dessen eventueller, rascher und unmittelbarer Erforschung daher die Gesetzgebung die geeignetsten Mittel darbieten muß. Die Nennung des *Verfassers* aber allgemein zur Bedingung zu machen scheint weder ratsam noch nötig. Nicht ratsam, weil eine solche Bedingung mehr oder minder die geheimen Impulse von befangener Furcht oder Eitelkeit in einen Kreis bannt, wo beide nur störend wirken können. Unnütz aber, denn:

b) *der Verfasser einer zensurfreien Druckschrift ist für deren Inhalt zwar zuerst verantwortlich, für ihn aber haftet der Verleger und für diesen der Drucker, wenn jener den anonymen oder pseudonymen Verfasser, dieser den Verleger nicht nennen kann oder will.*

Andrerseits aber muß auch in betreff der Zensur vorgesehen werden, daß sie nicht durch Willkür oder Einseitigkeit hemmend eingreife oder durch übertriebenen, unbesonnenen Eifer nachteilige Reaktionen hervorrufe. Es muß daher:

c) *dem Verfasser, Verleger oder Buchdrucker die Berufung von dem Zensor an höhere Behörden eröffnet werden,*
   welche für den preuß[ischen] Staat in den die Zensur unmittelbar beaufsichtigenden Oberpräsidenten und in höherer Instanz in dem Oberzensurkollegium bereits gegeben sind.

Es ist oben schon erwähnt, daß die hier vorliegende Aufgabe eigentlich darin bestehe, die Grundlage einer Vereinbarung sämtlicher deutscher Regierungen über das Preßwesen festzustellen. Wenn hinsichtlich dieses Gegenstandes die Isolierung eines einzelnen Staates schon an sich inmitten ein und desselben Volksstammes unausführbar erscheint, dessen gleiche Sprache, materielle und geistige Interessen wechselseitig über die einzelnen geographischen Grenzen hinaus unaufhörlich ineinandergreifen, so liegt es noch insbesondere in dem notwendigen Lebens- und Erhaltungsprinzip Preußens, durch möglichste Vervielfältigung der Beziehungen zu den ihn umgebenden und mannigfach berührenden übrigen Staaten Deutschlands sich als Macht ersten Ranges zu konsolidieren. Ebensowenig wird in Abrede zu stellen sein, daß das Gelingen aller diesfälligen Bemühungen notwendig nur durch eine wechselseitige Annäherung, insoweit es die Eigentümlichkeit jedes Staates gestattet, herbeigeführt werden kann. Betrachtet man nun aber, in der in Rede stehenden Beziehung, die Wünsche und Forderungen der öffentlichen Meinung in den meisten deutschen Staaten, so erscheint die eines Jurygerichts für Preßangelegenheiten ohne Zweifel als eine der unbedenklichsten und gerechtesten. Preßverbrechen oder -vergehen berühren so verschiedenartige Interessen, die Fäden der Zurechnung hierbei schlingen sich so lose und unscheinbar durch die mannigfaltigsten Lebensverhältnisse, daß ihre sichere Verfolgung eine allseitige Bekanntschaft mit dem Weltverkehr voraussetzt, wie sie billigerweise dem Juristen in der Regel nicht zugemutet werden kann und nur von einem aus Mitgliedern verschiedenartiger Stände gebildeten Gericht sich erwarten läßt. Abgesehen indes von der nicht hierher gehörigen Frage über den Wert oder Unwert der in anderen Staaten bestehenden Geschworenengerichte überhaupt, so würde jedenfalls hier ihre Einführung für einen speziellen Fall abnorm sein. Dagegen dürfte es den vorhin angedeuteten Zwecken sowie dem unerläßlichen Anspruch höherer wissenschaftlicher Bildung an eine solche Jury vollkommen entsprechen, wenn dieselbe aus Mitgliedern sowohl der Obergerichts- als Provinzialregierungskollegien, aus Universitätsprofessoren und Deputierten der Stadtmagisträte

zusammengesetzt würde. Ein einziges Gericht dieser Art
aber, etwa in Berlin, für die ganze Monarchie aufzustellen
möchte, die durch die großen Entfernungen entstehende
Verzögerung ungerechnet, schon aus dem bei weitem wichti-
geren Grunde nicht angemessen sein, weil eine Menge von
lokalen und persönlichen Beziehungen, welche vielleicht den
Fall eben erst strafbar machen, nur in unmittelbarer Nähe
erkannt und richtig gewürdigt werden können. Es erscheint
daher am zweckmäßigsten, einen solchen Gerichtshof an
jedem Sitze einer Landesuniversität zu errichten, wo überdies größtenteils alle die oben bezeichneten Mitglieder desselben zur Stelle sind, und in Berlin ein in derselben Art zu-
sammengesetztes Gericht für die zweite Instanz zu bestimmen. Diese, so wie die Jury erster Instanz, hätte nicht nur das
Schuldig oder Nichtschuldig auszusprechen, sondern man
könnte ihnen zugleich auch die Abfassung des Strafurteils um
so mehr überlassen, als hier die Anwendung des Gesetzes
immer nur sehr einfach ist und jederzeit rechtsverständige
Mitglieder beisitzen. Nimmt man aber hiernach den Grundsatz an:

> daß Preßverbrechen und Preßvergehen durch eine Jury
> gerichtet werden sollen,

so erscheint es zweckmäßig, daran die wesentlich damit
zusammenhängende Bestimmung zu knüpfen:

a) daß die Verfolgung von Preßvergehen und Preßverbrechen durch besondere Staatsanwälte, und zwar in der
   Regel von Amts wegen, geschehe. Denn:

   1. ist eine kollegialische Behörde an sich, nach ihrem
      bedächtigen, notwendig retardierenden Geschäfts-
      gange, weder geeignet, so rasch einzugreifen, wie es
      hier, zur Verhütung größeren Übels, unerläßlich ist,
      noch kann sie, bei ihren sonstigen eigentlichen Oblie-

genheiten, allen Erscheinungen der Literatur eine so wachsame, unausgesetzte Aufmerksamkeit widmen, als dieses beides ein einzelner, eigens darauf hingewiesener Beamte vermag; und

2. könnte man einer Landesjustizbehörde, ohne ihr notwendiges Ansehen zu gefährden, schwerlich zumuten, ihre Anklagen und Anträge durch Aussprüche der Jury verworfen zu sehen.

Vielleicht könnte daher das Amt eines Anwalts am schicklichsten zugleich jenem Beamten übertragen werden, welcher, nach dem obigen Vorschlage, an dem Sitze jedes Oberpräsidii zur Berichtigung und Widerlegung von Irrtümern und Angriffen in öffentlichen Druckschriften zu bestimmen wäre.

Ebenso wesentlich aber dürfte obiger Grundsatz die Bestimmung bedingen:

b) *daß das Verfahren bei der Jury mündlich sei,*

wenn nicht die Aufstellung einer Jury überhaupt, als eines unbefangenen, nach der lebendigen, unmittelbaren Anschauung sprechenden Gerichts, illusorisch gemacht und das Endurteil durch den Anwalt oder Untersuchungsrichter aktenmäßig prädestiniert werden soll.

Nach diesen allgemeinen Grundsätzen ist der beiliegende Entwurf eines Preßgesetzes verfaßt, welchem eine Darstellung der über das Preßwesen am deutschen Bundestage stattgefundenen Verhandlungen sowie Übersichten der diesfälligen bisherigen Gesetzgebung *Preußens*, anderer deutschen Staaten und Frankreichs, zur Vergleichung des Entwurfs mit dem hierin bisher bestandenen, beigefügt sind.

Der Entwurf enthält eigentlich nur eine nach obigen Gesichtspunkten modifizierende, möglichst vollständige Revision der bestehenden preußischen Preßgesetzgebung, mit Benutzung der Erfahrungen der neueren Zeit, wo sie aus einem wahrhaften Bedürfnis hervorgegangen und den Verhältnissen angemessen schienen. Es sei erlaubt, denselben in seinen Hauptteilen kurz zu beleuchten und, wo es nötig, einzelne Bestimmungen noch näher zu motivieren.

Der I. Abschnitt spricht die allgemeine Grundlage aus, nämlich: was der Zensur unterworfen oder nicht unterworfen sein soll.

Es schien ratsam, hierbei (§ 3) den Begriff von periodischen Schriften und Flugschriften genau und möglichst weit zu begrenzen sowie auch in § 5 etwanigem Mißverständnis, in betreff der fortbestehenden Verordnungen gegen den Nachdruck, ausdrücklich vorzubeugen.

In dem II. Abschnitt, welcher von der Zensur handelt, ist das Zensuredikt v[om] 18. Oktober 1819, seinem ganzen wesentlichen Inhalt nach, aufgenommen und diesem noch die hierhergehörige Bestimmung der Allerhöchsten Kabinettsordre v[om] 28. Dezember 1824, in betreff der Entschädigungsansprüche des Verlegers einer unterdrückten oder konfiszierten Schrift, beigefügt worden (§ 16).

Auf dieselbe Allerhöchste Bestimmung gründet sich die Vorschrift des § 14 wegen der Zensurgebühren und wegen Abgabe eines Freiexemplars an den Zensor.

Die im § 17 den Schriftstellern eröffnete Möglichkeit, sich von der Gewalt des Zensors zu emanzipieren, beabsichtigt, das Ehrgefühl der ersteren ins Spiel zu ziehen und unter ihnen eine Gesinnung zu erwecken, welche, wenn sie einmal herrschend wäre, die zuverlässigste Schutzwehr gegen den Mißbrauch der Presse bilden würde.

Der III. Abschnitt, dem gleichfalls zum größten Teil schon bestehende Vorschriften, namentlich des Zensuredikts v[om]

18. Oktober 1819, zum Grunde liegen, enthält die, außer der Zensur, zur *Verhütung* von Preßmißbräuchen anzuwendenden Maßregeln.

Er beschäftigt sich daher

1. mit der *polizeilichen Aufsicht* sowohl über den *Druck* von Schriften (durch Beseitigung jeder Privatpresse und durch die angeordnete Bezeichnung eines jeden Buches mit dem Namen des Verlegers und Druckers) als auch über die Verbreitung und den *Verkauf* von Büchern (welcher nur vom Staat autorisierten Buchhändlern gestattet ist und mittels der von diesen regelmäßig zu führenden und zu ergänzenden Schriftverzeichnisse kontrolliert wird).

2. beschäftigt er sich mit denjenigen *Vergehen*, welche, *ohne Rücksicht auf den Inhalt* der Schrift, durch die bloße Verletzung jener Sicherheitsmaßregeln straffällig sind.

Die diesfälligen einzelnen Bestimmungen dürften sich überall selbst rechtfertigen.

Der IV. Abschnitt handelt von den im *Inhalt der Schrift begründeten Preßverbrechen* und *-vergehen* und deren Strafen, und zwar:

1. von den politischen Verbrechen und Vergehen gegen den Landesherren und dessen Familie, gegen die Regierung, Ruhe und bestehende Ordnung des Landes sowie fremder Staaten,

2. von den Angriffen gegen Korporationen und Privatpersonen sowie

3. gegen Religion und Sittlichkeit und

4. von der Reihenfolge der für diese Übertretungen bei jeder Druckschrift verantwortlichen Personen.

Es sind hierbei im allgemeinen die Bestimmungen des allgemeinen Landrechts, soweit sie ausreichten, zum Grunde gelegt worden.

Für die Strafbarkeit politischer Preßverbrechen gegen fremde Staaten Reziprozität zur Bedingung zu machen schien nicht ratsam in einer aufgeregten Zeit, wo es darauf ankommt, das absolut Böse oder Verkehrte, wen es auch treffe, unbedingt zu bekämpfen.

Wenn aber nach § 44, bei persönlichen Angriffen durch Anschuldigung bestimmter Tatsachen, der Beweis der Wahrheit dieser Tatsachen von der Strafe nicht befreien soll, so waltete hierbei, außer dem schon dort angegebenen Grunde, die Überzeugung ob, daß die Empfindlichkeit unseres öffentlichen Lebens dergleichen öffentliche Ausstellungen noch keineswegs verträgt und daß daher – da einem jeden der gesetzmäßige Weg der Anschuldigung oder Beschwerde unbenommen bleibt und um nicht einem kleinlichen, gehässigen Geschwätz Tür und Angel zu öffnen – Persönlichkeiten in öffentlicher Druckschrift *unbedingt* nicht zu dulden seien.

In mehreren Fällen des vorhergehenden Abschnittes (§§ 18 bis 21), welche einerseits die Festsetzung einer langen Gefängnisstrafe nicht rechtfertigen dürften, andrerseits aber, nach der ganzen Beschaffenheit des Vergehens, vermuten lassen, daß für den Kontravenienten der Verlust einer Geldsumme keine oder eine nur sehr geringe Strafe sein würde, ist die Kumulation von Geld- und Arreststrafe angeordnet worden.

Um jedoch jeder hierbei dennoch möglichen Härte vorzubeugen, ist im § 50 dem richterlichen Ermessen überlassen, nach den etwanigen besonderen Umständen, eine dieser Strafen allein oder beide in Verbindung zu verhängen.

Der V. Abschnitt, welcher das *Verfahren* betrifft, bestimmt
im 1. Kapitel die Zusammensetzung der Jury erster und zweiter Instanz sowie die Ernennung und Kompetenz der Staatsanwälte in der bereits weiter oben im allgemeinen angedeuteten Art. Hiernach ist – da hierbei zunächst das Interesse

des Staates vorwaltet – die Verfolgung der Preßverbrechen dem Anwalt von Amts wegen übertragen und nur, wo dies durch die Gefährdung der öffentlichen Ordnung und Sicherheit nicht unmittelbar geboten erscheint, namentlich bei Beleidigungen von Behörden oder Korporationen sowie von einzelnen Beamten und Privatpersonen, die vorhergehende Aufforderung des Beleidigten als notwendig erklärt worden, da niemandem füglich zugemutet werden kann, wider seinen Willen in öffentliche Verhandlungen hineingezogen zu werden. Eine solche Aufforderung auch bei Beleidigungen fremder Staaten abzuwarten schien nicht rätlich, weil dergleichen Angriffe an sich gemeinschädlicher und auswärtige Staaten oft nicht in der Lage sind, von dem Angriffe zeitig genug Kenntnis zu erhalten.

Im 2. Kapitel werden die Rechte und Pflichten des Staatsanwalts näher erörtert, wobei demselben überlassen bleibt, entweder in unbedenklichen Fällen den Angeschuldigten sogleich vorladen zu lassen oder die etwa noch nötige vorgängige Untersuchung durch das nach allgemeinen Vorschriften kompetente Gericht des Angeschuldigten zu veranlassen und demnächst die Anklage zu stellen.

Das 3. Kapitel endlich handelt von der Art und Weise, wie die Jury berufen werden und bei Ausübung ihrer richterlichen Funktionen verfahren soll.

Hat man sich einmal, nach der obigen Ausführung, über die wesentliche Autorität der Jury überhaupt sowie über Mündlichkeit des dabei stattfindenden Verfahrens geeinigt, so dürften die hieraus folgenden speziellen Bestimmungen lediglich für sich selbst sprechen.

ENTWURF EINES GESETZES ÜBER DIE PRESSE UND IHRE ERZEUGNISSE

I. Abschnitt

Allgemeine Bestimmungen

§ 1

Das Erscheinen einer Schrift soll in der Regel von einer Genehmigung der Zensur nicht abhängig sein.

§ 2

Ausgenommen hiervon sind Zeitungen sowie periodische und Flugschriften, welche einer Zensur, nach den im II. Abschnitt enthaltenen Vorschriften, unterworfen bleiben. Zeitungen dürfen außerdem nur mit Genehmigung des Ministeriums der auswärtigen Angelegenheiten erscheinen.

§ 3

Unter periodischen Schriften werden alle diejenigen verstanden, welche einmal im Monat oder öfter, gleichviel ob in regelmäßigen oder unregelmäßigen Zeitabschnitten, in größeren oder kleineren, vollendeten oder abgebrochenen Lieferungen, in gleichem oder verschiedenem Format, unter gleichförmigem oder wechselndem Titel erscheinen.

Als Flugschriften sind alle unmittelbar für das Volk bestimmten einzelne Blätter und solche unter 20 Druckbogen betragende Schriften anzusehen, welche nicht reinwissenschaftlichen oder gelehrten Inhalts sind und Gegenstände der Zeitgeschichte, Politik oder Staatsverwaltung betreffen.

§ 4

Die im § 1 erteilte Befugnis darf nur innerhalb der durch die betreffenden Gesetze gezogenen Schranken allgemeiner bürgerlicher Ordnung ausgeübt werden, deren Zweck ist, die Gesamtheit der bürgerlichen Gesellschaft sowie die Individuen vor rechtswidrigem Mißbrauch zu schützen.

§ 5

Insbesondere kann jene Befugnis keinem zum Vorwand gereichen, die Eigentums- und Nutzungsrechte zu verletzen, welche in betreff bestimmter Schriften, aus irgendeinem gesetzlichen Titel, von anderen erworben worden sind.

§ 6

Beschränkungen, Verfolgung von Schriften und Verantwortung wegen derselben sollen überhaupt nur in den Fällen stattfinden, welche in diesem Gesetze als Übertretungen, Vergehen oder Verbrechen bezeichnet und mit Strafe belegt sind, und steht in Sachen der Presse und des Buchhandels der Polizei eine Strafgerichtsbarkeit nicht zu.

§ 7

Was von Schriften verordnet ist, gilt auch von Gemälden, Bildern, Zeichnungen, Kupferstichen, Erzeugnissen der Lithographie, Holzstichen und allen andern sinnlichen Darstellungen und Mitteilungen an das Publikum.

II. Abschnitt

Von der Zensur

§ 8

Die Zensur der im preußischen Staate herauskommenden Zeitungen, periodischen und Flugschriften, welche sich ausschließlich oder zum Teil mit der Zeitgeschichte oder Politik beschäftigen, steht unter der obersten Leitung des Ministerii der auswärtigen Angelegenheiten, die der theologischen Schriften der vorbezeichneten Art unter dem Ministerium der geistlichen und Unterrichtsangelegenheiten, die aller anderen unter dem Ministerium der Polizei.

§ 9

Die unmittelbare Aufsicht über die Zensur aller derselben nach den §§ 2 und 3 unterworfenen Schriften, ohne Rücksicht auf ihren Inhalt, ist ausschließlich den Oberpräsidenten sowohl in Berlin als in den Provinzen übertragen, welche für jedes einzelne Fach eine zur größtmöglichsten Beschleunigung erforderliche Anzahl vertrauter, wissenschaftlich gebildeter und aufgeklärter Zensoren durch das im folgenden § bestimmte Oberzensurkollegium den betreffenden Ministerien vorschlagen.

§ 10

In Berlin besteht ein nach der Verschiedenheit der Gegenstände den im § 8 genannten Ministerien unmittelbar untergeordnetes, aus mehreren Mitgliedern und einem Sekretär gebildetes Oberzensurkollegium für die ganze Monarchie, dessen Hauptbestimmung ist:

1. die Beschwerden der Verfasser, Verleger oder Buchdrucker gegen den Ausspruch, gegen Kompetenzüberschreitungen oder Verzögerungen der Zensurbehörden

zu untersuchen und nach dem Geiste des gegenwärtigen
Gesetzes in letzter Instanz darüber zu entscheiden;

2. über die Ausführung der Zensurvorschriften zu wachen und jede Übertretung von seiten der Zensoren,
Verfasser und Verleger mit einem Gutachten dem betreffenden Ministerium anzuzeigen, von den durch die
Verleger, Verfasser oder Drucker verübten Übertretungen aber gleichzeitig den betreffenden Staatsanwalt
(§§ 62 u. 66 zu 1) zur weiteren Veranlassung zu unter-
richten;

3. mit den Oberpräsidenten und Zensurbehorden in Zensurangelegenheiten zu korrespondieren, ihnen die von
den oben erwähnten Ministerien ausgehenden Instruktionen mitzuteilen sowie ihre etwaigen Zweifel und
Bedenklichkeiten, nach den ihm von den gedachten
Ministerien gegebenen Vorschriften, zu heben.

§ 11

Die Zensur soll keine ernsthafte und bescheidene Untersuchung der Wahrheit hindern noch den Schriftstellern unge-
bührlichen Zwang auflegen oder den freien Verkehr des
Buchhandels hemmen. Ihre Ausübung richtet sich, in Ansehung der die äußere Politik und die Staatsverhältnisse zu
auswärtigen Mächten betreffenden Nachrichten und Aufsätze, nach den von dem Ministerium der auswärtigen Angelegenheiten zu erlassenden Instruktionen; alle anderen Nachrichten und Aufsätze dürfen von der Zensurbehörde nur
dann verworfen werden, wenn ihr Inhalt gegen Strafbestimmungen des gegenwärtigen Gesetzes verstößt.

Die Befugnis und Obliegenheit der Zensurbehörde beschränkt sich lediglich darauf, die Genehmigung zum Druck
zu erteilen oder zu versagen.

Kein Zensor darf ein Blatt länger als drei Stunden und keine
periodische Schrift länger als vierundzwanzig Stunden zu-

rückbehalten und unterliegt, wenn er dieser Vorschrift zuwiderhandelt, disziplinärer Bestrafung.

§ 12

Es bleibt dem Drucker oder Verleger überlassen, die von ihm zu druckende Schrift im ganzen in einer deutlichen Abschrift oder stückweise in gedruckten Probebogen zur Zensur einzureichen; im letzteren Falle hat er es sich jedoch selbst beizumessen, wenn, nach Vollendung eines Teils des Druckes, der Zensor einen folgenden Abschnitt unzulässig findet und durch Wegstreichen desselben das bereits Gedruckte unnütz wird. Das zur Zensur überreichte Manuskript wird vom Zensor auf der ersten und letzten Seite mit seinem Namen und dem Datum bezeichnet. Ist aber die Schrift bogenweise eingereicht worden, so muß das Imprimatur auf jedem Bogen ausgedrückt sein.

§ 13

Die Erlaubnis zum Druck ist nur auf ein Jahr gültig; ist der Druck nicht im Laufe desselben besorgt worden, so muß eine neue Erlaubnis nachgesucht werden. Dagegen kann eine neue, unveränderte Auflage einer mit Erlaubnis erschienenen Schrift ohne weitere Zensur, auch im Auslande, gedruckt werden; nur muß dann der Verleger derjenigen Zensurbehörde, unter welcher der Buchdrucker steht, oder, wenn außerhalb Landes gedruckt wird, der seines Wohnorts davon gehörige Anzeige machen.

§ 14

Der Verleger ist zur Entrichtung von Zensurgebühren mit 3 Sgr. für den Druckbogen verbunden und muß ein Exemplar der zensierten Schrift an den Zensor abgeben.

§ 15

Inländische Buchhändler, die zugleich im Auslande Buchhandlungen besitzen, dürfen zwar die Verlagsartikel der letzteren nur der dortigen Zensur unterwerfen, solche Artikel aber, insofern sie nach gegenwärtigem Gesetz der hiesigen Zensur unterliegen, im preußischen Staate nur dann absetzen, wenn zuvor den hiesigen Zensurvorschriften ein Genüge geschehen ist.

§ 16

Der Verleger einer zwar unter Zensur erschienenen, aber nachher von der Regierung unterdrückten oder konfiszierten Schrift kann sich, wegen der Entschädigung, nicht an die unterdrückende Behörde, wenn diese innerhalb ihrer Kompetenz gehandelt, sondern lediglich an den Zensor und nur bei dessen Zahlungsunfähigkeit und wenn auch von dem Zensor den Zensurvorschriften vollkommen genügt worden ist, an den Fiskus halten.

§ 17

Verfasser oder Unternehmer und Verleger von periodischen Schriften, welche während der Dauer von sechs Monaten zu keiner Ausstellung der Zensurbehörde Veranlassung gegeben und durch die Beschaffenheit ihres Blattes sich eines besonderen Vertrauens würdig erwiesen haben, werden auf so lange zensurfrei, bis sie eines gesetzwidrigen Gebrauches der Presse überführt worden sind.

III. Abschnitt

Über die Polizei der Presse und ihrer Erzeugnisse

§ 18

Wer Schriften oder einzelne Blätter mittelst einer Privatpresse druckt, ohne vorher der Polizeibehörde davon Anzeige zu machen, wird mit Geldbuße von 10 bis 100 Talern und mit Gefängnis von zwei Tagen bis zu zwei Wochen sowie mit

Konfiskation der vorhandenen, unbefugt gedruckten Schriften bestraft. Außerdem soll die unbefugte Presse vernichtet werden.

§ 19

Wer ohne Gewerbsberechtigung mit Schriften Handel treibt, wer ohne obrigkeitliche Erlaubnis ein Privatleseinstitut oder eine Schriftniederlage zum Ausleihen unterhält, mit Schriften hausiert, Schriften ausruft, ausbietet, auf Straßen oder öffentlichen Plätzen ausstreut oder anheftet, mit Schriften hausieren, dieselben ausrufen, ausbieten, ausstreuen oder anheften läßt, soll mit einer Geldbuße von 5 bis 100 Tl. und mit Gefängnisstrafe von zwei Tagen bis zu zwei Wochen belegt werden. Außerdem sind die zum unbefugten Verkehr angeschafften oder gesetzwidrig ausgebotenen Schriften, mit denen der Täter betroffen wird, der Konfiskation unterworfen.

§ 20

Buchhändler, Antiquare, Inhaber von Leihbibliotheken, Leseinstituten oder lithographischen Anstalten sowie Kupferstich- und Bilderhändler müssen bei Strafe von 5 bis 100 Tl. über die bei ihnen zum Verkauf oder Umlauf bestimmten Schriften und Bilder ein Verzeichnis führen und dasselbe wenigstens monatlich ergänzen, auch der Polizeibehörde, wenn sie es verlangt, die Einsicht desselben gestatten.

Außer der vorgedachten Strafe wird noch Gefängnis von zwei Tagen bis zu zwei Wochen verhängt, wenn wirklich vorhandene Schriften in dem Verzeichnis unter verändertem Titel aufgeführt oder auf andere Weise verheimlicht worden sind.

§ 21

Alle im preuß[ischen] Staate erscheinenden Druckschriften müssen mit dem Namen und Wohnort des Verlegers und Druckers sowie mit der üblichen Zeitberechnung des Druk-

kes bezeichnet sein. Die bloße Unterlassung dieser Anzeigen
soll an dem Drucker mit einer Geldbuße von 5 bis 50 Tl.,
falsche Angabe von Namen, Wohnort oder Zeit aber außerdem noch mit Arrest von drei Tagen bis zu drei Wochen
bestraft werden.

§ 22

Schriften, wo auf dem Titel nicht der Name einer bekannten
Verlagshandlung steht und welche der Buchhändler nicht
durch diese oder eine andere bekannte, die für die Richtigkeit
dieses Namens Gewähr leistet, erhalten hat, dürfen nicht
verkauft werden. Wer solche Schriften verkauft, soll, außer
der Konfiskation der vorgefundenen Exemplare, mit einer
Strafe von 10 bis 100 Tl. belegt werden. Im Wiederholungsfalle tritt Verdoppelung der Strafe und im dritten Falle überdies Verlust des Gewerbes ein.

Die Geldbuße wird jedoch um die Hälfte ihres Betrages
ermäßigt, wenn der Buchhändler den inländischen Drucker
einer solchen Schrift namhaft macht.

§ 23

Für jede im preußischen Staate erscheinende Zeitung und
periodische Schrift soll ein im Lande wohnhafter, verant-
wortlicher Redakteur bestehen und auf jedem Blatte, Stück
oder Heft der Zeitung oder periodischen Schrift genannt sein.

Für die Nichtbeachtung dieser letzteren Vorschrift wird
der Drucker mit einer Geldbuße von 5 bis 50 Tl. bestraft.

Die Oberzensurbehörde ist berechtigt, dem Unternehmer
einer Zeitung zu erklären, daß der angegebene Redakteur
nicht das erforderliche Vertrauen einflöße, in welchem Falle
der Unternehmer verpflichtet ist, entweder einen anderen
Redakteur aufzustellen oder, wenn er den ernannten beibehalten will, für ihn eine von den im § 8 erwähnten Ministerien
auf den Vorschlag der Oberzensurbehörde zu bestimmende
Kaution zu leisten.

§ 24

Der Herausgeber einer Zeitung oder periodischen Schrift ist verpflichtet, in Beziehung auf die in derselben vorgetragenen Tatsachen jede amtliche oder amtlich beglaubigte Berichtigung unentgeltlich sowie jede andere Berichtigung des Angegriffenen gegen die gewöhnlichen Insertionsgebühren sogleich nach deren Mitteilung in das nächstfolgende Blatt, Stück oder Heft bei Vermeidung einer Geldstrafe von 5 bis 50 Tl. und der geeigneten Zwangseinschreitung zum Vollzuge aufzunehmen.

§ 25

Die bloße Umgehung der Zensur wird mit Geldstrafe von 10 bis 100 Tl. geahndet und im Wiederholungsfalle diese Strafe verdoppelt. Buchhändler und Buchdrucker, die zum dritten Male solcher Vergehungen sich schuldig machen, sollen der Befugnis zu diesem Gewerbe und der Redakteur einer Zeitung oder periodischen Schrift in diesem Falle der Redaktion verlustig sein.

Denselben Strafen sind inländische Buchhändler unterworfen, welche die nach diesem Gesetz der Zensur unterliegenden Verlagsartikel ihrer im Auslande befindlichen Buchhandlungen im preußischen Staate ohne Genehmigung der Zensurbehörde verkaufen.

§ 26

Die Aufnahme von Nachrichten, Aufsätzen oder einzelnen Stellen, welche von der Zensurbehörde gestrichen werden, in eine Zeitung, periodische oder Flugschrift wird der Umgehung der Zensur gleichgeachtet.

§ 27

Die in den Paragraphen 25 und 26 bestimmten Strafen treffen zunächst den Redakteur der beteiligten Zeitung oder periodischen Schrift, und nur wenn der Redakteur beweist, daß der den Zensurbehörden entzogene oder von denselben verworfene Artikel ohne sein Wissen aufgenommen worden sei, geht die Verantwortlichkeit auf den Unternehmer, Herausgeber, Verleger oder jeden Dritten über, von welchem die Einrückung herrührt.

§ 28

In den Fällen der §§ 25 und 26 tritt, nebst der Strafe, jederzeit auch die Konfiskation der Blätter, Stücke oder Hefte ein, worin die der Zensur entzogenen oder von ihr verworfenen Artikel sich befinden.

§ 29

Alle im gegenwärtigen Abschnitt erwähnten polizeilichen Übertretungen werden ohne Rücksicht auf den Inhalt der Schrift bestraft. Ergibt sich aus dem letzteren ein Vergehen oder Verbrechen, so ist dieses Gegenstand eines besonderen Straferkenntnisses, wobei die gleichzeitig begangene Polizeiübertretung als Erschwerungsgrund zu betrachten ist.

§ 30

Verwandlung der Geldbuße in Gefängnisstrafe, nach dem allgemein gesetzlichen Maßstabe, findet statt, wenn der Geldbetrag, dem Zeugnis der Polizeibehörde zufolge, nicht ohne Gefährdung des Unterhalts der Familie des Straffälligen beizutreiben ist.

§ 31

Die Strafbarkeit ist verjährt in drei Monaten nach dem Tage der begangenen Übertretung oder Unterbrechung der deshalb eingeleiteten Untersuchung, wenn sich nicht etwa aus der Übertretung ein fortdauerndes gesetzwidriges Verhältnis gebildet hat, in welchem Falle der Lauf der Verjährung erst von dem Zeitpunkte anfängt, wo dieses Verhältnis wieder aufgehört hat.

§ 32

Alle inländischen Verleger sind verbunden, von jedem ihrer Verlagsartikel ein Exemplar an die große Bibliothek in Berlin und eines an die Bibliothek der Universität ihrer Provinz unentgeltlich abzuliefern.

IV. Abschnitt

Von den Verbrechen und Vergehen durch Mißbrauch der Presse und ihrer Erzeugnisse

§ 33

Wer in einer Schrift oder in anderen sinnlichen Darstellungen, ohne daß dabei eine hoch- oder landesverräterische Absicht erhellete, das Oberhaupt des Staats in seiner Würde persönlich beleidigt, die Person des Königs verspottet oder schmäht, der hat zwei- bis vierjährige Zuchthaus- oder Festungsstrafe verwirkt.

Auch schon andere dergleichen boshafte, die Ehrfurcht gegen den Landesherrn verletzende Äußerungen über die Person und Handlungen desselben sollen mit Gefängnis- oder Festungsstrafe auf sechs Monat bis zu einem Jahre geahndet werden.

Alle über diese Verbrechen abgefaßten Straferkenntnisse müssen dem Landesherrn besonders vorgestellt und Ihm anheimgestellt werden, inwiefern Er dabei von Seinem Begnadigungsrechte Gebrauch machen wolle.

§ 34

Wer in einer Schrift oder andern sinnlichen Darstellung die Gemahlin des Königs, den Kronprinzen oder andere Mitglieder der Königlichen Familie beleidigt, verspottet, schmäht oder denselben auf irgendeine Weise Verachtung bezeigt, wird mit ein- bis zweijähriger Zuchthausstrafe belegt.

§ 35

Wenn in den Fällen der Paragraphen 33 und 34 bei der Untersuchung sich findet, daß das Verbrechen aus Wahnsinn und Zerrüttung der Verstandeskräfte begangen worden, so soll der Täter in eine öffentliche Anstalt gebracht und nicht eher wieder entlassen werden, als bis man von seiner Wiederherstellung zuverlässig versichert ist.

§ 36

Wer in einer Schrift die Oberhäupter fremder Staaten beleidigt, frechen, die Erregung von Mißvergnügen bezwecken den Tadel, Lästerung, Schmähung oder Verspottung der Regierungen oder Behörden fremder Staaten sich erlaubt oder deren Einwohner zum Aufruhr aufreizt, hat Gefängnis- oder Festungsstrafe von sechs Monaten bis zu zwei Jahren verwirkt.

§ 37

Gefängnis von drei Monaten bis zu einem Jahre trifft denjenigen, welcher in einer Schrift die bei dem König akkreditierten Gesandten oder mit öffentlichem Charakter bekleideten Bevollmächtigten fremder Staaten in dieser ihrer Eigenschaft beleidigt.

§ 38

Wer in einer Schrift versucht, ungesetzliche Verbindungen, welche am Umsturz der Verfassung arbeiten, in einem günstigen Lichte darzustellen, wer in Schriften, Bildern oder andern sinnlichen Darstellungen die bestehenden Landesgesetze und Anordnungen des Staates frech und unehrerbietig tadelt, lästert, schmäht oder verspottet oder zum Ungehorsam gegen die bestehenden Gesetze auffordert oder anreizt, der soll, auch wenn der von ihm beabsichtigte Erfolg nicht eintritt, eine Gefängnis- oder Festungsstrafe von sechs Monaten bis zu zwei Jahren erleiden.

Verkauf und Verbreitung solcher Schriften müssen, bei Vermeidung einer Geldstrafe von 10 bis 100 Tl., verboten und die vorgefundenen Exemplare vernichtet werden.

Drucker, Verleger, Abschreiber und Austeiler von dergleichen aufrührerischen Schriften trifft, außer dem Verluste ihres Bürgerrechts und Gewerbes, eine ihrer Verschuldung und der Größe des Hauptverbrechens angemessene Strafe.

§ 39

Lästerung, Schmähung oder Verspottung der Regierung des Staats oder Beleidigung der Amtsehre einer öffentlichen Staats- oder Kommunalbehörde wird mit Gefängnis von drei Tagen bis zu neun Monaten geahndet.

§ 40

Die Bestimmungen des vorstehenden Paragraphen gelten, in Beziehung auf öffentliche gesetzliche Wirksamkeit, auch von den Provinziallandtags-, Kreistags- und Stadtverordnetenversammlungen und deren Mitgliedern.

§ 41

Gefängnisstrafe von acht Tagen bis zu einem Jahre trifft denjenigen, der in einer Schrift eine vom Staat anerkannte Körperschaft oder Gemeinheit, einen Stand oder eine Klasse von Einwohnern lästert, schmäht oder verspottet oder die Staatseinwohner zu Zwietracht, gegenseitiger Verachtung oder Feindseligkeit anreizt.

§ 42

Wer in einer Schrift andere verleumdet oder die bürgerliche Ehre eines anderen durch Lästerung, Schmähung, Spott oder durch Anschuldigung verächtlicher Handlungen, Eigenschaften, Meinungen oder Gesinnungen widerrechtlich angreift, ist nach den allgemeinen Strafbestimmungen über Verleumdung und Injurien zu bestrafen.

§ 43
Bei den in einer Schrift unternommenen beleidigenden Angriffen verändert es die Natur der strafbaren Handlung
nicht, wenn auch der Beleidigte nicht genannt, sondern nur
durch individuelle Nebenumstände kenntlich gemacht ist.

§ 44
Auch kann in den Fällen der Paragraphen 39 bis 42, wenn
der Angriff auf Anschuldigung bestimmter Tatsachen beruht, die Befreiung von der Strafe durch den Beweis der
Wahrheit dieser Tatsachen nicht bewirkt werden, indem
eine solche Beweisführung in Verhältnissen des Privatlebens
ganz unzulässig ist, in öffentlichen Verhältnissen aber ein
jeder mit seiner Beschwerde oder Anschuldigung sich zunächst an die betreffende Behörde zu wenden hat.

§ 45
Wer in einer Schrift wissentlich falsche, zur Beunruhigung
der Staatseinwohner, zur Störung des öffentlichen Vertrauens oder zur Erregung von Gehässigkeiten geeignete Nachrichten oder Gerüchte über angeblich bevorstehende Regie-
rungsmaßregeln verbreitet, soll mit Gefängnis von drei Tagen bis zu drei Monaten bestraft werden.

§ 46
Gefängnis- oder Zuchthausstrafe von vier Wochen bis zu
sechs Monaten trifft denjenigen, wer in einer Schrift die Religion oder Sittenlehre überhaupt oder die Lehren, Einrichtungen und Gebräuche einer mit Genehmigung des Staats bestehenden Religionsgesellschaft durch Ausdrücke der Verachtung, des Spottes oder Hasses angreift oder sie verketzert.

§ 47
Gleiche Strafe erleidet, wer in einer Schrift oder sonstigen
sinnlichen Darstellung durch Beleidigung der Sittlichkeit öffentliches Ärgernis veranlaßt.

§ 48

Wer eine durch gerichtliches Urteil als sträflich anerkannte Schrift, nach öffentlicher Bekanntmachung des Urteils, zu verbreiten fortfährt oder aufs neue druckt, herausgibt, verlegt oder in Umlauf bringt, hat, außer der Konfiskation der vorhandenen Exemplare, eine Geldbuße von 10 bis 100 Tl., im Wiederholungsfalle die Verdoppelung derselben und im dritten Falle, außer der doppelten Geldstrafe, den Verlust des Gewerbes verwirkt.

§ 49

Wer überhaupt in einer Schrift zu einem Verbrechen oder Vergehen auffordert oder anreizt, soll nach den allgemeinen Strafgesetzen behandelt und, wenh die Aufforderung oder Anreizung das Vergehen oder Verbrechen zur Folge gehabt hat, als Miturheber oder Mitschuldiger desselben gestraft werden. Es sind demnach die allgemeinen Strafgesetze in allen denjenigen Fällen, deren die gegenwärtigen Bestimmungen nicht ausdrücklich erwähnen, in Anwendung zu bringen.

§ 50

Bei einer Konkurrenz mehrerer Verbrechen oder Vergehen ist die Strafe nach der am schwersten verpönten Übertretung abzumessen und die übrigen als besondere Erschwerungsgründe zu berücksichtigen.

Ein besonderer Erschwerungsgrund ist jederzeit die Wiederholung des Verbrechens oder Vergehens.

In den Fällen aber, wo das gegenwärtige Gesetz Geldbuße und Gefängnisstrafe vereinigt anordnet, bleibt es dem richterlichen Ermessen überlassen, ob, nach den etwanigen besonderen Umständen, beide Strafen zugleich oder nur die eine allein stattfinden soll.

§ 51

Jede Verurteilung hat zugleich die Konfiskation der sträflich erkannten Schrift zur Folge.

§ 52

Ungeachtet der erfolgten Zensur und Erlaubnis zum Drucke bleiben einer Person, welche durch eine Schrift sich für beleidigt hält, ihre Rechte gegen Verfasser und Verleger vorbehalten.

§ 53

Preßvergehen und Preßverbrechen sollen nur dann zur Untersuchung und Strafe gezogen werden, wenn sie vollendet sind, d. i. wenn die sträfliche Schrift öffentlich oder heimlich in Verkehr oder sonst in Umlauf gebracht worden ist.

§ 54

Die Strafbarkeit verjährt binnen sechs Monaten nach der Vollendung des Vergehens oder Verbrechens.

§ 55

Für die durch Mißbrauch der Presse und ihrer Erzeugnisse verübten Vergehen und Verbrechen sind verantwortlich:

1. Der Verfasser, insofern er nicht beweist, daß er weder an dem Drucke noch an der Herausgabe Anteil habe.
2. Der Herausgeber, wenn er nicht dartut, daß ein anderer der Verfasser und bloß auf dessen Auftrag die Herausgabe unternommen sei.
3. Der Verleger, sofern er nicht den Verfasser oder Herausgeber nachweist.
4. Der Drucker, insofern er nicht den Verfasser, Herausgeber oder Verleger erweislich macht.
5. Der Verbreiter und wer zur Verbreitung Auftrag gegeben, sofern er nicht die vorstehend zu 1 bis 4 genannten Personen nachweist.

§ 56

Als Verbreiter, nach § 55 zu 5, sind auch Buchhändler zu betrachten, welche eine sträfliche Schrift absetzen, die ihnen außer dem Wege des ordentlichen Buchhandels zugekommen

oder auf welcher nicht der Name des Verfassers oder des
Herausgebers, Verlegers oder Druckers nebst der üblichen
Zeitbezeichnung des Druckes angegeben ist.

§ 57

Bei Zeitungen und periodischen Schriften insbesondere haftet
für jeden darin aufgenommenen sträflichen Artikel der ver-
antwortliche Redakteur, insofern er nicht beweist, daß der
gedachte Artikel ohne sein Wissen eingerückt sei, in welchem
Falle die Verantwortlichkeit auf den Unternehmer, Herausgeber oder Verleger oder jeden Dritten übergeht, von welchem die Einrückung herrührt.

Für Artikel, welche von der Zensurbehörde genehmigt
worden sind, ist die letztere selbst disziplinarisch verantwortlich, und Redakteur, Unternehmer, Herausgeber, Verleger
und Drucker werden von aller Verantwortlichkeit frei, der
Verfasser aber nur dann, wenn er nicht etwa erweislich des
Zensors Aufmerksamkeit zu hintergehen und durch einge-
streute strafwürdige Anspielungen oder Zweideutigkeiten,
deren beabsichtigter Sinn dem Zensor verborgen bleiben
konnte, die Erlaubnis zum Druck zu erschleichen gewußt
hat.

§ 58

Hat derjenige, welchen die Verantwortlichkeit trifft, sich der
gerichtlichen Ahndung durch Flucht oder Aufenthalt im
Auslande entzogen, so haftet die nächstfolgende Person in
der in den Paragraphen 55 und 57 bestimmten Reihenfolge.

V. Abschnitt

Über das Verfahren bei den Übertretungen, Vergehen und Verbrechen durch den Mißbrauch der Presse und ihrer Erzeugnisse

Erstes Kapitel

Allgemeine Bestimmungen

§ 59

Das Strafgericht über Preßvergehen und Preßverbrechen ist eine Jury, welche nicht nur darüber, ob der Angeklagte schuldig oder nicht schuldig sei, entscheidet, sondern zugleich auch das Straferkenntnis ausspricht.

§ 60

Die Jury besteht in jeder Universitätsstadt der Monarchie aus zehn, alle drei Jahre neu zu ernennenden Mitgliedern; namlich: aus zwei Räten des am Sitz der Jury befindlichen oder ihm zunächstbelegenen Obergerichts der Provinz, aus zwei Mitgliedern des nächsten Regierungskollegii, aus einem Professor von jeder Fakultät der Universität und endlich aus zwei Deputierten des Ortsmagistrats.

§ 61

Von den Aussprüchen dieser Jury kann der Rekurs ergriffen werden an eine ebenfalls nach den Vorschriften des vorstehenden § gebildete Jury in Berlin, wo demnach zwei dergleichen Spruchgerichte, eines für den Ausspruch erster Instanz und eines für die Revision, bestehen.

§ 62

Die Verfolgung der durch den Mißbrauch der Presse und ihrer Erzeugnisse verübten Vergehen und Verbrechen geschieht, soweit es die verwirkte Strafe betrifft, auf dem Wege der Anklage durch Staatsanwälte.

Es sind daher bei jedem Obergericht der Provinz zu diesem
Behuf ein Staatsanwalt und ein Stellvertreter desselben aus
der Zahl der Mitglieder des Kollegii zu ernennen.

§ 63

Die Anwälte sowie die Mitglieder der in den Paragraphen
59–61 angeordneten Jurys und deren Stellvertreter werden
von den Oberpräsidenten im Einverständnis mit den Präsidenten der Obergerichte, den Ministerien der Justiz, der
geistlichen und Unterrichtsangelegenheiten, des Innern und
der Polizei und der auswärtigen Angelegenheiten vorgeschla-
gen und von diesen gemeinschaftlich bestätigt.

§ 64

Die strafgerichtliche Einschreitung durch den Staatsanwalt
findet *in der Regel von Amts wegen,* in den nachfolgenden
Fällen aber nur auf eine von dem Beleidigten erhobene Beschwerde statt:

1. bei Beleidigungen der Amtsehre einer öffentlichen Behörde, wobei die Ermächtigung einen Beschluß des
   Kollegii erfordert;
2. bei Beleidigung der Amtsehre einzelner öffentlicher
   Beamten. Vorstände öffentlicher Behörden haben bei
   Erhebung der Beschwerde davon der vorgesetzten
   Stelle sogleich Anzeige zu machen, andere Beamte aber
   vor der Beschwerdeführung die Bewilligung ihrer Vorstände einzuholen und beizulegen;
3. bei den der Ständeversammlung, der Stadtverordnetenversammlung und einer vom Staat anerkannten öffentlichen Körperschaft oder Gemeinheit zugefügten Beleidigungen, wobei die Beschwerde von den zur Besorgung der körperschaftlichen Angelegenheiten gesetzlich bestellten Behörden oder Individuen zu erheben ist;
4. bei allen in dem § 42 angeführten Beleidigungen der
   Privatehre.

§ 65

Hierbei etwa konkurrierende privatrechtliche Ansprüche gehören zur besonderen Ausführung und Entscheidung der
zuständigen Zivilgerichte.

§ 66

Zur Verfolgung der Preßvergehen und -verbrechen und zur
Veranlassung der deshalb erforderlichen vorgängigen Untersuchung sind zuständig und verpflichtet:

1. bei inländischen Zeitungen und periodischen Schriften
   die Staatsanwälte an denjenigen Obergerichten, in deren Gerichtssprengel entweder die Zeitung oder perio
   dische Schrift erscheint oder der Angeschuldigte
   wohnt;
2. bei anderen Schriften die Staatsanwälte an denjenigen
   Obergerichten, in deren Gerichtssprengel entweder die
   Verbreitung durch den Angeschuldigten selbst oder
   nach seinem Auftrage durch Dritte erfolgt ist oder aber
   der Druck stattgefunden hat oder endlich der Angeschuldigte wohnt.

§ 67

Die Zuständigkeit über den Haupturheber erstreckt sich auch
auf sämtliche Mitschuldige.

§ 68

Die Kompetenz der Gerichte in betreff der vorgängigen
Untersuchung richtet sich gleichfalls nach den Bestimmungen der §§ 66 und 67.

§ 69

Jeder hiernach bei der Untersuchung oder Entscheidung von
Preßvergehen und Preßverbrechen zur Mitwirkung Berufene
kann nach den deshalb bestehenden, allgemeinen gesetzlichen Bestimmungen abgelehnt werden.
Der Ablehnungsgrund muß in diesem Falle jederzeit be-

scheinigt und bei dem Gerichte, unter welchem der Abzuleh-
nende steht, rechtzeitig angebracht werden, welches sodann
darüber zu entscheiden hat.

Zweites Kapitel

Über das Vorverfahren

§ 70

Die Staatsanwälte sind berechtigt und verpflichtet, bei Preßvergehen und Preßverbrechen die Konstatierung des Tatbestandes und die Herbeischaffung der erforderlichen Beweise
hinsichtlich des Täters durch die betreffenden Behörden zu
veranlassen, auch zu diesem Zweck selbst Erkundigungen einzuziehen und Personen, denen die Verbindlichkeit der Zeug-
nisleistung obliegt, vorzurufen und vorläufig zu befragen.

§ 71

Die Polizeibehörden haben auf alle Erzeugnisse der Presse
ihre besondere Aufmerksamkeit zu richten und jede zu ihrer
Kenntnis gelangende Schrift, in Ansehung derer eine amtliche
Einschreitung erforderlich scheint, samt den zur Konstatierung des Tatbestandes und des Täters etwa vorzunehmenden
Verhandlungen binnen vierundzwanzig Stunden dem Staatsanwalt zuzusenden.

§ 72

Findet der Staatsanwalt die selbstgesammelten oder von den
Polizeibehörden oder auf anderem Wege erhaltenen Anzei-
gen zur Begründung einer Anklage gegen eine bestimmte
Person unzureichend, die weitere Verfolgung der Sache aber
erforderlich und zweckmäßig, so hat derselbe unverzüglich
seine diesfälligen Requisitionen an die nach § 68 kompetenten
Gerichte zu stellen, worin jederzeit die Stellen oder Teile der
Schrift, auf welche die Anklage gegründet werden soll, sowie

die strafgesetzlichen Bestimmungen, deren Anwendung in Anspruch genommen wird, genau bezeichnet werden müssen.

§73

Das aufgeforderte Gericht hat sogleich alle zur Herstellung des Tatbestandes und zur Erhebung der Beweise hinsichtlich des Täters nötigen Handlungen vorzunehmen, nach eigenem Ermessen oder auf Requisition des Staatsanwalts sowohl Zeugen als auch den Angeschuldigten zu vernehmen und hierbei sowie namentlich in betreff der etwa erforderlichen Haussuchungen oder Verhaftungen verdächtiger oder angeschuldigter Personen die allgemeinen Gesetzesvorschriften über das strafrichterliche Untersuchungsverfahren genau zu beobachten.

§74

Die Entlassung aus dem Untersuchungsgefängnis darf jedenfalls nur nach vorheriger Vernehmung des Staatsanwalts von dem Untersuchungsgericht erkannt werden.

Der Staatsanwalt sowie der Angeschuldigte können gegen jedes in dieser Beziehung erlassene Erkenntnis binnen vierundzwanzig Stunden die Berufung an das vorgesetzte Obergericht einlegen.

§75

Von jeder Untersuchungshandlung ist dem Staatsanwalt sogleich Kenntnis zu geben und, wenn die Voruntersuchung geschlossen ist, sind demselben die Akten zuzustellen.

§76

Wenn der Staatsanwalt entweder aus den unmittelbar oder durch die Polizeibehörde gesammelten Angaben oder aber aus den eingesandten Untersuchungsakten die Überzeugung gewinnt, daß ohne weitere Voruntersuchung zureichende gesetzliche Gründe zur Erhebung der Anklage gegen eine

bestimmte Person vorhanden seien, so hat derselbe die Anklageakte zu entwerfen und solche, nebst den Verhandlungen, dem Präsidenten des in der Universitätsstadt der Provinz
befindlichen oder derselben zunächst belegenen Obergerichts vorzulegen, welcher, wenigstens drei Tage vor der
Sitzung der Jury, die Zustellung einer Abschrift der Anklageakte und der Liste der vorzuladenden Zeugen an den Angeklagten sowie die Vorladung des letzteren und der Zeugen
veranlassen und demnächst Anklageakte und Verhandlungen
zu seiner Zeit der Jury mitteilen wird.

§ 77

Findet der Staatsanwalt nach den Vorlagen die Anklage unbegründet, so muß er gleichwohl sämtliche Angaben und Verhandlungen dem im vorigen § bezeichneten Präsidenten zu-
stellen, welcher sodann zu entscheiden hat, ob die Anklage
stattfinden oder ganz eingestellt werden soll.

§ 78

Die Anklageakte muß enthalten:
1. die genaue Bezeichnung der Stellen oder Teile der
   Schrift, auf welche die Anklage gegründet werden soll,
2. die Benennung des zu bestrafenden Vergehens oder
   Verbrechens,
3. die Angabe der bei der Strafausmessung zu berücksichtigenden Tatumstände,
4. die unzweifelhafte Bezeichnung der angeschuldigten
   Personen,
5. den Antrag auf Bestrafung.

§ 79

Wenn in den im § 64 bezeichneten Fällen eine Beschwerde auf
Verfolgung eines Preßvergehens oder -verbrechens erhoben
wird, so ist dieselbe dem zuständigen Staatsanwalt zuzustellen, welcher sodann nach der Vorschrift des gegenwärtigen

Kapitels, und zwar in den § 64 ad 1 und 2 angeführten Fällen sofort einzuschreiten, in den ad 3 und 4 l. c. gedachten Fällen aber die erhaltene Beschwerde sorgfältig zu prüfen und, wenn sie ihm unbegründet erscheint, davon den Beschwerdeführer unverzüglich zu benachrichtigen hat.

Der letztere ist dann befugt, gegen den Beschluß des Staatsanwalts den Rekurs an den im § 76 bezeichneten Präsidenten zu ergreifen.

§ 80

Gleichzeitig mit Erhebung der Anklage soll von dem Staatsanwalt die zuständige Polizeibehörde zur Beschlagnahme der gesetzwidrig erachteten Schrift aufgefordert werden, über deren Vollzug die erstere eine Verhandlung aufzunehmen und solche binnen vierundzwanzig Stunden dem Staatsanwalt zuzusenden hat.

§ 81

Wird jedoch der Angeschuldigte nicht unmittelbar vorgeladen, so muß der Staatsanwalt von der veranlaßten Beschlagnahme sofort dem kompetenten Gericht des Angeschuldigten Anzeige machen, welches sodann spätestens binnen vierzehn Tagen über die Fortsetzung oder Aufhebung des Beschlages entscheidet.

Die Vorschriften dieses und des vorstehenden § finden ihre Anwendung, der Staatsanwalt mag von Amts wegen oder auf Beschwerde eines Beleidigten die Anklage erhoben haben.

Drittes Kapitel

Über Berufung und Verhandlung der Jury

§ 82

Die Jury versammelt sich in jedem Universitätssitze, insofern zur Aburteilung reife Anklagen vorliegen, alle drei Monate, wenn nicht etwa die Zahl oder Wichtigkeit der vorliegenden Anklagen eine außerordentliche Einberufung nötig macht.

§ 83

Der Tag, an welchem die Sitzung der Jury eröffnet werden soll, ist von dem Präsidenten des in der Universitätsstadt befindlichen oder zunächst gelegenen Obergerichts vier Wochen vorher sämtlichen Mitgliedern der Jury bekanntzumachen.

Die Sitzung darf erst nach Erledigung sämtlicher dahin gewiesener Strafsachen geschlossen werden.

§ 84

Jedes Mitglied der Jury, das auf die erhaltene Ladung weder erschienen ist noch sein Ausbleiben auf zureichende Weise entschuldigt hat, verfällt in eine Strafe von 10 bis 50 Tl.

§ 85

Als gültige Entschuldigungen sind nur anzusehen:
1. eine durch ärztliche Zeugnisse bescheinigte Krankheit, welche das Erscheinen unmöglich macht,
2. häusliche oder Dienstverhältnisse oder staatsbürgerliche Verrichtungen, welche die Übernahme jedes anderen Geschäfts nach dem Zeugnis der vorgesetzten Behörde nicht gestatten.

§ 86

Jedem zur Jury Berufenen, der nicht am Orte der Sitzung wohnt, sind für Zehrung auf die Dauer der notwendigen

Abwesenheit von Hause täglich 2 Tl. und, wenn er weiter als
eine Meile vom Orte der Sitzung wohnt, die reglementsmäßi-
gen Reisekosten zu vergüten.

§ 87

Für jede Sitzung wählt die Jury durch Stimmenmehrheit aus
den rechtskundigen Mitgliedern derselben einen Obmann,
welcher in dieser Sitzung das Verfahren zu leiten hat.

§ 88

Das Verfahren ist mündlich, über die ganze Verhandlung der
Jury wird aber von einem derselben beizugebenden Sekretär
des im Orte der Sitzung befindlichen Gerichts ein Protokoll
geführt. Der Staatsanwalt, der Kläger, wo ein solcher vorhanden, sowie der Angeklagte und dessen Verteidiger wohnen
der Verhandlung bis zum Zeitpunkte der Abfassung des
Urteils bei.

§ 89

Nachdem der Obmann die Anklageakte vorgelesen, den
Angeklagten über die Anschuldigungspunkte näher verstän-
digt und ihm die Schrift, wegen welcher die Anklage erhoben
worden, zur Anerkennung vorgelegt, hat derselbe, wenn ein
Beweisverfahren stattfinden soll, die Ordnung zu bestimmen, in welcher die einzelnen Zeugen vorgerufen und die
sonstigen Beweisstücke vorgelegt werden sollen.

§ 90

Die Zeugen sind einzeln vorzurufen und werden von dem
Obmann vernommen, welcher nach jeder Aussage den Angeklagten oder dessen Verteidiger, den Staatsanwalt und die
Mitglieder der Jury zu befragen hat, ob und was sie dagegen
zu bemerken haben.

§ 91

Nach Beendigung des Beweisverfahrens hat der Staatsanwalt

und der Kläger und dessen Rechtsbeistand die Anklage zu
entwickeln, die zu deren Begründung aus dem Beweisverfahren hervorgegangenen Ergebnisse vorzutragen und ihre Anträge zu stellen. Hierauf kann der Angeklagte und sein Verteidiger die Verteidigung vortragen und der Staatsanwalt oder
Kläger replizieren, worauf dem Angeklagten freisteht, noch
einmal das Wort zu nehmen. Eine weitere Erörterung findet
sodann nicht statt.

§ 92

Hat der Angeklagte nichts mehr zu seiner Verteidigung anzu-
führen, so erklärt der Obmann die Erörterung für geschlossen, gibt, nachdem Parteien und Zeugen sich entfernt haben,
eine gedrängte Übersicht der Ergebnisse der Verhandlung
und stellt sowohl die Fragen, über welche das Urteil abzugeben, als auch die zur Anwendung kommenden gesetzlichen
Bestimmungen auf.

§ 93

Der Ausspruch der Jury kann gegen den Angeklagten nur
durch eine Mehrheit von wenigstens sechs Stimmen erfolgen.

§ 94

Bei erfolgter Verurteilung sind dem Angeklagten, bei erfolgter Freisprechung aber dem Kläger, wenn ein solcher vorhanden, sämtliche Prozeßkosten zur Last zu legen.

§ 95

Bei jeder Verurteilung ist die Konfiskation der mit Beschlag
belegten oder künftig noch hinwegzunehmenden Exemplare
der gesetzwidrigen Schrift durch das Urteil anzuordnen.

§ 96

Das Straferkenntnis soll die bestimmte Anführung der angewendeten Gesetzstelle sowie die Entscheidungsgründe ent-

halten und von allen Mitgliedern der Jury unterzeichnet werden.

§ 97

Dasselbe ist dem Staatsanwalt sowie dem Angeklagten von dem Obmann zu verkünden, welcher gleichzeitig dem Verurteilten anzudeuten hat, daß ihm die Ergreifung des Rekurses binnen der gesetzlichen Frist gestattet sei.

§ 98

Nach Ablauf dieser Frist oder, wenn Rekurs eingelegt wird, vierundzwanzig Stunden nach der Verkündigung des abweisenden Erkenntnisses zweiter Instanz beschreitet das verurteilende Erkenntnis seine Rechtskraft.

§ 99

Die Vollziehung desselben ist von dem Staatsanwalt durch das Ober- oder Stadtgericht des Versammlungsortes der Jury zu bewirken, bei welchem auch, nach dem Schlusse der Verhandlungen, sämtliche Akten niedergelegt und aufbewahrt werden.

§ 100

Jedes verurteilende Erkenntnis ist, nach erlangter Rechtskraft, durch drei inländische Zeitungen auf Kosten des Verurteilten, und wenn die Anklage eine inländische Zeitung betraf, in dieser binnen der nächsten acht Tage von dem Herausgeber, bei einer Strafe von 10 bis 100 Tl. und der geeigneten Zwangseinschreitung zum Vollzuge, bekanntzumachen.

§ 101

Sowohl der Staatsanwalt und der Kläger als auch der Verurteilte sind befugt, von dem Rechtsmittel des Rekurses Gebrauch zu machen; letzterer jedoch nur, wenn der Ausspruch des Erkenntnisses den geringsten Grad der in der angewendeten gesetzlichen Bestimmung angedrohten Strafe oder die verhängte Gefängnisstrafe die Dauer von acht Tagen übersteigt.

§ 102

Wer den Rekurs ergreifen will, hat sich darüber innerhalb einer Frist von drei Tagen, von der Urteilsverkündung an gerechnet, bei dem Ober- oder Stadtgericht, an dessen Sitz die Jury sich versammelt hat, unter Ausführung seiner Beschwerde schriftlich zu erklären.

§ 103

Das vorgedachte Gericht wird unverzüglich von dieser Beschwerdeausführung, wenn das Rechtsmittel von dem Staatsanwalt oder Kläger ergriffen worden, dem Angeklagten oder dessen Verteidiger, im entgegengesetzten Falle aber dem Staatsanwalt oder Kläger, zur etwanigen Gegenbemerkung, binnen drei Tagen Nachricht geben und nach Ablauf dieser Frist die Beschwerdeausführung nebst der etwa eingekommenen Gegenerinnerung und sämtlichen Verhandlungen der Jury an den Präsidenten des Kammergerichts einsenden, welcher demnächst die Beurteilung der Sache in zweiter und letzter Instanz durch die Appellationsjury in Berlin zu veranlassen hat.

§ 104

In Ansehung der Appellationsjury in Berlin (§ 61) finden die in betreff der Jury erster Instanz in den Paragraphen 82 bis inklusive 87, 92 bis 96 [enthaltenen Vorschriften] Anwendung.

§ 105

Das Erkenntnis zweiter Instanz ist von dem Gericht, an dessen Sitze die Jury erster Instanz versammelt gewesen, sowohl dem Angeklagten als dem Staatsanwalt und dem Kläger zu verkünden.

§ 106

Über das Verfahren der Jury erster und zweiter Instanz soll
für dieselben eine besondere Instruktion nach vorstehenden
Grundsätzen erlassen werden.

REGULATIV

§ 1

Das Oberzensurkollegium soll von jetzt ab aus neun Mitgliedern, einschließlich zweier besoldeten, bestehen. Demselben wird außerdem noch ein Sekretär beigegeben werden.

§ 2

Die Leitung der Geschäfte und insbesondere der Beratungen des Kollegiums liegt dem Vorsitzenden ob.

§ 3

Die beiden besoldeten Mitglieder des Oberzensurkollegiums haben als dessen permanente Referenten vorzugsweise die schriftlichen Geschäfte zu übernehmen.

Das Nähere hierüber sowie über die Behandlung und Verteilung der vorkommenden Geschäfte überhaupt wird durch die von dem Vorsitzenden nach vorgängiger Beratung mit dem Kollegium zu entwerfende und den drei mit der oberen Leitung der Zensur beauftragten Ministerien zur Genehmigung vorzulegende Geschäftsordnung bestimmt werden.

§ 4

Über die Art der Beschäftigung des Sekretärs dient die beifolgende Instruktion zur Richtschnur.

§ 5

Die in Zukunft zu ernennenden Zensoren werden von den Regierungspräsidenten (in Berlin von dem Polizeipräsidenten) dem betreffenden Oberpräsidenten und von letzterem den dem Zensurwesen vorgesetzten drei Ministern in Vorschlag gebracht. Dem Ermessen derselben bleibt es anheimgestellt, in den ihnen geeignet scheinenden Fällen das Oberzensurkollegium zur *gutachtlichen* Äußerung über die in Vorschlag gekommene Ernennung aufzufordern.

Von der erfolgten Ernennung erhält das Oberzensurkollegium unmittelbar durch die Ministerien Kenntnis.

§ 6

Die Regierungspräsidenten resp. der Polizeipräsident in Berlin haben die Art und Weise der *Handhabung* der Zensur innerhalb ihres Verwaltungsbezirkes zunächst zu beaufsichtigen.

Dieselben werden zugleich Sorge tragen, sich mittelst der von ihnen nach Bewandtnis der Umstände zu wählenden Organe zeitige Kenntnis von dem Erscheinen und dem Debit solcher Schriften innerhalb ihres Verwaltungsbezirkes zu verschaffen, welche ein Einschreiten der Zensurbehörde ratsam machen möchten. Sie sind befugt, in jedem Falle, wo ihnen der Debit einer Schrift bedenklich erscheint, dessen vorläufige Suspension anzuordnen; von ihrer in solcher Beziehung getroffenen Verfügung und den Gründen, aus welchen sie sich zu letzterer veranlaßt gesehen, haben sie sofort dem Ministerium des Innern und der Polizei unter Einreichung eines Exemplars der Schrift Anzeige zu machen.

§ 7

Die Befugnis, den Debit einer Schrift durch vorläufige Beschlagnahme zu suspendieren, steht auch den Oberpräsidenten und dem Ministerium des Innern und der Polizei sowie nicht minder in Sachen, die ihr Ressort betreffen, den beiden andern der mit der Leitung der Zensur beauftragten Ministerien zu.

Die Oberpräsidenten haben über die ihrerseits verfügte Suspension sofort an das Ministerium des Innern und der Polizei zu berichten und gleichzeitig den Regierungspräsidenten Nachricht zu geben.

§ 8

Hält das Oberzensurkollegium die Suspension des Debits einer Schrift oder deren Verbot für erforderlich, so hat dasselbe die diesfällige Verfügung bei den drei Ministerien unter Einreichung eines Exemplars der betreffenden Schrift sowie unter Bezeichnung der Folien, auf welchen sich bedenkliche Stellen finden, in Antrag zu bringen. Es bleibt dem Oberzensurkollegium übrigens auch überlassen, von dem an die Ministerien erstatteten Berichte gleichzeitig dem betreffenden Oberpräsidenten oder Regierungspräsidenten Nachricht zu geben.

§ 9

Das Verbot einer Schrift sowie dessen Aufhebung erfolgt in allen Fällen durch eine gemeinschaftliche Verfügung der drei Ministerien. Sind dieselben darüber verschiedener Meinung, ob die betreffende Schrift zu verbieten sei oder nicht, so ist die Sache sofort zur Allerhöchsten Entscheidung Seiner Majestät des Königs zu bringen.

§ 10

Von jeder seitens der Regierungspräsidenten, der Oberpräsidenten oder der Ministerien selbst verfügten Suspension des Debits einer Schrift sowie von jedem erlassenen Verbote wird das Oberzensurkollegium durch die Ministerien benachrichtigt.

§ 11

Den Ministerien bleibt es überlassen, vor Verhängung der Debitssuspension oder des Verbots einer Schrift das *Gutachten* des Oberzensurkollegiums zu erfordern. Die Einforderung eines solchen Gutachtens ist jedoch in allen Fällen *nötig*, wo es sich um die Wiederaufhebung einer einmal angeordneten Repressivmaßregel handelt.

§ 12

Die öffentliche Bekanntmachung des ergangenen Verbots durch die Regierungsamtsblätter findet nur in *den* Fällen statt, wo die Ministerien solches ausdrücklich anordnen.

§ 13

Von den Oberpräsidenten wird am Schlusse jedes Jahres und spätestens bis zum 1. April des folgenden Jahres ein Bericht über die Verwaltung der Zensur in ihrer Provinz an das Oberzensurkollegium erstattet. Letzteres wird diese Berichte, sobald solche samtlich eingegangen sind, mittelst eines Generalberichtes den drei Ministerien vorlegen.

§ 14

Inländische Buchhandlungen, welche durch wiederholentlichen Verlag schlechter Artikel die Aufmerksamkeit der Behörden auf sich ziehn, sollen vorerst dahin verwarnt werden, daß ihnen bei Fortdauer ihres bisherigen Verhaltens die Gewerbskonzession entzogen werden würde.

Die Realisierung dieser Verwarnung bleibt der Entscheidung der drei Ministerien vorbehalten.

§ 15

Wenn dagegen Buchhandlungen des deutschen Auslandes durch ihren Verlag zu Verboten öfters Veranlassung geben, wird das Ministerium der auswärtigen Angelegenheiten die Vermittelung der betreffenden Landesregierung in Anspruch nehmen, um die betreffende Buchhandlung durch die kompetente Polizeibehörde schriftlich dahin verwarnen zu lassen:

daß bei ihrem Beharren auf dem eingeschlagenen Wege der Debit ihrer sämtlichen Verlagsartikel innerhalb der preuß[ischen] Staaten verboten und nur unter spezieller Genehmigung des Oberzensurkollegiums für einzelne Artikel wieder gestattet werden würde.

Das Ministerium der auswärtigen Angelegenheiten wird eine
beglaubigte Abschrift der auf seine Requisition an die Buchhandlung erlassenen Verfügung den beiden anderen Ministerien mitteilen.

§ 16

Die Entscheidung über Beschwerden, welche von Schriftstellern, Verlegern, Redakteuren etc. etc. über das Verfahren der
Zensoren geführt werden, steht in erster Instanz den Oberpräsidenten, in letzter Instanz dem Oberzensurkollegium zu.

§ 17

Wegen der Gerichtsbarkeit in Zensursachen hat es in denjenigen Landesteilen, wo die französische Gesetzgebung besteht,
bei den bisherigen diesfälligen Vorschriften sein Bewenden.

In den übrigen Provinzen der Monarchie erfolgt die Festsetzung der durch Zensurkontraventionen verwirkten Strafen, nach Maßgabe des Verfahrens, welches für andere, der
gerichtlichen Kognition nicht unterworfene Kontraventio-
nen vorgeschrieben ist, durch Resolute der betr[effenden]
Provinzialregierungen, in Berlin durch das Polizeipräsidium.

Gegen solche Strafresolute steht den Interessenten in allen
Fällen der Weg des Rekurses an die Ministerien binnen einer
Präklusivfrist von vier Wochen, von Insinuation des Resoluts
an gerechnet, offen. Übersteigt jedoch die festgesetzte Strafe
das Maß von fünf Talern Geldbuße oder acht Tagen Gefängnis, so haben die Interessenten die Wahl, ob sie, statt des
Rekurses, auf richterliches Gehör provozieren wollen. Letztere Provokation findet nicht weiter statt, wenn sie nicht
binnen vierzehn Tagen nach Insinuation des Resoluts bei der
betreffenden Provinzialregierung respektive dem Polizeipräsidium in Berlin angemeldet worden ist.

VOTUM DES MINISTERS DER GEISTLICHEN ANGELEGENHEITEN ZU NO. 296

Die Allerhöchste Kabinettsordre vom 14. März 1831 hat die vorliegende Angelegenheit, insofern sie das Ressortverhältnis zwischen dem geistlichen und dem Justizministerium betrifft, nach dem Antrage des Staatsministeriums entschieden, hat von aber zugleich Veranlassung genommen, das Demeritenwesen der katholischen Kirche zur näheren Beratung zu stellen. In dieser Beziehung ist in der gedachten Allerhöchsten Kabinettsordre den Bischöfen die Befugnis eingeräumt, diejenigen als unwürdig ihres Amtes entlassenen Geistlichen, welche sich nicht selbst ernähren und ihrer unsittlichen Neigungen halber dem gemeinen Wesen schädlich werden können, den Demeritenhäusern zu überweisen. Diese Befugnis soll jedoch in ihre besonderen Grenzen eingeschlossen sein, und hierüber erwartet des Königs Majestät die näheren, bestimmteren Vorschläge des Staatsministeriums, bei deren Abfassung auf die Einrichtung der Demeritenhäuser Rücksicht genommen und die in dem Separatvotum Seiner Königlichen Hoheit des Kronprinzen vom 10. Februar 1831 niedergelegten Bemerkungen und Höchstderselbe Vorschlag erwogen und erledigt werden soll. Demzufolge hatte ich über diesen Gegenstand bereits in einem Votum vom 24. November 1831 meine Ansicht dargelegt und zugleich den Entwurf einer hierauf bezüglichen Allerhöchsten Kabinettsordre beigefügt.

Das Königl[iche] Justizministerium hat sich unter dem 22. Dezember 1831 diesem Votum lediglich angeschlossen und die Aufnahme der entworfenen Allerhöchsten Kabinettsordre in die Gesetzsammlung bevorwortet, wogegen die

Königlichen Ministerien des Innern und der Polizei und der auswärtigen Angelegenheiten in ihren Votis respective vom 8. Jänner und 4. März vor[igen] Jahrs mehrere abweichende Ansichten geäußert haben.

Nach Lage dieser Verhandlungen sind es nun wesentlich folgende Differenzpunkte, welche noch einer näheren Beratung und Einigung bedürfen:

I.

die Frage, ob die in Rede stehenden Vorschläge und die darauf zu gründenden Anordnungen lediglich auf das Demeritenwesen beschränkt oder auf die den Bischöfen beizulegende Kirchenzucht überhaupt und in dieser Art auf sämtliche Provinzen der Monarchie ausgedehnt werden sollten.

Ich kann, nach reiflicher Erwägung, nur bei meiner früher hierüber dargelegten Ansicht stehenbleiben.

Die Befugnis, entlassene Geistliche in Demeritenhäuser zu weisen, kann nur als ein Ausfluß der den Bischöfen gesetzlich und nach den kirchlichen Vorschriften zustehenden Disziplinargewalt überhaupt gedacht und gerechtfertigt werden. Die fraglichen Vorschläge beruhen daher wesentlich auf dem allgemeinen Recht der Kirchenzucht, und diese wird wenigstens im allgemeinen nicht unberührt bleiben können, wo eben – wie hier der Fall ist – von der näheren Bestimmung und Begrenzung eines Teils derselben die Rede sein soll.

Jene Vorschläge aber werden ferner nicht auf die östlichen Provinzen zu beschränken, sondern auf die ganze Monarchie auszudehnen sein. Denn es ist eben von *neuer* Anordnung in Angelegenheiten die Rede, worüber in den Gesetzen bisher keine Vorsehung getroffen worden ist. Verlangt man nun von den Bischöfen am Rhein, wie in den andren Provinzen,

dieselbe geregelte Aufsicht und Kirchenzucht, so ist es auch
billig, daß allen die gleichen, notwendigen Mittel zu demselben Zwecke gewährt werden, abgesehen von dem Vorteil, den
an sich ein allgemein gleichförmiges Verfahren überall für die
Verwaltung hat. Dieselbe Ansicht deutet auch die Allerhöchste Kabinettsordre vom 14. März 1831 selbst an, indem dieselbe nirgends zwischen den Provinzen unterscheidet, vielmehr am Schlusse gleichzeitig auch eine Anzeige über die die
Disziplinargewalt der geistlichen Oberen betreffenden Vorschriften in den Rheinprovinzen und über deren etwa anzu-
ordnende Modifikationen erfordert – mithin unverkennbar
hierin die möglichste Gleichstellung der gedachten Provinzen
mit den anderen Landesteilen beabsichtiget. Der rheinischen
Gesetzgebung aber gebricht es – wie bereits das Königl[iche]
Ministerium in dem Votum vom 22. Dezember 1831 bemerkt
– durchaus an bestimmten Vorschriften über den *Umfang* der
durch das Gesetz vom 18. Germinal Jahr 10 den Bischöfen
und Erzbischöfen verliehenen Disziplinargewalt, was dann
zur Folge hatte, daß einerseits die letztere auf die verschie-
denste Weise, mehr oder minder willkürlich ausgelegt wurde,
während andrerseits die Bischöfe faktisch das Recht der
Detention unwürdiger Geistlicher in Klöstern jederzeit aus-
übten, ohne daß das Gouvernement Kenntnis davon nahm.
Wo dieses aber, auf Grund etwaniger Beschwerden etc.,
dennoch geschah, wurde, bei jener Ungewißheit der Vorschriften, von den Staatsbehörden allerdings der in der Konstitution vom 22. Frimaire VIII und den Artikeln 615–618
der Kriminalprozeßordnung enthaltene allgemeine Grundsatz festgehalten: daß niemand in einem anderen als einem
öffentlichen Gefangenhause oder Strafanstalt, wider seinen
Willen, deteniert werden dürfe und daß jede Verletzung
dieses Grundsatzes von dem öffentlichen Ministerium amtlich gerügt und die sofortige Entlassung der Detenierten
verfügt werde. Wenn indes der französisch kirchliche Zu-

stand überhaupt auf keine Weise zum Vorbild dienen darf, so ist insbesondere der gedachte Grundsatz in solcher Allgemeinheit auf Geistliche nicht anwendbar. Denn es leuchtet ein, daß ein Geistlicher, der wegen eines geringen Vergehens vielleicht nur auf wenige Tage oder Wochen deteniert werden soll, durch die Gemeinschaft mit Verbrechern in einer öffentlichen Strafanstalt das einem Seelsorger unentbehrliche Vertrauen und Ansehen in der gemeinen Meinung für immer einbüßen muß sowie daß andrerseits die eigentümliche Korrektion eines Priesters durch geistliche Bußübungen, der Korrigende mag nun seines Amtes entlassen sein oder nicht, mit der ganzen Einrichtung eines öffentlichen Gefangenhauses unvereinbar ist. Jedenfalls aber erscheint, bei diesem schwankenden unklaren Zustande, die Herstellung zweifelloser Vorschriften, zur Vermeidung ärgerlicher Kontestationen zwischen den Gerichtsbehörden und den Bischöfen, für die Rheinprovinzen als ein dringendes Bedürfnis.

II.

Aus welchen Gründen ist die Verweisung eines Geistlichen in die Demeritenanstalt zulässig?

Hier dürfte eine möglicherweise doch niemals erschöpfende spezielle Aufzählung besonderer Detentionsgründe unnötig und vielmehr die allgemeine Bestimmung der Allerhöchsten Kabinettsordre vom 14. März 1831 genügend sein, daß den Bischöfen die Verweisung in Demeritenhäuser hinsichtlich derjenigen entlassenen unwürdigen Geistlichen zustehe, welche sich nicht selbst ernähren und ihrer unsittlichen Neigungen halber dem gemeinen Wesen schädlich werden können oder durch unwürdigen Wandel öffentliches Ärgernis geben. Dieser letztere Zusatz erscheint zweckmäßig, da er einerseits eine wichtige Seite sittlicher Gemeinschädlichkeit näher bezeichnet und andrerseits mit der ausdrücklichen Intention der Allerhöchsten Kabinettsordre, dergleichen Subjekte zur Verhütung öffentlichen Ärgernisses den Augen der Welt zu entziehen, übereinstimmt. Da ferner die äußere Lage eines vom Amte entlassenen, alten oder kränklichen Geistlichen ohne Vermögen und mehr Verwandte häufig von der Art ist, daß sein Lebensunterhalt von der Aufnahme in eine Demeritenanstalt abhängt, die hiernach für ihn nicht als Strafe, sondern als eine Wohltat erscheint, so dürfte es rätlich sein, solchen Subjekten abgesehen auch von ihrem gegenwärtigen Wandel, den Anspruch zur Aufnahme in die Demeritenanstalt vorzubehalten, gegen die Verpflichtung, sich der in derselben eingeführten Ordnung zu unterwerfen.

III.

Dauer der Detention

Der ursprüngliche und im Verlauf der Zeiten beständig festgehaltene Zweck der geistlichen Demeriten- oder Korrektionsanstalten ist ein dreifacher:

1. unwürdige Geistliche den Augen der Welt zu entziehen,
2. sie durch geistliche Bußübungen zu bessern und
3. ihnen ihren Lebensunterhalt zu sichern.

Hieraus folgt von selbst, daß die Dauer der Detention, der Natur der Sache nach, jederzeit eine *unbestimmte* sein muß, denn der Zeitpunkt weder der Besserung noch der eintretenden Erwerbsfähigkeit läßt sich allgemein *voraus*bestimmen. Es ist ferner nicht in Abrede zu stellen, daß katholische Geistliche, nach ihren eigentümlichen, durch religiöse Motive bedingten Lebensverhältnissen, in Behandlung derselben nicht füglich anderen unwürdigen Laien, z. B. Vagabunden, durchaus gleichgestellt werden können. Der katholische Volksteil, an den Gedanken des untilgbaren priesterlichen Charakters gewöhnt, sieht in dem Gefallenen nicht den Vagabunden, sondern fortwährend den Geistlichen und nimmt an dessen unwürdigem Wandel jederzeit doppelten Anstoß. Wenn man demnach – wie auch die Allerhöchste Kabinettsordre tut – jene beiden erstgenannten Hauptzwecke der Demeritenhäuser anerkennt, so wird auch der Nachweis der Erwerbsfähigkeit von seiten des Detenierten für sich allein kein Motiv zu seiner Entlassung abgeben können, ohne häufig öffentliches Ärgernis zu veranlassen, abgesehen davon, daß ein solcher ohne Besserung Entlassener in der Regel über kurz oder lang doch immer wieder der Demeritenanstalt zur Last fallen würde.

Es wird daher der Detenierte nur dann entlassen werden können, wenn er entweder die Mittel, sich selbst zu ernähren, und zugleich seine Besserung nachweist oder dem geistlichen Stande entsagt, wobei sich von selbst versteht, daß bei einer solchen Entsagung ein bestimmtes Verfahren stattfinden müsse, das sowohl die Freiheit des Entsagenden als auch davor sichere, daß eine so wichtige Erklärung nicht etwa als der leichtsinnige Ausbruch einer etwanigen augenblicklichen Aufwallung erscheine.

IV.

Es fragt sich endlich: ob *allgemein* gesetzliche Vorschriften über die Einrichtung der Demeritenanstalten in Vorschlag zu bringen seien oder ob es genüge, daß über jede einzelne Anstalt dieser Art eine besondere Aufsicht von seiten der dazu geeigneten Staatsbehörden geführt werde.

Ich glaube hier zuvörderst die Besorgnis beseitigen zu müssen, als ob die Benutzung von Klöstern strenger Orden zu

Demeritenanstalten leicht zu ungeziemend harter Behandlung der Demeriten Veranlassung geben könne. Jene Klöster
erleichtern nur die zweckmäßige Unterbringung und Erhaltung der Demeriten, haben aber auf deren Behandlung keinen
Einfluß, da der in ein solches Kloster verwiesene Korrigende
deshalb nicht Mitglied des Ordens wird und an die Beobachtung der strengen Regeln desselben keineswegs gebunden ist.
Übrigens gehört die innere Einrichtung der Demeritenanstalten recht eigentlich zu den Disziplinarbefugnissen des Bischofs. Ihre Zweckmäßigkeit hängt in jedem einzelnen Falle
so sehr von der Lokalität und den besonderen Verhältnissen
und Bedürfnissen der Diözes ab, daß sie mit Erfolg nur den
Bischöfen überlassen werden kann, mit der Bedingung jedoch, daß die in jeder solchen Anstalt einzuführende Haus-
und Lebensordnung sowie ihre Abänderung der Genehmigung des geistlichen Ministeriums unterliege.
Ebenso halte ich die in meinem Votum vom 24. November
1831 bereits erwähnte *Aufsicht* über die Demeritenhäuser für
vollkommen genügend. Die ergänzende Maßregel, daß auch
die *Vorsteher* der Demeritenhäuser den Oberpräsidenten von
jeder Aufnahme eines Geistlichen Anzeige machen sollen,
finde ich bei näherer Erwägung aus doppeltem Grunde bedenklich. Denn erstens kompromittiert sie das notwendige
Ansehen des Bischofs, indem sie ihn gleichsam unter die
Kontrolle seines Untergebenen stellt. Sodann aber würde
dadurch der Übelstand herbeigeführt, daß auch solche Fälle,
wo der Bischof einen noch im Amt stehenden Geistlichen
wegen eines geringen Amtsvergehens nur auf wenige Tage
zur Rekollektion in eine solche Anstalt schickt, eine Notorietät erhielten, die dem Rufe des vielleicht sonst wackeren
Geistlichen unverdienterweise schaden würde.
Dagegen muß es allerdings den Oberpräsidenten freiste-
hen, auch abgesehen von einem bestimmten Beschwerdefall
und so oft es ihnen rätlich scheint, Visitationen der Demeri-

tenhäuser anzuordnen, um sich zu jeder Zeit von der angemessenen Einrichtung derselben überzeugen zu können.

Zur Erledigung endlich des von Sr. Königl[ichen] Hoheit dem Kronprinzen in Höchstdessen Separatvotum vom 10. Februar 1831 aufgestellten Bedenkens dürfte noch die Bestimmung nötig sein, daß, wenn ein Detenierter sich durch den Glauben gebunden findet, sich den vom Bischof über ihn verhängten Strafen freiwillig zu unterwerfen, auf die Befreiung desselben nicht gedrungen werden dürfe, wo nicht etwa, wider Erwarten, der Fall offenbarer Grausamkeit ein Einschreiten durchaus unerläßlich macht.

Nach diesen Grundsätzen habe ich, den Bestimmungen der Allerhöchsten Kabinettsorder vom 14. März 1831 gemäß, neuerdings den anliegenden Entwurf zu einer diese Verhältnisse feststellenden Allerhöchsten Anordnung anfertigen lassen, welcher die gegen den früheren Entwurf erhobenen Bedenken möglichst beseitiget und dessen einzelne Positionen durch das Vorangeführte überall gerechtfertigt sind.

Berlin, den etc.

REDE

Meine Herren!

Erhoben und gekräftigt durch die Feier des Gottesdienstes, wie es dem Ernste und der Wichtigkeit dieses Tages gebührt, sehen wir uns hier wieder. Es gehört zu den erfreulichsten Momenten meines Lebens, an diesem Tage auf Befehl Sr. Majestät des Königs zu Ihnen sprechen und Ihnen das Wohl einer Provinz empfehlen zu dürfen, deren Glück und Unglück ich seit einer Reihe von Jahren geteilt und welcher ich durch Geburt und Gesinnung, mit Liebe und Achtung angehöre.

Lassen Sie mich, meine Herren, vor allem anderen ein Gefühl aussprechen, das uns alle in diesem Augenblick beseelt, das Gefühl des innigsten und ehrerbietigsten Dankes gegen des Königs Majestät, dessen Gnade uns hier versammelt hat. Von jeher war es das wahrhaft Königliche Vergnügen Sr. Majestät, die Wünsche des Landes sowie der einzelnen zu vernehmen und zu helfen, wo es nottat. Brave Diener des Staats widmeten mit strenger Pflichttreue ihr Leben dieser schönen Vermittelung zwischen Monarchen und Volk. Aber es waren nur die Stimmen, das Wissen und die Ansichten einzelner Männer. Der Vater des Volks will sein *Volk* hören, und Sie, meine Herren, sind berufen, seine Stimme vor den Thron zu bringen.

In der Begeisterung, welche eine große historische Begebenheit wie diese in edlen Gemütern erweckt, verschwindet das Persönliche in dem Gedanken des Ganzen. Jeder einzelne fühlt sich nur als Mittelglied vergangener und künftiger Geschlechter, das gemeine Ansinnen schämt sich seiner selbst, die kleinliche Zwietracht finsteren Kastengeistes verstummt, und der Kampf zwischen Altem und Neuem ist geschlichtet, wo es gilt, den unvergänglichen Geist aller Zeiten, das ewig Alte und Neue zugleich, in den Formen, welche die Gegenwart heischt, zu verjüngen. Ein solches Gefühl war es, aus welchem hier auf dem denkwürdigen Landtage des Jahres 1813 der große Gedanke der Landesbewaffnung hervorging. Möge diese große Erinnerung uns noch einmal mit jenem gerüsteten Ernste der Bedrängnis erfüllen, welcher im Glück wie im Unglück nottut und, alles Niedere verschmähend, nur das Würdige bedenkt! – In diesem Gefühle, meine Herren, werden Sie, als Stimmführer der Provinz, freimütig, aber besonnen, ohne Menschenfurcht, aber voll heiliger Ehrfurcht vor dem Thron, vertrauend und Vertrauen erweckend, die Ehre, die Tugenden und die heiligen Interessen des Volkes über dem Strome der Zeiten emporhalten und so den alten schönen Glauben bewähren: daß des Volkes Stimme Gottes Stimme sei.

Es bedarf kaum einer Erwähnung, daß hierbei die Hauptgrundsätze des Ständegesetzes, deren Anerkenntnis eben die Bedingung dieser Versammlung ist, von aller Beratung ausgeschlossen bleiben. Auch ersuche ich Sie, meine Herren, den Inhalt Ihrer Verhandlungen gewissenhaft bei sich zu bewahren, damit die Beratung nicht durch das sich kreuzende Geschwätz des Tages geirrt werde und das Resultat demnächst ohne vorgefaßte Vorurteile als heilbringend auftrete. Endlich erinnere ich Sie in dieser feierlichen Stunde an die unverbrüchliche Treue, welche Sie als Untertanen Sr. Majestät dem König gelobt haben und welche bei ehrenwerten Männern eine hinreichende Bürgschaft ist, daß Sie in Ihren Beratungen unausgesetzt den Zweck dieser Versammlung: innige Verbrüderung des Ganzen und eine höhere Vermittelung zwischen Volk und Monarchen, treu und ohne Nebenrücksichten im Auge behalten wollen. Sie sind nur Ihrem

Gewissen Rechenschaft schuldig, aber die Augen Ihrer Mitbürger sind auf Sie gewendet, und Gott und die Nachwelt
sind Ihre Richter. So übernehmen Sie denn heute eine Verantwortlichkeit, vor deren tiefer Bedeutung die menschliche
Schwäche erzittern möchte, wenn Sie, meine Herren, nicht
wieder durch das Vertrauen ermutigt und gestärkt werden
müßten, mit welchem das Volk seine schönsten Erwartungen
und Wünsche in Ihre treuen Herzen niedergelegt hat.

Wo brave Männer das Rechte ehrlich wollen, da ist Gott
mit ihnen. Und so lassen Sie uns denn das Werk freudig mit
jenem Denkspruch beginnen, welcher sich in den Zeiten der
Gefahr bewährt hat und dem Preußen in allen Zeiten treu
bleiben soll: Mit Gott für König und Vaterland!

(Nun folgt die Aufrufung des Marschalls etc. etc.)

HISTORISCHE SCHRIFTEN

BERLINER VEREIN FÜR DEN KÖLNER DOMBAU

Aufforderung zur Teilnahme

Das erhabenste Denkmal deutscher Baukunst, dessen großartiger Gedanke, in dem Geiste eines deutschen Künstlers entsprungen, vor Jahrhunderten viele begeistert hatte, ihre Kräfte und Hände dem hohen Werke zu weihen, blieb durch die Ungunst der Zeiten, welche die Bande des deutschen Vaterlandes zu lösen und seine Größe zu untergraben drohte, unvollendet an den Ufern des Rheines stehen. Die dem Werke eingesenkte Idee verkündete zwar laut den Ruhm ihres Schöpfers; allein unter den späteren Geschlechtern vernahmen nur einzelne noch die beredte Sprache der zum Gottestempel zusammengefügten Steine, und als Deutschlands Einheit schon manchem völlig gebrochen schien, da drohte auch der herrliche Bau, den Fremden eine unheimlich mahnende Erinnerung an vergangene Größe, in Trümmer zu sinken. Nachdem aber Deutschlands Völker sich unter ihren Fürsten wieder zu einer herrlichen Tat, zur Wiedergewinnung ihrer Freiheit und Selbständigkeit vereinigt hatten, da erwachte mit der wiedergeborenen Kraft der Deutschen auch deutsches Leben und die Liebe zu dem, was deutsche Männer der Vorzeit in Poesie und Kunst geschaffen hatten. Derselbe edle König, welcher sein Volk zum Kampfe für Deutschlands Heil aufgerufen hatte, wandte bald nach wiederhergestelltem Frieden sein schützendes Auge auf den Dom zu Köln, befreite ihn von den Zeichen der Trauer und gab ihm in dem vollendeten Chore seine frühere Schönheit wieder, welche eine immer größere Zahl einsichtsvoller Bewunderer um sich versammelte und in ihnen allmählich den kühnen Gedanken der Vollendung des Baues hervorrief. Lange wurde derselbe nur mit Schüchternheit ausgesprochen, weil es erkannt wurde, daß das Kunstwerk nur durch die Vereinigung des ganzen, in freier Liebe zusammenwirkenden Deutschlands in seiner erhabenen Größe emporsteigen könne. Da richteten sich die Augen vieler auf den *einen*, dessen Begeisterung für das hohe Werk sich oft kundgegeben hatte, und König Friedrich Wilhelm IV. sprach statt des bisher verfolgten Planes der Wiederherstellung das große Wort der Vollendung des Baues nach dem ursprünglichen Entwurfe aus, und niemand zweifelte mehr an der Verwirklichung des lange gehegten Wunsches, als Er mit Königlicher Freigebigkeit die bisher jährlich verwendeten Mittel im entsprechenden Maße verstärkte und den Schutz des Vereines huldreichst übernahm, welcher zuerst die Deutschen zur Mitwirkung an dem schönen Werke aufzurufen beabsichtigte. Ohne Säumen sprach ein anderer kunstliebender deutscher König die bereitwilligste Teilnahme für sich und sein Volk aus, und seitdem auch in unserer Stadt unter demselben Schutze jenes Allerhöchsten Protektors ein Verein für den Kölner Dombau entstanden ist, treten immer mehr deutsche Städte in den großen Bund ein und beweisen es den übrigen Völkern Europas, daß alle Deutsche sich als Glieder eines großen Stammes erkennen, wenn es die Ausführung von Ideen gilt, welche das gemeinsame Vaterland betreffen. Diese Einheit und Eintracht des deutschen Volkes hat sich in jüngster Zeit auf das lebendigste betätigt, als dem Frieden Europas Gefahr zu drohen schien; sie knüpft sich in dem gemeinsamen Verbande zu freiem Handelsverkehr immer fester; sie spricht sich in der würdigen Sammlung der Monumente ihrer Geschichte aus und will sich jetzt in der Vollendung eines ehrwürdigen christlichen Tempels von neuem bewähren.

Wohlan denn! es gilt den Ausbau eines Kunstwerkes auf deutschem Boden! So trete denn das deutsche Volk in allen seinen Stämmen und Gauen zusammen, so weit die deutsche Zunge reicht, und stifte seiner Eintracht und christlich brüderlichen Liebe ein neues Denkmal, welches, mit den Gedenkzeichen der zusammenwirkenden Volksstämme geschmückt, Deutschlands ernsten Willen verkünde, daß dieser Tempel stets auf deutschem Boden und unter deutscher Obhut stehen soll.

Zur Teilnahme an diesem Werke laden wir zunächst die Bewohner dieser Stadt und der Provinz ein, denen jede Aufforderung Edles zu fördern, willkommen ist und die auch bei dieser Veranlassung ihre so oft bewährte vaterländische Gesinnung wie ihre den Werken der Kunst gewidmete Verehrung anderen zum ermunternden Beispiele, wo es dessen noch bedürfen sollte, beweisen werden. Zugleich richten wir diese Aufforderung an alle, welche unserem Vereine sich anzuschließen geneigt sein möchten.

Mit vollem Vertrauen veröffentlichen wir die mit der Allerhöchsten Bestätigung versehenen Statuten des Vereines[*] nebst einer kurzen historischen Übersicht des Kölner Dombaues von der ersten Grundsteinlegung bis jetzt, und wiederholen es, daß jede, auch die geringste Gabe dankbare Annahme finden wird. Viele Steine sind nötig, bis der Bau vollendet werde; und wer jährlich auch nur einen zur Stelle schaffen hilft, darf sich als Mitvollender des großen Werkes betrachten, welches um so herrlicher ersteht, je allgemeiner die Teilnahme des ganzen deutschen Volkes an demselben sein wird.

Berlin, den 29. März 1842.

Der Vorstand des Berliner Vereins für den Kölner Dombau.

von Olfers, Kortüm, Brüggemann, Knoblauch, von Colomb, von Cornelius, von Eichendorff, von Harlem, Krausnick, Rauch, Streckfuß.

---

[*] Dieselben sind bereits in Nr. 90 der „Staatszeitung" abgedruckt.

Kurze historische Übersicht des Kölner Dombaues
von der ersten Grundsteinlegung bis jetzt

Der erste Grundstein zu dem gegenwärtigen Kölner Dome
wurde im Jahre 1248 am 14. August von dem Erzbischof
Konrad Graf von Hochstaden gelegt. Nach dem ursprüngli-
chen, noch vorhandenen Entwurfe sollte dieser ganz aus
Quadern aufzuführende Bau an 500 Fuß lang, im Schiff und
Chor 180 Fuß, im Kreuz 290 Fuß breit werden, bis zum
Dachfirst über 200 Fuß Höhe und neben seinem Hauptpor-
tale zwei Türme von mehr als 500 Fuß erhalten.

Schon die gleich folgenden Zeiten waren wegen innerer
Zerwürfnisse aller Art dem Baue nicht sehr günstig, doch
konnte im Jahre 1322, also vierundsiebzig Jahre, nachdem der
erste Grundstein gelegt worden, am 27. September der hohe
Chor eingeweiht werden, welcher ungefähr zwei Fünftel der
für das ganze Gebäude bestimmten Länge einnimmt; an der
Westseite wurde er durch eine leichte Giebelmauer geschlossen, die bei Vollendung der Kreuz- und Schiffgewölbe wieder
niedergerissen werden sollte.

Die Säulen des Kreuzes wurden dann bis zu den Kapitellen
der Nebengänge aufgeführt, die Tür zu dem nördlichen
Kreuzflügel wurde angelegt und am Schiffe und an den
Türmen, besonders an dem südlichen, gearbeitet, der im
Jahre 1437 bis zum dritten Geschoß fertig war, so daß die
neuen Glocken in demselben versetzt werden konnten; es ist
derselbe, welcher den Kran, seit Jahrhunderten ein Wahrzeichen Kölns, trägt. Der nördliche blieb bei seiner ersten, nur
etwa 27 Fuß hohen Anlage. Im 16. Jahrhundert wurde das
Schiff bis zur Kapitellhöhe der Nebengänge geführt, die
nördliche Nebenhalle gewölbt und mit gemalten Fenstern
ausgeschmückt. Von da an wurde nicht weiter fortgebaut,
auch scheint bis zum Anfange des 18. Jahrhunderts wenig
oder nichts für die Erhaltung des Vorhandenen geschehen

zu sein; dann aber hat man sich der fertigen Teile, freilich immer nur in sehr beschränktem, keinesweges auch nur für diesen Zweck genügendem Maße angenommen. Im Jahre 1735 wurden zwei von den drei über der Orgel befindlichen Giebelfenstern vermauert; von 1739–42 wurden mehrere den Dächern und Gewölben gefahrdrohende Turmpyramiden ausgebessert oder auch ganz abgetragen, und mit ähnlichen Ausbesserungen wurde in den Jahren 1748–51 und 1788–90 fortgefahren. Am schlimmsten wirkte in diesem letzten Drittel des 18. Jahrhunderts bei dem Kölner wie bei fast allen altdeutschen Domen der damalige, dem sogenannten feineren italienischen Baustile zugewandte Geschmack ein, der die wenigen verwendbaren Summen eher für ganz unpassende neue Verzierungen als für Erhaltung des Vorhandenen benutzte. Dann kam mit den französischen Kriegszügen eine schwere Zeit, in welcher während der Jahre 1796–97 der Dom zum Heumagazin diente. In der ganzen Epoche der nun folgenden französischen Herrschaft wurde nur ein Kostenanschlag über die notwendigsten Dachausbesserungen aufgestellt und die hierfür erforderliche Summe auf das Stadtärar mit einem Zuschuß aus der Domkirchenkasse angewiesen, so daß bis zum Jahre 1813 kaum die Beschädigungen der Dachbedeckung und der Fenster, welche hauptsächlich aus jenen Magazinsjahren herstammten, beseitigt werden konnten.

So stand es um dieses kunstreiche, ehrwürdige deutsche Bauwerk, als das Rheinland mit der preußischen Monarchie verbunden wurde. Auf die Vorstellungen der Behörden über den Zustand des Gebäudes blieb der Königliche Beschluß nicht lange aus, das Vorhandene, soweit es irgend möglich sei, zu erhalten; aber in welchem Umfange ein Ausbesserungsbau erforderlich sei, ergab sich erst nach dem Angriffe desselben und nach wiederholten Untersuchungen, welche von unserem verewigten Schinkel mit ebenso großem Fleiße als eindringender Sachkenntnis vorgenommen wurden.

Des Hochseligen Königs Majestät bewilligten zur Wiederherstellung des hohen Chors, welche vorzugsweise Sein Werk genannt werden darf, sehr ansehnliche Summen. Mit diesen und dem Ertrage der Kathedralsteuer und der Kollekten in der Erzdiözese zum Gesamtbetrage von 350000 Rtlr. (wovon mehr als zwei Drittel aus Staatskassen geleistet wurden) ist es möglich geworden, die Wiederherstellung des Chors in seiner ursprünglichen Würde und selbst einzelner anderer Teile der Kirche im wesentlichen noch bis zum Ende des Jahres 1840 zu vollenden. Das gelungene Werk zeugt von den Kenntnissen und der Sorgsamkeit der Meister, welche den Bau bisher geführt, sowie von der überaus tüchtigen Ausbildung der Gewerke, was beides zu den zuversichtlichsten Hoffnungen berechtigt für die von unserem Könige schon immer gewünschte und nunmehr unterm 12. Januar d. J. befohlene Fortsetzung des Baues nach dem von Schinkel entworfenen, dem ursprünglichen sich genau anschließenden Plane. Ein vom Königl[ichen] Bauinspektor, Herrn Zwirner, ausgearbeiteter, ins einzelne gehender Anschlag berechnet die Kosten des Entwurfs, nach welchem die Mauern des Quer- und Vorderschiffes zur Höhe des Chors aufgeführt und die Gewölbe in gleicher Art vollendet werden, auf den Betrag von 1 200000 Rtlr.; ein besonderer Anschlag ergibt für die allerdings notwendig erscheinende Verbindung der Strebepfeiler mit Strebebögen, gleich denen des Chors, eine Mehrausgabe von 800000 Rtlr., also zusammen einen Betrag von zwei Millionen Taler; der Fortbau und die Vollendung der Türme endlich würde noch drei Millionen erfordern. Für diese Summe, deren Aufbringung dem Gemeinsinne des vereinigten Deutschlands mit seinen vierzig Millionen Bewohnern in einer Reihe von Jahren nicht schwerfallen kann, wird das herrliche Bauwerk in seinem ganzen Umfange, ohne irgendeine Verkürzung und Auslassung, nach dem ursprünglichen Plane (welcher sich bekanntlich durch merkwürdige

Glücksfälle wiedergefunden hat) in einer nicht fernliegenden Zeit zur Vollendung gebracht werden! Zur Verwirklichung dieses Planes haben Se. Königliche Majestät schon durch die Allerhöchste Kabinettsordre vom 6. November v. J. nicht nur für das Jahr 1842 eine außerordentliche Beihülfe von 50000 Rtlr. auszusetzen geruht, sondern auch Allerhöchstihre Geneigtheit zu erkennen gegeben, für die folgenden Jahre ebenfalls einen jährlichen Zuschuß von 30–50000 Rtlr. nach Maßgabe der verwendbaren Mittel für den Bau zu bewilligen in der Erwartung, daß die von einzelnen und Vereinen für diesen Zweck bisher bewiesene Teilnahme sich auch fernerhin betätigen werden.

Diese Erwartung wird nicht getäuscht werden: überall in Deutschland hat sich die einmütigste, der höchsten Ehre des Vaterlandes zugewandte Gesinnung für die Beförderung eines so heiligen Zweckes laut ausgesprochen; überall bilden sich Vereine, welche mit frischem Eifer sich der Sache annehmen. Ihre Aufgabe ist einfach: die Beiträge einzusammeln, sie gehörig zu verwalten und in größeren Summen an die Dombaubehörde abzuliefern. Können aus diesen Beiträgen abgeschlossene Teile des Ganzen, z. B. ein Strebebogen mit seinen Verzierungen, hergestellt werden, so wird nichts hindern, einen solchen Teil, wenn es gewünscht oder zweckmäßig gefunden wird, in irgendeiner Weise als das Ergebnis der besonderen Beiträge zu bezeichnen.

Mögen die gemeinschaftlichen Bemühungen aller dieser Vereine einen so großen Erfolg haben, daß es sehr bald in keiner Weise zweifelhaft bleibe, ob auch nur die Vollendung der Türme unseren Nachkommen anheimfallen werde.

Listen zum Unterzeichnen liegen bei dem Kastellan des Museumsgebäudes, im Büro der Generaldirektion und bei den Mitgliedern des Vorstandes aus, deren Wohnungen hierunter angegeben sind. Ebendaselbst können auch die *Karten*, wel-

che als *Quittung* für die Zahlung des Beitrags und zugleich als
Einlaßkarten zu den Vereinsversammlungen dienen, in Empfang genommen werden*.

Geh. Reg.-Rat *Brüggemann*, Schulgartenstr. Nr. 5.

Generalleutnant *von Colomb*, Kommandanturgebäude.

Direktor *von Cornelius*, Lennéstr. Nr. 2.

Geh. Ober-Reg.-Rat *von Eichendorff*, Tiergartenstr. Nr. 5.

Geh. Ober-Reg.-Rat *von Harlem*, Neue Promenade Nr. 7.

Stadtältester *Knoblauch*, Poststr. Nr. 23.

Geh. Ober-Reg.-Rat *Kortüm*, Schulgartenstr. Nr. 5.

Oberbürgermeister *Krausnick*, Kurstr. Nr. 52.

Generaldirektor *von Olfers*, Cantianstr. Nr. 5.

Professor *Rauch*, im Lagerhause.

Geh. Ober-Reg.-Rat *Streckfuß*, Krausenstr. Nr. 37.

---

* Das *Statut* sagt in dieser Beziehung: „Mitglieder des Vereins sind diejenigen,
welche sich zur Zahlung von mindestens einem Taler jährlich verpflichten. Die
Teilnahme an dem Vereine kann ein für allemal durch Einzahlung eines Beitrages
von 25 Talern erworben werden. Jeder, auch der geringste Beitrag wird angenommen."

DIE WIEDERHERSTELLUNG DES SCHLOSSES DER DEUTSCHEN ORDENSRITTER ZU MARIENBURG

I

Größe, Schuld und Buße

Unter den Ritterorden des Mittelalters hat der Orden der deutschen Ritter (gestiftet vor Acre im Jahre 1190) für Deutschland bei weitem das wichtigste Interesse, nicht nur weil er uns landsmännisch angehört, sondern hauptsächlich durch die eigentümliche Entwickelung seiner Geschichte. Nachdem die Ritterorden überhaupt durch die Veränderungen im Orient Zweck und Aufgabe, durch Reichtum und weitzerstreuten Besitz ihre ursprüngliche Bedeutung fast überall bereits verloren hatten, waren es die deutschen Ritter allein, die, ungeduldig so unwürdige Fesseln sprengend, sich unerwartet neue Bahnen hieben und mit Kreuz und Schwert mitten in den nordöstlichen Wildnissen ein neues Deutschland eroberten, ohne dessen christliche Vormauer der ganze Norden Europas eine andere, jetzt kaum mehr berechenbare geistige Gestaltung genommen hätte.

Und dieses Ordens Haupthaus, *Marienburg*, war jahrhundertelang der Mittelpunkt jenes welthistorischen Ereignisses.

Es sei daher vergönnt, hier mit wenigen Hauptzügen an die Geschichte dieses Hauses zu erinnern, damit wir an der großen Vergangenheit die Bedeutung erkennen, welche seine Wiederherstellung für die Gegenwart hat.

*

Es geht die Sage, am nördlichen Ende der Waldgegend, welche sich damals von Marienwerder heraufzog, auf dem hohen Nogatufer, wo jetzt die Marienburg steht, habe in alter Zeit ein Kirchlein mit einem wundertätigen Muttergottesbilde gestanden; eine Sage, womit das Volksgefühl am würdigsten die Weihe des Orts bezeichnet, von dem das Christentum, unter dem Schutze der heiligen Jungfrau, jene Wälder durchleuchten sollte.

Denn zwar waren schon früher Bekehrungsversuche gemacht worden; allein ihr Mißlingen hatte die Preußen nur zu schrecklichen Verwüstungen der Nachbarländer aufgereizt, so daß endlich Herzog Konrad von Masowien sich bewogen fand, den durch seine Kriegestaten berühmten Orden um Hülfe anzuflehen und ihm alles anzubieten, was er in Preußen erobern würde. Da sandte der Hochmeister Hermann von Salza im Jahre 1228 den Ritter Hermann Balk als ersten Landmeister nach Preußen; nur achtundzwanzig Brüder und hundert Reiter sollen ihn begleitet haben. So kamen die Ritter ins Land.

Schon hatten sie das Kulmerland gewonnen, auch Pomesanien (die Landschaft Marienburgs) wurde bis zum Jahre 1235 erobert, aber das Heidentum der kaum gebändigten Preußen brach unwillig immer wieder in die alte Freiheit hinaus und rang in wilder Empörung mit dem neuen Lichte; es fehlte diesem noch der geistige Brennpunkt, es fehlte materiell, zur Behauptung des eroberten Landes, eine tüchtige Bewehrung des Nogatstromes, welcher die notwendige Verbindung zwischen den in anderen Gegenden bereits erbauten Ordensburgen am natürlichsten herzustellen geeignet war.

Die Anhöhe aber, wo jene Marienkapelle gestanden haben soll und zu deren Füßen das vielleicht durch Pilgerfahrten gebildete Dorf Alyem sich gelagert hatte, war durch die Nogat, die dort plötzlich ihren Lauf von Süden nach Osten

wendet, von zwei Seiten schützend eingeheget. Hier erbaute
daher der Landmeister Konrad von Thierberg eine neue
Burg, die der Mutter Gottes geweiht und *Marienburg* benannt wurde. Der im Jahre 1274 begonnene Bau war im Jahre
1276 schon vollendet, wo Ritter Heinrich von Wilnowe als
der erste Komtur Marienburgs mit seinem Konvente in das
neue Haus einzog.

Und bald erwies dieser Bau seine heilbringende Macht.
Denn die alten heidnischen Götter gingen noch immer mahnend und Rache fordernd rings umher durchs Land. Doch
während in Samland, in Natangen und Ermland die Flammen
der Empörung von neuem aufschlugen, während das wilde
Volk der Sudauer und Litauer von Kulm her plündernd,
mordend und sengend vorbrach, schreckte die starke Marienburg die wüste Horde, die Wogen des Aufruhrs vertosten
immer ferner und ferner; unter den Mauern der Burg erstand
aus dem Dörflein Alyem die heutige Stadt Marienburg, es
bildete sich durch und um die Burg allmählich ein fester Kern
christlicher Gesittung, an dem die rohe Gewalt keine Macht
mehr hatte.

Aber auch die Wogen der Ströme besprach und bändigte
Marienburg, denn gleichwie der Löwe den Blick des Menschen nicht verträgt, so erkennen überall die Elemente scheu
die höhere Herrschaft des Geistes an. Nicht nur mußten die
wilden Wasser des Landes, sechs Meilen weit über Berg, Tal
und Flüsse fortgeleitet, dienstbar die schirmenden Graben
des Hauses füllen, sondern der Landmeister Graf Meinhard
von Querfurt faßte im Jahre 1288 auch den kühnen Gedanken, die Weichsel und Nogat, welche bisher in ungemessener
Willkür die Gauen überfluteten, durch Riesendämme einzu-
fangen und aus der Verwilderung ein neues fruchtbares Land
emporzuheben. Über die aufgetauchte Oase verbreiteten sich
sofort, von der Fruchtbarkeit und durch Freiheiten gelockt,
fleißige Ansiedler deutscher Zunge, in Dörfern und Weilern

und wo ehemals meilenweite Sümpfe das Land bedeckten und
die Luft verpesteten, wogen noch jetzt, in der Hut jener
Dämme, unermeßliche Ährenfelder, weiden jetzt beim
Abendgeläute zahlloser Dorfkirchen buntgefleckte Rinder,
im hohen Grase kaum zu sehen, wie in einem unüberseh-
baren Garten, von tausendfarbigen wilden Blumen üppig
geschmückt. – So waltete die heilige Jungfrau von den Zinnen der ihr geweihten Burg segnend über der jungen, christlichen Heimat.

Noch war die Burg zwar nur ein gewöhnliches Ordenshaus, bloß von dem Komtur der Landschaft, vom Hauskomtur und den zum Konvente gehörigen geistlichen und weltlichen Ordensbrüdern bewohnt, denn der Landmeister hatte
zu jener Zeit wahrscheinlich überhaupt noch keinen festen
Wohnsitz. Aber ihre Pracht vor allen andern Ordensburgen,
ihre Stärke und Lage, wie sie, ernst zum Himmel emporstre-
bend, die ganze weite Ebene bis in das fernaufblickende
Frische Haff hinein überschaute, kündigte sie schon damals
als die künftige Beherrscherin des Landes an. Und ihr Recht
sollte ihr werden.

*

Bisher war Venedig des Ordens Haupthaus und der Sitz der
Hochmeister gewesen. Allein, die wenngleich in ihrer Weise
immerhin großartige, materielle Politik dieser kaufmänni-
schen Republik und ein Orden, dessen Streben und Bestehen
seiner Natur nach ideal sein mußte: es waren zu verschiedene
Elemente, um sich jemals befreunden oder auch nur für die
Dauer leidlich nebeneinander bestehen zu können. Auch
hatte sich die Lage des Ordens durch die neue Eroberung
wesentlich verändert, er hatte im fernen Norden ein ganzes
Land gewonnen, gegen welches seine zerstreuten Besitzungen in Italien und Deutschland fortan als unbedeutend ver-
schwanden. Preußen war jetzt des Ordens Kern.

Schon der Hochmeister Gottfried von Hohenlohe hatte daher seinen Wohnsitz zunächst in Marburg genommen und den natürlichen Gedanken gefaßt, ihn nach Preußen zu verlegen, wohin er sich auch wirklich im Jahre 1302 mit zwei Großgebietigern begab, zugleich wohl auch, um die alte Zucht der dasigen Konvente wiederherzustellen, welche durch die Verwilderung eines fünfundzwanzigjährigen Kampfes mannigfach gelockert war.

Aber wie das Gemeine allzeit geschäftig ist, wo es Hohes gilt, so regte auch hier die bis dahin unerhörte Ankunft eines Hochmeisters den Staub mächtiger Leidenschaften auf. Der Landmeister und der Ordensmarschall, welche schon früher in Preußen gewohnt, mochten das Heft nicht aus den Händen geben, die Komture fühlten ihr bisheriges freies Schalten auf den Burgen durch die unbequeme Nähe des Meisters gefährdet. Und so geschah es, daß, als auf dem Ordenskapitel zu Memel Hohenlohe unmutig erklärte, er wolle unter solchen Ordensrittern nicht mehr Meister sein, in einem zweiten Ordenskapitel zu Elbing (1303) an seiner Statt Siegfried von Feuchtwangen zum Hochmeister erwählt wurde, welcher zunächst seinen Wohnsitz wieder in Venedig nahm, während Hohenlohe nach Marburg zurückkehrte und dort im Jahre 1309 starb.

Da ging ein großes, tragisches Ereignis warnend an dem Orden vorüber. Der Orden der Tempelherren, eben in der üppigsten Blüte seiner weltlichen Macht, war den immer lauernden finsteren Mächten der Welt verfallen, mit der er übermütig fraternisiert; er wurde unerwartet, plötzlich, durch Folter, Schwert und Flammen über den ganzen Erdboden vertilgt. In dem blutbefleckten Totenantlitz des verbrüderten Ordens aber konnten die deutschen Ritter ihre eigene Zukunft vorauslesen. Denn ein politischer Aberglaube gegen alle Ritterorden, von Neid und Habsucht erzeugt und genährt, verbreitete sich damals wie eine Seuche durch ganz

Europa; schon wurden die scheußlichen Verbrechen, die man
den Tempelherren aufgebürdet, auch auf die deutschen Ritter
übertragen, schon schürte die feindlich gesinnte livländische
Geistlichkeit heimlich den Scheiterhaufen.

Aber die Mission des deutschen Ordens, die ihm die
Vorsehung auferlegt, war noch nicht vollendet. Er verstand
die Mahnung, und noch einmal die kleinlichen Leidenschaften männlich bezwingend, die ihn augenblicklich zerrissen,
bezeugte er durch die Tat, daß er sich noch nicht selbst
säkularisiert hatte. Und so fand denn der Hochmeister Siegfried von Feuchtwangen jetzt überall keinen Widerstand
mehr, als er, in gleicher Erwägung der gebieterischen Verhältnisse, Hohenlohes Plan wieder aufnahm, den Hochmeistersitz aus dem entlegenen, ungastlich-argwöhnischen Venedig nach Preußen zu verlegen, und *Marienburg* im Jahre
1309 zur künftigen Fürstenwohnung auserkor.

Es gibt Momente, wo dem Menschen, der immer nur
einzelne Ringe der großen Kette zu überschauen vermag,
plötzlich ein Blick in die geheime Werkstatt der Geschichte
vergönnt zu sein scheint und in den Übergängen und Wandlungen die verborgene Hand Gottes sichtbar wird. Zu diesen
Wendepunkten gehört jener Entschluß Feuchtwangens,
gleich folgenreich für den Orden wie für Preußen und den
Norden überhaupt.

Für den *Orden*, denn er hatte das alte, eingerostete Rüst-
zeug des Orients, das die verwandelte Zeit antiquiert und
unbrauchbar gemacht, im rechten Augenblicke zerbrochen
und begann, die schlaffzerstreuten Glieder noch einmal in ein
geschlossenes Ganze zusammenraffend, als *ein* Mann in blan-
ker Rüstung, jugendlich ein neues Tagewerk. Für *Preußen*,
denn die abgelegene, unbeachtete Provinz tauchte nun, wie
auf einen Zauberschlag, als ein den anderen Reichen ebenbür-
tiger Staat in der Weltgeschichte auf. Für den ganzen *Norden*
aber, weil der junge Staat nicht umhinkonnte, deutsch wie er

war, die Wurzeln deutscher Bildung und Gesittung weit über seine Grenzen hinaus zu verbreiten und Livland, Estland und selbst einen Teil Polens Deutschland geistig zu verbinden.

*

Diese Übersiedelung mußte indes notwendig auch in der Verfassung des Ordens mehrere Abänderungen herbeiführen. Zunächst machte die nunmehrige Anwesenheit des Hochmeisters das Amt eines besondern Landmeisters von Preußen überflüssig. Dagegen wurde für die übrigen obersten Gebietiger des Ordens eine neue Ordnung in nachstehender Weise festgestellt.

Den nächsten Rang nach dem Hochmeister nahm nun der *Großkomtur* ein, als erster Rat des Meisters, von diesem vorzugsweise zu wichtigen Gesandtschaften verwendet und nach dessen Tode bis zur neuen Wahl sein Stellvertreter. Ihm folgte im Range der *Ordensmarschall*, der Feldherr des Ordens. Ganz neu geschaffen für Preußen wurden jetzt die Ämter des *Oberstspittlers*, der die Aufsicht über die Ordenshospitäler des Landes führte, des *Obersttrapiers*, welcher für die statutenmäßige Bekleidung des Ordens zu sorgen hatte, und des *Treßlers*, des Schatzmeisters des Ordens. Der Großkomtur aber, welcher zugleich Komtur des Haupthauses war, sowie der Treßler hatten ihren beständigen Wohnsitz in Marienburg selbst.

Es ist einleuchtend, daß die bisherige Burg, nur für einen gewöhnlichen Konvent eingerichtet, für den neuen fürstlichen Hofhalt weder an Raum noch an äußerer Würde genügen konnte. Man brach daher im Jahre 1306 rasch die damalige Vorburg ab und errichtete auf ihren Fundamenten das Ordenshaupthaus als nunmehrigen Wohnpalast der Hochmeister, während die neue Vorburg weiter nach Nordosten hinausgerückt wurde. – Schon im September 1309 zog Siegfried von Feuchtwangen mit seinem Gefolge in die neue Hofburg ein.

Wer den Plan des neuen Baues entworfen, ist nicht mehr zu ermitteln, nicht einmal die Sage bezeichnet den unbekannten Meister. Daß es aber kein Italiener gewesen, wie früher wohl manche wähnten, sondern ein Deutscher, und zwar einer der größten Baukünstler, bezeugt auf den ersten Blick des ganzen Werkes deutsche Art, von der es sich jedoch wieder durch manche Eigentümlichkeit unterscheidet, wie sie teils durch den Zweck, teils durch das Material bedingt war.

Der Mangel nämlich an hinreichenden Bruch- und Sandsteinen, aus denen die schönsten Bauwerke Deutschlands aufgeführt sind, leitete in Preußen von selbst zu dem zierlichen Baue von gebrannten, zum Teil verglasten und buntfarbigen Ziegeln, die in ihrer sauberen und sorgfältigen Zusammensetzung eine überaus anmutige, glatte Fläche bilden. Aus demselben Grunde mußte man aber auch ferner im Äußeren jenes überreichen Schmuckes von Türmchen, Spitzen und scheinbar oder wirklich durchbrochenen Giebeln entbehren, welcher der altdeutschen Bauart eigen ist, und sich auf die einfache Verzierung von Rauten und Zickzacken aus schwarzverglaseten Ziegeln auf dem roten Grunde der Mauern beschränken.

Insbesondere jedoch war es, wie schon erwähnt, die *Bestimmung* der Ordensbauwerke, welche ihnen ihren eigentümlichen Charakter gab. Denn sie sollten weder bloß Klöster noch Festen sein, sondern eben beide durch die innige Verbindung von Kreuz und Schwert verklären. Nirgends finden wir daher in ihnen das Zellenartige, Gedrückte, in sich selbst Versenkte, vielmehr überall großartige Heiterkeit, ringsum den frischen, freien Blick in Gottes weite Welt. Und ebensowenig waren sie auch bloße Burgen, wie sie in Deutschland die Höhen krönen, nach wachsendem Bedürfnis der Bewohner wechselnd vergrößert oder verändert, hier ein

Fenster ausgebrochen, dort ein Anbau unförmlich vorgeschoben, Ställe, Gemächer und Zinnen in fast willkürlicher,
malerischer Verwirrung durch- und übereinander getürmt.
Die preußischen Ritterburgen stiegen, nach dem ein für
allemal fest geregelten Bedürfnis des Ordens, das nebst den
Ritterwohnungen überall einen Konventsremter, einen Kapitelsaal und eine Kapelle erforderte, gleich versteinerten
Gedanken, sogleich in allen Teilen, wie sie heut noch stehen,
empor. Das Ganze aber deutet überall über das gewöhnliche
Schloß hinaus nach oben. Daher ist die alltägliche Notdurft,
Vorräte, Vieh und alle niedere Wucht des Lebens, in eine
besondere, durch einen Graben getrennte Vorburg verwiesen, daher die Kirche mitten im Haus und der Spitzbogen
der immer wiederkehrende Pfeiler selbst in den täglichen
Wohngemächern.

Alles aber, was in den übrigen Burgen nur angedeutet und
erstrebt wird, kommt in dem Mittelschlosse der Marienburg, der Blüte der ritterlich-preußischen Baukunst, zur
vollkommenen, wunderbaren Erscheinung. Tief aus dem
Boden, von den übermächtigen Kellern, die wie der gebän-
digte Erdgeist sich unwillig beugend das Ganze tragen, erhebt sich der kühne Bau, Pfeiler auf Pfeiler, durch vier
Geschosse, wie ein Münster, immer höher, leichter, schlanker, luftiger bis in die lichten Sterngewölbe des obern
Prachtgeschosses hinein, die das Ganze mehr überschweben
als bedecken. Und wenn oben in Meisters großem Remter
die von dem einen Granitpfeiler strahlengleich sich auf-
schwingenden Gewölbgurten wie ein feuriges Heldengebet
den Himmel zu stürmen scheinen, so gleicht der weite, zarte
Dom des Konventsremters dem Himmel selbst in einer ge-
dankenvollen Mondnacht, die hie und da milde segnend den
Boden berührt. Wahrlich, hier begreift man, was Schlegel
meinte, als er einst in jugendlichem Übermut die Baukunst
die gefrorene Musik nannte.

Die Einzelheiten dieses herrlichen Baues, von denen weiterhin bei Erzählung der Wiederherstellung desselben die Rede sein wird, sind bereits so genau beschrieben, daß wir uns deshalb hier nur auf *Büschings* ausführliche Darstellung „Das Schloß der deutschen Ritter zu Marienburg" (Berlin bei Duncker 1823) beziehen, im übrigen aber auf den Anhang dieses Büchleins nebst beigefügtem Plane verweisen dürfen, wo alle Gebäude, welche die Marienburg ehemals umfaßte, erläuternd aufgeführt sind.

Um jedoch diese Räume in der eigentümlichen Beleuchtung ihrer Zeit möglichst zu beleben, wollen wir versuchen, das seit Jahrhunderten stillgewordene Haus mit den Gestalten wieder zu bevölkern, wie die alten Chroniken sie uns noch abspiegeln. Dies führt uns aber zunächst zu der Verfassung des Ordens, denn nichts gibt ein ursprünglicheres und lebendigeres Bild des Ordensritters als sein Gesetz und die Art seiner Aufnahme.

Die letztere erfolgte in der Regel nur nach bestandener Probezeit (Probacie) und nach erhaltenem Unterricht durch einen Ordensbruder, wonächst der Aufzunehmende im Kapitel erschien und vor dem Meister niederkniend bat, durch Gott ihn zu empfahen. Ihm wurde entgegnet: „Ob du meinest und glaubest, in diesen Orden einzugehen, um eines guten, sanften und geruhigen Lebens willen, deß wirst du höchlich betrogen; denn in diesem Orden ist es dermaßen gelegen und beschaffen, wann du zu Zeiten essen wolltest, so mußt du fasten, wenn du fasten wolltest, so mußt du essen, wenn du schlafen wolltest, so mußt du wachen, und wenn dir geboten wird, hieher oder dorthin zu gehen und zu stehen, das dir nit behagen würde, dawider mußt du nit reden, und du sollt dich deines eigenen Willens ganz und gar entschlagen und Vater, Mutter, Bruder, Schwester und aller Freunde verzeihen und diesem Orden gehorsamer und getreuer sein als ihnen. Dagegen gelobet dir unser Orden nicht mehr, denn

Wasser und Brod und ein demüthiges Kleid, und magst fürbas nichts fordern."

Nun gelobte der neue Bruder, die Hände auf das Evangelienbuch, und zwar auf das Evangelium Johannis (in principio) legend, ewige Keuschheit, Armut und Gehorsam bis in den Tod. Darauf wurde er eingekleidet und, völlig geharnischt, in der Kirche während der Messe zum Ritter geschlagen. Den Ritterschlag erteilte der Meister oder ein von ihm bevollmächtigter Gebietiger mit den Worten: „Besser Ritter wenn Knecht, im Namen unser lieben Frauen. Besser Ritter wenn Knecht, und tue deinem Orden recht. Vertrag diesen Schlag und fortan keinen."

Jenen Gelübden gemäß war auch das Leben der Ritter streng geregelt und abgeschieden von der Welt, mit welcher sie nur als etwanige Beamte des Ordens oder im Kampfe für die Verbreitung des Christentums in nähere Berührung kamen. Sie durften Gelage und Gasthäuser nicht besuchen, ohne Erlaubnis der Oberen überhaupt das Haus nicht verlassen, keine Briefe annehmen oder absenden, kein Geld bei sich behalten und ihre Kisten und Läden nicht verschließen. Ihre Kleidung war schwarz, darüber ein weißer Mantel, welcher, so wie Kappe und Waffenrock, mit einem schwarzen Kreuze bezeichnet war. Die Waffen mußten, selbst in den blühendsten Zeiten des Ordens, ungeschmückt, ohne Zierat von Gold oder Silber, die Schuhe ohne Schnüre, ohne Schnabel und Absätze, das Pelzwerk nur von Schaf- oder Ziegenfellen sein.

Der Orden bestand aus Ritter- (Laien-)brüdern und Geistlichen. Die letzteren wurden, wenn sie zwar die Weihe, aber noch kein bestimmtes Amt hatten, Pfaffenbrüder, die bereits angestellten Priesterbrüder genannt. Zwölf Ritterbrüder bildeten nach dem alten Gesetze des Ordens einen Konvent. Marienburg aber hatte, außer dem hochmeisterlichen Hofe, eine ungleich größere, zuweilen eine vierfach so große Zahl.

Außerdem wurden auch weltliche, sogar verheiratete Männer als *Halbbrüder* in die Ordensverbindung aufgenommen, deren Vermögen nach ihrem Tode dem Ordensschatze anheimfiel. Auch diese leisteten das dreifache Gelübde und trugen schwarze Kleider, durften aber nur ein halbes Kreuz anlegen und mußten ihre Bärte und das Haar neben den Ohren abscheren. Zu ihnen gehörten die dienenden Brüder, welche den Rittern für Sold oder ohne Sold (in caritate) dienten. Doch auch rittermäßige Männer dienten dem Orden als Halbbrüder mit den Waffen, und die Zahl dieser Halbbrüder mag, selbst außerhalb Preußen, nicht unbedeutend gewesen sein, da es für ehrenhaft gehalten wurde, sich in Preußen den Ritterschlag und das halbe Kreuz zu verdienen.

Die Regierung des Ordens führte der Hochmeister, jedoch eigentlich nur aus Vollmacht des ersteren. Denn sein Befehl mußte zwar unweigerlich und augenblicklich befolgt werden, er blieb aber dem Ordenskapitel verantwortlich, das ihn nicht nur wählte, sondern auch seiner Würde wieder entsetzen konnte und ohne dessen Beirat und Funktion er keine neuen Gesetze geben durfte.

Diese Kapitel aber waren feierliche Versammlungen der Ordensbrüder, und zwar entweder große, kleinere oder gemeine Kapitel. Die letzteren mußten alle Sonntage, die kleinen, in welchen die Beamten Rechnung abzulegen oder ihr zeitweises Amt wieder abzugeben hatten, jährlich abgehalten werden. Die großen oder allgemeinen dagegen erfolgten nur auf Ladung und unter Vorsitz des Hochmeisters oder, bei dessen Tode, des Statthalters und betrafen die wichtigsten Angelegenheiten des Ordens, die Hochmeisterwahlen, Gesetze und neue Einrichtungen. Zu denselben wurden die beiden Meister von Deutschland und Livland, die Ordensgebietiger und so viele Brüder, als irgend tunlich, einberufen, so daß in manchen Kapiteln dreihundert Brüder saßen. Ihre Beschlüsse, Urkunden und Verschreibungen sollten unter drei Schlössern mit drei Schlüsseln verwahrt werden, welche sich in den Händen des Hochmeisters, des Großkomturs und des Treßlers befanden. Diese Kapitel wurden so geheim gehalten, daß das Wesen, selbst die äußere Form derselben nicht einmal aus den Ordensgesetzen zu erraten ist. Jeder aufzunehmende Bruder mußte hierüber die tiefste Verschwiegenheit geloben, deren Bruch zu den schweren Vergehungen gerechnet wurde. Sie wurden nur in den Kapitelsälen abgehalten und standen unbezweifelt mit kirchlichen Feierlichkeiten in genauer Verbindung, weshalb denn auch in allen Burgen der Kapitelsaal sich neben der Kirche befand und, gleich dieser, niemals zu anderem profanen Gebrauche benutzt werden durfte.

Außer dem Kapitel bestand zur Behandlung minder bedeutender Landesangelegenheiten, als zur Besetzung der niederen Ordensämter und dergl., auch ein geheimer Rat des Hochmeisters, welchen die Gebietiger und diejenigen Ritter bildeten, die der Hochmeister aus den tüchtigsten (witzigsten, d. h. weisesten) Brüdern dazu erkor.

Dem letztern standen endlich noch die obersten Gebietiger zur Seite, die vom Hochmeister und Kapitel angestellt wurden. Es ist ihrer bereits oben gedacht worden. Unter ihnen gehörten nur der Großkomtur und der Treßler zu den eigentlichen Beamten des *Haupthauses*.

Der Großkomtur, welcher zugleich Komtur von Marienburg war und die ehemaligen Prachtgemächer und Säle im nordöstlichen Flügel des Mittelschlosses bewohnte, beaufsichtigte den gesamten Harnisch, d. i. alles, was zur *Waffenkleidung* der Ritter gehörte und worunter sich einmal nicht weniger als 2200 Schilde befanden. Er hatte seinen Kämmerer, Schreiber, Diener, Pferdemarschalk und ein zahlreiches Gesinde an Knechten und Jungen.

Der Treßler dagegen verwaltete den Tressel (den Schatz, die Kasse) sowohl des Ordens und des Hochmeisters als auch des Konvents des Hauses Marienburg, führte über alle Einnahmen und Ausgaben Buch und Rechnung, zahlte den anderen Beamten die nötigen Summen aus usw. Auch er hatte, gleich dem Großkomtur, seine besondere Dienerschaft und wohnte wahrscheinlich im nordwestlichen Flügel des Hochschlosses.

Außerdem aber waren für die Verwaltung des Hauses noch zahlreiche andere Beamte angestellt. Unter ihnen nahm der Hauskomtur den nächsten Rang nach dem Treßler ein; er bewohnte gleichfalls das obere Schloß und war der eigentliche Hauswirt der gesamten Ordensburg, indem er für alle Bedürfnisse, namentlich der hochmeisterlichen und Konventsküche, zu sorgen hatte und insbesondere auch über das Sattelhaus, in welchem das Pferdegeschirr und Riemenzeug aufbewahrt wurden, die Aufsicht führte.

Von diesen Beamten hatten ferner ihren beständigen Wohnsitz in Marienburg: die beiden Kellermeister und Pferdemarschälle des Hochmeisters und des Konvents, der Karwansherr, der dem Karwan (Zeughaus), dem Schirrhause und Holzhofe und einem so zahlreichen, hierzugehörigen Gesinde vorstand, daß es von einem besondern Koche beköstigt werden mußte; sodann der Viehmeister, der im Jahr 1381 in Marienburg und den dazugehörigen Höfen einen Bestand von 2300 Schafen hatte; der unter dem Karwansherrn stehende Steinmeister, welcher den Steinhof, d. h. den Aufbewahrungsort der Steinkugeln für die Geschütze und die Verfertigung der ersteren, beaufsichtigte; der Kornmeister für die bedeutenden Getreidevorräte, die auf den verschiedenen Speichern der Vorburg und zum Teil auch auf den Böden der Wohnburg (im Jahre 1378 allein auf den Speichern der Burg 211460 Scheffel Getreide) aufgeschüttet waren; ferner der Spittler, der die zum Ordenshause gehörigen Spitale verwaltete und in dem Hauptspitale zum heiligen Geist in Marienburg wohnte; der Tempelmeister, welcher dem sogenannten

Tempel, einem Vorratshause von Lebensmitteln in der Vorburg, vorstand; der Glockmeister, der die Kirchengeräte in den verschiedenen Kirchen und Kapellen der Burg und Vorburg, mit Ausnahme der hochmeisterlichen Kapelle, unter seiner Aufsicht hatte; der Trapier, als Aufseher über sämtliche Kleidungsvorräte, Schneider, Wollweber usw.; die beiden Küchenmeister des Konvents und Hochmeisters, ein Schuhmeister, Schmiedemeister, Gartenmeister, Mühlen-, Zimmer- und Backmeister, ein Schnitzmeister über das sogenannte Schnitzhaus (Vorrats- und Arbeitshaus für Armbrüste und andere Kriegsworkzeuge), drei Tormeister oder Torherren für die obere Burg, das Mittelschloß und die Vorburg, deren Bewachung sie durch besondere Torwarte zu besorgen hatten, und endlich der Großschäffer von Marienburg, der außer der ihm obliegenden Anschaffung bestimmter Bedürfnisse und Materialien für die verschiedenen Küchen und Werkstätten des Hauses zugleich auch die Aufsicht über das Schiffswesen des Ordens führte und zur Besorgung der damit verbundenen Handelsgeschäfte seine Kommissionäre (Leger oder Lieger) im Auslande hatte.

Außerhalb Marienburgs dagegen lebten die zum Konvent des Hauses gehörigen Vögte und Pfleger als Verwalter der sehr zahlreichen und bedeutenden Landbesitzungen in der Umgegend und in den Werdern, die der Orden gleich anfänglich nicht anderweit verliehen, sondern als Eigentum des Hauses zu dessen Unterhalt bestimmt hatte und welche je nach ihrer Größe Vogteien oder Pflegerämter (einzelne Höfe) genannt wurden.

Endlich unterhielt der Hochmeister auch noch einen beständigen Gesandten am päpstlichen Hofe, der unter dem Namen eines Ordensprokurators in Rom ein eigenes Ordenshaus bewohnte.

Verschieden von diesen Hausbeamten, welche sämtlich als Brüder dem Orden angehörten, war das eigentliche Hofge-

sinde des Hochmeisters. Hierzu gehörte vor allen andern der
Hofjurist (doctor decretorum et jurista ordinis), welcher in
der Stadt Marienburg wohnte und seine vom Hochmeister
besonders gelohnten und bekleideten Schreiber und Diener
hatte, ferner ein Hofarzt, ein besonderer Augenarzt, ein
Wundarzt, ein Roßarzt, ein Bader, Bernsteinschneider,
Goldschmied und Hofmaler, die mit dem Schmuck der Ordenskirchen und anderen, oft sehr wertvollen Kunstwerken,
welche der Meister als Geschenke versandte, vollauf zu tun
hatten. Zu dem Hofgesinde wurden ferner die Kapelläne und
Pfarrer an den Kapellen im Hause, die Tischleser und Glöckner gerechnet; außerdem die Kämmerer und Unterkämmerer, Kammerdiener, Torwarte und so fort bis zum Stobenroch (Stubenrauch, Stubenheizer) hinunter. Den ganzen
Troß aber, wo er zuweilen langweilig werden will, hetzt und
peitscht, als unermüdlicher Hauskobold, ein eigener Hofnarr, jedem Graubart jeglichen Ranges ungeahndet seine
närrische Kehrseite vorhaltend; denn es machte damals den
Menschen noch Freude, harmlos über sich selbst zu lachen.

Auch seine eigene Hofkapelle hatte der Hochmeister, welche im Jahre 1399 aus zweiunddreißig Köpfen bestand und
bei feierlichen Gelegenheiten in des Meisters Kapelle zur
Messe musizierte oder auch bei Tafel die fremden Gäste
ergötzte.

Außerdem gehörten zur nächsten Umgebung des Meisters
zwei Kompane, von diesem aus den verständigeren Ritterbrüdern erwählt, welche in seiner unmittelbaren Nähe wohnten, jederzeit freien Zutritt zu ihm hatten, ihm die ankommenden Fremden anmelden und ihn auf seinen Reisen begleiten mußten.

In den übrigen Ordenshäusern saßen Komture mit ihren
Konventen, als Befehlshaber der Burgen und der dazugehörigen Bezirke, in welchen sie die Verordnungen des Hochmeisters und des Kapitels auszuführen hatten.

Sämtliche Ordensbrüder in Preußen aber bildeten ein stehendes, stets schlagfertiges Heer, dessen oberster Feldherr im Kriege, wenn der Meister nicht selbst zu Felde zog, der Ordensmarschall war, welcher mit seinem Untermarschall die ganze Ausrüstung zu besorgen hatte, ohne des Hochmeisters Bewilligung jedoch nicht gegen den Feind ziehen und niemand aus dem Heere entlassen durfte. Ein Teil der Bewohner des Landes und der Städte wurden nur im Notfalle und auch dann nur mäßig zu den Waffen berufen, und hieraus allein schon wird zum Teil der außerordentliche Wohlstand erklärlich, zu welchem das Land durch Ackerbau, Gewerbfleiß und Handel unter dem mächtigen Schilde des Ordens aufblühte, der die kleinlichen Fehden zwischen Adel und Städten, die mannigfachen Erpressungen, Wegelagerungen und was sonst das mittelalterliche Deutschland verstörte in Preußen niemals emporwuchern ließ.

*

Nachdem wir in vorstehenden allgemeinen Umrissen die Gestalt und Bedeutung des Ritters möglichst zu bannen gesucht, wollen wir es versuchen, ihn auch in seinem täglichen Tun und Treiben, sein Stilleben in der Marienburg selbst zu belauschen, soweit es die dazwischenliegende Kluft der Jahrhunderte jetzt noch gestattet. Dieses Leben aber war streng und herb und in seiner eisernen, täglich wiederkehrenden Ordnung fast wie der einförmige Takt einer Turmuhr in tiefer Stille, hie und da nur von Waffengerassel unterbrochen. Alles deutet ernst auf die doppelte Bestimmung des *geistlichen* Ritters, dessen Reich zwar von dieser Welt, aber nur für jene.

Das Tagewerk begann und schloß mit Gebet und Gottesdienst. Schon um sechs Uhr des Morgens zu jeder Jahreszeit versammelten sich die Brüder in der Schloßkirche zur Prime, der ersten von den vorgeschriebenen Gezeiten, und hörten darauf die Messe, welcher um neun Uhr die Tertie folgte. Die Ritter saßen an den Seitenwänden der Kirche in chorartig verzierten und größtenteils noch jetzt erhaltenen Stühlen, die andern in der Mitte auf Bänken, von denen gleichfalls noch zwei vorhanden sind. Die Kirche hatte keine Gemeine, sondern war allein für die Brüder bestimmt.

Derweil aber begann es immer lauter und bunter sich zu regen in den weiten Räumen der Vorburg. Der Karwansherr, der Steinmeister, der Trapier und wie die Hausbeamten alle hießen, gingen ordnend ab und zu, die Steinhauer klappten, die Zimmerleute schwangen ihre blinkenden Äxte, willkommene Züge fruchtbeladener Kähne glitten die Nogat hinab und brachten neue Vorräte für das große Kornhaus, dazwischen das Wiehern der Rosse und die sprühende Glut des Gießhauses mit seinen rußigen, dunkelhantierenden Gestalten; überall ein herzhaftes Treiben, Hämmern und Wirren.

Die nichtbeamteten Ritter aber übten sich währenddes unter der Leitung kriegserfahrener Brüder in den Waffen draußen am südlichsten Ende der Vorstadt Marienburgs auf einem besonders hierzu eingerichteten Platze mit einer Art von Verschanzung, die im Scheinkriege auf mancherlei Weise angegriffen und verteidigt wurde, und den sie, ihrer ursprünglichen Heimat eingedenk, Jerusalem nannten.

Andere mußten den Vorlesungen beiwohnen, welche über Theologie und Rechtskunde im Schlosse gehalten wurden. Der nach allen Seiten rastlos und großartig fördernde Hochmeister Winrich von Kniprode hatte nämlich die berühmtesten Gelehrten seiner Zeit aus Deutschland und Italien („welsche und erfahrene Doctors im Kaiserrecht" nach Simon Grunau) in das Haupthaus berufen, wo sie, von ihm öffentlich geehrt und reichlich besoldet, in verwickelten Rechtsfällen ihr Gutachten abgeben mußten, nach welchem gewöhnlich entschieden wurde. Außerdem ließen die Hochmeister auf ihre Kosten begabte Jünglinge aus Preußen, auch Ordensbrüder, in Leipzig, Wien, Paris, Bologna oder Siena studieren, um demnächst die von ihnen im Auslande erworbenen Kenntnisse in der Heimat zu benutzen. So bildete sich nach und nach ein Kern gelehrter Ordensmitglieder, von denen in jedem Ordenshause zwei, in Marienburg aber jederzeit mehrere den andern Brüdern „in Gottes Sachen und in weltlichen Händeln" Unterricht erteilen mußten. Hierbei wurde den Rittern öfters aufgegeben, zur Übung ein Urteil zu sprechen „und des Urtheils Grund und Ursach anzuzeigen durch ein beschrieben Recht oder bewährte löbliche Gewohnheit im Lande, oder eine schöne Historie, oder sonsten eine gute Ursach aus der Natur genommen". Diese Rechtsschule aber gewann bald ein so großes Ansehen, daß ihr selbst aus Deutschland wichtigere Rechtshändel von Fürsten und Städten zur Entscheidung vorgelegt wurden, und das damalige Sprichwort: „bist du klug, so täusche die Herren von Preußen" bezeichnet den hohen Rang, den die praktische Bildung des Ordens zu jener Zeit in der öffentlichen Meinung des Auslandes behauptete.

Verschieden von diesem gewöhnlichen Ritterleben war natürlicherweise das tägliche Walten des Hochmeisters. Auch er verrichtete zwar wie jeder andere Ordensbruder die vorgeschriebenen Gezeiten, aber nicht in der Schloßkirche, sondern mit seinem Hauskapellan in der im Mittelschlosse belegenen, für ihn allein bestimmten Hauskapelle. Und kaum noch blitzt die Morgensonne über die bunten Schildereien von Wappen und Weinlaub in seinem gegenüberstehenden Gemach, so sehen wir ihn dort schon mitten unter den höheren Hausbeamten oder Komturen, die seine Befehle empfingen. In dem daranstoßenden kleineren Gemach aber, Meisters Stube geheißen, harrte bereits der Treßler, um dem Meister seine Rechnungen vorzulegen, wenn diesen nicht etwa wichtigere Landesangelegenheiten veranlaßten, in dem dreipfeilrigen Saal im oberen Erdgeschoß, welches die Ratsstube oder Gebietigergemach genannt wurde, geheimen Rat abzuhalten. Währenddes hörte man draußen im Hofe die Briefschweiken wiehern, Withinge kamen und gingen, Läufer wurden mit Briefen ins Ausland abgefertigt. Denn über das ganze Land war eine vollständige Reitpost verbreitet, die unter dem obersten Pferdemarschall zu Marienburg stand, deren sich aber nur der Hochmeister und die Ordensbeamten bedienen durften. Wie im Haupthause mußte nämlich auch in den andern Ordensburgen eine bestimmte Anzahl von Postpferden (Briefschweiken genannt) und Postillione (Briefjungen) jederzeit bereitstehen, welche auf jeder Burg gewechselt und mit dem genauen Vermerk der Ankunft und des Abganges auf der Adresse des Briefes weiterbefördert wurden. Briefe und Aufträge von besonderer Wichtigkeit dagegen vertraute man nur Männern von bewährter Treue und Gewissenhaftigkeit an, welche Withinge hießen und eigentliche Kabinettskuriere für das Inland waren, während die Korrespondenz ins Ausland, mit nicht geringem Aufwande von Zeit und Kosten, durch Läufer oder wohl auch reitende Boten besorgt wurde.

In diesen Vormittagsstunden pflegte endlich auch der Meister in seinem prächtigen großen Remter hohe Gäste und fremde Gesandte zu empfangen, worunter wir einen König und eine Königin von Dänemark, die Herzogin von Litauen mit einem Gefolge von vierhundert Pferden, den Großfürsten von Moskau, die Herzoge von Geldern und Bayern, den Markgrafen von Baden, den Burggrafen von Nürnberg, die Grafen von Henneberg und viele andere sowie Gesandte aus England und allen europäischen Ländern, ja selbst aus Persien verzeichnet finden. Bei solchen feierlichen Gelegenheiten trug der Hochmeister ein mit goldenen Borten besetztes, mantelartiges Kleid vom feinsten Tuche (Schaube oder Schube), das bis an die Knöchel reichte, auch zuweilen mit Zobelpelz gefüttert und mit einem reichen Gürtel versehen war. Die Fürsten und Gesandten aber wurden nicht in der Burg selbst aufgenommen, sondern in den Gasthäusern der Stadt untergebracht, dort nach Stand und Würden versorgt und demnächst „gelöst", d. h. ihre Zehrung aus der Kasse des Hochmeisters bezahlt. Und diese Zehrung muß nicht schlecht gewesen sein, denn dem Botschafter aus Persien, einem Bischofe mit einem langen Barte, gefiel es so wohl in der marienburgischen Herberge, daß er zweimal gelöst werden mußte.

Um zwölf Uhr aber rief die Glocke die zerstreuten Brüder von neuem zur innern Sammlung, von den weltlichen Geschäften; es wurde in der Schloßkirche das dritte Tagesgebet, die Sexte, abgehalten.

Sodann begaben sich alle zum Mittagessen in den Konventsremter, wo mehrere Tafeln gedeckt waren. An der ersten, welche die Gebietigertafel hieß, hatten der Hochmeister, der Großkomtur, der Treßler, der Hauskomtur und vielleicht noch einige andere der vornehmsten Beamten ihre Sitze. An dem zweiten, dem Konventstische, saßen sämtliche Konventsbrüder, Priester- und Laienbrüder beisammen. Eine dritte Tafel, der Jungentisch, war für die sogenannten Jungen oder jungen Herren bestimmt, welche die zu ihrer Ordensaufnahme festgesetzte Probezeit noch nicht bestanden hatten; die übrigen Tafeln endlich wurden von den oberen Dienern des Hochmeisters und des Hauses, als Kämmerern, Glöcknern, Meßschülern usw., eingenommen. Vor dem Essen sowie nach aufgehobener Tafel sprachen die Pfaffen den gewöhnlichen Segen, die Laien aber ein Paternoster und ein Ave Maria. Die Speisen wurden aus der an den Remter stoßenden Konventsküche durch die Schenkbank hereingereicht und bestanden, außer den Fasttagen, an allen Tafeln aus drei Gerichten nebst Weißbrot, welchem für die Gebietigertafel und den Konventstisch auch noch Käse beigegeben ward. Sogenannte Remterjungen besorgten die Aufwartung und mußten auf gleichmäßige Anrichtung der Schüsseln sowie auf gleiche Verteilung des Getränkes sehen, das je zwei Brüdern mit vier Quart guten Bieres in zinnernen Kannen zugemessen war. Nur dem Hochmeister wurde, und zwar jederzeit mit seidenen Handquehlen, von jedem Gerichte viermal soviel dargereicht, als ein anderer Ordensbruder erhielt, damit er nach dem Ordensgesetz von seinem Überflusse mitteilen könne den Brüdern, die zur Strafe (Buße) saßen, oder wem er es sonst überschicken wolle. Während des Essens aber hielt einer der Tischleser, deren es drei bis vier im Hause gab, an einem eigens dazu eingerichteten Pulte religiöse Vorlesungen, und tiefe Stille herrschte im ganzen Saale, wenn nicht etwa der Meister, der Gäste wegen, zu sprechen erlaubte.

Kranke oder alterschwache Brüder durften an der reichlichen und nur mit der gesündesten Nahrung versehenen Tafel der Firmarie teilnehmen. So hießen nämlich die Krankenanstalten des Hauses, deren eine, die Herrenfirmarie, im nordwestlichen Flügel des Mittelschlosses, die andere für die Knechte in der Vorburg an der St. Lorenzkapelle lag.

Dem Meister dagegen stand jederzeit die Wahl der Tafel frei; hatte er aber Besuch von Gebietigern und Komturen oder sonst vornehme Gäste geladen, so speiste er oben in seinem kleinen Remter. Hier im vollen Lichte von vier Fenstern, unter dem schönen Gewölbe, das sich von dem Pfeiler in der Mitte wie eine schlanke Palme schirmend über die Tafel erhob, ringsher an den Wänden die Bildnisse der Hochmeister, die in der Burg gewaltet, in voller Rüstung zu Roß – da mochte im heitern Tischgespräch manch ritterliches Herz aufgehen in kühnen Gedanken, die dann draußen zur segensreichen Tat wurden.

Um drei Uhr nach Mittag versammelten sich die Brüder abermals in der Schloßkirche, um die vorgeschriebene Vesperhora (None) abzusingen. Dann aber folgten die fröhli-

chen Stunden der Erholung, für welche der große Konventsremter als allgemeiner Versammlungsort bestimmt war und
die in der blühenden Zeit des Ordens eine höchst anziehende
und merkwürdige Erscheinung darbieten mußten. Man
denke sich nur im schönsten Saale, der sich jemals über
heiteren Gesellen gewölbt, Männer aus den edelsten Geschlechtern von adeliger Sitte und jeglichen Alters aus allen
Gauen Deutschlands, jeder in sich ein künftiger Fürst, denn
das konnte er ja jederzeit durch die Wahl zum Meister
werden, alle aber verbrüdert zu dem höchsten Zwecke aller
Zeiten, der auch den Gewöhnlichen über das Gemeine erheben mußte, und stets gerüstet mit dem Ernst des Lebens in
Not und Krieg, der nur rechtes Eisen verlangt und von selbst
die Schlacke auswirft. Man wird gern zugestehen, daß dieser
Remter eine Gesellschaft umschloß, wie sie weder damals die
rohen, gedankenlosen Trinkgelage in den weltlichen Burgen
noch unsere nüchternen Kasinos und Börsen darbieten. Hier
sah man die hohen, dunkeln Gestalten in lebhaftem Zwiege-
spräch die prächtige Halle durchschreiten; da saßen einige,
den Kopf sinnend in die Hand gestützt, einander gegenüber
am Damenbrett oder beim Schach, das jedoch nicht um Geld
gespielt werden durfte; andere umstanden einen eben ange-
kommenen, fremden Bruder aus Deutschland, der neue Mär
vom Kaiser und Reich brachte; und mancher saß wohl auch
einsam auf der Steinbank am Fenster und trank, über die
weiten Werder hin nach Westen blickend, im Gedanken der
fernen Heimat zu.

An den Fastentagen aber, wo nur einmal, nämlich zu Mittag, gespeist wurde, sowie an hohen Festtagen hielten sie hier
ihre Kollatien, d. i. ihre Versammlungen zum Trinken, da ihnen an andern Tagen außer der Mahlzeit nur Wasser zu trinken erlaubt war. Hierzu ließ ihnen der Hochmeister zuweilen auch Wein reichen und mancherlei würzhafte Leckerbis-
sen hinzufügen, namentlich am heil[igen] Christfeste; denn

im Winter verbreitete der mächtige Ofen unter dem Fußboden eine wohltuende Wärme durch den ganzen Saal.

Öfter fand sich der Meister selbst zu diesen Kollatien brüderlich ein. Häufiger aber pflegte er im Sommer zu dieser Tageszeit in einem kurzen, schwarzen, mit einem Kreuze geschmückten Überrock und mit einem in Danzig verfertigten und mit Seide gefütterten Strohhute die schattigen Gärten zu durchwandern, die an der Ostseite, da wo jetzt der Weg nach Elbing führt, im blühenden Halbkreis die Burg umgürteten. Da lag zunächst der welsche Garten wie ein bunter Farbenteppich, künstliche Gänge zwischen Weinranken und ausländischen Gewächsen sich hinschlingend, aus deren dunklem Grün goldene Südfrüchte und seltsame hohe Blumen glühten und die Luft mit würzigem Duft erfüllten. Und an den reichen Orient, die Wiege des Ordens, mahnend, hörte man zuweilen fremden Vogellaut aus weiter Ferne herüberschallen und das dumpfe Brüllen eines Löwen dazwischen. Das war der hochmeisterliche Tiergarten am südöstlichsten Ende der Anlagen. Den Löwen hatte der Meister im Jahre 1408 zum Geschenk erhalten. Nebst ihm bewahrte dort der Zwinger mehrere Bären und Affen, Auerochsen, Meerkühe und Meerochsen, während ringsher in der kühlen Waldeinsamkeit Hirsche und Rehe grasten. – Oft sprach der Meister auch in dem angrenzenden Firmariegarten ein, wo die siechen Brüder in einem eigenen Hause einen bequemen und gesunden Sommeraufenthalt hatten, oder er besuchte seine weiterhin gelegene Falkenschule, die damals für die vorzüglichste in Europa galt, so daß preußische Falken überall gewünscht und daher vom Hochmeister an Könige und Fürsten nach England, Deutschland, Ungern und Italien, namentlich auch jährlich an Kaiser Maximilian, der das Federspiel besonders liebte, zum Geschenk versandt wurden. – Am liebsten aber weilte er in dem unmittelbar an den Tiergarten stoßenden ansehnlichen Garten, vorzugsweise Meisters

Garten genannt. Dort erhob sich mitten aus dem Laubschmuck „des Meisters Sommerhaus", ein stattliches Haus, das nicht nur geräumige Wohngemache, sondern auch einen Remter zur Bewirtung von Gästen enthielt. Hier pflegte er wohl auch für den ganzen Sommer seinen Wohnsitz aufzuschlagen und in dem benachbarten Baumgarten in stillen Stunden der grünenden Zucht zu warten. Über alle die Wipfel aber leuchtete immerfort das mächtige Standbild der heiligen Jungfrau von der Schloßkirche in das stille Grün hinüber, das Christkind und den Lilienzepter zu steter Mahnung emporhaltend, auf daß der Orden der großen Pflanzung draußen eingedenk bleibe, die Gott ihm anvertraut.

Doch schon senken sich die Schatten, die Abendglocke tönt durch die stillen Lüfte, die Ritter versammeln sich zur Komplete, dem letzten Abendgebet. Dann eilen sie ihren im südlichen Flügel des hohen Schlosses belegenen und stets erleuchteten gemeinschaftlichen Schlafsälen zu. Soldatisch immerdar, wie auf dem Feld der Ehre, strecken sie sich nur halbentkleidet in Beinkleidern und Strümpfen hin; eine Matratze, ein Bettuch, ein Kissen und eine leinene oder wollene Decke ist ihre einfache Lagerstatt.

Auch der Meister hat unterdes in seiner Kapelle einsam sein Abendgebet verrichtet und begibt sich nun in seine daranstoßende Schlafkammer. Er aber ruht in einem blauumhangenen Himmelbette auf Flaumfederbetten mit Bettzügen von sämischem Leder, einer der Kompane oder ein getreuer Kammerdiener bei ihm, nebenan in seiner Hinterkammer Harnisch und Waffen.

So haben wir denn mit den Rittern einen stillen Tag im Hause verlebt. Wir wollen nun auch zusehen, wie es bei außergewöhnlichen, festlichen Gelegenheiten dort herging, und greifen aus dem farbigen Bilderreichtum jener Zeit die Wahl des größten und heitersten der Meister, Winrichs von Kniprode, heraus.

Der in Schlachten ergraute Hochmeister Heinrich Duse-
mer von Arfberg hatte im Jahre 1351 der Meisterwürde
entsagt, jedoch, wie es scheint, noch selbst zur Wahl seines
Nachfolgers den Kapiteltag bestimmt und die Meister von
Deutschland und Livland sowie die Ordensgebietiger, obersten Beamten und Komture nach Marienburg berufen, welches sonst durch denjenigen Gebietiger zu geschehen pflegte,
den die Wahl der obersten Ordensbeamten durch Übergabe
des Ordenssiegels zum Statthalter ernannte. Die Form der
Wahl selbst aber war, dieses Mal wie bei allen andern Erle-
digungen, unabänderlich folgende. Die Feier begann in der
Schloßkirche zu Marienburg, wo den Brüdern die auf diesen Akt bezüglichen Regeln und Gesetze vorgelesen und
darauf eine Messe vom heiligen Geist gesungen wurde. Zur
selben Stunde mußten in allen Ordensburgen Messen gelesen werden und im Haupthause dreizehn, in jeder andern
Ordensburg drei Arme für die Wahl eines Gott wohlgefälli-
gen Meisters beten.

Darauf begaben sich die Gebietiger mit den Brüdern in
den Kapitelsaal. Hier ernannte der Statthalter in Übereinstimmung mit dem Konvente des Haupthauses aus den Ritterbrüdern einen Wahlkomtur. Dieser erkor einen Wähler,
beide erkoren den dritten, diese drei den vierten, die viere
den fünften und so fort, bis dreizehn Wähler ernannt waren, worunter sich jedoch ein Priesterbruder, acht Ritterbrüder und vier dienende Brüder befinden mußten. Nach
ihrer erfolgten Bestätigung seitens des Kapitels schwuren
die Wähler auf das Evangelium bei ihrer Seele, „daß sie
weder durch Minne, noch durch Haß, noch durch Furcht,
sondern mit lauterem Herzen den wählen wollten, der
ihnen der würdigste und der beste dünke zu einem Meister und der allervollkommenste zu diesem Amte, daß er
der Berichter und Bewahrer sei der andern". Alle versammelten Brüder schwuren gleichfalls, den Erwählten willig

als ihren Meister aufzunehmen. Sodann schritten jene dreizehn in einem besondern Gemache zur Wahl. Der Wahlkomtur hatte den ersten Vorschlag, die andern folgten, die Mehrheit entschied.

In solcher Weise ward auch Winrich von Kniprode aus den Rheinlanden zum Hochmeister erkoren; er galt allen für den edelsten, den tüchtigsten und unter den gesamten Gebietigern für den würdigsten.

Jetzt ging Glockengeläute von Burg zu Burg durchs ganze Land; die Priesterbrüder im Kapitel stimmten das „Herr Gott, dich loben wir" an, während die ganze Versammlung in die Kirche zurückkehrte, wo der bisherige Statthalter den Erwählten an der Hand vor den Hochaltar führte und ihm dort durch Darreichung eines Ringes und des Ordenssiegels die Ordensherrschaft überantwortete. Der neue Meister gelobte hierauf, die Gesetze und das Beste des Ordens zu befördern, damit er einst am jüngsten Tage vor Gottes Urteil bestehen möge, und gab dann dem Statthalter und dem Priesterbruder, welcher sich unter den Wahlherren befunden, den Bruderkuß.

Der Meisterweihe aber folgten glänzende Feste auf der Marienburg, gleich dem heiteren Morgenrot einer einunddreißigjährigen hochherzigen und segensreichen Regierung, welche noch heut die goldene Zeit des Ordens heißt.

Vor allem beeilten sich die Städte des Landes, den neuen Herrn, den sie schon früher als Komtur von Danzig und dann als Großkomtur liebgewonnen hatten, durch Ehrenboten zu begrüßen. Sie wurden in den Herbergen der Stadt untergebracht, während die berufenen Gebietiger und Komture die ihnen für solche Fälle ein für allemal bestimmten Gemache bezogen: der Meister von Deutschland des Großkomturs Firmarie, der Meister von Livland das alte Schnitzhaus, die Komture teils die Gastkammern, die auf dem Gange im südöstlichen Flügel des mittlern Hauses lagen, teils Wohnungen in der Vorburg oder bei dem Gartenmeister im Garten.

Zur Mittagszeit aber finden wir alle in Meisters großem Remter beim Festmahle versammelt. Dem Hochmeister zunächst sitzen die Meister von Deutschland und Livland und andere hohe Gäste, neben diesen die fünf Ordensgebietiger, dann die Komture, Ritter und Pfaffen. Durch die hohen Fenster ringsum blitzt die Sonne über die prächtige Tafel in den silbernen Kannen und Bechern, denn vor jedem Gaste stehen silberne Köpfe (eine Art von Trinkbecher), silberne Karken und Stutzchen, meist übergoldet oder mit Bernstein geschmückt, auch Messer, Löffel, Teller und Schüsseln sind insgesamt von Silber, dazwischen funkeln wunderlich geformte, gemalte Gläser, silberne Schalen mit Südfrüchten und übergoldete, mit Silber beschlagene Straußeneier. Doch der Saal, so gewaltig er ist, faßt das fröhliche Gewimmel nicht, auch draußen vor dem Eingange auf dem herrlichen Gange prangt eine glänzende Tafel, schwirren die Gäste und klingen die Becher. Auf Remter und Gang aber, zwischen Schenkbank und Tafeln hin und her wirren die niederen Ordensbeamten, die nur für solche Feste zur Aufwartung verpflichtet waren. Der Kornmeister von Marienburg geht dem Kellermeister zur Hand, der Tempelmeister dem Küchenmeister, der Pfleger von Lesewitz reicht das Brot, der Pferdemarschall, der junge Karwansherr von Marienburg und der von Grebin nebst zwei jungen Ritterbrüdern die Speisen, die Pfleger von Meselanz und Montau mit dem Wald-, Mühlen- und Viehmeister füllen die geleerten Gläser, während die Vögte von Dirschau, Grebin und Stuhm, als Oberaufseher, überall ordnend und aushelfend die Tafeln umschreiten, lustig parodiert von dem hin- und herfahrenden Hofnarren des Königs von Böhmen, der, mit seiner Schellenkappe klingelnd, von allen geneckt wird und keinen verschont.

Der Pferdemarschall und seine Gesellen aber bringen nach

der Suppe zuerst allerlei Gemüsearten, dann verschiedene Fische, als Muränen, Lachs, Lampreten, Dorsch, und hierauf die gewichtigeren Fleischgerichte. Nun ein neuer Anlauf auf die Schenkbank, und es erscheinen die Mehlspeisen, denen die mannigfaltigsten Wildbretsbraten folgen, darunter die damals besonders beliebten Eichhörnchen, auch Stare, Kaninchen und Kraniche. Den Beschluß endlich machen auserlesene Obstgattungen und zahlreiche, jetzt zum Teil rätselhafte Konfektarten von Kaneel, Kubeben, Koriander, Kardamom und Anis, Kaiserbissen Pariskörner, Rosinen, Mandeln, Datteln und Pfefferkuchen

Zu solchem Mahl aber gebührt sich ein herzhafter Trunk, und wir wollen genau achthaben, was die Pfleger von Meselanz und Montau mit ihren Wald-, Mühlen- und Viehmeistern leisten. Da erblicken wir denn gleich beim Beginn des Mahles, mit des Meisters Wappen geziert, mächtige zinnerne Flaschen und stählerne oder eiserne Kannen mit gutem Danziger oder Wismarschem Biere. Sie müssen jedoch schon bei den Mittelgerichten kleinen Schenkgläsern für den Mittelmet weichen und diese wiederum hohen gemalten Gläsern, aus denen man den starken Rigaer Met „kostet". Jetzt aber tut es plötzlich, wie ein Spiegel in der Sonne, einen leuchtenden Silberblick über die ganze Tafel; das deutet auf eine Katastrophe: es ist der edle *Wein*, der nur in silbernen Bechern perlen mag. Da sehen wir zunächst alten Landwein aus Thorn, Riesenburg, Rastenburg oder den Weingärten Marienburgs. Und immer edler werden die Weine, immer prächtiger und reicher übergoldet die silbernen Becher; da kreisen zum Nachessen Rheinwein aus Koblenz, Malvasier und elsassische, welsche, griechische und Ungarweine, bis zum alten, mit Milch und Eier gemischten Rheinfall hinan, den der Meister aus einem Kopfe von Alabaster trank.

Von der Empore aber über dem Eingang zum Remter schmetterten Trompeten, hallten Posaunen und Paukenwirbel lustig dazwischen, wechselnd mit Gesang zur Laute von den Schülern des Hauses oder auch fremden Künstlern, die sich zu solchen Festen aus ganz Deutschland, sogar aus Burgund, Schweden und Mailand in Marienburg einzufinden pflegten. Auf einmal aber verstummte die Musik, und vor der Versammlung im Remter erschien ein Liedsprecher aus den Rheinlanden, umgeben von fahrenden Schülern und Fiedelern, denn diese und Liedsprecher hielten stets als gute Gesellen zueinander. Liedsprecher aber hießen wandernde Deklamatoren, die, von Gelag zu Gelag durch alle Lande schweifend, zwischen Musikbegleitung, vielleicht rezitativisch, alte Gesänge vortrugen oder neue improvisierten, meist blinde oder einäugige Bänkelsänger, zuweilen durch Talent oder durch die Gewalt des traditionellen Stoffes ihrer Lieder den Dichtern ebenbürtig. Zu den letztern mochte wohl jener Rheinländer gehört haben, denn sein Gesang übte solchen Zauber über die Gemüter, daß ihm der Meister zehn Mark und der Großkomtur und Treßler jeder vier Mark als Ehrensold reichen ließen.

Als darauf der Meister sich endlich von der Tafel erhob, schwärmte die ritterliche Gesellschaft in freudenreichem Schalle durch die prächtigen Hallen die Treppe hinab, um sich in der Kühle des Burghofes zu ergehen. Dieser aber war heut wunderlich belebt von „gehrenden Leuten", d. h. geldbegehrlichem Gesindel von nah und fern, wie auf den Jahrmärkten kleiner Städte. Da sah man einen zahmen Hirsch seine Kunststücke produzieren, da tanzte ein Bär zum einförmigen Klange von Trommel und Pfeife, dort quer über die erstaunten Köpfe hinweg war keck ein Seil von Zinne zu Zinne gespannt, worauf Tumeler und Kokeler (Luftspringer und Gaukler) in verzweifelter Lustigkeit um einen Vierdung oder Skoter Reisegeldes ihr Leben wagten, und hie und da der gellende Schrei eines fratzenhaften Hanswursten oder eines Pfeifers dazwischen, der mit dem Munde die Nachtigall nachahmte; überall buntes, schwirrendes Gaffenspiel, in den

Ordensgesetzen „Kaffespil" genannt, das *Hennig* in seltsamer etymologischer Verlegenheit in seinem Glossar so deutet, als hätten die Ritter sich nach Tisch bei einer Tasse Kaffee wohl gar an einer Partie Whist zu ergötzen gepflegt.

Bald aber kehrte der Ernst des Lebens zurück; man vernahm bald andere Trompetenklänge, die zum blutigen Kampfe hinausriefen, als reisige Scharen aus Deutschland, England und Frankreich dem Meister gegen die Litauer zu Hülfe zogen, darunter der Burggraf von Nürnberg, der Graf von Öttingen und andere edle Herren, von Winrich fürstlich aufgenommen und bewirtet. Da sah man aus den Fenstern des Remters, der noch vor kurzem von fröhlichen Fiedlern erschallte, überall in den Werdern Waffen aufblitzen aus dem Grün. Die Führer, ehe sie aufsaßen, hatten in der Schloßkirche das heilige Abendmahl empfangen; unten im Hof aber nickten in der Morgensonne hohe Helmbüsche, wieherten Rosse, glänzten und rasselten Schild und Schwert aneinander, während die Glockenklänge von der Kirche den Ausziehenden segnend das Geleit gaben und die Scharen draußen fromme Lieder zum Preise Marias anstimmten.

Das ist alles verklungen und vertost, Gras wächst jetzt aus dem Pflaster des stillen Burghofes, und der tapfere Meister ruht seit fast fünfhundert Jahren in der Gruft der St. Annenkapelle, die wunderbarerweise nur die Grabsteine der drei bedeutendsten Hochmeister, Dietrichs von Altenburg, Winrichs von Kniprode und Heinrichs von Plauen, mütterlich bewahrt hat. Die Zeit und der Frevel der Menschen hatten kein Recht daran.

*

Der Geschichte des Ordens können wir, unserer Aufgabe gemäß, hier nur gedenken, wo ihr Flügelschlag die Burg selbst unmittelbar berührte. Es sind dies aber – außer der goldenen

Zeit Winrichs von Kniprode, die wir oben in des Hauses
Herrlichkeit widerzuspiegeln versuchten – hauptsächlich
zwei Momente: die rasche Herrschaft Heinrichs von Plauen,
da die heilige Jungfrau zum letzten Male rettend in Flammen
erscheint, und sodann der für alle Zeiten lehrreiche und
tragische Untergang des Hauses, der zugleich den Untergang
des Ordens bezeichnet.

Fünf Hochmeister waren bereits seit Siegfried von Feuchtwangen durch die Hallen der Marienburg geschritten und in
die Annengruft gesunken. Reichtum und Glück hatten unterdes nicht versäumt, ihre heimlich zersetzende Gewalt auch an
dem Orden zu üben. Junkerhaft übermütig hatte er in den
Welthändeln seine ursprüngliche Unschuld verspielt, seine
geistige Grundlage, die Gelübde der Keuschheit, der Armut
und des Gehorsams, waren innerlich schon gebrochen; an die
Stelle der eigenen begeisterten Kraft traten Schwärme kost-
spieliger und unzuverlässiger Söldner, überall müde Halbheit, nicht recht geistlich und nicht recht ritterlich; um so
gefährlicher jetzt dem eifersüchtigen, kriegslustigen Polenkönig Jagjel gegenüber, der die Vergrößerung der benachbarten Ordensmacht schon längst mit kaum verhaltenem Groll
betrachtete.

Da sehen wir, im letzten Abendgolde der fröhlichen Tage
Winrichs, den frommen, friedlich gesinnten Hochmeister
Konrad von Jungingen wohltätig waltend von Burg zu Burg
durch die gesegneten Fluren ziehen, wo das Bauernvolk
abends unter seinen Fenstern tanzt und die Schüler in den
Städten ihn singend empfangen, gleich einem patriarchalischen Landedelmann, von den müßigen, gelangweilten Ordensbrüdern spottweis „gnädige Frau Äbtissin" genannt. –
Es war eine tiefe Gewitterschwüle, schon zuckten Blitze in
der Ferne, und ein großer, hellstrahlender Komet zog über
das stille Land, den der Hofnarr, weiser wie die Gescheuten,
als ein Zeichen der Verdammnis des Ordens deutete.

Sterbend noch warnte Meister Konrad vor seinem unerschrockenen, kampfbegierigen Bruder Ulrich von Jungingen. Aber die Geschicke drängten in Sturmeseile; immer unverhohlener hatte Jagjel schon die Hand am Schwert; gerade jetzt schien den Ordensrittern ein Führer vonnöten, der den unerträglichen Friedensbann zu lösen den Mut hätte. So wählten sie (1407) jener Warnung zum Trotz den bisherigen Ordensmarschall Ulrich von Jungingen dennoch zum Meister.

Und er hielt ihnen Wort. Ungeduldig brach er bald nach seiner Wahl die Stille, die freilich nicht mehr zu halten war. Da begann auf der Marienburg eine fast fieberhafte Hast und Unruhe; Pulver wurde verfertigt, eilig neues Geschütz von damals unerhörter Größe gegossen, Fenster und Öffnungen wurden vermauert, Tore und Zugänge, sogar die Treppen zur Gegenwehr befestigt; die Briefjungen auf ihren Schweiken flogen hin und her durchs Land, der Meister selbst bereiste die Burgen, überall ermutigend und rüstend.

Aufgeschreckt durch das Waffengerassel, zauderte nun auch der lauernde Polenkönig nicht länger. Mit großer Heeresmacht, Polen, Litauern und Tataren, brach er an die Grenze auf, wo ihn der Hochmeister kampffertig schon erwartete. Einige Tage noch, dem Flusse Drewenz entlang, standen die Kriegeswetter grollend einander gegenüber, ungewiß, wohin die Blitze zielten. Da dringt der König zuerst über Gilgenburg ins Land, der Meister mit allem, was wehrhaft, ihm rasch entgegen. Auf den verhängnisvollen Ebenen bei dem Dorfe Tannenberg endlich, am 15. Juli 1410, stoßen sie furchtbar zusammen. Der Meister mit fast allen Ordensgebietigern und sechshundert Rittern und Knechten sinkt auf der Walstatt, vierzigtausend Leichen seines Heeres um ihn her. – Der Orden schien mit einem Schlage vernichtet, alles verloren, nur die Ehre nicht, denn sie war durch sechzigtausend erschlagene Polen blutig erkauft.

Der König, selbst erschrocken über den entsetzlichen Sieg, besann sich zwei Tage lang, dann zog er über Osterode, Mohrungen und Christburg gerade auf Marienburg zu, das der gefallene Meister, vor der Schlacht alle Geschütze und Vorräte an sich raffend, wehrlos gemacht. Das Grauen ging vor dem wilden Zuge her und übermannte alle Burgen und Städte. Ritter und Bürger huldigten ehrvergessen der Gewalt und gleißenden Verführung des Siegers, „dergleichen" (sagen Lindenblatts „Jahrbücher") „nie ward gehört in irgend einem Lande von so großer Untreue und schneller Wandelunge".

Da, auf die erste Kunde von dem unermeßlichen Unglück, sprengte ein Ordensritter mit seiner kleinen Schar in die Tore Marienburgs, eilig, staubbedeckt, einen Löwen im Schilde. *Graf Heinrich von Plauen* war's, der Komtur von Schwetz, den der Meister vor der Schlacht nach Pommerellen entsandt hatte, einer der Gewaltigen, welche die Geschicke wenden. Und hinter sich die Nogatbrücke abbrechend, gebot er sofort, die Stadt niederzubrennen, denn sie war nicht zu verteidigen; mit der Stadt aber fiel die Burg und mit der Burg der Orden.

Da wirrte und hallte es auf einmal in dem vor wenigen Stunden noch totenstillen Haupthause. Die erschrockenen Marienburger, Bürger, Frauen, Mägde und Kinder, füllten alle Luken des Schlosses bis in die Keller hinab. Zwischen langen Wagenzügen und brüllendem Vieh, von den nahen Höfen eiligst hereingetrieben, drängten sich Reiter und Knechte, rufend und ordnend im wilden Widerscheine der Flammen, die der kühne Plauen als ein Wahrzeichen über dem Lande entfaltet. Und er irrte nicht, die feurige Mahnung wurde verstanden. Mehrere treugebliebene Ritter, unter ihnen Wenzel von Dohna, eilten mit ihrem aus der Schlacht geretteten Häuflein dem Haupthause zu, wie verflogene Adler nach ihrem Horst. Jenseits der Nogat aber sah man ein Fähnlein wehen, einem reisigen Zuge von vierhundert bewaffneten Männern voran: das waren die Schiffskinder von Danzig, die ihre bereits abtrünnig gewordene Heimat verließen, um für den Orden zu streiten. So hatten sich in kurzer Frist gegen vier- bis fünftausend Mann Kriegsvolkes auf dem Hause versammelt.

Es war der zehnte Tag nach der Schlacht von Tannenberg, als man endlich von den Zinnen der Burg die ersten feindlichen Scharen erblickte. Sie drangen vom Stuhmer Walde her; brennende Dörfer, Mord, Raub und unübersehbarer Jammer bezeichneten die Straße, die sie zogen. Ein billiger Friedensvorschlag Plauens war an dem Stolze Jagiels gescheitert, die siegestrunkenen Horden umzingelten rasch von allen Seiten die Burg; ihr Wurfgeschütz, das sie sogar auf der vom Stadtbrande verschonten Johanniskirche aufgepflanzt, hatte es vorzüglich auf das Mittelschloß und des Meisters Wohnhaus abgesehen. „Wohlan denn", rief da der Plauen, „Gott und die heilige Jungfrau wird uns retten, aus Marienburg weiche ich nimmermehr!"

Er war inzwischen zum Statthalter ernannt worden und hatte selbst mit zweitausend Mann die Verteidigung der oberen Burg übernommen, andere zweitausend Mann aber in das mittlere Haus geworfen, während er die Rettung der Vorburg seinem tapferen Bruder Heinrich mit tausend Mann und dem Volke aus den Werdern anvertraute. Kühne und glückliche Ausfälle, oft bis an das polnische Lager vordringend, beunruhigten unausgesetzt den Feind. Da hatten sie denn – wie Lindenblatt sagt – manch ritterlich Spiel gegen die Heiden und Polen täglich vor dem Hause, so daß Jagiel endlich voll Unmut ausrief: „Wir wähnten, sie seien von uns belagert, und doch sind wir es vielmehr von ihnen."

In dieser Zeit, so erzählen die alten Landeschroniken, richtete ein Büchsenschütze des Königs seine Steinbüchse gegen das große Muttergottesbild an der St. Annenkapelle. Der Schuß fehlte, aber der frevelhafte Schütze wurde von

Stund an blind, und Furcht und Schrecken über das Ereignis gingen entmutigend durch das polnische Heer.

Da sann Jagjel, von den Belagerten immer härter bedrängt, auf List und Tücke. Es war ihm wohl bekannt, daß sich Plauen mit seinen Ordensbrüdern und den Söldnerführern zur Erholung und Beratung öfters in des Meisters großem Remter zu versammeln pflegte, dessen mächtiges Gewölbe auf einem einzigen Granitpfeiler ruht. Dieser sollte durch eine jenseits der Nogat versteckte Donnerbüchse zertrümmert und der Statthalter mit den Rittern unter dem nachstürzenden Gewölbe verschüttet werden. Ein erkaufter Diener Plauens bezeichnete an einem der nach dem Fluß gelegenen Fenster verabredetermaßen mit seiner roten Mütze Zeit und Richtung. Allein die Steinkugel flog um wenige Zolle am Pfeiler vorbei in die gegenüberstehende Wand. Man schrieb darunter:

> „Als man zelet M.CCCC.X Jar,
> Dieß sag ich euch allen fürwar,
> Der stein wart geschoßen in die want,
> Hie sol er bleiben zu einem ewigen pfant."

Die Zeit hat das Sprüchlein verlöscht, aber die über dem Kamin eingemauerte Kugel bewahrt noch bis heut das Angedenken des hochherzigen Plauen, dem sie galt.

So hatte der letztere schon fast zwei Monate übermenschlich mit der Übermacht gerungen. Da vernahmen die im polnischen Lager eines Tages plötzlich Trompeten- und Posaunenschall und fröhlichen Jubel von den Zinnen der Burg. Gute Botschaft war von allen Seiten angekommen. König Sigismund von Ungern war in Polen eingebrochen, der Marschall von Livland mit einem starken Heere bereits in Königsberg angelangt, überall stand das Land auf, um Marienburg zu entsetzen. „Lebend laß ich das Haus nicht", ließ Plauen dem Polenkönige entbieten, der in solcher Verlegenheit jetzt seinerseits einen Friedensantrag versuchte, denn sein Heer war von vergeblichen Anstrengungen, Krankheiten und Ungeziefer fast verzehrt. Da wandte sich Jagjel am 19. September 1410 endlich nach den Grenzen seines bedrohten Reiches zurück, auf dem Heimzuge noch einige Schlösser bezwingend. Aber der Marschall von Livland folgte ihm auf der Ferse und eroberte alle Burgen wieder, Preußen war frei, und noch einmal hatte der heldenmütige Statthalter das deutsche Banner über dem Lande aufgerichtet. „Also", sagt Lindenblatt, „geschah es nach Schickung und Willen unseres Herrn!"

Noch im November desselben Jahres wurde Plauen einstimmig zum Ordensmeister erwählt. Seine erste Sorge, nachdem er das Land vom Feinde völlig gesäubert, war die Wiederherstellung und stärkere Befestigung des Haupthauses, dessen Vorburg sowie des Meisters Gemach durch die Belagerung am meisten gelitten hatten. So wurde in jener Zeit in der Vorburg am Nogatufer der noch jetzt stehende schiebelichte (runde) Turm (vom Volke der Buttermilchturm geheißen) erbaut, von dem eine ganz unbegründete Sage erzählt, es seien die reichen Bauern von Groß-Lichtenau im großen Werder wegen ihres frevlen Übermutes verurteilt worden, so viel Buttermilch zu liefern, als zur Zubereitung des Kalkes für den Turm nötig gewesen.

Doch noch andere, mächtigere Sorgen bewegten die hohe Seele des Meisters. Die Gefahr erkennend, die auf halbem Wege lauerte, und daß dennoch alles verloren war, wenn nicht alles gewonnen wurde, faßte er den großen Gedanken, dem Unvermeidlichen rasch zuvorzukommen und selbst in Polen einzufallen. Allein, durch die Wiederherstellung des Haupthauses und der andern Burgen, durch die Ansprüche, welche die Könige von Böhmen und Ungern sowie die befreundeten Söldnerführer machten, war der Ordensschatz völlig erschöpft. So beschloß er denn kühn, des Lebens Güter an das Höchste zu setzen. Eine wiederholte Schatzung, welcher Geistliche, Herren und Knechte unterlagen, erging über das ganze Land, alles Silbergerät der Burgen und Kirchen wurde verschmolzen, die Landesritter mußten die Darlehen, die sie in besseren Tagen vom Orden erhalten, unnachsichtlich zurückzahlen.

Da aber wurde es auf einmal furchtbar klar, daß der Orden sich selbst nicht mehr begriff; ein Schrei des Mißmuts ging durch das ganze Land, die Gemeinheit scharte sich überall um ihre Fleischtöpfe. Der Held, der in den Tagen der Gefahr den Orden überwacht und gehalten, mußte sich nun selbst hinter Schloß und Riegel vor tückischem Verrat bewachen lassen. Er wurde auf einem Kapitel zu Marienburg am St. Burchardstage 1413 seiner Meisterwürde entsetzt und starb im Jahre 1429 arm und vergessen in der einsamen Burg zu Lochstädt, ein tragisches Vorbild derer, die *über* ihrer Zeit stehen.

*

Seitdem war fast ein halbes Jahrhundert vergangen. Wir sehen die mächtigen Zinnen noch über dem Lande prangen; aber es ist nun still geworden und öde im Hause, das schon tief im Abendrot seiner Geschicke steht. Denn der Orden hatte längst seine Aufgabe ritterlich gelöst, das Land war bekehrt und deutsch; er focht nicht mehr um Gottes willen, es galt fortan nur noch das starre Behaupten seiner eigenen Herrschaft, die für die verwandelte Zeit und für das neugeschaffene Volk, das sich bereits selbst zu schützen imstande war, keine innere Notwendigkeit und Bedeutung mehr hatte. Es konnte nicht fehlen: da der begeisternde Gedanke unvermerkt abhanden gekommen, mußte allmählich alles nachstürzen. Die Langeweile der Nüchternheit bereitete Eigennutz, Sittenlosigkeit und Ungehorsam. Schon hatten drei Konvente, ohne des Meisters Untersuchung und Entscheidung abzuwarten, den Ordensmarschall seines Amtes entsetzt, einige Gebietiger verliehen eigenmächtig Komturämter nach Belieben, Komture selbst befehdeten und plünderten sich untereinander.

Dieser veralteten, leeren und morschen Schaurüstung gegenüber erhob sich aber hier, wie dazumal fast in ganz Europa, soeben mit jugendlicher Kraft das neue Bürgertum der Städte, dem sich die Landesritter willig anschlossen. Sie hatten insgesamt Dasein und Gedeihen dem Orden zu verdanken; aber die strebsame Jugend ist jederzeit vergeßlich, und so nahmen sie denn gar vieles, was ihnen früher als väterliche Gunst verliehen worden, jetzt trotzig und gewaltsam als Recht in Anspruch. Aus so tiefgreifendem Zwiespalt entstand zwischen dem Landadel und den Bürgermeistern der Städte im Jahre 1440 der *Preußische Bund* zum Schutze ihrer Freiheit gegen den Orden, zur Hut ihrer Gerechtsame und zur Abhülfe von Beschwerden, die, der Natur der Verhältnisse nach, nicht zu schlichten waren.

Wechselseitiger Groll und Erbitterung unterbrannten fortan den Boden, durch den Übermut der Ordensbrüder wie der Verbündeten, welche von jenen Bundesschälke geschimpft wurden, zu immer heftigeren Lohen geschüret. Vergebens versuchte der friedliebende Meister Paul von Rusdorf auf einem Kapitel zu Marienburg noch einmal vermittelnd einzutreten. Trotz gegen Trotz! war die Losung der Überzahl der Ordensritter, die zuletzt, mit gezückten Schwertern den Kapitelsaal verlassend, in wilder Wut sich stürmend der oberen Burg bemächtigten, so daß der erschrockene Meister noch in derselben Nacht vor seinen eigenen Brüdern nach Danzig flüchten mußte.

Endlich brach die dumpfe Gärung in offenen Kampf aus. Der Bund rief die Polen zu Hülfe und überantwortete ihnen stammvergessen das deutsche Land. In solchen Übergangsperioden aber, welche eine neue Zeit ausgebären, fehlt es nimmer an mächtigen Charakteren, die wie leuchtende Meteore den Glanz der Vergangenheit noch einmal flüchtig widerspiegeln. So war es hier abermals ein Heinrich Reuß von Plauen, der verzweifelt für den Orden kämpfte, und der heldenmütige Bürgermeister Bartholomäus Blume hat sich durch seine großartige Verteidigung der Stadt Marienburg ein unvergängliches Andenken erworben. Allein, es war zu spät. Der Orden, welcher seine Mietlinge nicht zu bezahlen vermochte, war bereits ein Knecht seiner eigenen frechen Söldnerhaufen geworden. Der Hochmeister Ludwig von Erlichshausen sah sich genötigt, diesen das Haupthaus zu verpfänden, das sie demnächst, da er es nicht wieder einlösen konnte, mit vielen andern Burgen an den Polenkönig Kasimir verkauften. Blume wurde, auf Geheiß des letzteren, in einem Turm der Stadt Marienburg enthauptet, der noch lange Blumsturm geheißen war, und am 6. Juni 1457 zogen sechshundert polnische Reiter in die Tore des Haupthauses ein. Der ehemalige geheime Rat des Hochmeisters, Hans von Baisen, jetzt zum polnischen Gubernator des Landes ernannt, hauste in denselben Gemächern, wo er einst als Page dem Hochmeister aufgewartet hatte. Der Hochmeister aber entfloh, bitterlich weinend, bei Nacht auf einem Fischerkahn nach Königsberg, das seitdem zum Hauptsitz erkoren wurde. Marienburg sah keinen Meister wieder.

II

Die polnische Wirtschaft

Noch lange wogte der Kampf zwischen Polen und dem Orden mit wechselndem Kriegsglücke hin und her, ehe sich die neue Ordnung der Dinge feststellte, und manche Burg und Stadt wurde erobert und wieder verloren; die Polen und Verbündeten verheerten gemeinschaftlich in Pommerellen die vom Orden besetzten Gegenden. Da wagte endlich der letztere im Jahre 1462 verzweifelt eine entscheidende Schlacht, die Hauptleute der Ordensschlösser vereinigten ihre Fähnlein und griffen das polnische Heer bei dem Kloster Zarnowitz an. Die Schlacht entschied, aber zum Nachteil des Ordens, zweitausend Deutsche wurden erschlagen, sechshundert gefangen, alles Geschütz ging verloren.

Durch diesen Schlag war die Ordensmacht für immer gebrochen, der lange Kampf aber hatte auch die Gegner todmüde gemacht, gemeinsame Not Freund und Feind bezwungen.

Und so gelang es denn der wiederholten Vermittelung des päpstlichen Gesandten Rudolf, Bischofs von Lavante, den König Kasimir für endliche Waffenruhe zu stimmen und, zuerst zu Brzesc, dann zu Thorn Friedensunterhandlungen anzuknüpfen, zu denen sich der Hochmeister Ludwig von Erlichshausen selbst einfand, aber so verarmt, daß er, wie eine Chronik bemerkt, von den Preußen zu diesem Zuge notdürftig ausgerüstet werden mußte und nicht einmal einen eigenen Narren halten konnte. – Am 19. Oktober 1466 wurde der Friede zu Thorn abgeschlossen, wonach Polen Pommerellen, Michelau, das Kulmische Land und die vornehmsten Städte Danzig, Thorn, Elbing, Marienburg sowie die Bistümer Kulm und Ermland behielt und das übrige Preußen dem Orden als ein Lehen der Krone Polens überließ; der Hochmeister aber mußte dem Könige huldigen und erhielt als polnischer Reichsfürst seinen Platz im Reichsrat zur Linken des Königs.

Westpreußen dagegen hatte sich gleich bei der Unterwerfung seine eigene Verfassung ausbedungen, wonach es mit Polen nur den König gemein haben, selbst Gesandte zu den polnischen Königswahlen schicken und seine besonderen Stände und Landtage bilden sollte, ohne deren Bewilligung der König nichts Bedeutendes im Lande abändern durfte. Diese Stände aber wurden durch den Landesrat und die sogenannten Unterstände repräsentiert. Jener bestand aus Mitgliedern, welche die Stände selbst unter den Eingebornen wählten, sowie aus den Abgeordneten des hohen Adels und der Städte Thorn, Danzig und Elbing und endlich aus den polnischen Woiwoden und Starosten in Preußen. Den Vorsitz führte der jedesmalige Bischof von Ermland; er mußte jedoch, so wie die Woiwoden und Starosten, dem Lande einen besondern Eid leisten, und zwar jederzeit vor dem Hochaltar der Schloßkirche zu Marienburg.

Zu den Unterständen dagegen gehörten die Abgeordneten der Ritterschaft und der kleinen Städte, welche, unter dem Vorsitz der Abgeordneten der Stadt Marienburg, ihre besondern oder die sogenannten kleinen Landtage hielten, bei wichtigen Landesangelegenheiten aber zu den großen Landtagen des Landesrates mit einberufen wurden.

Die Einberufung der großen Landtage oder Tagfahrten hing anfangs von der Willkür der Landstände ab. Allein schon zu Kasimirs Zeiten mußten die ersteren jährlich zweimal, im Mai zu Marienburg im Rathause und zu Michaelis in Graudenz, auf Befehl des Königs abgehalten werden, der außerdem bei besonderen Veranlassungen noch außerordentliche Landtage nach eigenem Gutdünken ausschrieb und sich die Ernennung der Landesräte vorbehielt. Gar bald wurden auch die Einmischungen der Woiwoden in die Landesangelegenheiten immer häufiger und alle bedeutenden Stellen in Preußen, ohne den Landtag zu fragen, durch Polen besetzt, bis endlich im Jahre 1569 unter Sigismund August eine förmliche Vereinigung mit Polen insofern zustande kam, als die preußischen Landstände nach langem vergeblichen Sträuben fortan Gesandte an den polnischen Reichstag schicken mußten, wo die Landesräte in dem polnischen Reichsrate (Senat) und die Abgeordneten der Ritterschaft in der Landbotenstube die ihnen zugewiesenen Stellen einnahmen.

Und so hatten denn die Westpreußen unversehens im

falschen Spiele falsche Münze erbeutet und nichts gewonnen als für den historischen Hochmeister einen durch Geschichte, Stamm und Sitte entfremdeten König, statt der deutschen Gebietiger polnische Woiwoden, von denen sie mit brutaler Geringschätzung behandelt wurden. Das sonst blühende Land, welches einst in Kriegesruhm, Bildung und Gewerbe anderen Staaten vorgeleuchtet, war durch die Greuel des langen Bürgerkrieges verwüstet und verwildert; man zählte allein von Bauern und Bürgern aus den kleinen Städten 90000 Erschlagene, von 21000 Dörfern der Ordenszeit jetzt nur noch 3013, ja, viele derselben waren, wie in Deutschland nach dem Dreißigjährigen Kriege, spurlos verschwunden, deutsche Städte und Geschlechter aber schämten sich ihrer Herkunft und nahmen polnische Namen an.

Inmittelst konnte der Orden den Verlust Marienburgs noch immer nicht verschmerzen, und der Nachfolger Ludwigs von Erlichshausen, der Hochmeister Heinrich Reuß von Plauen, machte wiederholt den Versuch, zum Zeugnis der untergegangenen Größe wenigstens das Schloß mit einem kleinen Stück Landes ringsumher, gleich einer verlorenen Insel, gegen eine jährliche Abgabe an Polen zurückzuerhalten. Doch seine Bemühungen blieben vergeblich. Ganz Westpreußen war bereits in drei Woiwodschaften und mehrere Starosteien eingeteilt, und der Starost von Marienburg, welcher unter ihnen den obersten Rang einnahm, hatte, gleichsam als Statthalter von Preußen, seinen Wohnsitz im Schlosse erhalten. Hier richtete er sich mit seinen zahlreichen Unterbeamten recht nach Herzenslust ein, sarmatische Laute hallten in den deutschen Gewölben; Heiducken, welche die Besatzung bildeten, hausten an den Toren der Burg in hölzernen Baracken. Nur der nordwestliche Flügel, welcher den alten Fürstensitz und den Konventsremter umfaßte, wurde für die Könige bei ihrer gelegentlichen Anwesenheit in Preußen zu ihrer Behausung vorbehalten.

Sehr bald sprach auch Sigismund III. gastlich in dem neuen Königssitze ein. Und da erblicken wir denn nach so kurzer Frist auf einmal in den ritterlichen Remtern eine völlig verwandelte, ja fast fremdartige Szenerie, welche uns eine im Stadtarchiv zu Marienburg befindliche handschriftliche Chronik eines Ungenannten umständlich beschreibt.

Schon acht Tage vor der Ankunft des Königs nämlich trafen in Marienburg zweihundert Ungern ein, die in den kleinen Häusern am Mühlengraben einquartiert und von den armen Leuten einen Tag lang freigehalten werden mußten. Ein Antrag, den der Statthalter Magister Wisenrus (der Chronist weiß nicht, „aus weßen Anstaffirung") bei dem ehrbaren Rate getan, Sr. Majestät auf einen Tag mit Essen und Trinken zu traktieren, wurde von der Stadt höflichst abgelehnt, weil die Sache nach einem vorherigen Überschlage 8000 Gulden kosten „und alles aus der Bürger Seckel gesucht" werden sollte. Am 31. Mai 1623 aber kamen Sr. Majestät Pferde mit den Karreten an. Jetzt eilte der Starost Nowodvoczky zu Rosse mit den Trabanten in das Mittelwerder jenseits der Nogat, während die Bürgerschaft von Marienburg, nach erhaltenem Unterricht, wie sie sich mit den Musketen und langen Pieken verhalten solle, diesseits des Stromes, den Trabanten gegenüber, in vier Quartieren und mit fliegenden Fahnen sich in Schlachtordnung aufstellte. Zwischen 4 und 5 Uhr nachmittags endlich sah man den König nebst dem ganzen Hofe von Mewe her auf einem Kahne (Galleche) die Nogat hinabgleiten, von neunzehn anderen Kähnen gefolgt, vorauf ein Schiff mit des Königs Musikanten, welche, sobald sie das Mittelwerder erreicht, lustig aufspielten. Da fangen auf einmal jenseits auch die Trabanten und auf des Königs Kahn die Trompeter zu schießen und zu blasen an; die Bürgerschaft diesseits brennt in allen vier Quartieren ihre Musketen los, die königlichen Trompeter feuern zum Gegengruß zwei Stücke ab, und von den Wällen und Türmen wird

immerfort dazwischen aus grobem Geschütz und Doppelhaken geschossen. Auf diesen ungeheueren Lärm folgen endlich
bei der Landung lange, stattliche Orationen in deutscher und
lateinischer Sprache, unter Überreichung und Zurückrei-
chung der Stadtschlüssel. In der Stadt aber ließ der König
durch einen Trompeter ausblasen, „daß alle frembde Hand-
werker, lose Kerls, uneheliche Weiber wiederum zurücke
nach Warschau ziehen sollten, damit sie den Bürgern nicht
zum Vorfang und Widerwillen lebeten".

Auch zu einer Hochzeitsfeierlichkeit im Schlosse gab die
damalige Anwesenheit des Königs Veranlassung. Herr Sce-
panski nämlich, des Hauptmanns von Graudenz Sohn, freite
eine Jungfer aus dem Frauenzimmer der Königin. Da ging der
Bräutigam nach gehaltener Predigt in die Schloßkirche „mit
seinen zwölf Dienern, deren jeder in rothen halbscharlache-
nen Dolluren mit Atlas gefüttert und einen langen, braunen,
sammtnen Schupan gekleidet, er aber in einen ganz scharla-
chenen Dolluren, binnen mit Goldstücken gefüttert und mit
einem langen silberfarbenen Rock angethan". Die Braut „im
weißen Goldstück mit fliegenden Haaren, darin eine subtil
goldene Kette eingeflochten", wurde von zweien von Adel
aus ihrem Sitze genötigt und von der Königin bei der Hand
zum Altare geleitet. Nach der Trauung war Musik auf dem
Schlosse im großen Saal, wobei der König mit der Königin
vortanzte. Die Heiducken aber ließen keine ungebetenen
Zuschauer herein, „auf daß nicht die Polen, wenn sie sich
besoffen, mit den Deutschen ein Purlament anfangen möchten".

Mitten in diese seltsamen Lustbarkeiten aber bricht auf
einmal der Ernst des Lebens herein, und zwischen den rasch
aufsteigenden Kriegeswettern sehen wir eine jugendliche
Heldengestalt, die sich hier die ersten Rittersporen verdient,
flüchtig im leuchtenden Waffenschmucke aufblitzen. – Sigismund III. war nämlich, da er nach seines Vaters Tode auch

die Krone Schwedens geerbt hatte und dieses Reich als Katholik von Polen aus regieren wollte, deshalb von der schwedischen Reichsversammlung des ererbten Thrones für verlustig erklärt worden und rüstete sich, um ihn mit dem Schwerte wiederzugewinnen. Da landete plötzlich der junge Schwedenkönig Gustav Adolf am 6. Juli 1626 mit 15 000 Mann in Pillau, setzte sofort über das Haff, bezwang im schnellen Siegeslauf die überraschten Städte Braunsberg, Frauenburg und Elbing und stand schon am 17. Juli vor Marienburg.

Jetzt rächte sich die schon früher von den Ständen gerügte Verwahrlosung dieses Platzes. In der Stadt, die nur vierzig Soldaten hatte, war an eine Verteidigung gar nicht zu denken; im Schlosse dagegen, wo dreihundert Heiducken und neugeworbene Deutsche ohne hinreichende Waffen und Lebensmittel lagen, ließ sich die Besatzung zwar die Nacht hindurch mit Schießen tapfer hören, ja der Schloßhauptmann richtete sogar ein großes Stück Geschütz auf die Stadt selbst, aber es war in der gewöhnlichen Unordnung überladen und zersprang. Die Schweden kletterten über die halbverfallene Mauer, eroberten noch am 18. abends das Schloß, und schon am folgenden Morgen ließ Gustav Adolf die Pfarrkirche, deren Schlüssel die flüchtiggewordenen Jesuiten mitgenommen hatten, eigenhändig mit einem Beile an der Kirchentüre arbeitend, erbrechen und evangelischen Gottesdienst darin halten.

Marienburg blieb nunmehr von den Schweden besetzt, welche Schloß und Stadt mit neuen Schanzen versahen. Gustav Adolf aber ließ sich in Elbing huldigen, schlug das polnische Heer vor Mewe und kehrte im November nach Schweden heim, nachdem er seinen Reichskanzler Oxenstierna zum Statthalter von Preußen ernannt und den Feldmarschall Wrangel in Marienburg zurückgelassen hatte.

Schon im Frühling des folgenden Jahres (1627) erschien er

jedoch mit frischen Truppen wieder auf dem Kampfplatze und machte fortan Marienburg zum dauernden Mittelpunkte seiner Macht; denn da die Polen mit einem österreichischen Hilfsheere übermächtig von Graudenz hervordrangen, ließ er unter den Mauern Marienburgs gegen das kleine Werder hin ein verschanztes Feldlager aufschlagen, in welches er sich selbst mit dem Kerne seiner Truppen zurückzog. Dieser Rückzug hätte ihm beinahe das Leben gekostet. Als er nämlich arglos von Marienwerder herzog, lagen die Polen, die von allem gute Kundschaft hatten, mit zwanzig Kornett Deutschen und ebenso vielen von ihrer Nation im Stuhmschen Walde auf der Lauer und fielen unerwartet den König mit großer Heftigkeit an. Dieser, in dem mehrstündigen Gefecht bei Verfolgung eines Husaren von den Seinigen abgekommen, geriet plötzlich unter mehrere kaiserliche Soldaten, von denen ihn einer bereits am Schultergehenk ergriffen. Da sprengte zufällig ein schwedischer Reiter daher. „Landsmann, wehr dich!" rief er dem Bedrängten zu, ihm eine seiner Pistolen reichend. Damit erlegte der König rasch den Mann, der ihn gefaßt hatte, und focht nun mit seinem treuen Reiter so lange wider die Kaiserlichen, bis ihn der Oberst Kattenhof mit zwei Kompanien Finnen befreite. Die Schweden schlugen sich darauf mit Verlust von 700 Mann und Hinterlassung von zehn ledernen Kanonen herzhaft durch und kamen um Mitternacht vor Marienburg an.

Hier hatte indes auch das vereinte polnisch-österreichische Heer auf dem Wiesenberge, den Schweden gegenüber, ein verschanztes Lager bezogen. Sigismund III. selbst war mit dem Kronprinzen Wladislaw dort angekommen und unternahm am 25. Juli 1629 von drei verschiedenen Punkten einen allgemeinen Sturm auf die schwedischen Verschanzungen, der aber mit bedeutendem Verluste zurückgeschlagen wurde. Krankheiten und Mangel an Lebensmitteln zwangen ihn endlich, seine Stellung gänzlich aufzugeben, und die bei

Nacht Abziehenden steckten selbst ihre Zelte in Brand. Da ritt, wie *Hartwich* berichtet, Gustav Adolf am folgenden Morgen mit Lust unter dem Rauche des Lagers herum. Seine Seele aber bewegten bereits ganz andere Entwürfe. Und so reichte er denn willig die Hand zur Versöhnung, als ihm, da er eben auf einer Wiese bei dem Dorfe Zäyer zu Rosse saß, die Bedingungen eines sechsjährigen Waffenstillstandes überbracht wurden, welcher demnächst am 26. September auf dem Felde bei Altmark wirklich zum Abschluß kam. Gustav Adolf kehrte nun wohlgemut nach Schweden zurück; aber er sah Preußen nicht wieder, denn noch vor Ablauf dieses Waffenstillstandes war er in der Schlacht bei Lützen gefallen.

In demselben Jahre (1632) starb auch sein Gegner Sigismund. Der Waffenstillstand ging zu Ende; nun standen Wladislaw IV. und die minderjährige Königin Christine von Schweden mit den unvereinbaren Ansprüchen ihrer Väter einander gegenüber, beide sich zu neuem Kampfe rüstend. Da traten Brandenburg und England vermittelnd dazwischen. Die Abgeordneten beider Mächte hielten ihre Beratungen auf dem Schlosse zu Marienburg, in dessen Nähe sich auch die andern beteiligten Gesandten eingefunden hatten. Zu den gemeinschaftlichen Zusammenkünften aber wurde das Dorf Stuhmsdorf erwählt, wo mitten im Dorfe für die Gesandten Polens und Schwedens zwei Zelte und zwischen beiden ein hölzernes Gebäude für die von Brandenburg und England aufgerichtet waren. Hier hatten der schwedische und polnische Feldherr, der erstere mit einem Gefolge von zweihundert, der andere von dreihundert Personen, eine verabredende Zusammenkunft. Sie sprachen unter vielen Feierlichkeiten und in Begleitung der beiderseitigen Gesandten zuerst unter freiem Himmel zwischen den Zelten, jener in deutscher, dieser in lateinischer Sprache, und traten dann, jeder durch eine besondere Tür, in das hölzerne Gebäude, in welchem am 10. September 1635 endlich ein sechsundzwanzigjähriger Waffenstillstand unterzeichnet wurde, wonach die Schweden alle ihre Eroberungen in Westpreußen an Polen, Pillau aber an den Kurfürsten von Brandenburg zurückgaben, ganz Westpreußen also wieder unter polnische Hoheit zurückkehrte. Und so beendigte denn dieser Krieg seinen verheerenden und blutigen Kreislauf gerade mit derselben Lage der Dinge, von welcher er vor neun Jahren ausgegangen war. Die Stelle, auf welcher der Friede von Stuhmsdorf unterzeichnet wurde, ist durch einen Stein bezeichnet, der, von einem Geländer umgeben und mit Bäumen umpflanzt, noch fortwährend erhalten wird.

Einen ganz gleichen Ausgang hatte ein zweiter schwedischer Krieg (1655–1660), durch welchen König Johann III. von Polen die Ansprüche auf die schwedische Krone erneuerte, und auch dieses Mal wurde Marienburg wieder die kostbare Ehre zuteil, für Preußen den Mittelpunkt des Kriegsgetümmels zu bilden und mehre Belagerungen zu erfahren.

Es war namentlich der schwedische General Steenbock, welcher am 14. Februar mit seiner Mannschaft vor dem Platze erschien. Schon in der folgenden Nacht wurden die Vorstädte genommen und bald darauf ein Ausfall der Belagerten mit großem Verluste zurückgeschlagen. Hierdurch erschreckt wollte die Bürgerschaft nicht das Äußerste abwarten, sondern öffnete dem schwedischen General, ohne Vorwissen der Besatzung, das Marientor. Nun warf die letztere sich in das Schloß, welchem aber durch Schießen und Bombenwerfen so scharf zugesetzt wurde, daß dasselbe sich schon am 16. März ergeben mußte. Viele von der polnischen Mannschaft traten unter die schwedischen Fahnen, die übrigen, worunter der Woiwode, der Ökonom und ein Graf Schaffgotsch, wurden nach Danzig abgeführt. Marienburg aber erhielt jetzt wieder schwedische Besatzung, welche es nach allen Richtungen hin stärker befestigte. Auf der Südostseite, wo die Stadt außer der Mauer und dem sehr festen Tore nur einen Graben hatte, wurden rasch Erdwälle aufgeworfen und an der Nordostseite der Vorburg sowie um den Brückenkopf jenseits der Nogat neue Außenwerke angelegt. Von hier aus plänkelte der Krieg noch eine Zeitlang unbedeutend fort, bis durch den Frieden von Oliva im Jahre 1660 alle widerstreitenden Ansprüche endlich ausgeglichen und in Preußen die Zustände abermals, wie sie vor dem Kampf gewesen, wiederhergestellt wurden.

Kaum aber hatte die Waffenruhe die gemeinen Leidenschaften sich selbst überlassen, so sehen wir auch schon in Polen jene vielköpfige Hyder sich emporringeln, die das unglückselige Reich allmählich zerfleischt hat. Den ersten Zankapfel unter die Händelsüchtigen warf die neue Königswahl nach Johann[s] III. Tode. Auf der zwiespaltigen Wahlversammlung am 27. Juni 1697 wurde von der einen Partei der Kurfürst von Sachsen, Friedrich August, von der andern der französische Prinz von Conti zu Königen ausgerufen. Der erstere erschien zu Krakau in großer Pracht mit 4000 Sachsen und dem Anerbieten von zehn Millionen Gulden, der andere mit sechs Fregatten vor Danzig, armselig, ohne Geld und auf gemeinem Zinn speisend.

In diese Verwirrung wurde unverhofft auch Marienburg mit hineingerissen. Der dasige Starost Dzialinski gehörte nämlich, durch französisches Geld gewonnen, zu den eifrigsten Anhängern Contis, wollte die Stadt zu derselben Ansicht zwingen und drohte, die sich weigernde in den Grund zu schießen. Und in der Tat, die in der Umgegend zerstreuten und auf seinen Befehl heranrückenden, französisch gesinnten Litauer gaben seinen Drohungen einen bedenklichen Nachdruck. Die bestürzte Bürgerschaft verdoppelte ihre Wachen, der Starost lief wie ein Rasender mitten in der Nacht mit brennenden Fackeln auf den Zinnen des Schlosses herum. Die gefährlichen Litauer kamen unterdes immer näher; schon ließ Dzialinski die Stücke auf die Schloßwälle bringen, um die Stadt in Brand zu stecken, schon hatte die letztere ihre

Kanonen gleichfalls auf den Straßen gegen das tollgewordene Schloß gerichtet. Da langte plötzlich und zu guter Stunde die Nachricht an, daß ein Korps Sachsen die Franzosen in Oliva überfallen und Prinz Conti sich eiligst wieder nach Frankreich eingeschifft habe. Nun hielt es auch der Starost nicht länger für geraten, an so verzweifelter Sache zum Ritter zu werden, sondern übergab das Schloß den Sachsen, und so nahm der improvisierte Bürgerkrieg von Marienburg glücklicherweise ein unblutiges Ende.

Friedrich August war unterdes als August II. in Krakau gekrönt worden. Sein unglücklicher Plan aber, das von den Schweden besetzte Livland zu erobern, veranlaßte im Jahre 1700 den dritten schwedischen oder sogenannten großen Nordischen Krieg. Voll brennender Ruhmbegier nahm der tapfere, abenteuernde König Karl XII. von Schweden den ihm zugeworfenen Fehdehandschuh auf, verjagte die Sachsen aus Livland, bezwang in kurzer Frist ganz Polen, und schon am 12. Februar 1703 traf August II. flüchtend in Marienburg ein. Hier berief er einen Reichstag, zu welchem jedoch aus Preußen nur die Bischöfe von Ermland und Kulm, die Woiwoden von Kulm und Marienburg und die Kastellane von Kulm und Elbing als polnische Senatoren sich einfanden. Doch Karl trieb bald alle wieder auseinander. Denn während der Reichstag noch die Mittel zur Fortsetzung des Krieges beriet, hatte er schon das sächsische Heer bei Pultusk geschlagen, Thorn erobert und geschleift und erschien am 8. Dezember im Durchfluge in Marienburg, wo er selbst spät des Abends dem Bürgermeister, von diesem unerkannt, die Stadtschlüssel abforderte.

In Polen aber schlugen überall schon die Flammen des Bürgerkrieges auf. Unter dem Vorsitze des Kardinals und Reichsprimas Radziejowski hatte sich dort die sogenannte Warschausche Konföderation gebildet, welche sich für Schweden erklärte und den bisherigen Woiwoden von Posen,

Stanislaus Lesczinski, zum König ausrief, während das Wahlfeld mit sechshundert Schweden besetzt war und Karl selbst mit seinem Heere in der Nähe hielt. Sofort trat dem eine zweite, die Sendomirsche Konföderation entgegen, die für August II. war. Dieser hatte inzwischen zwar Warschau wieder erobert, allein Karl eilte ungestüm aus Preußen zurück, entsetzte die Stadt, verfolgte das sächsische Heer bis über die schlesische Grenze und brachte es nach mehreren Gefechten dahin, daß Stanislaus Lesczinski am 4. Oktober 1705 zu Warschau gekrönt und von August im Altranstädtischen Frieden anerkannt wurde.

König Stanislaus kehrte nun in sein zerrüttetes Reich, und zwar über Grodno, nach Preußen zurück und zog den 10. Juli 1708 mit vielen Kavalieren und achtzehn Karossen feierlich in Marienburg ein, wo er auf dem Mittelschloß vier Monate lang Hof hielt. Am folgenden Morgen ließ die Königin, wohlangekleidet im Bette sitzend, den Rat der Stadt zum Handkusse zu, von dem sie in lateinischer Rede bewillkommt wurde und gewohntermaßen ein goldstückenes Beutelchen mit fünfzig Dukaten empfing. Auch schrieb Stanislaus hier einen außerordentlichen Landtag aus, mußte aber wegen der fortdauernden Unruhen im Oktober Marienburg wieder verlassen und zu der ihm ergebenen litauischen Armee seine Zuflucht nehmen, während die Königin sich einstweilen nach Danzig begab.

Die äußerlich hergestellte Ordnung nämlich, ja selbst der Triumph eines freilich auf schwedischen Schilden erhobenen eingeborenen Königs vermochten keineswegs die in rohem Dünkel, Eigennutz und getäuschten Hoffnungen wildzerfahrenen Gemüter zu bändigen. Die Sendomirsche Konföderation hatte vielmehr das schon früher von August II. angeknüpfte Bündnis mit Zar Peter eifrig wieder erneuert, und nun schwärmten, um die Verwirrung immer bunter zu machen, auch noch Russen im Lande umher, und Marienburg, im Mittelpunkt zwischen den reichen, alles Raubgesindel anlockenden Werdern, mußte abermals für alles die Zeche bezahlen.

Schon im Jahre 1705 war es von dem Marschall der für August verbundenen Kronarmee, Chomentowski, berannt worden. Die Bürgerschaft war zur Übergabe bereit, allein ein schwedischer Hauptmann, welcher mit achtzig Mann in der Stadt lag, wollte den ihm von dem Rat bewirkten freien Abzug nicht annehmen. Da drangen gegen 3000 Polen und Sachsen durchs Marientor herein, das Schießen der Polen, das Angstgeschrei der sterbenden Schweden war, wie eine handschriftliche Chronik berichtet, entsetzlich anzuhören; dann stürmten die Polen, von den besonneneren Sachsen vergeblich auseinandergepeitscht, die Häuser, die Schweden wurden teils niedergehauen, teils mit ihrem tapferen Hauptmann gefangen, die Stadt aber zwei Tage lang geplündert.

Ein andermal (1709) machten Streifzügler von der Sendomirschen Konföderation zur Nachtzeit einen Angriff auf Marienburg. Sie schlichen über das Eis der zugefrorenen Nogat in das unbesetzte Schloß, überfielen die schwedische Torwache und drangen nun aus dem Schlosse über den Kirchhof gegen den Markt vor. Nun eilten indes die Schweden aufs Vorschloß und leisteten dort so lange entschlossenen Widerstand, bis schwedische Hülfe aus Mewe eintraf.

Doch mitten in diesem Gewirre, in dem man kaum Freund und Feind zu unterscheiden vermag, wechselt schon wieder die Szene des tumultuarischen Dramas. Karl XII., welcher tollkühn die Sache auf die Degenspitze gestellt und wie ein verwegener Spieler die Kriegswürfel in das Moskowiterreich geschleudert hatte, war am 8. Juli 1709 geschlagen worden. Da fühlte plötzlich auch sein Schützling Stanislaus seinen Thron unter sich wanken, gab fortan alle Hoffnung auf und flüchtete mit den Schweden nach Pommern. Ebenso rasch mußte auch in Marienburg die schwedische Besatzung den

Polen und die polnische den Sachsen unter Goltz weichen, der als sächsischer Bevollmächtigter die Starostei und das ökonomische Amt übernahm.

Am 2. Juni 1710 aber kam August II. selbst, nachdem er auf dem Reichstage zu Warschau sich auf dem polnischen Throne befestiget, in Marienburg an. Er hatte die Reise zu Wasser gemacht, vor Marienburg stieg er ans Land und ritt eiligst durch die Stadt nach dem Schlosse. Ihm folgten seine Geliebte, die Gräfin Cosel, und ein Troß von einigen hundert Handpferden, Wagen und Mauleseln.

Für die erstere waren im Schlosse mehrere eigene Zimmer besonders eingerichtet worden, und es ist eine seltsame, fast bittere Ironie des Schicksals, die schöne leichtfertige Gräfin in denselben Gemächern ihre Schminkpflästerchen auskramen und mit Fächer und Reifrock einherrauschen zu sehen, wo einst der Hochmeister waltete und nur der ernste Tritt geharnischter Männer erklang. – Der lebensfrohe, sinnlichkräftige König hatte im Schloß beinah drei Monate lang sein lustiges Hoflager aufgeschlagen. Da wir jedoch diesen Aufenthalt eben durch keine bedeutende Staatsaktion bezeichnet finden, so mag hier eines der von ihm dort veranstalteten Feste, als ein lebhaftes Spiegelbild jener Zeit, die Lücke ausfüllen.

Es war dies nämlich ein großes, sechstägiges Scheibenschießen nach neun verschiedenen Scheiben, wozu der König die noch von Winrich von Kniprode herstammende Schützenbrüderschaft von Marienburg eingeladen hatte. In dem äußersten Schloßgraben nach dem Buttermilchsturm hin waren das Schießhäuschen und besondere Zelte für den König, die Generale, Offiziere und Bürgerschaft aufgerichtet; hinter dem Turm am Ziele aber saßen in einem schönen Zelte der Hofmarschall Reinbold, der Hofstallmeister Ragnitz und der oberste Bürgermeister nebst einem Ratsverwandten als Kampfrichter, hinter jedes Schützen Namen die Nummer des Schusses vermerkend, die außerdem noch von dem Zieler in

Kurtisanskleidung mit einer Fahne angedeutet wurde. Auch der königliche Mohr mußte mitschießen, und da er als ein schlechter Schütze bekannt war, so ließ man, so oft er die Scheibe vorbeigeschossen, über derselben, zum großen Vergnügen des Königs, einen hölzernen Hasen, Fuchs oder Hahn erscheinen. Den Preis des ersten Tages, einen großen, gläsernen, schöngearbeiteten Pokal, gewann der marienburgische Chirurgus Wagner. Da erhob sich nun des Abends der Zug von dem Kampfrichtergezelt nach der Schießbude: zuerst der königliche Kämmerer, darauf zwei königliche Pagen, deren einer den Pokal, der andere einen neuen Teller mit Marzipan trug, ihnen folgten die Stadtmusikanten, dann kam ein königlicher Lakai, welcher eine Schüssel mit Sauerkraut und gekochter Wurst trug, neben ihm ein anderer mit einer irdenen Kanne Bier und endlich die jüdischen Musikanten des Königs. Bei der Schießbude wurde dem Wagner der Pokal mit ungrischem Wein gefüllt, den er auf des Königs Gesundheit austrinken mußte, dem aber, der den schlechtesten Schuß getan, ward das Sauerkraut nebst Wurst und der Kanne Bier überreicht. – Diese lächerliche Prozession wiederholte sich an jedem Abende des Festes, und nur die Preise wechselten. So bekam der Bortenwirker Käfer eine fette Sau mit sieben Ferkeln in einem mit einem eisernen Gitter versehenen Käficht auf Rollen, der ihm mit wohlklingendem Spiel der jüdischen Hofmusikanten nach Hause gebracht wurde. Nach völlig beendetem Schießen aber mußten diejenigen, welche in allen Scheiben keinen Schuß hatten, ihre rechten Schuhe hergeben, die der König an die letzte Scheibe nageln und diese in dem Bürgerschießhause aufhängen ließ, in welchem sie sich bis zum Jahre 1807 befand, wo sie von den Franzosen samt dem Schießhause vernichtet wurde. Der König selbst hatte sich bei dem Feste als ein wackerer Schütze erwiesen und unter andern eine silberne, starkvergoldete Tabaksdose gewonnen, die er der Gräfin Cosel schenkte; nicht so sicher muß die letztere gezielt haben, denn die Sage bezeichnete einen der angenagelten Schuhe als den ihrigen.

Schon am ersten Schießtage aber, ohne sich jedoch dadurch in seiner Lust stören zu lassen, erhielt August die Kunde, daß die Polen abermals den König Stanislaus und die Schweden ins Land gerufen. Auch war nach einem unerhört harten Winter, der über die Ostsee, die beiden Belte und den Sund eine Eisbrücke schlug und ganze Häuser mit Schnee bedeckte, in Preußen die Pest ausgebrochen und näherte sich immer drohender auch Marienburg, wo sie in diesem Jahre allein 1102 Menschen, den vierten Teil aller Einwohner, hinwegraffte. Der König zögerte lange, ihr zu weichen; als jedoch zwei von seiner eigenen Dienerschaft daran starben, setzte er den bereits nach Marienburg ausgeschriebenen Landtag aus und begab sich zuerst nach Danzig und am 14. Dezember endlich nach Sachsen zurück.

Hinter ihm aber schlugen die empörten Wogen sogleich wieder in das alte Chaos zusammen. Neue Konföderationen sandten neue Schwärme nach allen Richtungen hin aus, und Marienburg wurde, obgleich der Krieg mit den Schweden diesmal in Pommern spielte, noch einmal der Tummelplatz sächsischer, russischer und polnischer Truppen. Wenig änderte es, daß der Friede mit Schweden im Jahre 1721 die Ruhe wenigstens äußerlich wieder herstellte; denn unbelehrt von der Erfahrung, wählten die Polen nach August[s] II. Tode (1733) von neuem zwei Könige, den oft erwähnten Stanislaus Lesczinski und August III. Auch dieses Mal mußte zwar der in vergeblicher Prätendentschaft ergraute Stanislaus seinem von russischen Heeren unterstützten Gegner, welcher auf dem Reichstage von 1736 allgemein als König anerkannt wurde, das Feld räumen; allein die innern Parteien wüteten gegeneinander und gegen die Russen im Lande unaufhaltsam fort und versenkten das unglückliche Reich immer tiefer in die vollständigste Anarchie. Kein Wunder daher, daß die

Russen dasselbe schon während des Siebenjährigen Krieges als ein herrenloses Gut behandelten und, obgleich der polnische Staat bei diesem Kriege nicht beteiligt war, im Lande und namentlich zu Marienburg ihre fortdauernden Winterquartiere nahmen.

Auf solche Weise hatten die Polen endlich ihr Staatsschiff, das jeder nach seinem Kopfe steuern wollte, gründlich zerschlagen, es mußte an der eigenen Maßlosigkeit zerschellen. Am Ufer aber saßen die Nachbarn und übten das uralte Strandrecht an den Trümmern; so entstand im Jahre 1772 die erste Teilung Polens zwischen Rußland, Osterreich und Preußen, wobei dem letztern Westpreußen mit Marienburg zufiel.

*

In dem vorbeschriebenen Zeitraume näherte sich das Schloß Marienburg immer mehr dem Verfalle. Schon seit dem ersten schwedischen Kriege hatten die westpreußischen Stände auf ihren Landtagen zu wiederholten Malen auf die Instandhaltung und stärkere Befestigung desselben gedrungen. Aber ihre Anträge blieben unbeachtet; die Starosten, nur auf ihren kleinlichen Vorteil bedacht, legten auf den Schloßumgängen und Wällen Gärten an und bauten gelassen ihren Kohl in den Festungswerken. Um so emsiger zerarbeiteten Wind und Regen die alten Zinnen und Mauern. Im Jahre 1696 stürzte der rechte Turm in der Brückenschanze jenseits der Nogat, bald darauf der Brückentorturm an der Lorenzkirche zusammen, der erstere mit solcher Gewalt, daß er das Wasser im Graben weit über die nächsten Häuser hinausspritzte und die darin befindlichen Eiswächter erschrocken nicht anders meinten, als es habe die Nogat den Damm durchbrochen. Den Türmen folgte endlich die unter dem Hochmeister Dietrich von Altenburg erbaute Jochbrücke, welche der starke Eisgang von 1735 zerstörte.

Besonders entstellt aber, ja fast alles Ansehens einer Festung beraubt wurde das Schloß dadurch, daß die Starosten seit dem 16. Jahrhundert zunftlosen Ansiedlern gegen Bezahlung und eine jährliche Abgabe die Erlaubnis erteilten, auf den Schloßgründen städtisches Gewerbe, Handwerke und Handel zu treiben. Vergebens tat die Stadt, welcher das Recht der Bannmeile gesetzlich zustand, wiederholten Einspruch gegen dieses willkürliche Verfahren. Die Starosten befanden sich zu wohl dabei und boten durch öffentliche Patente jedermann Aufnahme und maßlose Nahrungsfreiheit an. Da strömten denn insbesondere die sogenannten Schotten herbei, ein Mischvolk von Brabantern, Engländern und Schottländern, die, wegen religiöser oder politischer Händel aus ihrem Vaterlande vertrieben, hausierend gleich den Juden das Land durchschweiften und es natürlich vorzogen, ihr Wesen lieber am Schlosse fortzutreiben, als sich den städtischen Einschränkungen und bürgerlichen Lasten zu unterwerfen. Erst nisteten sie sich auf den vernichteten Festungswerken zwischen dem Schlosse und der Nogat ein, bald aber wurde ihnen hier der Raum zu schmal und auch die nördliche, eigentliche Vorburg immer weiter und weiter nach Südost hin mit Hökern, Krämerbuden, Wein-, Bier- und Branntweinschenken überschwemmt; ja, als im Jahre 1715 die marienburgische Ökonomie verpachtet wurde, richtete der Pächter dort sogar eine öffentliche Waage und Jahrmärkte ein. Und so war denn nach und nach bis zur Mitte des achtzehnten Jahrhunderts das ganze Schloß von einer schachernden Gesindelstadt umzingelt und umqualmt, deren elende Häuser die Burg, namentlich an der Nogatseite, bis weit über die Fenster der Erdgeschosse hinaus mit dem Schmutze des Lebens verdeckten.

Doch auch außerdem wurde das Schloß in jener Zeit noch durch verschiedene *Anbaue* nach Bedürfnis oder Laune mannigfach verunstaltet. Die Jesuiten, nachdem sie vergeblich in der Stadt Grundstücke anzukaufen versucht hatten, führten im Jahre 1650 mit Benutzung des alten Pfaffenturmes zwischen der Schloßkirche und dem südöstlichen Flügel des Mittelschlosses ein großes Gebäude, das sogenannte Jesuiterkollegium, auf, während sie zugleich die Schloßkirche und die darunter befindliche Annenkapelle in Besitz nahmen. Dem Jesuiterkollegium gegenüber, an die Nordecke des hohen Schlosses gelehnt, stand auf der Stützmauer des Erdumganges ein niedriges Haus und versperrte den ehemaligen Zugang zu der Laufbrücke, welche auf dieser südwestlichen Seite des hohen Schlosses in die Stadt führte. Daher wurde zur Herstellung der notwendigen Verbindung nunmehr durch die beiden einander gegenüberstehenden Türen der St. Annenkapelle ein allgemeiner Durchgang eröffnet, der wohl manche Beschädigung an den Verzierungen dieser Eingänge veranlaßt haben mag. Als im Jahre 1737 der vorletzte marienburgische Starost von Rexin, mit Bewilligung der Jesuiten, in dem hintern Teil der Annenkapelle ein abgesondertes Erbbegräbnis anlegte, hatte man über dem neuen Gewölbe des letztern gleichzeitig einen Durchgang unter der Schloßkirche, die sogenannte Bullerbrücke, eingerichtet und hierdurch die Passage durch die Kapelle wieder abgestellt. Auch längs des Grabens, welcher das Mittelschloß vom hohen Schlosse scheidet, war ein schlechtes, langes Gebäude von Fachwerk aufgerichtet, indes schon in der ersten Hälfte des achtzehnten Jahrhunderts wieder abgebrochen worden. Am ungehörigsten und widerlichsten aber erwies sich mit seinen Schnörkeln und halbrunden Dachzinnen ein plumper Überbau von zwei Stockwerken, welcher unten ein Wachthaus enthielt und den irgendein Starost wahrscheinlich um die Mitte des siebzehnten Jahrhunderts in dem Winkel, den des Meisters Kapelle mit dem Konventsremter bildet, eingeflickt hatte.

Im *Innern* dagegen erlitt das Schloß selbst seine früheste Mißhandlung durch einen betrügerischen Schatzgräber.

Hennenberger macht darüber (freilich nach Simon Grunau) folgende Mitteilung: „Anno 1493 wollt' Hans von Tieffen, der Hochmeister, seine Brüder in des Ordens Regeln halten. Da entlief Bruder Veit von Kochenberg von Labiau mit eines Bauern Tochter, dem ließ er hart nachstellen. Er entkam auf das Schloß Marienburg, gab für, wie er in des Ordens Registern gefunden, wo groß Geld im Schloß vermauert und verborgen liege. Des wurden die Polen sehr froh, ließen ihn das Schloß oben und unten zerhacken und zerwühlen und großen Schaden thun. Er ging auch in St. Annengruft, nahm etzliche ganze Leiber heraus, zog ihnen die güldenen Ringe von den Fingern. Endlich merkten die Polen seinen Betrug, ließen ihn zur Staupe schlagen und eine Krone an die Stirn brennen; wo er verblieben, das weiß man nicht." – Nicht besser erging es 1714 einem zweiten Schatzgräber. Dieser, ein sächsischer Soldat von der Besatzung in Elbing, verleitet durch eine alte Sage und vorgebliche Erscheinungen, wußte die Schloßobrigkeit für seinen Wahn so zu gewinnen, daß sie ihm selbst die Arbeiter dazu stellte. Da suchte er bald da, bald dort, grub sich, häufig von den nachrollenden Steinen fast verschüttet, in hastiger Gier bis unter die Fundamente hinab und wühlte und wühlte, bis er in Wahnsinn verfiel und bald darauf im Kerker sich selbst das Leben nahm. Die Sache machte damals so großes Aufsehen, daß der Magistrat zu Marienburg eine eigene Druckschrift ausgehen ließ, um öffentlich zu zeigen, daß er an der Schatzgräberei keinen Teil habe.

Doch dieses waren nur kleine Vorspiele. Die gründliche Zerstörung, welcher die Burg anheimgefallen, begann mit dem Brande des *hohen Schlosses* im Jahre 1644. Ein polnischer Büchsenmeister, der wie gewöhnlich bei dem Fronleichnamsfeste vom Zinnenumgange aus Böllern kanoniert, hatte in der Trunkenheit die brennende Lunte auf dem Boden vergessen; der Brand erfaßte und vernichtete das ganze Dach. Mehr aber vermochte er nicht an dem gewaltigen Baue, denn

nicht nur alle Treppen waren ja steinern und alle Gänge und
Zimmer gewölbt oder mit Ziegeln oder Fliesen geflurt, sondern auch alle Fensterköpfe und sogar die Fensterrahmen von
Stein und Eisen. Allein was das Feuer verschont, verwirt-
schafteten die Starosten, denn das Haus blieb sechzig Jahre
hindurch unbedeckt, bis es endlich August II. bei seiner
Anwesenheit in Marienburg, leider allzu spät, mit einem
notdürftigen Dache versehen ließ. Wind, Schnee und Regen
hatten bereits das dritte Stockwerk verwüstet und das zweite
hie und da beschädigt, die Zinnen waren längst verfallen, die
Ecktürme auf der südwestlichen Seite, zum größten Teil auch
die Bogengänge im Innern des Hofes stürzten allmählich ein.
So teilten sich, bei der Gleichgültigkeit der Menschen, die
Elemente in die preisgegebene Beute.

Das *Mittelschloß* war, wie bereits oben erwähnt, zum Sitz
des Starosten und zur gelegentlichen Wohnung der Könige
bestimmt worden, ein Umstand, dem wir zwar die wesentliche Erhaltung des Ganzen zu verdanken haben, welcher aber
auch mancherlei verunglimpfende und verwirrende Umbaue
veranlaßte. Die meisten der letzteren mußte sich die ehemalige Hochmeisterwohnung, der jetzige eigentliche Königs-
sitz, gefallen lassen, um sie, nach dem Kleinsinn und Unge-
schmack der Zeit, den neuen Herren genehm und bequem zu
machen. Da ward denn der alte ritterliche Eingang zu gering,
die Gemächer oben zu hochmächtig befunden. Anstatt des
alten Aufganges hatte man vom Hofe zum oberen Stockwerk
eine Außentreppe an Meisters Kapelle angelehnt, diese aber
nebst der daranstoßenden Schlafkammer des Hochmeisters,
nachdem die Zwischenwand abgebrochen worden, in einen
Hausflur verwandelt und dadurch das Andenken der Kapelle
so gründlich verwischt, daß in der neueren Zeit nicht einmal
eine Sage oder Vermutung über ihr ehemaliges Dasein vorhanden war. In dem östlichen Teile des alten Hausflurs aber
sowie in Meisters Gemach hatte man die Gewölbe eingeschla-

gen und durch Balkenlagen und Fachwerkwände zwei Stockwerke mit niedrigen Zimmern und Holzdecken eingeklebt.
Dasselbe Schicksal, wiewohl mit Verschonung des dort ungleich höheren Gewölbes, erfuhr Meisters kleiner Remter;
hier waren die Zimmer, welche, der Sage nach, die Gräfin
Cosel bewohnt hatte, so wie denn die Embleme eines dort
vorgefundenen Kamins überhaupt darauf hindeuten, daß
diese Verschlimmbesserung erst unter August II. vorgenommen worden. An den prächtigen Gang dagegen und an
Meisters großen Remter (seit Kasimirs Zeit der Königssaal
genannt) wagte sich dazumal der Frevel noch nicht. Auch der
Konventsremter, obgleich unbenutzt, blieb in seinen Ehren
und Würden; nur einige Fenster wurden zugemauert und
hier, wie in den übrigen Zimmern, die unterirdischen Hei-
zungen abgestellt, deren Stelle überall große Kachelöfen einnahmen. Die beiden anderen Flügel der mittleren Burg aber,
von den Starosten und deren Beamten bewohnt, hatten
gleichfalls ihre Pfeiler, gewölbten Zimmer und Säle und im
wesentlichen die ganze alte Einrichtung bewahrt.

So war der Zustand des Schlosses zur Zeit der preußischen
Besitznahme.

III

Die Zopfzeit

1772

Es war am 14. September dieses Jahres bei Anbruch des
Tages, da vernahm man Trompetenklänge durch die scharfe
Morgenluft; preußische Dragoner zeigten sich unerwartet
vor dem Marientore der Stadt. Die Schildwacht der kleinen
polnischen Besatzung zog den Schlagbaum herunter, als aber
der vorderste Reiter sein Pistol auf den Polen anlegte, ließ

dieser erschrocken die Kette los, der Schlagbaum hob sich wieder und die Dragoner, denen der Generalmajor von Thadden mit einem Bataillon des Garnisonregimentes von Sydow auf dem Fuße folgte, rückten rasch und unangemeldet in die überraschte, kaum erwachte Stadt und stellten sich auf dem Markte auf.

Sofort wurde nun der Konventsremter würdig ausgeschmückt und auf der Nordostseite desselben ein Thron errichtet. Schon am 27. September waren die Abgeordneten der Landstände auf dem großen Platze der Vorburg versammelt, und nachdem sie hier durch eine Rede des evangelischen Predigers Witthold für die Feier des Tages vorbereitet worden, begab sich der Zug in den Saal zur Huldigung, welche der Oberburggraf von Rohde und der Oberpräsident von Domhardt als Stellvertreter des Königs annahmen. Ein Herold warf neugeprägtes Geld unter die im Schloßhof versammelte Volksmenge aus, und ein Festmahl in Meisters großem Remter beschloß die Feier. Zum Gedächtnis der letzteren aber hatte man eine Denkmünze ausgegeben, welche auf der Vorderseite das Brustbild des Königs und auf der Rückseite, wo dem Monarchen die Karte von Westpreußen huldigend überreicht wird, die Umschrift: Regno redintegrato fides praestita Mariaeburgi MDCCLXXII zeigt. Die große, in Gold ausgeprägte erhielt die Stadt Marienburg, die sie in ihrem Archive dankbar aufbewahrt, der Konventsremter aber wurde seitdem der Huldigungssaal genannt. Und so war denn Westpreußen, nach jahrhundertelanger Trennung, mit dem stammverwandten, inzwischen zum Königreich erhobenen Ostpreußen wieder vereinigt und der Monarchie Friedrichs des Großen einverleibt.

Marienburg hatte durch die verschiedenen Wandelungen erst den Fürstensitz, jetzt auch die unter polnischer Hoheit behauptete Suprematie über die kleineren Städte verloren. Zum Ersatz und „um dessen Gewerbe zu fördern" erhielt es nunmehr ein ganzes Regiment Soldaten als feststehende Garnison. Aber diese Gunst gegen die Gewerbe schlug zu künstlerischer Ungunst aus. Die zahlreiche Mannschaft wollte untergebracht, die arme Bürgerschaft mit Einquartierung verschont sein. Es konnte daher nach damaligem Gedankenzuge nicht fehlen: das zunächst gelegene hohe Schloß wurde ohne weiteres zur Kaserne verarbeitet. Indes ging man dabei, wenn auch eben nicht mit Pietät, so doch noch immer mit einer gewissen Mäßigung zu Werke, die sich auf das wirkliche Bedürfnis beschränkte; und in der Tat, der einstige Sitz soldatischer Ritter und jetzt der Zwinger einer ritterlichen Soldateska waren einander so gar fremde nicht. So wurden denn das alte Tor nach dem Mittelschlosse hin, der Bogengang, der im zweiten Stock der nordöstlichen Seite vom Kapitelsaal zur Kirchtüre führte, inmitten des Schloßplatzes der herrliche Brunnen, desgleichen überall die vorhandenen Gewölbe diesmal noch verschont und nur, wo diese bereits eingestürzt waren, Balkenlagen zu den neuen Zimmern gelegt; ja man ließ sogar die inneren, größtenteils bis auf den Boden verfallenen Bogengänge im untersten Stocke neu wölben und die Mauer auch im zweiten Stocke mit Bogenhallen aufführen, nicht ahnend, welche saure Mühe man damit den künftigen Zertrümmerern bereitete. Nur in dem großen schönen Kapitelsaale hatte man den Polen das Kunststück nachgemacht, ihn, wiewohl auch hier mit Bewahrung des Gewölbes, durch eingezogene Balken in zwei Stockwerke zu zerlegen, und „da gab es denn", wie gerühmt wird, „gar schöne Zimmer für die Herren Offiziere". Gleichzeitig wurde an der Südwestseite des Schlosses ein großes Tor mit modernen Verzierungen nebst einer Durchfahrt nach der Stadt hin angelegt, dem ganzen Baue aber äußerlich durch einen neuen Anwurf, durch das Vermauern der Schießscharten und alten Fenster sowie durch die Regelmäßigkeit der neuen für immer sein altertümliches Aussehen genommen.

Die wenigste Veränderung erlitt das Mittelschloß. In dem südöstlichen und nordöstlichen Flügel desselben zogen die polnischen Beamten aus und General, Oberst und Stabsoffiziere ein. Der eigentliche Prachtbau, die Hochmeisterwohnung, blieb unbenutzt in dem verzwickten, konfusen Zustande, wie ihn die Polen hinterlassen; nur das erste Kellergeschoß ließ man zu Gefängnissen einrichten, das zweite gänzlich verschütten und unzugänglich machen. Die weiten, luftigen Hallen des Konventsremters dagegen wurden in ein Exerzierhaus für die Besatzung verwandelt und zu diesem Behufe der freilich damals schon verfallene Brunnen vor dem Eingange zerstört, dieser Eingang breiter und höher ausgehauen, im Remter selbst aber die steinernen Sitzbänke weggebrochen, mehrere Fenster vermauert und die Fliesen vom Boden aufgenommen, welche einer soliden Sanddecke Platz machen mußten. Auch die anstoßende große Konventsküche, in der noch der Huldigungsschmaus zubereitet worden war, mußte sich zu einem Pferde- und Kuhstall umgestalten lassen, welchem zum Trotz das Gewölbe darunter dennoch fortgedauert und bis auf den heutigen Tag sich erhalten hat. Indes schien der Remter bei seiner unverhofften neuen Bestimmung denn doch gar zu luftig werden zu wollen, und die Regimentskommandeurs klagten dringend und wiederholt, daß die Fenster offen ständen und das Dach den Einsturz drohe.

Schon war Plan und Anschlag fertig, wonach mehrere Türme und insbesondere auch der schöne Giebel an der Nordecke des Schlosses sowie die Mauern und Zinnen des Verteidigungsganges unter dem Dache abgebrochen werden sollten. Allein Friedrich der Große erklärte, wie in einer Erleuchtung, „daß er keinen Pfennig dazu hergeben könne", und so wurde die heimtückische Reparatur abgewendet und der Saal für die Nachwelt gerettet.

Indes war dem Schlosse die härteste Belagerung, die es jemals erlitten, schon bereitet. Der Geist der Zeit unterwühlte und umzingelte es mit seinen Minen und Approchen, wie ein Maulwurf, immer näher und enger. Wir meinen jenes philisterhafte Utilitätssystem, das keinen Wasserfall duldete, wenn er nicht wenigstens eine Mühle trieb, das die Schönheit nur als einen sehr überflüssigen Schnörkel der sogenannten öffentlichen Wohlfahrt begriff und dem aller Genius, weil er sich nicht sofort bei dem klappernden Räderwerk der Staatsmaschine applizierte, überall hinderlich im Wege stand. Ihm war besonders des Hochmeisters großer Remter, der sich's noch immer herausnahm, auf seine eigene Hand in müßiger Herrlichkeit zu prangen, schon lange ein Ärgernis gewesen, und hier feierte es denn auch zunächst seinen kostbarsten Triumph.

Die Veranlassung dazu mag wohl ein unterm 1. Januar 1785 wiederholter Befehl Friedrichs des Großen an die marienwerdersche Kammer gegeben haben, wonach die vielen in Marienburg wüste liegenden Häuser durch anzusiedelnde brauchbare Leute neu aufgebaut werden sollten. Es ist klar: weder Sinn noch Worte dieses Befehls deuten auf das Schloß, sondern auf die Bürgerhäuser der Stadt. Allein den Ankauf dieser wüsten Baustellen fand man für den Zweck zu teuer, das Schloß dagegen stand wehrlos in seiner Kostenlosigkeit und war freilich auch schon wüste genug.

Und so sehen wir denn bald die Kammer arbeitsselig Hammer, Brecheisen und Haue schwingen. Von der Höhe des kühnen Vorsprungs, den Meisters großer Remter nach Nordwesten bildet, fliegen Zieraten, eingefugte Kalksteine und große Steinrinnen mit solcher rücksichtslosen Vehemenz herab, daß sie [dem] Eigentümer des nächstgelegenen Hauses Dach, Fenster, Türen und ganze Wandflächen zerschmettern. Aber die modernen Vandalen ruhen und rasten nicht in ihrem fanatischen Eifer; der luftige Mauerkranz mit seinen Brustwehren, Zinnen und zierlichen Ecktürmchen wird abgebrochen und dem Ganzen, als schämten sie sich dennoch ihres Werkes, ein flaches Dach, wie ein breitkrempiger Quäkerhut, über das kahle Haupt gestülpt.

Im Innern des Saales aber nesteln sie, nach der bereits stereotyp gewordenen Manier, wiederum durch eingeschobene Balkenlagen rings um den Pfeiler in der Mitte zwei Stockwerke übereinander, in jedem Stock vier Zimmer und ein geräumiges Vorhaus, zu Fabrikantenwohnungen für Baumwollenweber. Das Gewölbe bleibt verschont, Kamin und Schenkbank aber werden vermauert und die Kalksteinplatten der Schenke und der Fenster sowie die Fensterköpfe ausgerissen und zu Kalk verbraucht. Gleichzeitig, um die neue Anlage mit der älteren polnischen in würdige Verbindung zu bringen, werden die Gewölbe in Meisters Stube eingeschlagen, sämtliche Gelasse der ehemaligen Hochmeisterwohnung aber den Industriösen eingeräumt, und in den Hallen, wo einst Winrich von Kniprode seine Tafelrunde hielt und König Jagjel auf des Ordens Pfeiler, den großen, edlen Plauen, zielte, schnurrten, sausten und klippten nun geschäftige Webestühle.

Allein die Sache hatte keinen sonderlichen Segen. Von den angeworbenen, gesindelhaften Webern, nachdem sie in den Prachtsälen alle großen Erinnerungen gründlich verwohnt und verwirtschaftet hatten, waren bald mehrere fortgelaufen; ein Teil der Zimmer, die niemals alle von Fabrikanten bewohnt gewesen, wurde, wiewohl vergeblich, meistbietend zur Miete ausgeboten, und schon im Jahre 1788 sah sich der Staat genötigt, das ganze Unternehmen wieder aufzugeben, welches demnächst noch einige Zeit von einem mennonitischen Krämer auf eigene Rechnung fortgesetzt wurde, während man aus dem in Meisters großem Remter zugerichteten

Bienenkorbe drei Zellen für eine Armenschule und eine zur
Spinnstube bestimmte.

1801

Das neue Jahrhundert, das in seinem ungestümen Aufgange
schon so vieles Alte niedergeworfen, sollte nun endlich auch
die Vernichtung Marienburgs vollenden. Das Schloß, so
verstümmelt es auch schon war, bot noch immer neue Anfechtungen, weckte noch immer neue Gelüste, und so wurde
denn jetzt, um dort eine Kaserne überflüssig zu machen, die
bisherige Besatzung Marienburgs bedeutend verringert, die
noch übrige Mannschaft in der Stadt untergebracht und das
Schloß zu einem Kriegsmagazin verurteilt.

Diesmal ging man schon kühner und großartiger ans Werk.
Was der gefräßige Zahn der nächsten Vorzeit irgend noch
unbenagt gelassen: alle Gewölbe im hohen Schlosse, selbst
die des Kapitelsaals und im Erdgeschosse, der an der Nordostseite vom Kapitelsaal zur Kirchentüre führende Bogengang, die beiden runden Granitpfeiler, die ihn trugen, sowie
die uralte Tortüre an der Nordecke, im Mittelschlosse aber
sämtliche Gewölbe, Säle und Zimmer des südöstlichen und
nordöstlichen Flügels, die kleine, zierlich gewölbte Bartholomäuskapelle an der Südecke im innern Schloßhofe, der bis an
den Graben hervorspringende Teil des Schloßtores an der
Nordostseite und der achteckige Turm in der Nordecke am
Schloßgraben – dies alles wurde zertrümmert und zu Schütt-
böden für Mehl, Salz und Getreide eingerichtet. Auch die alte
Lorenzkirche in der Vorburg ward zu gemeinem Gebrauch
verkauft und die dabei befindliche Begräbnisstätte geebnet.
Ja, der Oberbaurat Gilly hatte sogar den Vorschlag gemacht,
das hohe Schloß und das Mittelschloß ganz abzubrechen, um
aus den alten Ziegeln ein neues Magazin herzustellen, ein
Plan, der lediglich an einer künstlich balancierenden Berech-

nung der Mehrkosten des zu umfangreich projektierten Neu-
baues scheiterte. Doch – wunderliche Zeit der Verwirrung –
während der alte Gilly über seinem Zerstörungsplane brütet,
sitzt sein Sohn auf den Trümmern, um noch in aller Ge-
schwindigkeit die ursprüngliche Schönheit des Schlosses,
bevor es gänzlich zerstört, für die Nachwelt aufzuzeichnen,
und diese Zeichnungen des leider zu früh verstorbenen talentvollen Architekten, welche demnächst durch das bekannte
Fricksche Kupferwerk über Marienburg veröffentlicht wurden, haben auch wirklich zum ersten Male die Aufmerksamkeit der Mitwelt auf die versinkende Herrlichkeit gerichtet.

Dieser Verwüstung waren, außer den gewaltigen Mauern
des Schlosses selbst, nur noch die Schloßkirche mit dem
großen Marienbilde in ihrer äußeren Vertiefung, die Annenkapelle, der Schloßturm, der geschmückte Eingang in die
Schloßkirche und einige Verzierungen von bunten Ziegeln in
den Mauern entgangen. Der eigentliche Prachtteil aber, die
Hochmeisterwohnung, blieb auch diesmal in seinem derzeiti-
gen jammervollen Zustande, nur wurden jetzt das Proviant-
amt und die Wohnungen der Magazinbeamten dorthin verlegt, und schon im Jahre 1804 waren über den überall über-
schütteten Kellergeschossen die neuen Speicher gefüllt. Das
Ziel war also erreicht und allein an ausgebrochenen Fliesen
eine Beute von 16500 Stück gewonnen; aber das Einschlagen
der Gewölbe und die Einrichtung der Schüttungen hatte so
bedeutende Summen gekostet, daß dafür, wie die noch vorhandenen Anschläge nachweisen, allerdings ein gleichgroßes
Magazin neu erbaut werden konnte, wenn man beide Schlösser unangetastet ließ. So schlug das schadenfrohe Zahlenteu-
felchen seinen Gönnern unversehens ein Schnippchen, für
das zerstörte Schloß nur unnütze Schmach bietend.

Und diese Schmach blieb nicht aus. Schon gleich im Anfange des Magazinbaues hatte dieses rücksichtslose Auswei-
den der Gemäuer mancherlei Gerede und Kopfschütteln

veranlaßt. Erst im Jahre 1803 aber scheint ein scharf rügen-
der, von Max von Schenkendorf verfaßter Aufsatz in No. 136
des „Freimütigen" (eines damals vielgelesenen Blattes) den
Staatsminister Freiherrn von Schroetter, welcher die ganze
Verwüstung angeordnet, über die Bedeutung seines Begin-
nens die Augen geöffnet zu haben. Für das Große empfänglich, wie er immerdar gewesen, und nun fast erschreckt und
überwältigt von der plötzlichen neuen Überzeugung, war
auch seine Umkehr rasch und entschlossen genug. Er gebot
sofort, mit der weiteren Zerstörung einzuhalten, ja der König
selbst befahl mittelst Kabinettsordre vom 13. August 1804,
daß für die Erhaltung des Schlosses, als eines so vorzüglichen
Denkmals alter Baukunst, alle Sorge getragen werden solle.
Aber es war zu spät. Nur der schöne Giebel an der nordwestlichen Seite des Mittelschlosses konnte noch gerettet werden.
Auch hier zwar waren, um ihn niederzureißen, mit unsägli-
cher Mühe die Verbände schon gelöst und um alle Spitzen
und Ecken die Stricke geschlungen, als jenes unerwartete,
allen unbegreifliche Verbot anlangte. So aber, das war allen
klar, konnte die Wand nicht eine Stunde länger verbleiben;
jeder Windstoß drohte der Schwankenden den Einsturz und
den Stürmern die unangenehmste Verantwortung. Da wurde
denn eiligst und mit nicht geringerer Mühsal die ganze Nacht
hindurch bei Fackelschein geklammert, gehoben und gerichtet, und am Morgen prangte der Giebel wieder in seiner alten
Herrlichkeit und steht noch bis zum heutigen Tage.
    Zwar beabsichtigte *Schroetter* nun sogar eine Wiederher-
stellung der noch erhaltenen Schloßteile, und es mußte die
Restauration von Meisters großem Remter sowie die des
Konventsremters veranschlagt werden. Allein noch fehlte
überall Sinn, Verständnis und der rechte Wille; die beteiligten
unteren Baubeamten, in ihren gewohnheitsseligen Handwer-
kerneigungen unbequem gestört, erhoben absichtliche
Schwierigkeiten, und so lief der ganze gutgemeinte Versuch

endlich darauf hinaus, daß im Jahre 1806 die Dächer auf dem Konventsremter und der Hochmeisterwohnung ausgebessert, der Bau aber schon im Herbste wieder eingestellt und wegen des inzwischen ausgebrochenen Krieges auch nicht weiter fortgesetzt wurde.

Wir aber wollen über den in ihrer Art sehr ehrenwerten Männern, welche Hand ans Schloß gelegt, nicht unbillig den Stab brechen. Jede Generation hat ihren eigentümlichen Aberglauben, und in ihrer Zeit befangen, die nicht begreifen konnte, daß Poesie dem Volke so nützlich sei als Mehl oder Speck, glaubten jene ohne Zweifel ehrlich, das Rechte zu tun. Diese Zeit der hausbackenen Nützlichkeit jedoch müssen wir allerdings als eine durchaus prosaische und trostlose bezeichnen, und am wenigsten fanden wir uns veranlaßt, das, was sie verschuldet, zu verbergen oder zu bemänteln, zumal nachdem König und Volk den Frevel anerkannt und, soviel an ihnen stand, hochherzig vor aller Welt wieder gutgemacht haben.

1807

Doch die Zeit wurde nun durch unermeßliches Unglück gewaltsam aufgerüttelt. Alle Nützlichkeitstheorien hatten sich als unnütz erwiesen, und die Ungewitter der Weltgeschicke gingen, um die dicke, dumpfe Luft zu reinigen, zündend und weckend über das erschrockene Land.

Auch Marienburg erblicken wir wieder inmitten der französischen Heereszüge vom Jahre 1807, durch seine Lage, seine ehemaligen Festungswerke, durch die weitläufigen Gelasse seines Schlosses und die Belagerung des nahen Danzig unabwendbar in den Wirbel der verheerenden Ereignisse hineingerissen. Schon im Februar des gedachten Jahres erhielt es die erste feindliche Besatzung und blieb bis nach Beendigung des Krieges von französischen Truppen besetzt, die von den benachbarten fetten Werdern behaglich zehrten. Die

willkommene Einrichtung des hohen Schlosses wurde auch
von ihnen zum Kriegsmagazin, das Mittelschloß aber als
Lazarett benutzt und der Konventsremter insbesondere erst
zur Werkstatt für Zimmerleute, dann in einen Pferdestall und
zuletzt gleichfalls in ein Militärhospital verwandelt, während
in den untersten Gewölben desselben die Feldschmiede arbei-
teten. Ja, selbst die Schloßkirche und die Annenkapelle mußten zur Aufbewahrung der Lazarettbedürfnisse ausgeräumt
werden, und damit der Pariser Beischmack nicht fehle, wurde
geschwind ein Bethaus in der Stadt zu einem französischen
Schauspielhause eingerichtet.

Draußen aber suchten sie gleich nach ihrer Ankunft die
alten schwedischen Wälle wieder auf, welche gänzlich verfallen und größtenteils in Gärten verwandelt waren. Ihre Wiederherstellung beschäftigte über 3000 Menschen, die von der
Stadt und Umgegend gestellt werden mußten. Manche nah-
gelegene Besitzung wurde zerstört, auch der Mühlengraben,
wie in der Ritterzeit, durch Stauung, Überfälle und Schleusen
zur Füllung der äußeren Gräben wieder benutzt und jenseits
der Nogat ein Brückenkopf angelegt. Allein Napoleon, welcher im Laufe dieses Krieges zweimal Marienburg besucht
und Stadt und Vorstädte prüfend umritten hatte, verwarf die
bereits weit vorgerückten Arbeiten. Man habe sich da nur im
Fortifizieren geübt, und es sei töricht, mitten zwischen Häusern Verschanzungen anzulegen, äußerte er und ordnete
sogleich selbst eine umfassendere, die alten Schwedenschan-
zen wieder aufnehmende Befestigungslinie außerhalb der
Vorstädte an. Es sollten zu diesem Zweck alle Häuser längs
der Nogat vom schievelichten Turm bis zum Marientore, also
das ganze Vorschloß nebst der gesamten Wasserseite der
Stadt, abgebrochen und die alte Mauer mit Bewallung wiederhergestellt werden, welches alles jedoch auf die dringende
Vorstellung der städtischen Abgeordneten nie zur Ausführung kam.

Wenig Erleichterung verschaffte es übrigens der Stadt, daß bald darauf die Franzosen ganz in der Nähe, beim Dorfe Liebenthal, den Vorstädten entlang, ein Lager bezogen; denn die Lieferungen verdoppelten sich, und die gefährliche Nachbarschaft ließ es an ungestümen Besuchen, auch wohl gelegentlichen Plünderungen nicht fehlen. Ja selbst der am 9. Juli 1807 zu Tilsit endlich abgeschlossene Friede brachte noch keine Ruhe. Die Durchmärsche dauerten fort, die Einquartierungen wurden immer zahlreicher, die Anforderungen der Abziehenden immer übermütiger und unerträglicher. Von den vielfachen Vexationen, denen Marienburg bei diesem Abzuge ausgesetzt war, hier nur ein Beispiel. Die Stadt mußte, alles Sträubens ungeachtet, ihre eigene Brücke über die Nogat einem französischen Marschalle mit 1050 Talern abkaufen, sodann wegen derselben, wenn sie ihr gelassen werden sollte, sich mit einem andern französischen Generale noch einmal abfinden, und zuletzt wurde dieselbe Brücke von den Franzosen dennoch weggenommen und nach Danzig abgeführt.

Erst am 22. November 1808, nach einer fast zweijährigen Zwingherrschaft, erfolgte die endliche Räumung der Stadt. Kaum hatte die Fähre mit den letzten Franzosen das jenseitige Nogatufer erreicht, da ertönte es vom uralten Rathausturme: „Nun danket alle Gott!", und noch am Abend desselben Tages vereinigte sich die gesamte Bürgerschaft in freudiger Aufregung zu einem wahrhaften Volksfeste.

Noch einmal jedoch sollte sich das Schauspiel mit allen seinen Drangsalen wiederholen. Das große französische Heer wälzte sich im Jahre 1812 abermals über Marienburg gegen Rußland hin; die seit 1807 wieder verfallenen Schanzen wurden eiligst von neuem aufgenommen, das hohe Schloß wurde wieder Magazin, das Mittelschloß wieder Lazarett. Dahinten aber über ganz Deutschland wogt' und blitzte es, bunt und in allen Sprachen schallend, wie eine soldatische Völkerwande-

rung; es war auf die Eroberung eines Weltteils abgesehen. –
Doch Gott hatte es anders beschlossen.

IV

Die Wiederherstellung

Jede denkwürdige Ruine hat ihren frommen Hüter. Auch die
Marienburg war in dieser Hinsicht wohlbedacht. *Dr. Haebler*, fast ein Menschenalter hindurch evangelischer Prediger
der Stadt, machte es zur Aufgabe seines Lebens, mit beharrli-
cher Liebe und Treue die Geschichte des Schlosses, seine
früheren Zustände und Verwandlungen zu erforschen. Manches hatte er vor seinem Verfalle noch selbst gesehen und trug
durch sorgfältige Nachfrage bei den ältesten Einwohnern und
durch unermüdliches Sammeln und Vergleichen längst ver-
gessener Handschriften wesentlich dazu bei, das Dunkel,
welches über den öden Räumen schwebte, aufzuklären. Das
sehr reiche und jedem Geschichtsschreiber Preußens unentbehrliche Ergebnis seiner Forschungen, Auszüge aus alten
Urkunden, Chroniken und darauf gegründete eigene Ansichten und Kombinationen, hat er im hohen Alter in acht
handschriftlichen Bänden niedergelegt, welche im Schloßar-
chive aufbewahrt werden. Viele, die damals das Schloß besucht, werden sich des zuverlässigen Führers durch das verworrene Labyrinth der Hallen und Gänge noch dankbar
erinnern. Sein Andenken – er starb im Jahre 1842 und hatte
also noch die wohlverdiente Freude, die Herstellung zu
erleben – ist durch ein gemaltes Fenster in Meisters Stube
geehrt worden, welches mit einer auf ihn bezüglichen Inschrift die großenteils nach seinen Entdeckungen restaurierte
Fassade des Schlosses darstellt.

Allein, er war mit seinem Wünschen und Hoffen lange
einsam und unbeachtet geblieben. Zwar wurde auf Veranlas-

sung des erwähnten Schenkendorfschen Aufsatzes schon vor dem Jahre 1806 die Wiederherstellung des Baues angeregt; aber das hereinbrechende Kriegesunglück hatte keine Zeit zu solchen Gedanken. Nach dem aber folgte jene tiefe, dumpfe Gewitterschwüle, eine heimlich arbeitende Zeit ernster Einkehr in sich selbst, äußerer Armut und inneren Reichtums. Das goldene Kalb materieller Macht, das sie so lange angebetet, lag zerschmettert; sie mußte sich nach andern Göttern umsehen, vor allem aber mußte man erst den wankenden Boden sichern, bevor man darauf baute.

Da griff plötzlich Gottes Hand allmächtig ordnend durch die ziehenden Verhängnisse. Im Brande von Moskau leuchtete das blutige Morgenrot einer neuen Zeit mahnend herüber. Das große französische Heer, welches noch vor kurzem so übermütig durch Marienburg gezogen, wankte einzeln, in Lumpen, von Fiebern schauernd, der fernen Heimat zu und bettelte um die Barmherzigkeit seiner Feinde. Eine ungeheure Ahnung flog über ganz Deutschland. Das Land Marienburgs aber hatte den Umschwung der Geschicke zuerst gesehen, und von hier aus flammte jene hinreißende Begeisterung auf, die mit ihren Freiwilligen und Landwehren alle deutschen Völker zu *einem* Siegesheer verbrüderte.

Dieser Sieg aber hatte, außer den Franzosen, auch den innern Feind, der jene einst ins Land gerufen, überwältigt. Deutschland hatte, fast überrascht, sich selber wiedererkannt, und die Herzen, einmal vom Hohen berührt, wurden auch für die großen Erinnerungen der Vorzeit und die Denkmale, die von ihnen zeugen, wieder empfänglich. Man erkannte, daß es kein Vorwärts gebe, das nicht in der Vergangenheit wurzele, daß der Stammbaum jedes neuen Gedankens in der Geschichte, den Gesinnungen und Irrtümern der vorübergegangenen Geschlechter nachzuweisen sei, und man sehnte sich überall nach einem dauernden Symbol dieser neuen Überzeugungen und Zustände. Aber es wäre wie

anderswo, so auch in Preußen bei der fruchtlosen Sehnsucht
und alles nur ein schöner, märchenhafter Traum geblieben; –
da wies auf einmal ein Mann, der schon manchen Gedanken
entzündet, auf das rechte Stammhaus preußischer Größe und
Bildung, auf die verlassene Marienburg hin.

Der damalige Oberpräsident, jetzige Staatsminister *von
Schön* war es, der, auf seiner Durchreise durch Marienburg
im Jahre 1815 den alten, erhabenen Burggeist in seiner ganzen
Bedeutung erkennend, den ersten Gedanken leuchtend und
zündend in jenes ungewisse Volksgefühl warf, den Gedan-
ken, im Stein für alle Zeiten zu bekunden, wie der treuen
Eintracht zwischen Herrscher und Volk die wunderbare
Macht gegeben, das ewig Alte und Neue aus dem Schutt der
Jahrhunderte verjüngend wieder emporzurichten. Mit leerer
Hand, aber im hochherzigen Vertrauen, daß alles Große und
Rechte sich immer selber Bahn schaffe, ging er getrost ans
Werk, überpfeilerte mutig manche kleinliche Ungunst, zwei-
felsüchtige Gleichgültigkeit und alle die Nachzügler der
schlechten Zeit und hat in dem wiederhergestellten Riesen-
bau, ohne es zu wissen und zu wollen, sich selbst ein unver-
gängliches Denkmal gestiftet.

Auf seine Veranlassung wurde sofort der Architekt *Costenoble* aus Magdeburg, der sich durch die Herausgabe eines
Werkes über die Prinzipien der altdeutschen Baukunst rühm-
lich ausgezeichnet hatte, nach Marienburg berufen, wo er im
Jahre 1816 das Schloß besichtigte, um zu dessen Wiederausbau sachgemäße Vorschläge zu machen. Es konnte hierbei,
wie sich von selbst versteht, nur das eigentliche Prachtschloß,
d. h. der nordwestliche Flügel des Mittelschlosses, in Betracht kommen, denn die beiden andern Flügel des letzteren
sowie das ganze hohe Schloß, wo man, wie wir oben gesehen,
alle Gewölbe bereits zertrümmert hatte, waren nicht mehr zu
retten. Die ursprünglich beabsichtigte Wiederherstellung
sollte demnach auch nur den in jenem Flügel enthaltenen

Konventsremter, die Wohngemache, den großen und kleinen Remter des Hochmeisters, die darunter belegenen Kellergeschosse sowie die Dächer, Mauern, Fenster, Türen, äußeren Verzierungen und endlich die Schloßkirche nebst dem daranstoßenden Turme umfassen. Der Staat trat hochherzig an die Spitze des Unternehmens. Der Plan wurde höchsten Orts genehmigt und zu dessen Ausführung als erste Spende vorläufig eine aus dem Verkauf einiger französischen Militäreffekten in Danzig übriggebliebene Summe von 9255 Tlr. bewilligt.

Mit so geringen Mitteln schritt man nun frisch zur Tat. Am 3. August 1817, dem Geburtstage des Königs, wurde die Wiederherstellung begonnen, nachdem das Schloß seit vollen dreihundertsechzig Jahren aufgehört hatte, Sitz der Hochmeister zu sein. Der Geheime Regierungsrat *Hartmann*, damals Regierungs- und Baurat in Danzig, übernahm die Leitung des Ganzen, und seiner technischen Einsicht, der gewissenhaften Treue, womit er jede historische Spur unverdrossen verfolgte, gebührt ein sehr bedeutender Anteil an dem Ruhm des Werkes.

Jedes tüchtige Unternehmen hat seine fröhliche Jugend. Und *so* möchten wir auch die Anfänge dieses Baues bezeichnen: jene ahnungsvolle Spannung, womit, wie in einem Bergwerke, die wackeren Steiger, bald da, bald dort anklopfend und schürfend, sich in den dunkeln, reichen Schacht der Vorzeit vertieften, jene ursprüngliche Freude und Lust am Entdecken, wenn bald ein uraltes Fenster oder Bodengetäfel unerwartet zum Vorschein kam, jetzt ein schlanker Pfeiler aus seiner hundertjährigen Verwünschung erlöst wurde, wenn an Wänden und Gurtbögen halbverblichene Gemälde und fromme Sprüche wieder aufdämmerten und endlich die verworrenen Lineamente des wüsten Chaos sich allmählich zu überraschender Größe und Pracht ineinanderzufügen und zu gestalten schienen.

Mit dem Erfolge aber, wie in allen menschlichen Dingen, wuchs auch von Tag zu Tag die allgemeine Teilnahme und Begeisterung. Da hieß es nicht vergeblich: Freiwillige vor! Der Gerichtsdirektor *Hüllmann*, mit Hülfe des Prediger[s] Haebler, übernahm die Sorge des Bauherrn, der Proviantmeister die Oberaufsicht über die Arbeiter, der Bürgermeister *Hüllmann* die Kasse. Zu Materialien- und Bauaufsehern aber hatten sich andere geeignete Leute gefunden; und dies alles unentgeltlich, so daß – ein bekanntlich gar seltener Fall – die Sätze des Bauanschlages bei weitem nicht erreicht wurden. Schon hatte der Bau in Deutschland Aufsehen erregt und vielfachen Besuch von Fürsten, Gelehrten und Künstlern nach Marienburg gelenkt, welche dem Werke öffentlich sein Recht widerfahren ließen, unter ihnen damals am kräftigsten der Architekt *Moller* in Darmstadt. Immer rascher und ausgebreiteter wurde die Bewegung. Die Stände von Ostpreußen und Litauen beschlossen auf dem landschaftlichen Generallandtage zu Königsberg, sich zu Beiträgen zu vereinigen und auch die Städte dazu einzuladen. Von allen Seiten, von einzelnen jeglichen Standes, von Familien und Korporationen liefen Anerbietungen ein; ein jeder wollte helfen.

So war es denn bald nötig geworden, in diese volkstümliche Mitwirkung eine grundsätzliche Ordnung zu bringen. Seinen ursprünglichen Gedanken festhaltend, war Herr von *Schön* der Meinung, jedes Volk müsse wie Alt-England sein heiteres Westminster haben, wo der König Patron und alle Edlen des Volkes zu Hause seien. Und nicht leicht konnte irgendein Bau hiezu sich würdiger eignen als die erhabene Marienburg, da sie in jedem Betrachte königlich war, da sich an sie alle großen Erinnerungen des Landes knüpften, gleichsam das geistige Ahnenhaus der Preußen, der Horst des schwarzen Adlers. Um aber jeden Preußen darin wahrhaft heimisch zu machen, sollte sich keiner mit bloßen Zahlen abfinden dürfen. Die gewöhnlichen Subskriptionen, nur zu häufig ein eitel Spiel der Ostentation, wurden vorweg abgelehnt; nur die *Tat* sollte gelten. Jeder, dem es ernst war mit der Sache, jede Stadt, Korporation, Familie oder nach Umständen auch mehrere gemeinschaftlich, konnten die Herstellung eines bestimmten Teils des Werkes, eines Gemachs, Gewölbes, Pfeilers oder Fensters auf eigne Kosten übernehmen und durften ihre ehrenhafte Teilnahme durch Inschriften, Wappen oder sonstige angemessene Embleme an dem Baue selbst für die Nachkommen bekunden. Es bedarf indes wohl kaum der Erwähnung, daß hierbei alle Willkür ausgeschlossen blieb und der von der leitenden Behörde für den Wiederausbau vorgezeichnete Plan von den Mitwirkenden auf das genauste befolgt werden mußte, indem der Baumeister jedem das Werk vorschlug, welches mit dem dargebrachten Scherflein ausgeführt werden konnte. Der König übernahm das Dauernde, das Fundamentale: die *Erhaltung* des Ganzen, sein Volk den Ausbau und den Schmuck. Denn nur Eingeborene wurden, der Grundidee getreu, zur Teilnahme zugelassen; für Ausländer bedurfte es besonderer königlicher Genehmigung. – Und so erhob sich denn rasch und unerwartet die alte Marienburg, indem der König sie vor der Unbill der Zeiten in Schutz nahm und sein Volk sich treulich um ihn scharte, als ein wahrhaftes Nationalwerk, wo jeder Preuße selbst mithelfend und mitbauend sich als ein Glied einer großen Genossenschaft erkannte.

Wie überall, wo es Hohes gilt, leuchteten auch hier die Prinzen des Königlichen Hauses großsinnig voran und bestimmten zur Wiederherstellung des hochmeisterlichen großen Remters und der Zinnen über dem Schlosse eine angemessene Summe. Einzelne hochgestellte Staatsbeamte, Privatpersonen, Familien, Institute, die Städte Ostpreußens und Westpreußens und deren Magistrate, verschiedene Kreise der Provinz, die Offiziere der königlichen Armee, die Königl[ichen] Regierungen in Preußen, die Ober- und Untergerichte, die Königsberger Universität und die Gymnasien Preußens, die evangelische und die katholische Geistlichkeit, die Landräte, Freimaurerlogen und andere Vereine sowie die Bewohner des großen und kleinen Marienburger Werders bezeugten ihre Teilnahme an dem großen Kunstwerke so kräftig, daß mehr als die Hälfte der gesamten Baukosten durch freiwillige Beiträge gedeckt wurde.

Die aus königlichen Kassen bewilligten Gelder dagegen waren lediglich zur Verhütung weiteren Verfalles bestimmt, zur Reinigung des Schlosses von Schutt und Unrat, zum Abbrechen der neuen, entstellenden An- und Inbaue sowie zur Bewirkung der notwendigsten Reparaturen, namentlich der Schloßkirche, des Schloßturms, des nördlichen Flügels des Mittelschlosses, der Grabenmauern, des schievelichten (sogenannten Buttermilch-) Turms usw. Außerdem sind an fortlaufender Dotation, behufs der Unterhaltung der fertigen Teile des Schlosses, namentlich der Fundamente, Umfassungsmauern, Gewölbe, Dächer, Fußböden, Türen, Fenster, Brunnen etc., Kapitalien aus dem Landesunterstützungsfonds im Betrage von 35 716 Tlr. überwiesen worden.

Es haben die bis zum Schluß des Jahres 1842 aus Staatsfonds und an freiwilligen Beiträgen vereinnahmten und verwendeten Summen zusammen 146 520 Tlr. 15 Sgr. 1 Pf. betragen.

*

Wer das Schloß jetzt sieht, wird es kaum glaublich finden, daß man die Restauration damit anfangen mußte, das Ausgießen von Unreinigkeiten in die untern Räume durch die oberen Öffnungen der Gewölbe zu untersagen und die Abzüge vielfacher Kloaken nach der Schloßmauer hin zu schließen. Demnächst wurden noch im Jahre 1817 die Dächer und Balkenlagen, welche an mehreren Stellen den Einsturz drohten, eiligst ausgebessert und zwei Häuser auf dem Vorschloß abgebrochen, deren schmutzige Höfe und Schweinställe dicht an den hervorspringenden Flügel der Hochmeisterwohnung stießen. Nun aber mußte vor allem andern, gleichwie in Pompeji, der unermeßliche Wust und Moder, womit die Gleichgültigkeit früherer Jahrhunderte den Bau zumal von der Nogatseite verschüttet hatte, hinweggeräumt werden, um nur erst Luft und Licht in das verworrene Dunkel zu bringen; denn selbst das Innere der Gemächer bis weit über die obersten Gewölbe hinaus war damit angefüllt und auf dem Hofe der Grund um einige Fuß erhöht. Nicht weniger als 48 000 Fuhren Schuttes wurden in den ersten zwei Jahren fortgeschafft und alle diese Fuhren von den benachbarten Bewohnern des großen und kleinen Marienburger Werders freiwillig und unentgeltlich gestellt. So groß war die Verwahrlosung der Vorzeit und die begeisterte Teilnahme der Nachkommen!

Das erste, was nun zum Angriff kam, nachdem man das Schloß auf diese Weise zugänglich und dessen Wiederausbau überhaupt nur erst möglich gemacht hatte, war die Wiederherstellung des *Konventsremters**. Die Stadt Marienburg machte, wie billig, den Anfang. Sie ließ den völlig verwüsteten Eingang vom Burghofe aus nebst eichener Türe in seiner altertümlichen Gestalt wieder herrichten und fügte zum Angedenken ihr Wappen in die Decke desselben. Zwar hatte dieser Eingang, wie die vorhandenen Spuren an der äußeren Mauer zeigten, in der Ritterzeit noch eine besondere Vorhalle; sie konnte indes, da ihre eigentliche Beschaffenheit nicht mehr zu ermitteln war, bei der Wiederherstellung nicht weiter berücksichtigt werden.

Im Innern des Remters aber, welcher verhältnismäßig am wenigsten gelitten hatte, mußte zunächst erst vollständig aufgeräumt werden; denn im Jahre 1812 war derselbe von den

---

* Hinsichtlich der im nachstehenden aufgeführten Räume verweisen wir hier ein für allemal auf den am Schlusse beigefügten Plan.

Franzosen für das Militärlazarett durch eine auf einem eigenen Holzbau ruhende, hölzerne Zwischendecke ebenfalls in zwei Stock abgeteilt worden, ohne jedoch dabei die Gewölbe oder Seitenwände zu beschädigen. An den letzteren zeigten sich bei sorgfältigem Abblättern der neueren Kalküberzüge nirgends Spuren einer früheren Übermalung, nur an den Gewölbegurten wurden blaue und gelblichrote Streifen und über der Eingangstüre Überreste eines alten Gemäldes sichtbar: Christus, die Jungfrau Maria, die Schutzpatronin des Ordens und also eigentlich den Orden selber, segnend. Farben und Umrisse aber waren bereits so verblichen und unkenntlich, daß man sich darauf beschränken mußte, das Bild in seinem vorgefundenen Zustande zu belassen.

Dagegen boten die übrigen Teile des ungeheuren Saales ein überreiches Feld für die Tätigkeit der Mitwirkenden. Westpreußen, als die nächste Landsmannschaft, ließ es sich nicht nehmen, mit seiner Wiederherstellung den anderen Landschaften vorzugehen. Nur ein Fenster, dem Eingange gerade gegenüber, bekundet auf eine würdige Weise die Teilnahme des verewigten Staatskanzlers Fürsten von *Hardenberg*, welche dieser Staatsmann bis an sein Ende dem merkwürdigen Baue treulich fördernd zugewendet hatte. Von den andern Fenstern wurden drei durch die Städte Danzig, Elbing und Thorn, die übrigen zehn aber von den Ständen sämtlicher westpreußischer Kreise hergestellt und mit den alten Verzierungen versehen, von denen sich noch Bruchstücke in den vermauerten Fenstern vorgefunden hatten; in Glas gemalte Wappen und Inschriften bezeichnen auf jedem Fenster die Stifter.

Der Saal stand in alter Zeit mit der daranstoßenden Konventsküche nur durch eine Schenkbank in Verbindung. Diese war später in eine Türe verwandelt worden, wurde aber jetzt an der Steineinfassung wiedererkannt und von der Stadt Kulm in die ursprüngliche Form gebracht. Marienwerder übernahm die Herstellung der Türe zu der steinernen Treppe, auf welcher man seitwärts in die Wohnung des Hochmeisters gelangt. Elbing breitete über den Fußboden, wie in der Vorzeit, wieder einen farbigen Teppich von verglasten Tonfliesen. Alle gemeinschaftlich aber führten rund um den ganzen Saal die im Jahre 1772 weggebrochenen steinernen Sitzbänke wieder auf. Und so stand denn schon im Jahre 1821 der Saal in seiner uralten Schönheit da, mit den zartweißen, luftigen Gewölben auf drei schlanken Granitpfeilern ruhend, ein Aufenthalt von unbeschreiblich milder Heiterkeit, zumal wenn die Abendsonne, die bunten Schildereien der hohen spitzbogigen Fenster abspiegelnd, den glänzenden Boden träumerisch wie mit phantastischen Blumen bestreut.

Hier fand man auch unter dem Saale zwischen dem zweiten und dritten Pfeiler einen zwölf Fuß langen und zehn Fuß breiten Raum, welcher unten einen festen Herd und über diesem einen starken, mit großen und kleinen Feldsteinen hoch und lose bedeckten Rost von Ziegeln enthielt, oben aber backofenartig überwölbt war. Es war dies die erste Entdeckung der merkwürdigen Vorrichtungen, deren man sich in der Ritterzeit zur Erwärmung dieser großen Gemächer bediente. Auf jenem tiefen Herde nämlich wurde das Feuer angezündet und durchglühte nun die Steine über dem Rost. Aus dem oberen Gewölbe aber gingen sechsunddreißig Öffnungen zu fünfeinhalb Zoll im Quadrat durch den Fußboden des Remters, welche die Hitze, wenn der Rauch durch die in einem Fensterpfeiler nach der Nogatseite befindliche Schornsteinröhre abgezogen war, in den Saal leiteten. Auf jenen Öffnungen lagen Kalksteinplatten mit runden Löchern, die durch metallene Deckel geschlossen werden konnten. Fünf solcher alten Platten wurden noch vorgefunden. Ähnliche Heizungsanstalten befanden sich auch unter andern Sälen und Stuben. Sie wurden sämtlich durch das Königl[iche] Kriegsministerium hergestellt und haben sich bei den mehrfach angestellten Versuchen als vollkommen praktisch bewährt.

Die oben erwähnte Schenkbank aber führte nun zunächst zu der angrenzenden *Konventsküche*. Hier hatte man sich im Jahr 1772 vollkommen häuslich eingerichtet. Die Küchenkammer und ein Teil der Küche selbst waren in Wohnstuben mit durchbrochenen großen Fenstern, der Herd in eine Schlafkammer, der vordere Küchenraum am Eingange in ein Wagengelaß verwandelt worden, und im hintern Teile standen Pferde und Kühe unmittelbar auf dem unverwüstlichen Gewölbe des Kellergeschosses. – Jetzt wirbelt der Rauch wieder lustig zu dem alten, langen Schornsteine hinaus, wenn droben in Meisters großem Remter von Zeit zu Zeit ein Festmahl gegeben wird.

Schwieriger, ja völlig rätselhaft war dagegen die Aufgabe bei der ehemaligen Hochmeisterwohnung. Da sausten, wie wir oben gesehen, die Webestühle und plärrte die Schuljugend; vorn an der Hofseite aber verwirrte ein Labyrinth von Zimmern, Kammern und Hausfluren jede altertümliche Spur. Und so stand man denn wie vor einer großen steinernen Sphinx ratlos, kaum ahnend in der unentwirrbarsten Verwikkelung, als unerwartet die vom Prediger Haebler im November 1817 gemachte Entdeckung eines vermauerten Fensters auf der vorspringenden Nordostseite das erste Streiflicht in das peinliche Dunkel warf. Denn diese Öffnung mit ihrer alten, noch völlig erhaltenen Stuckverzierung wies offenbar auf ein ehemaliges Kirchenfenster hin und leitete zuerst zu der späterhin durch weitere Nachforschungen und Archivalien bestätigten Annahme, daß hier einst die Hauskapelle des Hochmeisters gewesen und daß mithin der jetzt dabei befindliche äußere Treppenaufgang, der doch unmöglich durch die Kapelle zu den hochmeisterlichen Wohngemächern führen konnte, neu und wieder wegzuräumen sei.

Wo aber sollte nun zu dem Baue, in den man auf diese

Weise gleichsam durchs Fenster eingestiegen war, der wahrhafte alte Eingang gesucht werden? Die Erfahrung lehrte, daß
sich derselbe bei allen Ritterschlössern der leichteren Verteidigung wegen im Erdgeschosse befand. Auch hier war allerdings weiter nach dem Hochschlosse hin ein solcher Eingang
zu ebener Erde mit Sitzbank, steinernem Türgerüste und
einer eingewölbten viereckigen Öffnung, die man gar wohl
für ein Treppenloch ansehen konnte. Als der Schutt hinweggeräumt und das Gewölbe ausgebrochen wurde, fand es sich,
daß die Widerlager dazu später ausgehauen und die Wände
hinter demselben geputzt und bemalt waren. Ja, an der
rechten Seite dieses Raumes zeigten sich sogar noch Spuren
früherer Treppenstufen, und es litt daher keinen Zweifel, daß
hier irgendeinmal ein Aufgang gewesen. Allein, wenn er
wiederhergestellt werden sollte, mußte das notorisch alte,
schöne hochmeisterliche Gemach oben an der Hofseite notwendig zu einem Vorflur verbraucht werden. Nach allen
diesen Ermittelungen konnte man nur annehmen, daß jener
ehemalige Aufgang sehr frühe, vielleicht schon von dem
ersten Hochmeister in Marienburg, wieder abgeändert und
anderweit angelegt, der damalige Vorflur aber in das jetzige
hochmeisterliche Gemach umgewandelt worden sei.

Indem man jedoch nun in solcher abermaligen Ungewißheit vorsichtig weiter umherlugte und tastete, gab endlich
eine zweite Entdeckung den Ausschlag. Mitten in jenen
polnischen Durcheinanderbauten stieß man nämlich auf einen vermauerten, hohen und prächtigen Spitzbogen, der
einen unmittelbaren Eingang zu dem alten oberen Hausflur
bildete. Zu ihm mußte ehemals eine Treppe führen, und diese
konnte nur aus dem Raume unter Meisters Kapelle, also von
der Türe in der Nordostecke des Vorsprunges hinaufgeführt
haben. Hier wurde daher in Ermangelung bestimmter Nachrichten der vermutliche alte Aufgang angenommen und aus
jenem Raume, als dem ehemaligen Aufenthalte des Torwarts,

eine breite, steinerne Treppe zu dem Spitzbogen hergestellt. Und somit war denn die Burgpforte wieder erobert und die fremde Besatzung: der Schulmeister in Meisters großem Remter und die Proviantbeamten in den verschiedenen Stockwerken auf der Hofseite, mußten ihre eingebauten Wohnungen räumen, welche ohne Verzug überall herausgeworfen wurden.

Bald darauf besuchte auch *Johannes Voigt*, der Geschichtsschreiber Preußens, Marienburg. Der tiefe Eindruck, den der Bau auf ihn machte, die gesammelten Nachrichten und Andeutungen, die ihm Haebler mitteilte, veranlaßten ihn zu eifrigen und unausgesetzten Nachforschungen im Geheimen Archive zu Königsberg, wo sich mehre aus dem Untergange des Ordens gerettete Verwaltungs- und Baurechnungen des ehemaligen Haupthauses vorfanden. Diese Rechnungen gaben aber nicht bloß von den gezahlten Summen, sondern auch darüber, wo, wie und warum gebaut, ausgebessert, getäfelt oder übermalt worden war, fast chronikenartig sehr ausführliche Auskunft. Sie haben daher über die Einrichtung des Ganzen, über die Bestimmung und den Zusammenhang einzelner Teile des Schlosses ein oft überraschendes Licht verbreitet. Von nun ab sehen wir demnach Historiker und Architekten, Hand in Hand, immer tiefer und sicherer vordringen und wollen sie auf ihrem weiteren Gange in möglichster Kürze begleiten.

Der geräumige *Hausflur*, den man jetzt aus jenem entdeckten Spitzbogen zunächst betrat, hatte zur Rechten des letzteren noch sein altertümliches Gewölbe bewahrt, samt dem starken, viereckigen, abgekanteten Grenzpfeiler, worauf es ruht, dem einzigen in dieser Art im ganzen Schlosse. Links vom Eintritte aber nach der Hofseite hin waren, wie wir oben gesehen, sämtliche Gewölbe von den Polen zerstört worden; nur die Seitenmauer zeigte noch Spuren davon und ließ namentlich den mittleren Spitzbogen ganz deutlich erkennen.

Hiernach wurde das Gewölbe im Jahre 1823 mit besonderer Sorgfalt wiederhergestellt und auf drei nebeneinanderstehende, achteckige Granitpfeiler gesetzt, deren gemeinschaftlicher Knauf das in Stein gehauene Wappen des Staatsministers v. *Stein* enthält, welcher einen dieser Pfeiler errichtet hat. Eine Stelle in Treßlers Rechnungsbuch vom Jahre 1399 weist darauf hin, daß dieser Hausflur damals neu gemalt worden. Und wirklich entdeckte man auch an der Wand neben der Vorhalle zur Kapelle unter dem abgeblätterten Kalküberzuge noch seltsame Überreste halber Kreisflächen, in verschiedenen Farben wechselnd; das altertümliche Gewölbe zur Rechten dagegen zeigte Spuren von Weinlaub und die Seitenmauer ein gemaltes Wappenschild auf rötlichem Grunde. Das letztere ist erhalten und der Fußboden mit Kalksteinfliesen neu geflurt, wie man sie zum Teil noch vorgefunden, während die wieder ausgebrochenen Fenster nach dem Hofe hin mit den vom Maler Höcker auf Glas gemalten Bildnissen der Hochmeister Heinrich von Plauen und Küchmeister von Sternberg prangen. An den Wänden aber hängen alte, lebensgroße Hochmeisterbilder, die man im Kloster Karthaus entdeckt, und Helme, Harnisch und Waffen dazwischen; ein Ritter in voller Rüstung mit geschlossenem Visier steht dem Eingange gegenüber wie eine versteinerte Wacht.

Doch schon schweift der Blick, fast unwiderstehlich angezogen, in die Hallen des unmittelbar anstoßenden *Ganges*, der in heiterer Pracht die Nähe des Fürsten verkündet, als träte man hier durch die engen, gedrückten Türen und dunklen Räume, wie aus einem Schachte, plötzlich unter Gottes freien Himmel heraus. Diese leichten, schönen Kreuzgewölbe, ihrer ganzen Länge nach seitwärts von freistehenden, schlanken Granitpfeilern in der abgeschwächten Mauer nur wie zum Spiele getragen, von fünf hohen Fenstern durch und durch sommerlich erhellt, sie sind wie ein Lichtgruß des

Burggeistes, der, durch das zudringliche Pochen und Hämmern der geschäftigen Zeit von Gemach zu Gemach aus dem
eigenen Hause vertrieben, hier der endlichen Lösung seines
Baues entgegenharrte. Denn dieser Gang hat alle Jahrhunderte der Schmach in fast unversehrter Altertümlichkeit über-
dauert.

Doch gab es auch hier an mancherlei Beiwerk noch vollauf
zu tun. An den Fenstern mußten die im Jahre 1807 weggebrochenen Brüstungen, steinernen Platten, Pfosten und Stuckverzierungen erneuert werden, wobei die Fenster jedoch ganz
ihre alte Form wiedererhielten, da die gegliederten Fenstergewände von aufgemauerten Kalksteinblöcken sowie die Quer-
steine und geraden Stürze noch vorhanden waren.

Auf diesem Gange war in alter Zeit ein runder Brunnen
(Meisters Born), der in der Seitenmauer vor dem dritten
Fenster durch die drei unteren Geschosse fünfundfünfzig
Fuß tief hinabsteigt, in der Tiefe von behauenen Granitblök-
ken eingefaßt ist und die Einrichtung hatte, daß auch in jedem
unteren Geschosse daraus geschöpft werden konnte. Bei dem
Bau der Wohnungen für die Baumwollenweber war der
Brunnen verschüttet und seine Stelle unkenntlich gemacht
worden. Er wurde im Jahre 1817 ausgeräumt und wiederher-
gestellt.

Und hier mag ein Fall, für viele andere, deutlicher machen,
in welcher Weise man, jede alte Spur verfolgend, nach und
nach zu einer sicheren Einsicht des Ganzen zu gelangen suchte.
Nach der Aussage des vorletzten marienburgischen Starosten
von Rexin, welcher im Anfange der Restauration noch lebte,
sollte nämlich neben jenem Brunnen, also Meisters kleinem
Remter gegenüber, ehemals ein großer, mit metallenen Häh-
nen versehener Wasserbehälter von Stein auf einer gleichfalls
steinernen Unterlage gestanden haben. Sofort wurden im
Archiv zu Königsberg die alten Papiere durchforscht, und
siehe da, man fand in des Hauskomturs Rechnungsbuch vom

Jahre 1414: „Item 1 fird. (Firdung, eine Art Münze) Menczel, der das *hantfaß* reine machte vor dem Rempter", und bei dem Jahre 1416: „Item 1 halb mrc (Mark) vor eynen hanen czu des meysters borne czu beßern am freytage vor Judica". Das Handfaß ist im Jahre 1786 verschwunden, seine Unterlage aber wurde, der Beschreibung des Herrn v. Rexin zufolge, in einer künstlich ausgehöhlten Steinplatte unter der Pumpe des Gasthofes in der Vorburg wiedererkannt und auf seine vorige Stelle zu alten Ehren gebracht.

Von den Granitpfeilern, welche in ihren oberen Teilen mit Bindern versehen sind, ist der eine an der Stelle, wo des Meisters Handfaß gestanden hat, unter dem Bindersteine mit einer Konsole oder einem Kragsteine abgefangen, um für jenes den erforderlichen Raum zu gewinnen. Das schien den Kleinmeistern im Jahre 1786 ein allzu gefährliches Wagstuck; in handwerksmäßiger Angst, das Gewölbe, welches jener Kragstein doch beinahe fünfhundert Jahre getragen, möchte zusammenstürzen, hatten sie diesen sorgfältig untermauert. Diese Angstmauer aber ist im Jahre 1817 hinweggeräumt, und das Gewölbe ruht nach wie vor felsenfest auf dem Kragstein, der nun wieder offen Zeugnis gibt von der sicheren Kühnheit des alten Baumeisters.

Als Vorhalle zu dem Herrlichsten, was Marienburg und wohl die altdeutsche Baukunst überhaupt aufzuweisen hat, deutet dieser Gang auch in den neuen, sinnbildlichen Glasgemälden seiner Fenster sowie durch die Wiederherstellung der letztern überall unmittelbar auf die Höhen des Lebens, auf Kunst und Wissenschaft, die den Bau begründet und jetzt gleichsam von neuem wieder entdeckt haben. Die ersten drei Fenster entstanden nämlich durch die Beiträge der preußischen Gymnasien; das vierte ist ein Vermächtnis des Kriegsrats *Scheffner* in Königsberg, eines seitdem verstorbenen Kunst- und Künstlerfreundes; das fünfte aber, in der schmalen Nordwestseite des Ganges von der Königsberger Univer-

sität errichtet, zeigt deren Stifter, Herzog Albrecht, und
ihren ersten Rektor, Georg Sabinus. Sie sind, bis auf das
vierte, sämtlich von Höcker gemalt.

Aus dem Gange führen drei Türen, die erste durch eine
Vorhalle in Meisters kleinen Remter, den wir später betreten
werden, die andere zu einer Windetreppe von einhundert-
zwölf Stufen, welche aus Kalksteinplatten so gearbeitet sind,
daß sie selbst durch ihr Aufliegen aufeinander zugleich die
Treppenspindel bilden. Diese Treppe verbindet nicht nur
dieses Geschoß mit dem Erdgeschosse, sondern steigt auch
aufwärts über den Gewölben zu den Zinnen hinauf. Sie war
vom Gange ab bis in die Tiefe verschüttet und in den untern
Ausgängen vermauert. Noch im Jahre 1817 wurde sie ausgeräumt und – dank dem schirmenden Moder – in ihrem alten
Zustande unversehrt befunden. Die dritte Türe aber bildet
den Eingang zu *Meisters großem Remter*.

Auch dieser weite, hohe Eingang mit seinen steinernen
Sitzbänken zu beiden Seiten und den zierlichen Stuckverzierungen darüber hatte sich durch alle Verwüstungen hindurch
in der alten Pracht erhalten, nur die Tulpenblätter in den
Verzierungen mußten neu eingesetzt werden. Dagegen war
der Saal selbst bei seiner Einrichtung für den Schulmeister
und die Weber um so unnachsichtlicher zerstört worden, je
spröder und unbequemer seine durchaus ritterliche Haltung
sich jenem Gebaren erwies. Die Wände, ja selbst die sich
senkenden Gewölbegurten waren unbarmherzig zerhackt,
die Fenster zum Teil gänzlich, andere halb vermauert, die
rund um den Saal laufenden, steinernen Sitzbänke überall
hinweggebrochen. Alles dies mußte wieder neu geschaffen
sowie die in das Gewölbe eingeschlagenen Löcher, durch
welche die Schornsteine der eingebauten Wohnungen gezogen waren, wieder vermauert werden. Die Herstellung der
Fenster aber erleichterte der Umstand, daß man teils in einem
der vermauerten, teils unter dem Schutte eines Kellerraumes

noch eine steinerne Sohlbank nebst mehreren hierhergehörigen Fensterpfosten entdeckt hatte, welche dabei zum Vorbild dienten, während die Stuckverzierungen in den Fenstern nach dem gleichartigen Schmucke im Eingange abgeformt wurden.

Ein altes, großes Kamin auf der Südostseite des Saales, obgleich durch eine Küche verbaut, war ganz unbeschädigt geblieben und durfte nur, der Vorsicht wegen, mit einem eisernen Träger versehen werden.

Zwischen diesem Kamin aber und dem Eingange fand man einen schmutzigen Durchgang, der sogleich als neu erkannt wurde, denn die steinerne Einfassung an der Decke und an den Seiten desselben nebst Türfalzen und Merkmalen ausgebrochener Türhaken deuteten offenbar auf eine frühere anderweite Bestimmung. Auch entdeckte man bald in der steinernen Seitenwand eine Öffnung und eine noch vorhandene bleierne Röhre darunter, welche unter dem Abflußsteine bei Meisters Brunnen im Gange endet. Endlich gab ein später aufgefundener Grundriß vom Jahre 1747 vollkommene Gewißheit, daß hier ehemals die Schenkbank des Remters gewesen. Auch sie wurde vollständig hergestellt und durch eine neue hölzerne Türe geschlossen, und seitdem sind schon manches Mal bei Festmahlen, wie in alter Zeit, die Speisen wieder hindurchgereicht worden.

Nach erfolgter Ablösung des übertünchten Kalkes war überall noch deutlich zu erkennen, daß früher nur die Gewölbe des Saales weiß, die Wände aber, selbst die Fenstergewände und Fensterkreuze gelbrötlich angestrichen waren. An der Seitenwand zwischen dem Kamin und dem Eingange befanden sich gemalte Wappen, und eine Inschrift in zwei Reihen lief zwischen den beiden Fensterreihen rund um den ganzen Saal. Allein, von den Inschriften waren, ungeachtet aller angewandten Vorsicht und Mühe, nur unter dem einen Wappen die Worte: „als ich kommen bin" noch zu entziffern. Der Saal ist daher jetzt durchaus weiß gehalten worden.

In solcher Weise war diesem Remter schon im Jahre 1819 im wesentlichen seine altertümliche Gestalt wiedergegeben. Seine spätere würdige Ausschmückung aber hat er der Munifizenz der Prinzen des Königlichen Hauses zu verdanken. Sie ließen die große hölzerne Türe, ein tüchtiges Tischlermeisterstück, im Eingange einsetzen und den Fußboden mit kleinen verglaseten, schwarzen und weißen Tonfliesen fluren, wie man deren bei Ausräumung des Saales noch mehrere vorgefunden hatte. Eine wahrhaft fürstliche Gabe aber, wie sie dem alten Fürstensaale geziemt, sind die Glasgemälde seiner hohen Fenster. Sie enthalten in den untern Fensterreihen die Wappen des Königlichen Hauses, in den oberen Darstellungen der wichtigsten Momente aus der Geschichte des Ordens von seiner Stiftung bis zu Herzog Albrecht. Die Zeichnungen zu dem zweiten Fenster sind von Wach, die übrigen von Kolbe entworfen, sämtliche Bilder aber in Berlin unter Schinkels Anleitung vom Maler Müller ausgeführt. Zu ihrem Schutze hat man sie von außen mit einem Drahtgeflecht und mit Vorfenstern von hellem Glase versehen.

Welch ein Saal aber, der solchen überreichen Schmuck als freundliches Beiwerk hinnehmen darf, ohne davon erdrückt zu werden! Sein edles Gewölbe ruht bekanntlich in der Mitte kühn auf einem einzigen Granitpfeiler, als hätte der alte Baumeister hier alle große Erinnerungen, alle Macht und Pracht des Ordens in *einen* Gedanken zusammenfassen wollen, der alles ernst und streng zum Himmel emporpfeilre. Und damit dieses Emporpfeilern des Irdischen um so gewaltiger erscheine, zeigen zehn hohe und breite Fenster, in doppelter Reihe übereinander, eine unermeßliche Aussicht eröffnend, ringsumher die Erde nur wie ein fernes schönes Bild, als stünde man hier auf den Gipfeln des Lebens, wo alles Gemeine sein Recht verloren. Nach den alten Rechnungen war dieser Remter zur Ordenszeit mit Krone und Wandleuchtern versehen. Man denke sich ihn so erleuchtet, die Gewölbe, Gurten und Verzierungen im wandelnden Widerschein der Kerzen wie lebendig ineinanderrankend, und draußen den Saal selbst, fast lauter Fenster, bei dunkeler Nacht wie eine Lichtkrone über dem stillen Lande. –

Dieser Saal hatte in frühester Zeit eine Türe nach dem südöstlich anstoßenden *kleinen Remter* des Hochmeisters; sie wurde aber schon im Jahre 1414 vermauert und bei der Herstellung nicht wieder geöffnet. Wir müssen daher auf den oben beschriebenen Gang wieder zurück und von diesem durch eine kleine Vorhalle eintreten, aus der ein Gang in der Mauer rechts zu der Schenkbank des großen, links aber zu der des kleinen Remters führt und beide Schenkbanken weiterhin mittelst einer Windetreppe mit Meisters Küche im Erdgeschoß und mit den Kellern in Verbindung setzt.

Die Wiederherstellung des kleinen Remters begann im Jahre 1819. Auch das Gewölbe dieses Saales ruht auf *einem* achteckigen Granitpfeiler, der sich jedoch von allen andern dadurch unterscheidet, daß er oben schmucklos und ohne alles Gesimse die sich senkenden Gewölbegurten aufnimmt, so gleichsam den Schlußstein des schönen Gewölbes bildend. Dieser Pfeiler war zu polnischer Zeit, als man hier in zwei Etagen die Zimmer für die Gräfin Cosel einrichtete, völlig vermauert, sämtliche Fenster bis auf den Boden waren vernichtet und selbst die Gewölbegurten, um für jene Zimmer geebnete Wände zu erhalten, über den Kragsteinen zerhackt worden. Glücklicherweise hatte man indes ein Stück der alten Sohlbank eines Fensters, welche den geraden Sturz desselben deutlich erkennen ließ, sowie einen Teil der ehemals rings umlaufenden steinernen Sitzbänke in der neuen Mauer, unter der Mauer aber den alten Estrich aus Stuck noch vorgefunden, wonach dies alles nebst der Schenkbank von den ostpreußischen und litauischen Ständen in seiner ehemaligen

Gestalt wiederhergestellt wurde. Zu den teilweis schwarzen
Füllungen der Türen verwandte man mehrere Eichen, die
man bei Reinigung des Flusses Tiege im Wasser entdeckte,
wo sie vielleicht im Verlauf von einigen Jahrhunderten durch
und durch geschwärzt worden. Die Fenster aber wurden mit
den in Glas gemalten Hauswappen der Hochmeister geschmückt, welche in der Marienburg ihren Wohnsitz gehabt.

Auch hier waren, wie sich bei Ausräumung des Saales fand,
die Seitenwände ursprünglich rötlichgelb und die Gewölbe
weiß gehalten. In den oberen Teilen der Seitenwände aber,
zwischen den Gewölbebogen, zeigten sich Spuren von alten
farbigen Gemälden auf Kalk, überall im Vordergrunde ein
geharnischter Ritter zu Pferde mit seinem Gefolge, an denen
die weißen Mäntel mit den Ordenskreuzen noch deutlich zu
erkennen waren, und im Hintergrunde Gebüsch, auch wohl
Mauerwerk oder Häuser. Die alten Rechnungen bekundeten,
daß diese Gewölbebogen einst die Bildnisse der Hochmeister
zu Roß enthielten. Der Hochmeister Konrad von Jungingen
ließ hier im Jahre 1403 seine Vorfahren malen, und nach
seinem Tode wurde auch sein Bild in die Reihe mit aufgenommen. Leider aber waren auch diese Gemälde schon so zerstört
und verstümmelt, daß nichts davon beibehalten werden
konnte. Ihre geschickte Wiederherstellung würde den stillen
Zauber würdiger, fürstlicher Ruhe und Häuslichkeit, den
dieser gewöhnliche Speisesaal des Hochmeisters auch in seiner jetzigen Gestalt auf jeden Beschauer ausübt, ohne Zweifel
bedeutend erhöht haben.

Am rätselhaftesten erwies sich der nun zunächst angrenzende Raum, *Meisters Stube*, welche durch eine Türe mit dem
kleinen Remter in Verbindung steht. Hier hatte man in den
Jahren 1785 und 1786 bei Einrichtung der Wohnungen für die
Baumwollenweber alles so gründlich zerstört, verwandelt
und verbaut, daß es auch den eifrigsten Nachforschungen
nicht gelang, den altertümlichen Zustand des Ganzen mit

einiger Sicherheit zu erraten. Aus dieser Stube tritt man nämlich nordöstlich in einen kleinen Gang, welcher, der Stubentüre schräg gegenüber, in den großen Hausflur, links zu der zweiten Windetreppe und rechts in Meisters Gemach führt. Die Scheidemauer zwischen diesem Gange und der Stube erschien jedoch so vielfach durchgebrochen und wieder vermauert und abermals durchgebrochen, daß sie ganz weggenommen und völlig neu aufgemauert werden mußte. In der Stube selbst aber war die Seitenmauer nach Meisters Gemach hin über zwei Fuß weit abgehackt und ohne irgendeine Andeutung ehemaliger Gewölbe, wogegen in derselben Mauer noch Merkmale eines vermauerten Kamins sichtbar wurden. Um die Verwirrung vollständig zu machen, entdeckte man endlich auch noch Öffnungen, Lochsteine und eine Wärmeröhre, welche in der Mauer senkrecht in die Höhe steigt, als ob in der Stube noch ein zweiter ähnlicher Raum, vielleicht für irgendeinen Diener des Hochmeisters, erwärmt worden sei. Nur die Seitenmauer nach dem kleinen Remter sowie die Fensterwand zeigten noch Spuren früherer Gewölbe, die aber vermuten ließen, daß zwei Gewölbe, und zwar das eine nach dem Remter hin niedriger als das andere, hier einst zwei Gemache nebeneinander gedeckt haben, worauf auch zwei Kalksteinplatten als ehemalige Türschwellen unter der Scheidemauer hindeuteten. Allein alle diese Andeutungen waren und blieben so nebelhaft und unzuverlässig, daß man sich endlich entschließen mußte, den zweifelhaften Raum als ein Ganzes zu behandeln.

Erst im Jahre 1824 ergab sich aus den Baurechnungen von 1785, daß derselbe allerdings einst zwei Gewölbe enthielt, die damals eingeschlagen wurden, wie denn auch die alten Rechnungsbücher des Hauskomturs und Treßlers mehrmals Meisters Stube und Meisters Stübchen ausdrücklich unterscheiden, welche nach Vergleichung aller vorhandenen Angaben nur hier, und zwar letzteres wahrscheinlich unter dem niedrigeren Gewölbe, gesucht werden können. Diese Entdeckung kam jedoch schon zu spät; die Stube war bereits im Jahre 1823 als *ein* Gemach ausgeführt worden und bietet auch in seinem gegenwärtigen Zustande mit seinen zartgrünen Wänden, mit dem wiederhergestellten schönen Sterngewölbe, Kamin und Fußboden, aus roten und weißen Stuckplatten zierlich zusammengefügt, ein beruhigendes Bild heimischer Abgeschiedenheit und innerer Sammlung, wie wir es, zumal wenn draußen Zeiten oder Wetter stürmen, jedem Fürsten wünschen mögen.

Der Granitpfeiler in der Mitte nebst Untersatz und reichem Aufsatz ist alt und einer von denen, die, bei der Zerstörung mannigfach zerstreut, für die Restauration wieder gesammelt worden. Alles übrige hat die Stadt Königsberg hergestellt, zu deren Andenken die Fenster mit Glasgemälden Königsberger Gebäude von *Gersdorff* geschmückt sind.

Das an Meisters Stube grenzende und mit jener durch eine Türe verbundene Gemach bildet das Eckzimmer an dem Schloßhofe und dem trockenen Graben, über welchen hier die Brücke nach dem hohen Schlosse führt. Diese in den alten Rechnungen sehr genau beschriebene Lage bezeichnet es unzweifelhaft als des Hochmeisters größeres Wohnzimmer, *Meisters Gemach* genannt. Dieselben Rechnungen beweisen auch, daß dasselbe bei der Belagerung durch Jagjello vorzugsweise zerstört worden und ein Teil der Vordermauer im Jahre 1411 beinah ganz neu gebaut werden mußte. Denn das Gemach liegt zwar nach dem innern Schloßhofe hin, aber damals war der gegenüberstehende Raum zwischen der Schloßkirche und der ehemaligen Bartholomäuskapelle, welcher nachher durch das Jesuitengebäude ausgefüllt wurde, nur durch eine Brustwehrmauer geschlossen und ließ daher, nachdem letztere gefallen, den polnischen Kugeln freies Spiel.

Beklagenswerter aber war die spätere Zerstörung zur polnischen Zeit, als dieses Gemach gleichzeitig mit dem vorde-

ren Teile des Hausflurs in zwei Stockwerke abgeteilt wurde.
Da waren die Gewölbe eingeschlagen, die Granitpfeiler hin-
ausgeworfen, die steinernen Fensterköpfe ausgebrochen und
von außen an der Vorderwand sowie bei dem Hausflur
zwischen den Strebepfeilern neue Wände aufgeführt worden, welche dem Äußern seine ganze Altertümlichkeit raub-
ten.

So wüst lag das Gemach, bis im Jahre 1825 auf die Aufforderung des Bürgermeisters *Hüllmann* in Marienburg die
Magistratsmitglieder sämtlicher preußischer Städte zusam-
mentraten und die Wiederherstellung unternahmen. Noch
war in den Seitenmauern die Spur des ehemaligen Gewölbes
und an den vorhandenen Kragsteinen die Stellung zweier
Pfeiler in der Mitte deutlich zu erkennen. Auch die Über-
bleibsel eines großen Kamins, einer alten Türe nach dem
Hausflur und einer Heizung unter dem Fußboden kamen
allmählich zum Vorschein. Das Kamin wurde, wenngleich
in geringerem Umfange, neu aufgerichtet, Türe und Heizung aber nicht wiederhergestellt. Ebensowenig konnten die
beinah gänzlich zerstörten Wandmalereien (eine sitzende
Figur mit einem Hündchen auf dem Schoß, am Kamin eine
lebensgroße männliche Gestalt, Weinlaub zwischen den Gewölbebogen, Wappen und dergl.) berücksichtigt werden
Dagegen schwingt sich nun das herrliche Gewölbe wie ehemals wieder über zwei schlanken Granitpfeilern empor, der
Fußboden glänzt wieder im alten Fliesenschmuck, von den
Fenstern, deren eines das Andenken der Gräflich Medemschen Familie bewahrt, leuchten buntfarbige Glasgemälde,
und draußen, zum Teil aus den Beiträgen der Fürsten Reuß
von Plauen errichtet, prangt die Fassade dem Gemach und
Hausflur entlang wieder in ihrer ursprünglichen Pracht.
Dort nämlich, auf den von den Fenstern kühn durchbrochenen Strebepfeilern, tragen zierliche Granitpfeiler die oberen
Bogen, über denen die starken Zinnen, bis über das Dach

emporsteigend, sich wie eine Mauerkrone ernst im Abend-
himmel abkanten. Über einem der unteren Eingänge aber
erinnert das in Stein gehauene Wappen der fürstlich Reußi-
schen Familie an ihren hohen Ahnherrn Heinrich von Plauen,
der hinter diesen Pfeilern und Bogen in Meisters morgenhel-
lem Gemache einst an einen großen Gedanken sein Leben
eingesetzt.

Doch wir gehen nun aus diesem Gemach quer über den
Hausflur und treten durch einen mächtigen, offenen Spitzbogen in die *Vorhalle zu Meisters Kapelle*. Das Kreuzgewölbe
steht noch aus alter Zeit, die Halle selbst aber war ehemals
vollständig ausgemalt gewesen. In jedem der vier Felder des
Gewölbes zeigte sich noch eine betende Figur vor einem
Buche. An der dem Fenster gegenüberstehenden Wand befand sich ein schon völlig unkenntliches, großes Gemälde mit
vergoldeter Einfassung und einer gleichfalls nicht mehr lesba-
ren Umschrift, während unter diesem Gemälde zwei gemalte
Kreuze mit Löchern in ihrer Mitte sichtbar wurden, ohne
Zweifel ehemals für Wandleuchter bestimmt, wie sie noch in
alten Kirchen, z. B. in Pelplin, eben mit solchen gemalten
Kreuzen angetroffen werden.

Diese Halle bildete den Vorraum zu den in den Hausflur
und in Meisters Gemach eingebauten Stuben. Schon im Jahre
1818 aber waren, wie bereits oben erwähnt, diese Einbauten
gleich denen in der ganzen übrigen Hochmeisterwohnung
ausgeräumt worden. Demnächst wurde alles neu geputzt, der
Boden mit Kalksteinfliesen belegt, der dem offenen Eingange
gegenübergelegene, in die Kapelle führende Spitzbogen mit
einer großen eichenen Türe versehen sowie das gänzlich
zerstörte Fenster neu errichtet und in den untern Teil desselben ein kleines Glasgemälde, Christus mit der Dornenkrone
und im Purpurmantel darstellend, eingesetzt, welches als ein
Probebild von München eingesendet und für das Schloß
angekauft worden war. – Die Wiederherstellung erfolgte, wie

zur Sühne für polnische Frevel, durch die Familie Sartorius von Schwanenfeld, deren Ahnherr einst polnischer Beamter in Marienburg gewesen.

Hier in dieser Vorhalle war es auch, wo einst der Hochmeister Werner von Orseln meuchlings ermordet worden. *Johannes Voigt* erzählt in seiner „Geschichte Marienburgs" den Hergang folgendermaßen:

„Ein Ordensritter aus einem nahen Konvente, Johann von Endorf, aus der Mark gebürtig, ein Mensch, der schon aus unlauteren Absichten in den Orden getreten und oftmals wegen seines unsittlichen Wandels getadelt und ermahnt worden war, trat vor den Meister mit der Bitte, ihm zu gestatten, an dem Kriegszuge gegen die Litauer teilnehmen zu dürfen. Weil er aber schon im ersten Kapitel, welches der Meister gehalten, mit freundlichen Ermahnungen und nachmals selbst mit Strafen wegen öfterer Vergehungen ohne allen Erfolg an seine Besserung erinnert worden war und der Meister meinte, er wolle sich im Kriegsgetümmel nur der strengeren Zucht und Aufsicht entziehen, so entgegnete ihm Werner auf seine Bitte: es sei kein Roß mehr für ihn vorhanden; auch sei es für ihn noch viel zu früh, gegen den Feind zu eilen und dem Tode entgegenzugehen; zuvor müsse er von seinem wüsten, unordentlichen Leben ablassen; die Seele, die einem solchen Kampfe entgegentrete, müsse zuvor ernste Buße tun und sich üben in Tugenden, guten Sitten und rühmlichen Werken. Der Abgewiesene, sich jetzt an seine Freunde in der Mark wendend, erhielt durch diese zwei gute Pferde zugesandt, worauf er es wagte, sein Gesuch bei dem Meister zu erneuern. Da aber Werner erst vor wenigen Jahren in jenem Kapitel das Gesetz aufgestellt: ‚Es solle kein Ritterbruder ein eigenes Roß haben, sondern wer eines Rosses bedürfe, solle es von seinem Obern erhalten', so ließ er dem ungehorsamen Ritter beide Pferde wegnehmen. Vergebens wandte sich dieser an einige Ordensbrüder, um durch deren

Fürbitte seine Rosse und die Erlaubnis zum Kriegszuge gegen die Litauer zu erhalten. Der Meister blieb fest bei seiner Verweigerung. Da entfernte sich der Ritter, von Wut und Rache entbrannt, heimlich in die Stadt und kaufte bei einem Krämer ein großes Messer, der Art, womit man Fische pflegt zu reißen. ,Wollt Ihr die Scheide nicht auch mit Euch nehmen?' rief ihm der Krämer nach, als er sich entfernen wollte. Der Ritter entgegnete: ,Ich werde dem Messer die kostbarste Scheide suchen, die in ganz Preußen zu finden ist.' So eilte er, das Messer in seinem Ärmel versteckend, wieder auf das Haus zurück. Auf dem Burghofe angelangt, bemerkte er an der Erleuchtung der Kapelle des Meisters (denn es war Vesperzeit), daß dieser einsam in seiner Kapelle sein Gebet verrichte. Die Zeit zur Rache schien ihm günstig. Die übrigen Ordensbrüder waren sämtlich in der Hauptkirche des Hauses zur Vesper versammelt, und selbst die Dienerschaft des Meisters zog sich, wenn er zum Gebete ging, von ihm mehr zurück. So konnte es dem rachsüchtigen Ritter leicht gelingen, sich unbemerkt bis in die Vorhalle der Kapelle hinaufzuschleichen, wo er im Dunkeln lauerte. Als der Meister sein Gebet verrichtet und nun durch die Vorhalle in sein Gemach zurückkehren wollte, stürzte der Wütende auf ihn ein, stach ihm das Messer in die Brust und rief die Worte: ,Nimm mir mehr das Meine!' Der sinkende Meister stammelte ihm die Worte zu: ,Das vergebe dir Jesus Christ!' Da ergriff der Unmensch das Messer noch einmal, stieß es dem Meister noch tiefer in das Herz und entfernte sich, von einem bellenden Hündlein des Meisters verfolgt. Der Notar des Meisters, der diesem in sein Gemach hatte folgen wollen, fand zuerst zu seinem Entsetzen seinen Herrn in der Vorhalle röchelnd in seinem Blute liegen. Unter Angstgeschrei um Hülfe sucht er den Meister aufzurichten; die Dienerschaft, die sonst ihren Herrn begleitete, läuft eiligst herbei. Alles ist in Schrecken und Entsetzen. Ein Teil der Diener verfolgt alsbald den

Mörder; er wird ergriffen; selbst sein blutbespritztes Kleid verrät sogleich seine Greueltat. Man wirft ihn gefesselt in den Kerker. Die Diener tragen darauf den Meister in sein Gemach, in welchem auf die schreckliche Nachricht sich alle Brüder des Hauses versammelten. Kaum vermochte es der Meister noch, die nötigen Verordnungen mit wenigen Worten anzudeuten, denn schon nach einer Stunde gab er in den Armen seines Kaplans und Beichtigers sein frommes und gottergebenes Leben auf. Es war am Abend von St. Elisabethentag, am 10. November 1330, als die greuelvolle Tat vollbracht wurde."

Wir haben diese Erzählung hier vollständig eingeschaltet, weil die näheren Umstände des Mordes eine Veranlassung wurden, die Vermutung, daß hier *Meisters Kapelle* zu suchen sei, historisch weiter zu verfolgen. Daß nämlich eine solche Hauskapelle in Meisters Wohnung gewesen, stand bereits urkundlich fest, und nur vor dieser, nicht aber vor der Schloßkirche konnte der Frevel begangen sein, da die Vesperzeit genannt wird, wo alle Ordensbrüder in der Hauptkirche des Hauses versammelt waren und mithin dort weder der Hochmeister allein noch auch der Notar füglich der erste sein konnte, der ihm zu Hülfe eilte. Vielmehr führt *Schütz* ausdrücklich an: der Mörder habe den Meister, „als er nach gethanem Gebete aus seiner Kapellen gar einig (allein) ging, recht unter der Thüren erstochen"; und eine der älteren Chroniken sagt, noch genauer bezeichnend: interfectus est, dum exiret capellam, *juxta porticum*, was offenbar auf den großen Gang hinweist, der an die Vorhalle der Hauskapelle anstößt. Weitere Nachforschungen in den alten Ordensrechnungen haben übrigens diese Annahme späterhin außer allen Zweifel gesetzt.

Doch die Schauer jenes Mordes sowie die ehemalige Weihe des Orts waren längst vergessen und verwischt. Wir haben oben gesehen, wie diese Kapelle nebst der angrenzenden

Schlafkammer des Hochmeisters zu polnischer Zeit in einen großen Hausflur mit einer Außentreppe verwandelt und ihre ursprüngliche Bestimmung zuerst nach der Auffindung des Kirchenfensters wieder geahnt wurde. Dieses dem Eingange gegenüberstehende große Fenster ward aus dem später abgebrochenen Anbaue entdeckt, welcher in dem Winkel zwischen Kapelle und Konventsremter an die erstere angelehnt war. Man fand in der Mauer noch den alten Fensterstock nebst dem geraden, einfachen Fenstergewande und den schönen Stuckverzierungen im oberen Teile desselben, die bei der Herstellung wieder eingesetzt wurden. Bald darauf wurden auch die drei kleineren Fenster in der südöstlichen Seite vorgefunden, das mittlere ganz in seiner alten Gestalt, von den beiden andern wenigstens die oberen Spitzbogen nebst den äußeren Vertiefungen, welche jedoch gleichfalls vermauert und in eine glatte Wand verwandelt waren. Die Kapelle selbst aber war in ihrem vordern Teile mit einem schönen Sterngewölbe, im Hintergrunde dagegen mit einem Tonnengewölbe versehen. Die inneren Wände zeigten überall noch verblichene Spuren alter Malerei, und oben im Gewölbe befand sich eine kleine hölzerne Röhre, welche wahrscheinlich für die Schnur zur Glocke oder zur Ampel vor dem Altare bestimmt gewesen.

Schon im Jahre 1819 begann die Wiederherstellung aus den Beiträgen der evangelischen Geistlichkeit, den ersten, welche überhaupt für den Bau eingingen. Nachdem man die von den Polen weggebrochene Zwischenmauer, welche die Kapelle von Meisters Schlafkammer trennte und deren ehemaliges Dasein an den abgehackten Ziegeln der Seitenwände noch zu erkennen war, wieder eingesetzt hatte, wurde das Gewölbe ausgebessert und neu geputzt, ein neuer Altar aufgerichtet, der Fußboden, soweit das Sterngewölbe reicht, mit großen schwarzen und weißen Marmorfliesen, unter dem Tonnengewölbe aber mit kleinen Kalksteinfliesen belegt und dem

Äußern durch eine verzierte Giebelmauer die alte Ansicht möglichst wiedergegeben, während die Fenster Glasgemälde (von Höcker) erhielten, in dem großen Fenster die beiden Johannes, den Täufer und Evangelisten, in den übrigen drei Engel auf verziertem Grunde darstellend.

Durch die Teilnahme, welche die Entdeckung dieser Kapelle überall erweckte, gelang es, ihr auch im Innern den würdigen Schmuck wieder zu verleihen, der sie, den Ordensrechnungen zufolge, früher ausgezeichnet. Von allen Seiten gingen zum Teil sehr wertvolle Geschenke ein. eherne Altarleuchter, eine gestickte weiße Altardecke, ein kunstreich gearbeitetes Kreuz von Bernstein, eine große Altarbibel und ein vergoldeter Meßkelch von Silber aus der Ordenszeit, zu welchem die Fürstin Radziwill eine von ihr selbst reich und prächtig geschmückte Kelchdecke verehrte. Der König aber schmückte den Altar mit einem alten deutschen Bilde, und der Kronprinz, des jetzt regierenden Königs Majestät, übersandte ein silbernes und vergoldetes, buchartig geformtes Altarbild, das in der Ordenszeit im Kriege für den Reisealtar bestimmt war. Ein Hauskomtur zu Elbing hatte es, wie die alte Aufschrift besagt, im Jahre 1388 anfertigen lassen; in dem preußischen Bundeskriege aber war es, von irgendeinem Polen geraubt, in die Domkirche zu Gnesen gekommen und von dem dasigen Domkapitel im Jahre 1822 dem Kronprinzen überreicht worden.

Man möchte Meisters Kapelle, wie sie war und jetzt wieder dasteht, eine fürstliche Einsiedelei nennen; nirgends die Schauer eines mächtigen Doms, alles lieblich, in sich beglückt und ahnungsvoll, wie der leise Flügelschlag eines Engels, der durch die Stille eines heitern Sonntagmorgens grüßend vorüberzieht.

Im Orden war die Andacht noch kein fremdes, von der Tagesarbeit ängstlich geschiedenes Geschäft, sondern recht mitten in dem rüstigen Leben, dieses stündlich verklärend und beseelend. Und so finden wir denn auch jene Kapelle rings von des Hochmeisters täglicher Wohnung umgeben, und eine Türe derselben führt unmittelbar in seine *Schlafkammer.* Diese Kammer, von einem Kreuzgewölbe ohne Kragsteine überdeckt, bietet jetzt wieder den einfach würdigen Anblick dar, den sie nach alten Nachrichten und den vorgefundenen Spuren in Wand und Mauer vor Jahrhunderten gewährt haben mag. Die eichenen Wandschränke für Kleider und Harnisch, deren Mauervertiefungen und Einschnitte noch sichtbar waren, sind wieder eingesetzt, der Fußboden ist wieder mit grün und gelb verglaseten Tonfliesen bedeckt, wie man sie in einer Ecke des Gemaches noch vorfand, und zwei Sitzbänke, ein Tisch in der Mitte und altertümliche Stühle stehen an den blaßgrünen Wänden geordnet umher. Es ist, als wäre der Meister eben nur über Land geritten und müßte jede Stunde wieder heimkehren. Die Wiederbestellung ist von der Familie der Grafen Dohna bewirkt, deren Wappen daher auch das eine große Fenster der Kammer ziert.

Aus der letztern führt rechts eine Türe in *Meisters Hinterkammer,* einen langen Raum mit einem Tonnengewölbe und mehreren Mauervertiefungen zu Wandschaffen, wo ehemals des Hochmeisters Kasten und Laden standen und wahrscheinlich auch die Meßgeräte der Hauskapelle aufbewahrt wurden, mit welcher die Kammer durch eine Türe in Verbindung steht, während auf derselben Seite eine kleine steinerne Treppe zum anstoßenden Konventsremter hinabführt, die jedoch nur für den Meister bestimmt war, wenn er an dem Konventstische mitspeisen oder an der Kollation der Ritter teilnehmen wollte. In dieser Hinterkammer machte eine Mauervertiefung von ganz eigentümlicher Art anfänglich viel Kopfzerbrechen. Sie ist besonders tief eingelegt, hat eine steinerne Einfassung und zwei vermauert vorgefundene Abteilungen übereinander, deren jede wieder zwei Fächer ent-

hielt und durch besondere, mit eisernen Überwürfen verse
hene Türen verschlossen werden konnte, wie nach erfolgter
Ausräumung des Mauerwerks die noch bemerkbaren
Mauereinschnitte und die in den Stein eingelassenen Has-
pen, Falzen und Türhaken bewiesen. Im Hintergrunde der
Vertiefung aber gab ein kleines, verschließbares Fenster-
chen Luft und Licht aus dem Konventsremter. Dies verlei-
tete *Büsching* zu der Vermutung, daß dieses mysteriöse Be-
hältnis eine schlaue Vorrichtung für den Hochmeister gewesen, um bedeutende Fremde im Konventsremter vor der
Audienz von Angesicht kennenlernen und beobachten zu
können. Eine Annahme, der es, wenn ihr auch die vorbe-
merkten Fächerspuren in Stein und Mauer nicht widersprä-
chen, an aller innern Wahrscheinlichkeit gebricht, indem
der Meister zu diesem Zwecke sich vornüber mit halbem
Leibe in die Öffnung hätte hineinzwängen und so in der
unbequemsten und lächerlichsten Stellung verharren müssen. Spätere Untersuchungen ergaben vielmehr, daß es
nichts anderes als ein besonders versicherter Mauerschrank
war, in welchem der Hochmeister Sachen von größerem
Werte aufbewahrte und zu dem sein Kämmerer die Schlüssel führte. Auch dieser Schrank ist, so wie die ganze Kammer, in seiner alten Form wiederhergestellt worden und
wird jetzt zur Verwahrung einiger Meisters Kapelle angehöriger Kostbarkeiten benutzt.

Als man demnächst aus diesen Kammern weiter vor-
drang, fand man einen von den Polen angelegten, schrägen
Gang nach dem großen Gange vor den Remtern hin. Nachdem aber die Seitenmauern des erstern herausgenommen
waren, erkannte man in den Abhackungen an Gewölbe und
Mauer des alten Hausraumes ganz deutlich die Spuren eines
früheren schmalen Ganges, der aus Meisters Schlafkammer
in den Hausflur führte. Er wurde gleichfalls hergestellt,
desgleichen die zu beiden Seiten desselben gelegenen

Räume, von denen in alter Zeit der zur Linken Meisters Dienerkammer, der zur Rechten Meisters Badestube gewesen.

So waren denn die Säle, Hallen und Pfeiler der eigentlichen Hochmeisterwohnung überall aus dem Schutt der Zeiten neu erstanden. Allein unter ihr wiederholt sich in seinen Hauptzügen derselbe Bau noch dreimal bis in den tiefsten Grund hinab, unten noch roh, niedrig und massenhaft, je höher er aber durch die Kellergeschosse und das Erdgeschoß emporsteigt, je freier, klarer und schlanker schon die obere Pracht erstrebend und andeutend.

In *das Erdgeschoß* gelangt man durch eine Türe vom Schloßhofe, und zwar zunächst auf einen Hausflur oder Gang, neben dem mehrere mit einfachen Tonnengewölben bedeckte Räume (ehemals Meisters Küche, Küchenkammer und Wohnstube des Kochs) sich befinden, welche jetzt zur Wohnung des Oberschloßwarts eingerichtet sind und, wie wir oben gesehen, zu den Zweifeln über den Aufgang zur Hochmeisterwohnung Veranlassung gaben.

Neben diesem ist in derselben Richtung und nur um sechs Stufen einer quer durch den Hausraum gehenden Treppe tiefer ein anderer, im schönen Spitzbogen hochgewölbter Gang.

Es ist wie ein Traum von dem prächtigen Remtergange unmittelbar darüber. Da stehen wie droben die steinernen Sitzbänke in den Fenstervertiefungen, rechts wieder der runde Brunnen, am Ende des Ganges der hohe, schönverzierte Eingang.

Dieser Eingang aber führt zu vier nebeneinanderliegenden Stuben, gerade unter Meisters großem Remter, dessen Bodenfläche hier gleichsam durch eine Kreuzmauer in vier gleiche Räume geteilt ist, die jene überaus freundlichen Stuben bilden, während an die letztere, unter Meisters kleinem Remter, ein langer Saal mit einer anstoßenden kleinen Stube angrenzt, alle unter sich durch Türen verbunden, was darauf hinweist, daß diese Gemächer einst als ein zusammenhängendes Ganze benutzt wurden. Nach den Ordensrechnungen waren dieselben auch wirklich zu Geschäftszimmern für die Landesverwaltung bestimmt, und zwar jene vier Stuben insbesondere für Meisters Schreiber, für die Kanzlei und für die Schäfferei. Zwei von ihnen konnten durch Öfen im Fußboden, die beiden andern durch Kamine erwärmt werden, eine jede hat ein hohes, spitzbogiges Gewölbe mit einem achteckigen Granitpfeiler in der Mitte. Die steinernen Sitzbänke an den ehemals durch starke eiserne Stangen vergitterten Fenstern sowie ein Teil der steinernen Fensterkreuze und zierlichgegliederten Fenstergewände sind noch aus der alten Zeit. Alles übrige, mit Ausnahme des einen Kamins, wurde seit dem Jahre 1819 aus den Beiträgen der vier preußischen Regierungen wiederhergestellt, und die nördliche Eckstube war das erste Gemach, welches bei der Restauration des Schlosses mit farbigen, verglasten Tonfliesen geflurt wurde und bunte Fenster, wenngleich nur gemalte Ränder erhielt.

Der zunächstgelegene lange, zweifenstrige Saal, welcher die Hälfte des Raumes unter Meisters kleinem Remter einnimmt, wird in den alten Rechnungen als die „Ratsstube" oder „das Gebietigergemach" bezeichnet, wo die Ordensgebietiger, welche den geheimen Rat des Hochmeisters bildeten, ihre Zusammenkünfte hatten. Sein schönes, spitzbogiges Gewölbe wird von drei schlanken, achteckigen Granitpfeilern getragen, im Fußboden befindet sich ein Ofen mit vier Heizlöchern in den wieder neu eingelegten Lochsteinen. Neben diesem Saale aber liegt, ebenfalls noch unter dem kleinen Remter, die ehemalige „Briefkammer" mit einem anstoßenden, von einem Tonnengewölbe bedeckten Raume, der wie ehemals wieder zur Bewahrung des Schloßarchives benutzt wird. Die Fenster der Briefkammer sind mit dem gemalten Siegelwappen des marienburgischen Konvents, die der Ratsstube mit den Wappen des Ordens, des Hochmeisters, Landmeisters und der fünf Großgebietiger verziert, Ratsstube und Briefkammer aber nach den in andern Gemächern noch vorgefundenen Spuren mit Eichen- und Weinlaubgewinden ausgemalt worden. Die Wiederherstellung wurde durch die preußischen Justizbehörden bewirkt.

Steigen wir nun auf der Windetreppe weiter in das erste oder *obere Kellergeschoß* hinab, so finden wir noch einmal, wie oben, den Gang wieder, den runden Brunnen und zur Seite abermals vier Stuben mit Pfeilern. Aber die Türe von der Treppe ist hier schon auffallend enge, Gang und Stuben sind niedrig in flachen Bogen überwölbt, die Pfeiler nicht mehr geschliffen, als wäre alles eben erst im Wachsen und Werden begriffen. Diese sämtlichen Gelasse, die auch nicht, wie oben, untereinander zusammenhängen, scheinen zu Wohnungen für die niedere Dienerschaft des Hochmeisters und zu Vorratskammern bestimmt gewesen zu sein. Die Wände der Stuben waren zerhackt, durchbrochen, in Küchen und kleinere Wohnungen und in der neueren Zeit auch in Gefängnisse verwandelt. Selbst das Gewölbe unter dem Fußboden war an mehreren Stellen durchlöchert, um den Schutt und Unrat in die unteren Keller hinabzuwerfen. Da galt es rechte Bergmannsarbeit! Alles indes ist im Jahre 1823 wiederhergestellt, Gang und Stuben neu geputzt und ausgeflurt, ja zwei der Stuben sogar mit Stuckboden versehen worden.

Immer tiefer endlich gelangen wir auf derselben Windetreppe in das *untere Kellergeschoß*; abermals der Gang und vier Keller daneben, jeder wie die Stuben über ihnen mit flachem Gewölbe und einem viereckigen, ungeglätteten Granitpfeiler, und ihnen zur Seite ein großer Keller, auf drei ebensolchen Pfeilern ruhend. Auch hier kann man rechts am Gange aus dem Brunnen schöpfen, der durch alle Geschosse in der Mauer hinaufsteigt. Weiterhin aber unter einem gewaltigen Kreuzgewölbe noch aus der Zeit der früheren Vorburg, über welchem bei dem Aufbau der Hochmeisterwohnung noch ein mächtiges Tonnengewölbe geschlagen wurde, das alle oberen Quermauern trägt, strecken sich ungeheuere Kellerräume unter dem ganzen Baue hin, als ob hier ein Riesenbaum seine Wurzeln wie Gebirgsadern durch den Boden treibe.

Doch wir flüchten uns vor der fast dämonischen Übermacht dieser unterirdischen Hallen und treten auf einer besonderen Treppe unmittelbar wieder ins Freie, auf den Burghof hinaus.

Hier stoßen wir zunächst bei Meisters Kapelle auf die Trümmer einer alten Grundmauer, die noch deutlich durch den Boden heraufschimmert. Sie gehört dem schon oft erwähnten weggebrochenen Nebengebäude an, das einst den Winkel zwischen der Kapelle und dem Konventsremter füllte. Nur der obere Teil dieses Gebäudes, welcher das große Kirchenfenster der Kapelle verdeckte, war von den Polen neu aufgesetzt, denn bis zum Erdgeschoß desselben, aber auch nur bis zu diesem hinab wurden, als man den Bau abgebrochen hatte, auf der nun freigewordenen Seitenmauer der Kapelle noch alte, mit Vergoldung verzierte Malereien sichtbar. Jenes ursprünglich alte Erdgeschoß enthielt in der Ordenszeit einen Gang und zwei Stuben für den Torwart des Hochmeisters und hatte ein flaches Dach mit Zinnen und einem Altan, auf welchen eine Türe aus Meisters Hinterkammer hinausführte. Nach Südosten hin stand dasselbe mit einer Vorhalle vor Meisters Kapelle, von der andern Seite aber mit einer Mauer in Verbindung, die in gleicher Flucht mit der Vorhalle und jener ehemaligen Torwartswohnung im Schloßhofe vor dem Konventsremtergebäude hinlief. An diese Mauer lehnte sich weiterhin zwischen den Türen zur Konventsküche und zum Konventsremter, ohne jedoch die Wand des letztern zu erreichen, ein zweites kleines Gebäude mit zwei Öfen unter dem Fußboden, zur Wohnung für den

Torwart des Konvents bestimmt. Die Hauptzüge aller dieser Bauwerke wurden in ihren Grundmauern unter der Erde im Jahre 1823 entdeckt, als man nach dem alten, verschütteten Brunnen vor dem Konventsremter suchte. Ebenso erkannte man bei weiteren Nachgrabungen in demselben Jahre die Fundamente eines Ganges zwischen zwei Mauern, der im Hofe von der Nordecke aus schief vorsprang. Wahrscheinlich liefen dergleichen Verteidigungsmauern von mäßiger Höhe und mit Zinnen versehen um den ganzen Schloßhof her, um das Innere desselben überall von den Türen zu scheiden und diese gegen die etwa bis in den Hof vorgedrungenen Feinde zu decken. Aber alles war so zerstückt, zweifelhaft und weitgreifend, daß man es aufgeben mußte, auf so unsichere Spuren neue Baupläne zu gründen. Nur der im Schloßhofe endlich wieder aufgefundene Brunnen vor dem Eingange zum Konventsremter wurde hergestellt und im Jahre 1843 mit einem altertümlich gehaltenen, hölzernen Gehäuse geschmückt.

Überschreiten wir nun, diesen Hof verlassend, auf der nach Süden gelegenen Brücke den dort abschließenden trockenen Graben, so kommen wir vor ein hohes, spitzbogiges und mit verglasten Ziegeln reichverziertes Burgtor, den ehemaligen einzigen Eingang zum *hohen Schlosse*. Dieser Eingang ist wenigstens äußerlich in seiner alten Pracht erhalten und wie zur Ordenszeit durch eine große eichene Tortüre mit einer kleinen Durchgangstüre wieder geschlossen worden. Das hohe Schloß selbst aber, auch *das rechte Haus* genannt, bildet ein regelmäßiges Viereck, das einen Burghof von 85 Fuß Länge und 102 Fuß Breite umschließt, in dessen Mitte sich ein schöner, gleichfalls wiederhergestellter Brunnen befindet. Das 70 Fuß hohe Haus, ehemals ringsumher mit Zinnen und an jeder Ecke mit kleinen viereckigen Türmen geschmückt, erhob sich in vier bis unter das Dach kunstreich gewölbten Stockwerken. Auf drei der inneren

Seiten der Burg liefen, wahrscheinlich in allen Stockwerken, gleichfalls gewölbte und auf gemauerten Pfeilern ruhende Umgänge umher, auf welche die Gemächer und Säle ihre Ausgänge hatten. An der nordwestlichen Seite, gleich an dem vorerwähnten Eingange, führte eine einfache, seitwärts gewundene, überwölbte Steintreppe aus dem Bogengange des Erdgeschosses durch eine ziemlich niedrige Türöffnung in das erste Stockwerk, und zwar zunächst in den geräumigen Hausflur, von welchem man auf einem durch einen hohen offenen Bogen eröffneten Gange zu dem *Kapitelsaal* gelangte. Dieser befand sich auf der Nordostseite des Vierecks, deren andere Hälfte *die Schloßkirche* einnahm, welche früher nach dem Mittelschlosse hin mit drei hohen Fenstern und einem nach der innern Seite des Burghofes versehen war. Später verlängerte der Hochmeister Dietrich von Altenburg diese Kirche, sie durchaus neu überwölbend, weiter nach Südosten hin, gründete unter ihr die Annenkapelle und setzte daneben den Schloßturm auf. Damals führte der Umgang im innern Schloßhofe vom Kapitelsaale zu dem im hohen Spitzbogen tief in die Mauer eingelegten und vorzüglich verzierten Eingange der Kirche, welcher wegen seiner reichen Vergoldung *die goldene Pforte* genannt wurde. Noch ist die alte Türe desselben vorhanden und an dem phantastisch verschlungenen Bild- und Blätterschmucke aus gebranntem Ton die ehemalige Vergoldung sichtbar. Jener Umgang aber wurde mit den übrigen Gängen, Sälen und Gemächern im Jahre 1801 bei dem Magazinbau zerstört, nur die Kragsteine und die buntverglaseten Ziegeln in der Mauer bezeugen noch sein früheres Dasein.

Indem wir in betreff der Schloßkirche auf die ausführliche Beschreibung in Büschings „Marienburg" Bezug nehmen, bemerken wir nur noch zur Vervollständigung, daß dieselbe in der Ordenszeit außer den noch vorhandenen drei Altären einen freistehenden Altar in ihrer Mitte und auf jeder Seite

neben dem Hochaltar in der dicken Mauer zwei Sakristeien
hatte. Der Mittelaltar ist von den Jesuiten weggenommen, die
Sakristeien auf der einen Seite in *eine* größere Kammer, auf
der andern zum Teil in einen Durchgang zu dem anstoßenden
Jesuitengebäude verwandelt worden. Die schöne Empore
aber, Standbilder und Chorstühle stehen noch in ihrer altertümlichen Pracht. Man begnügte sich bei der Wiederherstellung, einstweilen alles zu belassen, wie es seit der Jesuitenzeit
gewesen, nur die auf der südlichen und östlichen Seite gänzlich verfallenen Mauern wurden durch die katholische Geistlichkeit gründlich ausgebessert, die Fenster mit ihren Verzierungen und Fensterstöcken erneuert und im Innern die Gewölbe größtenteils neu geputzt.

Zu ebener Erde unter dem nach Südost vorspringenden,
von Dietrich von Altenburg auf dem Wallgange des hohen
Schlosses hinausgebauten Teile der Schloßkirche befindet
sich die *Annenkapelle* mit zwei einander gegenüberstehenden, tief in die Mauer eingelegten spitzbogigen Eingängen,
deren jeder durch doppelte Türen, eine innere und äußere,
geschlossen war. Auch diese Kapelle hatte ehemals drei
Altäre, von denen nur noch der Hauptaltar vorhanden, und
zu beiden Seiten des letztern zwei Sakristeien, deren eine
vermauert, durch die andere aber, wie oben in der Schloßkirche, ein neuer Eingang aus dem Jesuitengebäude gebrochen
ist. Wir haben schon oben erwähnt, wie der hintere Teil des
Kapellenraumes im Jahre 1737 in ein Begräbnisgewölbe für
die Familie des Starosten von Rexin umgewandelt und über
diesem Gewölbe durch die einander gegenüberstehenden
Fenster ein Durchgang, die sogenannte Bullerbrücke, angelegt worden war. Gewölbe und Durchgang wurden, nachdem man die darin befindlichen Särge tiefer versenkt hatte,
bei der Wiederherstellung abgebrochen, in der Kapelle selbst
aber aus den Beiträgen der katholischen Geistlichkeit die
Wände und das Gewölbe neu geputzt, die beschädigten

steinernen Kragsteine durch Stuck ausgebessert, der Fußboden gefliesst und das große Fenster in Südost mit einem (von
Höcker) auf Glas gemalten Annenbilde versehen. Das schöne
Bild ist leider im Jahre 1826 vom Sturme eingedrückt und
zertrümmert worden.

Schon die sorgfältig wiederhergestellten Stein- und Stuckverzierungen der Eingänge (worunter die klugen und törichten Jungfrauen, der Engel des Gerichts, das Hinscheiden
Marias und Christus mit der Siegesfahne) deuten auf die
todesernste Bestimmung dieser Kapelle. Sie war die Ruhe-
stätte der Hochmeister und der letzte Gang aller Ritter des
Haupthauses. Denn jenseits auf dem Wallgange (Parcham
genannt) lag der Kirchhof der letztern, und ihre Leichen
mußten durch die Kapelle, wo wahrscheinlich für jeden
Ordensbruder das Totenamt gehalten wurde, dorthin gebracht werden. Vor dem einzigen noch übrigen Hochaltare
befindet sich der Grabstein des Hochmeisters Dietrich von
Altenburg mit der einfachen Umschrift: „† Do. Unsers.
heren Christi. jar. was. M. Dri. C. XLI gar. do. starb. d'.
meist'. sinerich. von. Aldenburc. bruder. Diterich. hie. legen. di meistere. begraben. der. von. Aldenburgh. hat. ange-
haben. Amen." Unter diesem Steine, der zugleich die beweg-
liche Gruftdecke bildet, führt eine Öffnung in ein 20 Fuß
tiefes Tonnengewölbe. Man fand jedoch nur Jesuitensärge
darin, welche bei der Wiederherstellung der Kapelle weggenommen und im Hintergrunde derselben versenkt wurden.
Von dem Boden des Gruftgewölbes aber ist ein enger, unre-
gelmäßig viereckiger Schacht senkrecht in die gewaltige
Grundmauer des Gebäudes hineingehauen, etwa so tief als
der äußere Schloßgraben, mit dem er jedoch in keiner Verbindung steht. Er war durchaus leer, und seine Bestimmung ist
bis jetzt unenträtselt geblieben.

Außerdem enthält die Kapelle nur noch zwei kleinere
Grabsteine. Der eine, ein glatter Stein, hat in deutschen Buch-

staben die Umschrift: „In der Jar czal Xti MCCCCXXIX do starp der erwirdige brvder heinrich von plawen." Ein abgebrochenes Stück dieses Steines lag in einem Winkel der Kapelle zwischen den Fliesen, ist aber dem Denkmal wieder beigefügt worden. Der andere Grabstein zeigt in schwachen, bereits gänzlich verwitterten Umrissen die Abbildung eines Ritters mit dem Schilde. Mit ziemlicher Gewißheit ist nur noch der Name „winric" zu lesen.

So liegen denn die einfachen Denkmale der drei größten Hochmeister, die einzigen, welche die Zeit mit sinnreicher Scheu verschont, fortan in Frieden nebeneinander in der feierlichen Stille und lautlosen Abgeschiedenheit, welche diesem Orte jetzt wiedergegeben ist. Auf der Schwelle des Einganges vom Hofe aber hält der vielgeprüfte Geschäftsführer und Freund des Ordens, Dietrich von Logendorf, wie ein getreuer Eckart, wieder wackere Wacht. Man hat seinen Grabstein im Jahre 1821 in der Lorenzkirche unter dem Schutte entdeckt und ihn, da diese Kirche zu andern Zwecken verwendet wurde, hierher versetzt. Ruhe ihrer Asche!

Unter den Denkwürdigkeiten Marienburgs hat wohl *das große Marienbild* an der Schloßkirche den verbreitetsten Ruf. In einer äußeren, weiten Mauernische an der Südostseite dieser Kirche, unmittelbar über dem Abgrund, den die Kirche und Annenkapelle hier über dem tiefen Burggraben bilden, steht, nur rückwärts an die Mauer gelehnt, die 25 Fuß hohe Gestalt der heiligen Jungfrau, auf dem linken Arme das Christkind, mit der vorgestreckten Rechten ein metallenes, starkvergoldetes Zepter emporhaltend, das sich in Eichenblätter und eine Eichel endet. Sie hat ein goldenes Gewand und einen roten Mantel darüber, mit goldenen Vögeln gleichsam gestickt, und auf dem Haupte einen weißen, nonnenartig gefalteten Schleier mit einer prächtigen Krone darauf. Die Nische, deren vorn abschüssiger Fußboden von gelben und grünen Fliesen glänzt, ist im Hintergrunde ganz golden, an den Seiten aber blau, mit goldenen Sternen besät.

Es ist wie eine übermächtige Erscheinung des Geistes, der in allen den pfeilernden Sälen und Gängen des Baues geheimnisvoll waltet. Nicht, wie die Burggeister anderer Schlösser, bei düsterer Nacht umherwandelnd, im vollen Licht der heiteren Morgensonne zeigt er sich, von den verwandten Strahlen wunderbar entzündet und durchblitzt. Aber auch keine lieblich weiche Madonna ist das riesenhafte Bild, in der Fülle fast schreckhaft durch die ungeheueren Dimensionen, sondern die mildernste Himmelskönigin in allen Glorien ihrer übermenschlichen Hoheit.

Das ganze Bild ist aus Stuck geformt, und auf eine über diese Form gezogene frische Stuckmasse sind kleine Pasten von farbigem Glase dicht nebeneinander eingedrückt. Auch die goldenen Pasten bestehen aus einem Glasfluß (gleichviel von welcher Farbe), auf der glatten Oberfläche mit einem Goldblättchen belegt, über welches eine dünne, durchsichtige Glasscheibe angeschmolzen ist. Die Maria mithin, das Christuskind, Gesicht, Hände, Gewänder und Nische, alles ist Mosaik, ein Kunstwerk, auf dessen uralte Vorbilder zwar dunkle Nachrichten noch hinweisen, das aber gegenwärtig in Europa nicht mehr seinesgleichen hat.

Mehrere der Mosaikstücke indes, namentlich an Gesicht, Händen und Füßen sowie an den untern Rändern der Gewänder, waren bereits ausgefallen, was dem Ganzen das widerliche Ansehen eines fleckigen oder verwischten Gemäldes gab. Allein die Ausbesserung hatte hier besondere Schwierigkeit wegen der anfänglichen völligen Unbekanntschaft mit dem Material dieser Pasten, welche Büsching irrtümlich zum Teil für eine Art Porzellan oder Steingut hielt. Man entschloß sich daher endlich, dergleichen Mosaik aus Rom zu verschreiben. Inzwischen aber war es nach vielen Versuchen dem unermüdlichen Eifer in Marienburg selbst gelungen, die Glaspasten, auch die goldenen, auf die vorbeschriebene Art glänzender und dauerhafter zu verfertigen als die römischen. Und so ging es nun sofort ans Werk. Ein zufällig durchreisender italienischer Künstler (Gregori), in Mosaikarbeiten wohlbewandert, setzte die neuen Pasten ein; der verewigte Fürstbischof von Ermland, Prinz von Hohenzollern, gab allein vierhundert Taler dazu, die katholische Geistlichkeit das übrige. Am 10. Juli 1823 aber wurde eine auf Pergament geschriebene kurze Nachricht über die geschehene Wiederherstellung nebst mehreren Landesmünzen, in einer doppelten blechernen Kapsel wohlverwahrt, in die zu öffnende Eichel des Zepters niedergelegt und das Bild vom katholischen Ortspfarrer kirchlich eingeweiht. Möge es in seinem frischen Farbenglanz noch viele Jahrhunderte segnend ins Land schauen!

Unfern dieses Bildes erhebt sich der schlanke *Schloßturm*, ehemals auch der Turm am obersten Hause genannt. In der Ordenszeit hatte er offene Zinnen und vielleicht auch eine mit einem Knopfe und einer Fahne versehene Turmspitze; wenigstens ist er mit einer solchen auf einem noch vorhandenen kleinen Kupfer vom Jahre 1649 und auf einem alten Ölgemälde im Rathause zu Marienburg dargestellt. Jedenfalls aber wurde im Jahre 1756 von dem Starosten von Rexin eine moderne, dem Ganzen wenig entsprechende Turmspitze darauf errichtet. Auch diese drohte jetzt den Einsturz, sie ist daher abgebrochen und im Jahre 1841 durch eine neue Spitze ersetzt, das obere Mauerwerk des Turmes aber mit Zinnen und gezinnten Giebeln versehen worden.

Endlich wurde auch auf eine stärkere Befestigung des Nogatufers Bedacht genommen, um das Schloß für kommende Zeiten vor dem heftigen Andringen der Fluten zu sichern.

Zu allen diesen Bauten verwendete man größtenteils Ziegeln nach dem Vorbild der alten, welche mit besonderer

Sorgfalt verfertigt wurden. Alte Granitpfeiler lieferten die ehemaligen Ordensburgen zu Brandenburg und Mewe, farbige Fliesen das abgebrannte Dominikanerkloster in Danzig und das Jesuitenkollegium zu Graudenz, wo sie nicht mehr benutzt werden konnten. Sandstein wurde in Schweden gekauft und in Marienburg eine eigene Werkstatt von Steinmetzen unter der Leitung des Geh. Reg.-Rats *Hartmann* errichtet, dessen fortgesetzten, umsichtigen Versuchen es endlich auch gelang, den bildsamen und unverwüstlichen Stuck, wie man ihn im Schlosse vorgefunden, wiederherzustellen. Mancherlei Kontroversen erregte die ursprüngliche Einrichtung der Schloßfenster. Die ersten, sowohl im Konventsremter als in der nördlichen Eckstube des Erdgeschosses, hatte man, nach Art der alten Kirchenfenster, ohne Rahmen in die Fenstergewände fest eingesetzt. Bald jedoch erkannte und verbesserte man den Irrtum, indem alte Nachrichten und noch vorhandene Spuren es endlich unzweifelhaft machten, daß die Fenster in den Wohnstuben und Sälen zum Öffnen eingerichtet gewesen. Dieser an sich geringfügige Umstand aber war für den Schloßbau von bedeutender Wichtigkeit; denn er gab noch zu rechter Zeit, schon im Jahre 1819, dem Geheimen Archivdirektor und Professor *Voigt* die erste Veranlassung zum Aufsuchen und Ermitteln der alten Rechnungen im Geheimen Archive zu Königsberg, wodurch allein es möglich wurde, Bedeutung, Zweck und Einrichtung der einzelnen Gemächer, Säle und Gänge gründlich zu erkennen.

Wir haben im vorstehenden öfters bei den Fenstern der neuen Glasgemälde erwähnt, ohne *des* Mannes zu gedenken, der dabei am bedeutendsten beteiligt war. Der Bauinspektor *Gersdorff* nämlich führte seit dem Juli 1819 unter Hartmanns Leitung die unmittelbare Aufsicht über den ganzen Bau, welchen er mit wahrhaft künstlerischer Lust und durch eine seltene Erfindungskraft auf das wesentlichste gefördert hat. Im Winter 1819, in der Einsamkeit seines Laboratoriums alles

Aufsehen verschmähend, entdeckte er von neuem das Wesen der alten, verlorengegangenen Glasfarben, das Einbrennen und die ganze Behandlung derselben. Von ihm sind mehrere der früheren Fensterbilder und selbst auch die späteren und größeren vom Maler Höcker aus Breslau mit Gersdorffschen Farben gemalt. Er war es ebenfalls, der die bunten und goldenen Glaspasten, womit das große Marienbild restauriert wurde, wieder erfand und im Winter 1822 in der Glashütte zu Zechlinen selber ausführte.

Durch so getreue und umsichtige Anstrengungen war nun alles, was noch zu retten stand, wieder zu würdiger und dauernder Erscheinung gebracht. Allein, um das altertümliche Bild zu vollenden fehlte noch der rechte Farbenton. Die nächste Umgebung auf der ehemaligen Vorburg war noch wüst oder modern und unbedeutend, und im Schloßhofe blinzten und klappten noch die luftigen Magazinluken wie zum Hohn der ernsten Pracht, die nichts mehr mit ihnen gemein hatte.

Da wurde denn zunächst vor dem nordöstlichen Burgtore Mauer und Graben angemessen geordnet und die von der Nogatseite angrenzende ehemalige Lorenzkirche, gegenwärtig zum Geschäftslokal des Landgerichts bestimmt, von außen altertümlich ausgeschmückt. Um die weiterhin gelegenen Postgebäude und Stallungen zu decken, legte man vorn auf dem freien Platze der Vorburg ein Wäldchen, den sogenannten Schloßhain, an. Der Bürgermeister *Hüllmann* hatte dazu in Marienburg Beiträge gesammelt, der Prediger *Haebler* mit seinen Seminaristen pflanzte die Bäume und Sträucher, in denen nun fröhlich die Nachtigallen schlagen, wenn beim leisen Rauschen der Nogat der Mond den dunkeln Bau scharf und geisterhaft beleuchtet, wie denn Kunst und Natur immerdar geheimnisvolle Gesellen sind. Über die Wipfel aber lugt der schiebelichte Turm herüber, der, obgleich dicht am Strome und lange ohne Dach, seit Jahrhunderten Wetter und

Eisschollen gebrochen; ein schöner, zirkelrunder Wartturm, in dessen Inneres eine kleine, schmale Türe von der noch vorhandenen Ringmauer der Vorburg führt. Er ist im Mauerwerk gründlich ausgebessert.

Im Schloßhofe selbst aber alles Störende hinwegzuräumen bot sich schon im Jahre 1823 eine willkommene Gelegenheit dar. Die Postverwaltung in Marienburg bedurfte nämlich dringend eines andern Lokals. Es wurde daher derselben das in der Vorburg längs der Nogat belegene bisherige Intendanturgebäude käuflich überlassen und aus dem Erlös dagegen der nordöstliche Flügel des Mittelschlosses, welcher unbenutzt verfiel, für die Königliche Intendantur sowie zu Wohnungen der Magazinbeamten ausgebaut, das Gebäude aber überall von den Magazinluken befreit und in seinem Äußern der bedeutenden Nachbarschaft wieder würdig gemacht. Auch der südöstliche Flügel, obgleich er Magazin blieb, sowie das sich dort anreihende ehemalige Jesuitengebäude, welches zum Landwehrzeughause bestimmt wurde, erhielt wenigstens äußerlich durch Ausbesserung und altertümlichen Abputz einen möglichst übereinstimmenden Ausdruck. Bei weitem am bedeutendsten aber wurde endlich das ganze alte Bild, wie der Ritter durch den Helm, durch die Wiederherstellung der *Zinnen* gehoben, womit in der Ordenszeit das obere Haus wie das Mittelschloß gekrönt waren.

Es waren dies nämlich zwei Verteidigungsgänge übereinander, ein verdeckter und ein offener, welche oben um die ganze Burg liefen. Der untere oder *verdeckte* Gang befand sich zwischen dem obersten Geschoß und der Balkenlage des Daches in der dicken Mauer selbst, war durch die wieder zugewölbte Mauer gedeckt und hatte Schießlöcher nach außen. Auch nach dem Burghofe hin enthielt die Mauer solche, nur etwas engere Gänge, die mit den äußeren durch quer neben dem Bodenraume unter den Balkenlagen durchlaufende Mauergänge in Verbindung standen, um zur Zeit der

Gefahr rasch von einer Seite des Schlosses zur andern gelangen zu können. Auf der *inneren* Mauer jener Gänge ruhten die Dachbalken nebst dem zurücktretenden Dache. Über diesen Gängen selbst aber, deren Gewölbe mit dicken Kalksteinplatten belegt waren und zugleich die Abzugrinnen des Regenwassers bildeten, liefen neben dem Dache die *offenen* Gänge umher, mit jenen durch Mauertreppen verbunden und nach außen durch die Brustwehr gedeckt, in welcher sich die Zinneneinschnitte befanden. Diese letzteren Gänge waren bei dem Umbau des Schlosses an einigen Stellen unvermauert geblieben und ließen daher ihre ehemalige Beschaffenheit noch deutlich erkennen.

Die Hochmeisterwohnung jedoch hatte auch in der alten Zeit nur solche ringsumherlaufende *offene* Gänge, in denen namentlich die Hauptverteidigung des vorspringenden Flügels derselben bestand. Hier, über den Gewölbebögen der äußeren Strebepfeiler von Meisters großem Remter, war der breite Gang durch eine 10 Fuß hohe und an der Außenseite mit gegliederten Ziegeln und Stuckverzierungen besonders reich geschmückte Brustwehrmauer geschützt. In den beiden Ecken gegen Norden und Westen sprang diese Brustwehr über die Mauer hinaus und bildete, auf gewaltigen Kragsteinen ruhend, in jeder Ecke einen ausgelegten und schön verzierten achteckigen Erker. Gang, Brustwehr und Erker wurden, gleichwie an den andern Seiten des Baues, im Jahre 1785 abgebrochen und aus den herabgeworfenen Kalksteinplatten des Fußbodens Kalk gebrannt, über dem Ganzen aber ein widerliches, flaches Dach aufgesetzt. Nur an der nordöstlichen Seite hatte man einen Teil der Brustwehr stehenlassen, gleichsam als Zeugnis der zerstörten Herrlichkeit.

Nach diesen Trümmerspuren und den Andeutungen, welche alte Rechnungen und Bilder übereinstimmend darboten, wurde im Jahre 1825, aus einer Gabe der Königlichen Prinzen und den Beiträgen der Armee, die Wiederherstellung begon-

nen, und schon im Jahre 1831 waren rings um den Konventsremter die alten verdeckten Verteidigungsgänge von neuem
überwölbt, über dem ganzen nordwestlichen Flügel des Mittelschlosses aber die überhangenden Dächer zurückgelegt,
die offenen Gänge mit Wasserfängen und blechernen Abfall-
röhren angelegt und an ihren Brustwehren die Felder der
Zinnen mit Stuckverzierungen wieder stattlich ausgeschmückt.

*

So hängt der Baumeister, wenn alles wohlgelichtet, fröhlich
eine frische Blumenkrone über den fertigen Bau hinaus. Als
Festredner dieses Baues aber wollen wir einen Mann vernehmen, dessen Stimme, obgleich zu früh von uns geschieden,
immerdar einen guten Klang behalten wird. *Schinkel* nämlich, nachdem er im Jahre 1819 Marienburg zum erstenmal
gesehen, berichtete an den Staatskanzler Fürsten von Hardenberg:

„Der Eindruck der Wirklichkeit hat nun bei mir den früher
nur durch Zeichnungen erhaltenen um vieles übertroffen,
und als ich, um mein Urteil bei mir fester zu begründen,
diejenigen Werke des Mittelalters in die Erinnerung zurück-
rief, welche in diese Gattung fallen und die ich selbst in
Italien, Deutschland und den Niederlanden gesehen, so
mußte ich bekennen, daß bei keinem so wie beim Schlosse
Marienburg Einfachheit, Schönheit, Originalität und Konsequenz durchaus harmonisch verbunden sind. So findet sich
am Dogenpalaste zu Venedig vielleicht viel Abenteuerliches,
viel mehr Reichtum der Verzierung, aber auch viel Inkonse-
quenz und Mißverhältnis. Die Rathäuser zu Löwen und
Brüssel sind prächtiger von außen, aber in einem späteren,
sehr gezierten und mehr aus der Kirchenarchitektur entlehn-
ten Stil. Schloß Karlstein bei Prag, der Sitz Kaiser Karls IV.,
ist im Vergleich mit Marienburg ganz in roher Art ausgeführt.

So würde es nicht schwer werden, mehr Vergleichungen beizubringen mit dem Besten, was aus jener Zeit noch vorhanden ist, welche zum Vorteil für Marienburg ausfallen müssen. Die Schönheit der Verhältnisse, die Kühnheit der Gewölbe in den Remtern, die Originalität und Konsequenz der Fassaden am Hauptgebäude des Mittelschlosses sucht man anderswo überall vergeblich."

Den wiederhergestellten Bau aber hat des Königes Majestät in die Hut des Mannes gestellt, der ihn gleichsam neu gegründet. Am 3. Juni 1842 wurde der Staatsminister von *Schön* zum Burggrafen von Marienburg ernannt und ihm die bisher von dem Oberpräsidium der Provinz geführte Verwaltung aller das Schloß betreffenden Angelegenheiten und der dazu ausgesetzten Fonds persönlich übertragen.

Und er hatte sich nicht geirrt, als er prophetisch in bezug auf Marienburg jedem Volke, wie in Alt-England, sein fröhliches Westminster wünschte. Das Volk hat in Marienburg nicht nur mitgebaut, sondern auch sich selber daran erbaut. Nicht etwa bloß sogenannte Kenner oder vorwitzige Touristen füllen die aufgeschlagenen Fremdenbücher mit ihren Exklamationen. Ein buntes Wallfahrten den ganzen Sommer hindurch führt Preußen, die früher nichts voneinander gewußt, aus allen Gegenden des Landes in den Remtern zusammen, und zwar nicht zu jenem faden Sommervergnügen, das mit Karussells, Feuerwerken und sonstigen Grillen eines verschmitzten Restaurateurs alljährig launenhaft die Moden wechselt. Es ist die geheimnisvolle, ideale Übermacht, die dort plötzlich mitten aus der fruchtbar-langweiligen Fläche alltäglichen Wohlbehagens gedankenreich wieder emporgestiegen. Es ist die gesunde, kräftige und in ihrer Einfachheit allen klare Schönheit der Formen, in welche das Volk unbewußt und zu innerem Frommen sich allmählich hineinlebt, wie ja überall jene Geschlechter die schönsten und kunstsinnigsten sind, die in großer Gebirgsnatur oder auf ihren mit

Kunstdenkmalen geschmückten Plätzen täglich mit den Göttern verkehren. Es ist endlich der deutsche Sinn und Geist, der wie ein frischer Waldhauch durch diese Säle weht und die auf die Vorhut gestellten Preußen mit ihren Stammgenossen im Westen fortdauernd verbrüdert, die stete, durch den ganzen Bau und seine Geschichte hindurchgehende Hinweisung auf das Kreuz, unter dem das Volk schon einmal für König und Vaterland gestritten und gesiegt.

Auch war sein König der erste, der diese Bedeutung des Baues faßte und hochsinnig ins Leben gerufen hat. Schon am 20. Juni 1822, als sich alles eben erst werdend gestaltete, versammelte er, damals noch Kronprinz, viele edle Preußen in Meisters großem Remter um sich zu einem festlichen Ehrentisch, nach dreihundertundsechzig Jahren wieder dem ersten, den ein deutscher Fürst in diesem Saale gegeben. Da weckte Trompetenklang von der Empore manche große Erinnerung, die hier verkannt und verschüttet sei Jahrhunderten geschlummert, da leuchtete ringsumher die sonnenhelle Landschaft durch die hohen, wieder freigewordenen Fenster herauf, im Hofe wimmelte es wieder bunt und jauchzend, wie in Meister Winrichs großen Tagen. Auch ein Liedsprecher in der alten Tracht hatte sich aus Danzig eingefunden und begrüßte während der Tafel den hohen Herrn mit einem Liede zur Zither, das der Kronprinz, den frisch gefüllten Becher erhebend, mit einem Trinkspruch erwiderte. Wir aber wüßten unser Büchlein nicht schöner zu schließen als mit den wahrhaft Königlichen Worten dieses Spruchs:

„Alles Gute und Würdige erstehe wie dieser Bau!"

Anhang

(Hierzu die beifolgende Tafel)

Der anliegende Plan des Schlosses Marienburg gibt eine
faßliche Übersicht von der Großartigkeit und dem bedeutenden Umfange, den dieses merkwürdige Bauwerk in früheren
Zeiten gehabt hat. Die ehemalige Bestimmung der Räume
und Plätze ist, um das verwirrende Aufsuchen der Ziffern zu
vermeiden, im Plane selbst überall sogleich beigeschrieben.
Wir beschränken uns daher darauf, nur bei einzelnen Teilen,
wo es zum leichteren Verständnis nötig schien, hier noch
einige Erläuterungen und Bemerkungen hinzuzufügen.

Zunächst sehen wir das obere Haus und das Mittelschloß
ringsumher teils von Gräben und starken, mit Türmen versehenen Mauern, teils von der Vorburg mit ihren weitauslau-
fenden Verteidigungswerken umgeben. Die Mauer, welche
auf der Stadtseite den nassen Graben am Sperlingsturme
gegen den nordwestlichen Umhang der Vorburg schloß und
die drei im Plane vermerkten Türme in Verbindung brachte,
teilte zugleich jenen Graben in einen äußern und innern. Der
das hohe und Mittelschloß auf drei Seiten umlaufende innere
Graben, in der Ordenszeit der *Hausgraben* genannt, hatte
hier sowie südöstlich vom hohen Schlosse noch eine besondere, freistehende *Grabenmauer*, die zum Teil noch vorhanden ist und ehemals mit einer Brustwehr und einem Gange
versehen war. Nordwestlich schützte die *Nogat* das Schloß;
doch zog sich auch hier die Vorburg, einen Umhang bildend,
bis an das einzige zur Stadt führende *Schuhtor* hinauf. Außerdem war auch die Grabenmauer des hohen Schlosses von dem
Sperlingstore ab bis an das Mittelschloß fortgesetzt, wo sie
durch eine Pforte mit dem *trockenen Graben*, welcher das
letztere vom hohen Schlosse scheidet, in Verbindung stand.

Vor der Grabenmauer floß der *Mühlengraben*, und an diesem zog sich eine zweite Mauer dem hohen und mittleren Schlosse entlang bis gegen das Tor bei der Lorenzkirche; von dieser Mauer konnten jedoch wegen der späterhin dort aufgebauten Häuser nur noch einzelne Bruchstücke erkannt werden. Eine dritte Mauer endlich, von dem Schuhtore ab längs der Nogat bis an den schiebelichten Turm, mit Wehren und Bollwerken und mit den angelehnten, aber zur Verteidigung eingerichteten Gebäuden, bildete an der Nogatseite die schützende Ringmauer des Ganzen. Diese Ringmauer zog sich ferner vom schiebelichten Turme ab teils hinter dem viereckigen Turme an der Nordwestseite der Vorburg bis an das Lorenztor, teils ebenso in der Fortsetzung um die nordöstliche und südöstliche Seite der Vorburg bis an den achteckigen Turm der Stadt gegenüber und verteidigte mithin die ganze Vorburg.

Die Gänge auf dieser Mauer zwischen den Türmen waren durch aufgelegtes und zurücktretendes Holzwerk breiter gemacht und nach außen mit einer gemauerten Brustwehr versehen. Auf den Türmen und Wehren standen Winden, wahrscheinlich zum Hinaufschaffen der Geschützbedürfnisse. Auch werden in den alten Rechnungen Wächter auf der Wehre erwähnt, die mit einem Horne die Zeichen gaben. Gegen die Nogat aber war die äußere Mauer, namentlich bei der Niklaskapelle, der Badestube und dem schiebelichten Turme, durch Pfahl- und Strauchwerk geschützt, welches auch damals schon *Haupt* genannt wurde.

Das ganze große Außenwerk oder der Umhang um die Vorburg mit den halbrunden Türmen oder *Basteien* (in der Ordenszeit auch Bollwerke geheißen), welchem die Bauten hinter dem schiebelichten Turme, die Bollwerke bei und vor dem *Schnitzturme*, der neue Turm und die Wehre bei demselben angehören, ist nach der Belagerung Marienburgs durch Jagjello, also nach 1410 angelegt und der äußerste breite

Graben, *Hochmeisters Karpfenteich*, erst im Jahre 1417 gegraben worden.

An dem inmitten des Grabens zwischen dem obern Hause und der Stadt gelegenen *Dietrichsturme* führte eine schmale Brücke, die leicht abgeworfen werden konnte und nur für Fußgänger bestimmt war, quer über den Graben nach der Stadt, und zwar auf den Kirchhof der Johanniskirche. Noch in der späteren, polnischen Zeit war diese Brücke unter dem Namen *Laufbrücke* vorhanden. Der Turm selbst enthielt die Wohnung eines „Herrn Dietrich"; wer aber dieser Herr Dietrich gewesen (vielleicht Dietrich von Logendorf?), läßt sich nicht mehr ermitteln.

Er ist ebensowenig mehr vorhanden als der benachbarte *Sperlingsturm*, welcher, da er in der Belagerung von 1410 wahrscheinlich sehr gelitten hatte, im Jahre 1411 zum Teil abgebrochen und wieder aufgebaut wurde.

Dagegen sind von dem *Brückentor*, dem obern Hause nordwestlich gegenüber, an der Nogatseite noch Trümmer vorhanden, die seine ehemalige Schönheit ahnen lassen. Es bestand aus zwei Toren nebeneinander, von denen jedoch das eine nur eine Pforte für Fußgänger enthielt, und war durch zwei runde Türme und ein kleines, gleichfalls rundes Türmchen über dem Spitzbogen der beiden Eingänge gedeckt. Diese Türme hatte der Hochmeister Dietrich von Altenburg erbaut.

Der große Turm, westlich vom hohen Schlosse und mit der Westecke desselben durch eine breite, hohe Mauer verbunden, die zugleich einen Gang aus dem Ecktürmchen des Schlosses zu diesem Turme bildete, steht noch in seinem ganzen Umfange und in einer Höhe von 40 Fuß, obgleich der obere Teil, welcher Wohnungen, Zinnen und Verteidigungsgänge enthielt, im Jahre 1774 abgebrochen wurde, um den Bau als Speicher zu benutzen. Unter ihm hatte das Wasser des Mühlengrabens, nachdem es die Stadt- und Schloßgräben gefüllt, seinen weiteren Abfluß, wie die noch vorhandenen mächtigen Mauerbogen in der Tiefe bekunden. Er bildete ein Hauptaußenwerk des hohen Schlosses, enthielt aber zugleich auch den *Danzk* für die Ritterbrüder, die in jenem wohnten, weshalb er in der Ordenszeit auch „der Herren Danzk" genannt wurde. Danzk aber hießen die Abtritte, welche hier, wie überall im Schlosse, über dem unten durchfließenden Mühlengraben angelegt waren. Die Etymologie des Namens ist nicht mehr nachzuweisen.

Von der *Niklaskapelle*, zwischen dem Schuh- und Brük-kentor, ist durchaus keine Spur mehr vorhanden. Sie muß schon früh in der polnischen Zeit abgebrochen und ihre Stelle anderweit bebaut worden sein.

Parcham wurde in der Ordenszeit der Wallgang genannt, der das hohe Schloß von allen vier Seiten umgab und im schlimmsten Falle noch aus dem Erdgeschosse der Burg verteidigt werden konnte, zu welchem Zweck dieses letztere mit vergitterten Schießscharten versehen war, von denen mehrere in Luken verwandelt, andere aber in der alten Gestalt mit ihren steinernen Einfassungen noch jetzt sichtbar sind. Unter dem Parcham neben der Stützmauer desselben zog sich, nur durch die Annenkapelle unterbrochen, ein unterirdischer überwölbter Gang um das ganze hohe Schloß, von dem noch Spuren vorgefunden wurden und den auch eine Öffnung in den trockenen Graben zwischen dem hohen und mittlern Schlosse in der Nähe des dortigen Treppentürmchens noch andeutet. Er stand nicht nur gleichfalls unter der Erde mit dem Innern des Schlosses, sondern auch mit den Verteidigungsgängen der innern Grabenmauer durch zum Teil noch erkennbare Treppen und Pforten in Verbindung.

Das runde *Treppentürmchen* an der Brücke über den trok-kenen Graben, in welchem eine Treppe zu dem letztern hinabführte, ist in seiner alten Form wiederhergestellt worden.

Dieser *trockene Graben* war ehemals südöstlich zwischen der Annenkapelle, dem Pfaffenturm und der Bartholomäuskapelle durch eine Mauer geschlossen und mit einem Bollwerke zur Verteidigung versehen.

Der *Pfaffenturm*, auch Kaplanturm genannt, enthielt die Wohnungen (Pfaffenkammern) der Pfarrer und Kapläne, die bei den verschiedenen Kirchen des Hauses angestellt waren. In der polnischen Zeit verwandelten die Jesuiten das Ganze in ein Wohngebäude für sich (Jesuitenkollegium, jetzt Landwehrzeughaus), welches sie bis an die Bartholomäuskapelle des Mittelschlosses verlängerten. In der *Bartholomäuskirche* aber wurde bei dem Magazinbaue im Jahre 1803, nachdem man die Vorhalle abgebrochen, das Gewölbe eingeschlagen und die Kirche selbst mit dem ganzen anstoßenden Flügel des Ritterschlosses zu Getreideböden eingerichtet.

Dieser Kirche gegenüber konnten bei der *Hochmeisterwohnung* im Plane nur die Säle und Gemächer des oberen oder eigentlichen Prachtgeschosses angegeben werden. Unter ihnen im oberen Erdgeschosse befinden sich die oben S. 364 f. beschriebenen Räume, als: die vier Stuben des Schreibers, das Gebietigergemach, die Briefkammer usw. Die auf dem Plane weiter rechts vor dem Konventsremter und der Kirche vermerkten Gänge und Wohnungen für die Torwarte des Meisters und des Konvents sind die S. 367 f. erwähnten und nicht wiederherstellbaren Bauwerke, von denen nur noch die Grundmauern erkennbar waren.

Die Wohnung des Großkomturs im nordöstlichen Flügel des Mittelschlosses vom Schloßtore bis an die Ostecke, welche im Erdgeschosse Vorratsräume, Küche und vielleicht auch Gelasse für die Dienerschaft enthielt, zeichnete sich im obern Geschosse durch besondere Pracht aus. An ein Gemach mit einem nicht aus Stuckguß, sondern von Ziegelsteinen eigentümlich geformten Gewölbe stieß ein quer durch das Gebäude gehender Saal. In der Ostecke aber befand sich ein zweiter Saal, dessen Gewölbe von einem achteckigen Granitpfeiler getragen wurde und der sowohl mit den Stuben im südöstlichen Flügel als auch mit dem Gange in Verbindung stand, welcher an diesem Flügel auf der Hofseite hinlief und auf welchen alle Gemächer desselben ihre Ausgänge hatten, wie dies alles in dem Plane möglichst genau angedeutet ist. Sämtliche Gewölbe sind im Jahre 1802 eingeschlagen worden, der kleine viereckige Turm aber an der Ostecke des Schloßgrabens, welcher zugleich des Großkomturs *Danzk* enthielt, steht noch jetzt.

Im andern Teile des nordöstlichen Flügels, vom Schloßtor bis zur Nordecke, befand sich die *Herrenfirmarie*, d. i. die Anstalt zur Aufnahme der kranken sowie der alten und schwachen Ordensritter. Die Firmarie für die Knechte oder das Gesinde war in der Vorburg an der Lorenzkirche. Die Herrenfirmarie hatte im Erdgeschoß die auf dem Plane vermerkten Stuben, Küche, geräumigen Hausflur und einen großen Saal mit einem Granitpfeiler in der Mitte, dessen Gewölbe im Jahre 1777 eingeschlagen wurde. An die äußere Nordecke dieses Saales lehnte sich ein im hohen Bogen überwölbter Gang an, zu dem nur noch in seiner Grundmauer erkennbaren schönen achteckigen Turme an der Eckkante des Schloßgrabens führend, welcher zugleich einen Danzk enthielt und daher der *Firmariedanzk* hieß. Auf dem Turme war, rundum auf ausgelegten zierlichen Kragsteinen von Kalksteinblöcken, eine achteckige Stube übergebaut, zu der außer einer Windetreppe im Innern des Turmes auch noch über jenem hochgewölbten Bogen ein Gang aus dem obersten Teile des Schlosses hinführte und die von ihren Sitzbänken an den Fenstern einen schönen Überblick über die Vorburg und seitwärts über die Nogat gewähren mußte. – Dieser ganze nordöstliche Flügel ist, wie bereits weiter oben erwähnt, jetzt zu Wohnungen für die Intendantur- und Magazinbeamten eingerichtet und in seinem Äußern altertümlich wiederhergestellt worden.

Unter ihm hindurch führt ein ehemals stark befestigtes *Tor* nach der Vorburg. Die Spitzbogen in der innern und äußern Mauer des Gebäudes nebst den eisernen Torangeln und Schließhaken sind noch vorhanden. Nach außen hatte das Tor noch einen Vorbau, gleichsam eine Verlängerung über die Breite des Wallganges bis an die Zugbrücke über den Hausgraben, ebenfalls mit einem den vorigen ganz gleichen Spitzbogen, und bildete also eigentlich drei Tore hintereinander, welche zwischen dem äußeren und mittleren durch ein in den Mauerfugen noch kennbares Fallgatter gesichert waren. Auch der Vorbau, aus dessen Innerem auf jeder Seite eine Pforte nach dem Wallgange führte, war überwölbt und oben mit dicken Kalksteinplatten belegt, die eine Plattform bildeten. Dieser Vorbau mit dem äußeren Tore ist bei dem inneren Umbau der beiden Seiten des Mittelschlosses im Jahre 1803 weggebrochen, nur Mauerstücke bezeichnen noch seine frühere Stelle.

Der *Lorenzturm* am Lorenztore, wo jetzt anstatt der ehemaligen Zugbrücke eine gemauerte Brücke über den Mühlengraben führt, war schon im Jahre 1796 eingestürzt. Auch der *Harnischturm*, das Schützenhaus sowie die weiterhin nach der Nogat gelegenen Türme sind nicht mehr vorhanden.

Die mannigfachen Gebäude der *Vorburg* waren zum Teil an die Ringmauern angelehnt und nach dem Graben hin mit Schießscharten, auch oben neben dem Dache hinter der gezinnten Mauer oder Brustwehr mit einem Verteidigungsgange versehen. Alle diese Gebäude sind, wo im nachstehenden nicht das Gegenteil bemerkt wird, jetzt spurlos verschwunden.

Das große Kornhaus an der Nogat, welches gleichfalls Zinnen und oben Umgänge hatte, wurde schon im Jahre

1754 abgebrochen und der Grund in kleinen Teilen zum Bebauen ausgetan.

Der schiebelichte Turm, von dem schon oben die Rede war, ist in seiner alten Gestalt wiederhergestellt. Der *Mühlengraben* aber hat jetzt seinen Ausfluß durch Meisters Karpfenteich, seitdem schon in der polnischen Zeit die Festungswerke verfielen, die Schloßgräben wasserleer gelassen wurden und der ehemalige Abfluß des Mühlengrabens unter dem Sperlingsturme eingegangen war. Die weiter rechts gelegenen beiden Türme sind nebst der Pforte dazwischen im Jahre 1807 abgebrochen worden und nur von dem einen noch die Grundmauer[n] zu erkennen.

Die Lorenzkirche, bis zum Jahre 1806 wenigstens am St. Lorenztage als Kapelle benutzt, ist in ihren äußeren Mauern noch vorhanden, enthält aber jetzt das Geschäftslokal des Landgerichts, welchem äußerlich ein altertümliches Ansehen gegeben worden.

Der am Hausgraben vor dem Tore des Mittelschlosses gelegene leere Platz war von einer zwei Fuß dicken und niedrigen Mauer eingefaßt.

In dem *Steinhofe* wurden auch die Vorräte von Steinkugeln für die Geschütze aufbewahrt.

Der Tempel enthielt die großen Vorräte von Fleisch, Schmalz, Heringen, Salz, Butter, Käse, Erbsen, Grütze, Schüsseln, Säcken u. dergl. Zugleich scheint mit dem Tempel eine besondere Speiseanstalt für das Schloßvolk oder Gesinde in der Vorburg verbunden gewesen zu sein, da derselbe seinen eigenen Koch hatte. Auch wohnte der Tempelmeister in diesem Gebäude, welches so geräumig war, daß es zum großen Kapitel drei Komture aufnehmen konnte.

Der Briefstall war ohne Zweifel für die Briefschweiken (Postpferde) des Haupthauses bestimmt.

Dieser ganze mittlere Teil der Vorburg, welcher gegenwärtig nach dem Mühlengraben hin von dem Postgebäude, auf der nordöstlichen Seite aber von den dazugehörigen Stallungen und Remisen begrenzt wird, war schon im Jahre 1780 ein wüster Platz, wo er geebnet und zugleich *der Teich hinter dem Steinhofe* zugeschüttet wurde. Jetzt ist auf demselben der oben erwähnte Schloßhain angelegt.

Das Gießhaus enthielt die Geschützgießerei für das ganze Ordensland, welche im Jahre 1401, damals noch mit Verfertigung eiserner Büchsen, begann.

Die Trapperie, die von dem Trappier des Hauses verwaltet wurde, enthielt die Vorräte von Kleidungsstücken aller Art, von Pelzen, Tuch, Leinewand, Tischtüchern, Bettlaken usw.

Im Karwan wurde das grobe Geschütz, der Vorrat an Büchsen, Büchsenwagen, Büchsenrädern und auch Geräte für die Landwirtschaft, als Reise- und Wirtschaftswagen, Schlitten u. dgl. aufbewahrt. Ihm gehörte eine bedeutende Anzahl Knechte und ein großer Bestand von Arbeitspferden an. Das Ganze aber stand unter dem Karwansherrn, welcher selbst darin wohnte und zum großen Kapitel die Komture von Schwetz, Tuchel und Mewe bei sich aufzunehmen hatte. Eines von den zum Karwan gehörigen Gebäuden an der südöstlichen Seite ist noch vorhanden, wo seine mit Schießscharten versehene Hinterwand zugleich die Ringmauer der Vorburg bildet; es wird jetzt als Salzspeicher genutzt. Von den andern Gebäuden sind nur noch einige Mauern, auch Spuren an der Ringmauer sichtbar.

Das Schnitzhaus enthielt die Vorräte von Armbrüsten nebst den dahin gehörigen Bedürfnissen und zugleich die Wohnung des Schnitzmeisters, in welcher während der Kapitel auch noch der Hauskomtur von Elbing aufgenommen wurde.

Das benachbarte *Schnitztor* war durch eine Zugbrücke mit einem noch bis 1812 vorhandenen Fallgatter, durch Doppeltore und endlich durch zwei Türme, den *Schnitzturm* und den *Turm beim Schnitzhause*, geschützt. Der erstere, kleinere wurde im Jahre 1812 größtenteils abgebrochen, der andere dagegen steht noch in seiner ursprünglichen Größe da und wird von dem anwohnenden Bürger als Speicher benutzt. Dieser Turm umfaßte ehemals zwei Gemache, deren jedes den ganzen innern Raum desselben ausfüllte. Das Gemach im Erdgeschosse hatte ein noch erhaltenes sehr zierliches Sterngewölbe und zwei spitzbogige Fenster nach dem Burgplatze hin. Sie sind jetzt verbaut und entstellt, von dem Gemach im oberen Geschosse aber sind die schöngegliederten Fensteröffnungen auch von außen noch zu sehen. Aus einem Seitengebäude, das an den Turm und die Ringmauer sich anlehnte, führten die Eingänge, von denen die alten Türöffnungen noch ganz vorhanden sind, in diese Gemache. Auch im Kellerraume, der wahrscheinlich zugleich eine Dienerwohnung war, ist der Ofen noch erkennbar, welcher, gleich den Öfen im Mittelschlosse, die oberen Gemächer erwärmte.

Das alte Schnitzhaus, von dem nur die Grundmauern noch sichtbar sind, ist schon in der Ordenszeit zu einer Wohnung umgewandelt worden. Diese Wohnung muß aber sehr anständig gewesen sein, da sie bei Besuchen hoher Gäste benutzt und z.B. im Jahre 1400, „als Herczogs Wytowts Frauwe hy was", noch besonders ausgemalt wurde. Während der großen Kapitel war sie dem Meister von Livland angewiesen.

Das Vortor wird in den alten Rechnungen sehr früh erwähnt, noch ehe der Umhang um die Vorburg angelegt wurde. Der davor gelegene *neue Turm* stand an dem hier anfangenden „welschen Garten", wie diese Gegend noch jetzt genannt wird.

DIE HEILIGE HEDWIG

Einleitung

Es walten im Leben der Menschen seit dem Sündenfalle zwei geheimnisvolle Kräfte, die beständig einander abstoßen und in entgegengesetzten Richtungen feindlich auseinandergehen. Man könnte sie die Zentripetal- und die Zentrifugalkraft der Geisterwelt nennen. Jene strebt erhaltend nach Vereinigung mit dem göttlichen Zentrum alles Seins, es ist die Liebe; während die andere verneinend nach den irdischen Abgründen, zur Absonderung, zur Zerstörung und zum Hasse hinabführt. Der Kampf dieser beiden Grundkräfte, je nachdem im Wechsel der Zeiten die eine oder die andere die Oberhand gewinnt, bildet die Weltgeschichte, deren große Aufgabe eben der endliche Sieg jener göttlichen Grundkraft ist. Durch Kunst und Philosophie des ganzen Altertums sowie durch den träumerischen Instinkt aller wilden Völker geht rührend die unabweisbare Ahnung einer höheren Natur, das Heimweh nach einem ursprünglichen, halbvergessenen, schöneren Vaterlande, mit dem sie sich durch Opfer zu versöhnen streben; ein prophetisches Sehnen nach der Zeit der Erlösung, wo Christus erbarmend in die Welt tritt und allen zuruft: Ich bin das Leben, der Weg und die Wahrheit. – Gleichwie die ganze äußere Natur beständig aus den Totenkammern der Erde nach dem Lichte ringt und hinauflangt und, von dem Lichte berührt, allmählich wachsend wunderbar in Blüte, Duft und Klang ausbricht, so ist auch jene himmlische Liebe und Sehnsucht ein ewiges *Werden* der Menschheit. Und so gewahren wir denn über den Profangeschichten der verschiedenen Nationen immerfort den geheimnisvollen leisen Gang einer höheren Weltgeschichte, durch den Schleier der mannigfach wechselnden Gestaltungen hindurch den ernsten heiligen Hintergrund alles irdischen Lebens.

Wir sind in der neuesten Zeit überall bemüht, den berühmten Kriegshelden, Staatsmännern, Gelehrten und Künstlern würdige Denkmale zu errichten. Ein löblicher Eifer; denn es ist ganz recht, das Große und Schöne dankbar in dem Angedenken der nachfolgenden Geschlechter zu bewahren. Fassen wir aber die Geschichte, wie billig, in ihrer höchsten und am Ende einzig gültigen Bedeutung, als Vorschule nämlich und Erziehung des Menschengeschlechts für seine Endbestimmung eines jenseitigen höheren Daseins, so wird sich hienieden groß und klein, Lob und Tadel vielfach anders stellen als in dem Geräusch der alltäglichen Gegenwart. Wir werden dann erkennen, daß bei weitem das meiste, was jene Heroen getan und erstrebt, jenen Entwickelungsgang nur indirekt gefördert, ja häufig sogar retardiert hat, indem sie eine falsche Selbstgenüge und Vergötterung der bloßen Menschenkraft herbeiführten. Wir werden daher ohne Zweifel denjenigen Helden, welche *unmittelbar* für den höchsten Zweck durch Beispiel, Tat und Lehre gewirkt und nicht selten ihr Leben darangesetzt haben, ganze verlorene Völker dem Himmel zuzuwenden, zu noch viel größerem Danke verpflichtet sein. Diese Heroen aber sind die *Heiligen*.

Wir wissen recht gut, daß seit der Reformation in Deutschland ein grobes Vorurteil, ja aus lauter Vernunftglauben eine höchst unvernünftige Abneigung gegen die Verehrung der Heiligen herrschend geworden. Das ist, um nicht ungerecht zu sein, menschlicherweise wenigstens sehr begreiflich. Denn die Reformation brach mit dem Mittelalter, mit seiner Kirche und ihren tausendjährigen Traditionen, und folglich vor allem auch mit den leuchtendsten Streitern und Vorbildern dieser Kirche. Dazu kam der gewöhnliche Kriegsgebrauch so aufgeregter Zeiten, daß beide Parteien übertreiben und einander unerhörte Schwärmereien oder Mißbräuche andichten; was, namentlich in betreff der idealen Heiligenverehrung, dem gemeinen Menschenverstande bei weitem faßlicher und glaubhafter erscheinen mußte als die Wahrheit. Die gegnerischen Philosophen wollten durchaus ein sogenanntes Urchristentum, das niemals gewesen, die Poeten aber, um nur nicht etwa des katholischen Aberglaubens verdächtig zu werden, brachten in die Stelle der Heiligen einen ganzen Parnaß heidnischer Götter und Helden, als gelte es wieder, Troja oder die Thermopylen, anstatt die Engpässe zum Himmelreich, zu stürmen. Auch die faule Kunst des Ignorierens wurde von den Gebildeten damals schon wacker geübt; sie *wollten* von den Heiligen so lange nichts wissen, bis sie wirklich von ihnen nichts mehr wußten. Die arglosen gewohnheitsseligen Massen aber glauben zuletzt alles, was die Gebildeten wollen. Und so wurden denn allmählich in dem Andenken des Volks die alten Traditionen verwischt und die abgedankten Heiligen in die große Rumpelkammer des finsteren Mittelalters geworfen; und es ist ebenso kurios als natürlich, daß man jetzt in protestantischen Gegenden auf die Frage um die Bedeutung der noch zerstreuten trümmerhaften Heiligenkapellen von den Bauern häufig die Antwort erhält: Das sei noch aus der katholischen Heidenzeit.

Das *Vorurteil* aber besteht bei den Protestanten in der seltsamen Meinung, daß wir Katholiken (die Mitglieder der Kirche) die Heiligen *anbeten*, mithin gewissermaßen einem Götzendienst verfallen sind. Ein Blick in die Religionshandbücher und in die Litaneien, wo zu Christus: erbarme dich unser, zu den Heiligen aber: bitte für uns gesagt wird, lehrt indes, daß wir die Heiligen nicht um unmittelbare Hilfe, sondern lediglich um ihre Fürbitte bei Gott anflehen. Was ist hiebei Verkehrtes? Es wäre trostlos, wenn das Diesseits vom Jenseits durch eine undurchdringliche Schranke, wie zwei ganz fremde Welten, geschieden wäre. Das Christentum lehrt vielmehr einen fortwährenden mystischen Zusammenhang zwischen Erde und Himmel; dasselbe lehrt ferner eine jenseitige Vergeltung von Gutem und Bösem und daß mithin die Vorzüglichen hienieden jenseits auch eine bevorzugte Stellung einnehmen werden. Nun aber trauen wir sündigen Menschen uns die Kraft des Gebetes zu. Wie sollten wir denn also der Fürbitte jener bevorzugten Geister nicht noch eine größere Kraft zutrauen? –

Auf diesem Zusammenhange zwischen Zeit und Ewigkeit beruht auch der schöne Gedanke, daß jeder Mensch hienie den seinen Schutzengel habe, der für uns wacht etc. etc. Man sagt, die Kinder sähen ihn, wenn sie im Schlummer lächeln. Ihr Schutz besteht in der Kraft der Fürbitte. Müssen wir nun jenen mystischen Zusammenhang und die Kraft des Gebetes jener bevorzugten Geister anerkennen, so müssen wir auch die Heiligen gleichsam als Schutzengel betrachten. Denn Gott ist freilich schon an sich barmherzig, aber nur dann, wenn unsere Liebe der seinigen entgegenkommt, gleichsam eine Gemeinschaft der Liebe, Liebe um Liebe. Gedenken aber die Heiligen ihrer irdischen Genossen, so werden sie auch mit besonderer Liebe ihrer *speziellen* Heimat gedenken. Daher verehrt jedes Land seinen besonderen Schutzpatron mit besonderem Vertrauen. –

Die oben erwähnte *Abneigung* aber wurzelt lediglich in der materialistischen Weltansicht unserer Zeit. *Ihr* treibt Abgötterei mit dem goldenen Kalbe der Industrie etc. etc. und wollt in diesem Götzendienst nicht durch fatale Gedanken gestört sein, und es sollte uns nicht wundern, wenn ihr, statt der Heiligenkapellen, den jüdischen Bankiers etc. pyramidalische Monumente errichtet. Entrüstet wenden sich ferner sehr viele von der Kastigation der Heiligen, ihren Geißelungen etc. etc. Wir geben gern zu, daß diese Form der Frömmigkeit uns ganz fremd erscheint, daß sie zur Gottseligkeit nicht

notwendig und daher auch von der Kirche nirgends vorgeschrieben ist. Aber der Grund davon ist ohne Zweifel großartig und ehrenwert; und dies gibt ja allein der Tat, vor Gott,
ihren Wert. Es ist also nichts anderes als ein gewaltiges
Ringen etc. – Die Heiligen waren weit entfernt von der
Sentimentalität des modernen Pietismus. Wir fürchten vielmehr, daß jene Entrüstung weiter nichts ist als eine weichli-
che Sentimentalität, die sich die Kastigation wohl gefallen
ließe, wenn sie irgend einen Komfort böte und nicht so
schmerzlich wäre; gleichwie die Feinde der Tierquälerei mit
Recht jeden Floh schützen möchten, aber ohne Bedenken die
Aale lebendig schinden und die Krebse lebendig kochen
lassen, weil sie dann um so besser schmecken. –

Übrigens irrt man sehr, wenn man meint, die *Heiligen*
wären vielleicht durch Eitelkeit und Ruhmsucht getrieben
worden. Sie waren vielmehr häufig ein Gegenstand des Spottes, ja der Verfolgung der Weltkinder (z. B. die heilige Elisabeth –). Nur die mütterliche Kirche blieb ihnen stets getreu. –

Aber, sagt ihr, die *Wunder* der Heiligen! Hierüber sei uns
erlaubt, die vortrefflichen Worte Montalemberts hier anzu-
führen: etc. etc. (aus seiner „Elisabeth"). –

Es ist eine Dummheit, die Wunder – wie W. Menzel III, 77
tut – lediglich der Dummheit des Mittelalters und dem Pfaf-
fentruge zuschreiben zu wollen. Viele Wunder sind so historisch konstatiert als irgendeine andere Tatsache. Denn jeder
Heiligsprechung durch den Papst ging eine strenge Prüfung
des Lebenswandels und der *Wunder* des Heiligen vorher
(„Hohenstaufen", 6. Band, 280). – Ermüdend aber und völlig
den beabsichtigten Zweck verfehlend ist in den Heiligenle-
genden allerdings die angehäufte Aufzählung zahlloser gleichartiger und zum Teil nicht gehörig beglaubigter Wunder
(„Hohenstaufen", 6. Band, 282). Es gibt überhaupt zweierlei
Wunder. Solche, die im geheimnisvollen Gange der Natur
liegen und uns nur darum als Wunder erscheinen, weil sie

unsere Fassungskraft übersteigen; z. B. der Magnetismus etc. etc. Das eigentliche Wunder aber ist das, was eben den Gang der Natur unterbricht, ihr Gesetz aufzuheben scheint, z. B. Totenerwecken etc. etc. Es ist an sich sogar natürlich, daß Männer wie die Heiligen, da sie das irdische Leben bereits fast abgestreift, schon hienieden in die höhere Region hinübergelangen etc. – Warum, fragt man nun, geschehen solche Wunder jetzt nicht mehr? Weil die Vorsehung und göttliche Führung, nach den verwandelten menschlichen Zuständen, eine andere geworden ist; weil wir den geistigen Rapport dafur verloren haben und also dadurch nicht zum verstärkten Glauben erweckt würden. – Ist denn etwa die Menschwerdung Gottes nicht das größte aller Wunder, ohne dessen Wirklichkeit das ganze Christentum, auch als bloß moralische Erziehungsanstalt der Menschheit betrachtet, unter alle andere Religionen, unter Mohammed, Konfuzius herabsinken müßte? Denn nehmen wir dieses einzige Wunder hinweg, so müssen wir auch die Apostel für einfältige Betrogene oder schlaue Betrüger und Christum selber für einen frechen Lügner erklären, auf dessen Wort und Wahrhaftigkeit mithin auch in Sachen der Moral unmöglich zu bauen ist. Und die Wegnahme jenes wunderbaren Grundsteins des Christentums ist in der Tat neuerdings versucht worden. Die Apostel werden Ochsen und Esel, Christus ein bluttriefender Jude genannt. Aber was war nun das Resultat davon? Eine Religion des Materialismus, Emanzipation des Fleisches etc. etc. (Sieh Wolfgang Menzel IV, 342 etc.) –

Unterschied zwischen Christentum und Nationalität, zwischen den einzelnen Staaten und der Kirche, zwischen Königen und Papst etc. etc. etc. So wie persönliche Individuen, so gibt es auch Völkerindividuen, durch Klima, historische Erziehung, durch Stammesliebe und Abneigung voneinander mannigfach geschieden. In dem Geltendmachen dieser Individualität besteht überhaupt die subjektive Freiheit; der un-

bedingte Gebrauch dieser überall gleichberechtigten Freiheit
aber wäre notwendig ein Krieg aller gegen alle. Es ist daher
notwendig, daß sämtliche Individualitäten eben vermöge eines Akts jener subjektiven Freiheit sich einer höheren, allen
gemeinsamen Idee unterordnen. So vereinen sich denn überall zunächst die verschiedenen Individuen zu dem Verbande
des Staates. Allein auch hier würde jener Krieg, nur in
weiteren Kreisen, sofort wieder eintreten, wenn nicht wiederum eine allen Staaten gemeinsame höhere Idee diesen
zerstreuten Staatenkomplex durchdränge. Ein solches Bedürfnis aber nach höherer Vereinigung liegt, weil in der
menschlichen Brust, auch in der Idee jedes Staates. Es ist die
freiwillige Ergebung der menschlichen Vernunft an eine ihr
unbegreifliche und doch erkannte höhere Führung und Weisheit über ihr. Diese Ergebung ist Religion, der wahrste
Ausdruck aller Religionen das Christentum. Der Repräsentant der Nationalität ist der König; die christliche Vermittelung der getrennten Nationalitäten aber ist die Idee des
Papstes. – So geht also über der Historie aller Staaten beständig eine höhere Weltgeschichte der Menschheit, die, ohne
sich an Raum und Zeit zu binden, durchaus in größeren
Dimensionen dichtet, indem sie (sieh Wolfgang Menzel I,
160), die heilige Bestimmung des Menschengeschlechts im
Auge behaltend, die Vergangenheit prophetisch an die Zukunft knüpft und daher das wechselnde irdische Treiben
fortwährend an das geheimnisvolle Jenseits knüpft und daher
jenen Evolutionen erst ihre wahre Bedeutung und Stellung
gibt. Diesen höheren weltgeschichtlichen Kreisen gehörten
z. B. die geistlichen Ritterorden und die Klöster an, deren
Regel gleichmäßig durch alle Nationalitäten ging. Ihnen gehören insbesondere auch Charaktere wie die der Heiligen an.
In dieser Region der Weltgeschichte gibt es keinen Unterschied der Nationen, der Stände und des Geschlechts; Milde
und Kraft vereinigen sich zu *einer* höheren Harmonie aller

Seelenkräfte. – Der Gang dieser höheren Waltung ist aber, wie die ganze Geschichte lehrt, nicht stationär, Zweck und Ziel bleiben ewig dieselben, die Führung zu diesem geheimnisvollen Ziele aber ist, je nach dem geistigen Maß und Wachstum der zu Leitenden, fühlbar verschieden. – Nimmt aber die Religion den *ganzen* Menschen, also auch die Sinnlichkeit in Anspruch, so ist es töricht, ja frevelhaft, derselben bei ihrem höchsten Aufschwunge eine Schwinge altklug zu brechen. Es ist daher keinesweges gleichgültig, ob die Religion auch äußerlich schön oder trocken und nüchtern erscheint, denn die *Schönheit* in ihrer reinen Auffassung ist ebenfalls göttlich.

Um daher namentlich die wunderbare Erscheinung der heiligen Hedwig gehörig zu begreifen und zu würdigen, müssen wir uns vor allem ihren Standpunkt in der Weltgeschichte klarzumachen suchen. Dieser Standpunkt ist das *Mittelalter*. Das Mittelalter aber ist die Jugend der christlichen Völker: die Phantasie vorherrschend, eine noch elastische Tatkraft, ein gläubiger Mut und gewaltiges Wagen und Ringen im Guten und Schlimmen. Wie im Frühling bricht alles in Knospen und Blüten aus und verbreitet eine wunderbare Schönheit über das Christentum im Mariendienst, in Bauwerken, Schmuck, Künsten etc. etc. (Vielleicht hier den Passus aus Novalis!) – Seitdem ist ein anderes Geschlecht gekommen: ältergeworden, verständig, besonnen etc. Es mag uns daher oft schwer werden, in jenen prächtigen Frühling, gleichsam mit der Botanisiertrommel die Blüten prüfend etc., uns hineinzudenken. Es scheint allerdings jetzt unsere Aufgabe, das Unbegreifliche möglichst mit der Vernunft zu versöhnen etc. Es ist aber unmöglich, jene geheimnisvolle Welt zu leugnen, sie bleibt *wahr*, wir sollen sie nur, soweit es geht, nicht bloß fühlen, sondern möglichst *erkennen*.

Das Mittelalter war – wie alle Jugend – *ideal*. Sein ganzes Leben, seine Staatseinrichtung war nicht auf ein mechanisches Gleichgewichtssystem, nicht auf das gemeine Bedürfnis, auf ein wechselseitiges Verfahren etc. begründet, sondern durchaus nach einer idealen Weltanschauung geordnet. (Der Mittelpunkt war die Kirche – dann der Kaiser – dann das Rittertum.) Jetzt: spezielle Symptome und historische Momente des Mittelalters etc.! Sieh Wolfgang Menzel III, 119. Nämlich: die *Kirche* war der eigentliche Mittelpunkt, um den sich alles gruppierte. Von der Kirche empfing der Kaiser seine Berechtigung und Weihe, und seine höchste Aufgabe und Ehre war es, Schirmherr der Kirche zu sein. In weiterer Gliederung nach unten gruppierte sich um den Kaiser das Rittertum, in seinem innersten Wesen gleichfalls ein kirchlich religiöser Verein, um auch in untergeordneten Kreisen die Gerechtigkeit etc. Gottes auf Erden darzustellen: Schutz der Witwen und Waisen, Verehrung der Frauen als eines Abglanzes der heiligen Maria, der Mariendienst etc. etc. Die Riesentrümmer dieser Zeit und Gesinnung ragen in den alten Münstern etc. noch bis zu uns herüber. Die Blüte des Rittertums waren die Kreuzzüge und die daraus hervorgegangenen geistlichen Ritterorden. Vergleich derselben mit unseren heutigen Kriegen um Handel und Pfeffersäcke und mit unseren Aktienvereinen für Eisenbahnen etc. Es war damals wirklich eine Ecclesia militans auf Erden und damit korrespondierend jenseits in den hinübergegangenen Heldengestalten, die das Irdische auf diese Weise glorreich überwunden, eine Ecclesia triumphans, also durchaus eine große Gemeinschaft der Heiligen. – Der ganze Verband basierte auf einem idealen Prinzip: auf der wechselseitigen Lebenstreue. Daher war auch sein Leben durchaus poetisch, auf Bergen in freien Burgen hausend, im Frieden als Minnesänger umherziehend, tjostierend etc. Ebenso daher seine Geschichte im ganzen großen ideal: die Begeisterung der Kreuzzüge um ein rein ideales Gut. Daher ihre Bauwerke, Kirchen; alles gipfelte sehnsüchtig nach oben. – Das Mittelalter hatte aber auch – wie alle Jugend – noch eine kräftige Leidenschaft. Die Leidenschaft aber ist an sich nichts, sondern erhält ihre gute und schlimme Bedeutung nur durch ihren Gegenstand; und so wurde sie durch jene allgemeine Weltansicht eine höhere Weltkraft, eine Tugend. Denn der Himmel leidet ja Gewalt und will erstürmt sein. Und solche Himmelstürmer waren eben die Heiligen jener Zeit. –

Sehr natürlich! Denn die Religion war damals noch nicht einseitig der menschlichen Vernunft hingegeben, sondern gleichsam eine organische Gottesverehrung, die den ganzen Menschen, Sinnlichkeit, Geist und Gefühl umfaßte und mithin mit dem Jenseits in mystischer Harmonie stand. – Es geht mit der Religion wie mit der Poesie. Beide waren im Mittelalter wesentlich in das Element des Gemüts versenkt, das in bewußtlosem Drange ohne Wahl und Schwanken fortbildete; beide waren daher noch mit dem Leben verbunden, die Blüte des Lebens. Seitdem sind beide Sache der Reflexion geworden und mehr oder minder als abgetrennter Gegenstand, Studium, aus dem Leben herausgetreten und haben Wahl und Schranken zur natürlichen Folge. Ohne Zweifel kann die Poesie durch solche größere Klarheit vielleicht größeren Effekt machen, und in der Religion konnte der dunkle Trieb des Gemüts auf mancherlei Irrwege geraten. Allein in beiden ruht beständig ein mystischer Grund, den der Verstand durchaus nicht zu ergründen und darzustellen vermag. (Sieh Wolfgang Menzel III, 188 etc.) Aber man sagt: die Welt ist jetzt zivilisierter und gebildeter als im Mittelalter und muß daher, erhaben über vielfachen Aberglauben und Vorurteile, der geläuterten Idee und Wahrheit der Religion auch um so näher stehen. Aber waren die alten Griechen etwa nicht gebildet genug, und standen sie darum der göttlichen Wahrheit näher? Und noch in neuerer Zeit waren die Azteken, bei der Entdeckung Mexikos, in vieler Hinsicht zivilisierter als ihre christlichen Eroberer; und doch frönten sie einem bluttriefenden Molochdienst mit scheußlicher Menschenschlächterei. Es

kommt also hier überall weniger auf Zivilisation, sondern
vielmehr auf die auf das Göttliche gerichtete Kraft des Gemütes an. –

Ebenso natürlich aber, daß einzelne bevorzugte und gewal-
tigere Charaktere, gleichsam ungeduldig, hienieden schon
aus diesem Organismus herausstrebten, den flughindernden
Körper abzutöten suchten und daher mehr oder minder
geistig und physisch schon in eine nähere mystische Verbindung mit dem Jenseits traten. Und dies war der Lebenslauf
der Heiligen, ihre Wunder etc. –

Allerdings *greller Gegensatz* zwischen unserem modernen
Leben und dem Leben der Heiligen. Wir stützen uns immer
auf unsere Vernunft. Was ist nun aber vernünftiger: den
Körper, Wohlstand etc. zu pflegen, da wir doch wissen, daß
dies alles vergänglich, oder die Sinnlichkeit zu verachten und
ledigl[ich] nach dem Ewigen, nach Gütern, die uns ewig bleiben, zu streben? Würden wir nicht mit Recht den für einen
Toren halten, der sich im Nachtquartiere einrichten wollte?
Und doch ist das ganz dasselbe. – *Wie aber könnten wir in
unserer Zeit heilig werden?* Ebenfalls durch großartige Entsagung. Bei uns würde aber die körperliche Züchtigung durch
Geißeln, Fasten etc. wenig fruchten oder doch keinesweges
genügen. *Wir* haben andere Laster zu brechen: Hochmut,
Dünkel des Wissens etc. etc. – Die Liebe und Demut ist es,
die uns nottut. Die Aufgabe ist jetzt eine andere geworden,
als sie im Mittelalter war. Damals war der Glaube noch stark
und allgemein, und es galt nur, die überwiegende Sinnlichkeit
zu brechen. Jetzt dagegen ist der Zweifel in die Welt geworfen, wir können ihn nicht ignorieren; da hilft das einsiedleri-
sche Zurückziehen nichts, gleichwie etwa der Vogel Strauß
dadurch, daß er den Kopf unter die Flügel steckt, darum dem
Feinde nicht entgeht. Es ist daher jetzt mehr ein geistiges
Ringen mit der geistigen Welt in uns und außer uns. Wir
müssen nach außen entgegentreten den bösen Elementen.

Dazu gehört nicht weniger Mut, als die alten Heidenbekehrer hatten. Es gab und gibt jederzeit zweierlei Naturen: passive, d. i. bloß beschauliche, die bloß die feindlichen Influenzen von sich abwehren, nur sich selbst heiligen wollen, und solche, die kraft größerer Kraft berufen sind, auf die anderen aktiv einzuwirken. Beide aber stehen in unserer Zeit in gleichem Konflikt mit der geistigen Außenwelt. Die Welt hat nun einmal die Unschuld verloren. Den Beschaulichen verfolgen die neuen Gedanken und Zweifel in Kloster und Zelle; der Aktive muß gegen sie (i, e. die neuen Gedanken) fechten. Zu diesem Gefechte sowie zu jener bloßen persönlichen Abwehr gehören aber dieselben Waffen, die der Feind führt, sonst ist man vorweg verloren: Philosophie gegen Philosophie etc. etc. Die Apostel hatten bei den Heiden nur die allgemein menschlichen Mängel zu bekämpfen, bei den Juden aber eine verzwickte Sophistik etc. Wie aber konnten sie gegen diese wirksam fechten, ohne das Lügengebäude voll kommen zu durchschauen?

Die ganze Sache ist der jetzt, wie niemals früher, heftig entbrannte Kampf zwischen Verstand und Gemüt, deren Versöhnung die Demut ist. Der Verstand soll nur recht redlich und fleißig treu fortarbeiten! Denn je schärfer er denkt, je sicherer wird er erkennen, daß ihm ein Geheimnis, ein ewiges Rätsel übrigbleibt, das er nimmer zu lösen vermag, und daß der Mensch mithin noch nicht auf der höchsten Staffel der Himmelsleiter steht, sondern noch höhere Geister über ihm stehen müssen etc. Man sieht dies z. B. an unserer jetzigen Naturwissenschaft. Je kühner sie forscht und kombiniert, je näher rückt sie der Evidenz, daß der eigentliche Urgrund außerhalb der menschlichen Forschung liegt. (Sieh Menzel I, 337.) – Das Gemüt aber soll seine ihm eingeborene Sehnsucht vom Irdischen läutern und veredeln. Das Resultat dieser wechselseitigen Manipulation aber wird der alleinseligmachende Glaube sein. Denn mitten in unserer Welt liegt eine wunderbare Sphinx, die dem, der unberufen die Lösung ihrer ewigen Rätsel wagt, den Hals bricht. Aus allem diesem folgt also, daß wir uns vor dem Feinde nicht verstecken, sondern ihm in Gottes Namen mutig ins Auge sehen sollen und daß daher das Verbot der Güntherschen Philosophie etc. ein Unding ist. Es gibt freilich keinen sogenannten Fortschritt in der ewigen Wahrheit, eben weil sie wahr und folglich ewig ist; wohl aber gibt es einen Fortschritt oder vielmehr einen Wechsel in der Art und Weise, sich dieser Wahrheit zu nähern, sie möglichst aufzufassen. – Dies alles soll nur andeuten, daß wir die alten Heiligen (des Mittelalters) nicht sklavisch, blind und materiell, sondern in dem Geiste, der sie trieb und der wesentl[ich] derselbe bleibt, nachahmen und nacheifern sollen und können. Und eben diesen ewigen Geist in dem Leben der heiligen Hedwig nachzuweisen ist die Aufgabe dieses Büchleins. –

STREITSCHRIFTEN

ABHANDLUNG

(Briefe und Reisebemerkungen –) (Humoristisch-ironisch-witziger Brief über die kirchlichen Wirren)

Betrachten wir den jetzigen Feldzug gegen die katholische Kirche g...auer, so sind Parole und Feldgeschrei noch immer [die] des alten, immer wieder der schon sehr abgenutzte rote Faden der *Emanzipation*, an dem sie alles Große der Weltgeschichte, um es zu erhöhen, systematisch anzuknüpfen meinen. Dieselbe seidne Schnur haben sie nun in ihrer armutseligen Großherrlichkeit endlich auch der Kirche dekretiert und erstaunen nicht wenig, daß diese, den Sultanismus nicht anerkennend, auf ihre eigne Hand ewig fortleben will.

Eigentlich haben sie es hierbei auf eine gründliche Emanzipation der Kirche vom Christentum abgesehen, zum Teil ohne zu bedenken, zum Teil aber sehr wohl berechnend, daß die christliche Kirche ohne Christentum nichts andres wäre als das bekannte Messer ohne Klinge, an dem der Griff fehlt. Um aber zu diesem heißersehnten Ziele zu gelangen, gehen sie folgerecht *zunächst* darauf hin, die Gewalt des Papstes zu beseitigen; und nur diesen Punkt wollen auch wir denn zunächst erst näher betrachten.

Den Gegnern gegenüber die göttliche Einsetzung des päpstlichen Primats erweisen zu wollen wäre ein Kampf in die leere Luft, denn wir müßten uns dabei auf das Christentum berufen, das jene eben negieren. Die Sache hat aber auch eine historisch-politische Seite. Wir wollen daher einmal möglichst auf denselben Boden mit unsern Gegnern mit ihren eignen Waffen treten und nehmen daher keinen Anstand, ihren eignen Hauptgrundsatz hier selber voranzustellen. Es

kann nämlich vernünftigerweise aller Emanzipation nur der
Gedanke der *Freiheit* zum Grunde liegen: also die Kirche soll
frei sein und daher vom Papste emanzipiert werden. – Laßt
uns nur zusehen, ob und wie das klappt.

Zuvörderst müssen wir nun euch, ihr Kosmopoliten, selbst
daran mahnen, daß ihr es ja seid, die, jede Nationalität
verwischend, alles gleichmachen und universalisieren wollen.
Nun ist aber grade die (katholische) Kirche noch das einzige
Weltinstitut, das durch alle Völker geht etc. – Ja, das Christentum – und folglich auch seine äußere Erscheinung: die
Kirche – ist seiner Natur nach antinational, weil es einerseits,
als das Ewigwahre, Höchste, sich den wechselnden, lokalen
Bedürfnissen, Moden etc. nicht akkommodieren kann und
andrerseits auch wieder, als das allgemein Menschliche, alle
Nationalitäten gleichmäßig durchdringt etc.

Christentum und Kirche aber können nicht *allgemein* bleiben ohne Papst. Denn die Allgemeinheit ist überall kein
bloßes Zerfahren ins Blaue nach allen Seiten (oder ins Unendliche hin), sondern eben eine Übereinstimmung, eine *Gemeinschaft* aller, gleichwie kein Zirkel, er sei noch so weit,
ohne Zentrum gedacht werden kann, von dem jeder Punkt
des Umkreises gleichweit entfernt ist und erst Peripherie,
Leben und Bedeutung erhält. So ist auch eine (oder die)
allgemeine Kirche nur denkbar in stetem Bezug auf einen
gemeinsamen Mittelpunkt der ewigen Wahrheit. – Wer soll
nun aber der Träger, die Manifestation dieser Wahrheit sein?
Das subjektive Dafürhalten, die Einsicht, das Gefühl jedes
einzelnen? Es ist ein anderes frühmorgens, ein anderes nach
einem reichen Diner, ja menschliche Einsicht wie Stimmung
sind den wechselnden Zeiten und ihren Moden untertan,
abgesehen davon, daß ja jede noch so richtige Überzeugung
jedes einzelnen nur für diesen erkennbar und maßgebend sein
könnte. – Aber die Bibel? Jede noch so gotteslästerliche Sekte
hat, je nach dem Maß ihrer Beschränktheit oder Bosheit,

etwas andres daraus gelesen, und eben hier ist eine authentische Auslegung der Kirche vonnöten. – Von Nationalkonzilien endlich oder gar einzelnen Synoden und Gemeineberatungen kann, wo eben die *Allgemeinheit* der Kirche in Frage steht, natürlich nicht die Rede sein. – Also: ökumenische Konzilien. Sollte aber wohl jemand so gutmütig (oder einfältig) sein, im Ernst zu glauben, daß, bei der heutigen eifersüchtigen Absperrung der Staaten, ein solches allgemeines Konzil in unserer Zeit jemals wirklich zustande käme? Doch dies Unglaubliche einmal zugegeben: wenn überall, also auch in der Kirche, die allgemeine gesetzgebende Gewalt auch eine allgemeine vollziehende bedingt, wer soll die Beschlüsse solchen Konzils dann in den einzelnen Staaten, denen die Bischöfe angehören, mit wirksamer, d. h. vom Gewissen der katholischen Völker bekräftigter Autorität ausführen, zumal in solchen Staaten, deren Bischöfe etwa im Konzil nicht zu der Majorität gehörten, die den Beschluß gefaßt hat? – oder: wenn, wie wahrscheinlich, überhaupt eine Übereinstimmung der Ansichten im Konzil nicht zu erreichen stände, wer sollte nun in letzter Instanz entscheiden, da ein Bischof hier soviel Recht hat wie der andre, der weltlichen Staatsgewalt die Entscheidung nicht gebührt, an Gott selbst aber sich nun einmal auf Erden nicht appellieren läßt? – Eben dies aber ist einer von den schon dem Verstande wohlbegreiflichen Gründen, warum der Herr – wie wir Katholiken glauben – den Papst als seinen Stellvertreter auf Erden eingesetzt. – Wie aber, ohne solches den Zusammenhang vermittelndes und verbürgendes Zentrum, alles in Sekten etc. zerfährt etc., haben uns die Protestanten sattsam gelehrt, die bereits an den Grenzen des Heidentums herumschweifen etc. etc. –

Wenn nun aber, wie wir eben gesehen, ohne Papst eine allgemeine Kirche nicht möglich ist, so wird dieselbe, wenn ihr den Papst wegnehmt, unfehlbar sogleich in so viele Nationalkirchen zerfallen, als es eben Länder und Ländchen gibt.

Dies ist auch, wo wir nicht irren, eben das, was ihr wollt; und wir wollen daher nur nachsehn, wie es in diesem Falle mit ihrer Freiheit zu stehen kommen dürfte.

Zuvörderst aber müssen wir hier näher feststellen, was wir hier unter Freiheit verstehen, da wir bereits ein heimliches Gemurmel zu vernehmen glauben von Priestertyrannen, von Geistesknechtschaft, die ihr Heiligstes unter die Vormundschaft Roms stellt usw. – Wer nun die souveräne Willkür, nach seinem jedesmaligen Gelüsten sich seine Religion selbst zu fabrizieren und Quäker, Mohammedaner oder Heide zu sein, für sein unveräußerliches Menschenrecht und höchstes Gut hält, der trete aus der Kirche, zu der er ohnedem innerlich nicht mehr gehört, offen heraus, sie kann und wird ihn nicht halten, er ist frei und darf sich also über die Knechtschaft des Papstes nicht beklagen. Wir aber reden von der bestimmten, allgemeinchristlichen Kirche und verstehen hier unter Freiheit die den Mitgliedern dieser Kirche gewährte Möglichkeit, aller heiligen Schätze derselben nach ihren eigentümlichen Satzungen unverschränkt teilhaftig zu werden.

Nun kann aber – wenn nicht von völliger Umkehr und Zerstörung aller kirchlichen Verhältnisse die Rede sein soll – eine Nationalkirche nur durch strenge Durchführung des Episkopalsystems gedacht werden. Es ist hier nicht unsere Absicht, auf eine theologische Erörterung der Zulässigkeit und kirchlichen Bedeutung dieses Systems einzugehen, wir fragen also nur: welchen Einfluß würde die Herstellung desselben auf die innere und äußere Freiheit der Kirche üben?

Nach innen, d. i. in bezug auf die Kirche selbst und ihre Mitglieder, ist das Episkopalsystem offenbar revolutionär und auf den modernen Protestantismus basiert. Der Papst soll möglichst beseitigt und jeder einzelne Bischof für seine Diözes mit der päpstlichen Gewalt bekleidet werden. Dadurch mögen nun diese Kirchenfürsten (wenngleich, wie wir weiter sehen werden, auch nur scheinbar) immerhin an Macht gewinnen; niemand aber wird behaupten, daß die Katholiken, Priester und Laien, an Freiheit gewinnen, wenn ihr bisheriger Instanzenzug verkürzt und ihnen das alte Recht der Berufung auf den obersten Schirmherrn genommen wird, der von den Zinnen Roms über die kleinen, verknöchernden Interessen isolierter Provinzen hin die gesamte Christenheit überschaut.

Noch bedenklicher würde nach außen, d. h. in bezug auf den Staat, jene Einrichtung von Winkelkirchen sich stellen. Freilich, gäb' es nur gotterleuchtete Priester, überall nichts als christliche Helden, es wäre keine Gefahr. Aber niemand soll Gott versuchen und Einrichtungen, die Jahrhunderte überdauern sollen, auf göttliche Gnaden bauen, die der Herr in seinem unerforschlichen Rat immer nur selten austeilt. Die arme menschliche Natur wird immer nach Brote gehn, den irdischen Brotkorb aber hat der Staat. Es ist in der Natur der Sachen: löscht die Sonne aus, und die Planeten werden, aus ihrer natürlichen Bahn geworfen, unausbleiblich der leiblichen Wucht der größeren Masse folgen, die alles in ihrem Umschwung zertrümmernd mit sich fortreißt.

Nehmt der Kirche ihr Zentrum, das sie mit Vergangenheit und Zukunft in lebendigem Zusammenhange hielt, und sie wird von der Gegenwart säkularisiert werden, die der Staat repräsentiert. Der Staat hat jetzt fast überall die historische Vergangenheit ausgestrichen und sich außerhalb der Kirche frischweg auf abstrakte Begriffe gesetzt, d. h. auf das wechselnde Dafürhalten der Gegenwart, er muß daher der Macht der letzteren, der öffentlichen Meinung, folgen, um ferner zu bestehen. In diesem Sinne aber kann die Kirche niemals mit der heutigen Zeit fortschreiten, sie ist eben berufen, in diesem Wechsel das Ewige festzuhalten. Jesus Christus hat seine Kirche nicht auf die Woge der Zeit gebaut, sondern auf einen *Felsen*, daß er die Wogen breche.

Der Staat hat also unter den gegenwärtigen Umständen die beständige Neigung, dies Beharrende, angeblich Hemmende der Kirche zu bewältigen, und hierzu ist, nach dem Wahlspruch: divide et impera, allerdings nichts geschickter als die Zersplitterung in einzelne National- oder Landeskirchen. Denn was will der Bischof wirksamer dem Strom der Zeiten entgegensetzen, wenn er, aus der lebendigen, durch alle Zeiten fortgehenden Tradition der allgemeinen Kirche ausgeschieden, sich weder auf das allgemein (d. h. im Ausland) Geltende noch auf eine höhere geistliche Autorität, welche die höchste repräsentiert, mehr stützen darf? Es bleibt ihm in der Tat keine andere Autorität als die seines, vielleicht ganz unzureichenden, persönlichen Charakters. Dazu kommt, daß der Staat in neuerer Zeit fast überall das Kirchengut eingezogen hat und nun das, was er davon zur Erhaltung der Kirche, aus Gnade und solange es ihm beliebt, wieder zurückgibt, als ein lästiges Almosen betrachtet. Die uralten Stiftungen und Dotationen, die den Bischof selbständig und unabhängig stellten, ja in vielen Ländern (z. B. in Rheinpreußen) selbst die Dotationen der Pfarrer sind in Staatsgehalte verwandelt. Die Bischöfe, als bloße Titularwürdenträger, wie sämtliche Geistliche werden unausbleiblich nach und nach bloße Staatsbeamte. Sind sie aber erst Beamte des Staats, wie können sie sich entbrechen, pünktlich nach der Pfeife der Regierung zu tanzen? – Der Landesherr gibt die Vorschriften, Ministerialräte verwalten die Kirche. Oder ist für die Freiheit der deutschen Kirche die Gefahr etwa größer, wenn ein Papst im fernen Rom nach weltgeschichtlichen Traditionen ordnet, als wenn zahllose Päpstlein in den nächsten Residenzen regieren?

Hier näher nachweisen, daß es in einer solchen isolierten Nationalkirche so kommen *müsse*, wie nebenstehend! – Ich weiß wohl, daß eine begeisterte, erleuchtete Geistlichkeit keine Gefahr läuft. Aber niemand soll Gott versuchen. Die

Weisheit dauernder Einrichtungen besteht nicht darin, daß man auf, immer seltene, Genies und Gottbegeisterte rechnet, sondern auf die menschliche Natur mit ihren Fehlern und Tugenden, und diese wird in ihrer Armut immer nach Brote gehn. Den irdischen Brotkorb aber hat der Staat. – Allmählich zersetzende Macht des Staats etc. Sind die Geistlichen aber einmal Staatsbeamte, so ist nicht abzusehen, unter welchem Titel sie den Befehlen des Staats, sie seien noch so entsetzlich, entgegentreten dürften. Zudem könnte ja dann der Staat den Beharrlichen, Überlästigen jeden Augenblick durch Absetzung etc. unwirksam machen etc. –

Noch schlimmer fast stellt es sich bei sogenannter Volksrepräsentation, die ja überall eigentlich nur die Schreier, Advokaten etc., kurz den Schaum der Zivilisation, nirgends das Volk selbst repräsentiert. (Z. B. der katholische Kirchenrat in Stuttgart, die Verfolgungen der Klöster etc. im Aargau. Sieh über dies beides: Bemerkungen auf meiner Reise durch Baden und Württemberg, und: Die Umtriebe im Aargau, in Görres' „Histor[isch]-politischen Blättern", 2. Band.) Die Berufung des famosen Strauß als Professor der Theologie nach Zürich, gegen den offenbaren Willen des sogenannt-repräsentierten Volkes etc. –

Ihr schreit beständig nach Freiheit und wollt sie nun mit Gewalt sogar von ihrem angestammten heiligen Boden, dem Völkergewissen, vertreiben etc. – Seht wohl zu, was ihr tut – uns aber behüte Gott in alle Ewigkeit vor eurer gut- oder schlechtgemeinten Emanzipation!

[STREITSCHRIFT GEGEN DEN DEUTSCH-KATHOLIZISMUS]

Wenn wir in einem alten, stillen Hause ein ungewöhnliches Gepolter hören, so tun wir gut, anstatt in abergläubischer Gespensterfurcht ängstlich da und dorthin zu lauschen, den vermeintlichen Geist in Gottes Namen scharf ins Auge zu fassen. Solches Gepolter in der Kirche machen soeben zwei Revenants der vor einiger Zeit an Altersschwäche verblichenen Aufklärerei, die Expriester Ronge und Czerski. Wir wollen uns daher ein Herz fassen und diesen Spuk ein wenig beleuchten, um seine Entstehung, Bedeutung und den wahrscheinlichen Ausgang deutlicher zu erkennen. Denn den alten Ammenaberglauben zwar haben wir längst an den Kinderschuhen abgelaufen, aber seine Stelle hat unversehens der vornehme Aberglaube an die Unfehlbarkeit des souveränen Menschengeistes eingenommen; und es ist ja eben recht im Sinn und Geschmack der Zeit, allen Über- und Aberglauben, unter welcher Verkappung er sich auch einschleichen möchte, um Paß und Wanderbuch zu befragen. – Übrigens ist es bei dieser Torschau keineswegs unseres Amtes, die dabei mit einschlagenden theologischen Fragen und Bedenken zu erörtern, was wir, wenn es nötig sein sollte, billig und vertrauensvoll unseren Geistlichen überlassen dürfen.

Vor allem andern müssen wir denn nun bemerken, daß die in Rede stehende Erscheinung niemanden überraschen kann, der seit geraumer Zeit den Gang der religiösen Ansichten in der protestantischen Konfession mit einiger Aufmerksamkeit verfolgt hat. Wir sagen: in der *protestantischen* Konfession; denn einmal zeigt sich jene Bewegung wenn nicht ausschließlich, doch vorzugsweise nur in Norddeutschland bei den von

Protestanten rings umgebenen oder vielmehr unter ihnen verlorenen katholischen Gemeinden. Sodann aber wäre sie ohne Zweifel auch dort spurlos vorübergegangen, wenn nicht die Protestanten die Sache mit ungeheuerem Lärm auf ihre Schilde gehoben und zur Kabinettsfrage der Zeit erklärt hätten. Woher aber diese plötzliche Sympathie und zärtliche Vorsorge für das Heil der katholischen Kirche, eine Zärtlichkeit, die doch sonst eben nicht zu den Liebhabereien des Protestantismus gehört?

Um diese abnorme Tatsache zu erklären, sehen wir uns genötigt, einige flüchtige Blicke in die Vergangenheit zurück zuwerfen. Die Reformation hatte einst den Grundsatz des freien Forschens sanktioniert und über die kirchliche Autorität gesetzt. Da jedoch richtiges und tüchtiges Forschen bekanntlich nicht jedermanns Sache ist, so ergab sich bald, was sich daraus ergeben mußte: die neue Lehre zersplitterte sich in verschiedene, zum Teil völlig unsinnige Sekten, deren jede auf ihre Fasson selig werden wollte und die andern verketzerte. Noch immer lag indes ein ehrlicher Glaube selbst den Verirrungen zum Grunde.

Da blies von Frankreich (wo man jederzeit mundrecht zu machen verstand, was die Deutschen Ungenießbares erfunden) ein feiner, scharfer, trockener Schirokko herüber, der an dem Baum des lebendigen Glaubens allmählich Blüte und Blätter versengte und an Mark und Wurzeln griff. Was Voltaire und die Enzyklopädisten in weltmännischer Frivolität leicht hingeworfen, suchten die Deutschen in ihrer gründlichen Weise sofort philosophisch zu konstruieren. Vergebens mahnte der nüchterne, aber tiefbesonnene Kant an ein höheres, übersinnliches Reich, vor dessen Geheimnis der Menschengeist sich selber zu bescheiden habe. Sie beschieden sich *nicht*; die zersetzende Kritik, die bisher nur philologisch an dem Buchstaben des Christentums gemäkelt, wandte sich nun an den Inhalt selbst. Man übersah oder verstockte sich

sophistisch dagegen, daß auch der lebendige Glaube eine
Erde und Himmel vermittelnde Grundkraft der Menschen-
seele sei und daß ohne freiwillige, liebende Unterordnung der
subjektiven Freiheit unter ein höheres Gesetz weder Staaten
noch Religionen denkbar sind.

So bildete sich nun nach und nach jene Vergötterung der
Subjektivität, jener hoffärtige Weltegoismus, der alles Objek-
tive in sich aufzulösen strebt und, nachdem er alles zersetzt
und endlich beim leeren Urnichts angelangt, sich nun wohl-
gefällig anschickt, aus diesem die neue Welt zu schaffen. Da
sitzen sie nun seit länger als einem halben Jahrhundert um den
Hexenkessel und querlen und rühren, und aus dem brodeln-
den Dampfe steigen ihre eignen Einbildungen als schlän-
gelnde Schemen, die sie sofort für wirkliche Historie ausge-
ben, und der Wind verträgt die luftigen Gebilde, daß die
Furchtsamen im Lande erschrecken. – Der den Winden der
wechselnden Bildung preisgegebene Protestantismus aber
zerfiel fortan in zwei große, unvereinbare Hälften: in den
Pietismus, der bei dem allgemeinen Schiffbruch mit dem
Gefühl noch an die Trümmer des alten Dogma[s] sich an-
klammert, und in den negierenden Teil, welcher, nachdem er
endlich alles Positive hinwegprotestiert hat, sich vergebens
abquält, in der unwirtbaren Öde etwas Lebendiges: Vernunftreligion oder modernes Heidentum auf eigne Hand zu
schaffen. Ehrlich genug, wo diese Nihilisten sich gradezu als
Heiden geben, völlig widerlich aber, wenn sie dabei, sich
selbst oder andre täuschend, noch ein sogenanntes reines
Urchristentum aristokratisch für sich allein in Anspruch
nehmen wollen. Die Welt ist nachgrade zu klug geworden für
solche Gaukelei. Habt ihr einmal das Christentum, alles
Ungreifliche und Übersinnliche negierend, zur bloßen Moral
oder Mythe vernüchtert, so findet ihr allerdings in eurer Art
Geistreichigkeit und hübsche Märlein genug auch bei Mahomed und moralischen Salm übergenug bei Konfuzius, und es

bleibt euch von der zertrümmerten Welt nichts als das ekle caput mortuum der Indifferenz, welcher keine und jede Religion gut genug ist.

Alles dieses war indes lange Zeit hindurch nur Geheimwissenschaft der Gelehrten und sogenannten Gebildeten. Die ersteren sind soeben beschäftigt, es in abstrakten, dem Volke unzugänglichen Formeln in ihre philosophischen Herbarien einzutragen, den andern Teil der gebildeten Welt unsäglich verachtend, die, aufs äußerste gelangweilt und der trostlosen Einsamkeit müde, sich dem objektiven Glauben wieder zuzuwenden beginnt. Über dem vielen Gerede aber haben die Bedienten hinter den Stühlen, was ihnen von den Witz- und Schlagworten gefiel, sich bald gemerkt, die Journale plauderten es weiter, und so ist jener scharfe Geist aus den Studierstuben und Salons allmählich in alle Welt ausgefahren. Und während also die alles verflachenden und verwaschenden Gewässer sich in den höheren Regionen wieder verlaufen, hat ihr Niederschlag in den unteren Schichten der Gesellschaft als zäher, fetter, materialistischer Schlamm sich behaglich abgelagert.

Jeder atmet die Luft, in der er lebt. Es konnte nicht fehlen, die in Norddeutschland vereinzelten katholischen Kirchlein mußten im Verlauf der Zeit von jenem frech übergreifenden Strome mit unterspült, jene exponierten Katholiken der Kirche entfremdet werden. Das alles ist aber nicht von heute und gestern. Nicht der heilige Rock daher war der Grund, sondern nur ein willkommener Vorwand des lange vorbereiteten Abfalls. Denn es leuchtet ein, daß die unkritisch-fromme Freude an einem sichtbaren Angedenken des Erlösers unvergleichlich idealer und ehrwürdiger war als das auch noch so gelehrte, schadenfrohe Kunststück, es in gemeines Zeug zu verwandeln. Und was kümmerte die Sache insbesondere die Protestanten, die wahrlich vor ihrer eignen Tür genug zu fegen haben?

Noch weniger aber taten es Ronge und Czerski. So glauben wir mindestens zur Ehre der Beteiligten annehmen zu müssen. Denn die hohle, aufgeblasene Rhetorik, womit jene beiden debütieren, diese allgemeinen Tiraden von Geistesknechtschaft, Verdummung, hierarchischer Despotie usw., diese abergläubische Gespensterfurcht, die hinter jeder Tapete einen Jesuiten rascheln hört, dieser ganze unhistorische Jargon, der auf protestantischen Gymnasien jedem Tertianer geläufig: alles dies, meinen wir, ist doch wohl schon gar zu verbraucht und abgenutzt, um noch einem Dutzend hallischer Professoren, besonnenen Rektoren und Oberbürgermeistern im Ernste zu imponieren. Uns erscheint es vielmehr nur als die Reprise eines veralteten, aber in unserer Literatur von Zeit zu Zeit immer wiederkehrenden Lieblingsstückes der Deutschen, worin diesmal Ronge die Rolle des überschwenglichen Klinger und Czerski die des rührenden Iffland nebst obligater Heirat übernommen hat.

Nicht dieses Dioskurenpaar also noch der heilige Rock ist es, sondern jene Influenza religiöser Zerfahrenheit, welche nach und nach auch unter den in Norddeutschland zerstreuten Katholiken die breite Schicht von *Halbgebildeten* zerfressen. Diese ewigen Nachzügler der Kultur sind soeben erst im Feldlager der Aufklärung angelangt, das die eilfertige Zeit längst vor ihnen schon wieder abgebrochen und verlassen hat. Man schlage nur einmal, ohne sonderliche Auswahl, die Tagesliteratur aus den achtziger und neunziger Jahren, vor allen die blaue „Monatsschrift" von Biester und Nicolai auf, und man wird über die frappante Familienähnlichkeit erstaunen. Ganz dieselben Redensarten, Gelüsten und Pläne, nur alles noch ein wenig impertinenter und vornehmer jetzt, wie die ganze jetzige Zeit. Erwünschteres konnten sie nicht entdecken, um ihre träge Halbheit, die weder denken noch glauben mag, vor der Welt zu rechtfertigen. Nachdem sie längst sich selbst exkommuniziert und innerlich, ja größten-

teils auch äußerlich von der Kirche getrennt haben, möchten
sie nun, um doch in der allgemein religiösen Bewegung auch
wieder möglichst ebenbürtig zu erscheinen, uns nun ihre
eigne nüchterne Armut aufschwatzen und wie verzweifelte
Spieler trotzig die Bank selbst sprengen. Die Ohrenbeicht,
die Unauflöslichkeit der Ehe, das Fasten und dergleichen ist
ihnen sehr störend; indem sie daher die Kirche nach ihrem
Behagen sich bequem zurechtmachen, wollen sie dabei doch
auch einmal ihren nihilistischen Vettern und Basen, mit
denen sie längst heimlich geliebäugelt, zeigen, wie auch sie in
der Bildung nicht dahintengeblieben, sondern eigentlich
überaus mutig seien, vergessen aber, daß in aufgeregten
Zeiten unvergleichlich mehr Mut dazu gehört, gegen das
Geschrei der Menge für sein eigen gutes Recht ein Veto
einzusetzen, als mit der Menge gedankenlos mitzuschrein,
zumal wo, wie hier, der Gegner weltlich-waffenlos ist, Vettern und Basen dagegen mit ihrem Spott leicht gar gefährlich
verwunden könnten. Und so sehen wir sie denn, in der Tat
wunderlich genug, während sie unaufhörlich: Vorwärts!
schreien, die Welt, wie in Tiecks „Gestiefeltem Kater", Szene
für Szene rückwärts nach der guten alten Zeit der Aufklärerei
gewaltsam wieder zurückdrängen.

Doch solche gewaltige Anstrengung geschieht doch gewiß
nicht bloß so ins Blaue hinein; wir müssen daher endlich um
Ziel und Absicht speziellere Nachfrage halten. Ronge wollte
berühmt werden und Czerski heiraten. Jenem haben sie ge-
haltlose Adressen mit gehaltvollen Pokalen geschickt und ihn
in effigie an den Schaufenstern aufgehängt, diesem haben sen-
timentale Herrn und Damen das Ehebett aufgestapelt. Das
alles ist leicht faßlich und des breiteren in allen Zeitungen zu
lesen.

Was aber wollen denn nun recht eigentlich die andern? –
Vernünftigerweise doch nur eins von drei, hier allein möglichen, Dingen, nämlich entweder eine ganz neue Religion

oder die sogenannte Vernunftreligion oder endlich eine Reform in der katholischen Kirche.

Was nun zunächst das ganz Neue anbelangt, so ist solches bisher in der Sache noch nirgend zutage gekommen, denn was sie vorgebracht, ist bekanntlich alles vor und nach Luther schon längst und viel entschiedner dagewesen. Wer möchte wohl auch so leichtgläubig sein und grade unserer Zeit, die alles in Frage stellt und nichts beantwortet, wo in dem babylonischen Sprachgepränge einer den andern kaum mehr versteht, wer möchte, sagen wir, einer noch ganz unbestimmbaren, gärenden Zeit bloßen Bildungsüberganges den Beruf zuerkennen, eine neue Kirche zu gründen?

So ist denn vielleicht eine reine Vernunftreligion, etwa nach dem Zuschnitt der achtziger Jahre, gemeint? – Unnütze Müh! Dem Volke genügt das nimmermehr, und die Vornehmen machen sich's ohne euch, jeder für den Hausbedarf nach eigener Kommodität. Wozu dann hättet ihr auch, ganz unvernünftigerweise, noch so viel Papistisches, ein paar Sakramente und andern Aberglauben mit hineingemischt? Gebt acht, die Leute vom Fach, die das aus dem Grunde verstehn und jetzt vielleicht noch schweigen, um eueren guten Humor nicht zu stören, werden euch um euer stümperhaft-verzagtes halbes Wesen zuletzt noch weidlich auslachen.

Es wird also doch wohl, wie auch mit großem Lärm versichert wird, auf eine Reform in der katholischen Kirche hinauslaufen sollen. – Da ist es nur verdrießlich, daß das mit solcher Klinger-Ifflandschen Komödie nicht füglich abzumachen ist. Es will vielmehr verlauten, daß seit einem Jahrtausend alle Reformen nur aus dem großen, tiefen Bedürfnis, aus einer langverhaltenen Sehnsucht der Völker hervorgegangen. Nun haben aber grade in der neueren Zeit im Rücken jener Stümper, die nirgend fehlen und überall zu spät kommen, in Frankreich und Deutschland die Massen und die ernsten Gemüter, welche die Weltgeschichte machen, sich den positiven, göttlichen Geheimnissen entschieden wieder zugewendet. Oder spricht etwa – um nur des Nächsten zu erwähnen – die durch kein Gerede zu beirrende Andacht, welche neulich über eine Million Christen nach Trier geführt, nicht deutlicher und mächtiger als ein Konzil Leipziger Magister und verlaufener Priester, die sich darüber zu Tod wundern?

Am wenigsten werden wir jedenfalls denen ein Recht der Kirchenreform zugestehen, die sogleich mit dem Ende, nämlich mit der Aufhebung, anfangen wollen. Daß ihnen aber dies letztere im Eifer unversehens widerfahren, ergibt sich schon aus einer einfachen Durchsicht ihrer rein negativen sogenannten Glaubensbekenntnisse. Denn nachdem sie mit urchristlicher Genügsamkeit fünf Sakramente, wie Paragraphen einer papiernen Konstitution, vornweg gestrichen, verwerfen sie den Primat des Papstes, schaffen die fatale Ohrenbeichte, den Gebrauch der lateinischen Sprache beim Gottesdienst, den Zölibat sowie Ablässe, Fasten und Wallfahrten ab. Das Abendmahl wollen sie unter beiden Gestalten empfangen, setzen aber, in gebührendem Respekt vor den lächelnden Vettern, sogleich entschuldigend hinzu, daß dasselbe ja nur zur *Erinnerung* an Christus dienen solle. Die Bibel erkennen sie zwar als die alleinige Grundlage des Glaubens an, stellen jedoch zugleich ihre Vernunft als Zensor daneben und überlassen schließlich ihre provisorische Religion dem jedesmaligen „Zeitbewußtsein" zu beliebiger Abänderung. Indem sie daher die uralte Tradition, die, den Buchstaben tragend, erklärend und belebend, mit den Völkern erfrischend fortgewachsen, vornehm ignorieren, datieren sie, wie alle modern-revolutionären Konstitutionsmacher, Geschichte und eine neue Tradition von 1845 ab.

Nun einmal Aug in Aug, wie sich's in ernster Sache ziemt – ist das nicht ungefähr Protestantismus? Hieße jenes katholische Bankerottbekenntnis, wenn irgend Kraft und Wahrheit darin wäre, wohl etwas anderes, als dem Protestantismus gegenüber das Eigentümliche und Unterscheidende der katholischen Kirche aufheben? Da wäre ja der Katholizismus fast wie das bekannte Lichtenbergsche Messer ohne Griff, woran die Klinge fehlt. Wollten wir aber Protestanten werden, wir hätten wahrlich nicht erst auf euren Abälard von Schneidemühl gewartet.

Mit dem Neuen also sowie mit der Vernunftreligion ist es nichts, Protestanten wollt ihr nicht sein, und katholisch seid ihr auch nicht mehr; es wird also mit euch schon bei der alten Nullität fernerhin sein Bewenden behalten müssen. Die ungeduldigen Vettern vom Hexenkessel, die nicht gern sich selbst den Mund verbrennen, haben wieder einmal den weltbekannten guten deutschen Michel vorgeschickt, um zu kosten, ob der Brei nicht endlich gar sei.

Das ist schlimm für den deutschen Michel, hat aber zwei große Vorteile im Gefolge, an die jene freilich nicht gedacht haben. Denn erstlich ist und bleibt die Kirche hienieden immerdar eine streitende; und es ist bekanntlich für jedes Heereslager überaus günstig, die Halbinvaliden, Lahmen, Marodeurs und schwadronierenden Philister loszuwerden, die mit ihrer Scheinbruderschaft nur den Fortschritt hemmen.

Sodann aber wäre dieser ganze Rumor, wenn sich erst der Staub und Dampf ein wenig verzogen, gar wohl geeignet, jene alles Positive unterminierende Nihilistenpropaganda, die unaufhörlich den Jesuiten die Kunststücke aufbürden möchte, die sie selber, nur nicht in Jesus Namen, übt, endlich einmal schärfer ins Auge zu fassen. Despotisch, wo sie siegt, liberal, wo sie zu schwach, und immer hoffärtig versucht sie, wie die Boa constrictor, *alle* christlichen Konfessionen gleichmäßig mit dem eklen Geifer von Lügen, Einschüchterung, Schmeichelei und aller Niedertracht zu umstricken und zu vergiften. Nicht katholisch oder protestantisch daher gilt es vor der Hand, sondern Christentum oder Heidentum. – Katholiken und Protestanten bildeten einst einträchtig gegen Napoleon *ein* Brudervolk um ihrer politischen Freiheit willen. Sollten wir nicht dasselbe tun für unsre höchsten Güter um Gottes willen, nicht mit dem Schwerte, aber in besonnener Wachsamkeit und unerschütterlicher Treue? – Als Parole aber und zur moralischen Nutzanwendung für Freund und Feind fügen wir zum Schluß dieser Betrachtung den schönen und ewig wahren Spruch des römisch-katholischen *Schlegel* bei:

> „Geistlich wird umsonst genannt,
> Wer nicht Geistes Licht erkennt;
> Wissen ist des Glaubens Stern,
> Andacht alles Wissens Kern.
> Lehr' und lerne Wissenschaft –
> Fehlt dir des Gefühles Kraft
> Und des Herzens frommer Sinn:
> Fällt es bald zum Staube hin.
> Schöner doch wird nichts gesehn
> Als wenn *die* beisammen gehn:
> Hoher Weisheit Sonnenlicht
> Und der Kirche stille Pflicht.“

ANHANG

EINFÜHRUNG

Der fünfte und letzte Band der Eichendorff-Werkausgabe enthält die Schriften zur Politik, zur Geschichte und zu religionspolitischen Fragen. Von diesen Arbeiten, deren Existenz einem breiteren Lesepublikum kaum bekannt sein dürfte, haben bisher auch nur wenige die Aufmerksamkeit der Literaturwissenschaft auf sich gezogen. Und doch handelt es sich um einen Werkteil, der für das Verständnis Eichendorffs von erheblicher, kaum erst in Ansätzen erkannter Bedeutung ist. Während wir über das poetische Werk und uber die Biographie des Dichters, auch über seine Laufbahn als Beamter inzwischen gut unterrichtet sind, beginnt sich ein wissenschaftliches Interesse an den politischen und historischen Schriften erst seit einigen Jahren abzuzeichnen. Die bislang einzige kommentierte Ausgabe ist die von Wilhelm Kosch besorgte Edition innerhalb der historisch-kritischen Ausgabe (*HKA* [1], Bd. X) aus dem Jahre 1911, deren schmaler, selektiv verfahrender Anmerkungsteil nicht nur veraltet, sondern im Detail auch höchst unzuverlässig ist. So konnte sich der vorliegende Kommentar nur bruchstückhaft auf Ergebnisse der Eichendorff-Forschung stützen. Er stellt den ersten Versuch einer systematischen Erschließung dieses Werkteils in seiner Gesamtheit dar.

Biographische Voraussetzungen, historische Bezüge

Die Texte dieses Bandes entstanden in unmittelbarem oder mittelbarem Zusammenhang mit Eichendorffs Tätigkeit als preußischer Beamter in verschiedenen Positionen und Zuständigkeitsbereichen in Breslau, Danzig, Königsberg und Berlin. Die Laufbahn im Staatsdienst, die als eine der prägenden Voraussetzungen der Schriftstellerexistenz Eichendorffs noch längst nicht die notwendige Beachtung findet, war für den aus altem, ursprünglich begüterten schlesischen Landadel stammenden Dichter keineswegs von Anfang an vorgezeichnet. Die Notwendigkeit des Aufbaus einer bürgerlichen Existenz ergab sich aus der desolaten wirtschaftlichen Lage der väterlichen Güter, verursacht durch Krisen und Kriege, aber auch durch Mißwirtschaft und gewagte Spekulationen (s. *Stutzer* und die Zeittafel, S. 549 ff.). So erhielten die beiden Söhne, Joseph und Wilhelm, eine solide und gründliche Ausbildung, was für

Angehörige ihres Standes damals durchaus nicht die Regel war – zunächst in einer öffentlichen Schule in Breslau, dann auf den Universitäten Halle und Heidelberg, schließlich in Wien, wo die Brüder Eichendorff 1812 das juristische Studium mit den Examina abschlossen. Während Wilhelm in den österreichischen Staatsdienst eintrat, strebte der jüngere Bruder nach seiner Teilnahme an den Befreiungskriegen gegen Napoleon eine Tätigkeit in Preußen an. Nachdem wiederholte Versuche, in Berlin eine dotierte Anstellung zu finden, gescheitert waren, sah sich der junge Dichter, dessen Romanerstling *Ahnung und Gegenwart* gerade erschienen war, auf die „gewöhnliche juristische Laufbahn" verwiesen. Und dies bedeutete: ein mehrjähriger Vorbereitungsdienst für die höhere Beamtenlaufbahn ohne Besoldung, was bei der immer bedrohlicher werdenden wirtschaftlichen Situation der Eltern und angesichts der Tatsache, daß Eichendorff inzwischen eine eigene Familie gegründet hatte, eine schwer erträgliche Belastung war.

Ende 1816 wird Eichendorff Referendar bei der Königlichen Regierung in Breslau. Zwei Jahre darauf erfolgt die Zulassung zum „großen Examen". In der ersten Hälfte des Jahres 1819 entsteht als sog. „Probearbeit" die erste der hier abgedruckten Schriften: eine staatskirchenrechtliche Abhandlung über die Folgen der Säkularisation der Kirchengüter in Deutschland (S. 7ff.). Nach bestandenem Examen wird Eichendorff im November 1819 in Breslau zum Assessor ernannt, vorläufig wiederum ohne Diäten. Erst im Mai 1821 erhält er die (dotierte) Stelle eines katholischen Kirchen- und Schulrats in Danzig, im September desselben Jahres wird er zum Regierungsrat für die katholischen geistlichen und Schulangelegenheiten beim Oberpräsidium und bei der Schul- und Kirchenkommission in Danzig ernannt. Im September 1824 folgt er seinem Vorgesetzten, dem Oberpräsidenten Heinrich Theodor v. Schön (seit 1816 Oberpräsident von Westpreußen, seit 1824 beider preußischer Provinzen), nach Königsberg, dem nunmehrigen Amtssitz Schöns. Die Begegnung mit Schön und das durchaus zwiespältige persönliche und dienstliche Verhältnis zu ihm waren nicht nur für Eichendorffs weitere berufliche Laufbahn entscheidend, sie fanden auch in vielfältiger Weise ihren Niederschlag in seinen publizistischen Arbeiten.

Theodor v. Schön, einer der bedeutendsten, auch eigenwilligsten preußischen Staatsmänner in der ersten Hälfte des 19. Jahrhunderts, war als Schüler Kants Rationalist und Aufklärer. Er wurde in der Reformzeit einer der wichtigsten Mitarbeiter des Freiherrn vom Stein und galt, da er an den Reformideen auch in der Zeit der Restauration konsequent festhielt, als führender Kopf des preußischen Liberalismus. Als herausragender Vertreter der ständischen Opposition gegen die zentralistische

Ministerialbürokratie in Berlin war der selbstbewußte Oberpräsident ein höchst unbequemer Partner der preußischen Zentralregierung, sein Verhältnis zu den vorgesetzten Behörden war gespannt. Wegen seiner unbezweifelbaren Leistungen aber (unter seiner selbstherrlichen und fast unumschränkten Herrschaft erfuhren die preußischen Provinzen wesentliche Verbesserungen im Schulwesen, in der Landwirtschaft und im Straßenbau) war er kaum anfechtbar. (Vgl. zu Th. v. Schön insbes. *Rothfels* und *Belke*; nahezu unbrauchbar ist die Darstellung von Gerhard Krüger: *... gründeten auch unsere Freiheit. Spätaufklärung, Freimaurerei, preußisch-deutsche Reform, der Kampf Theodor v. Schöns gegen die Reaktion.* Hamburg 1978.)

Schön lernte den ihm zugeteilten katholischen Rat Eichendorff als Menschen und Dichter sehr bald schätzen; oder entwickelte eine freundschaftliche Zuneigung zu ihm und ließ ihm vielfache Förderung zuteil werden, so daß Eichendorff ihn als seinen „väterlichen Gönner" bezeichnen konnte. Aber die herzliche Zuneigung, die Schön ihm entgegenbrachte, erwiderte er nicht. Der Grund hierfür ist in der unterschiedlichen geistigen Herkunft der beiden Männer zu suchen. Es gab zweifellos Übereinstimmungen in einer Reihe politischer Grundsatzfragen: beide teilten die Überzeugung, daß politisches Handeln nicht nur von materiellen Interessen, sondern von „Ideen" getragen sein müsse; beide sahen im preußischen Reformwerk die angemessene Grundlage einer zeitgemäßen Erneuerung von Staat, Gesellschaft und Verwaltung; beide befürworteten eine ständische, nicht die konstitutionelle Repräsentation; beide betrachteten das preußische Beamtentum als eigentlichen Träger der Staatsgesinnung. Aber die Weltanschauung des rationalistischen Aufklärers und Protestanten Schön blieb dem engagierten Katholiken und romantischen Poeten im Kern immer fremd und fragwürdig, was Schön allerdings in vollem Ausmaß nicht wahrgenommen zu haben scheint.

Die zwiespältige Beziehung mußte auf Dauer auch das dienstliche Verhältnis belasten. Zwar blieb das wechselseitige Gefühl der Hochachtung füreinander bestehen (Schön bemühte sich später, den Dichter als Mitarbeiter an seiner Biographie zu gewinnen), aber Eichendorff hat sich privat durchaus ablehnend über Schön geäußert. Auch in seinen Schriften finden sich zahlreiche verdeckte Anspielungen auf Schöns rationalistische Überschätzung des Verstandes und seine „Jesuitenriecherei". Hierzu muß man wissen, daß Schön von der Furcht vor Kryptokatholizismus und Jesuitismus beherrscht war und ein Netz ultramontaner Verschwörung in Deutschland entstehen glaubte, daß er selbst vor einschlägigen Verdächtigungen und Denunziationen nicht zurückschreckte (was ihm sogar die Rüge des Königs eintrug). So leuchtet ein, daß ihm das Wirken des für katholische Angelegenheiten zuständigen Rates in seinem Amtsbereich bei aller persönlichen Wertschätzung im Grunde suspekt sein mußte. Er störte seine Kirchenpolitik. Schön suchte Eichendorff daher mehr und mehr von der Bearbeitung katholischer Angelegenheiten auszuschließen, indem er ihm andere Amtsgeschäfte übertrug und ihn zu seinem ständigen Reisebegleiter machte. Das blieb in Berlin nicht unbemerkt: im Jahre 1827 fragte Altenstein, preußischer Minister der geistlichen und Unterrichtsangelegenheiten, in Königsberg an, in welchen Abteilungen der katholische Rat Eichendorff eigentlich beschäftigt sei und warum (*Pörnbacher*, S. 28. – Altenstein, zur Reformpartei innerhalb des preußischen Staatsministeriums gehörend, war seit 1817 Kultusminister und in den Jahren 1832/33–40 Eichendorffs Vorgesetzter. Vom aufgeklärt bürokratischen Denken geprägt, führte er das von Wilhelm v. Humboldt eingeleitete Reformwerk erfolgreich fort. Anknüpfend an neuhumanistisches Gedankengut, vertrat Altenstein die Konzeption eines „intelligenten Beamtenstaats"). Zum grundsätzlichen weltanschaulichen Dissens zwischen Schön und Eichendorff kam dessen vertrauensvolles persönliches und dienstliches Verhältnis zum Fürstbischof von Ermland, Joseph Prinz von Hohenzollern, hinzu, der sich mit Schön aus kirchenpolitischen Gründen in einer Dauerfehde befand.

Neben der geistig-kulturellen Isolation im entlegenen Königsberg war es diese auf Dauer unerträgliche Situation, die den Dichter seit 1827 zu wiederholten, Anfang der 30er Jahre dann zu energischen Anstrengungen veranlaßte, seine Versetzung aus Königsberg zu erreichen und Anstellung in Berlin zu finden. Er suchte das Zentrum kulturellen Lebens, und er versuchte sich gleichzeitig dem Einfluß Schöns zu entziehen. (Völlig sollte ihm das nie gelingen, sein Schicksal als Beamter blieb bis zuletzt an das politische Schicksal des Oberpräsidenten gebunden.) – Im Sommer 1831 entschloß sich Eichendorff zu einem so verzweifelten wie riskanten Schritt: er ging mit Urlaub, aber ohne Genehmigung der vorgesetzten Behörde nach Berlin, um dort seine Anstellung bei der preußischen Regierung gleichsam zu erzwingen. Es begannen dreizehn von enttäuschten Hoffnungen und Zurücksetzungen geprägte Jahre, in denen er kommissarisch oder als „Hilfsarbeiter" in verschiedenen Ministerien beschäftigt wurde, ständig bemüht, eine seinen Fähigkeiten, auch seinen Bedürfnissen als Vater einer mehrköpfigen Familie entsprechende dauerhafte Anstellung zu erhalten.

Dieses Ziel hat Eichendorff nie erreicht. Zum einen hatte er als Katholik in der protestantischen preußischen Ministerialbürokratie ohnehin nur eine geringe Chance; zum anderen wurde ihm seine enge

Beziehung zu Theodor v. Schön, aus der er sich durch seinen Weggang nach Berlin gerade zu befreien gedachte, nun zum Verhängnis. Denn in den sich zuspitzenden Auseinandersetzungen zwischen dem Oberpräsidenten und der Zentralregierung galt er in Berlin jetzt als Parteigänger Schöns. – Dessen Vorstellungen scheinen in der Tat in diese Richtung gegangen zu sein. Schön hätte den ihm vertrauten Eichendorff gerne auf der für katholische Angelegenheiten zuständigen Ratsstelle im Kultusministerium gesehen (er unternahm sogar zwei – ziemlich plumpe – Versuche, dies zu bewerkstelligen, die Eichendorff letztlich nur schadeten), und zwar in der Erwartung, auf diese Weise Einfluß auf die preußische Kirchenpolitik zu gewinnen. Aber die Sache war aussichtslos, der Dichter kämpfte in Berlin auf verlorenem Posten, immer in der Gefahr, in das ungeliebte Königsberg zurückgeschickt zu werden.

In den ersten Berliner Jahren, als er beim Ministerium des Auswärtigen, dann beim Ministerium der geistlichen, Unterrichts- und Medizinalangelegenheiten (Kultusministerium) beschäftigt war, entstand der größere Teil der hier abgedruckten politischen Schriften. Sie behandeln im wesentlichen verfassungsrechtliche und presserechtliche Themen. Ihr Status und Entstehungszusammenhang, der bislang nicht abschließend geklärt werden konnte, läßt sich jetzt mit einiger Sicherheit rekonstruieren. Während die erste der Schriften zur Verfassungsfrage (*Über Garantien*, S. 66 ff.) für die damals in der Planung befindliche *Historisch-politische Zeitschrift (HpZs.)*, ein vom preußischen Außenministerium gefördertes Projekt einer Staatszeitschrift, geschrieben wurde (allerdings dort nicht erschien) und somit halbdienstlicher Art war, verdanken die Schriften zum Presserecht (S. 151 ff.) ihre Entstehung einem unmittelbaren dienstlichen Auftrag. Aber im einen wie im anderen Falle hatte Eichendorff kein Glück. Ohne dessen wohl rechtzeitig gewahr zu werden, war er mit seinen publizistischen Bemühungen zwischen die Mühlsteine der beiden rivalisierenden Flügel innerhalb der preußischen Regierung, der Reformpartei und der Restaurationspartei, geraten (vgl. S. 454 ff. und 474 ff.). – Als Auftragsarbeiten entstanden auch zwei kleinere Schriften: der Entwurf für ein Votum des Kultusministers zur Frage des Demeritenwesens der katholischen Kirche (S. 237 ff.) und eine Rede, die Theodor v. Schön im September 1840 zur Eröffnung des Huldigungslandtages in Königsberg hielt (S. 245 ff.).

Anfang der 40er Jahre, als sich Eichendorff bereits mit dem Gedanken trug, aus dem Staatsdienst auszuscheiden, entstanden zwei der hier den historischen Schriften zugeordneten Arbeiten: ein Aufruf zur Unterstützung des Kölner Dombaus (S. 251 ff.) und die umfängliche Darstellung der Geschichte und der Wiederherstellung der Marienburg

(S. 259 ff.). Auch diese Schriften – die einzigen des vorliegenden Bandes, die zu Lebzeiten des Dichters im Druck erschienen – stehen durchaus in einem Zusammenhang mit dienstlichen Obliegenheiten (vgl. hierzu die entsprechenden Anmerkungen). – Einen mittelbaren Bezug zur Tätigkeit im Ministerium der geistlichen und Unterrichtsangelegenheiten haben die beiden unter der Rubrik Streitschriften abgedruckten Texte (S. 405 ff.). Hier setzt sich Eichendorff engagiert-polemisch mit Entwicklungen und Erscheinungen im kirchlichen Leben in Deutschland auseinander, mit denen er auch dienstlich in vielfältiger Weise befaßt war. – In der kurz vor seinem Tode in Angriff genommenen Lebensgeschichte der hl. Hedwig, von der nur die fragmentarische Einleitung existiert (S. 392 ff.), gedachte er die Erfahrungen dieser Jahre zu verarbeiten und den Anfechtungen, denen der Katholizismus in Deutschland sowohl von rationalistisch-aufklärerischer wie von reaktionär-dogmatischer Seite ausgesetzt war, in einem maßvoll konservativen, auf Kontinuität wie auf zeitgemäße Formen der Argumentation gleichermaßen bedachten Sinne entgegenzutreten.

Eichendorffs politisches und geschichtliches Denken

Die Schriften zur Politik und Geschichte dokumentieren nicht nur die eindrucksvolle Konsequenz und Einheitlichkeit in Eichendorffs Denken, sie stehen nicht nur in einem engen, wechselseitig erhellenden Konnex zum poetischen, literaturkritischen und autobiographischen Werk; sie belegen vor allem auch die Einheit von Schriftstellerdasein und bürgerlicher Existenz als preußischer Beamter. Das zählebige Klischee vom gemütvollen, biedermeierlich weltabgewandten Poeten, der sich die dichterische Muße den Zwängen eines ungeliebten Brotberufs mühsam abringen mußte, hält einer Nachprüfung nicht stand. Eichendorff verachtete die Berufspoeten. Sein Ideal war ein poetisches Leben im Sinne einer tatkräftigen und praktisch wirkenden, aber an einem ideellen Daseinsentwurf orientierten Existenz (s. *Frühwald '79*, S. 42). Seine Poesie, sein politisches Denken und sein Selbstverständnis und Engagement als Beamter leben aus derselben Quelle. Sie sind wesentlich geprägt von vier Faktoren: von der Herkunft aus dem schlesischen Landadel, von der Verwurzelung im christlich-katholischen Glauben und von den Bildungserlebnissen und den historischen Erfahrungen des Jahrzehnts zwischen dem Zusammenbruch Preußens und dem Sieg über Napoleon. Die sich ins Konservative wendende Romantik, insbesondere die romantisch-idealistische Staatslehre und Geschichtsauffassung eines Görres, Adam Müller und Friedrich Schlegel, und die nationale Erhebung gegen

Napoleon, die Eichendorff auch als Kampf gegen die fortdauernden Wirkungen der Französischen Revolution begriff, blieben die Koordinaten seines politischen Denkens.

In diesen Zusammenhängen bewegt sich Eichendorffs Argumentation, wenn er den Verlauf der Profangeschichte im Horizont der christlichen Heilsgeschichte interpretiert. Daß die geistige Natur des Menschen im Katholizismus ein für allemal ihren höchsten Ausdruck gefunden habe, daß die Traditionen der Kirche die universell verbindlichen Werte und Normen bewahrten, daran gab es für ihn keinen Zweifel. (Toleranz in Fragen der Religion und Weltanschauung war seine Sache nicht.) Wie die großen Krisen der Weltgeschichte auf Veränderungen der religiösen Weltsicht zurückgeführt werden, so gibt der Stand religiösen Denkens und Empfindens verläßliche Auskunft über den Zustand von Staat, Gesellschaft und Geistesleben. – Aus dieser Perspektive erscheint Geschichte als Abfolge von Phasen größerer Nähe oder Ferne zur christlichen Heilswahrheit. Die Metapher, die von der „Probearbeit" aus dem Jahre 1819 bis zu den spätesten Schriften zur Beschreibung dieser Bewegung formelhaft immer wiederkehrt, ist die vom Wirken zweier geheimnisvoller Kräfte der Geisterwelt, einer Zentripetal- und einer Zentrifugalkraft: „Jene strebt erhaltend nach Vereinigung mit dem göttlichen Zentrum alles Seins, es ist die Liebe; während die andere verneinend nach den irdischen Abgründen, zur Absonderung, zur Zerstörung und zum Hasse hinabführt. Der Kampf dieser beiden Grundkräfte, je nachdem im Wechsel der Zeiten die eine oder die andere die Oberhand gewinnt, bildet die Weltgeschichte, deren große Aufgabe eben der endliche Sieg jener göttlichen Grundkraft ist." (S. 392)

Bei allem Nachdruck auf diesen wesentlichen Kern von Geschichte verliert Eichendorff gleichwohl die Welt der konkreten geschichtlichen Erscheinung nicht aus den Augen. Daß sich der Geschichtsverlauf hier als ein Prozeß notwendigen Fortschreitens darstellt, in dem kein Zustand auf Dauer festgehalten werden, in dem es ein Zurück nicht geben kann, hat der Dichter sehr wohl erkannt. Für seine Geschichtsauffassung gilt, daß es zwar „in der Weltgeschichte [...] keinen Stillstand" (S. 65), aber auch „kein Vorwärts" geben könne, „das nicht in der Vergangenheit wurzele" (S. 333). „Es ist töricht", heißt es an anderer Stelle, „daß die seichten Aufklärer und ihre terroristischen Nachfolger die ganze große Vergangenheit ausstreichen, um ihre kleine impertinente Gegenwart an die Stelle zu setzen; aber es ist ebenso töricht, die Gegenwart mit ihren unabweisbaren Existenzen zu ignorieren und das Vergangene als Zukunft fixieren zu wollen, als ob nicht alle drei Zeitwandelungen ein unzertrennlicher Strom wären." Und er fährt fort: „Das Wahre ist freilich immer wahr und insofern stabil, aber es wiederholt und verjüngt sich, in Sitten wie in Staatseinrichtungen, stets in neuen zeitgemäßen Formen." (Bd. III, S. 375) Wer Eichendorffs Analysen historischer Prozesse aufmerksam liest, wird nicht nur zahlreiche Belege finden, die den ausgeprägten Sinn des Juristen für das Konkrete und Praktische bezeugen, sondern auch solche, die das Aufbrechen überlebter, verkrusteter Verhältnisse als einen Akt der Befreiung und des notwendigen Fortschreitens beschreiben, der insbesondere dann seiner zustimmenden Anteilnahme sicher sein kann, wenn in der politischen Aufbruchstimmung auch religiöse Motive erkennbar werden. Dies sind die Zeiten, in denen die Politik selbst zur Poesie wird.

Die Fragwürdigkeit und Brüchigkeit jener Einheit von heilsgeschichtlicher Wahrheit und realgeschichtlicher Notwendigkeit, von Normativität und Historizität in Eichendorffs Geschichtsbegriff, der die Erkenntnis der Geschichtlichkeit von „Wahrheit" selbst definitiv ausschließt (und insofern hinter Hegel zurückbleibt, der die Wahrheit der Religion bekanntermaßen nicht mehr als höchsten Ausdruck des absoluten Geistes gelten ließ), diese Fragwürdigkeit wurde im 19. Jahrhundert im Zuge der fortschreitenden Säkularisierung aller Lebensbereiche offenkundig. Eichendorff hielt gleichwohl unbeirrt an seiner Auffassung fest und unterwarf Geschichte und Gegenwart streitbar und mit kritischer Schärfe seinem einmal fixierten Maßstab.

Danach brachte die Reformation den ersten großen Einbruch eines Denkens, das die Autorität kirchlicher Tradition erschütterte, indem es diese vor den Richterstuhl des menschlichen Verstandes zog. Dieser Vorgang wiederholte sich in potenzierter Form in der rationalistisch verflachenden Aufklärung des späten 18. Jahrhunderts und führte in der Französischen Revolution zum völligen Bruch mit Tradition und Geschichte, mit allen überkommenen Bindungen und sittlichen Normen und damit zwangsläufig in die politische Katastrophe. Was bis dahin nur in den Köpfen einer Minderheit von Gebildeten existierte, trat nun in die Wirklichkeit der Geschichte hinaus. In Aufklärung und Revolution sah Eichendorff den Ursprung aller Fehlentwicklungen der Gegenwart; Rationalismus und Religionsfeindlichkeit, die Emanzipation des Subjekts und der Sinnlichkeit, Materialismus und eine platte Nützlichkeitsphilosophie, nicht zuletzt der politische Liberalismus rührten aus eben jener Quelle her. Wo die Möglichkeit der Berufung auf eine universell akzeptierte Instanz zu verschwinden drohte, mußte alles in subjektive Willkür, Chaos und Auflösung enden. Eichendorff konnte sich individuelle Freiheit nicht anders vorstellen als in der Bindung an die Gemeinschaft der Kirche und in der Geborgenheit in deren verbindender Weltansicht. Ebensowenig vorstellen konnte er sich die Organisation des Staates nach liberalistischem Modell auf der Basis von Volkssouveränität und Gewaltenteilung. Eine Korrektur der von der Revolution eingeleiteten Fehlentwicklungen erwartete Eichendorff auf der Ebene geistiger Auseinandersetzung von der romantischen Bewegung, auf politisch-gesellschaftlicher Ebene vom nationalen Aufbruch der Freiheitskriege und vom Erneuerungswerk der preußischen Reformen. Sie sollten Staat und Gesellschaft, in zeitgemäß verjüngter Gestalt, in die Kontinuität der Geschichte wieder zurückführen. (Daß er auch dem preußischen Reformwerk diese Aufgabe abverlangte, entbehrt insofern nicht der ironischen Pointe, als deren Väter, Stein und Hardenberg, durchaus „viel [...] von den Vorgängen der französischen Revolution" aufnahmen, „ihre umgehende geschichtliche Wandlung sie besser erfaßten als die antirevolutionär gerichteten Autoren"; *Scheuer*, S. 48.) – Eichendorffs Hoffnungen wurden letztlich enttäuscht. Die Jahre nach dem Wiener Kongreß waren von Rückschlägen gekennzeichnet: die Dumpfheit, politische Apathie und Resignation der Restaurationszeit auf der einen Seite, der Aufschwung des politischen Liberalismus im Gefolge der Julirevolution von 1830, in dem der Dichter das Wiedererwachen des aufklärerischen Rationalismus mit Besorgnis beobachtete, auf der anderen Seite. Es gab aus seiner Perspektive aber auch ermutigende Zeichen: die Entstehung der katholischen Bewegung in Bayern seit dem Regierungsantritt Ludwigs I. (1825), die Formierung des politischen Katholizismus in Deutschland als Folge der „Kölner Wirren" der Jahre 1837/38, die – freilich bald enttäuschten – Hoffnungen, die sich 1840 an den Amtsantritt Friedrich Wilhelms IV. von Preußen und später an den Beginn der Revolution von 1848 knüpften. In den Auseinandersetzungen dieser Jahre, an denen Eichendorff mit streitbarer Aufmerksamkeit Anteil nahm, blieben der romantisch-religiös verklärte nationale Aufbruch des Jahres 1813 und das preußische Reformwerk die ideellen Bezugspunkte seiner Argumentation. An letzterem hielt er noch in den 30er Jahren angesichts der absolutistischen Reaktion wie radikalerer Forderungen des konstitutionellen Liberalismus konsequent fest.

Der vorliegende Band enthält alle bisher veröffentlichten politischen und historischen Schriften des Dichters. Es sind daneben noch einige bisher unpublizierte Gutachten und Denkschriften dienstlicher Art überliefert, die thematisch in den Bereich der hier abgedruckten Texte gehören. Auf die Existenz folgender Arbeiten gibt es in der Forschungsliteratur Hinweise:

Gutachten über die „Angelegenheit der Stifter und Klöster im Departement der Regierung zu Danzig": Eichendorff schlägt hier Verbesserungen des katholischen Kirchenwesens in Westpreußen vor; entstanden im Herbst 1823 auf Ersuchen des Ministers v. Altenstein während einer kommissarischen Tätigkeit – Vertretung Schmeddings – im Kultusministerium in Berlin (vgl. *Pörnbacher*, S. 27 und 74; *Chronik*, S. 100).

Gutachten über die Rechtsfragen, die beim Übertritt von Christen zum Judentum entstehen: in der 2. Hälfte der 20er Jahre in Königsberg entstanden (s. *Herbst*, S. 77).

Denkschrift zum Plan der Errichtung einer Normalmusikschule in Danzig: in der 2. Hälfte der 20er Jahre oder um 1830 in Königsberg entstanden (s. *Herbst*, S. 81 f.).

Gutachten, „die Absonderung der Katholiken von den Evangelischen im Flatower Kreise betreffend": im August/September 1831 in Berlin auf Bitten Schmeddings entstanden, den Eichendorff damals erneut vertrat (s. *Pörnbacher*, S. 34 und 75 f.; *Chronik*, S. 133).

Zensurgutachten über die Zs. *Der canonische Wächter*: Eichendorff urteilt, „das Blatt sei ,durchaus polemisch und gegen die allgemeinen Religionsgrundsätze und bestehenden Verfassungen aller christlichen Kirchen gerichtet' und es verstoße deshalb gegen das Censur-Edikt vom 18. Oktober 1819" (*Pörnbacher*, S. 78; das Gutachten wird dort nicht datiert). Das fragliche Blatt, *Der canonische Wächter, eine antijesuitische Zeitschrift für Staat und Kirche und für alle christlichen Confessionen*, hrsg. von Alexander Müller, erschien von Juli 1830 bis Ende 1832 in Halle (Preußen) und Leipzig (Sachsen) bei Brockhaus, 1833/34 im Herzogtum Hessen-Darmstadt (1833 in Mainz, 1834 unter verändertem Titel in Offenbach) und hörte dann auf zu existieren. Geht man davon aus, daß Eichendorffs Gutachten zum Verbot der Zs. in Preußen führte (was den Herausgeber offenbar veranlaßte, ab 1833 in das liberalere Hessen-Darmstadt auszuweichen), dann ergibt sich als Entstehungszeitpunkt des Gutachtens das Spätjahr 1832 (vgl. hierzu auch S. 481 f.).

Promemoria über den „Gebrauch der polnischen Sprache in den Gymnasien und Elementarschulen des Großherzogtums Posen": im April 1841 im Auftrage des Kultusministeriums in Berlin entstanden (s. *Pörnbacher*, S. 76; *Chronik*, S. 183).

Gutachten zum Plan einer Wiedererrichtung von Nonnenkonvikten in den überwiegend katholischen Teilen Preußens: abgeschlossen am 7. Juni 1842, ebenfalls im Auftrage des Kultusministeriums verfaßt (s. *Pörnbacher*, S. 76f.; *Chronik*, S. 188).

Noch nicht aufgefunden wurden bisher zwei im August/September 1831 in Berlin entstandene Gutachten über die Abgrenzung der gegenseitigen amtlichen Rechte des Fürstbischofs von Ermland und des Oberpräsidenten Theodor v. Schön sowie über die Verbesserung der Bildungsanstalten für die katholische Jugend in Westpreußen (s. *HKA*[1] XIII, S. 95 f.; *Chronik*, S. 132).

Die Schriften dieses Bandes sind in drei Abteilungen gegliedert, innerhalb der Abteilungen chronologisch in der Reihenfolge ihrer Entstehung geordnet. – Die Aufteilung in politische und historische Schriften leuchtet unmittelbar ein. Die Einführung der Streitschriften als eigene Abteilung geschieht in der Absicht, die Aufmerksamkeit auf den vielfach noch übersehenen streitbar-kämpferischen Charakter eines erheblichen Teils der Publizistik Eichendorffs zu lenken. Zur Kategorie der Streitschriften gehören – sieht man von den politischen und Literatursatiren einmal ganz ab – nahezu sämtliche Schriften zur Literatur (Bd. III), einige Teile des Memoirenwerks, von den Texten des vorliegenden Bandes übrigens auch der *[Politische Brief]* (S. 134ff.), der jedoch wegen seines engen thematischen und textlichen Zusammenhangs mit den übrigen Schriften zur Konstitutionsfrage bei diesen belassen wurde.

Die einführenden Kommentare informieren über die Erstdrucke, die Druckvorlagen und eventuelle Quellen, ferner über die Entstehungsgeschichte der Texte und die biographischen und historischen Entstehungszusammenhänge; dabei können insbesondere im Falle der Schriften zur Pressegesetzgebung neue Erkenntnisse mitgeteilt werden. Darüber hinaus soll Eichendorffs politisches und geschichtliches Denken und sein spezifischer Standort im Spannungsfeld zwischen Liberalismus und Restauration sichtbar gemacht werden, soweit dies im Rahmen einer Textedition möglich ist. Die Textkommentare bringen die für das Textverständnis notwendigen Wort- und Sacherläuterungen, sie entschlüsseln Anspielungen literarischer, politischer und historischer Art und erläutern ältere, heute nicht mehr ohne weiteres verständliche sprachliche Wendungen. In einigen Fällen werden auch Entscheidungen der Textredaktion begründet, über deren Prinzipien grundsätzlich der Bericht „Zum Text der Ausgabe" (S. 545 ff.) unterrichtet. Personennamen, die in den Textkommentaren nicht berücksichtigt sind, werden im kommentierten Personenregister (S. 591 ff.) erläutert. – Die Zeittafel zur Lebens- und Werkgeschichte Eichendorffs (S. 549ff.) stellt eine erweiterte, auf den aktuellen Kenntnisstand gebrachte Neufassung der im ersten Band der Ausgabe enthaltenen Zeittafel dar; bei der Bearbeitung wurde insbesondere die *Eichendorff-Chronik* von Wolfgang Frühwald dankbar zu Rate gezogen. – Eine Auswahlbibliographie zur gesamten Ausgabe (S. 575ff.) informiert über die wichtigste Forschungsliteratur.

Alle Verweise im Anhang beziehen sich, wenn nicht anders angegeben, auf die Eichendorff-Werkausgabe des Winkler Verlages, wobei auf die Bände I bis IV mit Band- und Seitenzahl, auf den vorliegenden fünften Band mit einfacher Seitenzahl verwiesen wird.

VERZEICHNIS DER ABKÜRZUNGEN UND SIGLEN

Belke = Hans-Jürgen Belke: *Die preußische Regierung zu Königsberg 1808–1850.* Köln, Berlin 1976.

Boockmann '67 = Hartmut Boockmann: *Preußen, der deutsche Ritterorden und die Wiederherstellung der Marienburg.* In: *Acht Jahrhunderte Deutscher Orden in Einzeldarstellungen,* hrsg. von Klemens Wieser. Fs. für Marian Tumler. Bad Godesberg 1967, S. 547–559

Boockmann '72 = Hartmut Boockmann: *Das ehemalige Deutschordensschloß Marienburg 1772 bis 1945. Die Geschichte eines politischen Denkmals.* In: *Geschichtswissenschaft und Vereinswesen im 19. Jahrhundert. Beitrage zur Geschichte historischer Forschung in Deutschland,* von H.B., Arnold Esch u.a. Göttingen 1972, S. 99–162.

Boockmann '82 = Hartmut Boockmann: *Der Deutsche Orden. Zwölf Kapitel aus seiner Geschichte.* 2., verbesserte Aufl. München 1982.

Brandenburg = Hans Brandenburg: *Joseph von Eichendorff. Sein Leben und sein Werk.* München 1922.

Chronik = Wolfgang Frühwald: *Eichendorff-Chronik. Daten zu Leben und Werk.* München 1977.

D = Erstdruck.

DV = Druckvorlage.

E = Eichendorff.

Frühwald '76 = Wolfgang Frühwald: *Der Philister als Dilettant. Zu den satirischen Texten Joseph von Eichendorffs.* In: *Aurora* 36, 1976, S. 7–36.

Frühwald '79 = Wolfgang Frühwald: *Der Regierungsrat Joseph von Eichendorff.* In: *Internationales Archiv für Sozialgeschichte der deutschen Literatur* 4, 1979, S. 37–67.

Fs. = Festschrift.

Graf = Friedrich Wilhelm Graf: *Die Politisierung des religiösen Bewußtseins. Die bürgerlichen Religionsparteien im deutschen Vormärz: Das Beispiel des Deutschkatholizismus.* Stuttgart-Bad Cannstatt 1978.

Herbst	= Christian Herbst: *Oberpräsidialrat Joseph von Eichendorff*. In: *Aurora* 18, 1958, S. 75–83.
Hesse	= Franz Hugo Hesse: *Die Preußische Preßgesetzgebung, ihre Vergangenheit und Zukunft*. Berlin 1843.
Hist. Zs.	= *Historische Zeitschrift* (München) 1859 ff.
HKA[1]	= *Sämtliche Werke des Freiherrn Joseph von Eichendorff. Histor.-krit. Ausgabe*, hrsg. von Wilhelm Kosch und August Sauer. Regensburg 1908 ff.
HKA	= *Sämtliche Werke des Freiherrn Joseph von Eichendorff. Histor.-krit. Ausgabe*. Begründet von Wilhelm Kosch und August Sauer. Fortgeführt und hrsg. von Hermann Kunisch (seit 1962), von Hermann Kunisch und Helmut Koopmann (seit 1978). Regensburg; seit 1970: Berlin, Köln, Mainz, Stuttgart.
HpBl.	= *Historisch-politische Blätter für das katholische Deutschland*, hrsg. von George Phillips und Guido Görres. München 1838 ff.
HpZs.	= *Historisch-politische Zeitschrift*, hrsg. von Leopold Ranke. Gotha 1832; Berlin 1833–36.
Hs.	= Handschrift.
Huber I/II	= Ernst Rudolf Huber: *Deutsche Verfassungsgeschichte seit 1789*. Bd. I: *Reform und Restauration 1789 bis 1830;* Bd. II: *Der Kampf um Einheit und Freiheit 1830 bis 1850*. Stuttgart 1960².
Jb.	= Jahrbuch.
Kicherer	= Wilhelm Kicherer: *Eichendorff und die Presse*. Diss. Heidelberg 1933. Bruchsal (1933).
Koselleck	= Reinhart Koselleck: *Preußen zwischen Reform und Revolution. Allgemeines Landrecht, Verwaltung und soziale Bewegung von 1791 bis 1848*. Stuttgart 1967.
Krüger	= Peter Krüger: *Eichendorffs politisches Denken I/II*. In: *Aurora* 28, 1968, S. 7–32; 29, 1969, S. 50–69.
Niggl I–III	= *Joseph von Eichendorff im Urteil seiner Zeit*, hrsg. von Günter und Irmgard Niggl. 3 Bde. Stuttgart 1975–86. (= *HKA* XVIII, 1–3.)
Nipperdey	= Thomas Nipperdey: *Kirche und Nationaldenkmal. Der Kölner Dom in den 40er Jahren*. In: *Staat und Gesellschaft im politischen Wandel. Beiträge zur Geschichte der modernen Welt. Fs.* für Walter Buß-

mann, hrsg. von Werner Pöls. Stuttgart 1979, S. 175–202.

Oncken = Hermann Oncken: *Zur inneren Entwicklung Rankes.* In: *Bilder und Studien aus drei Jahrtausenden.* Fs. für Eberhard Gothein. Leipzig 1923, S. 197–241.

Pörnbacher = Hans Pörnbacher: *Joseph Freiherr von Eichendorff als Beamter, dargestellt auf Grund bisher unbekannter Akten.* Dortmund 1964.

Ranke = Leopold v. Ranke: *Das Briefwerk.* Eingeleitet und hrsg. von Walther Peter Fuchs. Hamburg 1949.

v. Rochow = *Preußen und Frankreich zur Zeit der Julirevolution. Vertraute Briefe des Preußischen Generals von Rochow an den Preußischen Generalpostmeister von Nagler,* hrsg. von Ernst Kelchner und Prof. Dr. Karl Mendelssohn-Bartholdy. Leipzig 1871.

Rothfels = Hans Rothfels: *Theodor v. Schön, Friedrich Wilhelm IV. und die Revolution von 1848.* Halle 1937.

Scheuner = Ulrich Scheuner: *Der Beitrag der deutschen Romantik zur politischen Theorie.* Opladen 1980.

Schmid = Bernhard Schmid: *Oberpräsident von Schön und die Marienburg.* Halle 1940.

Schmid/Hauke = Die Marienburg. Ihre Baugeschichte, dargestellt von Bernhard Schmid. Aus dem Nachlaß hrsg., ergänzt und mit Abb. versehen von Karl Hauke. Würzburg 1955.

Stägemann = *Briefe und Aktenstücke zur Geschichte Preußens unter Friedrich Wilhelm III., vorzugsweise aus dem Nachlass von F. A. von Stägemann,* hrsg. von Franz Rühl. Bd. 3. Leipzig 1902.

v. Steinsdorff/ Frühwald = Sibylle v. Steinsdorff: „... *Jene Influenza religiöser Zerfahrenheit". Eine unbekannte Streitschrift Joseph von Eichendorffs gegen den Deutschkatholizismus und seine Folgen.* (Einführung von Wolfgang Frühwald.) In: *Aurora* 42, 1982, S. 57–79.

Stutzer = Dietmar Stutzer: *Die Güter der Herren von Eichendorff in Oberschlesien und Mähren.* Würzburg 1974.

SW I = *Joseph Freiherrn von Eichendorff's sämmtliche Werke. Zweite Auflage. Mit des Verfassers Portrait und Facsimile* [hrsg. von Hermann v. Eichendorff].

Bd. 1. Leipzig 1864. [Enthält neben den Gedichten eine *Biographische Einleitung* des Herausgebers.]

Treitschke = Heinrich v. Treitschke: *Deutsche Geschichte im neunzehnten Jahrhundert.* 4. Teil. Leipzig 1889.

u. d. T. = unter dem Titel.

Varrentrapp = C[onrad] Varrentrapp: *Rankes Historisch-politische Zeitschrift und das Berliner Politische Wochenblatt.* In: *Hist. Zs.* 99, 1907, S. 35–119.

Voigt = Johannes Voigt: *Geschichte Marienburgs, der Stadt und des Haupthauses des deutschen Ritter-Ordens in Preußen.* Königsberg 1824.

VS v = *Joseph Freiherrn von Eichendorff's Vermischte Schriften* [hrsg. von Hermann v. Eichendorff]. Bd. V: *Aus dem literarischen Nachlasse.* Paderborn 1866.

Webersinn = Gerhard Webersinn: *Eichendorff und die Preßgesetzgebung.* In: *Aurora* 23, 1963, S. 36–54.

Wesemeier = Reinhold Wesemeier: *Joseph von Eichendorffs satirische Novellen.* Marburg 1915.

Wohlhaupter = Eugen Wohlhaupter: *Dichterjuristen.* Bd. 2. Tübingen 1955.

Ziesemer = Walther Ziesemer: *Eichendorffs ‚Wiederherstellung des Schlosses der deutschen Ordensritter zu Marienburg'.* In: *Eichendorff-Kalender* 2, 1911, S. 20–35.

Zs. = Zeitschrift.

ANMERKUNGEN

POLITISCHE SCHRIFTEN

Über die Folgen von der Aufhebung der Landeshoheit der Bischöfe und der Klöster in Deutschland

Die Untersuchung entstand in der ersten Hälfte des Jahres 1819 als „Probearbeit" für das „höhere Examen" (zweites Staatsexamen). Eichendorff, der seit Dezember 1816 in Breslau als Referendar Dienst tat, bat am 7. Oktober 1818 das Oberpräsidium der Königlichen Regierung in Breslau um das „Zeugnis der Reife zum großen Examen" (*HKA*[1] XIII, S. 79). Dem Ersuchen waren elf (durchweg positive und wohlwollende) Zeugnisse der leitenden Räte der Abteilungen beigefügt, in denen Eichendorff gearbeitet hatte (s. hierzu und zum folg. *Pörnbacher*, S. 17–19 und 21). Nach Erhalt dieses Zeugnisses am 24. Oktober bewarb er sich damit am 3. November bei der Königlichen Ober-Examinations-Kommission in Berlin um die Zulassung zur Prüfung, die er am 7. November erhielt (*HKA*[1] XIII, S. 79f.). Als Thema für die Probearbeit legte ihm die Kommission die Frage vor: „Was für Nachteile und Vorteile hat der katholische Religionsteil in Deutschland von der Aufhebung der Landeshoheit der Bischöfe und Äbte, desgleichen von der Entziehung des Stifts- und Klosterguts mit Wahrscheinlichkeit zu erwarten?" (Ebd., S. 80) – Am 16. Juni 1819 reichte Eichendorff seine Untersuchung ein, die Prüfungskommission bestätigte am 30. Juni den Empfang (ebd.); der Termin der mündlichen Prüfung wurde auf den 16. Oktober festgesetzt (ebd., S. 81).

Eichendorffs Aufgabe war es, die Folgen der Säkularisation, d. h. der Auslöschung aller geistlichen Reichsstände in Deutschland, zu analysieren. Diese Maßnahme ging auf den Friedensschluß von Lunéville (9. Febr. 1801) zurück, der den 2. Koalitionskrieg zwischen Frankreich und Österreich beendete. Er sah in Artikel 6 die Abtretung des linken Rheinufers an Frankreich und in Artikel 7 eine Entschädigung für die von den Gebietsabtretungen betroffenen deutschen Fürsten durch Säkularisationen und Mediatisierungen (Beseitigung der Reichsunmittelbarkeit weltlicher Reichsstände) vor. Die entsprechenden territorialen, staats-

und kirchenrechtlichen Strukturveränderungen wurden im Frühjahr 1803 im Reichsdeputationshauptschluß vom Reichstag beschlossen und verabschiedet. Dadurch wurden drei Kurfürstentümer und eine größere Anzahl von Reichsbistümern, Reichsabteien und Reichsstädten herrschafts- und vermögensrechtlich in den Besitz weltlicher Reichsfürstentümer überführt. Die bis dahin größte territoriale Umgestaltung Deutschlands führte zur Bildung weniger, von Frankreich abhängiger Mittelstaaten. Darüber hinaus wurden die Landesherren ermächtigt, über das Eigentum der Stifte, Abteien und Klöster in ihrem Hoheitsgebiet zu verfügen, unter der Verpflichtung, für die Ausstattung der Domkirchen, die Pensionen der Geistlichkeit sowie für das Schulwesen und die Armenpflege zu sorgen. Die finanziellen, wirtschaftlichen und rechtlichen Maßnahmen des Reichsdeputationshauptschlusses konnten teilweise erst nach 1815 von den Regierungen des Deutschen Bundes voll durchgesetzt werden; sie waren 1819, als Eichendorffs Probearbeit entstand, in Preußen noch keineswegs abgeschlossen.

So war die Untersuchung der weitreichenden Folgewirkungen der Säkularisation durchaus ein aktueller und sogar brisanter Gegenstand. Insbesondere konnte Eichendorff das Thema „für eine Art von heimlicher Fußangel" halten, die ihm als Katholiken von der (protestantischen) preußischen Behörde gelegt worden war. In einem Schreiben an Joseph Görres vom 30. August 1828, in dem er um Vermittlung einer Anstellung in Bayern bat (und seine Untersuchung zur Lektüre anbot), äußerte er sich hierzu folgendermaßen: „Da ich, Gott sei Dank, mein Gewissen und meine Ehre jederzeit höher gehalten habe als meinen Magen, so beantwortete ich diese Frage, die ich mit gutem Grund nur für eine Art von heimlicher Fußangel halten mußte, mit besonderem Fleiß und mit aller hier nötigen Freimütigkeit und Rücksichtslosigkeit." (HKA[1] XII, S. 30) Seine Besorgnis erwies sich jedoch als unbegründet: die Probearbeit war dem katholischen Geh. Rat Schmedding, der im Kultusministerium katholische Kirchen- und Schulangelegenheiten bearbeitete, zur Begutachtung übergeben worden und hatte eine günstige Aufnahme gefunden. Schmeddings Gutachten vom 15. Oktober 1819 lautete: „Diese Abhandlung, in der sich Geist, Adel der Gesinnung und Tiefe historischer Forschung mit einer blühenden sich überall gleich bleibenden Rede vereinigen, legt von der allgemein wissenschaftlichen Bildung ihres Verfassers ein ebenso rühmliches Zeugnis ab als sie zu den angenehmsten Erwartungen in betreff künftiger Leistungen berechtigt. Wer behaupten möchte, der Verfasser habe seinen Gegenstand mit zu großer Vorliebe behandelt, wird doch anerkennen, daß die Quelle dieser Empfindung höchst edel und daß sie dem Scharfsinn, womit der Verfasser seine

Ansichten durchgeführt hat, nicht hinderlich gewesen ist." (*HKA*[1] XII, S. 264)

Die Untersuchung hat auch die Aufmerksamkeit des Kultusministers v. Altenstein auf Eichendorff gelenkt. Seiner Probearbeit hatte er es offenbar zu verdanken, daß er 1820 auf Schmeddings Vorschlag für die (zunächst kommissarische) Besetzung einer katholischen Ratsstelle in Danzig vorgesehen wurde, aus der sich dann eine dauerhafte Anstellung entwickelte. Im Schreiben vom 6. März 1821, in dem das Kultusministerium in Berlin den Oberpräsidenten v. Schön von dem entsprechenden königlichen Kabinettsbeschluß unterrichtete, hieß es u. a.: „Der Minister [= Altenstein] übersendet zur Einsicht gegen Rückgabe die von E[ichendorff] bei der Oberexaminationskommission gelieferte Probeschrift über das gesamte allgemeine Thema. Sie wurde Anlaß, daß des Ministers Aufmerksamkeit auf den jungen Mann gerichtet wurde." (*HKA*[1] XII, S. 260) Altenstein hatte Eichendorff dem preußischen König im Zusammenhang mit der neu zu besetzenden Ratsstelle in Danzig als einen „Mann vom besten Rufe und feiner, auch wissenschaftlich gediegener Bildung" empfohlen, der seiner „Pflicht als Vaterlandsvertheidiger [...] in den letzten Feldzügen auf eine ehrenvolle Weise genug gethan" habe, der katholisch sei, aber „die Gebräuche seiner Kirche ohne Schwärmerei und beengende Unduldsamkeit" halte (zit. nach *Pörnbacher*, S. 22).

„In der Geschichte gibt es nichts Willkürliches", heißt es in der Untersuchung. „Was sich bleibend gestaltet, ist nicht eigenmächtige Erfindung weniger, sondern aus dem Innersten des Volkes hervorgegangen." (S. 7) In dieser Überzeugung stellt Eichendorff einleitend die Entstehung und geschichtliche Bedeutung der weltlichen Macht der mittelalterlichen Kirche dar, deren überlieferten Bestand die Säkularisation beseitigt hatte. Der Reichtum der Kirche und ihre w e l t l i c h e Macht hatten sich danach als äußeres Zeichen und notwendiges Organ ihrer wohltätigen, die Gegensätze vermittelnden g e i s t i g e n Macht in Staat und Gesellschaft gebildet. Als mit dem Glauben selbst auch die „Idee einer innigen Durchdringung der geistlichen und weltlichen Macht" (S. 19) zerfiel und „das gesunde Verhältnis zwischen Seele und Körper des Staats" (S. 22) gestört war, entstand als ein Surrogat „das System des äußeren Gleichgewichts" (S. 21). Zwar verkennt Eichendorff die schwerwiegenden Mängel der geistlichen Staaten so wenig wie die Anzeichen der Erstarrung des geistlichen Einflusses in überlebten Formen, er kann aber in der jüngeren Geschichte eine überzeugende Alternative nirgends entdecken. Beklagt wird in der zeitgenössischen Gegenwart vor allem die rein materielle Definition des Staatszwecks, der Mangel jeden geistigen Elements im staatlichen Leben, die fehlende Einflußmöglichkeit der

Geistlichkeit auf das öffentliche Leben. Hier liegen die Ursachen dafür, daß die neueren, auf die Kraft des Gemütes verzichtenden Verfassungen ihre Sicherheit allein „in der militärischen Gewalt und in der Macht des Reichtums" suchen (S. 36). – Nachteilige Folgen der Aufhebung der geistlichen Landeshoheit sieht Eichendorff daneben vor allem im kulturellen Bereich, wo viele schätzenswerte Elemente der Bildung vernichtet, die Mannigfaltigkeit der Formen und Richtungen von Gleichförmigkeit bedroht seien.

Der zweite Hauptteil der Untersuchung ist den Vor- und Nachteilen der Einziehung des Stifts- und Klostergutes für den katholischen Bevölkerungsteil in Deutschland gewidmet. Ausgehend von der „großen Idee" der Klöster und einer Analyse der Ursachen ihres Verfalls versucht Eichendorff die Frage nach dem Wert oder Unwert von Klöstern für die Gegenwart zu beantworten, wobei insbesondere die Nachteile der Schließung der Frauenklöster mit bemerkenswerten sozialethischen Argumenten herausgearbeitet werden (S. 49). – Abschließend wird an die ursprüngliche Bestimmung des Kircheguts (Verherrlichung der Religion, Unterhalt der Geistlichkeit, Unterstützung der Armen) erinnert und aufgezeigt, welche Konsequenzen sich aus dessen Einziehung ergaben und welchen Gebrauch die weltlichen Staaten davon machten – eine Bilanz, die für letztere überwiegend wenig vorteilhaft ausfällt. Dabei wird vor allem die Verschwendung von Mitteln zur Vermehrung des Aufwands der Höfe und zur Gründung stehender Heere kritisch angemerkt.

Eichendorffs Resümee enthält ein Kernstück seiner Geschichtsauffassung: im Kampf des Alten und Neuen liegt das Übel nicht darin, „daß das Veraltete weggeräumt worden ist, sondern in der Verblendung, welche den großen Sinn der Vergangenheit verkannte und daher mit dem bloßen Zerstören genug getan zu haben wähnte. Ebensowenig liegt das Heil in der unbedingten Wiederkehr zum Alten, denn in der Weltgeschichte gibt es keinen Stillstand. Aber der unvergängliche Geist aller Zeiten, [...] das ewig Alte und Neue zugleich, soll [...] durch die göttliche Kraft des Erkennens nun sich selber bewußt werden und verjüngen. Es hat daher in unserer Zeit die Wissenschaft eine hohe religiöse Bedeutung." (S. 64 f.; s. hierzu auch S. 523 sowie die Anm. zu S. 423.)

Die ursprüngliche Fassung der Untersuchung ist nicht überliefert; bei dem in der *HKA* [1], Bd. X, abgedruckten Text (= DV) scheint es sich um eine später (vielleicht um 1845/46) bearbeitete Fassung zu handeln (vgl. die Anm. zu S. 53). Möglicherweise dachte der Autor Mitte der 40er Jahre daran, die Schrift zu veröffentlichen. Daß ihr Gegenstand und die darin niedergelegten Gedanken ihre Aktualität für Eichendorff keineswegs verloren hatten, belegen u. a. Erwähnungen der „Probearbeit" in autobiographisch geprägten Prosafragmenten aus dieser Zeit (vgl. Bd. IV, S. 181 und 184).

Literatur: *Brandenburg*, S. 295–302; *Wohlhaupter*, S. 166–169.

D: leicht gekürzt und unter dem vom Herausgeber veränderten Titel *Die Aufhebung der geistlichen Landeshoheit und die Einziehung des Stifts- und Klostergutes in Deutschland* in: *VS* v, S. 139–201. – Vollständig: *HKA*[1] X, S. 143–195 (= DV).

7   *politische Umgestaltungen ... Aufhebung der Landeshoheit...:* Vgl. hierzu S. 443 f.

8   *Kautelen:* vertragliche Vorbehalte.

10   ~~mildon don König~~ Die nach Karl dem Großen benannte fränk. Hochadels und Königsgeschlecht löste im Jahre 751 die Merowinger in der Königswürde ab.

11   *Pippin:* Pippin III., der Jüngere (714/15–768), seit 751 fränk. König; Vater Karls des Großen. Unterstützt von Bonifatius, ordnete er die kirchlichen Verhältnisse des Reiches neu. Übertrug 754 ehemalige byzantinische Gebiete in Italien an Papst Stefan II. (Pippinsche Schenkung). – *Chlodwig:* Chlodwig I. (466/67–511), König der salischen Franken, Gründer des Fränk. Reiches. Trat 498/99 zum Christentum über. – *Karl der Große:* 742–814; Sohn Pippins III., seit 771 fränk. König, seit 800 röm. Kaiser. Gründer eines Imperiums, in dem sich Germanentum mit christlich-römischer Überlieferung verband.

14   *Sende:* geistliche Gerichtsbarkeit in innerkirchlichen Angelegenheiten; von den Bischöfen vornehmlich auf den jährlichen Visitationsreisen ausgeübt. – *Ordalien:* Ordal: Gottesurteil im mittelalterlichen Recht.

16   *Vernunftreligion:* Vgl. hierzu das Kap. „Die Vernunftreligion" in Eichendorffs Schrift *Der deutsche Roman des achtzehnten Jahrhunderts in seinem Verhältnis zum Christentum* (Bd. III, S. 261 ff.).

17   *wie die Japaner ihre ... Fetische anbeten:* Der Buddhismus, auf den E hier offenbar anspielt, hat seinen Ursprung in Indien und gelangte erst seit dem 6. Jh. nach Japan, wo er in Konkurrenz zum einheimischen Schintoismus trat.

18   *Lineamente:* Umrisse, Grundrisse. – *Attila ... Gestalt des Papstes:* Der Hunnenkönig Attila akzeptierte im Jahre 452 die Geldsumme, die eine röm. Gesandtschaft unter der Leitung Papst Leos I. für seinen Abzug aus Italien geboten hatte. – *Befreiung*

Jerusalems: Die Befreiung der heiligen Stätten von muslimischer Herrschaft war eines der Ziele der Kreuzzüge.

19 *Zentripetalkraft ... Zentrifugalkraft:* ein von E sehr häufig verwendetes Bild, das auch bei Novalis, Görres u. a. belegt ist; vgl. hierzu S. 432 ff. – *Heinrich IV. von Frankreich:* Heinrich IV. von Navarra (1553–1610), Führer der Hugenotten. Seit 1589 franz. König. Trat 1593 zum Katholizismus über. Er bemühte sich um die religiöse Befriedung des Landes; sein Edikt von Nantes (1598) sicherte den Hugenotten bedingte Religionsfreiheit. Er verfolgte eine antihabsburgische Außenpolitik mit dem Ziel eines europäischen Gleichgewichts. In der Literatur wird Heinrich IV. vielfach als toleranter, wohltätiger Volkskönig dargestellt. – *castrum doloris:* (lat.) Katafalk. – *Kartaunen:* schwere Geschütze.

21 *der Affe in der Fabel, ...:* E spielt hier auf die Fabel *Der Käse* von Ludwig Heinrich v. Nicolay an (*Vermischte Gedichte und prosaische Schriften.* Teil 1. Berlin und Stettin 1792, S. 68 f.). N. (1737–1820), Prof. der Logik in Straßburg, später in diplomatischen Diensten tätig, verfaßte neben Gedichten und Fabeln auch Ritterepen und Dramen.

22 *der großen Schlag- und Schlachtmaschine der stehenden Heere:* Kritik am Militärwesen, insbes. an der Verschwendung finanzieller Mittel durch die Aufstellung stehender Heere, findet sich in E's Schriften mehrfach. – *Kriegesjahre 1807 und 1813:* das Jahr des preuß. Zusammenbruchs im 4. Koalitionskrieg mit Frankreich (1806/07), der zu einer tiefgreifenden Regeneration des Staates in den folgenden sechs Jahren führte, und das Jahr des erfolgreichen Befreiungskampfes gegen Napoleon.

23 *durch eine falsche Philosophie:* Gemeint ist der Rationalismus der Aufklärung. – *die napoleonische Ehe:* Der Code civil (auch Code Napoléon) von 1803 machte die Gültigkeit einer Ehe von ihrem Abschluß vor einer Zivilbehörde und von der Eintragung in die Standesregister abhängig.

24 *künstlich erdachte ... Verfassungen:* Vgl. hierzu E's Schriften zur Verfassungsfrage (S. 66 ff.). – *Universitas:* (lat.) die Gesamtheit, das Ganze. – *das römische deutsche Reich ...:* das „Heilige Römische Reich Deutscher Nation" erlosch 1806 nach der Bildung des unter franz. Protektorat stehenden Rheinbunds, die Franz II. mit der Niederlegung der Kaiserkrone beantwortete.

25 *der Edle von Sartori in seinem „Staatsrecht...":* Der Titel der Schrift lautet vollständig: *Geistliches und weltliches Staatsrecht der deutschen katholischen geistlichen Erz-, Hoch- und Ritterstifter*

(2 Bde., Nürnberg 1788–91). – *Staat . . . Vertrag . . . zur Sicherung ihres irdischen Eigentums:* Mit anderen Romantikern lehnte E die u. a. von Rousseaus *Contrat social* (1762) inspirierte (naturrechtliche) Staatsauffassung der Aufklärung ab, die den Staat als eine von den Menschen durch Abschluß eines Gesellschaftsvertrages künstlich geschaffene Organisation betrachtete, deren Hauptzweck die Regelung des Zusammenlebens und Überlebens sei. – *neuen deutschen Verfassungen:* Vgl. S. 454. – *Staat . . . eine geistige Gemeinschaft . . . :* E schließt sich mit seiner Definition des Staatszwecks der romantischen Staatstheorie eines Adam Müller und F. Schlegel an (s. *Scheuner*, bes. S. 32 ff.).

») *wie die Hohenstaufen:* In der Zeit der Stauferherrschaft hat es mehrfach Machtkämpfe zwischen Königtum und Papsttum gegeben. Den folgenschwersten löste Heinrich IV. im Jahre 1075 mit dem sog. Investiturstreit aus (s. auch zu S. 34), der erst 1122 durch das Wormser Konkordat (vorläufig) beendet wurde.

28 *Palladium:* Kultbildtypus der stehenden Göttin Pallas Athene mit Schild und erhobener Lanze; in übertragener Bedeutung: Schutzbild, schützendes Heiligtum.

30 *„Ihr Reich sei nicht von dieser Welt":* Vgl. Joh. 18, 36: „Mein Reich ist nicht von dieser Welt." – *zwei . . . Entwickelungsformen der Staaten:* Die Gegenüberstellung einer mechanischen (franz.) und einer organischen (deutschen) Staatsauffassung geht auf F. Schlegel und Adam Müller zurück.

31 *durch einen vulkanischen Ausbruch:* E scheint im zentralistischen Staatsprinzip Frankreichs eine der Ursachen der Franz. Revolution von 1789 gesehen zu haben.

32 *im Jahre 1813:* Die nationale Erhebung des Jahres 1813, auch die Einheit von Krone, Kirche und Volk im Befreiungskampf gegen Napoleon, taucht als politisch-moralischer Bezugspunkt in E's Schriften immer wieder auf.

34 *daß Gregor VII. . . den Feudalnexus . . . aufgehoben:* (Feudalnexus: das geistliche Lehnswesen) Unter Gregor VII. erreichte die kirchliche Reformbewegung des 11./12. Jh.s (gregorianische Reform) ihren Höhepunkt. Sie zielte auf eine stärkere Abgrenzung der geistlichen und weltlichen Macht bei Betonung des geistlichen (päpstlichen) Führungsanspruchs. Ein Instrument dieser Politik war das Verbot von Simonie (Kauf oder Verkauf geistlicher Ämter) und Laieninvestitur (d. h. des Rechts der Könige, Ämter und Lehen an geistliche Würdenträger zu übertragen). Es kam unter Gregor VII. zum sog. Investiturstreit zwischen dem Papsttum und dem engl., franz. und deutschen Königtum, der unter seinen Nachfolgern (Urban II., Paschalis II.) noch eskalierte und erst Anfang des 12. Jh.s durch einen Kompromiß (Trennung der bischöflichen Rechte in geistliche und weltliche) beigelegt wurde. Daß Bischöfe und andere geistliche Würdenträger von weltlichen Fürsten keine Besitzungen und Rechte mehr annehmen durften bzw. diese zurückgeben mußten, bedeutete eine Beschneidung ihrer Unabhängigkeit und zwangsläufig eine größere Abhängigkeit von Rom. Obwohl E dies im folgenden auszuschließen scheint, hatte die Säkularisierung in Deutschland durchaus ähnliche Folgen: des weltlichen Besitzes und damit der Unabhängigkeit beraubt, mußte sich die kathol. Kirche in Deutschland zwangsläufig stärker nach Rom orientieren. Hieraus erklärt sich der Ultramontanismus der Amtskirche im 19. Jh.

37 *keine eigentliche Volksdichter...:* ein Umstand, den E auch später in seinen literarhistorischen Schriften beklagte; vgl. den Aufsatz *Die deutschen Volksschriftsteller* aus dem Jahre 1848 (Bd. III, S. 152 ff.). – *Volkslieder ... in ästhetischen Herbarien aufgetrocknet:* Seit Herders *Volksliedern* (1778/79) waren mehrere Volksliedsammlungen entstanden; die bekannteste war *Des Knaben Wunderhorn* (1806/08) von Achim v. Arnim und Clemens Brentano. – *in Teezirkeln:* Gemeint sind die literarischen Salons, die im kulturellen und gesellschaftlichen Leben der Zeit eine bedeutende Rolle spielten. Eine satirische Darstellung der seichten Schöngeisterei mancher dieser Salons findet sich im 12. Kap. von E's Roman *Ahnung und Gegenwart* (Bd. II, S. 122 ff.). – *Übergewalt der Phantasie ... in Spanien und Italien:* E scheint hier auf den barocken Manierismus im Spanien und Italien des 17. Jh.s (Gongorismus, Marinismus) anzuspielen.

38 *fade Schwärmerei oder politischer Wahnsinn:* wahrscheinlich Anspielung auf die in der Zeit der Befreiungskriege entstandenen Burschenschaften, in denen sich altdeutsch-romantischer Idealismus mit westlich-konstitutionellen Ideen, Patriotismus und Freiheitsdrang verbanden. Das Wartburgfest der Burschenschaften am 18./19. Oktober 1817 stellte eine machtvolle politische Demonstration für die Einheit und Freiheit Deutschlands dar. In die Zeit der Niederschrift der „Probearbeit" fiel die Ermordung Kotzebues durch den Burschenschafter Sand am 23. März 1819, die die berüchtigten Karlsbader Beschlüsse und die Demagogenverfolgung auslöste. E versucht hier, durch den Hinweis auf aktuelle Vorgänge seiner Argumentation Nachdruck zu verleihen.

– *Eigenschaft als Wahlstaaten:* Im Unterschied zu weltlichen Herrschern wurden die Bischöfe als Oberhäupter der geistlichen Staaten durch die Wahl bestimmt. – *Nepoten:* lat. nepos: Enkel, Neffe. Gemeint ist die Begünstigung von Verwandten durch kirchliche Machthaber. – *Wahlkapitulation:* einseitige förmliche Zusage des Gewählten gegenüber den Domkapiteln (Korporation der Geistlichen an einer Kathedralkirche), begründet in deren Anspruch auf Mitregentschaft. – *Konstitutionssurrogate:* Vgl. E's Schriften zur Verfassungsfrage (S. 66 ff.).

39 *ephemer:* nur einen Tag dauernd, vorübergehend.

41 *wie Goethe sagt:* in der *Italienischen Reise* (Verona, den 17. September [1 9 0]) und in der zweiten der *Römischen Elegien* (Vers 9). – *das ewige Lied von Marlborough:* ein damals in ganz Europa verbreitetes Spottlied auf den angeblichen Tod des Herzogs von Marlborough.

44 *das Erhabenste ... in das Gebiet des Lächerlichen:* Reminiszenz an Napoleons Satz „Du sublime au ridicule il n'y a qu'un pas" (Vom Erhabenen zum Lächerlichen ist nur ein Schritt), den er auf seiner Flucht aus Rußland geäußert haben soll. – *das heimliche Gericht der Inquisition:* Das strafrechtliche Verfahren, in dem dieselbe Instanz Ankläger, Untersuchender und Richter war und dem Angeklagten keine zureichenden Verteidigungsmittel zur Verfügung standen, entstand aus dem Kampf der kathol. Kirche gegen die Katharer und Waldenser. Papst Lucius III. verfügte auf dem Konzil von Verona (1184) die Verfolgung der Häretiker und führte damit die bischöfliche Inquisition ein.

45 *das eigentliche Hexenschlachten:* Der Höhepunkt des Hexenwahns fällt in das 15. bis 17. Jh. Der berüchtigte *Hexenhammer (Malleus maleficarum)* von 1487, der die Hexenbekämpfung in ein wirksames System brachte, löste eine Welle von Hexenprozessen in Deutschland aus. Auch Luther und Calvin forderten den Kampf gegen die Hexen. Die Verfolgungen wurden erst im Laufe des 18. Jh.s eingestellt.

47 *die ... auf Erden nicht Sonderliches aufzuopfern hat:* W. Kosch nimmt hier die – nach heutigem Sprachgebrauch naheliegende – Konjektur „nicht" = „nicht[s]" vor (*HKA*[1] X, S. 178, Zeile 28). Nach dem Prinzip, daß in den Lautstand der Texte nur im Falle offenbarer Versehen eingegriffen wird, wurde von einer Konjektur hier abgesehen, denn sie ist keineswegs zwingend. Die Negationspartikel muß syntaktisch durchaus nicht zum Objekt („Sonderliches") gehören, sie kann sich sehr wohl auf das Verbum

beziehen, wie bei veränderter Wortstellung unmittelbar einleuch-
tet („die ... auf Erden Sonderliches nicht aufzuopfern hat").

48 *Schildwach stehen, wo gar nichts zu bewachen ist:* Vgl. zu S. 22.

50 *das betäubende Geräusch der Tagesblätter:* ein früher Hinweis auf
E's skeptische Haltung gegenüber der Tagespresse, die auch seine
späteren Schriften zum Presserecht (S. 151 ff.) prägt; vgl. insbes.
S. 175 f. – *Gründung oder Wiederbelebung von Klöstern:* E hat im
Jahre 1842 Pläne Friedrich Wilhelms IV. zur Wiedereinrichtung
von Nonnenkonvikten in einigen Teilen Preußens gutachtlich
unterstützt (vgl. S. 437). Möglicherweise handelt es sich bei dieser
Textpassage um eine spätere Einfügung in die „Probearbeit"
(s. hierzu auch die Anm. zu S. 53).

53 *memento mori:* (lat.) Gedenke des Todes! – *eine Million Deutscher ... nach Trier gefolgt:* Zu Lebzeiten E's fanden zwei Wallfahrten zum Heiligen Rock nach Trier statt, 1810 und 1844. Die
Erwähnung der „Million" Pilger verweist auf die Wallfahrt des
Jahres 1844 (vgl. S. 531 ff.). Daraus folgt, daß die entsprechende
Textpassage n a c h diesem Zeitpunkt in die Schrift eingefügt worden sein muß (s. *Frühwald '76*, S. 19 und 25, Anm. 69). Ob es sich
hierbei um eine vereinzelte Textergänzung handelt oder ob die
Probearbeit insgesamt seit Mitte der 40er Jahre einer Bearbeitung
unterzogen worden ist, bedarf noch der weiteren Klärung.

58 *die Industrie ... eine geistliche Tugend:* „Industrie" hier im älteren
Wortsinn (von lat. industria: Betriebsamkeit, Fleiß): Gewerbe-
fleiß, Gewerbstätigkeit. – *der Erwerb der Armut:* „Armut" meint
hier soviel wie: kümmerlicher Lebensunterhalt.

59 *Frei und ungehindert durchringt:* Möglicherweise ist hier zu lesen
„durchdringt". – *der grillenhafte Heinrich VIII.:* 1491–1547, seit
1509 König von England. Die vom Papst verweigerte Scheidung
von seiner ersten Gattin wurde Anlaß zur Trennung der engl.
Kirche von Rom. H. VIII. proklamierte sich 1534 zum alleinigen
Haupt der anglikan. Kirche und behielt sich das Recht vor, in
Organisation und Lehre der Kirche einzugreifen. 1538–40 erfolgte die Einziehung des Klosterbesitzes zugunsten der Krone.
H. VIII., der sechsmal verheiratet war und zwei seiner Frauen und
mehrere Berater hinrichten ließ, gilt als eitler, brutaler, selbstherr-
licher und prachtliebender Monarch. – *die gemäßigte Elisabeth:*
Elisabeth I. (1533–1603), Tochter Heinrichs VIII., seit 1558 Königin von England. Unter ihrer Regierung, die entscheidend für
den Aufstieg Englands zur Großmacht wurde, erfolgte die Wiederherstellung der anglikan. Staatskirche, nachdem ihre Vorgän-

gerin, Maria I., versucht hatte, England zum Katholizismus zurückzuführen. – *Regal:* (von lat. regalis: dem König zukommend) königliches Recht.

60 *mit Rumfordschen Suppen:* eine nach ihrem Erfinder, Benjamin Thompson Graf v. Rumford (1753–1814), benannte, aus billigen Stoffen hergestellte, nahrhafte Suppe. – *vor den Riß treten:* etwa: einspringen, die Lücke füllen.

61 *Ostentation:* das Zurschaustellen, Großtun, Renommieren.

63 *Fideikommisse:* unveräußerliche und unteilbare Vermögen (meist Grundbesitz). – *Klasse der reichen Kapitalisten:* Die Begriffe „Klasse" und „Kapitalist" haben hier noch nicht die heute geläufige, von den modernen Sozialwissenschaften geprägte Bedeutung. Ein „Kapitalist" ist nach der älteren Wortbedeutung ein Vermögender, ein Besitzer größerer Geldsummen, insbesondere jemand, der Geld auf Zinsen ausleiht. – *Armentaxe:* eine zu Zwecken der Wohlfahrtspflege erhobene Steuer.

64 *ein hundertjähriger Krieg gegen Frankreich:* der sog. Hundertjährige Krieg (1338–1453), der mit dem Verlust aller engl. Besitzungen in Frankreich (mit Ausnahme von Calais) endete. – *die alles aufzehrende Gründung stehender Heere:* Vgl. zu S. 22. – *eine geistige Erschütterung über das gesamte Deutschland:* Gemeint ist hier offenbar die im nördlichen Deutschland entstandene und sich von dort ausbreitende romantische Bewegung, deren religiöse Motive E stets betont hat.

65 *...die Wissenschaft eine hohe religiöse Bedeutung:* Die Forderung, daß die Wissenschaft ein religiöses Fundament haben und die Religion sich der Mittel der Wissenschaft bedienen müsse, hat E mehrfach erhoben, so am Ende der *[Streitschrift gegen den Deutschkatholizismus]* (S. 423) und in der Einleitung zur *Hedwig*-Biographie (s. S. 403 f. und die Anm.). – *Klöster, wo ... sie wieder ins Leben gerufen:* Vgl. zu S. 50.

Über Garantien

Der Aufsatz *Über Garantien* und die drei folgenden, ebenfalls der Verfassungsfrage gewidmeten Schriften (S. 81–150) sind wahrscheinlich 1831/32 in Berlin entstanden. Politischer Hintergrund war der seit der französischen Julirevolution von 1830 sich verstärkende, die Einlösung des Verfassungsversprechens vom Mai 1815 einklagende publizistische

Druck auf Preußen. Artikel 13 der Bundesakte vom 8. Juni 1815 hatte die Staaten des Deutschen Bundes zur Aufrechterhaltung altständischer oder zur Neuschaffung landständischer Verfassungen verpflichtet. Dieser Verpflichtung waren bis 1824 insgesamt 29 der 41 Staaten nachgekommen. Neue Verfassungen erhielten nach 1815 u. a. Sachsen-Weimar-Eisenach (1816), Bayern (1818), Baden (1818), Württemberg (1819), Hannover (1819), Braunschweig (1820), Hessen-Darmstadt (1820) und Sachsen-Coburg (1821). 1831 folgten Kurhessen, Sachsen-Altenburg, Holstein und Sachsen. Friedrich Wilhelm III. von Preußen hatte sein Verfassungsversprechen von 1815 im Jahre 1820 noch einmal erneuert, ein Jahr darauf aber auf unbestimmte Zeit vertagt. So gehörte Preußen, das lediglich provinzialständische Vertretungen für die einzelnen Provinzen hatte, neben Oldenburg, Hessen-Homburg und Österreich (das ständische Verfassungen für die einzelnen Länder der Monarchie besaß) zur kleinen Minderheit der Staaten des Bundes, die bis 1848 ohne landständische Verfassung blieben, was seinem Ansehen in der öffentlichen Meinung höchst abträglich war (vgl. *Huber I*, S. 656 f.). – Mit der gegen Preußen gerichteten Kritik setzen sich die vier Schriften Eichendorffs zur Verfassungsfrage auseinander.

Der genaue Zeitpunkt und die Reihenfolge ihrer Entstehung sowie ihr Verwendungszweck konnten bisher nicht abschließend geklärt werden. Als sicher kann gelten, daß die Schrift *Über Garantien* zu Beginn der Beschäftigung Eichendorffs als „Hilfsarbeiter" im preußischen Ministerium des Auswärtigen (1. Oktober 1831 bis 30. Juni 1832) entstand, und zwar im Zusammenhang mit der vorgesehenen Tätigkeit an der von Leopold Ranke damals geplanten *Historisch-politischen Zeitschrift* (*HpZs.;* sie erschien 1832 in 4 Heften bei Perthes in Gotha, 1833–36 bei Karl Duncker in Berlin). Das von Friedrich Perthes angeregte und vom preußischen Außenministerium unter Federführung Johann Albrecht Friedrich Eichhorns betriebene Projekt einer Staatszeitschrift sollte Preußen in die Lage versetzen, seine Position öffentlich erläutern und den sich verstärkenden Presseangriffen publizistisch entgegentreten zu können. Eichhorn war damals Direktor der Deutschlandabteilung im Außenministerium und Eichendorffs Vorgesetzter, 1840–48 preußischer Kultusminister und erneut Eichendorffs Vorgesetzter. Eichhorn, zur Reformpartei gehörend, galt als der eigentliche Kopf der preußischen Deutschlandpolitik; da er – im Sinne des Freiherrn vom Stein – eine Verbindung der norddeutschen Staaten unter preußischer Vorherrschaft anstrebte, wurde sein Wirken von Metternich mit dem größten Argwohn beobachtet. Als Kultusminister verfolgte Eichhorn in den 40er Jahren allerdings einen konservativeren Kurs; wegen seines Eintretens für die kirchliche Orthodoxie wurde er vielfach angefeindet. (Vgl. zu Eichhorn auch die Anm. zu S. 82.)

Im Oktober 1831 bot der preußische Außenminister Graf Bernstorff Ranke die Leitung der geplanten Zeitschrift an, nachdem der Versuch gescheitert war, Varnhagen von Ense für diese Aufgabe zu gewinnen. Ihm sollte „der Regierungsrath von Eichendorf[f] helfend zur Seite stehen" (*Friedrich Perthes Leben, nach dessen schriftlichen und mündlichen Mitteilungen aufgezeichnet von Clemens Theodor Perthes. Bd. 3.* Gotha 1861, S. 342). Eichendorff war als hauptamtlicher Redakteur der Zs. vorgesehen. In einem Schreiben Bernstorffs vom 16. September 1831 an das Innen- und Kultusministerium heißt es, Eichendorff „habe sich und hat jetzt vorzüglich nur durch poetische Arbeiten einen Namen in der literarischen Welt erworben, besitze aber eine nicht als gewöhnliche allgemeine Bildung und verbinde mit ihr die Erfahrung eines mehrjährigen Geschäftsmanns [d. h. eines mit Amts- und Staatsgeschäften seit Jahren vertrauten Mannes], welche ihn zur Auffassung und Würdigung praktischer Gesichtspunkte besonders geeignet mache" (mitgeteilt bei *Varrentrapp*, S. 58, Anm. 1). – Am 19. November 1831 trug Eichendorff dem Kurator der Legationskasse, J. K. H. Philipsborn, seine Gehaltswünsche vor. „Euer Hochwohlgeboren haben mir gütigst erlaubt", heißt es in dem Schreiben, „meine persönlichen Wünsche in Beziehung auf die von mir und Herrn Ranke zu redigierende Zeitschrift ganz gehorsamst vorbringen zu dürfen. Diese Wünsche betreffen lediglich eine Sicherstellung meiner äußeren Lage, wie sie mir durch die unabweisbaren Rücksichten, die ich als der alleinige Freiherr einer zahlreichen Familie zu nehmen habe, geboten wird." Nach den Erfahrungen seines bisherigen Aufenthalts in Berlin werde er mit seiner Familie eine Summe von mindestens 2000 Talern jährlich benötigen. „Ich hoffe daher nicht unbescheiden zu erscheinen, wenn ich meine ganz gehorsamste Bitte dahin richte, daß mir vom 1. Januar k[ommenden] J[ahres] ab zu meinem bisherigen Einkommen von 1500 Talern noch eine jährliche Zulage von 500 Talern in vierteljährlichen Raten gewährt werden möchte, worauf ich jedoch alles, was ich an Honorar oder sonst in Beziehung auf jene Zeitschrift einnehme, abrechnen werde." (*HKA*[1] XII, S. 36)

Von Eichendorffs Gesuch muß Ranke umgehend Kenntnis erhalten haben, denn zwei Tage darauf bat auch er um Festsetzung einer Remuneration für die Tätigkeit an der Zeitschrift, da „mein Herr Mitgenosse [= Eichendorff] in der Arbeit für dieselbe ganz allein besoldet wird" (Brief an Eichhorn vom 21. November 1831: *Ranke*, S. 244). Und er fügte hinzu, auf Eichendorffs Schreiben unmittelbar Bezug nehmend: „Unbescheiden würde es sein, sie selber zu bestimmen und anzugeben.

Auch könnte ich nicht eigentlich mein Bedürfnis schätzen, wie Herr
Baron von Eichendorff. Ich überlasse dies ganz Sr. Exzellenz." (Ebd.)
Der etwas spitze Ton dieser Zeilen ließ nichts Gutes für eine Zusammenarbeit erwarten, zu der es tatsächlich auch nicht kam. Sie scheiterte,
bevor sie noch begann.

Ranke und Eichendorff waren in einer Reihe politischer Grundsatzfragen gar nicht so weit voneinander entfernt. Beide bekannten sich zur
Notwendigkeit einer evolutionär fortschreitenden Entwicklung von
Staat und Gesellschaft; beide lehnten die extremen politischen Positionen
der Zeit ab: die Revolution auf der einen, die politische Reaktion (für die
Karl Ernst Jarckes ultrakonservatives *Berliner politisches Wochenblatt*
stand) auf der anderen Seite. Ranke wie Eichendorff wandten sich gegen
Versuche, die Welt ohne Rücksicht auf historische und nationale Eigen-
tümlichkeiten nach abstrakten (naturrechtlich begründeten) Theorien
einrichten zu wollen. Beide sahen in Preußen den Staat, der um einen
vernünftigen Ausgleich zwischen den Extremen bemüht war. Rankes
erklärte Absicht war es, in der *HpZs.* die maßvolle Politik des aufgeklärten preußischen Beamtentums gegen die ultraliberale Kritik von links
und die reaktionäre Opposition von rechts zur Geltung zu bringen. (Vgl.
Rankes Einleitung zur *HpZs.* Bd. 1, 1832, S. 1–8. – Ferner: *Varrentrapp;*
Helmut Berding: *Leopold von Ranke,* in: *Deutsche Historiker,* hrsg. von
Hans-Ulrich Wehler, Bd. 1. Göttingen 1971, S. 7–24, bes. S. 18; Silvia
Backs: *Dialektisches Denken in Rankes Geschichtsschreibung bis 1854.*
Köln, Wien 1985, S. 132–198.) – Der moderate Liberalismus Rankes und
der maßvolle Konservatismus Eichendorffs waren nicht unvereinbar.
Warum kam es dennoch nicht zu der geplanten Zusammenarbeit? Trifft
es zu, daß „Eichendorffs am Ideal der Freiheitskriege und des romanti-
schen Staatsgedankens orientiertes politisches Denken [...] nicht in das
Konzept der Staatszeitschrift" paßte (*Chronik,* S. 135)? Eichendorff
stand in seinem staatsrechtlichen Denken der von Herder und der
Romantik inspirierten Historischen Schule sehr nahe, zu deren Häuptern auch Leopold Ranke zählte! (Vgl. Erich Rothacker: *Savigny,*
Grimm, Ranke. Ein Beitrag zur Frage nach dem Zusammenhang der
Historischen Schule, in: *Hist. Zs.* 128, 1923, S. 415–445.) Andere Vertre-
ter dieser Richtung, nicht zuletzt Friedrich Karl v. Savigny, waren
Mitautoren der *HpZs.*

Es gibt zwei Briefbelege, die einen Einblick in die Ursachen und
Hintergründe des Scheiterns der Redaktionspläne vermitteln. – Am
28. Januar 1832 schrieb der Berliner Buchhändler Karl Duncker, der in
die konzeptionellen Überlegungen zur *HpZs.* einbezogen war, an Friedrich Perthes:

„Eichendorff scheint nicht der rechte Mann. Seinen Aufsatz für das erste Heft läßt der richtige Takt Rankes und auch wohl E[ichhor]ns wegfallen. Dieser Aufsatz ‚Über Garantien' mag allzusehr die Absicht verraten haben darzuthun, daß Preußen keiner Konstitution bedürfe und man muß daher – wie überzeugend das auch deducirt seyn mögte – der öffentlichen Meinung wegen Diejenigen loben, die mit richtigem Gefühl erkannten, daß man gerade damit die Zeitschrift nicht eröffnen kann." (*Oncken*, S. 211 f., Anm. 3; *Niggl I*, S. 200.)

Eichendorffs erster Beitrag für die Zeitschrift *(Über Garantien)*, der im Spätjahr 1831 vorgelegen haben muß, war demnach spätestens im Januar 1832 von Ranke, vielleicht auch von Eichhorn, als ungeeignet abgelehnt worden. Anstoß hatte offenbar die Art und Weise erregt, in der Eichendorff die Konstitutionsfrage zur Sprache brachte. Seine Argumentation zielte zu geradlinig auf den Nachweis ab, daß Preußen einer vertraglich fixierten Verfassungsgarantie gar nicht bedürfe (s. unten). Zumindest im Ergebnis näherte er sich damit den ultrakonservativen Positionen eines K. E. Jarcke zu stark an, als daß damit eine Zeitschrift, die sich vorgenommen hatte, „die Fahne einer gemäßigten Meinung" aufrechtzuerhalten (Brief Rankes an F. Perthes vom 21. Mai 1831, *Ranke*, S. 250), hätte eröffnet werden können. – In einem Schreiben Friedrich August v. Stägemanns vom 9. April 1832 an seinen Schwiegersohn Ignaz v. Olfers heißt es:

„Rankes Zeitschrift [das erste Heft war im Februar erschienen] haben Sie ja wohl schon mitgenommen. Ein zweiter Band ist noch nicht erschienen, und schwer zu erwarten, wenigstens nicht binnen Kurzem, weil sich findet, dass sein Mitarbeiter (v. Eichendorf[f]) nicht das erforderliche Zeug hat." (*Stägemann*, S. 495; *Niggl I*, S. 220.)

Eichendorff hatte zu wenig Sensibilität für die diffizile programmatische Position der Zeitschrift bewiesen: dies scheint der Punkt gewesen zu sein, wo er aus dem Blickwinkel der Herausgeber versagt hatte. – Daneben ist auch zu bedenken, daß es sich bei der *HpZs.* um eine wissenschaftlich höchst anspruchsvolle Publikation handelte; auch in diesem Punkt mag Eichendorffs Aufsatz den Anforderungen Rankes, der übrigens auch Beiträge hochrangiger preußischer Politiker als ungeeignet zurückwies, nicht entsprochen haben. (Die Zeitschrift, von Perthes ursprünglich ganz anders konzipiert, bekam erst mit Rankes Herausgeberschaft den wissenschaftlichen Anstrich – womit im übrigen ihr politisch-publizistischer Mißerfolg vorprogrammiert war. Sie gewann wenig Einfluß und erfüllte insofern die Erwartungen nicht, die von seiten des Ministeriums in das Projekt gesetzt worden waren. Vgl. hierzu auch *Koselleck*, S. 421 f.)

Daß Eichendorff „wegen seiner Option für ständische Ideen" vom Fortgang des Zeitschriftenprojektes ausgeschlossen worden sei (*Frühwald '79*, S. 64), ist aus den Dokumenten nicht belegbar. Dagegen spricht übrigens auch, daß Ranke offenbar noch im Mai 1832 mit Eichendorffs Mitarbeit rechnete. Am 21. Mai beklagte er sich bei Perthes darüber, daß die „versprochene Hilfe sowohl des ausersehenen Mitarbeiters als anderer" völlig ausbleibe (*Oncken*, S. 238; *Ranke*, S. 250; *Niggl I*, S. 201). Dagegen spricht ferner, daß Eichhorn zumindest an eine gelegentliche Mitarbeit Eichendorffs an der Zeitschrift noch im Herbst 1832 gedacht zu haben scheint, als dieser bereits aus dem Außenministerium ausgeschieden war. Am 6. November 1832 jedenfalls übersandte Eichhorn Ranke einen Aufsatz Eichendorffs, der „schon lange" bei ihm gelegen habe: „Es wurde mir schwer, daran zu gehen, ihn zu lesen. Erst heute kam ich aus einer besonderen Veranlassung dazu und fand, daß er sehr gute Stellen enthält. Deshalb glaubte ich Ihnen denselben, wenigstens zur Prüfung, nicht vorenthalten zu dürfen." (*Varrentrapp*, S. 58 f., Anm. 1; *Niggl I*, S. 201.) Varrentrapp vermutete wohl zu Recht, daß es sich bei dem Aufsatz um die Schrift *Über Preßfreiheit* (= *Die konstitutionelle Preßgesetzgebung in Deutschland*) gehandelt habe (a. a. O.); von den vier Schriften Eichendorffs zum Presserecht, die im Winter 1831/32 im Auftrag Eichhorns entstanden waren (s. S. 473 ff.) und sich in dessen Hand befanden, war dies die einzige zur Veröffentlichung geeignete Arbeit. (Dabei ist es sehr wohl denkbar, daß Eichhorn sie bisher noch gar nicht gelesen hatte, da ihm die darin referierten Sachverhalte ohnehin vertraut waren.) – Auch diese Schrift wurde von Ranke offenbar zurückgewiesen.

Eichendorff dürfte bald klar geworden sein, daß aus der Redaktionstätigkeit nichts werden würde. Für das alsbald erfolgte Ausscheiden aus dem Ministerium des Äußeren dürfte aber weniger dieses Debakel ausschlaggebend gewesen sein, wie W. Frühwald (*Chronik*, S. 138) vermutet, als vielmehr die Affäre um den Entwurf eines Pressegesetzes (s. S. 478 ff.). Wie dem auch sei: die Erklärung, mit der Eichendorff im Schreiben an Philipsborn vom 5. Mai 1832 sein Ausscheiden begründete, verdeckte die tatsächlichen Beweggründe wohl mehr, als daß sie sie enthüllte. Er halte es für seine Ehrenpflicht, heißt es in der Mitteilung, seinem „gegenwärtigen Geschäftsverhältnis zu entsagen, weil dasselbe unglücklicherweise meiner Persönlichkeit nicht zusagt und doch, nach seiner besonderen Eigentümlichkeit, nur durch eine solche innere Übereinstimmung Leben und Bedeutung gewinnen konnte." (*HKA*[1] XII, S. 38)

Läßt sich der Aufsatz *Über Garantien* mit Sicherheit auf den Herbst (wahrscheinlich Oktober/November) 1831 datieren, so gibt es für die Datierung der anderen Schriften zur Verfassungsfrage keine positiven Anhaltspunkte. Man kann nur vermuten, daß die *[Politische Abhandlung über preußische Verfassungsfragen]* (S. 81 ff.) – gewissermaßen eine Neufassung des ersten Aufsatzes – wenig später entstand (wobei allerdings zu beachten ist, daß Eichendorff seit etwa November/Dezember 1831 mit der Niederschrift der presserechtlichen Arbeiten befaßt war und mit dieser Aufgabe ziemlich ausgelastet gewesen sein dürfte). Denkbar ist, daß Eichendorff noch im Sommer des Jahres 1832, nachdem die Veröffentlichung der Schrift *Über Garantien* in der *HpZs.* nicht zustande kam, dann die erheblich erweiterte Fassung *Preußen und die Konstitutionen* (S. 93 ff.) herstellte, vielleicht in der Absicht, sie als selbständige Publikation erscheinen zu lassen (wofür neben inhaltlichen auch stilistische Gründe sprechen; s. S. 467). Daneben entstand – wahrscheinlich schon im Frühjahr 1832 (s. *Wesemeier*, S. 23) – als ironisch-satirische Variante der *[Politische Brief]* (S. 134 ff.), aus dem wenig später die politisch-literarische Satire *Auch ich war in Arkadien* hervorging. (Ganz abwegig scheint die Vermutung, daß letztere als Beitrag für die *HpZs.* gedacht gewesen sein könnte [*Frühwald '76*, S. 19], denn für Satire war in der überaus seriösen und wissenschaftlich gediegenen Zeitschrift Rankes kein Raum.)

An den Rand eines Schreibens von seinem Bruder Wilhelm vom 2. September 1831 notierte sich Eichendorff – vermutlich bald nach Erhalt des Briefes – für eine Beantwortung u. a. den Satz: „Meine jetzige Stellung hier, es gibt wenigstens einen neuen Band (politische) Schriften." (*HKA*[1] XIII, S. 269) Daß sich dieser Hinweis auf die drei zuerst genannten Schriften zur Verfassungsfrage beziehen könnte, wie vermutet wurde (*Chronik*, S. 134), scheint eher zweifelhaft; denn es ist kaum vorstellbar, daß Eichendorff die Publikation der drei Schriften, die über weite Strecken aus textidentischen Passagen bestehen und insofern als verschiedene Fassungen einer im Kern identischen Aussage gelten müssen, in einem Band in Erwägung gezogen hätte. Vor allem aber belegt die Notiz nicht unbedingt die Existenz (mehrerer) politischer Schriften zu diesem Zeitpunkt (Herbst 1831; allenfalls der Aufsatz *Über Garantien* dürfte damals vorgelegen haben). Sie kann auch gelesen werden als Hinweis auf Pläne bzw. als Ausdruck der Erwartung, daß es im Zuge der sich abzeichnenden Redaktionstätigkeit an der *HpZs.* nun Schriften politischen Inhalts geben werde.

Der Aufsatz *Über Garantien* geht insofern auf das redaktionelle Konzept der *HpZs.* ein, als er für ein Verständnis der Position Preußens

in der Frage einer Verfassungsgarantie wirbt. – Eichendorff sieht den
Sinn einer „Garantie" in der Gewährleistung eines Staatsverhältnisses, in
dem „die Mittel materieller und intellektueller Erhaltung und Vervollkommnung, mithin vernünftige Freiheit allen Mitgliedern des Staates
ohne Unterschied gleichmäßig gewährt und [...] durch die Interessenten
selbst, also durch die Stände, vertreten werden" (S. 66). Vernunft und
Freiheit aber, „wenn sie zur lebendigen Erscheinung kommen sollen",
müssen sich erst individuell, in neuen gesellschaftlichen und politischen
Institutionen gestalten, nachdem die alten Institutionen – von der
Reichsverfassung bis zu den Handwerkszünften – in kurzer Zeit verschwunden sind (S. 66 f.). Hier sieht Eichendorff die Aufgabe für die
unmittelbare Gegenwart: Schaffung lebendiger Institutionen durch eine
zeitgemäße Regeneration der Gesetzgebung. Auf diesem Wege aber sei
Preußen mit seinem Reformwerk bereits ein gutes Stück vorangegangen.
– Die Ablehnung naturrechtlicher Positionen (und Eichendorffs Nähe
zur Historischen Schule) kommt in der These zum Ausdruck, eine
Verfassung könne nicht willkürlich gemacht werden, sie müsse mit und
in der Nation organisch wachsen wie ein Baum, als Ausdruck des
individuellen Lebens der Nation (S. 74). Deshalb warnt Eichendorff – in
diesem Punkt ist er sich mit Ranke vollkommen einig – vor dem
„Götzendienst mit allgemeinen Begriffen" (S. 68) und davor, Verfassungen nach fremdem (etwa nach englischem) Modell zu konstruieren (denn
die englische Verfassung ist das Ergebnis der englischen Geschichte und
ihrer Katastrophen). – Der Dissens mit Ranke und den Promotoren der
HpZs. begann bei der Frage, wie das Problem einer Verfassungsgarantie
publizistisch behandelt werden sollte. Garantiert werden kann eine
Verfassung nicht durch einen Vertrag, „dieser Arznei erkrankter Treue",
heißt es bei Eichendorff (S. 80), sondern allein von der öffentlichen
Gesinnung, vom moralischen Volksgefühl von der inneren Notwendigkeit jener Staatsform; dieses wiederum kann nur entstehen, wo die
Verfassung auf organische Weise ins Leben getreten sei. Garantien –
sicherer, da tiefer wurzelnd als papierene Verträge – sieht Eichendorff in
Deutschland insbesondere im deutschen Bildungswesen, das ein geistiges
Klima erzeugt habe, dem Regenten und Regierte gleichermaßen angehörten, so daß ein Rückfall in überlebte Verhältnisse hier ausgeschlossen
sei; ferner in der Gestaltung des deutschen Beamtentums, das dem Volk
nicht als feindliche Macht gegenübertrete, sondern Repräsentanz des
Volkes selbst sei. „Die einfachste und kräftigste aller Garantien indes ist
endlich überall nur das historische Ineinanderleben von König und Volk
zu einem untrennbaren nationalen Ganzen" (S. 79), wie es sich namentlich in Preußen entwickelt habe. So läuft Eichendorffs Argumentation

auf die These hinaus, daß ein derart solide begründetes Staatsverhältnis zu seiner Bürgschaft eines Vertrages überhaupt nicht bedarf.

Literatur: *Brandenburg*, S. 399–403; *Wohlhaupter*, S. 175–178; *Krüger*, S. 16ff.; *Scheuner*, passim.

D: unter dem vom Herausgeber, Hermann v. Eichendorff, veränderten Titel *Über Verfassungs-Garantien* und mit der Jahreszahl 1833 in: *VS* v, S. 203–220. – Der ursprüngliche Text in: *HKA*¹ X, S. 331–344 (= DV).

66 *vernünftige Freiheit:* „vernünftige" (im Unterschied zu absoluter, unbeschränkter) Freiheit: einer der Schlüsselbegriffe in E's politischem Denken

67 *in allmählicher Metamorphose:* Der insbes. in Dereich der Biologie und Geologie verwendete Begriff Metamorphose (griech. Verwandlung) belegt E's organologisches Verständnis gesellschaftsgeschichtlicher Prozesse.

68 *die französische Revolution:* die des Jahres 1789. – *unter der ... Ägide:* unter der Leitung. – *Angelsachsen durch die Normannen unterjocht:* Mit dem Sieg Wilhelms des Eroberers, des Herzogs von der Normandie (1027/28–1087), 1066 bei Hastings begann die normann. Herrschaft in England. W. führte das normann. Feudalsystem in England ein. – *Johann ... Magna Charta:* Johann I., ohne Land (1167–1216), seit 1199 König von England. Er suchte die Opposition der Barone dadurch einzudämmen, daß er England vom Papst zu Lehen nahm, wurde jedoch 1215 gezwungen, die Forderungen der Barone in der Magna Carta libertatum (Verbriefung der Rechtssicherheit aller Freien und Verpflichtung des Königs zur Einhaltung des geltenden Rechts) anzuerkennen. – *Oligarchie:* Bezeichnung für die Herrschaft einer kleinen Gruppe. – *Eduard:* Eduard I., aus dem Hause Plantagenet (1239–1307), seit 1272 engl. König. Seine Regierung war gekennzeichnet durch intensive Gesetzgebungsarbeit; er gab dem engl. Parlament feste Gestalt.

69 *in einer der furchtbarsten Revolutionen:* Gemeint ist die sog. Puritanische Revolution, der in drei Phasen verlaufende engl. Bürgerkrieg (1642–46, 1648/49 und 1651/52), in dem sich die Puritaner unter Oliver Cromwell gegen die (anglikan. und kathol.) Anhänger Karls I. durchsetzen konnten. – *Deklaration der Rechte:* The Bill of Rights, ein Ergebnis der „Glorious Revolution" von 1688, im Oktober 1689 vom engl. Parlament zum Gesetz erhoben, regelte die Thronfolge in England und sämtliche

Rechte des Parlaments. Es sicherte als eine Art Staatsgesetz die Herrschaft des Parlaments gegenüber der Regierung und dem König.

70   *die wenigen ... mediatisierten Fürstenfamilien:* Vgl. S. 443 f. – *in den sogenannten konstitutionellen Staaten:* Vgl. S. 454. – *die öffentliche Meinung ... Posaunenstöße liberaler Blätter:* Vgl. hierzu E's Ausführungen S. 175 f. sowie den einführenden Kommentar zu den Schriften zum Presserecht (S. 473 ff.).

71   *im Jahre 1813:* Vgl. zu S. 32. – *in Spanien der Allerweltsbaum der konstitutionellen Freiheit, ...:* Anspielung auf den Freiheitsbaum, ein während des nordamerikan. Unabhängigkeitskrieges entstandenes, besonders seit der Franz. Revolution verbreitetes Freiheitssymbol. Vielfach mit der Jakobinermütze gekrönt, wurde er zum Siegeszeichen der Revolution. – Während der Belagerung durch napoleonische Truppen in den Jahren 1810–12 arbeitete die konstituierende Nationalversammlung in Cadiz eine demokratische Verfassung aus, auf die das span. Parlament im März 1812 vereidigt wurde. Diese Verfassung, die eine konstitutionelle Monarchie auf der Basis der Souveränität des Volkes vorsah, blieb jedoch nur kurze Zeit in Kraft. Als Ferdinand VII. nach dem Sturz Napoleons im März 1814 auf den span. Thron zurückkehrte, erklärte er sie für null und nichtig. Die Inquisitionsbehörden amtierten wieder, es begann eine grausame Verfolgung der Liberalen.

72   *Märchen vom Wünschhütlein:* Gemeint ist das Volksbuch vom *Fortunatus* (erster Druck 1509), in dem das Motiv des Wunschhütleins eine zentrale Rolle spielt. Das Volksbuch wurde u. a. von Hans Sachs (1553) und Ludwig Tieck (*Fortunat,* 1817) dramatisiert. – *in China die Vornehmen ... eine andere Religion ... als das gemeine Volk:* Der in den Grundzügen im 3. und 2. vorchristl. Jh. festgelegte chines. Staatskult, durch philosophische Abstraktion stark belastet, war den breiten Massen nur teilweise und vergröbert zugänglich. Sie fanden Ersatz in eingeführten Religionen, insbes. in einer volkstümlichen Form des Buddhismus. Die sich hieraus entwickelnde Volksreligion nahm Elemente sowohl des Staatskults wie des Buddhismus und des Taoismus auf. – *Wie im Drama ...:* E's Beschreibung des Verhältnisses von Charakter und Begebenheit im Drama steht im Widerspruch zu dem von Aristoteles postulierten Primat der Handlungsstruktur in der Tragödie (*Poetik,* Kap. 6). E wendet sich hier implizit gegen die „rationalistisch" konstruierte, Allgemeingültigkeit beanspruchende Dramaturgie des Klassizismus, die sich mit der Lehre von den drei

Einheiten, auf die E's Satz im folgenden Bezug nimmt, (übrigens zu Unrecht) auf Aristoteles berief.

74 *Verfasser ... Verfassung:* Die beiden Begriffe haben denselben etymologischen Ursprung, beide sind Ableitungen aus dem Verbum „verfassen": durch Fassen verbinden, zusammenfassen. Daraus wird zum einen: in Worte fassen, abfassen, (eine Abhandlung etc.) verfassen. Das Substantiv „Verfasser" wird als Verdeutschung des Begriffs „Autor" üblich. „Verfassung" bedeutet zunächst „zusammenfassende Darlegung", dann den Inhalt eines Vertrages, einer Abmachung. In der zweiten Hälfte des 18. Jh.s wird diese Bedeutung verengt auf „Grundgesetz, das die Einrichtung eines Gemeinwesens regelt, Grundordnung eines Staates".

75 *a priori:* (lat. vom Früheren her) von der Erfahrung oder Wahrnehmung unabhängig, aus der Vernunft durch logisches Schließen gewonnene Erkenntnis, im Unterschied zur Erkenntnis a posteriori, die sich auf Erfahrung gründet; Grundbegriffe der Kantschen Erkenntnistheorie. – *Kautelen:* vertragliche Vorbehalte.

[Politische Abhandlung über preußische Verfassungsfragen]

Die Abhandlung, deren – nicht sehr glücklich gewählter – Titel von Wilhelm Kosch, dem ersten Herausgeber, herrührt, ist vermutlich Ende 1831 oder Anfang 1832 in Berlin entstanden (vgl. hierzu S. 459 und die Anm. zu S. 87). Sie nimmt den Gedankengang der Schrift *Über Garantien* auf, setzt die argumentativen Akzente allerdings etwas anders. – Eichendorff führt die vielfach, insbesondere von süddeutschen Blättern erhobene Klage, Preußen bleibe in seinen Institutionen hinter der allgemeinen Entwicklung zurück, es fehle vor allem die nötige Garantie in Form einer Konstitution, auf Mißverständnisse und mangelnde Sachkenntnis zurück. Anhand der preußischen Reformgesetzgebung und der Reorganisation der Verwaltung seit 1807 wird belegt, wie weit Preußen auf dem Wege einer zeitgemäßen Erneuerung von Staat und Verwaltung bereits vorangeschritten sei. Hier liegt der Schwerpunkt der Argumentation. Die Auseinandersetzung mit der Verfassungsforderung tritt demgegenüber etwas in den Hintergrund; die einschlägigen Argumente der Schrift *Über Garantien* werden (überwiegend wortwörtlich) übernommen, weiterführende Gesichtspunkte sind nicht erkennbar.

Vgl. die Literaturhinweise S. 461.
D/DV: *HKA*[1] X, S. 282–294.

81 *der konstitutionellen deutschen Staaten:* Vgl. S. 454.

82 *die Handelsverträge* ... *der Zollverband:* Preußen übernahm mit seiner Zoll- und Steuerpolitik nach dem Wiener Kongreß die wirtschaftliche Führung in Deutschland. Das preuß. Zollgesetz vom 26. 5. 1818, das die Binnenzölle innerhalb des preuß. Staatsgebietes abschaffte, wurde zum Kristallisationskern des späteren Deutschen Zollvereins (1834). Seit 1819 versuchte Preußen durch eine teilweise rigorose Zollpolitik, die Nachbarstaaten zum Anschluß an das preuß. Zollgebiet zu bewegen. Der Spiritus rector der preuß. Zollunionspolitik war übrigens Eichhorn. „Eichhorns Ziel war, den alten Stein'schen Plänen entsprechend, in dem großen gesamtdeutschen Bund einen engeren norddeutschen, von Preußen hegemonial geleiteten Bund zu begründen, der zunächst auf die gemeinsame Handelspolitik beschränkt, später aber vielleicht weiter ausgebaut werden sollte." (*Huber I*, S. 799) Im Rahmen dieser Bemühungen kamen neben kleineren Zollanschlüssen 1828 der Zollvertrag mit Hessen-Darmstadt und 1829 der Handelsvertrag mit Bayern und Württemberg zustande.

84 *Untertänigkeitsverhältnis* ... *im westlichen Deutschland:* Die Erbuntertänigkeit, eine im 16. Jh. in ostdeutschen Gebieten entstandene, bes. rigide Form der Gutshörigkeit und Schollenpflichtigkeit, gab es in dieser Form in Süd- und Westdeutschland nicht. – *Fideikommisse:* unveräußerliche und unteilbare Vermögen (meist Grundbesitz). – *Kämmerei-* ... *güter:* (Kämmerei: Finanzverwaltung in Städten und Gemeinden) der Gemeinde gehörende Güter.

87 *Schon seit zweiundzwanzig Jahren* ... *bewährt:* Diese Bemerkung gibt einen (allerdings nicht sehr präzisen) Hinweis auf den Zeitpunkt der Entstehung der Abhandlung. Sie bezieht sich auf die im Text erwähnte „Städteordnung für die Preußischen Staaten", die am 19. 11. 1808 vom König in Kraft gesetzt wurde. „Mit der Einführung des neuen Gesetzes begann man in Königsberg und Elbing; doch war bis zum Jahre 1810 die Reform überall, auch in den kleineren Städten, beendet." (*Huber I*, S. 174) B e w ä h r e n konnte sich die neue Städteordnung demnach landesweit seit etwa 1809/10. Als Entstehungszeitpunkt der Abhandlung E's ergibt sich somit die Zeit um 1831/32 (nicht das Jahr 1830, wie W. Kosch meint: *HKA*[1] X, S. 462).

88 *Offiziant:* Beamter.

90 *die vorletzte französische Revolution:* die des Jahres 1789. – *unter der* ... *Ägide:* unter der Leitung.

91 *Märchen vom Wünschhütlein:* Vgl. zu S. 72. – *das haben wir erst neuerlich in Brasilien gesehen:* Pedro I. (1798–1834), Kaiser von Brasilien, hatte 1824 eine liberale Verfassung erlassen, hielt sich jedoch nicht in den Schranken eines konstitutionellen Herrschers. Wegen seiner selbstherrlichen Art wurde er immer unbeliebter und mußte am 7.4. 1831 zugunsten seines Sohnes abdanken.

92 *Verfasser … Verfassung:* Vgl. zu S. 74.

93 *a priori:* Vgl. zu S. 75. – *der große Kurfürst:* Friedrich Wilhelm (1620–88), seit 1640 Kurfürst von Brandenburg. Baute seit 1643/44 ein schlagkräftiges Heer auf; begründete das preuß. Beamtentum. Durch eine Reihe von Gebietseroberungen legte er die Grundlagen für die spätere Großmachtposition Preußens. – *Friedrich der Große.* Friedrich II. (1712–86), seit 1772 König von Preußen. Er regierte im Sinne des „aufgeklärten Absolutismus" führte umfassende Reformen in Wirtschaft, Rechtswesen, Heer, Verwaltung und Landwirtschaft durch. Erhob Preußen zur Großmacht. – *die Gesetzgebung Friedrich Wilhelm[s] des Zweiten:* 1744–97, Neffe Friedrichs des Großen, seit 1786 König von Preußen. Vollendete 1794 das von seinem Vorgänger begonnene Allgemeine Landrecht. Unter F. W II., der den Rosenkreuzern angehörte, zeigten sich Tendenzen zu bigotter Bekämpfung der friderizianischen Toleranz. Er verschleuderte den von seinem Vorgänger angesammelten Staatsschatz und hinterließ ein hoch verschuldetes Land.

Preußen und die Konstitutionen

Die vermutlich 1832 in Berlin entstandene Schrift (s. S. 459) rückt die Debatte um Preußen und die Verfassungsfrage in einen größeren historischen Reflexionszusammenhang ein und ist daher für Eichendorffs Geschichts- und Politikauffassung besonders aufschlußreich. Die zeitgenössische Gegenwart stellt sich danach als Epoche des Umbruchs und des Neubeginns dar, in der im definitiven Untergang des Alten die Konturen des Neuen sich kaum erst andeuten, aber für den Einsichtigen doch erkennbar wird, „daß es Morgenrot ist, was wir für versinkende Abendröte gehalten" (S. 95). (Unüberhörbar meldet sich am Beginn dieser Schrift neben dem Geschichtsphilosophen auch der romantische Poet zu Wort.) Eichendorff wertet die aktuelle publizistische Auseinandersetzung um die politische Rolle Preußens im Kontext des dreihundertjährigen Kampfes, der mit der Beseitigung des kirchlichen Absolutismus

durch die Reformation begann und in der Gegenwart im Zusammenbruch aller überlieferten Institutionen in die entscheidende Krise geraten
ist (vgl. hierzu S. 434 f.). Im Streit rivalisierender Projekte bieten zwei
Hauptparteien ihre Lösungen an: jene, „die Rettung nur in der Restauration des Alten" sehen und „alles Vorstreben der persönlichen Freiheit als
rebellische Auflösung" betrachten (S. 98), und jene, die ohne Rücksicht
auf geschichtliche Überlieferung eine völlig neue, auf dem Gleichheits-
prinzip beruhende Ordnung etablieren wollen (S. 99). Eichendorff lehnt
beide Systeme ab, denn sie sind in ihren Ergebnissen „bloß negativ":
„jenes will im Namen des natürlichen Rechtes alles Positive niederreißen,
dieses über dem einmal nicht wieder zu belebenden Schutte nichts Neues
wieder aufbauen." (S. 100) – In beiden Richtungen sind Grundkräfte
der menschlichen Seele am Werk, allerdings – da isoliert und vereinzelt –
in einer das rechte Maß verfehlenden Ausprägung: „der lebendige Freiheitstrieb einerseits, auf dem die Bewegung, die Ehre und Individualität
der Nationen beruht, und andrerseits das tiefe Naturgefühl der heimatlichen Anhänglichkeit, der Treue und des Gehorsams" (ebd.). Beide
Kräfte in ein ausgewogenes Verhältnis zu setzen wäre die Aufgabe der
Staatskunst. – Untersucht werden soll, inwieweit die gegenwärtigen
Staaten, insbesondere Preußen, die Erfordernisse der Zeit erkannt und
die Aufgabe praktisch zu lösen begonnen haben.

Ansatzpunkt der Überlegungen sind hier wie in der *[Politischen
Abhandlung über preußische Verfassungsfragen]* die vielfach erhobenen
Vorwürfe, Preußen bleibe in seinen Institutionen und in der Frage einer
konstitutionellen Garantie hinter der allgemeinen Entwicklung zurück.
Die Argumentation entspricht inhaltlich der der *[Politischen Abhand-
lung]* (s. S. 463), größere Teile daraus werden in die neue Schrift übernommen. Allerdings hat Eichendorff die Darstellung der preußischen
Reformgesetzgebung seit 1807 jetzt erheblich erweitert, die Ausführungen über Sinn und Wirkung der Gesetze zur Regelung der Verhältnisse
der Landbewohner und der Gewerbe, der Städteordnung, der Einrichtung von Provinziallandständen, der Organisation der Verwaltung und
der Militärverfassung nehmen nun den größeren Teil der Schrift ein.
(Nach dem Poeten und Geschichtsphilosophen kommt hier der Jurist
und Beamte Eichendorff ausgiebig zu Wort.) – Die Auseinandersetzung
mit der Verfassungsforderung verarbeitet die betreffenden Teile der
[Politischen Abhandlung] und der Schrift *Über Garantien*, wiederum
überwiegend wortwörtlich. Eichendorffs Fazit lautet: Preußen habe,
während andere Staaten noch über den richtigen Weg stritten, „durch die
zeitgemäße Regeneration seiner Gesetzgebung von unten herauf ein
tüchtiges Fundament vernünftiger Freiheit gelegt [...]. Dieses schon

jetzt mit dem Notdach einer Konstitution überbauen, was wäre es wohl anderes, als den frischen Wuchs, der eben erst Wurzel faßt, eilfertig am Spalier allgemeiner Formen wieder kreuzigen und verknöchern und mit neumodischer Pedanterie an die Stelle lebendiger, progressiver Bewegung den stereotypen Begriff der Freiheit setzen wollen?" (S. 129f.) Das in der *[Politischen Abhandlung]* etwas in den Hintergrund gedrängte Argument, Preußen bedürfe zur Absicherung seiner politischen Institutionen keiner Verfassungsgarantie, weil es in der eigentümlichen Gestaltung seines Beamtenwesens und im „historischen Ineinanderleben von König und Volk zu einem untrennbaren Ganzen" ausreichende Garantien besitze, kommt hier wieder voll zur Geltung. Eichendorff nimmt in diesem Punkt jetzt keine Rücksichten auf eventuelle redaktionelle Bedenken mehr (vgl. hierzu S. 456ff.). Diese Tatsache und der sehr persönlich geprägte, teilweise poetische Stil der Schrift lassen vermuten, daß der Autor die Absicht hatte, sie als eigenständige Publikation erscheinen zu lassen. Wie alle anderen Schriften zur Politik blieb sie jedoch zu seinen Lebzeiten ungedruckt.

Die Arbeit wurde erstmals 1888 von Heinrich Meisner in der Zs. *Nord und Süd* veröffentlicht (s. unten), allerdings unvollständig. In einer Fußnote teilte der Herausgeber u. a. mit, die Arbeit habe mit dem in Eichendorffs *Literarischem Nachlaß* (*VS* v) erschienenen Aufsatz *Über Verfassungsgarantien* „in dem vorliegenden Manuscript ursprünglich ein Ganzes" gebildet (S. 344). Meisner hat demnach das letzte Drittel der Schrift (ab. S. 123: „Aber, sagt man, es fehlt in Preußen die Gewähr, ..."), das dem Aufsatz *Über Garantien* (S. 66ff.) weitgehend entspricht, weggelassen, in der – durch dessen Abdruck in *VS* v gestützten – Annahme, dieser Teil sei von Eichendorff nachträglich abgetrennt worden. Tatsächlich handelt es sich dabei um den ursprünglichen Beitrag zur Verfassungsfrage, der später in bearbeiteter Form in die Schrift *Preußen und die Konstitutionen* übernommen wurde (s. S. 454ff.). – W. Kosch erwähnt einen (bisher unveröffentlichten) Entwurf zu dieser Schrift (*HKA*[1] X, S. 463).

Vgl. die Literaturhinweise S. 461.

D: unvollständig und u. d. T. *Preußen und die Konstitution* in: *Nord und Süd* (hrsg. von Paul Lindau), Bd. 44 (Breslau 1888), Heft 132 (März), S. 344–362 (mitgeteilt von Heinrich Meisner; s. oben). – Vollständig: *HKA*[1] X, S. 295–330 (= DV).

95   *dieser ... fast dreihundertjährige Kampf:* seit der Reformation, die E als tiefen Einschnitt in der neueren Geschichte betrachtete (s. S. 434f.). – *Aufklärung ... mit aufdringlicher Nützlichkeit:*

Im Rationalismus, Materialismus und platten Nützlichkeitsden-
ken sah E die gravierendsten Mängel der verflachenden (Spät-)Auf-
klärung. Vgl. hierzu auch S. 324.

96 *blöde:* hier im älteren Wortsinn: unerfahren, furchtsam, scheu. –
Talisman: E verwendet den Begriff hier offensichtlich nicht im
allgemein gebräuchlichen Sinne (= Schutz verleihender und
glückbringender Gegenstand); seine Verwendung des Wortes
scheint sonst nicht belegt zu sein.

98 „*Wir philosophierten anfangs...*": Quelle nicht ermittelt. – *Interimistikum:* vorläufiger Zustand.

99 *in Tiecks „Zerbino":* In Tiecks romant.-iron. Komödie *Prinz
Zerbino oder Die Reise nach dem guten Geschmack* (1799) dreht
der Titelheld im 4. Akt das Stück Szene für Szene wieder zurück,
um den „guten Geschmack" darin zu suchen. E hat sich dieser
dramatisch-ironischen Technik in der 8. Szene seines satirischen
Dramas *Meierbeths Glück und Ende* (Bd. I, S. 589ff.) bedient.

100 *im Namen des natürlichen Rechtes:* E bezieht sich hier auf das sog.
Naturrecht, das aus der menschlichen Natur hergeleitete und der
menschlichen Vernunft erkennbare Recht, das jederzeit und überall Geltung habe. Diese Rechtsdefinition, die in unterschiedlicher
Ausprägung seit der Antike existierte, war einer der Hauptimpulse
der Aufklärung des 18. Jh.s. E lehnt die Lehre vom Naturrecht ab
und schließt sich der von der romant. Staatstheorie und der Historischen Schule vertretenen Auffassung an, wonach das Recht weder
aus allgemeingültigen abstrakten Prinzipien abgeleitet werden
könne noch durch die Willkür eines Gesetzgebers entstehe, vielmehr als Produkt des „Volksgeistes" sich in einem historischen
Prozeß entwickele, jedem Volke eigentümlich und nur historisch zu
verstehen sei. – *Zentrifugal- und Zentripetalkraft:* Vgl. zu S. 19.

102 *öffentliche Blätter, namentlich in Süddeutschland:* Vgl. S. 453 f. –
Ständeversammlungen der konstitutionellen deutschen Staaten:
Vgl. S. 454.

103 *Handelsverträge... Zollverband:* Vgl. zu S. 82.

105 *Suspension:* Aufschiebung des Eintritts der Rechtskraft. – *Näherrecht:* Vorkaufsrecht im älteren deutschen Recht. Durch das
gesetzliche Näherrecht sollten gewisse Grundstücke einem bestimmten Personenkreis erhalten werden. – *Fideikommisse:* unveräußerliche und unteilbare Vermögen (meist Grundbesitz). –
Martinitag: der 11. November.

106 *Domänen:* in der Hand des Staates oder der Kirche befindliche
Güter.

107 *Kämmerei- ... güter:* Vgl. zu S. 84. – *stipuliert:* (vertraglich)
vereinbart. – *Provokation:* hier: Berufung; Klage, durch die jemand aufgefordert wird, einen Anspruch binnen einer bestimmten Frist geltend zu machen.

108 *Ablösbarkeit des Kanons und des Laudemiums:* Kanon: der Erbzins, die festgelegte Pachtsumme. Laudemium: die Besitzände-
rungsgebühr, die der neue Erwerber eines Leiheguts an den
Gutsherrn zu zahlen hatte. – *Repartition:* Aufteilung. – *Servitut:*
Dienstbarkeit, Grundlast.

109 *Provokat:* eine Person, die aufgefordert wird, einen Anspruch
binnen einer bestimmten Frist geltend zu machen.

112 *Reziprozität:* Wechselseitigkeit.

113 *Exemtion:* (auch: Exemption) Befreiung von bestimmten Lasten
oder Pflichten.

114 *in China die Vornehmen ... eine andere Religion ... als das
gemeine Volk:* Vgl. zu S. 72. – *Wie im Drama ...:* Vgl. ebd. – *in
ihre politischen Flegeljahre gekommen:* Reminiszenz an Jean Pauls
Roman *Flegeljahre. Eine Biographie* (1804/05).

119 *Viril-, ..., Kuriatstimmen:* Einzel- und Gesamtstimmen (einer
Gruppe von Stimmberechtigten) bei einer Wahl. – *Propositionen:*
Vorschläge, Angebote.

120 *Sanktion:* Billigung, Bestätigung; Erteilung von Gesetzeskraft. –
Exemtionen: Vgl. zu S. 113.

123 *die vorletzte französische Revolution:* die des Jahres 1789. – *unter
der... Ägide:* unter der Leitung. – *Angelsachsen durch die Normannen unterjocht:* Vgl. zu S. 68.

124 *Johann ... Magna Charta:* Vgl. ebd. – *Oligarchie:* Vgl. ebd. –
Eduard: Vgl. ebd. – *in einer der furchtbarsten Revolutionen:* Vgl.
zu S. 69. – *Deklaration der Rechte:* Vgl. ebd.

125 *die wenigen ... mediatisierten Fürstenfamilien:* Vgl. S. 443 f. – *in
den sogenannten konstitutionellen Staaten:* Vgl. S. 454. – öffentliche Meinung ... Posaunenstöße liberaler Blätter:* Vgl. zu S. 70.

126 *im Jahre 1813:* Vgl. zu S. 32.

127 *nach dem Ellenmaß seiner Tagesblätter:* s. oben. – *in Spanien der
Allerweltsbaum der konstitutionellen Freiheit, ...:* Vgl. zu S. 71. –
Märchen vom Wünschhütlein: Vgl. zu S. 72. – *Das haben wir erst
neulich in Brasilien gesehen:* Vgl. zu S. 91.

129 *Verfasser ... Verfassung:* Vgl. zu S. 74. – *ein tüchtiges Fundament
vernünftiger Freiheit:* Vgl. zu S. 66.

130 *a priori:* Vgl. zu S. 75.

131 *Offiziant:* Beamter.

[Politischer Brief]

Der *[Politische Brief]* (der Titel rührt von W. Kosch, dem ersten Herausgeber, her) kann als Vorstudie zur politisch-literarischen Satire *Auch ich war in Arkadien* angesehen werden; einige Gestalten sowie eine Reihe von Bildern, Vergleichen und Anspielungen sind hier bereits vorgeprägt und werden in die Satire übernommen (s. *Wesemeier*, S. 23 ff.). Aus der Tatsache, daß die Satire bereits auf das Hambacher Fest vom 27. bis 30. Mai 1832 anspielt, das im *[Politischen Brief]* noch keine Erwähnung findet, schließt Wesemeier, daß der *[Brief]* im Frühjahr 1832 (vor dem Hambacher Fest) niedergeschrieben worden sein muß (ebd., S. 23; s. auch S. 459). – Der fiktive Brief unterscheidet sich von den drei übrigen, "wissenschaftlich" argumentierenden Schriften zur Verfassungsfrage durch die literarische Form und die witzig-polemische Diktion. Gleichwohl sind auch in diese Arbeit Teile der früheren Schriften wörtlich oder leicht verändert übernommen worden.

Der Brief – an einen mit deutlicher Ironie gezeichneten Freund gerichtet, der als Liberaler Anhänger des Konstitutionalismus ist – läuft auf die These hinaus, in der Verfassungsforderung feiere der überlebte Geist einer flachen Aufklärung unzeitgemäße Auferstehung. Die Aufklärung, so wird argumentiert, habe nicht nur die Selbstgewißheit eines christlichen Lebens im Volke zerstört und in die menschlichen und staatlichen Verhältnisse den Stachel des Zweifels gesenkt, sie erhebe im Konstitutionalismus nun das Mißtrauen zum politischen Prinzip. – Alle wesentlichen, aus den drei anderen Schriften zur Verfassungsfrage vertrauten Argumente gegen konstitutionelle Garantien werden hier wieder aufgenommen. Neu sind die polemischen Attacken gegen die Parlamentsdebatten in den konstitutionellen Staaten Deutschlands; neu ist auch die satirische Beleuchtung der "öffentlichen Meinung". In Deutschland – dies ist der Tenor der Polemik – ist die öffentliche Meinung nicht das natürliche Ergebnis eines selbstbewußten politischen Lebens, sondern das beliebig manipulierbare Produkt einiger liberaler Journalisten, deren geschäftiges Treiben in die Nähe sinister-mafioser Verschwörung gerückt wird. Die ironisch-witzige Überzeichnung der liberalen Meinungsmacher sollte nicht darüber hinwegtäuschen, daß es Eichendorff in der Sache vollkommen ernst war, wie seine Schriften zur Pressegesetzgebung (s. S. 151 ff.) belegen.

Literatur: *Wesemeier*, S. 23 ff.
D/DV: *HKA*[1] X, S. 345–359.

134 *Komment:* Regeln und Bräuche studentischer Verbindungen. – *in Heidelberg:* Reminiszenz an den eigenen Studienaufenthalt in Heidelberg in den Jahren 1807/08, der für E's geistige und poetische Entwicklung von entscheidender Bedeutung war. – *Fabrik nach englisch-französischen Grundsätzen:* E hat die technisch-industrielle Revolution, die in der ersten Hälfte des 19.Jh.s von Frankreich und England ausging und das moderne Industriezeitalter ankündigte, mit großem Unbehagen beobachtet. Sie war für ihn das geist- und seelenlose Produkt des Materialismus und des reinen Nützlichkeitsdenkens der Aufklärung.

135 *in ihre politischen Flegeljahre gekommen:* Vgl. zu S. 114. – *im „Hamlet" – um Hekuba:* Hekuba: nach der griech. Sage Gemahlin des Königs Priamos von Troja, nach dem Fall Trojas wurde sie Sklavin des Odysseus. Das „Weinen um Hekuba" ist sprichwörtlich (s. Shakespeares *Hamlet*, II, 2: „Was ist ihm Hekuba, was ist er ihr, / Daß er um sie soll weinen?" – Übersetzung A. W. Schlegels). – *jener...sogenannten Aufklärung:* Vgl. hierzu den einführenden Kommentar sowie S. 434 f.

135 f. *Volkssage von dem bösen, zänkischen Weibe:* E spielt hier auf eine Version einer in mehreren Varianten überlieferten, von der mittelalterl. Exempel- und Fabelliteratur über die Schwankbücher des 16.–18. Jh.s bis zum 19. und 20. Jh. tradierten Erzählung an, deren zentrales Motiv weiblicher Starrsinn und weibliche Rechthaberei bis in den Tod ist (dies ist auch das Tertium comparationis zwischen der Schwankerzählung und der Aufklärung in E's Text). Vgl. hierzu Elfriede Moser-Rath, in: *Enzyklopädie des Märchens. Handwörterbuch zur historischen und vergleichenden Erzählforschung,* hrsg. von Kurt Ranke. Bd. 3. Berlin, New York 1981, Sp. 1077 ff.

136 *Aufklärung ... mit aufdringlicher Nützlichkeit:* Vgl. zu S. 95. – *blöde:* Vgl. zu S. 96.

137 *Talisman:* Vgl. ebd. – *das ... Prachtgerüst der deutschen Reichsverfassung:* der Verfassung des Heiligen Römischen Reichs Deutscher Nation, das 1806 untergegangen war. – *über den unterjochten Angelsachsen die Normannen:* Vgl. zu S. 68.

138 *Johann ... Magna Charta:* Vgl. ebd. – *Oligarchie:* Vgl. ebd. – *Eduard:* Vgl. ebd. – *in einer der furchtbarsten Revolutionen:* Vgl. zu S. 69. – *Deklaration der Rechte:* Vgl. ebd.

139 *die wenigen ... mediatisierten Fürstenfamilien:* Vgl. zu S. 70. – *in den sogenannten konstitutionellen Staaten:* Vgl. ebd. – *die öffentliche Meinung ... Posaunenstöße liberaler Blätter:* Vgl. ebd.

140   *a priori:* Vgl. zu S. 75.

141   *im Jahre 1813:* Vgl. zu S. 32. – *in Spanien der Allerweltsbaum der
       konstitutionellen Freiheit:* Vgl. zu S. 71. – *Märchen vom Wunsch-
       hütlein:* Vgl. zu S. 72.

142   *Smollistrinken:* Schmollis trinken: (Studentensprache) Brüder-
       schaft trinken. – *pro patria:* (lat.) für das Vaterland. – *Komitat:*
       feierliches Geleit.

143   *neues Kompendium des allgemeinen Naturrechts:* Vgl. zu S. 100;
       das damals bekannteste Werk dieser Art war das *Lehrbuch des
       Vernunftrechts und der Staatswissenschaften* (4 Bde., Stuttgart
       1829–35) von Karl v. Rotteck. – *ad vocem:* (lat.) zu dem Wort (ist
       zu bemerken). – *Don Quijote … Sancho Pansa:* Die beiden
       Hauptfiguren von Cervantes' Roman *Don Quijote* (1605/15),
       einer Parodie auf die Ritterromane der Zeit, verkörpern den
       Gegensatz von weltfremdem Idealismus und praktischer Ver-
       nunft. E hat den Roman, die „große Tragödie des Rittertums"
       (Bd. III, S. 623), als „das fertige Vorbild aller modernen Romane
       überhaupt" (ebd., S. 219) sehr geschätzt. – *Absolutismus … mit
       seinen langen Jesuitenarmen:* ironische Anspielung auf die über-
       triebene Furcht aufgeklärt-liberaler Kreise vor einer jesuitischen
       Verschwörung im Dienste einer rückwärtsgewandten Politik. Der
       große Einfluß des Jesuitenordens auf die kathol. Kirche seit der
       Gegenreformation und sein Einfluß im weltlichen Bereich führte
       im 18. Jh. zu einer starken Gegenbewegung und zum zeitweiligen
       Verbot des Ordens. E's häufige Bezugnahme auf die „Jesuitenrie-
       cherei" ist vor allem angesichts der Tatsache bemerkenswert, daß
       der befreundete Theodor v. Schön immer mitbetroffen ist
       (s. S. 429 f.).

144   *Mambrins Helm:* In Cervantes' Roman (s. oben) verwechselt Don
       Quijote ein Barbierbecken mit einem Ritterhelm (1. Buch,
       Kap. 10 und 21); diese Episode spielt auf Ariosts *Rasenden Roland*
       (18. Gesang, Vers 161) an. – *Dulzinea:* die Angebetete des Don
       Quijote. – *öffentliche Meinung:* Vgl. hierzu die Anm. zu S. 70.

145   *vox populi:* (lat.) Stimme des Volkes. – *Preßbengel:* Teil der
       Druckerpresse.

146   *in China die Vornehmen eine andere Religion … als das gemeine
       Volk:* Vgl. zu S. 72. – *Wie im Drama…:* Vgl. ebd.

147   *Philister:* alttestamentliches Nachbarvolk der Israeliten. In dem
       hier verwendeten Sinne entstammt der Begriff der Studenterspra-
       che des 17. und 18. Jh.s und bezeichnet alle nüchtern Denkenden
       und die Feinde eines ausgelassenen Studententums. Der Philister

wird seit der zweiten Hälfte des 18. Jh.s zur typischen Zeiterscheinung, die in Deutschland als das Ergebnis einer verflachten Aufklärung bei gleichzeitiger politischer Unmündigkeit zu erklären ist. Literarisch taucht der Begriff zum erstenmal 1774 in Goethes *Werther* auf; seitdem erscheint er als satirische Waffe im Kampf der literarischen Bewegungen. Die Romantik versteht den Philister – besonders seit dem Erscheinen von Clemens Brentanos satirischer Abhandlung *Der Philister vor, in und nach der Geschichte* (Berlin 1811), die E in Wien kennenlernte (s. die Tagebuchnotiz vom 5. 8. 1811, Bd. IV, S. 673) – als spießbürgerlichen und vor allem kunstfeindlichen Menschen schlechthin. E selbst definiert: „ein Philister ist, wer mit nichts geheimnisvoll und wichtig tut, wer die hohen Dinge materialistisch und also gemein ansieht, wer sich selbst als goldenes Kalb in die Mitte der Welt setzt und es ehrfurchtsvoll anbetend umtanzt." (Bd. III, S. 151) Vgl. auch *Frühwald '76. – Medusenhaupt der öffentlichen Meinung:* Medusa; im griech. Mythos die sterbliche der drei Gorgonen, der Perseus das Haupt abschlug; es hatte die Kraft, den zu versteinern, der es erblickte.

148 *jenes äquilibriste Kunststück:* Gleichgewichts-, Seiltänzerkunststück.

Die konstitutionelle Preßgesetzgebung in Deutschland

Die vier Schriften zur Pressegesetzgebung sind als eine Einheit konzipiert: aus der Darstellung der Entwicklung des Presserechts in den Staaten des Deutschen Bundes seit der Wiener Schlußakte vom 8. Juni 1815 (S. 151 ff.) werden Grundsätze für eine bundeseinheitliche Neuregelung des Pressewesens entwickelt (S. 184 ff.); auf diesen beruht der nachfolgende Gesetzentwurf (S. 202 ff.) mit dem ergänzenden Regulativ (S. 232 ff.). Eine Textstelle in den *Allgemeinen Grundsätzen* bestätigt die Zusammengehörigkeit der Texte ausdrücklich (s. S. 197 und die Anm.). – Über den Zeitpunkt der Entstehung und den Status der vier Schriften herrscht in der bisherigen Diskussion Unklarheit. Auf Grund textinterner Kriterien und unter Zuhilfenahme geschichtlicher Quellen läßt sich der Entstehungszusammenhang der Arbeiten jetzt zweifelsfrei rekonstruieren, auch ihr politischer Stellenwert innerhalb der zeitgenössischen Debatten um das Presserecht präzise bestimmen. Wie im folgenden zu belegen sein wird, sind die vier Schriften zwischen November 1831 und März 1832 im Auftrag des preußischen Außenministeriums in Berlin entstanden.

Das Thema Presserecht und Zensur war damals höchst aktuell und sogar von erheblicher politischer Brisanz. Knapp zwei Jahrzehnte zuvor, nach dem Sieg über Napoleon, hatte in Deutschland weitgehend Einigkeit darüber bestanden, daß den Zeitungen, Zeitschriften und wissenschaftlichen Publikationen, die in vielfältiger Weise am nationalen Befreiungskampf teilgenommen hatten, nun die Pressefreiheit gewährt werden müsse. An die Spitze ihrer Befürworter war Joseph Görres schon 1814 mit seiner Schrift *Die teutschen Zeitungen* (*Rheinischer Merkur* vom 1. und 3. Juli 1814) getreten. Die auch in Artikel 18 der Bundesakte von 1815 in Aussicht gestellte Freiheit der Presse wurde in der Praxis jedoch nicht gewährt. Zumal nach dem Wartburgfest vom Oktober 1817 setzte eine verstärkte Unterdrückung der Presse ein, die in den Karlsbader Beschlüssen vom 20. September 1819 ausdrücklich zementiert wurde. Auf der Grundlage dieser Beschlüsse legte Preußen im Zensuredikt vom 18. Oktober 1819 die Grundsätze für die Handhabung der Zensur nieder (abgedruckt bei *Hesse*, S. 234–244). Dabei ist bemerkenswert, daß das preußische Zensuredikt die Bundesbeschlüsse noch verschärfte, beispielsweise die Bestimmung, daß Werke über 20 Bogen unzensiert bleiben sollten, nicht übernahm und auch die Zensurfreiheit der Akademie der Wissenschaften und der Universitäten bis auf weiteres suspendierte. So hatte mit Ausnahme Österreichs kein anderer deutscher Staat ein derart rigides Zensurgesetz wie Preußen. Dessen Bestimmungen blieben im wesentlichen bis zur Neuformulierung des preußischen Presserechts im Jahre 1843 in Kraft. (Zur Entwicklung und Handhabung der Zensur in Preußen vgl. *Koselleck*, S. 414 ff.)

Seit Anfang der 30er Jahre gab es Ansätze zu einer Neuregelung des Pressewesens. Die Notwendigkeit einer Revision der preußischen Zensurbestimmungen ergab sich nicht zuletzt aus der Erfahrung, daß diese ihren Zweck gänzlich verfehlten. Wegen der liberaleren Handhabung der Zensur in den Nachbarstaaten und angesichts der Öffnung der Zollgrenzen erwies sich eine strikte Kontrolle als gar nicht durchführbar; was in Preußen nicht gedruckt werden durfte, gelangte unkontrolliert von jenseits der Grenzen in das Land. Nach Lage der Dinge war dieses Problem nur durch eine Annäherung Preußens an die Praxis der liberaleren Staaten des Deutschen Bundes zu lösen. – Es kam hinzu, daß der Kampf gegen die Zensur in Deutschland durch die französische Julirevolution von 1830 neue Impulse erhalten hatte. Die revolutionäre Bewegung im Nachbarland, auch in Belgien und Polen, brach den Bann der Restauration, der seit mehr als einem Jahrzehnt über Deutschland lag; eine Zeitlang konnte die Presse die neue Bewegungsfreiheit nutzen. Auf die Überflutung der Öffentlichkeit mit oppositionellen Schriften und

Zeitungen, deren bevorzugtes Angriffsziel die preußischen Verhältnisse waren, reagierten die Staaten des Deutschen Bundes in unterschiedlicher Weise. Während sich in den konstitutionellen Staaten Süddeutschlands in den Parlamenten und in der öffentlichen Meinung die Forderung nach gänzlicher Aufhebung der Zensur durchzusetzen begann, beobachteten vor allem Österreich und die restaurativen Kräfte in Preußen das, was man den „Mißbrauch der Presse" und „Preßunfug" nannte, mit größtem Unbehagen. Man war entschlossen, dieser Herausforderung entgegenzutreten und an den älteren Bundesbeschlüssen nicht rütteln zu lassen.

Für Preußen ergab sich ein Handlungsbedarf insbesondere im Verlauf des Jahres 1831, als die konstitutionellen Staaten Anstalten machten, gemeinsame presserechtliche Verabredungen zu treffen, was die in der Bundesakte vorgesehene bundeseinheitliche Regelung in Frage gestellt hätte. Nach längeren Beratungen kamen die zuständigen preußischen Ministerien überein, presserechtliche Grundsätze zu entwickeln, die als Grundlage einer Gesetzgebung des Bundes geeignet wären, ferner auf die konstitutionellen Staaten mit dem Ziel einzuwirken, in Sachen Pressegesetzgebung keine übereilten Entschlüsse zu fassen. Dieses Vorgehen wurde durch eine königliche Kabinettsorder vom 24. Oktober 1831 gebilligt; damit war an die drei Ministerien des Äußeren, des Inneren und der Polizei sowie des Kultus, die gemeinsam das Zensurwesen verwalteten, der Auftrag erteilt, entsprechende Beratungen aufzunehmen. Da die Aufgabe primär darin bestand, einvernehmliche Lösungen im Deutschen Bund zu ermöglichen, lag die Federführung beim Ministerium des Äußeren. Zuständig dort war der Direktor der Deutschlandabteilung, Geheimrat Eichhorn. – Dieser Sachverhalt, über den bereits Heinrich v. Treitschke berichtete (*Treitschke*, S. 268 f.), wird durch zeitgenössische Briefe bestätigt (s. unten).

Eichendorff war seit dem 1. Oktober 1831 als „Hilfsarbeiter" im Außenministerium tätig. Sein unmittelbarer Vorgesetzter war Eichhorn; mit ihm stand er auch wegen der geplanten Redaktionstätigkeit an Rankes *IIpZs.* (s. S. 454 ff.) in engem Kontakt. Eichhorn beauftragte nun offensichtlich Eichendorff mit der Ausarbeitung eines Gesetzentwurfs und einschlägiger Argumentations- und Entscheidungshilfen als Grundlage für die interministeriellen Beratungen. Daß Eichendorffs Schriften für diesen Zweck bestimmt waren, geht aus dem Text der *Allgemeinen Grundsätze* eindeutig hervor (vgl. insbes. S. 197). Es gibt daneben in der Schrift zwei direkte Hinweise auf das Ministerium des Äußeren als auftraggebende Behörde (s. die Anm. zu S. 185 und S. 192). Dieses zeichnete für die *Grundsätze* und den zugehörigen Gesetzentwurf verantwortlich. (Es gibt keinen plausiblen Grund anzunehmen, Eichendorff habe diesen Zusammenhang nur fingiert.)

Eichendorff war bei der Abfassung des Gesetzentwurfs in seinen Entscheidungen nicht frei, zweifellos hatte er von Eichhorn genaue Anweisungen erhalten. Selbstverständlich war von den geltenden Grundsätzen der preußischen Deutschlandpolitik auszugehen, wie Eichhorn sie definierte (vgl. S. 479 f.). Im Hinblick auf die angestrebte Bundeseinheitlichkeit der Pressegesetzgebung hatte Eichendorff insbesondere Rücksicht darauf zu nehmen, was den anderen deutschen Staaten zumutbar war. Unter dem Aspekt der Durchsetzbarkeit mußten aber auch die Vorstellungen der Restaurationspartei im preußischen Staatsministerium selbst mitbedacht werden. Die Aufgabe erwies sich als äußerst schwierige Gratwanderung zwischen liberalen und reaktionären Optionen, als ein Versuch des Ausgleichs unvereinbarer Positionen, der im Grunde von Anfang an zum Scheitern verurteilt war. In einem Brief Stägemanns an Ignaz v. Olfers vom 15. April 1832 (der Gesetzentwurf lag zu diesem Zeitpunkt bereits vor) heißt es: „Man beschäftigt sich hier eifrig mit einem Pressgesez, welchem E[ichhorn] eine Basis zu geben bemüht gewesen ist, die dem Bundesgesez zum Anhalt dienen und eine Ausgleichung mit den Ansichten der Volksvertreter in den constitutionellen Staaten bewürken soll. Ich fürchte jedoch, dass eine solche Annäherung an die Demagogen sich keines höhern Beifalls erfreuen werde." (*Stägemann*, S. 496; St., Mitarbeiter am Stein/Hardenbergschen Reformwerk und ursprünglich ein Befürworter des Konstitutionalismus und der Pressefreiheit, hatte sich inzwischen angesichts der einsetzenden Radikalisierung vom Liberalismus abgewendet.) Die Briefstelle bezeichnet die Tendenz des Entwurfs: Annäherung an die liberaleren Auffassungen der konstitutionellen Staaten. Dies entsprach sowohl der Deutschlandpolitik Eichhorns wie auch den Erfahrungen, die mit dem preußischen Zensuredikt seit 1819 gemacht worden waren. Es entsprach auch der Überzeugung Eichendorffs. Obwohl dieser bei der Niederschrift an die erwähnten Vorgaben gebunden und sein Spielraum von vornherein begrenzt war, kann man davon ausgehen, daß in den grundsätzlichen Positionen der Schriften zum Presserecht auch seine persönlichen Ansichten zum Ausdruck kommen. Dafür sprechen zahlreiche Übereinstimmungen mit anderen Arbeiten des Dichters; auch im Detail ist allenthalben seine individuelle Handschrift spürbar.

Eichendorff hielt die Pressefreiheit weder für ein Allheilmittel noch für „ein absolut Böses, das die Ordnung der Dinge notwendig zerstören müßte" (S. 151). Dies waren – auf die knappste Formel gebracht – die beiden Positionen, zwischen denen sein Gesetzentwurf vermitteln sollte!

Aus der Überzeugung, daß in einem entwickelten Gemeinwesen wegen der zwangsläufigen Kollision unterschiedlicher Interessen unbedingte Freiheit, also auch unbedingte Pressefreiheit, nicht möglich sei, zog er die Konsequenz, daß die Pressegesetzgebung einen vernünftigen Interessenausgleich herzustellen, d.h. „das Interesse der Gesamtheit zu sichern" habe, „ohne die Freiheit der einzelnen zu zerstören" (S. 152) – ein nach Lage der Dinge durchaus vernünftiger Grundsatz. Voraussetzung hierfür wäre die Gleichstellung der drei Hauptinteressenten vor dem Gesetz: „die unverletzliche sittliche Gemeinschaft des Staats, die alle Freiheit und Entwickelung bedingt, die einzelnen, die ihr natürliches Hausrecht auch gegen den Preßbengel in Anspruch nehmen, und endlich die als Bildner der Menschheit achtungswerte Klasse der Schriftsteller" (S. 153). Das Gleichgewicht der Interessen sah Eichendorff im politischen Alltag durch die ultraliberale Presse gefahrdet, deren Wirken und Einfluß auf die öffentliche Meinung er mit äußerstem Mißtrauen beobachtete. „Ein Nationalunglück [...] für Kultur und alle freie Entwickelung wäre es", heißt es an einer Stelle, „wenn eine einzelne Partei jemals der Presse sich zu bemächtigen vermöchte, um die Tyrannei eines einseitigen Liberalismus allgemein geltend zu machen und das Lebendigbewegende: die unabhängige, deutsche Freisinnigkeit, zu verschüchtern und zu überwältigen" (S. 154). – Der eigentliche Zweck eines Pressegesetzes war es demnach, dem Mißbrauch der Presse vorzubeugen. Das bedeutete die Entscheidung für das bisher praktizierte Präventivsystem und gegen das vielfach geforderte Repressivsystem, wobei jedoch zu bedenken ist, daß der Vorschlag, die Vorzensur zugunsten einer Nachzensur im Rahmen der allgemeinen Strafgesetze aufzugeben, nicht die geringste Realisierungschance gehabt hätte. Bemerkenswert ist jedoch, daß Eichendorff die Vorzensur auf Tageszeitungen, auf periodische sowie Schriften politischen Inhalts unter 20 Druckbogen beschränken will. Eine „angemessene Beschränkung", heißt es an einer Stelle, solle nur da eintreten, „wo sie durchaus nötig oder nützlich" sei (S. 182). Wissenschaftliche Untersuchungen und Werke der Dichtkunst werden von der Zensur ausdrücklich ausgenommen, denn hier sei sie überflüssig, wenn nicht unklug, „da die Staatsautorität nicht berufen ist, in Kunstsachen oder über Wahrheit oder Unwahrheit in wissenschaftlichen Erörterungen zu entscheiden, und daher auch den Schein vermeiden muß, dies zu wollen" (S. 168).

Daß der Gesetzentwurf von Eichendorff herrührte, blieb auch innerhalb des Staatsministeriums offenbar unbekannt; als sein Urheber galt Eichhorn, in dessen Zuständigkeitsbereich das Papier erarbeitet worden war und dessen deutschlandpolitische Grundsätze darin ihren Nieder-

schlag gefunden hatten. Politisch zu verantworten hatte den Vorschlag
der Minister des Äußeren, Graf Bernstorff, der zwar selbst zur Restaurationspartei gehörte und die preußische Außenpolitik in enger Anlehnung
an die Metternichschen Prinzipien leitete, aber Eichhorn, seinem bedeutendsten Mitarbeiter, in dessen Bereich doch weitgehend freie Hand ließ.
– Treitschke urteilte, daß der Entwurf „nicht allen Wünschen der
Liberalen genug that, aber große Erleichterungen gewährte: wissenschaftliche Werke sollten fortan gänzlich frei sein, die Censur nur für
politische Zeitungen fortbestehen und der Aufsicht eines unabhängigen,
aus Mitgliedern der Akademie und hohen Beamten gebildeten Ober-
Censurcollegiums unterworfen werden" (*Treitschke*, S. 269; die hier
erwähnten Vorschläge finden sich in Eichendorffs *Allgemeinen Grundsätzen* S. 191 f. und 195 f., im Gesetzentwurf S. 202 und 219).

Bernstorff hatte mit dem Gesetzentwurf wenig Glück, er stieß bereits
im preußischen Staatsministerium selbst „auf unbesieglichen Widerstand" (*Treitschke*, S. 270). Stägemanns Skepsis erwies sich als vollkommen begründet. Ausmaß und Art der Opposition gegen den Entwurf
sind den vertraulichen Briefen v. Rochows an den Generalpostmeister
v. Nagler in Frankfurt zu entnehmen.

Gustav Adolf Rochus v. Rochow (1792–1847), seit 1823 in der Staats-
schuldenverwaltung, dann als Vortragender Rat für ständische Angelegenheiten im preußischen Innenministerium tätig, wurde 1831 Regierungspräsident in Merseburg; 1834–42 war er Minister des Innern und
der Polizei, 1842–47 Präsident des Staatsrats. Er gilt als einer der
mächtigsten und reaktionärsten preußischen Politiker der Zeit; von ihm
stammt das Wort von der „beschränkten Einsicht des Untertanen gegenüber der obrigkeitlichen Autorität". Anfang der 40er Jahre war R.
Hauptgegner Theodor v. Schöns in der preußischen Regierung; s. S. 494.
– Karl Friedrich Ferdinand v. Nagler (1770–1846) war Generalpostmeister, 1824–35 daneben preußischer Bundestagsgesandter in Frankfurt
am Main; wie Rochow hatte er sich ganz dem reaktionären Kurs Metternichs verschrieben; N. nutzte die ihm unterstellte Postorganisation zur
polizeistaatlichen Überwachung.

„Man fürchtet", schreibt Rochow am 13. April 1832, „daß das hier
auszuarbeitende Censurgesetz sehr liberal ausfallen wird; ich enthalte
mich allen Urtheils, da ich die zu Grunde zu legenden Prinzipien eben so
wenig kenne, als die mit diesem Geschäft beauftragten Personen, wovon
in jetziger Zeit gar viel abhängt." (*v. Rochow*, S. 81) Der Gesetzentwurf
existierte zu diesem Zeitpunkt bereits; am 17. April heißt es in einem
Schreiben Rochows: „Haben Eure Excellenz denn Kenntniß von dem
durch Geh. Rath Eichhorn ausgearbeiteten Censur-Gesetz? Dasselbe

von Graf Bernstorf[f] unterzeichnet, circulirt jetzt bei den Ministerien und soll sehr bedenkliche Grundsätze enthalten. Minister v. Altenstein hat sich nicht damit einverstanden erklärt, desgleichen Hr. v. Brenn. Minister Kamptz will sich sehr bestimmt dagegen erklärt haben, ebenso Geh. Rath Ancillon. / Was ich von den darin entwickelten Grundsätzen gehört, hat mir sehr misfallen." (Ebd., S. 82) (Gustav Frhr. v. Brenn, 1772-1838, war seit 1830 Minister des Innern und der Polizei; Karl Christoph Albert Heinrich v. Kamptz, 1769-1849, übereifriger Anhänger der schroffen Reaktion und die Seele der „Demagogenverfolgung" nach den Karlsbader Beschlüssen, war 1832–42 Justizminister; der ebenfalls der Restaurationspartei zugehörende Friedrich Ancillon, 1767 bis 1837, seit 1818 Prinzenerzieher, war seit 1818 Direktor der politischen Abteilung im Außenministerium und löste Bernstorff, der bereits im Frühjahr 1831 um seine Entlassung gebeten hatte, Anfang Mai 1832 an der Spitze des Ministeriums ab; A., der übrigens dem Oberzensurkollegium angehörte, folgte als Außenminister ganz der Metternichschen Linie der Politik.) – Daß Kultusminister v. Altenstein den Entwurf ablehnte, bestätigt auch Treitschke: „Altenstein, der sich die leidige Bundespolitik gern vom Leibe hielt, meinte ärgerlich: mit dem alten Preßgesetze lasse sich sehr wohl auskommen, zu streng sei die preußische Censur sicherlich nicht" (Treitschke, S. 270).

Die Angelegenheit zog indessen weitere Kreise. Am 24. Mai 1832 teilte Rochow im Brief an Nagler mit, „daß der Fürst Metternich von dem durch Eichhorn ausgearbeiteten Censurgesetz in Wien früher eine Abschrift besaß (ob durch Kamptz?), als solches Gesetz bei dem hiesigen Ministerium [= des Innern] in Circulation gesetzt worden war" (v. Rochow, S. 91). Auf entschiedene Ablehnung stieß der Entwurf offenbar auch bei Friedrich Wilhelm III. „Als Se. Majestät den Entwurf zum Censurgesetz las, hat er sich sehr heftig über Geh. Rath Eichhorn ausgelassen, die Grundsätze dieses Machwerks tadelnd." (Brief vom 27. Mai 1832, ebd., S. 93)

Bernstorff und Eichhorn waren also selbst mit dem bescheidenen Plan einer Liberalisierung des Pressewesens gescheitert. Der Vorgang belegt, in welchem Maße die Reformpartei innerhalb der preußischen Regierung bereits in die Defensive geraten war. Bernstorffs Nachfolger im Amt, Ancillon, „sah in dem [...] Entwurf eines Preßgesetzes eine gefährliche Förderung liberaler Bestrebungen und mißbilligte, daß Eichhorn eifrig und geschickt auch im Gegensatz zu Österreich preußische und deutsche Interessen vertrat" (Varrentrapp, S. 92). Dies waren die beiden Punkte, die die Restaurationspartei dem Entwurf anlastete: erstens zeigte er zu deutliche Konzessionen an die liberalen Pressegesetze der konstitutio-

nellen Staaten Süddeutschlands; zweitens wurde der Versuch, sich mit
diesen Staaten ins Benehmen zu setzen, als Brüskierung Metternichs
empfunden, als Versuch Preußens, sich an Österreich vorbei Stimmfüh-
rerschaft im Deutschen Bund anzumaßen. Kein Zweifel, daß jedenfalls
Eichhorn wie in seiner Zoll- und Handelspolitik so auch hier solche
Absichten in der Tat verfolgte (vgl. auch die Anm. zu S. 82). Eichendorffs *Allgemeine Grundsätze* brachten dies ziemlich unverhohlen zum
Ausdruck. Es liege „insbesondere in dem notwendigen Lebens- und
Erhaltungsprinzip Preußens", heißt es dort, „durch möglichste Vervielfältigung der Beziehungen zu den ihn umgebenden und mannigfach
berührenden übrigen Staaten Deutschlands sich als Macht ersten Ranges
zu konsolidieren" (S. 195).

Mit dem Amtsantritt Ancillons (Mai 1832) war Eichendorffs Pressege-
setzentwurf endgültig vom Tisch. Es dürfte daher kein Zufall sein, daß
sein Entschluß, den Dienst im Außenministerium zu quittieren (vgl. sein
Schreiben an Philipsborn vom 5. Mai 1832: *HKA*[1] XII, S. 38–40) und
sich um eine andere Anstellung zu bemühen (Schreiben an Altenstein
vom 22. Mai 1832: *Pörnbacher*, S. 35 f.), mit Ancillons Amtsantritt zu-
sammenfiel. Eichendorffs Einstand in der Berliner Ministerialbürokratie
hätte sich unglücklicher nicht gestalten können. Neben der gescheiterten
Redaktionstätigkeit an der *HpZs.* bedeutete diese Affäre die zweite, die
Berliner Jahre schwer belastende Enttäuschung. – Ein seltsamer Zufall
wollte es, daß sich der Dichter – nachdem Altenstein und Eichhorn sich
bereits im Spätsommer 1831 vergeblich für ihn in gleicher Sache verwendet hatten – im Mai 1832 um Anstellung beim Generalpostamt bemühte
(*Pörnbacher*, S. 36), ausgerechnet bei jener Behörde, deren Chef (Nagler)
in diesen Wochen fortlaufend durch Rochow über die Pressegesetzaffäre
unterrichtet wurde. Dabei muß es noch als glücklicher Umstand angesehen werden, daß Eichendorffs Autorschaft unbekannt blieb, daß insbesondere Rochow nichts hierüber erfuhr.

Die politischen Voraussetzungen für die preußische Gesetzesinitiative, die noch eine Zeitlang weiterverfolgt wurde, sollten sich im übrigen
sehr bald grundlegend verändern. – Am 6. April 1832 veranlaßte Preußen
einen Bundesbeschluß, wonach eine Bundeskommission die Ausführung
des Artikels 18 der Bundesakte von 1815 in Angriff nehmen sollte (*Hesse,*
S. 45). Diese Kommission trat zwar zusammen, ihre Arbeit führte jedoch
nicht zu dem beabsichtigten Ergebnis. Das Hambacher Fest vom 27. bis
30. Mai 1832 lieferte den reaktionären Kräften im Deutschen Bund einen
willkommenen Anlaß, die Vereins-, Versammlungs- und Pressefreiheit
noch weiter einzuschränken. Das geschah im sog. Maßregeln-Gesetz
vom 5. Juli 1832. Die Pressepolitik wurde vom Bund nun mit unnach-

sichtiger Schärfe gehandhabt, auch die Aufhebung des liberalen badi-
schen Pressegesetzes von 1830 durch Bundesbeschluß erzwungen. Damit waren alle Ansätze einer deutschen Pressefreiheit bis auf weiteres
zunichte gemacht (*Huber II*, S. 162 f.). Im preußischen Staatsministerium wurde zwar noch bis Anfang 1833 an einem neuen Pressegesetz
weiter gearbeitet (vgl. *Stägemann*, S. 505, 507 und 517), die Bemühungen
verliefen dann allerdings ergebnislos im Sande.

In den dargestellten Vorgängen liegt auch die Lösung eines Problems,
das im Zusammenhang mit dem Versuch einer Datierung und Zuord-
nung der presserechtlichen Schriften Eichendorffs aufgeworfen worden
ist. – Im Oktober 1832 bewarb sich der Dichter in einem Schreiben an
Kultusminister v. Altenstein um Anstellung beim Oberzensurkollegium, einem aus Vertretern der Ministerien, der Justiz und der Wissenschaft bestehenden Gremium, das die Ausführung der Zensurbestimmungen als letzte Instanz zu überwachen hatte. Dieses Kollegium, ein
Produkt des preußischen Zensuredikts von 1819, dessen Aufgabe Ei
chendorff darin sah, „einer liberalen wissenschaftlichen Erörterung
ihr natürliches Recht zu sichern, dem Schlechten und Törichten aber mit
desto größerem Ernst und Nachdruck zu begegnen" (*HKA*[1] XII, S. 40) –
dieses Kollegium sollte in den 30er Jahren im Zuge der geplanten
Neugestaltung des Zensurwesens neu geordnet und besetzt werden (zur
Geschichte und Funktion des Oberzensurkollegiums vgl. Friedrich
Kapp: *Die preußische Preßgesetzgebung unter Friedrich Wilhelm III.
(1815–1840)*, in: *Archiv f. Geschichte des Deutschen Buchhandels* 6,
1881, S. 185–249; ferner *Webersinn*, S. 40–43). In Eichendorffs Schreiben vom 16. Oktober 1832 heißt es u.a.:

„Ohne, wie ich glaube, den Schein einer, meiner Natur fremden
Ruhmredigkeit befürchten zu müssen, darf ich von mir wohl behaupten, daß die lange, ernsten Studien gewidmete, Muße meines früheren
Lebens, so wie meine spätere Laufbahn mir Gelegenheit verschafft
haben, eine größere Mannigfaltigkeit der verschiedenartigsten Kenntnisse mir zu erwerben, als gewöhnlichen Juristen und Beamten in der
Regel zugemutet werden kann. Meine Schriftstellerei hat mich unaus
gesetzt mit dem Gange der schönen Literatur, mein Amt mit den
Meinungen der verschiedenen Religionsparteien, meine letzte Beschäftigung bei dem auswärtigen Ministerium endlich recht speziell
mit den politischen Kämpfen der gegenwärtigen Zeit vertraut gemacht; so daß ich mir hiernach schmeicheln darf, auf dem in Rede
stehenden Felde der Wirksamkeit vielleicht vor manchem andern
nützlich sein zu können." (*HKA*[1] XII, S. 40 f.)

Altenstein notierte am Rande dieses Schreibens: „Ich wünsche in vieler Beziehung, daß es möglich sein möchte, den Wunsch zu erfüllen." (Ebd., S. 267) Am 27. November wiederholte Eichendorff sein Gesuch noch einmal (ebd., S. 41). Altenstein, der den Dichter „als aufgeklärten und vorurteilsfreien Katholiken" besonders für das vorgesehene Referat für katholische Literatur geeignet hielt (*Pörnbacher*, S. 44), unterstützte seine Bitte. – An Eichendorffs Bewerbungsschreiben fällt auf, daß es keinerlei Hinweis auf Schriften zum Presserecht enthält. Ist es vorstellbar, diese Frage drängte sich auf, daß Eichendorff bei der Bewerbung um Anstellung im höheren Zensurwesen zwar auf ausgedehnte Studien und einschlägige Kenntnisse verweist, es aber unterläßt, seine presserechtlichen Schriften zu erwähnen? W. Kicherer verneint diese Frage und folgert hieraus, daß die fraglichen Schriften zu diesem Zeitpunkt noch nicht existiert haben, sondern erst seit Herbst 1832 im Zusammenhang mit der sich über Jahre hinschleppenden Anstellungsangelegenheit beim Oberzensurkollegium entstanden sein können (*Kicherer*, S. 11; auch *Webersinn*, S. 44). Wahrscheinlich habe Altenstein, so vermutet Kicherer, den Dichter „um die Niederlegung seiner Gedanken über die Zensur ersucht [...], wodurch er sich wohl den Beweis für Eichendorffs Tauglichkeit zu einer Anstellung am Oberzensurkollegium verschaffen wollte" (*Kicherer*, S. 11). Diese Vermutung ist in sich bereits nicht stichhaltig. Sieht man einmal davon ab, daß eine derartige Tauglichkeitsprüfung eine ganz ungewöhnliche, ja diskriminierende Maßnahme und eine Zumutung gewesen wäre, so läßt das Verhalten Altensteins im Zusammenhang mit Eichendorffs Anstellungsgesuch nicht den geringsten Zweifel an dessen Eignung für das angestrebte Amt erkennen. Gesetzt auch den Fall, Altenstein hätte Interesse an Eichendorffs Ansichten über das Pressewesen geäußert und ihn um eine entsprechende Niederschrift gebeten, so scheint es wenig wahrscheinlich, daß Eichendorff dies zum Anlaß genommen hätte, den Gegenstand derart umfassend darzustellen und einen detaillierten, alle juristischen Aspekte berücksichtigenden Gesetzentwurf zu erarbeiten. Dies um so weniger, als Altenstein von einer Neugestaltung des Presserechts generell nichts wissen wollte. (Altenstein scheint den Dichter allerdings bald mit dem Zensurgutachten über die Zs. *Der canonische Wächter* betraut zu haben; s. S. 436.)

Die Frage, warum Eichendorff im zitierten Schreiben an Altenstein seine presserechtlichen Schriften unerwähnt läßt, beantwortet sich von selbst. Nach dem Debakel, das das Außenministerium mit seinem Gesetzentwurf erlebt hatte, gab es für ihn nicht den geringsten Anlaß, auf seine Autorschaft noch ausdrücklich aufmerksam zu machen, zumal Altenstein nachweislich zu jenen gehörte, die dem Entwurf ablehnend gegenüberstanden (was Eichendorff schwerlich verborgen geblieben sein dürfte). – Es ist nicht auszuschließen, daß seine Urheberschaft intern doch durchgesickert ist, daß die ganze Affäre seine ohnehin schwierige Position in Berlin noch zusätzlich belastete; belegbar ist dies nicht. Tatsache ist jedoch, daß auch seine Bemühungen um Anstellung im höheren Zensurwesen ergebnislos verliefen; die Verhandlungen zogen sich über Jahre hin. Allerdings vermitteln die überlieferten Zeugnisse den Eindruck, daß sich Eichendorff nicht vorbehaltlos diesem Geschäft zu widmen bereit war. Das Zensurwesen dürfte kaum mehr als einer der Strohhalme gewesen sein, nach denen er in dem Bemühen griff, seine höchst unsichere berufliche Existenz in Berlin einigermaßen abzusichern. Seine Abneigung, sich ganz und ausschließlich mit Zensurangelegenheiten beschäftigen zu lassen, ist deutlich spürbar. Die Gründe liegen auf der Hand: selbst bei liberaler Handhabung war die Zensur kein ganz ehrenwertes, gar erstrebenswertes Metier, wer auf sich hielt (und es sich leisten konnte), gab sich dafür nicht her – um wieviel weniger angesichts der damals üblichen Unterdrückungspraxis (s. auch *Koselleck*, S. 415 f.). Seine definitive Anstellung beim Oberzensurkollegium, die Anfang 1836 beschlossene Sache gewesen zu sein scheint, hat Eichendorff jedenfalls durch die Forderung nach höherer Besoldung und nach gleichzeitiger Ernennung zum Mitglied des Kultusministeriums mit dem Titel eines Geheimen Rates selbst verhindert – Forderungen, die nach Lage der Dinge kaum erfüllbar waren (vgl. Eichendorffs Schreiben an Altenstein vom 4. 2. 1836, 14. 1. 1837 und 3. 10. 1837: *HKA*[1] XII, S. 51 f., 54 f. und 56 f.; ferner Altensteins Antwortschreiben vom 12. 2. 1836 und 1. 3. 1837: *HKA*[1] XIII, S. 135 f. und 144 f. – Zu einem ähnlichen Vorgang kommt es noch einmal Ende 1840; s. Eichendorffs Schreiben an Friedrich Wilhelm IV. vom 8. 12. 1840: *HKA*[1] XII, S. 67–69). Theodor v. Schön hat den grundsätzlichen Vorbehalt gegen das Zensorenamt klar zum Ausdruck gebracht und dem Dichter „etwas Besseres" gewünscht: „Als Zensor der Welt haben Sie Ihr Amt zwar herrlich geführt, aber die Zensorei nach Berlinischen Gedanken ist ein anderes Ding und dabei fürchte ich, könnten Sie zuweilen Bauchgrimmen bekommen." (Briefentwurf vom 25. September 1836: *HKA*[1] XIII, S. 140.)

Die konstitutionelle Preßgesetzgebung in Deutschland ist vermutlich als zweite der vier Schriften – nach den *Allgemeinen Grundsätzen* – Anfang 1832 entstanden. In der Schrift finden eine Reihe presserechtlicher Maßnahmen des Bundes und einzelner deutscher Staaten aus dem Jahre 1831 Erwähnung, als letzte der Bundesbeschluß vom 10. November (vgl. die Anm. zu S. 159); da hier – anders als in den *Allgemeinen Grundsätzen* (vgl. S. 187 f.) – auf Ereignisse des Jahres 1831 an keiner

Stelle mit der Abkürzung „d. J." (= des [laufenden] Jahres) Bezug genommen wird, ist davon auszugehen, daß die Schrift erst 1832 entstand.
Da sie die geschichtlichen Voraussetzungen für das Verständnis der
anderen Presseschriften Eichendorffs enthält, wird sie hier an erster
Stelle wiedergegeben; der Abdruck in dieser Reihenfolge erfolgt also
ausnahmsweise nicht nach chronologischen, sondern nach systematischen Gesichtspunkten.

Die Schrift, die einzige der vier Arbeiten zum Presserecht, die zur
Publikation geeignet war, blieb zu Eichendorffs Lebzeiten unveröffent-
licht (zu Eichhorns Versuch, sie in der *HpZs.* unterzubringen, s. S. 458).
Sie erschien gekürzt und leicht bearbeitet u. d. T. *Über Preßfreiheit*
erstmals 1888 in der Zs. *Deutsche Dichtung* (s. unten). Die dort mitgeteilte Fassung reduziert den Text auf die Überlegungen grundsätzlicher
Art; sämtliche die presserechtliche Entwicklung betreffenden Textteile
sind gestrichen. – In einer redaktionellen Notiz zum Abdruck heißt es
u. a.: „Wir verdanken den vorstehenden, bisher ungedruckten Aufsatz
der freundlichen Mitteilung der Verlagsbuchhandlung Ferdinand Schöningh in Paderborn." (A. a. O., S. 325) Wie könnte der Aufsatz in
Schöninghs Hände gelangt sein? Auszuschließen ist, daß Eichendorff
selbst ihn in einer für die Publikation gekürzten Fassung dem Verleger
zum Abdruck angeboten hätte. Denn man weiß, daß Schöningh erstmals
im Januar 1854 an Eichendorff herangetreten ist (übrigens mit dem
Vorschlag, eine Geschichte der deutschen Literatur zu schreiben, s.
Bd. III, S. 994 f.; sein Schreiben an Eichendorff vom 17. Januar 1854:
HKA[1] XIII, S. 196); zu diesem Zeitpunkt aber dürfte das Thema Presserecht für Eichendorff kaum noch von Interesse gewesen sein. – Vermutlich war der Aufsatz für den 5. Band der von Hermann v. Eichendorff
besorgten und 1866/67 bei F. Schöningh erschienenen *Vermischten
Schriften* (Bd. V: *Aus dem literarischen Nachlasse*) gedacht, dann aber –
aus welchen Gründen auch immer – nicht in das Ausgabe aufgenommen
worden und beim Verleger verblieben. Titel und Textgestalt dieser
Fassung dürften somit auf Hermann v. Eichendorff zurückgehen (zu
dessen Umgang mit den Schriften seines Vaters s. Bd. IV, S. 172 f.).

Literatur: Neben *Kicherer* und *Webersinn: Brandenburg*, S. 403–408;
Wohlhaupter, S. 172–174; *Pörnbacher*, S. 43–45; *Krüger*, S. 22–24.
D: unvollständig und u. d. T. *Über Preßfreiheit* in: *Deutsche Dichtung*
(hrsg. von Karl Emil Franzos) 3 (Stuttgart 1888), Heft 11, S. 325–330. –
Vollständig: *HKA*[1] X, S. 196–225 (= DV).

151   *über den Kanal aus der großen Pariser Konstitutionsfabrik:* E
spielt hier auf die Tatsache an, daß die aus der Franz. Revolution

stammenden Forderungen nach einer Konstitution und nach Pressefreiheit als verfassungsmäßig garantiertem Recht in den 30er Jahren nicht zuletzt auf dem Wege über engl. Pressediskussionen („über den Kanal") Einfluß in Deutschland gewannen. Tatsächlich wirkte England zunehmend auf den vormärzlichen Liberalismus in Deutschland ein. – *Palliative:* Mittel, die nur die Symptome einer Krankheit, nicht deren Ursachen bekämpfen.

152 *Sünden der Presse ... die der ... öffentlichen Meinung:* Vgl. hierzu S. 175 f. und S. 476 f.

153 *Preßbengel:* Teil der Druckerpresse; steht hier für die Presse selbst.

154 *Fremtion·* Befreiung von bestimmten Lasten oder Pflichten.

155 *von den konstitutionellen Staaten.* Vgl. hierzu S. 454

156 *den großen religiösen Bewegungen in Deutschland:* Gemeint sind Reformation und Gegenreformation. – *Reichsabschied von 1529:* (Reichsabschied: Zusammenfassung und Verkündigung der auf einem Reichstag gefaßten Beschlüsse.) Durch den Reichsabschied von Speyer 1529 wurde die staatliche Zensur zum Reichsgesetz erhoben.

157 *Bände der „Allgemeinen Deutschen Bibliothek" ... Nicolai in Berlin:* Friedrich Nicolai, für E die Verkörperung einer rationalistisch verengten, nüchternen Aufklärung (s. insbes. Bd. III, S. 266–271), gab seit 1765 die *Allgemeine Deutsche Bibliothek,* das wichtigste kritische Organ der Zeit, heraus. Durch eine Denunziation veranlaßt, erinnerte sich der preuß. Generalfiskal Ende 1775 plötzlich, daß die Zs. ohne Zensur erschien. „Da er sich mit einem nachträglichen Approbationsschein des theologischen Zensors Teller nicht begnügen wollte, bat Nicolai in einer Eingabe [...] um Zensurfreiheit" für die Zs.: er habe geglaubt, „daß für auswärts gedruckte Bücher keine Zensur erforderlich sei" (die Zs. wurde in Leipzig/Sachsen, also außerhalb Preußens gedruckt); ferner sei eine Vorzensur der Beiträge aus technisch-redaktionellen Gründen nicht möglich (Günther Ost: *Friedrich Nicolais Allgemeine Deutsche Bibliothek.* Berlin 1928, S. 68 f.). – *Prätention:* Anspruch, Anmaßung. – *Der Deutsche Bund:* der auf dem Wiener Kongreß durch die Bundesakte (s. unten) gegründete Staatenbund der deutschen Einzelstaaten; er existierte bis 1866. – *Bundesakte:* der von 39 Staaten am 8. 6. 1815 unterzeichnete Verfassungsvertrag des Deutschen Bundes; er stellte einen Teil der Schlußakte des Wiener Kongresses dar.

158 f. *von der Bundesversammlung am 20. September 1819 ... beschlos-*

sen: Bundesversammlung (bzw. Bundestag): das oberste Bundes-
organ des Deutschen Bundes. Am 20. 9. 1819 verabschiedete der
Bundestag (nach der Ermordung Kotzebues durch den Burschenschafter Karl Sand; vgl. auch zu S. 38) die berüchtigten Karlsbader
Beschlüsse, die eine strenge Überwachung der Universitäten und
verschärfte Zensurbestimmungen beinhalteten. Sie wurden erst
1848 aufgehoben.

159   *Appellation:* Berufung. – *am 20. November 1831:* Auf der 38. Sitzung der Bundesversammlung am 10. (nicht 20.) November 1831
wurde „den Landesregierungen die Pflicht zur Befolgung des
Bundespreßgesetzes ins Gedächtnis" gerufen (*Huber II*, S. 153).

160   *der Sturm, der unerwartet aus Westen brach:* Gemeint ist die
franz. Julirevolution des Jahres 1830. – *die ... sich viel mit ihrem
Deutschtum wußten, ...:* „Sich viel wissen": stolz sein (auf etwas);
im 18. Jh. sehr häufig bezeugt. Vgl. auch Bd. II, S. 332, Zeile 9 f.
(W. Kosch fügt hinter „Deutschtum" fälschlicherweise „[zu brü-
sten]" ein: *HKA*[1] X, S. 204, Zeile 26.) – *Kautelen:* vertragliche
Vorbehalte. – *Vaudevilles:* Bezeichnung für Gassenhauer, Spott-
lieder, später auch für burleske, satirische Singspiele. – *Ordonnanz:* hier: Überbringer einer Meldung.

161   *Medusenhaupt:* Vgl. zu S. 147.

163   *„Moniteur":* Le Moniteur universel, 1789 gegründete franz. Ta-
geszeitung; war 1799–1868 Regierungsorgan.

164   *Tribunal der Sternkammer:* Die „Sternkammer", ein nach der
Deckenverzierung benannter Raum in Westminster, diente unter
den Tudors und Stuarts als Strafgerichtshof, insbes. für Staatsver-
brechen. Als Symbol absolutistischer Regierungsweise war er
einer der Hauptangriffspunkte der engl. Revolution und wurde
1641 vom sog. Langen Parlament abgeschafft.

167   *Metamorphose:* Vgl. zu S. 67. – *Ephemeriden:* Erscheinungen von
kurzer Dauer.

169   *reservatio mentalis:* (lat.) Mentalreservation (geheimer Vorbehalt,
etwas Erklärtes nicht zu wollen).

172   *Libell:* Schmähschrift. – *subsidiarisch:* hier: stellvertretend.

174   *Axiom:* keines Beweises bedürfender Grundsatz.

175   *sensorium commune:* (lat.) öffentliches Bewußtsein. – *vox populi
vox Dei:* (lat.) Die Stimme des Volkes ist Gottes Stimme.

176   *tel est mon plaisir:* (frz.) so gefällt es mir. – *Anathema:* Verflu-
chung. – *Partei der Rundköpfe:* Spottname für die radikalen
Puritaner während der engl. Revolutionsepoche (1642–60), insbes. für die Soldaten Cromwells (s. die Anm. zu S. 69), hergeleitet

von ihrem kurzen Haarschnitt (dagegen trugen die gegnerischen Royalisten schulterlanges Haar).

178 *Konkordanz:* Übereinstimmung. – *Reziprozität:* Wechselseitigkeit.

182 *daß der König ... die Genehmigung versagte:* Ludwig I. setzte am 28. 1. 1831 eine „Preßverordnung" in Kraft, die die Pressezensur erheblich verschärfte (s. *Huber II,* S. 32).

Allgemeine Grundsätze zum Entwurf eines Preßgesetzes

Den im Auftrag des preußischen Außenministeriums erarbeitete, für den internen Gebrauch bestimmte Aufsatz gehort zum *Entwurf eines Gesetzes über die Presse und ihre Erzeugnisse* (S. 202 ff.; vgl. hierzu S. 4/5 ff.). Da die Bundesakte vom 8. Juni 1815 einheitliche presserechtliche Regelungen für alle Mitgliedstaaten des Deutschen Bundes vorsah, bestand die Aufgabe darin, einen Gesetzentwurf für Preußen auszuarbeiten, der auch von den anderen deutschen Staaten im Grundsatz akzeptiert werden konnte. Es mußte ein Interessenausgleich zwischen den divergierenden Positionen gesucht werden, die sich seit der Wiener Schlußakte und den Karlsbader Beschlüssen vom 20. September 1819 in den deutschen Staaten entwickelt hatten. – Dabei war auszugehen vom allgemeinen Grundsatz der Politik Preußens, „welcher notwendig dahin gerichtet bleibt, die politischen Gegensätze in Deutschland zu vermitteln und auszugleichen, die Eintracht aller deutschen Regierungen und Völker unter sich zu pflegen" (S. 188 f.). Die preußische Gesetzgebung müsse insbesondere so angelegt sein, daß Preußen in der Lage sei, „auch mit den Regierungen der konstitutionellen Staaten Deutschlands eine solche Verhandlung des Preßwesens aufzunehmen, daß davon im Gesamtinteresse des Bundes ein Erfolg sich erwarten läßt" (S. 189). Großzügige pressrechtliche Grundsätze aber liefen nicht nur der Politik Metternichs zuwider, sie waren auch, wie sich bald zeigte, innerhalb des preußischen Staatsministeriums nicht durchzusetzen. Eichendorffs Plädoyer für „zeitgemäße Liberalität" im Pressewesen, die geeignet wäre, „die Meinung und Stimme der ausgezeichnetsten und mithin einflußreichsten Schriftsteller, eine überwiegende, intelligente Macht", zu gewinnen (S. 192), stieß auf den entschiedenen Widerstand der Restaurationspartei innerhalb der Ministerialbürokratie (s. S. 478 ff.).

Es spricht einiges dafür, daß die *Allgemeinen Grundsätze* als erste der vier Schriften zur Pressegesetzgebung noch im Jahre 1831 (etwa November/Dezember) entstanden sind. Eine königliche Kabinettsorder vom

24. Oktober 1831 hatte das Staatsministerium mit der Erarbeitung eines
Pressegesetzentwurfs beauftragt (vgl. S. 188). Die Arbeiten können frü-
hestens im November aufgenommen worden sein. Daß zunächst die
Grundsätze der preußischen Deutschlandpolitik im allgemeinen, die
preußischen Interessen in Sachen Presserecht im besonderen fixiert
werden mußten, liegt auf der Hand. Da Eichendorff auf eine Kabinettsorder vom 21. Juli 1831 an einer Stelle (S. 187) mit der abkürzenden
Formulierung „21. Juli d. J." (also dieses, des laufenden Jahres) Bezug
nimmt und die Abkürzung „d. J." bzw. „c." im selben Kontext noch
zweimal verwendet (S. 188, s. hierzu die Anmerkungen), kann man
davon ausgehen, daß die Schrift zum größeren Teil (bis S. 197) noch im
Jahre 1831 niedergeschrieben worden ist. Erst n a c h dem Gesetzentwurf
kann allerdings der letzte Teil der Abhandlung (S. 197–201) entstanden
sein; er enthält eine detaillierte, einzelne Bestimmungen motivierende
Übersicht über die Abschnitte und Paragraphen des Entwurfs und setzt
daher dessen Existenz voraus.

D/DV: *HKA*[1] X, S. 226–242.

184   *der Deutschen Bundesakte:* Vgl. zu S. 157. – *35. Sitzung des
       Bundestages vom 20. September 1819:* Vgl. zu S. 158 f.
185   *Ereignisse des Jahres 1830:* Gemeint ist die franz. Julirevolution,
       die auch in den Staaten des Deutschen Bundes Nachwirkungen
       zeigte. – *das unterzeichnete Ministerium:* Hier kann nur das
       Ministerium des Auswärtigen gemeint sein, da die beiden anderen
       Ministerien, die in Zensurangelegenheiten Zuständigkeiten besa-
       ßen, namentlich genannt sind. Vgl. auch zu S. 192. – *Zur Errei-
       chung dieses Zweckes . . . :* Die folgenden Ausführungen E's, die den
       Prozeß der Meinungsbildung im preußischen Staatsministerium
       referieren, sind von historisch-dokumentarischer Bedeutung. – *Ma-
       jorität der konstitutionellen Regierungen im Bunde:* Vgl. S. 454.
187   *Des Königs Majestät:* Friedrich Wilhelm III. – *Kabinettsordre
       vom 21. Juli d. J.:* Vgl. zu S. 188. – *Beschlusse . . . vom 20. Septem-
       ber:* des Jahres 1819; s. zu S. 158 f. – *in der diesseitigen Verord-
       nung vom 18. Oktober 1819:* Gemeint ist das Zensuredikt vom
       18. 10. 1819, das Preußen auf der Grundlage der Bundesbe-
       schlüsse vom 20. 9. 1819 (Karlsbader Beschlüsse) erließ. Es blieb
       bis zur Neufassung der Pressegesetze im Jahre 1843 in Kraft.
188   *Kabinettsordre vom 21. Juli 1831:* In der Druckvorlage ist die
       Kabinettsorder dem Jahre 1830 zugeordnet. Dabei handelt es
       sich mit großer Sicherheit um ein Versehen (die irrtümliche An-

gabe veranlaßte W. Kosch, den Aufsatz insgesamt auf das Jahr 1830 zu datieren: *HKA*[1] X, S. 462). Aus der Chronologie der Vorgänge ergibt sich, daß die Kabinettsorder im Juli 1831 ergangen sein muß. Auslösendes Moment für die presserechtlichen Überlegungen in Preußen war der „Mißbrauch der Presse" „infolge der Ereignisse des Jahres 1830" (S. 185), d.h. der franz. Julirevolution. Das „bedenkliche Überhandnehmen" desselben kann allenfalls im Herbst 1830 bzw. im Winter 1830/31 als ein Ärgernis spürbar geworden sein, dem entgegengetreten werden müsse. Es kam dann (wahrscheinlich im Frühjahr 1831) ein längerer Meinungsbildungsprozeß in den zuständigen preuß. Ministerien darüber zustande, wie zu verfahren sei (S. 185 f.). Die fragliche Kabinettsorder vom Juli 1831 billigte das Ergebnis dieser Überlegungen und ordnete Beratungen mit dem Ziel einer Abänderung der preuß. Pressegesetze an (S. 187). Inzwischen zeichnete sich ein Zusammengehen der konstitutionellen Staaten in Deutschland in der Frage des Presserechts ab (Frühjahr/Sommer 1831), woraufhin die Ministerien eine andere Verfahrensweise vorschlugen (S. 187 f.), die durch eine Kabinettsorder vom 24. Oktober 1831 gebilligt wurde (S. 188). Vgl. hierzu auch S. 474 f. – *vom 24. Oktober d. J.*: des Jahres 1831 (s. oben). – *v[om] 21. Juli c.*: c. = currentis (anni): (lat.) des laufenden Jahres (1831; s. oben).

191   *Libellisten*: Verfasser von Schmähschriften.

192   *subsidiarisch*: hier: stellvertretend. – *...findet das Ministerium der auswärtigen Angelegenheiten... unausführbar*: Diese Formulierung weist das preuß. Außenministerium als Behörde aus, in deren Auftrag die *Allgemeinen Grundsätze* verfaßt wurden. Vgl. auch zu S. 185.

196   *Diese, so wie die Jury erster Instanz, hätte...*: In der DV findet sich der Satz in der Schreibung „Diese, sowie die Jury erster Instanz, hätte...". Es ist einer jener Sätze, die den Redakteur, der Orthographie und Zeichensetzung zu „normalisieren", d.h. mit heute gültigen Regeln in Einklang zu bringen hat, vor eine kaum befriedigend zu lösende Aufgabe stellt. Der Satz läßt zwei mögliche Interpretationen zu, je nachdem, ob man das „sowie" als Konjunktion oder als vergleichende Partikel („so wie" = ebenso wie) auffaßt, was Konsequenzen für die Kommaregelung und die Flexionsform des Prädikats hat. Der Satz kann demnach lauten: „Diese, so wie die Jury erster Instanz, hätte...", aber auch: „Diese sowie die Jury erster Instanz hätten...". Da der Ein-

griff in der ersten Version geringfügiger erscheint, wurde dieser
Lösung der Vorzug gegeben.

197   *Entwurf eines Preßgesetzes:* der *Entwurf eines Gesetzes über die
Presse und ihre Erzeugnisse* (S. 202 ff.). – *Darstellung der über das
Preßwesen ... stattgefundenen Verhandlungen...:* Gemeint ist
offenbar die Schrift *Die konstitutionelle Preßgesetzgebung in
Deutschland* (S. 151 ff.).

200   *Reziprozität:* Wechselseitigkeit. – *Persönlichkeiten in öffentlicher
Druckschrift:* „Persönlichkeiten" hier im Sinne von: persönliche
Verhältnisse, besonders ungehörige Anspielungen darauf; Anzüg-
lichkeiten. – *Kontravenient:* Zuwiderhandelnder. – *Kumulation:*
(An-)Häufung.

Entwurf eines Gesetzes über die Presse und ihre Erzeugnisse

Der im Auftrag des preußischen Außenministeriums erarbeitete Entwurf
eines Pressegesetzes ist Anfang 1832 entstanden. Er enthält nach Eichendorffs eigenen Worten eigentlich nur eine „möglichst vollständige Revision der bestehenden preußischen Preßgesetzgebung, mit Benutzung der
Erfahrungen der neueren Zeit, wo sie aus einem wahrhaften Bedürfnis
hervorgegangen und den Verhältnissen angemessen schienen" (S. 197 f.).
Zum Entstehungszusammenhang, zu Eichendorffs Haltung zur Frage
des Presserechts und der Zensur und zum Schicksal des Gesetzentwurfs
vgl. S. 473 ff. – Die preußische Gesetzesinitiative führte damals zu keinem Ergebnis. Eichendorffs Vorschläge, die vergleichsweise liberal und
großzügig zu nennen sind, blieben auch ohne Einfluß auf die im Jahre
1843 erfolgte Neuformulierung des preußischen Presserechts (s. *Kicherer*, bes. S. 45–54).

D/DV: *HKA*[1] X, S. 243–269.

206   *Imprimatur:* (lat.: es werde gedruckt) Druckfertigerklärung. –
Sgr.: Silbergroschen.

219   *Rekurs:* Einspruch, Beschwerde.

222   *Requisition:* Anforderung; Ersuchen um Rechtshilfe.

224   *Verhandlungen:* „Verhandlung" hier im Sinne von: Protokoll.

225   *l. c.:* loco citato (lat.): am angeführten Ort.

Regulativ

Die im Frühjahr 1832 entstandene, zum Entwurf eines Pressegesetzes (S. 202 ff.) gehörende Verfügung regelt die Zusammensetzung des Oberzensurkollegiums, grenzt dessen Kompetenzen von denen der übergeordneten Behörden ab und regelt weitere Verfahrensfragen bei der Handhabung der Zensur. – Vgl. hierzu S. 473 ff.

D/DV: *HKA*[1] X, S. 270–274.

232   *von ... den dem Zensurwesen vorgesetzten drei Ministern:* Es waren in Preußen die Minister des Äußeren, des Innern und der Polizei sowie der geistlichen und Unterrichtsangelegenheiten (Kultus).

233   *Debit:* Absatz.

234   *Suspension:* zeitweilige Aufhebung.

236   *Requisition:* Anforderung; Ersuchen um Rechtshilfe. – *in ... Landesteilen, wo die französische Gesetzgebung besteht:* In den Rheinprovinzen, die 1815 an Preußen fielen, blieb das während der Zeit des (unter franz. Protektorat stehenden) Rheinbunds eingeführte franz. Recht noch in Kraft. – *Zensurkontraventionen:* Vergehen gegen die Zensurbestimmungen. – *Kognition:* Untersuchung. – *Resolute:* Beschlüsse, Verfügungen. – *Präklusivfrist:* bestimmter Zeitraum, innerhalb dessen eine Rechtshandlung vorzunehmen ist, wenn nicht ein bestimmter Rechtsnachteil entstehen soll. – *Insinuation:* gerichtliche Zustellung eines Schriftstückes. – *Provokation:* Berufung; Klage, durch die jemand aufgefordert wird, einen Anspruch binnen einer bestimmten Frist geltend zu machen.

Votum des Ministers der geistlichen Angelegenheiten zu No. 296

Der Vorschlag zur Regelung des Demeritenwesens der katholischen Kirche wurde 1833 im Auftrag des Ministers v. Altenstein abgefaßt. Vorausgegangen war eine königliche Kabinettsorder vom 14. März 1831, die die Kompetenzen des Justizministeriums und des Ministeriums der geistlichen Angelegenheiten in dieser Frage grundsätzlich abgrenzte, die weiteren Regelungen aber einer späteren Klärung vorbehielt. Dem entsprechenden Votum Altensteins vom 24. November 1831 stimmte zwar das Justizministerium am 22. Dezember zu, Innen- und Außenministerium äußerten am 8. Januar bzw. am 4. März 1832 jedoch abweichende Ansichten, so daß das geistliche Ministerium erneut gutachtlich Stellung nehmen mußte. – Die Datierung (1833) ergibt sich aus Eichendorffs Bezugnahme auf die beiden abweichenden Voten (vgl. zu S. 238).

Hintergrund war ein Kompetenzkonflikt zwischen Kirchen- und Staatsrecht bei disziplinarischen Maßnahmen zur Ahndung schwerwiegender Verstöße von Geistlichen gegen ihre Standespflichten. Das Kirchenrecht schrieb die Disziplinargewalt der Bischöfe fest; andererseits erhob der Staat exklusiven Anspruch auf das Recht, Freiheitsstrafen zu verhängen und ihre Verbüßung zu überwachen. Eichendorffs Gutachten ist um einen Ausgleich der Interessen von Staat und Kirche bemüht, besteht aber darauf, daß die kirchliche Verantwortung für die Einrichtung von Demeritenanstalten grundsätzlich unangetastet bleiben solle.

Vgl. hierzu *Wohlhaupter*, S. 170–172.
D/DV: *HKA* [1] X, S. 275–281.

237   *No. 296:* offenbar die (laufende) Nummer der betreffenden Kabinettsvorlage. – *Demeritenwesen:* Demerit: im kathol. Kirchenrecht straffällig gewordener Geistlicher. – *des Königs Majestät:* Friedrich Wilhelm III. – *des Kronprinzen:* Friedrich Wilhelm, als F. W. IV. seit 1840 König von Preußen. – *bevorwortet:* bedeutet hier: befürwortet.

238   *Votis ... vom 8. Jänner und 4. März vor[igen] Jahrs:* Da diese Voten aus dem Jahre 1832 stammen, wie sich aus dem Kontext ergibt, muß E's Entwurf 1833 entstanden sein. – *die östlichen Provinzen:* die östlichen Landesteile Preußens (die Provinzen Preußen, Brandenburg, Schlesien, Posen und Sachsen) im Unterschied zu den Rheinprovinzen und Westfalen, wo noch das franz. Recht in Kraft war (vgl. zu S. 236); darauf spielt E im folgenden mehrfach an.

239   *Der rheinischen Gesetzgebung...:* das in den Rheinprovinzen geltende franz. Recht. – *das Gesetz vom 18. Germinal Jahr 10:* (Germinal: der 7. Monat nach dem am 5. 10. 1793 eingeführten Kalender der Franz. Revolution.) Gemeint ist die „Loi relative à l'organisation des cultes, du 18 germinal an X de la république une et indivisible". Am 15. 7. 1801 wurde in Paris das Konkordat zwischen der franz. Regierung und dem Papst (Pius VII.) unterzeichnet, das die revolutionäre Kirchenverfolgung beendete und in dem der Papst wieder als Oberhaupt der franz. Kirche aner-

kannt wurde. Napoleon legte das Konkordat zusammen mit den sog. „Organischen Artikeln", die das Verhältnis zwischen dem Staat und den beiden Kirchen im einzelnen regelten, Anfang 1802 den gesetzgebenden Räten vor. Mit deren Zustimmung am 8. 4. 1802 (18 germinal an X) wurde die Vorlage zum Gesetz; es trat am 18. 4. 1802 unter dem oben angegebenen Titel in Kraft. Vgl. den Abdruck in: *Staat und Kirche in Frankreich. II: Vom Kultus der Vernunft zur Napoleonischen Staatskirche.* (= Quellen zur neueren Geschichte. Heft 20/21.) Bearbeitet von Ernst Walder. Bern 1953, S. 87ff. – *Detention:* Haft, Gewahrsam. – *Konstitution vom 22. Frimaire VIII:* (Frimaire: der 3. Monat nach dem Kalender der Franz. Revolution.) Nach dem Staatsstreich vom 18. Brumaire des Jahres VIII (9. 11. 1799) diktierte Napoleon die Konsulatsverfassung vom 22. Frimaire VIII (13. 12. 1799), die 1800 durch ein Plebiszit gebilligt wurde. Als Erster Konsul besaß Napoleon exekutive Gewalt und die Gesetzesinitiative; damit zeichneten sich die Herrschaftsformen des Bonapartismus ab. – *deteniert:* inhaftiert.

239f. *der französisch kirchliche Zustand:* s. oben.

240 *der Korrigende:* (lat.: zu Bessernder) Sträfling. – *Kontestationen:* Streit, Anfechtungen.

243 *Rekollektion:* Besinnung, Sammlung. – *Notorietät:* Offenkundigkeit.

Rede

Mit der von Eichendorff verfaßten Rede eröffnete Theodor v. Schön am 5. September 1840 den Huldigungslandtag (Vereidigung der Landstände anläßlich der Thronbesteigung Friedrich Wilhelms IV.) in Königsberg. – Eichendorff, der den Zweck der Versammlung als „eine höhere Vermittelung zwischen Volk und Monarchen" beschreibt, bringt auch in dieser Rede seinen Lieblingsgedanken zum Ausdruck: daß es gelte, „den unvergänglichen Geist aller Zeiten, das ewig Alte und Neue zugleich, in den Formen, welche die Gegenwart heischt, zu verjüngen" (S. 246). – Trotz der Mahnung, daß die Hauptgrundsätze des Ständegesetzes selbst – als Bedingung der Versammlung der Landstände – „von aller Beratung ausgeschlossen bleiben" müßten (ebd.), stand die Verfassungsfrage im Mittelpunkt kontroverser Debatten des Landtags (vgl. zum folg. *Rothfels,* S. 17ff., und *Belke,* S. 53ff.). – In der Provinz Preußen gab es in den 30er Jahren zwei oppositionelle, antifeudale Gruppierungen: den liberalen Adel, der enge Beziehungen zum Kreis um Schön hatte, und das Handels- und Industriebürgertum, das sich um den Königsberger Arzt Johann Jacoby sammelte. Auf dem Landtag zu Königsberg reichte die bürgerliche Opposition einen Antrag auf Einführung einer Verfassung ein. „Die führenden Vertreter des Junkerliberalismus wollten solchen weitgehenden Anträgen die Spitze abbrechen, indem sie [...] einen gemäßigten Antrag, der die Bitte um Einführung von Reichsständen enthielt, einbrachten." (*Belke*, S. 53) Dieser Antrag, für den Th. v. Schön verantwortlich gemacht wurde, erhielt zwar eine eindeutige Mehrheit, aber in der absolutistisch gesinnten Berliner Ministerialbürokratie bestand auch dafür keine Neigung. Allerdings fiel die Stellungnahme Friedrich Wilhelms IV. zu diesem Begehren so zweideutig aus, daß in der Öffentlichkeit der Eindruck entstand, der König stünde ihm nicht völlig ablehnend gegenüber. So sah sich dieser auf Drängen seines reaktionären Innenministers v. Rochow, des schärfsten Gegners von Schön in Berlin, veranlaßt, am 4. Oktober 1840 klarzustellen, daß er keineswegs seine Zustimmung zu einer Konstitution im Sinne des Verfassungsversprechens vom Mai 1815 gegeben habe. Es kam in der Folge zu heftigen Auseinandersetzungen zwischen Berlin und der Provinz Preußen, die schließlich zur Demissionierung Schöns im Juni 1842 führten.

D/DV: *HKA*[1] X, S. 360–362.

245   *Sr. Majestät des Königs:* Friedrich Wilhelms IV.
246   *auf dem denkwürdigen Landtage des Jahres 1813:* Der ostpreuß. Landtag 1813 in Königsberg war das Werk des Freiherrn vom Stein. Er rief dort gemeinsam mit dem preuß. Generalfeldmarschall Yorck die ostpreuß. Stände zur Erhebung gegen Napoleon auf. – *Hauptgrundsätze des Ständegesetzes:* Das „Allgemeine Gesetz wegen Anordnung der Provinzialstände" vom 5. 6. 1823 brachte die provinzialständische Verfassung Preußens zum Abschluß.

Berliner Verein für den Kölner Dombau

Joseph Görres hatte bereits 1814 im *Rheinischen Merkur* (Nr. 151 vom 20. November) auf den Kölner Dom als Symbol nationaler Größe und nationalen Niedergangs aufmerksam gemacht und seine Vollendung gefordert. Sein Vorschlag, mit der Vollendung des Doms ein National-denkmal der Deutschen zu schaffen, fand damals großen Widerhall, schien aber Episode zu bleiben (vgl. auch S. 311 ff). In den folgenden Jahren wurden unter der Leitung Schinkels und des Dombaumeisters Ernst Zwirner und mit Unterstützung durch den preußischen Kronprinzen lediglich Erhaltungsarbeiten am Dom durchgeführt. Erst um 1840, als die Entscheidung über einen Weiterbau anstand, wurde der Gedanke eines Nationaldenkmals wieder aktuell. Unter großer publizistischer Anteilnahme warb der in diesem Jahre in Köln gegründete Dombauver-ein für die Vollendung des Bauwerks, das nun als nationales Symbol propagiert wurde. Über ganz Deutschland breitete sich ein Netz von Vereinen zur Unterstützung des Baues aus. – In der Dombaubewegung, die vom preußischen und bayerischen König tatkräftig gefördert wurde, verbanden sich mannigfache Elemente: rheinischer Heimatsinn und Rheinromantik, katholische Erneuerung und – nach den „Kölner Wir-ren" der Jahre 1837/38 (s. S. 531) – der Wunsch nach Frieden zwischen Kirche und Staat, Kunstenthusiasmus, die Hinwendung zur Neugotik, die Denkmalsbegeisterung der 30er Jahre und ein auf das Mittelalter gerichtetes Geschichtsinteresse, die nationale Idee und eine – politisch vage – Sehnsucht nach nationaler Einheit (*Nipperdey*, S. 177). Der Dom wurde zu einem Symbol, in dem religiöse, ästhetische und nationale Momente verschmolzen. – Die Grundsteinlegung für den Weiterbau am 4. September 1842 gestaltete sich zu einem glanzvollen Fest, das die Integration von Thron, Altar und Volk demonstrieren sollte (ebd., S. 181).

Am 17. Februar 1842 war unter Mitwirkung Eichendorffs der „Berli-ner Verein für den Kölner Dombau" gegründet worden. Der Dichter gehörte neben dem Maler Peter v. Cornelius und dem Bildhauer Chri-stian Daniel Rauch dem Vorstand des Vereins an; als Dezernent und Kommissar des preußischen Kultusministeriums für das Dombauunter-nehmen – Eichendorff bearbeitete fast die gesamten einschlägigen Akten

(*Pörnbacher*, S. 69) – war er auch praktisch mit den Baumaßnahmen befaßt. Geplant war auch ein Album mit Gedichten namhafter deutscher Dichter zugunsten der Dombaukasse, das jedoch nicht zustande kam; das Fragment gebliebene Gedicht *Die Engel vom Kölner Dom* war für dieses Album gedacht (s. Bd. IV, S. 64–66 und 726). – Den Aufruf zur Unterstützung des Dombaus – mit einem Überblick über die Geschichte des Bauwerks von der Grundsteinlegung bis zur Gegenwart – verfaßte Eichendorff im Auftrag des Berliner Vereins.

Der Baubeginn stand unter politisch ungünstigen Auspizien. Die sog. Rhein-Krise des Jahres 1840 (s. zu S. 252) hatte antifranzösischen Ressentiments wieder neuen Auftrieb gegeben. So bekam die Absicht, im Kölner Dom einen symbolischen Ausdruck deutscher Kultur und deutscher Einheit zu schaffen, von Anfang an einen antifranzösisch-nationalistischen Akzent, der seinen Niederschlag – wenn auch in maßvoller Form – selbst in Eichendorffs Aufruf fand, in dem es beispielsweise heißt, das Bauwerk möge „Deutschlands ernsten Willen" verkünden, „daß dieser Tempel stets auf deutschem Boden und unter deutscher Obhut stehen soll" (S. 253). Als im Jahre 1880 – nach Deutsch-Französischem Krieg und Reichsgründung – „die aus französischen Beutekanonen gegossene Kaiserglocke" die Vollendung des Doms einläutete, war das Bauwerk „nicht ein Denkmal deutscher Kultur, sondern eher eines des deutschen Chauvinismus geworden" (*Frühwald '79*, S. 51).

Literatur:

Zur Vollendung des Kölner Doms, zur Rezeptionsgeschichte des Dombaus und zur Denkmalsbewegung des 19. Jh.s vgl. neben *Nipperdey*: *Der Kölner Dom in der deutschen Dichtung*, ausgewählt und eingel. von Joseph Theele. Köln 1923. – *Der Kölner Dom. Fs. zur Siebenhundertjahrfeier 1248–1948*, hrsg. vom Zentral-Dombau-Verein. Köln 1948. – Thomas Nipperdey: *Nationalidee und Nationaldenkmal in Deutschland im 19. Jh*. In: *Hist. Zs.* 206, 1968, S. 529–585 (zum Kölner Dom S. 550f.). – Gertrud Klevinghaus: *Die Vollendung des Kölner Doms im Spiegel deutscher Publikationen der Zeit 1800 bis 1842*. Diss. Saarbrücken 1971. – Arnold Wolff: *Der Kölner Dom*. Stuttgart 1974. – Hartmut Boockmann: *Denkmäler. Eine Utopie des 19. Jh.s*. In: *Geschichte in Wissenschaft und Unterricht* 28, 1977, S. 160–173. – *Das Kölner Dom-Jubiläumsbuch 1980. Offizielle Fs. der Hohen Domkirche Köln*, hrsg. von Arnold Wolff und Toni Diederich. Köln 1980. – Hinrich C. Seeba: *Der Kölner Dom: Bastion des Mittelalters und Nationaldenkmal. Zur Kategorie der Geschichtlichkeit in den Kontroversen des Vormärz*. In: *Das Weiterleben des Mittelalters in der deutschen Literatur,* hrsg. von James F. Poag und Gerhild Scholz-Williams. Königstein/Ts. 1983, S. 87–105 (S. 99 über E).

Zu E's Aufsatz s. Alfons Perlick: *E und Nordrhein-Westfalen. Beitrag zu einer regionalen E-Kunde.* Dortmund 1960, S. 63–67; und *Frühwald '79*, S. 49–51.

D/DV: *Allgemeine Preußische Staatszeitung* Nr. 92 vom 3. April 1842.

251 *in dem Geiste eines deutschen Künstlers entsprungen:* Schöpfer der Gesamtkonzeption war der Dombaumeister Gerhard, der den Bau von 1248 bis etwa 1260 leitete. Er stand unter dem Eindruck der Dombauwerke der franz. Gotik. – *Ungunst der Zeiten:* Der Dombau ruhte von 1560 bis zur Mitte des 18.Jh.s (1748–51 wurden Restaurationsarbeiten durchgeführt). Zwei Hauptgründe waren für die Einstellung der Dombautätigkeit im Jahre 1560 verantwortlich: der finanzielle Niedergang Kölns durch sein Engagement für Neuss im Kampf gegen Karl den Kühnen von Burgund (1433–77) und die Diskreditierung des Ablaßhandels durch die Reformation, durch den ein erheblicher Teil der Mittel für den Dombau aufgebracht worden war. Die Auseinandersetzung zwischen Reformation und Gegenreformation und die trostlosen wirtschaftlichen Verhältnisse nach dem Dreißigjährigen Krieg schlossen jeden Gedanken an einen Weiterbau aus. – *Deutschlands Einheit … völlig gebrochen:* Die (zunächst) 16 süd- und westdeutschen Fürsten, die 1806 auf Initiative Napoleons den Rheinbund gründeten, sagten sich förmlich vom Deutschen Reich los, woraufhin Franz II. die deutsche Kaiserkrone niederlegte. Mit dem Zusammenbruch Preußens 1807 war der Untergang des alten Reichs endgültig besiegelt. – *Wiedergewinnung ihrer Freiheit und Selbständigkeit:* in den Befreiungskriegen des Jahres 1813 gegen Napoleon. – *Derselbe edle König … zum Kampf für Deutschlands Heil aufgerufen:* Friedrich Wilhelm III. schloß sich 1813 nur zögernd Rußland an; die patriotische Begeisterung in Deutschland ließ ihn ungerührt, doch widersetzte er sich ihr nicht, wie sein Aufruf „An mein Volk" vom 17. 3. 1813 zeigt. Der Aufruf forderte von allen Ständen Opfer zur Befreiung von der Fremdherrschaft und beschwor die Einheit von Krone, Staat und Nation. – *in dem vollendeten Chore:* Friedrich Wilhelm III., der den Weiterbau des Kölner Doms mehrfach ablehnte, bewilligte 1821 1500 Reichstaler für Instandsetzungsarbeiten und führte 1825 für denselben Zweck eine Kathedralsteuer ein. – *eine immer größere Zahl einsichtsvoller Bewunderer:* Zu den ersten, die für

den Weiterbau des Kölner Doms warben, gehörte der Kölner Sammler und Kunsthistoriker Sulpiz Boisserée (1783–1854). Er fertigte 1808 Zeichnungen des Doms an; es gelang ihm, Goethe und den preuß. Kronprinzen Friedrich Wilhelm (s. die folg. Anm.) für das Bauwerk zu begeistern. Auch F. Schlegel, Arndt, Görres, Schinkel, Reichensperger u. a. unterstützten die Idee einer Vollendung des Doms.

252 *Friedrich Wilhelm IV.:* seit dem 7. Juni 1840 König von Preußen (der „Romantiker auf dem Thron"). Hatte schon als Kronprinz 1814/15, in der Zeit seiner Gotikbegeisterung, Interesse am Kölner Dom gezeigt. Er stimmte im November 1840 einer Petition Kölner Bürger zur Gründung eines Dombauvereins zu und förderte den Verein als „Protektor" tatkräftig. – *ein anderer ... deutscher König:* Gemeint ist Ludwig I. von Bayern. Kunst- und Kirchenmäzen und Philhellene, strebte er die Rolle eines Führers des kathol. Deutschlands an. 1843 plante er einen »Fürsten-Dombau-Verein", der aber nicht zustande kam. – *als dem Frieden Europas Gefahr zu drohen schien:* Anspielung auf die sog. Rhein-Krise des Jahres 1840. Am 15. 7. 1840 hatten England, Rußland, Preußen und Österreich unter Ausschaltung Frankreichs im Londoner „Vertrag zur Befriedung der Levante" ihre Interessen im Vorderen Orient (im Machtkampf zwischen Ägypten und dem Osmanischen Reich) definiert. Auf diese Ausschaltung reagierten die franz. Regierung und die franz. Öffentlichkeit sehr heftig; die außenpolitische Krise wurde zum Problem der nationalen Ehre hochstilisiert. Frankreich rüstete und schien eine Zeitlang bereit, in den Kampf mit den Mächten des Londoner Vertrages, insbes. mit Preußen, einzutreten; an die Stelle der orientalischen Interessen trat der Rhein als neues Ziel. (In dieser Situation entstanden Nikolaus Beckers Lied „Sie sollen ihn nicht haben, den freien deutschen Rhein" und Schneckenburgers *Wacht am Rhein.*) Die franz. Rheindrohung war von nachhaltiger Wirkung auf das deutsche Nationalbewußtsein und die Einstellung gegenüber Frankreich. – *Verbande zu freiem Handelsverkehr:* Die Schaffung eines einheitlichen deutschen Wirtschaftsraumes wurde seit den Befreiungskriegen immer wieder gefordert. Das preuß. Zollgesetz von 1818 und die nachfolgende Gründung von Handels- und Zollvereinen bereiteten den Deutschen Zollverein (1834) vor, dem sich in den folgenden Jahren die meisten deutschen Staaten anschlossen. Vgl. auch die Anm. zu S. 82. – *Sammlung der Monumente ihrer Geschichte:* Gemeint sind die *Monumenta Germaniae Historica,*

eine umfassende Edition der Quellen zur mittelalterl. deutschen Geschichte (500–1500), die von der im Jahre 1819 vom Freiherrn vom Stein gegründeten „Gesellschaft für ältere deutsche Geschichtskunde" herausgegeben wurde; der erste Band erschien 1826.

253 *von Olfers:* Ignaz v. O., seit 1839 Generalintendant der Königlichen Museen in Berlin (E hatte sich 1837 vergeblich um diese Stelle beworben; *HKA*[1] XII, S. 56f.). – *von Cornelius:* Peter v. C. (1783–1867), Maler, Romantiker und Klassizist, bedeutend durch die Wiederbelebung der Freskenmalerei. – *Rauch:* Christian Daniel R. (1777–1857), Bildhauer, ein Hauptmeister des deutschen Klassizismus.

254 *Kran ... ein Wahrzeichen Kolns:* Der alte Kran, Zeichen des steckengebliebenen Baues, galt seit Göttes als Symbol der Zerrissenheit des Vaterlands (*Nipperdey*, S. 178).

255 *mit den französischen Kriegszügen:* Im Zuge des 1. Koalitionskriegs wurde Köln wie das übrige Rheinland 1794 von franz. Truppen besetzt. Es gehörte seit 1806 dem unter franz. Protektorat stehenden Rheinbund an und wurde erst 1815 auf dem Wiener Kongreß Preußen zugesprochen. – *Stadtärar:* Ärar: Staatsschatz, -vermögen. – *als das Rheinland mit der preußischen Monarchie verbunden wurde:* s. oben. – *von unserem verewigten Schinkel:* Karl Friedrich Sch. (1781–1841), Baumeister und Maler, eine der bedeutendsten Künstlerpersönlichkeiten des 19. Jh.s, in dessen Werk sich klassizistische und romantische Elemente verbinden. Er wurde 1816 von Friedrich Wilhelm III. mit der Untersuchung des baulichen Zustands des Kölner Doms beauftragt, setzte sich 1833 für den Weiterbau ein und legte 1837 einen neuen, kostensparenden Bauplan vor.

256 *Des Hochseligen Königs Majestät:* der am 7.6. 1840 verstorbene Friedrich Wilhelm III. Vgl. auch zu S. 251. – *Rtlr.:* Reichstaler. – *Gewerk:* Gewerbe, Handwerk. – *von unserem Könige:* Friedrich Wilhelm IV.

256f. *...durch merkwürdige Glücksfälle wiedergefunden:* Wichtige Domzeichnungen wurden 1814 von Georg Moller in Darmstadt, 1816 von Sulpiz Boisserée in Paris aufgefunden.

257 *Zur Verwirklichung dieses Planes...:* Friedrich Wilhelm IV. und der Zentral-Dombau-Verein in Köln verpflichteten sich bei Gründung des Vereins, pro Jahr je 50000 Taler aufzubringen. – *überall bilden sich Vereine:* Bis zur Grundsteinlegung am 4.9. 1842 waren in Deutschland 70 Dombauvereine entstanden.

Die Wiederherstellung des Schlosses der deutschen Ordens-ritter zu Marienburg

Die im Jahre 1274 gegründete Marienburg, eine der größten und reichsten Burganlagen ihrer Zeit und ein bedeutendes Denkmal der preußischen Backsteingotik, war 1309 bis 1457 Sitz der Hochmeister des Deutschen Ordens und damit Zentrum des preußischen Ordensstaates. Das südlich von Danzig am rechten Nogatufer gelegene Schloß, schon 1457 an die polnische Krone veräußert, fiel im Jahre 1466 im 2. Thorner Frieden an Polen, 1772 durch die Petersburger Verträge (1. Teilung Polens) an Preußen. Nach einer Verfügung Friedrichs des Großen sollte das vom Verfall bedrohte Bauwerk zwar erhalten werden, tatsächlich aber nahm die Zerstörung durch vielfältige Umbauten zum Zwecke der militärischen und industriellen Nutzung ihren Fortgang. „Dieser merkwürdige Bau", heißt es in Eichendorffs Memoirenkapitel *Halle und Heidelberg*, „hatte nicht einmal die Genugtuung, in malerische Trümmer zerfallen zu dürfen, er wurde methodisch für den neuen Orden der Industrieritter verstümmelt und zugerichtet." (Bd. I, S. 944 f.) Gegen Ende des 18. Jahrhunderts wurde sogar der Abriß erwogen. – Um dieselbe Zeit lenkten Zeichnungen, die der junge Friedrich Gilly 1794 angefertigt und ein Jahr darauf in Berlin ausgestellt hatte und die 1799–1803 in der Reproduktion durch den Kupferstecher Friedrich Frick im Druck erschienen, die Aufmerksamkeit auf die Marienburg (Reprint: *Schloß Marienburg in Preußen. Das Ansichtenwerk von Friedrich Gilly und Friedrich Frick*. Neu hrsg. von Wilhelm Salewski. Düsseldorf 1965). Es gab vereinzelte Proteste gegen den drohenden Abriß, aber erst ein Aufsatz des damals 20jährigen Dichters Ferdinand Max v. Schenkendorf in der Berliner Zeitschrift *Der Freimüthige* brachte die Wende in der Einstellung zu dem Bauwerk. In dem Artikel *Ein Beispiel von der Zerstörungssucht in Preußen,* der schwere Vorwürfe gegen die Verantwortlichen erhob, hieß es u. a.:

„Unter allen Überbleibseln Gothischer Baukunst in Preußen, nimmt das Schloß zu Marienburg die erste Stelle ein. Aus- und Einländer eilten seit Jahren in Menge dahin, um es zu bewundern. Die Nachricht von seinem baldigen Untergange bewog auch mich, in diesem Sommer eine Wallfahrt nach seinen Überresten zu unternehmen. Ruinen dachte ich wenigstens zu finden, und fand – Mehlmagazine. Gleich nach der Preußischen Besitznehmung wurde ein Theil des Schlosses in Kasernen verwandelt [...]. Zerstörung ist es im buchstäblichen Sinne; denn selbst diejenigen Theile, welche Jahrhunderte lang unverletzt

gestanden haben, werden jetzt zerbrochen. [...] Das alte Gebäude kam mir wie das Skelett eines Riesen vor. Es wird ausgeweidet, und nur die kahlen Seitenwände verschont man. Es ist kein Vortheil dabei, ein altes, in so mancher Hinsicht nützliches Gebäude zu zerstören, um Mehlmagazine anzulegen. Die Kosten der Zerstörung wiegen die der Erbauung eines neuen auf. Und wenn dieses nicht wäre, wenn das Schloß ganz unnütz da stände, wenn niemand darin wohnen, wenn kein Gericht oder dergleichen sich darin versammeln könnte, so müßte man doch das Andenken der Väter ehren und nicht verwüsten. Denkt denn unsre Generation nicht daran, daß es eine Nachkommenschaft giebt, die es einst mit ihren Werken auch so machen kann? – Wer will nun aber diese Entheiligung? Der König nicht. Die Kammer auch nicht. Vielleicht nur die Intendanten? Wollen viel leicht nur die Baumeister das so einträgliche Geschäft nicht aufgeben? [...] Ich mag die Ursache davon nicht aufsuchen; dem ‚Freimüthigen' aber geziemt es, öffentlich über eine Sache zu reden, welche das ganze Land angeht. Vielleicht gelingt es dem Einflusse eines seiner Leser, das zu retten, was die zerstörende Hand noch nicht erreicht hat. [...] Wer retten will und kann, der rette bald; denn Eile ist nöthig!   F. v. Sch."
(*Der Freimuthige oder Berlinische Zeitung für gebildete, unbefangene Leser* Nr. 136 vom 26. 8. 1803, S. 541 f.)

Der Aufsatz tat seine Wirkung. Der preußische Minister v. Schroetter, der für die Zerstörungen verantwortlich war, ließ die Arbeiten stoppen. Am 13. August 1804 befahl Friedrich Wilhelm III., daß für die Erhaltung des Schlosses Sorge getragen werden solle. Die planmäßige Wiederherstellung begann jedoch erst, nachdem Theodor v. Schön, der 1815 Oberpräsident von Westpreußen geworden war, sich des Bauwerks annahm und weite Kreise für das Bauvorhaben interessierte.

Die Erhaltung und Wiederherstellung alter Architektur war im frühen 19. Jahrhundert noch keine Selbstverständlichkeit. Verständnis dafür, was heute als Denkmalpflege geläufig ist, begann sich damals erst langsam zu entwickeln. Der Plan der Restaurierung der Marienburg ist im Zusammenhang mit der romantischen Hinwendung zum Mittelalter und zur altdeutschen Baukunst zu sehen, die in den Jahren der Napoleonischen Herrschaft durch die einsetzende Besinnung auf die nationalen Traditionen nachhaltige politische Impulse erhielt. Seit dem Sieg über Napoleon gab es in Deutschland allenthalben Pläne, der in den Freiheitskriegen wiedergewonnenen nationalen Eintracht in Denkmälern architektonischen Ausdruck zu verleihen (s. hierzu auch S. 495 f.). Der einstige Sitz der Hochmeister des Deutschen Ordens, die den Grundstein zum preußischen Staat als Großmacht gelegt hatten, schien sich als Nationaldenkmal Preußens anzubieten. Dabei darf allerdings nicht übersehen werden, daß die Integration der Geschichte des Ordensstaates in die preußische Geschichte sich in der Historiographie damals gerade erst durchzusetzen begann. Bis zum Anfang des 19. Jahrhunderts war die Einstellung zum Ritterorden in Preußen entschieden negativ, sowohl von ständischer wie von aufklärerischer Seite wurde der Deutsche Orden als Macht grausamer Unterdrückung strikt abgelehnt (vgl. hierzu S. 296 f. und die Anm. zu S. 297). Es kam hinzu, daß der Orden die Zugehörigkeit des ehemaligen Ordenslandes zur preußischen Monarchie als unrechtmäßig betrachtete und nach wie vor an seinem 1525 verletzten Recht festhielt (damals war der Hochmeister Albrecht von Brandenburg [vgl. die Anm. zu S. 348] zur Reformation übergetreten und hatte den Ordensstaat in ein weltliches Herzogtum verwandelt – ein Schritt, den Kaiser und Papst nicht anerkannten), daß Orden und preußischer Staat noch im 18. Jahrhundert in dieser Angelegenheit gegeneinander prozessierten (s. *Boockmann* '67, S. 551 und 554). (Da die Marienburg seit 1466 zu Polen gehörte und daher von diesem Streit nicht berührt wurde, gab es für Eichendorff keinen Anlaß, diesen heiklen Punkt zur Sprache zu bringen.) – Erst das 19. Jahrhundert entdeckte mit der Geschichte des Mittelalters auch den Deutschen Orden und begann sich seiner Geschichte mit Sympathie anzunehmen. „Der Orden wird zu einem positiven Element der eigenen erinnerten Geschichte, und diese wandelt sich, indem er in sie hineingeholt wird. Die preußische Geschichte, die Geschichte der preußischen Monarchie, erhält ein neues, oder jedenfalls ein zweites Zentrum"; sie „beginnt nun mit der Begründung des Ordensstaates; in der Marienburg wird ihr ‚erster Grundstein' gelegt." (Ebd., S. 547; vgl. ferner *Boockmann* '82, S. 234 ff.) Damit stand der Auffassung der Marienburg als preußisches Nationaldenkmal nichts mehr im Wege.

Theodor v. Schön allerdings, die treibende Kraft hinter dem Bauvorhaben, verband mit der Wiederherstellung der Burg noch andere Vorstellungen. Die Marienburg sollte zugleich ein Denkmal der preußischen Staatsreform werden, ein Mal der Erinnerung und des Appells, das den Geist der Freiheitskriege und der preußischen Reformzeit bewahren und weiterwirken lassen sollte (*Boockmann* '67, S. 549), auch ein Denkmal der im Kampf gegen Napoleon bewährten Eintracht von König und Volk, womöglich ein preußisches Westminster, in dem sich „die Stände als Repräsentanten der mündigen Bürger […] zur politischen Willensbildung" versammelten (*Boockmann* '72, S. 119). Daher sollten König und Bürger schon beim Bau des Schlosses zusammenwirken und jeder seinen Teil zur Wiederherstellung beitragen (ebd., S. 123).

Schons Bericht über das Schloß an den Staatskanzler v. Hardenberg vom 22. November 1815 (s. *Schmid*, S. 226f.) gab den Anstoß für die Wiederherstellung des Bauwerks. Sie wurde 1817 in Angriff genommen und 1842 (vorläufig) abgeschlossen. Schön verstand es, Historiker und Architekten und nicht zuletzt das preußische Königshaus für die Marienburg zu interessieren und die notwendigen Geldmittel herbeizuschaffen. In den 20er Jahren entstanden auf seine Anregung eine Reihe von Publikationen über die Geschichte und die Baugeschichte des Schlosses, u. a. die Arbeiten von Büsching und Johannes Voigt (s. unten zu E's Quellen).

Eichendorff, der seit 1821 in Danzig, seit 1824 in Königsberg tätig war und in diesen Jahren häufig die Marienburg besuchte, wurde sehr bald in die Aktivitäten einbezogen. Schön vertraute ihm das Dezernat „Marienburg" an, das er bis zu seinem Weggang nach Berlin im Sommer 1831 verwaltete. Auf Wunsch Schöns schrieb er das Gedicht *Der Liedsprecher*, das am 20. Juni 1822 anläßlich der Festtafel, die der preußische Kronprinz und spätere König Friedrich Wilhelm IV. im großen Remter der Marienburg gab, vorgetragen wurde (vgl. die Anm. zu S. 381). Wohl ebenfalls auf Schons Veranlassung entstand wenig später das Gedicht *Will Lust die Tor' erschließen*; Anlaß war ein Besuch der Gattin des Zaren in der Marienburg. Auch das 1830 im Druck erschienene historische Drama *Der letzte Held von Marienburg* verdankt seine Entstehung einer Anregung Schöns.

Eichendorff war mit dem Schloß, seiner Geschichte und der Geschichte seiner Restaurierung bestens vertraut, als Th. v. Schön, der im Sommer 1842 seinen Abschied genommen hatte und gleichzeitig zum „Burggrafen von Marienburg" ernannt worden war, mit dem Vorschlag an ihn herantrat, eine Geschichte der Wiederherstellung der Marienburg zu schreiben (Schöns Brief vom 26. Nov. 1842 ist nicht erhalten). Eichendorff griff den Vorschlag freudig auf. In seinem Antwortschreiben dankt er Schön für das „erwiesene Wohlwollen und Vertrauen, das mich über alle Beschreibung glücklich macht", und fährt fort:

„Es bleibt dabei, von Preußen – das heißt mit anderen Worten von Ew. Exzellenz – kommt mir doch alles wahrhaft Aufregende und Erfreuliche meines Lebens. Eine Wiederherstellung Marienburgs schmeckt so sehr nach Idee und ist so durch und durch poetisch, daß ich mit rechter Hertzensfreude an die Arbeit gehen will, und es soll wenigstens nicht an meinem guten Willen liegen, wenn es da nicht Funken und im Vorübergehen vielleicht manchmal auch eine gelegentliche Ohrfeige giebt." (Brief vom 4. Dez. 1842: *Ziesemer*, S. 22; *HKA*[1] XII, S. 74, liest im ersten Satz: „alles wahrhaft Anregende".)

Gleichzeitig bittet er um eine Regelung der Kostenfrage. Daraufhin wendet sich Schön am 12. Dezember 1842 an Friedrich Wilhelm IV. von Preußen. In seinem Konzept heißt es:

> „Die Art der Wiederherstellung Marienburgs ist ein Moment der Culturgeschichte von Preußen, und es scheint Pflicht gegen Mit- und Nachwelt zu seyn, das, was von der jetzigen Generation für Marienburg geschah, und wie es geschah, in vollem Lichte darzustellen. Der Baron v. Eichendorff wäre der Mann dazu. Er hat Jahrelang mit und neben Marienburg gelebt, er kennt den prosaischen Theil der Wiederherstellung so viel davon hier nöthig ist, die Preußische Geschichte lebt ihrem Wesen nach in ihm, wie seine Gedichte für Marienburg ⟨u. sein ‚letzter Held von Marienburg‘⟩ zeugen, und als Dichter, gerade für die Zeit, in der Marienburg blühte, steht er bedeutend da. ⟨Nur der Romantiker kann, meines Erachtens, über Marienburg schreiben.⟩" (*Ziesemer*, S. 23 f.; die in spitze Klammern gesetzten Teile sind in Schöns Konzept gestrichen. Auch *HKA*[1] XII, S. 275, und *Niggl I*, S. 615.)

Weiter heißt es, Eichendorff habe sich bereit erklärt, die Aufgabe zu übernehmen; die erforderlichen Mittel könnten dem Dotierungsfond Marienburg entnommen werden (ebd.). Der König erklärt sich am 24. Dezember 1842 einverstanden, „daß auf Kosten des Dotirungs-Fonds von Marienburg eine Geschichte der Wiederherstellung dieses Schlosses herausgegeben und dem Geheimen Regierungs-Rath Freiherrn von Eichendorff die Abfassung dieses Werkes übertragen werde" (*Ziesemer*, S. 24; *HKA*[1] XII, S. 275 f.). Die entsprechende Kabinettsorder wird Eichendorff am 9. Januar 1843 zur Kenntnisnahme vorgelegt (*Pörnbacher*, S. 57). Schön beantragt am 31. Dezember 1842 in einem Schreiben an Eichendorffs Vorgesetzten, Kultusminister Eichhorn, einen Urlaub für den Dichter, den der Minister, vom König inzwischen von der Angelegenheit in Kenntnis gesetzt, am 11. Januar 1843 gewährt (*Ziesemer*, S. 24 f.).

Auf Anordnung Schöns werden nun Auszüge aus den Marienburger Akten angefertigt, die Schön dem Dichter am 21. April zuschickt (ebd., S. 25 f.). Eichendorff, gerade von einer Lungenentzündung genesen, bestätigt die Sendung am 25. April und bittet Schön, ihm weiteres Aktenmaterial nach Danzig in das Haus seines Schwiegersohns, Leutnant v. Besserer, zu senden, wo er am 7. Mai eintreffen werde, um Anfang Juni nach Marienburg weiterzureisen (ebd., S. 26 f.). Am 3. Juni findet eine erste Konferenz in der Marienburg statt, an der neben Schön und Eichendorff auch der Baumeister Hartmann und der Historiker

Johannes Voigt teilnehmen (ebd., S. 28; *HKA*[1] XIII, S. 281). (Am 8. Juni feiert Th. v. Schön sein 50jähriges Dienstjubiläum auf der Marienburg; s. hierzu Eichendorffs Gedicht *Der brave Schiffer*, Bd. IV, S. 69 f.) – Eichendorff, der sich inzwischen in das Aktenmaterial eingearbeitet hat, bittet Schön am 7. Juni, eine Verlängerung seines am 3. Juli auslaufenden Urlaubs zu erwirken; er sei inzwischen zu der Überzeugung gelangt, „daß ein zweimonatlicher Urlaub nicht einmal hinreicht, die zu der Arbeit erforderlichen, weitläufigen und in den Archiven zu Marienburg und Königsberg zerstreuten Materialien gehörig zu übersehen, und daß außerdem diese Arbeit selbst, ihrer Natur und ihrem Umfange nach, keineswegs geeignet ist, in Berlin gelegentlich in etwanigen, sehr ungewissen Mußestunden ausgeführt zu werden" (*Ziesemer*, S. 27 f.). Auf Grund eines entsprechenden Gesuchs vom 11. Juni genehmigt Minister Eichhorn am 6. Juli eine Urlaubsverlängerung um weitere zwei Monate (ebd., S. 28 f.). – Ende September liegt Eichendorffs Manuskript vor.

Die Schrift ist demnach in den Monaten Mai bis September 1843 in Danzig entstanden. Der Dichter konnte bei ihrer Abfassung auf ein umfängliches Quellenmaterial zurückgreifen (vgl. zum folg. *HKA*[1] X, S. 445–447).

An hs. Quellen standen ihm die 30 Foliobände umfassenden Akten der Wiederherstellung des Schlosses zur Verfügung (vermutlich hat sich Eichendorff im wesentlichen auf die Auszüge gestützt, die auf Anordnung Schöns für ihn angefertigt worden waren); ferner acht hs. Bände Carl Ludwig Haeblers (s. die Anm. zu S. 332), die neben Auszügen aus Unterlagen des Königsberger Archivs – vor allem aus dem *Marienburger Treßlerbuch der Jahre 1399–1409* (später hrsg. von Erich Joachim, Königsberg 1896) und dem *Rechnungsbuch des Hauskomturs für die Jahre 1410–1420* (später u. d. T. *Das Ausgabebuch des Marienburger Hauskomturs für die Jahre 1410–1420* hrsg. von Walther Ziesemer, Königsberg 1911) – auch Haeblers eigene historische und archäologische Untersuchungen über die Marienburg enthielten, an die Eichendorff teilweise wörtlich anknüpfte. – Die Hauptquelle für die Zeit, in der die Marienburg Hochmeistersitz des Deutschen Ordens war, dürfte neben den *Statuten des deutschen Ordens* (hrsg. von Ernst Hennig, Königsberg 1806) Johannes Voigts *Geschichte Marienburgs, der Stadt und des Haupthauses des deutschen Ritter-Ordens in Preußen* (Königsberg 1824), für die Zeit bis 1525 daneben J. Voigts *Geschichte Preußens* (9 Bde., Königsberg 1827–38) gewesen sein. In seiner Schrift führt Eichendorff eine Reihe älterer Historiker und Chroniken an, so die preußischen Geschichtsschreiber des 16. Jahrhunderts Simon Grunau (*Preußische Chronik*, später veröffentlicht in: *Die preußischen Ge-*

schichtsschreiber des 16. und 17. Jahrhunderts, hrsg. vom Verein für die
Geschichte Preußens, Bde. 1–3, Leipzig 1876–96), Caspar Hennenberger (*Kurtze und einfeltige Beschreibung aller Hohemeister Deutsches
Ordens S. Mariae, des Hospitals zu Jerusalem, . . .,* Königsberg 1584) und
Caspar Schütz (*Historia rerum Prussicarum,* Zerbst 1592), ferner Abra-
ham Hartwich (*Geographische historische Landesbeschreibung der Danziger, Elbinger und Marienburger Werder,* Königsberg 1723). Vermutlich kannte der Dichter diese Quellen nur aus zweiter Hand, nämlich aus
den genannten Darstellungen von J. Voigt, der sie fortlaufend zitiert;
denn ein gründliches Studium der Originalquellen war in der kurzen
Zeit, die ihm zur Verfügung stand, gar nicht möglich. Welche der älteren
Quellen Eichendorff im Original benutzt hat, bedarf noch der Klärung.
Hierzu gehörte möglicherweise die *Marienburgische Chronik*
(1696–1726) von Samuel Wilhelmi (später hrsg. von R. Toeppen, Marienburg 1898). Benutzt hat er sicherlich die *Jahrbücher Johann Lindenblatts, oder die Chronik Johannis von der Pusilie, Officials zu Riesenburg*
(hrsg. von Joh. Voigt und F. W. Schubert, Königsberg 1823), wahrscheinlich auch Voigts Schrift *Das Stilleben des Hochmeisters des deutschen Ordens und sein Fürstenhof* (in: *Historisches Taschenbuch* 1, 1830,
hrsg. von Friedrich v. Raumer, S. 167–253). – Daneben kannte er
selbstverständlich die Frickschen Kupferstiche nach den Zeichnungen
von F. Gilly und Fricks *Historische und architektonische Erläuterungen
der Prospecte des Schlosses Marienburg in Preußen* (Berlin 1802); dieser
Schrift und dem Werk *Das Schloß der deutschen Ritter zu Marienburg*
(1823) von Johann Gustav Gottlieb Büsching entnahm er architekturge-
schichtliche Details.

Das Manuskript ging zunächst an Th. v. Schön, der es dem Bauinspek-
tor Gersdorff zur Überprüfung der baulichen Details übergab (Schön an
Eichendorff am 17. 10. 1843: *Ziesemer,* S. 30; *Niggl I,* S. 615 f.; Schön an
Eichendorff am 14. 11. 1843: *HKA* [1] XIII, S. 159), dann dem Dichter zur
Durchsicht noch einmal zusandte; vielleicht „lassen sich einzelne Stellen
noch mehr als dieß schon der Fall ist poetisch halten" (*Ziesemer,* S. 30).
Nachdem Eichendorff Gersdorffs Bemerkungen zum Text „im Wesent-
lichen benutzt und darnach das Manuscript an den betreffenden Stellen
berichtigt" hatte, ging dieses am 15. November wieder an Schön zurück
(*Ziesemer,* S. 31).

Inzwischen hatte Eichendorff am 10. August 1843 in einem Schreiben
an Minister Eichhorn unter Hinweis auf seinen zerrütteten Gesundheitszustand um seine Pensionierung und bis dahin um nochmalige Verlängerung des am 3. September auslaufenden Urlaubs gebeten, um die Schrift
über die Marienburg an Ort und Stelle vollenden zu können (*HKA* [1] XII,

S. 76–78); am 5. Oktober wiederholte er sein Pensionsgesuch und bat um erneute Verlängerung des Urlaubs um weitere sechs Monate (*Pörnbacher*, S. 59). Nachdem Direktor v. Ladenburg in Abwesenheit des Ministers den Urlaub vorläufig bis zum 15. Oktober verlängert hatte, riet Eichhorn in seinem Antwortschreiben vom 11. Oktober, mit dem Ausscheiden aus dem Staatsdienst wegen der Höhe der Pensionsbezüge noch zu warten, verlängerte aber den Urlaub bis zum 1. April 1844 (*HKA* ¹ XIII, S. 158f.). Dem am 25. Februar 1844 erneuerten Pensionsgesuch Eichendorffs (*HKA* ¹ XII, S. 79f.) wird schließlich stattgegeben (*HKA* ¹ XIII, S. 160–162).

Im Dezember 1843 beginnen die Setzarbeiten in der Druckerei E. J. Dalkowski in Königsberg. Am 7. Dezember bittet Schön Johannes Voigt, die Korrekturfahnen einer „Durchsicht in Beziehung auf den geschichtlichen Inhalt" zu unterziehen (*Ziesemer*, S. 32) Am 22. Januar 1844 kündigt Schön dem Dichter das baldige Erscheinen seiner Schrift an (der Brief ist nicht erhalten); im Februar 1844 liegt der Druck vor. Am 13. Mai sendet Schön dem preußischen König drei Prachtexemplare des Buches; Friedrich Wilhelm IV. bedankt sich am 25. Mai mit den Worten, die von Freiherrn v. Eichendorff verfaßte Geschichte der Wiederherstellung der Marienburg sei ihm, „wie alles, was dieses großartige Denkmal betrifft, eine sehr erfreuliche Erscheinung" (*Ziesemer*, S. 34). – Den Vertrieb der Schrift übernimmt der Berliner Buchhändler Alexander Duncker (ein Teil der Auflage weist auf dem Titelblatt den Druckort Königsberg aus, ein zweiter, mit anderem Titelblatt versehener Teil bringt den Hinweis „In Commission bei Alexander Duncker, Berlin 1844").

Das Buch fand in interessierten Kreisen eine gewisse Verbreitung, die öffentliche Resonanz blieb jedoch gering. Eine einzige Erwähnung der Schrift (in einer Sammelbesprechung von Publikationen über die Marienburg) konnte bisher nachgewiesen werden. Eichendorff gebe in seinem Werk „einen liebenswürdigen Überblick der Gesamtanlage", heißt es dort; „Selbstforschung war sein Zweck nicht; aber er läßt die [...] Thatsachen der Lokalitäten wie der Geschichte des Schlosses in einem lebendigen Bilde vor uns hintreten, und führt uns aus der alten Glanzzeit durch die trübe Nacht der polnischen Herrschaft in die trübere der modernen Verwüstung; aber er führt uns auch wieder aus letzterer hinaus an den heutigen Tag, wo dies alte Schloß unter dem Banner eines königlichen Jünglings neu erstand. Er selbst ist der Minnesänger, dessen Lieder in den alten Sälen zu neuen Festen erklangen." (Ferdinand v. Quast: *Beiträge zur Geschichte der Baukunst in Preußen, II: Schloß Marienburg.* In: *Neue Preußische Provinzial-Blätter* 11 [Königsberg

1851], Heft 1, S. 10; zit. nach *Niggl II*, S. 827 f. – Der Kunsthistoriker F. v. Quast war seit 1843 erster Denkmalpfleger in Preußen.)

Eichendorff konnte bei der Darstellung der Geschichte des Ordens und des Bauwerks bereits von einer grundlegend veränderten Einstellung der Öffentlichkeit und der preußischen Geschichtsschreibung zum Deutschen Orden ausgehen. Wie bereits angemerkt, bestand für ihn auch kein Anlaß, auf die nach wie vor existierenden Konfliktpunkte zwischen dem – in Deutschland 1809 von Napoleon aufgehobenen, in Österreich 1834 erneuerten – Orden und dem preußischen Staat einzugehen (sie galten immerhin als so gravierend, daß es der Orden ablehnte, an der Wiederherstellung seines einstigen Haupthauses mitzuwirken; s. *Boockmann '67*). – Eichendorff stellt zunächst die Eroberung preußischer Gebiete durch den Deutschen Orden, die Gründung des Ordensstaates und dessen Geschichte dar, die eine Geschichte ständiger kriegerischer Auseinandersetzungen mit den Nachbarstaaten war. Diese Darstellung ist durchaus parteilich – das entsprach seinem Auftrag wie seiner persönlichen Einstellung. Obwohl der Dichter aus seiner Sympathie für den Orden, dessen geschichtliche Rolle idealisiert und verklärt wird, kein Hehl macht, übersieht er doch dessen Schwächen und die Anzeichen innerer Zersetzung nicht, die schließlich zum Untergang führten. – In den drei Jahrhunderten ihrer Zugehörigkeit zum Königreich Polen stand die Marienburg erneut mehrfach im Brennpunkt kriegerischer Auseinandersetzungen, diesmal zwischen Schweden und Polen, ausgelöst durch den polnischen Anspruch auf die schwedische Krone. – Was Eichendorffs Schrift heute noch lesenswert macht, ist die Anschaulichkeit und Lebendigkeit, mit der die bauliche Entwicklung der Burganlage und ihre Räumlichkeiten, das Leben und Treiben auf dem Schloß, Feste und Tafeleien, auch Kampfhandlungen und Belagerungen, schließlich der Verfall und die fortschreitende Zerstörung des Bauwerks geschildert werden. Selbst die Darstellung der planmäßigen Wiederherstellung mit ihren zahlreichen architektonischen Einzelheiten und den Details der Finanzierung verrät noch die Handschrift des Poeten.

Das Interesse an der Wiederherstellung der Marienburg führt Eichendorff auf die Befreiungskriege zurück. Deutschland habe damals, „fast überrascht, sich selber wiedererkannt, und die Herzen, einmal vom Hohen berührt, wurden auch für die großen Erinnerungen der Vorzeit und die Denkmale, die von ihnen zeugen, wieder empfänglich. Man erkannte, daß es kein Vorwärts gebe, das nicht in der Vergangenheit wurzele, daß der Stammbaum jedes neuen Gedankens in der Geschichte, den Gesinnungen und Irrtümern der vorübergegangenen Geschlechter nachzuweisen sei, und man sehnte sich überall nach einem dauernden

Symbol dieser neuen Überzeugungen und Zustände" (S. 333). – Die dominierende Rolle Theodor v. Schöns als Promotor des Wiederaufbaus wird betont, auch die tätige Anteilnahme weiter Bevölkerungskreise, der preußischen Provinzen und Stände, der Gemeinden, Korporationen und einzelner Familien und Personen gewürdigt. „Das Volk hat in Marienburg nicht nur mitgebaut, sondern auch sich selber daran erbaut." (S. 380) Spezifisch Eichendorffsche Gedanken klingen an, wenn die Popularität und Anziehungskraft der wiederhergestellten Burg zurückgeführt wird auf „die geheimnisvolle, ideale Übermacht, die dort plötzlich mitten aus der fruchtbar-langweiligen Fläche alltäglichen Wohlbehagens gedankenreich wieder emporgestiegen" sei, auf den deutschen „Sinn und Geist, der wie ein frischer Waldhauch durch diese Säle weht", und auf „die stets durch den ganzen Bau und seine Geschichte hindurchgehende Hinweisung auf das Kreuz, unter dem das Volk schon einmal für König und Vaterland gestritten und gesiegt" (S. 380f.). Eichendorff beschwort hier, zum wiederholten Male auf das Jahr 1813 verweisend, die Einheit von Kirche, Volk und Monarch, die 1842 in Köln demonstriert worden war (s. S. 495 und 531), die sich aber sehr bald als brüchig erwies. – Die Marienburg wurde weder zum architektonischen Ausdruck mündigen Staatsbürgertums im Sinne Th. v. Schöns noch zum Denkmal der Einheit von Kirche, Volk und Staat. In der politischen Wirklichkeit erfüllten sich diese Hoffnungen nicht. Im späteren 19. Jahrhundert, bald nach Beginn der zweiten Phase der Restaurierung (1882–1921), wurde das Bauwerk zum Monument der aggressiv nach Osten gerichteten Politik Wilhelms II. (*Boockmann '67*, S. 558; vgl. hierzu auch *Boockmann '72*, S. 143ff.) – Gegen Ende des Zweiten Weltkrieges setzte der so absurde wie verantwortungslose Entschluß, den Vormarsch der sowjetischen Truppen hier aufhalten zu wollen, die Marienburg einer sinnlosen Zerstörung aus. Das Bauwerk wurde inzwischen von polnischen Restauratoren wiederhergestellt.

Literatur:
Zur Geschichte des Deutschen Ordens: Marian Tumler: *Der Deutsche Orden. Von seinem Ursprung bis zur Gegenwart* (Mitarbeit: Udo Arnold). Bonn-Bad Godesberg 1974. – *Boockmann '82.*
Zur Baugeschichte und Wiederherstellung der Marienburg: *Schmid; Schmid/Hauke;* Rainer Zacharias: *Die Marienburg im Wandel der Jahrhunderte. Eine Baugeschichte in Bildern.* Hamburg 1976.
Zur Geschichte der Marienburg als politisches Denkmal: *Boockmann '72;* Hartmut Boockmann: *Die Marienburg im 19. Jahrhundert.* Frankfurt a. M., Berlin, Wien 1982.

Zu E's Schrift: *Ziesemer; Frühwald '79* (S. 48 f. und 53).
D/DV: *Die Wiederherstellung des Schlosses der deutschen Ordensritter
zu Marienburg. Mit einem Grundriß der alten Marienburg.* Königsberg
1844 / In Commission bei Alexander Duncker, Berlin 1844 (s. oben).

I. GRÖSSE, SCHULD UND BUSSE

259 *Größe, Schuld und Buße:* Reminiszenz an den Titel des Romans
Armut, Reichtum, Schuld und Buße der Gräfin Dolores (1810) von
Achim v. Arnim. – *gestiftet vor Acre:* Der Deutsche Orden wurde
während des 3. Kreuzzugs (1189–91) bei der Belagerung von
Akkon in Palästina (heute Akko/Israel) als Hospitalbruderschaft
gegründet, 1198 in einen Ritterorden mit Sitz in Akkon umgewandelt. – *die Veränderungen im Orient:* Im Jahre 1291 war Akkon
von den Mohammedanern erobert, der Sitz des Ordens nach
Venedig verlegt worden.

260 *Bekehrungsversuche ... ihr Mißlingen hatte die Preußen ...:* Der
Zisterziensermönch Christian (gest. 1245) aus dem poln. Kloster
Lekno missionierte seit 1209/10 östlich der Weichsel im Gebiet
der Preußen (d. h. hier: der balt. Völker der Kuren, Litauer und
Letten) und wurde 1215 von Papst Innozenz III. zum Bischof von
Preußen geweiht. Seine Mission scheiterte jedoch. – *Konrad von
Masowien:* um 1190–1247; Bruder des poln. Königs Leszeko des
Weißen (1194–1227). Er rief nach mehreren gescheiterten Kreuz-
zügen gegen die heidnischen Preußen, als diese sein Herzogtum
Masowien bedrohten, 1225 den Deutschen Orden zu Hilfe. –
Hermann von Salza: um 1170–1239, seit 1209 Hochmeister des
Deutschen Ordens (der „Hochmeister" stand an der Spitze des
Ordens); eine der überragenden Gestalten des Ordens. Er folgte
1225/26 dem Ruf Konrads von Masowien und leitete damit die
Eroberung Preußens durch den Orden ein. – *Hermann Balk:* gest.
1239; erster Landmeister des Ordens in Preußen (der „Landmeister" stand an der Spitze der Ordensverwaltung eines Landes);
unter seiner Führung begann 1231 die Eroberung des Landes. –
Kulmerland ... Pomesanien: Landschaften zwischen Weichsel
und Memel.

261 *Komtur:* Vorsteher eines Ordenshauses. – *Konvent:* Gesamtheit
bzw. Versammlung aller stimmberechtigten Mitglieder eines Ordenshauses. – *in Samland, in Natangen und Ermland:* Landschaften zwischen Weichsel und Memel. – *Sudauer:* zur Gruppe der
Preußen gehörige balt. Völkerschaft.

262 das ... Frische Haff: flaches Ostseehaff im Gebiet der Nogat- und der Pregelmündung zwischen der Küste und der Frischen Nehrung.

263 Großgebietiger: standen dem Hochmeister gewissermaßen als Minister zur Seite. – Ordenskapitel: E erläutert diesen Begriff S. 270 f. – Orden der Tempelherren ... vertilgt: Der Templerorden wurde 1305 durch König Philipp IV. von Frankreich der Häresie und Unzucht angeklagt und 1312 durch Papst Clemens V. auf dem Konzil zu Vienne verurteilt und aufgehoben. Sämtliche Templer in Frankreich wurden verhaftet, viele von ihnen verbrannt, so auch der letzte Großmeister des Ordens.

266 kein Italiener: Wer der Baumeister des Haupthauses war, ist bis heute nicht bekannt.

267 Konventsremter: Rem(p)ter. Speise-, Versammlungssaal in Klöstern und Burgen. – alle niedere Wucht des Lebens: Wucht: hier nach dem ursprünglichen Wortsinn: (nach unten ziehende) Last; im übertragenen Sinne gebraucht. – Schlegel ... Baukunst die gefrorene Musik: Der Ursprung dieses Wortes ist nicht geklärt; neben F. Schlegel werden auch Simonides, Görres, Brentano und Schelling als Urheber genannt (Georg Büchmann: Geflügelte Worte. 32. Aufl., vollst. neubearb. von G. Haupt und W. Hofmann. Berlin 1972, S. 291 f.).

268 Büschings ausführliche Darstellung...: Johann Gustav Gottlieb Büschings Darstellung der Marienburg war eine der Quellen E's (s. S. 506). – Anhang dieses Büchleins nebst beigefügtem Plane: Den Anhang vgl. S. 382 ff.; die Reproduktion des Originalplans findet sich auf dem hinteren Vorsatz des vorl. Bandes. – ... und aller Freunde verzeihen: „verzeihen" hier im älteren Wortsinn: sich entziehen, lossagen, (einer Sache oder Person) entsagen.

269 in principio: in principio erat verbum (lat.: am Anfang war das Wort); Beginn des Johannesevangeliums.

270 in caritate: (mittellat.) aus Nächstenliebe.

274 doctor decretorum et jurista ordinis: lat. Titel des Hofjuristen.

276 ihrer ursprünglichen Heimat ... Jerusalem: Vgl. zu S. 259. – Winrich von Kniprode: um 1310–1382; war 1338–41 Komtur von Danzig, 1346–51 Großkomtur von Marienburg, seit 1351 Hochmeister des Ordens. Seine Regierung gilt als die Zeit der höchsten Blüte des Deutschen Ordens. – Simon Grunau: s. S. 505 f. zu E's Quellen.

278 die Herzogin von Litauen: Vgl. zu S. 391.

280 Handquehlen: Handtücher.

281   *Kollatien:* Kollation: kleine Mahlzeit, Imbiß.

287   *Katastrophe:* (griech. Umkehr, Wendung) hier: Höhepunkt, entscheidende Wendung. – *Rheinfall:* ein Rheinwein.

288   *Vierdung:* der vierte Teil einer Mark. – *Skoter:* Skot: der 24. Teil einer Mark.

289   *das Hennig ... so deutet:* in seiner Ausgabe der *Statuten des Deutschen Ordens* (Königsberg 1806), S. 273; s. S. 505 zu E's Quellen. – *Heinrich von Plauen:* 1370–1429, wurde 1410 zum Hochmeister gewählt, 1413 abgesetzt. Er ist der Protagonist von E's historischem Trauerspiel *Der letzte Held von Marienburg.*

290   *Polenkönig Jagjel:* Jagello, Jagiello (um 1351–1434), seit 1377 Großfürst von Litauen; seit 1386 (durch Heirat mit der poln. Thronerbin Hedwig und nach vollzogener Taufe) als Wladislaw II. König von Polen. 1409 erklärte ihm der Orden den Krieg, da er im Krieg des Ordens gegen seinen Vetter Witold (s. zu S. 391) keine eindeutige Stellung bezog. J. besiegte den Orden 1410 bei Tannenberg. Begründer der (bis 1572 herrschenden) poln.-lit. Jagellonen-Dynastie.

291   *Ulrich von Jungingen:* 1407 zum Hochmeister gewählt, fiel 1410 in der Schlacht bei Tannenberg. – *alles verloren, nur die Ehre nicht:* Reminiszenz an die Worte Franz' I. von Frankreich nach seiner Niederlage und Gefangennahme bei Padua (1525): „Alles ist verloren, nur die Ehre nicht!"

292   *Lindenblatts „Jahrbücher":* s. S. 506 zu den Quellen E's.

293   *die Schiffskinder von Danzig:* „Schiffskinder war damals die Benennung des auf Schiffen dienenden Volks, denn ‚Kind' hat hier die Bedeutung von ‚Knecht' servus" (*Voigt*, S. 268, Anm. 52). – *Bruder Heinrich:* der Bruder des Hochmeisters Heinrich von Plauen; er war 1410–13 Komtur von Danzig.

294   *Sigismund von Ungern:* Sigismund (1368–1437), Sohn Kaiser Karls IV., ließ sich 1387 zum König von Ungarn krönen, seit 1410 deutscher König, seit 1433 deutscher Kaiser; verkaufte 1402 die Neumark an den Deutschen Orden.

295   *schiebelicht:* auch: schievelicht. Vielleicht von „Schiebel" (Riegel). – *Buttermilchturm ... unbegründete Sage:* Die *Deutschen Sagen* der Brüder Grimm verzeichnen drei Versionen der Sage vom Buttermilchturm.

296   *Schatzung:* im Mittelalter Bezeichnung für die Erhebung direkter Steuern. – *St. Burchardstag:* der 14. Oktober. – *Lochstädt:* Ort im Samland, zwischen Pillau und Fischhausen.

297   *der Preußische Bund:* Die von E hier angedeuteten Spannungen

zwischen dem Orden auf der einen, dem Adel und den Städten auf der anderen Seite führten 1440 zur Gründung eines „Bundes vor Gewalt", der die Rechte der Stände im Ordensstaat schützen sollte. Diese Vorgänge und die (auch kriegerischen) Auseinandersetzungen dieser Zeit prägten bis zum Ende des 18. Jh.s das Bild des Ordens in Preußen (vgl. hierzu S. 502).

298   *Polenkönig Kasimir:* Kasimir IV., der Jagiellone (1427–92), seit 1447 König von Polen und Großfürst von Litauen. Nach dem dreizehnjährigen Krieg gegen den Deutschen Orden (1454–66) erhielt er im 2. Thorner Frieden Westpreußen und die Oberhoheit über Ostpreußen.

II. DIE POLNISCHE WIRTSCHAFT

polnische Wirtschaft: ein bereits Ende des 18. Jh.s verbreiteter, insbesondere in angrenzenden Gebieten gebräuchlicher Ausdruck (s. *Boockmann* '72, S. 135, Anm. 111).

300   *Woiwoden und Starosten:* Woiwode: Statthalter, später oberster Beamter eines größeren Verwaltungsbezirks (Woiwodschaft) in Polen; Starost: Bezeichnung für adlige Lehnsleute in Polen. – *zu Michaelis:* am 29. September. – *Sigismund August:* Sigismund II. August (1520–72), seit 1548 König von Polen. Am 16. 3. 1569 wurden die von Polen im Jahre 1454 erworbenen ehemaligen Ordensgebiete in Westpreußen durch königliches Edikt dem poln. Reich einverleibt und verloren weitgehend ihre Selbständigkeit.

302   *Sigismund III.:* S. III. Wasa (1566–1632), Sohn Johanns III. von Schweden und der Jagellonin Katharina (vgl. zu S. 303 f.). Seit 1587 König von Polen. Nach dem Tode seines Vaters (1592) auch König von Schweden; wurde jedoch wegen seiner gegenreformatorischen Politik und der Mißachtung schwed. Interessen 1599 vom schwed. Reichstag abgesetzt. Vollendete die Rekatholisierung Polens. – *Karreten:* Fuhrwerke, schlechte Wagen. – *Mewe:* Ordenskomturei am linken Weichselufer.

303   *Doppelhaken:* eine schwere Büchse. – *Orationen:* Reden. – *Purlament:* Streit, Händel.

303 f. *nach seines Vaters Tode ... die Krone Schwedens geerbt:* Der Vater Sigismunds, Johann III. (1537–92), war seit 1569 König von Schweden. Seit 1562 mit der kathol. Jagellonin Katharina verheiratet, ließ er seinen Sohn katholisch erziehen und erreichte so dessen Wahl zum König von Polen (vgl. zu S. 302). Seinen Erbanspruch in Schweden konnte Sigismund jedoch nicht durchsetzen.

304 *Schwedenkönig Gustav Adolf:* Gustav II. Adolf (1594–1632), seit
1611 König von Schweden. Baute die schwedische Machtstel-
lung in Europa aus. Griff in den Dreißigjährigen Krieg ein, weil
er das Vordringen der Habsburger in den Ostseeraum und eine
kathol. Restauration befürchtete. – *Oxenstierna:* Axel Graf O.
(1583–1654), schwed. Staatsmann und Feldherr, seit 1612 Reichskanzler. Leitete nach dem Tode Gustav Adolfs die schwed. Politik. – *Wrangel:* Carl Gustav, Graf von Salmis (1613–76), schwed.
Feldherr; erhielt 1646 den Oberbefehl in Deutschland; seit 1664
Reichsmarschall.

305 *Kornett:* der jüngste Offizier einer Schwadron, der die Standarte
trug; hier wohl Bezeichnung für eine kleine militär. Einheit. – *mit
dem Kronprinzen Wladislaw:* 1595–1648, seit 1632 als Wladislaw IV. König von Polen. Seine religiöse Toleranz und Beliebtheit
trugen zur Konsolidierung Polens bei.

306 *wie Hartwich berichtet:* s. S. 506 zu den Quellen E.'s. – *Schlacht
bei Lützen:* am 16. 11. 1632; war von entscheidender Bedeutung
im Dreißigjährigen Krieg. – *Königin Christine von Schweden:*
1626–89, Tochter Gustav Adolfs; dankte 1654 ab. – *am 10. September 1635:* richtig: am 20. 9. 1635.

307 *König Johann III. von Polen:* 1629–96, seit 1674 König von
Polen. Poln. Nationalheld; befreite 1683 das von den Türken
belagerte Wien. Bedeutender Förderer von Kunst und Wissenschaft. – *mehre Belagerungen:* Die heute nicht mehr verwendete
Kurzform „mehre" war noch in der zweiten Hälfte des 19. Jh.s
gebräuchlich.

308 *Kurfürst von Sachsen, Friedrich August:* August der Starke
(1670–1733), als Friedrich August I. seit 1694 Kurfürst von Sachsen; nach Übertritt zum Katholizismus als August II. von
1697–1706 und seit 1709 erneut König von Polen. – *Prinz von
Conti:* François Louis, Prinz von La Roche-sur-Yon und Conti
(1664–1709), 1697 zum König von Polen gewählt, konnte sich
jedoch gegen August den Starken nicht durchsetzen.

309 *Karl XII. von Schweden:* 1682–1718; seit 1697 König von Schweden. Bedeutender Feldherr; scheiterte als Staatsmann. Unter
Karl XII. verlor Schweden seine Großmachtstellung.

310 *Stanislaus Lesczinski:* 1677–1766; 1704 mit Unterstützung
Karls XII. zum poln. König gewählt; verlor die Krone 1709
wieder an August den Starken (s. oben). – *im Altranstädtischen
Frieden:* vom 24. 9. 1706. – *Zar Peter:* Peter I., der Große
(1672–1725), seit 1689 Zar. Begründete die russ. Großmachtstel-

lung durch den Sieg über Schweden im Nordischen Krieg
(1700–21).

312 *unter Goltz:* vermutlich Georg Günther von der G. (1654–1716),
sächs. Generalmajor. – *Gräfin Cosel:* Anna Constanza Gräfin von
C. (1680–1765), Mätresse Augusts des Starken. War ein Jahrzehnt
Mittelpunkt des sächs. Hofes; fiel später in Ungnade und wurde
seit 1716 in Haft gehalten.

313 *Kurtisanskleidung:* Kurtisan: Höfling. – *1807 ... von den Franzosen ... vernichtet:* Vgl. hierzu S. 329f. und die Anmerkungen.

314 *August III.:* 1696–1763; Sohn Augusts des Starken. Als Friedrich
August II. seit 1733 Kurfürst von Sachsen; seit 1734 als August III.
König von Polen. – *Prätendentschaft:* Prätendent: Herrscher, der
Ansprüche auf einen Thron, der ihm vorenthalten wird, geltend
macht.

315 *während des Siebenjährigen Krieges:* der 3. Schlesische Krieg
1756–63 zwischen Preußen und Österreich, aus dem Preußen
gestärkt hervorging. – *Preußen:* Der Name „Preußen", ursprünglich die Bezeichnung für das Siedlungsgebiet balt. Völker (der
Kuren, Litauer und Letten; s. zu S. 260), wurde dann der Name
des 1525 aus dem Staat des Deutschen Ordens hervorgegangenen
Herzogtums (Ostpreußen), das 1618 mit dem Kurfürstentum
Brandenburg vereinigt wurde. 1701 ließ sich Kurfürst Fried
rich III. zum „König in Preußen" krönen; seitdem war „Preußen"
der Name des Gesamtstaats der Hohenzollern. – *... näherte sich
das Schloß Marienburg immer mehr dem Verfalle:* E schreibt
diesen Umstand im folgenden zu Unrecht der poln. Herrschaft
zu. Spätere Untersuchungen haben ergeben, „daß die wesentlichen Zerstörungen auf den Dreißigjährigen Krieg bzw. die schwedische Besatzung 1655–60 zurückzuführen seien", ferner, „daß
die sorgfältigen polnischen Bestandsaufnahmen eine der wichtigsten Voraussetzungen der Wiederherstellungsarbeiten waren"
(*Boockmann '72*, S. 144f.; s. hierzu Johannes Sembrzycki: *Die
Marienburg unter polnischer Herrschaft*, in: *Altpreußische Monatsschrift* N.F. 26, 1889, S. 657–667; 27, 1890, S. 141–148).

318 *Hennenberger ... Simon Grunau:* s. S. 505f. zu E's Quellen. –
Hans von Tieffen: Johann von Tiefen, 1489–97 Hochmeister des
Deutschen Ordens.

III. Die Zopfzeit

320   *Zopfzeit:* Der Zopf – Anspielung auf die Haartracht des 18. Jh.s –
wird in E's Satiren und literarhistorischen Schriften sehr häufig als
Sinnbild für alles Pedantische und Überlebte, insbes. für den
flachen, aller Phantasie abholden, auf dem Prinzip der Nützlichkeit beruhenden Rationalismus der Spätaufklärung verwendet. –
1772: In diesem Jahr wurde in den Petersburger Verträgen zwischen Preußen, Rußland und Österreich die erste Teilung Polens
vereinbart; dadurch fiel mit dem größten Teil Westpreußens auch
die Marienburg an Preußen.

321   *Oberpräsident von Domhardt:* Johann Friedrich v. D. (1712–81),
erster Oberpräsident in der Provinz Ost- und Westpreußen. –
Regno redintegrato fides...: (lat.) Marienburgs Treue ist dem
wiederhergestellten Reich gewährt. – *Suprematie:* Oberhoheit,
Vorherrschaft.

324   *Approchen:* Laufgräben. – *jenes philisterhafte Utilitätssystem:*
Utilität: Nützlichkeit. Vgl. hierzu die Anm. zu S. 95. – *sich ...
applizierte:* sich applizieren: sich auf etwas legen, sich einer Sache
befleißigen.

325   *den Industriösen:* Vgl. zu S. 58. – *von einem mennonitischen
Krämer:* Mennonit: Angehöriger einer Sekte, die für die Er-
wachsenentaufe eintritt (nach ihrem Gründer Menno Simons,
1496–1561).

327   *das bekannte Fricksche Kupferwerk:* s. S. 500.

328   *ein ... von Max von Schenkendorf verfaßter Aufsatz:* s. S. 500 f.
– *Staatsminister Freiherrn von Schroetter:* Friedrich Leopold
Reichsfrhr. v. Sch. (1743–1815); war damals Staats- und Finanz-
minister für die Provinz Preußen in Berlin. Gehörte wie sein Bru-
der Karl Wilhelm (1748–1819) zu den besten Köpfen der preuß.
Reformbewegung. – *von der plötzlichen neuen Überzeugung:*
Vgl. hierzu S. 508 f. – *der König selbst:* Friedrich Wilhelm III.

329   *wegen des inzwischen ausgebrochenen Krieges:* der im Oktober
1806 begonnene 4. Koalitionskrieg, der zum Zusammenbruch
Preußens führte. – *die Ungewitter der Weltgeschicke:* Gemeint ist
vor allem der siegreiche Vormarsch Napoleons nach der preuß.
Niederlage bei Jena und Auerstedt. – *der französischen Heereszüge vom Jahre 1807:* Napoleons Truppen drangen in der ersten
Hälfte des Jahres 1807 über Schlesien und Pommern nach West-
und Ostpreußen vor. – *Belagerung des nahen Danzig:* Danzig
kapitulierte am 25. 5. 1807.

331   *der ... zu Tilsit ... abgeschlossene Friede:* Das Friedensdiktat von Tilsit (nach Napoleons Sieg bei Friedland am 14. 6. 1807) zwischen Frankreich auf der einen, Rußland und Preußen auf der anderen Seite löschte Preußen als europäische Großmacht vorläufig aus. – *Vexationen:* Ärgernisse, Quälereien. – *„Nun danket alle Gott!":* Verfasser des bekannten Kirchenliedes ist der Barockdichter Martin Rinckart (1586–1649).

331 f.   *im Jahre 1812 ... die Eroberung eines Weltteils:* der franz. Feldzug gegen Rußland, der die Wende der Napoleonischen Herrschaft brachte.

IV. Die Wiederherstellung

332   *Dr. Haebler:* Carl Ludwig H. (1788–1891), Pfarrer und Schulinspektor in Marienburg, hatte wesentlichen Anteil an der Erforschung der Geschichte der Marienburg (s. S. 505 zu E's Quellen).

333   *jene tiefe, dumpfe Gewitterschwüle:* ein von E häufig verwendetes Bild für einen krisenhaften Zustand, in dem sich bedeutende, die Situation klärende Entscheidungen vorbereiten. – *Im Brande von Moskau:* Der Brand brach am 14. 9. 1812 aus, an dem Tag, an dem Napoleon in die Stadt einmarschierte. Er leitete das Fiasko seines Rußlandfeldzugs ein. – *jene hinreißende Begeisterung:* Die nationale Begeisterung ergriff auch E, der im April 1813 Wien verließ, um sich dem Lützowschen Freikorps anzuschließen.

334   *von Schön:* Zu Schöns Anteil an der Wiederherstellung der Marienburg s. S. 501 ff. – *Costenoble:* Johann Conrad C., Architekt; Verfasser eines Werkes *Über altdeutsche Architektur und deren Ursprung* (Halle 1812).

335   *Lineamente:* Umrisse, Grundrisse.

336   *Architekt Moller:* Georg M. (1784–1852), bedeutender Baumeister und Bauhistoriker; schuf Kirchen- und Theaterbauten vor allem in Darmstadt und Mainz. – *sein heiteres Westminster:* Vgl. S. 502. – *der Horst des schwarzen Adlers:* Anspielung auf das preuß. Wappentier. Daß E die Marienburg hier als „geistiges Ahnenhaus der Preußen" bezeichnen kann, ist das Ergebnis der veränderten Auffassung des Ordensstaates durch die preuß. Geschichtsschreibung seit Anfang des 19. Jh.s; vgl. S. 502.

337   *Ostentation:* das Zurschaustellen, Prahlerei. – *der König:* Friedrich Wilhelm III. – *die Prinzen des Königlichen Hauses:* Friedrich Wilhelm (1795–1861), ab 1840 als F. W. IV. König von Preußen; Wilhelm (1797–1888), der als W. I. seinen Bruder 1861 als König von Preußen ablöste; ab 1871 deutscher Kaiser.

338 *des schievelichten ... Turms:* Vgl. zu S. 295. – *Dotation:* Ausstattung, Schenkung. – *Sgr.:* Silbergroschen.

339 *gleichwie in Pompeji:* Teile der im Jahre 79 n. Chr. durch einen Vesuvausbruch verschütteten Stadt waren damals bereits freigelegt; die systematischen Ausgrabungen begannen erst im Jahre 1860. – *auf den ... beigefügten Plan:* Reproduktion des Plans auf dem hinteren Vorsatz des vorl. Bandes.

340 *Fürsten von Hardenberg:* Karl August Fürst v. H. (1750–1822), preuß. Staatsmann; seit 1791 Kabinettsminister, seit 1810 Staatskanzler. Er führte die Reformen des Freiherrn vom Stein (s. unten) weiter (Bauernbefreiung, Gewerbefreiheit, Judenemanzipation). Mit Wilhelm v. Humboldt vertrat er 1815 Preußen auf dem Wiener Kongreß.

344 *Johannes Voigt:* 1786–1863, preuß. Geschichtsschreiber, seit 1823 Professor in Königsberg. E war mit ihm seit seiner Königsberger Zeit (1824–31) befreundet. Vgl. auch S. 505f. zu E's Quellen. – *mehre ... Verwaltungs- und Baurechnungen:* Vgl. zu S. 307.

345 *des Staatsministers v. Stein:* Heinrich Friedrich Karl, Reichsfreiherr vom und zum Stein (1757–1831), preuß. Staatsmann, 1804 preuß. Minister; Vater des preuß. Reformwerks; wurde 1808 auf franz. Druck entlassen und von Napoleon geächtet. Eine der treibenden Kräfte der nationalen Erhebung. 1812 Berater des Zaren Alexander I. – *Treßlers Rechnungsbuch vom Jahre 1399:* Vgl. S. 505 zu E's Quellen. – *Heinrich von Plauen:* Vgl. zu S. 289. – *Kloster Karthaus:* das Kloster „Marienparadies" bei Karthaus (Westpreußen).

346f. *in des Hauskomturs Rechnungsbuch vom Jahre 1414:* Vgl. S. 505 zu E's Quellen.

347 *Judica:* Passionssonntag, zweiter Sonntag vor Ostern. – *Binder:* ein der Länge nach eingelegter Mauerstein. – *Kragstein:* Stützstein für das Gebälk.

348 *Herzog Albrecht:* Albrecht (1490–1568), Markgraf von Brandenburg-Ansbach, 1511–25 Hochmeister des Deutschen Ordens; ging 1525 zum Protestantismus über und verwandelte den Ordensstaat in ein weltliches Herzogtum, ein Schritt, den Kaiser und Papst nicht anerkannten und der bis zum 18. Jh. Gegenstand gerichtlicher Auseinandersetzungen zwischen dem Orden und Preußen war (s. S. 502). Herzog Albrecht gründete 1544 die Universität Königsberg. – *Georg Sabinus:* 1508–60, deutscher Humanist und neulat. Lyriker, Professor für Rhetorik in Frankfurt/Oder und Königsberg.

349 *Sohlbank:* der untere Abschluß einer Fensteröffnung.

350 *Munifizenz:* Freigebigkeit. – *Prinzen des Königlichen Hauses:* Vgl. zu S. 337.

354 *Gersdorff:* Carl August G., Bauinspektor, leitete 1819–50 die Wiederherstellung der Marienburg. – *Belagerung durch Jagiello:* Vgl. S. 293 ff., ferner die Anm. zu S. 290.

355 *der Gräflich Medemschen Familie:* ein altes, in Preußen ansässiges Adelsgeschlecht.

357 *Johannes Voigt erzählt in seiner „Geschichte Marienburgs":* Voigt, S. 111–113 (eine der Hauptquellen E's; s. S. 505).

359 *Schütz:* Caspar Sch. (1594 gest.), preuß. Geschichtsschreiber; s. S. 506 zu E's Quellen. *interfectus est, dum …:* (lat.) „Er wurde in der Nähe des Evanges ermordet, als er die Kapelle verließ" Welcher „älteren Chronik" das Zitat entstammt, ist nicht bekannt; E stützt sich hier auf *Voigt* (S. 113–115, Anm. 43), dessen Quelle nicht die Chronik selbst, sondern die Darstellung von Caspar Schütz war (s. oben).

361 *Fürstin Radziwill:* Prinzessin Luise von Preußen (1770 1836), Nichte Friedrichs des Großen; verheiratet mit Anton Heinrich Radziwill, Fürst zu Olyka und Nieswiesz (1775–1833), der bis 1830 Statthalter der preuß. Provinz Großherzogtum Posen war. Sie stand den preuß. Reformern nahe. – *Kronprinz, des jetzt regierenden Königs Majestät:* Friedrich Wilhelm IV. – *in dem preußischen Bundeskriege:* Vgl. S. 297 f. und die Anm. zu S. 297.

362 *Grafen Dohna:* eine aus Obersachsen stammende, später in Preußen ansässige Familie. – *Wandschaffen:* Schaff, Schaffen: kleines offenes Gefäß. – *Kollation:* kleine Mahlzeit, Imbiß.

363 *Büsching:* Vgl. zu S. 268.

365 *für die Schäfferei:* für die Vorratshaltung (s. S. 273). – *der vier preußischen Regierungen:* Gemeint sind die vier Bezirksregierungen der Provinz Preußen in Königsberg, Gumbinnen, Danzig und Marienwerder.

369 *in Büschings „Marienburg":* Vgl. zu S. 268.

370 *schon oben erwähnt, …:* s. S. 317.

371 *„Do. Unsers. heren Christi. jar. …":* „Im Jahre unseres Herrn Christus 1341 starb der sehr verständige (erfahrene) von Altenburg, Bruder Dietrich. Hier liegen die Meister begraben. Der von Altenburg hat angefangen [d. h. er war der erste der hier begrabenen Meister]. Amen."

372 *„In der Jar czal Xti…":* „Im Jahre Christi 1429 starb der ehrwürdige Bruder Heinrich von Plauen." – *„winric":* Winrich von

Kniprode. – *Dietrich von Logendorf:* Er war weltlichen Standes, gehörte dem Orden nicht an, war jedoch als Ratgeber des Hochmeisters tätig und wurde mit diplomatischen Aufgaben betraut (*Schmid/Hauke,* S. 41 f.). – *wie ein getreuer Eckart:* Gestalt der deutschen Heldensage; wird in der neueren deutschen Literatur als Wächter und Warner häufig zitiert. In der Tannhäusersage warnt er vor dem Venusberg die Eindringlinge. E war die Gestalt vor allem aus Tiecks *Der getreue Eckart und der Tannenhäuser* (1800) vertraut.

374   *Fürstbischof von Ermland:* Joseph Wilhelm Friedrich, Prinz von Hohenzollern-Hechingen (1776–1836), mit dem E in freundschaftl. Beziehung stand (s. S. 430). Vgl. auch die Anm. zu E's *Kirchenlied* (Bd. I, S. 264 f. und 981).

378   *Gabe der Königlichen Prinzen:* Vgl. zu S. 337.

379   *Kaiser Karls IV.:* 1316–78, seit 1346 König von Böhmen, seit 1355 dt. Kaiser. Brachte durch Erlaß der Goldenen Bulle (1356) die Reichsverfassung in feste Formen.

381   *unter dem das Volk schon einmal ... gestritten und gesiegt:* im Jahre 1813, im Befreiungskampf gegen Napoleon. – *in Meister Winrichs ... Tagen:* Winrich von Kniprode. – *ein Liedsprecher:* Der Liedsprecher war der Danziger Gymnasiallehrer und spätere Pfarrer Theodor Kniewel (1783–1857). Er trug das Gedicht *Der Liedsprecher* vor, das E auf Wunsch Theodor v. Schöns für diesen Zweck verfaßt hatte. Schön berichtete über das Fest und den Vortrag des E'schen Liedes in seinem Schreiben an Friedrich August v. Stägemann am 26. 6. 1822: „Der alten Sitte treu, trat ein Liedsprecher auf, und sang Herz erhebende Worte, und die Gesundheit des Königs ist wohl niemals mit tieferen Empfindungen ausgerufen worden. General Jasky hat das Gedicht, und es verdient, dass Sie es lesen, und auch Ihrer Frau Gemahlin vorlesen." (Zit. nach *Niggl I,* S. 99 f.) E's Lied erschien erstmals am 9. 1. 1823 in der *Dresdner Abend-Zeitung*; dem Abdruck folgte ein Bericht über die Tafel im großen Remter der Marienburg aus der Feder von Ludwig v. Germar (?) (s. *Niggl I,* S. 100 f.).

ANHANG

382   *Der anliegende Plan ...:* Die Reproduktion findet sich auf dem hinteren Vorsatz des vorl. Bandes.

383   *Belagerung Marienburgs durch Jagjello:* s. S. 293 ff. und die Anm. zu S. 290.

385 *Danzk ... Etymologie des Namens:* Sie ist nach wie vor ungeklärt.

387 *wie bereits weiter oben erwähnt:* s. S. 377.

389 *Der schiebelichte Turm, von dem schon oben die Rede war:*
s. S. 295.

390 *der oben erwähnte Schloßhain:* s. S. 376.

391 *Herczogs Wytowts Frauwe:* Anna, die Frau Witowts, des Statthalters von Litauen. Witowt (russ.; lit.: Vytautas, poln.: Witold), 1350–1430, versicherte sich im Kampf gegen seinen Vetter Jagjello (s. zu S. 290) um die Herrschaft in Litauen mehrfach der Unterstützung des Deutschen Ordens. Er wurde von Jagjello (seit 1386 König von Polen) 1392 nach einer ersten Aussöhnung zum Statthalter von Litauen eingesetzt, nach weiteren Zerwürfnissen und erneuter Aussöhnung 1401 zum Großfürsten von Litauen ernannt. Sein Verhältnis zum Orden, von politisch-taktischen Erwägungen bestimmt, war wechselhaft und spannungsreich. Bereits 1390 hatte er seine Frau (die „Witoldinne") zusammen mit seiner Schwester und über 100 lit. Bojaren als Geiseln nach Marienburg geschickt, zum Beweis seiner aufrichtigen Gesinnung (Karl Heinl: *Fürst Witold von Litauen in seinem Verhältnis zum Deutschen Orden in Preußen während der Zeit seines Kampfes um sein litauisches Erbe: 1382–1401.* Berlin 1925, S. 62). Im Juli 1400 führte sie eine Wallfahrt, die neben religiösen ebenfalls politische Motive hatte, erneut nach Marienburg, wo sie mit allen Ehren empfangen wurde (ebd., S. 189 f.). Witold trug später wesentlich zum Sieg bei Tannenberg (15. 7. 1410) über den Deutschen Orden bei (s. S. 291).

Die heilige Hedwig. Einleitung

An der Lebensbeschreibung der hl. Hedwig begann Eichendorff im Oktober/November 1857 zu arbeiten. Es war die letzte Schrift, die er vor seinem Tode (am 26. November ds. Jahres) in Angriff nahm. Nach einer Mitteilung seiner Tochter Therese Besserer v. Dahlfingen, in deren Haus in Neisse der Dichter die beiden letzten Lebensjahre verbrachte, geht der Plan dieser Biographie auf eine Anregung des Fürstbischofs von Breslau Heinrich Förster (1799–1881) zurück. „Der Fürstbischof hatte ihn gebeten, doch das Leben der hl. Hedwig zu schreiben, und er war eben mit dem Zusammentragen von Notizen beschäftigt, als ihn der Tod überraschte. Aus der hiesigen Gymnasialbibliothek hatte er zu diesem Zweck zwei Bücher entliehen." (Brief Thereses an ihren Bruder Her-

mann v. Eichendorff von Anfang Dezember 1857: *E-Kalender* 14, 1923,
S. 40.) Förster, der den Dichter im Frühjahr 1856 kennengelernt hatte,
entwickelte bald eine freundschaftliche Zuneigung zu ihm. Auf seine
dringende Bitte verbrachte Eichendorff im August 1856 und dann erneut
im August/September 1857 einige Wochen auf Schloß Johannesberg, der
Sommerresidenz des Fürstbischofs bei Jauernick im österreichischen
Schlesien (s. *HKA*[1] XII, S. 217–219, 221 f.; S. 236–247; sowie die Briefe
Försters an E: *HKA*[1] XIII, S. 218 f., 222 f., 224–226, 229 f.). – Bald nach
der Rückkehr von seinem zweiten Aufenthalt in Johannesberg Mitte
September 1857 dürfte Eichendorff mit den vorbereitenden Arbeiten für
die *Hedwig*-Biographie begonnen haben. Nur das Einleitungskapitel
konnte noch teilweise ausgeführt werden.

Hedwig, zwischen 1174 und 1178 als Tochter Herzog Bertholds IV.
von Andechs-Meranien in Oberbayern geboren, wurde nach ihrer Erziehung im Kloster Kitzingen im Alter von 12 Jahren mit Heinrich I.
vermählt, der 1201–1238 Herzog von Schlesien war. Mit ihm zusammen
stiftete sie eine Reihe von Kirchen und Klöstern und förderte die
Niederlassung deutscher Siedler in Schlesien. Hierdurch und durch ihre
weitreichenden Familienbeziehungen legte sie den Grund für die deutsche Einflußnahme in Schlesien. Heinrich I. kämpfte 1222/23 gemeinsam
mit Konrad von Masowien gegen die heidnischen Preußen und brachte
bis 1235 drei Viertel Großpolens in seine Abhängigkeit. – Nach dem
Tode ihres Gatten (1238) zog sich Hedwig in das von ihr gegründete
Zisterzienserinnenkloster Trebnitz bei Breslau zurück, wo sie 1243
starb. Sie wurde 1267 von Papst Clemens IV. heiliggesprochen und wird
als Schutzpatronin Schlesiens verehrt. (Vgl. Josef Gottschalk: *St. Hedwig, Herzogin von Schlesien.* Köln, Graz 1964.)

Ihr Leben und ihre Bedeutung für die Verbreitung und Vertiefung
christlicher Kultur in Schlesien darzustellen lag für den Schlesier Eichendorff sicherlich nahe. Es fällt auf, daß der Dichter mit zunehmendem
Alter eine Vorliebe für die Frühzeit des Christentums entwickelte: für
die Christianisierung Preußens durch den Deutschen Orden in der
Marienburg-Schrift (S. 259 ff.), für das frühe Christentum in den Versepen *Julian* und *Lucius*, nun für das Leben und Wirken der hl. Hedwig.
Wenn Eichendorff angesichts vielfältiger Krisensymptome im christlichen Denken in einer späten Phase der abendländischen Kultur (s. auch
die beiden Streitschriften S. 405 ff.) die Aufmerksamkeit auf deren Ur-
sprünge zurücklenkt, so geschieht dies nicht aus illusionären Restaura-
tionserwartungen und nicht nur aus rückwärtsgewandter Nostalgie.
Nach einer Mitteilung Hermann v. Eichendorffs sollte Hedwig „ganz in
ihrer heroischen Größe, als strenge Heldengestalt und demüthige Büße-

rin, nach ihrem innern und äußern Wandel sowie in ihrer sittlichen und politischen Bedeutung für Schlesien dargestellt werden" (*SW* I, S. 207). Dieser Satz rückt das Projekt nicht ganz zu Recht in die Nähe traditioneller Hagiographie. Was Eichendorffs Einleitung zur geplanten *Hedwig*-Biographie bemerkenswert macht, ist die Reflexion der Bedingungen a k t u e l l e r Darstellung eines m i t t e l a l t e r l i c h e n Heiligenlebens. Kein Zweifel, daß Hedwig als verehrungswürdiges Beispiel christlichen Lebens dargestellt werden sollte. Eichendorff resümiert eingangs seine Auffassung, wonach durch die Profangeschichte beständig der geheimnisvolle Gang einer höheren Weltgeschichte hindurchscheint und die irdische Geschichte nichts anderes ist als „Vorschule [...] und Erziehung des Menschengeschlechts für seine Endbestimmung eines jenseitigen höheren Daseins" (S. 393); in diesem Erziehungs- und Entwicklungsprozeß haben die Heiligen als Vorbilder ihre bleibende Bedeutung. Eichendorff weiß aber auch von der Irreversibilität geschichtlicher Prozesse. Die katholische Religion ist nicht mehr selbstverständlicher Mittelpunkt des öffentlichen und privaten Lebens, seitdem die Reformation den naiven Glauben vor den Richterstuhl der Vernunft gezogen hat. Die Heiligenverehrung sieht sich mit Vorurteilen, der Wunderglaube mit Zweifeln konfrontiert, eine materialistische Weltsicht ist entstanden. Die Religion ist – wie die Poesie – zur Sache der R e f l e x i o n geworden. Eichendorff, der an der heilsgeschichtlichen Wahrheit unbeirrt festhält, ist sich bewußt, daß die verlorene Unschuld des Glaubens nicht wiederherstellbar ist, daß sich die Theologie der veränderten Situation stellen muß. Aufgabe der Gegenwart wäre es, „das Unbegreifliche möglichst mit der Vernunft zu versöhnen", d. h. „jene geheimnisvolle Welt [...] möglichst [zu] e r k e n n e n" (S. 399). Dazu bedarf es derselben Waffen, die der Gegner führt: „Philosophie gegen Philosophie" (S. 403). (Es sei daran erinnert, daß Eichendorff bereits in der „Probearbeit" die religiöse Bedeutung der Wissenschaft in der Gegenwart apostrophiert hat, s. S. 65; vgl. ferner S. 423.) Wie aktuell dieser Gedanke in der zeitgenössischen theologischen Debatte war, belegt das im Juni 1857 von Papst Pius IX. ausgesprochene Verbot der Güntherschen Philosophie, gegen das Eichendorff explizit Stellung bezieht (s. die Anm. zu S. 404). Dies war im übrigen ein Punkt, wo er sich mit Heinrich Förster vollkommen einig war. Die Einsicht in die Notwendigkeit „vernünftiger", wissenschaftlich-philosophischer Argumentation in Fragen der Theologie scheint eine wichtige Voraussetzung für das freundschaftliche Einvernehmen zwischen dem Fürstbischof und Eichendorff gewesen zu sein.

Wie das Fragment des Einleitungskapitels ausweist, hat sich der Dichter bei seiner Arbeit vor allem auf drei Quellen gestützt: auf

Friedrich v. Raumers *Geschichte der Hohenstaufen und ihrer Zeit* (Bd. 6, Leipzig 1825), auf Wolfgang Menzels Werk *Die deutsche Literatur* (2., vermehrte Aufl., Stuttgart 1836), das vornehmlich im Zusammenhang der Auseinandersetzung mit dem religiösen Bewußtsein der Gegenwart herangezogen wird, sowie auf das *Leben der heiligen Elisabeth von Ungarn* von Montalembert aus dem Jahre 1836. Das zuletzt genannte Werk hatte die Aufgabe, die sich Eichendorff stellte – eine m o d e r n e Darstellung eines m i t t e l a l t e r l i c h e n Heiligenlebens – bereits gelöst und kam insofern als Modell in Betracht.

D/DV: *HKA*[1] X, S. 129–140. – Einige Teile des Fragments hatte Hermann v. Eichendorff bereits in *SW*1 (S. 208–212) mitgeteilt.

392   *Zentripetal- und ... Zentrifugalkraft der Geisteswelt:* Vgl. zu S. 19 sowie die Einführung, S. 432 ff. – *Ich bin das Leben, der Weg ...:* Vgl. Johannes 14, 6: „Ich bin der Weg und die Wahrheit und das Leben".

393   *Erziehung des Menschengeschlechts:* Reminiszenz an Lessings Schrift *Die Erziehung des Menschengeschlechts* (vollständig 1780).

394   *Troja ... die Thermopylen:* Orte legendärer Schlachten der Antike. (Thermopylen: Engpaß in Mittelgriechenland.)

395   *Abgötterei mit dem goldenen Kalbe der Industrie:* Vgl. hierzu die Anm. zu S. 134. – *den jüdischen Bankiers ... Monumente errichtet:* Beleg für den latenten Antisemitismus der Romantiker, der vor allem bei Fichte, Arnim, Brentano und im Kreis um Joseph Görres offen zutage trat. Vgl. auch zu S. 403. – *Kastigation:* Züchtigung.

396   *die heilige Elisabeth:* 1207–31, Tochter des ungar. Königs Andreas II. und der Gertrud von Andechs-Meranien; Gemahlin des Landgrafen Ludwig IV. von Thüringen (übrigens eine Nichte Hedwigs). Nach dem Tode Ludwigs (1227) mußte sie die Wartburg verlassen und floh nach Marburg. In dem von ihr gegründeten Franziskushospital in Marburg opferte sie sich im Dienste der Armen- und Krankenpflege auf. 1235 von Gregor IX. heiliggesprochen. Sie ist Gegenstand zahlreicher Werke der bildenden Kunst, Literatur und Musik und wird als Patronin der Karitas verehrt. – *Worte Montalemberts ... (aus seiner „Elisabeth"):* Histoire de Sainte Elisabeth de Hongrie, Duchesse de Thuringe (Paris 1836) von Charles Forbes, Count de Montalembert. M. (1810–70), franz. Publizist und Politiker, war einer der bedeutendsten Vorkämpfer des liberalen franz. Katholizismus. Er war

Gegner des Ultramontanismus und des Dogmas von der Unfehlbarkeit des Papstes. E bezieht sich auf die folg. Textstelle der
deutschen Übersetzung (*Leben der heiligen Elisabeth von Ungarn*. Aus dem Französischen des Grafen v. Montalembert von
J. Ph. Städtler. Aachen 1836, S. CII ff.):

„Wir wissen gar wohl, daß man, um ein solches Leben ganz
vollständig wiederzugeben, Tatsachen und Ideen aufnehmen
muß, die einem Gebiete angehören, welches die neueste Zeit, in
ihrer unbestimmt verschwimmenden Religiosität, längst verworfen [...] hat. Wir meinen hiemit die übernatürlichen Erscheinungen, von denen so oft im Leben der Heiligen die Rede ist, die der
Glaube als Wunder bestätigt, die Weisheit einer Welt das gern als
Legende, Volksaberglaube, fabelhafte Sagen verspottet und ver
worfen hat. [...] wir gestehen ohne Umschweife, daß wir mit dem
aufrichtigsten Glauben von der Welt an alles dasjenige glauben,
was jemals Wunderbares von den Heiligen Gottes im allgemeinen
und von der heiligen Elisabeth insbesondere von glaubwürdigen
Autoritäten erzählt worden ist. Wir brauchten dazu nicht einmal
einen Sieg über unsere schwache Vernunft davonzutragen, denn
nichts scheint uns, vom christlichen Standpunkte aus, vernünftiger, nichts natürlicher, als sich dankbar vor der Barmherzigkeit
des Herrn zu beugen, wenn sie die von ihr geschaffenen Gesetze
der Natur hemmt oder ändert, um den Sieg viel höherer Gesetze
der sittlichen und religiösen Weltordnung sicher zu stellen und zu
verherrlichen. [...]
Hätten wir auch nicht das Glück, mit gänzlicher Einfalt des
Herzens an die darin erzählten Wunder der göttlichen Allmacht
zu glauben, so würden wir doch nie den Mut in uns fühlen, die
unschuldigen Sagen, welche Millionen unserer Brüder jahrhundertelang gerührt, entzückt haben, mit Verachtung zu behandeln.
Selbst was sie Kindisches enthalten mögen, wird uns ehrwürdig, ja
heilig, wenn wir bedenken, daß es der Gegenstand des Glaubens
unserer Väter, der Glauben derjenigen gewesen, die Christo näher
waren als wir; uns fehlt das Herz, gering zu schätzen, was sie so
eifrig geglaubt, so standhaft geliebt haben. Wir bekennen im
Gegenteil laut, daß wir oft Trost und Hilfe in ihnen gefunden
[...].
Das ganze Mittelalter hindurch geben Volksglaube und einhellige
Zustimmung der öffentlichen Meinung allen dem religiösen Elemente entsprungenen Volkstraditionen eine Kraft, die der Histo-

riker nicht umhin kann, anzuerkennen und zu würdigen, so daß
man, abgesehen von der Frage über ihren theologischen Wert,
ohne Verblendung die Rolle nicht verkennen darf, die sie von jeher
in Poesie und Geschichte gespielt haben.
Was vor allem die Poesie betrifft, wie wäre es zu leugnen, daß diese
Traditionen einen unerschöpflichen Schatz dichterischer Schönheiten enthalten? [...]
Haben von dem historischen Standpunkte aus Volkstraditionen
und namentlich diejenigen, die mit der Religion zusammenhängen, keine mathematische Gewißheit, sind sie das nicht, was man
positive Tatsachen zu nennen pflegt, so haben sie doch wenigstens
ebenso mächtig gewirkt und auf Leidenschaften und Sitten der
Völker einen bei weitem größeren Einfluß ausgeübt als die für die
menschliche Vernunft unbestreitbarsten Tatsachen. In dieser Hinsicht verdienen sie mithin die Aufmerksamkeit und Achtung jedes
gewissenhaften, gründlich kritischen Historikers. Dasselbe ist für
jeden der Fall, dem an der Oberherrschaft des Geistigen in dem
Entwicklungsgange des Menschengeschlechts gelegen ist, für den
die Verehrung der sittlichen Schönheit höher steht als das ausschließliche Übergewicht materieller Interessen und Neigungen
[...]. Den Gemütern des Volks prägten sie zu jeder Zeit die tiefe
Überzeugung von dem Siege des Geistes über die Materie, des
Unsichtbaren über das Sichtbare, des unschuldig Leidenden über
sein Unglück, der ursprünglichen Reinheit unserer Natur über
unsere Verderbtheit ein. So hat die geringste katholische Legende
diesen ewigen Wahrheiten mehr Herzen gewonnen als alle Disser-
tationen der Philosophen." (Zit. nach *HKA*[1] X, S. 453–456.)

W. Menzel III, 77: Gemeint ist Wolfgang Menzel: *Die deutsche
Literatur*, 2., vermehrte Aufl., 3. Teil, Stuttgart 1836. Dort heißt
es S. 76–78: „Wenn die Heiligenbilder und Reliquien wirklich
Wunder wirkten, wenn diese vermeintlichen Wunder nicht bloß
Pfaffentrug und Täuschung der Gläubigen waren, warum ge-
schehn sie denn nicht mehr? [...] Sollten die Heiligen mit ihren
hunderttausend segensreichen Wundern sich so eigensinnig plötzlich zurückgezogen haben, bloß weil der böse Luther nicht mehr
daran glauben wollte? [...] Die Wundersucht erzeugt sich perio-
disch. Sie ist ein Produkt pfäffischer Verdummung, oder sie ist
eine Reaktion gegen die Prosa der Vernunft. Wenn die Vernunft
den Aberglauben ausrottet, geht sie in der Regel in ihrem Eifer zu
weit und rottet das Schöne mit der Lüge oder Täuschung aus, die

zufällig mit ihr verbunden war, und dann folgt unfehlbar eine poetische Reaktion, die aber ihrerseits wiederum zu weit geht, und um des Schönen willen auch wieder das Dumme und Wahnsinnige reklamirt." – *„Hohenstaufen"*, *6. Band, 280:* Friedrich v. Raumers *Geschichte der Hohenstaufen und ihrer Zeit*, Bd. 6 (Leipzig 1825), S. 280f. heißt es: „[...] sollte aber die ganze Christenheit jemanden als Kirchenhelden, als Heiligen anerkennen, wem fiel Prüfung und Ausspruch natürlicher zu, als dem Papste? Darum behauptete auch Alexander III.: allein ihm gebühre jede allgemeine Heiligsprechung. Hiedurch ist freilich nicht jede Übereilung vermieden worden und die Grundsätze, welche dabei zur Anwendung kamen, dürften von vielen als mangelhaft, ja als sinnlos in Anspruch genommen werden: dennoch gingen die Päpste nie ohne vorherige Prüfung und Untersuchung darauf ein, irgend jemand in die Reihe der Kirchenheiligen aufzunehmen. – *„Hohenstaufen"*, *6. Band, 282:* Bei F. v. Raumer heißt es (ebd.) S. 282: „Die große Sammlung von Leben der Heiligen enthält im einzelnen merkwürdiges und treffliches· allein wie viel mehres und besseres könnte sie enthalten, wenn man nicht aus Vorliebe für eine, und die bedenklichste und zweifelhafteste Richtung, so ungemein viel ähnliches, gleichartiges, ermüdendes, ja schlechthin lügenhaftes aufgenommen hätte."

397 *der Magnetismus:* Gemeint ist die von dem Arzt Franz Mesmer (1734–1815) verfochtene Lehre vom „animalischen Magnetismus" (auch Mesmerismus), die als Vorläufer der Hypnosetherapie gilt. Sie hatte großen Einfluß auf die Naturphilosophie der Romantik und spielt beispielsweise bei E. T. A. Hoffmann eine bedeutende Rolle. Vgl. auch E's Tagebuchnotiz vom 19. 8. 1811 (Bd. IV, S. 674). – *Christus ein blutriefender Jude . . .:* Anspielung auf Formulierungen H. Heines in seinen *Reisebildern*, Teil 4: *Die Stadt Lucca*, Kap. 6 (1831). *Wolfgang Menzel IV, 342 etc.:* Die genannte Textstelle in W. Menzels *Deutscher Literatur* (s. oben, 4. Teil, S. 341 ff.) enthält eine scharfe Abrechnung mit den Autoren des Jungen Deutschland (insbes. mit Karl Gutzkow), die Menzel als Koterie zum Zwecke der systematischen Ausbreitung der (franz. inspirierten) antichristlichen und unmoralischen Lehren H. Heines in Deutschland denunziert. Über Gutzkow heißt es S. 342 u.a.: „Gutzkow suchte Heine [...] noch zu übertreffen, indem er nicht nur Christum einen Narren und Betrüger, die Apostel Ochsen und Esel, das Christenthum eine Heuchelei und Zwangsanstalt nannte, sondern auch überhaupt von gar keiner

Religion etwas wissen wollte, die Behauptung aufstellte, es wäre besser, wenn man nie an einen Gott geglaubt hätte, und eben so folgerecht auch alle Gesetze und Institute der Moral, Scham, Treue, Ehe etc. verwarf. Da er aber fühlte, daß mit solchen Behauptungen unmittelbar dem deutschen Volke wohl nicht beizukommen sey, so suchte er desto vielseitiger mittelbar auf dasselbe zu wirken, indem er sich die literarischen Reitzmittel der Franzosen zum Muster nahm."

398   *Wolfgang Menzel I, 160:* Bei Menzel (ebd., 1. Teil, S. 160) heißt es: „Wenn bei der Betrachtung der jüngsten Tagesgeschichte, bei der Einsicht in die einfachen und praktischen Zwecke der Völker und in die gemeinen Intriguen der Partheien, wobei alles so ganz natürlich zugeht, allerdings der Gedanke an die mystische Vergangenheit, an die prophetische Ferne der Zukunft, an den heiligen Ursprung und an die heilige Bestimmung des Menschengeschlechts in den Hintergrund tritt, so ist doch Gott, die Vorsehung, der heilige Weltzweck jetzt wie immerdar der nämliche, und ein unabweisliches Gefühl sagt uns, daß wir einst jenem ehrwürdigen Hintergrund der Zeiten wieder näher kommen werden. Keine noch so frivole Gegenwart kann uns über den tiefen Ernst der Weltgeschichte täuschen, und es ist heilsam sich zuweilen zu fragen: von wannen wir kommen und wo unser Ziel ist."

399   *Passus aus Novalis:* Vermutlich ist folgende Stelle aus Novalis' Schrift *Die Christenheit oder Europa* gemeint: „Sie predigten nichts als Liebe zu der heiligen, wunderschönen Frau der Christenheit, die mit göttlichen Kräften versehen, jeden Gläubigen aus den schrecklichsten Gefahren zu retten bereit war. Sie erzählten von längst verstorbenen himmlischen Menschen, die durch Anhänglichkeit und Treue an jene selige Mutter und ihr himmlisches, freundliches Kind, die Versuchung der irdischen Welt bestanden, zu göttlichen Ehren gelangt und nun schützende, wohlthätige Mächte ihrer lebenden Brüder, willige Helfer in der Noth, Vertreter menschlicher Gebrechen und wirksame Freunde der Menschheit am himmlischen Throne geworden waren. Mit welcher Heiterkeit verließ man die schönen Versammlungen in den geheimnißvollen Kirchen, die mit ermunternden Bildern geschmückt, mit süßen Düften erfüllt, und von heiliger erhebender Musik belegt waren. In ihnen wurden die geweihten Reste ehemaliger gottesfürchtiger Menschen dankbar, in köstlichen Behältnissen aufbewahrt. – Und an ihnen offenbarte sich die göttliche Güte und Allmacht, die mächtige Wohlthätigkeit dieser glücklichen

Frommen, durch herrliche Wunder und Zeichen." (*Novalis Schriften*, hrsg. von Ludwig Tieck und F. Schlegel. Vierte, vermehrte Aufl. Berlin 1826, Teil 1, S. 190.)

400   *Wolfgang Menzel III, 119:* Bei Menzel (s. oben, 3. Teil, S. 118 f.) heißt es: „Erst im Mittelalter, nachdem das deutsche Wesen mit dem römischen, christlichen und orientalischen in mannigfaltigen Conflikt gekommen war, nachdem das Verwandte sich ausgeglichen und vermischt, das Eigenthümliche dagegen in der Reibung mit Fremdem nur noch mehr verschärft hatte, wurde es sich seiner selbst bewußt und objectiv und trat in eine äußere Kunstwelt heraus. Oder man kann dies auch so fassen. Der Deutsche besiegte und beerbte den Römer. Er wurde der Herr in Europa. Sein enger heimathlicher Gesichtskreis dehnte sich aus, das Leben gestaltete sich ihm wunderbar reich in kirchlicher, wie in politischer und sittlicher Beziehung. Aber noch in seiner vollen Jugendkraft trug er seinen Geist und sein Gemüth auf die Welt über, die er um sich her zu seiner Ehre und Lust aus den Trümmern der alten Welt gestaltete. Nach eigner Phantasie baute er sich seine Kirchen, seine Burgen, seine reichen Städte, wenn er auch die erste Anweisung dazu von den Griechen und Römern entlehnt hatte, und nach eigner Phantasie schuf er sich sein häusliches Leben, seine Trachten, seine geselligen Sitten, seine Lieder und seine poetische Welt, fast durchaus unabhängig von ältern Mustern." – *die geistlichen Ritterorden:* Vgl. E's Darstellung der Geschichte des Deutschen Ordens in seiner *Marienburg*-Schrift (S. 259 ff.). – *mit unseren Aktienvereinen für Eisenbahnen:* Die Eisenbahnunternehmen waren zunächst als Aktiengesellschaften organisiert, bevor sie (seit 1880) in den Besitz der Länder überführt wurden. – *Ecclesia militans . . . Ecclesia triumphans:* (lat.) die (in der Welt) kämpfende Kirche – die (bei Gott) triumphierende Kirche. – *tjostierend:* von Tjost: ritterlicher Zweikampf.

401   *Wolfgang Menzel III, 188 etc.:* Bei Menzel (s. oben, 3. Teil, S. 188) heißt es: „Dieses Classische, die unwillkürliche Sicherheit und Harmonie des Gegenstandes und der Form, in welcher die Kunstwerke vollkommen den Werken der Natur gleichen, und noch von demselben schöpferischen Triebe gebildet scheinen, der den Himmel, die Berge, die Pflanzen und Thiere so und nicht anders geschaffen, als müßt' es seyn, dies ist es eigentlich, was alle ältere Poesie von der modernen unterscheidet. Die poetische Begeisterung jener Alten war schaffender Naturtrieb, ohne Wahl, ohne Schwanken. Die unsrige ist Sache der Reflexion geworden,

und wir wählen und schwanken." – *Azteken* ... *Molochdienst mit scheußlicher Menschenschlächterei:* Das festgefügte mythische Weltbild der Azteken erforderte zahlreiche Kulthandlungen, bei denen den Göttern blutige Menschenopfer gebracht wurden.

403   *bei den Juden* ... *eine verzwickte Sophistik* ... *Lügengebäude:* Vgl. zu S. 395. Die Textstelle zeigt, daß eines der Motive des romant. Antisemitismus im religiösen Vorurteil zu suchen ist. – *Menzel I, 337:* W. Menzel (s. oben, 1. Teil, S. 337) schreibt: „Ein heiliges Geheimniß, ein Wunder, ein nie zu lösendes Räthsel wird ewig übrig bleiben, wie viel weiter wir auch sonst noch kommen mögen, wie viel klarer wir noch mögen denken lernen, und wie viel mehr sich die Sehnsucht unsers Gemüthes läutern und veredeln mag."

404   *Verbot der Güntherschen Philosophie:* Der kathol. Religionsphilosoph Anton Günther (1783–1863), der aus der kathol. Romantik des Clemens-Hofbauer-Kreises herstammt, machte den Versuch, „mit Hilfe der cartesianischen Philosophie und der Dialektik Hegels eine rationale Grundlegung und Durchdringung der Offenbarungslehre zu schaffen [...]. Günther, der die ausgedehnteste theologische Schule in Deutschland in der ersten Hälfte des 19. Jahrhunderts begründet hat, hat in den Mysterien des Christentums, in den Inhalten der Theologie nur relativ übernatürliche, schließlich in Vernunfterkenntnisse auflösbare Wahrheiten gesehen und ist [...] in immer schärferen Gegensatz zur kirchlichen Lehre und Lehrautorität getreten, was seine Verurteilung durch Papst Pius IX." am 15. Juni 1857 zur Folge hatte (Martin Grabmann: *Die Geschichte der katholischen Theologie seit dem Ausgang der Väterzeit.* Darmstadt 1961, S. 217. – Vgl. ferner Eduard Winter: *Die geistige Entwicklung Anton Günthers und seiner Schule.* Paderborn 1931). In der Ablehnung des Verbots der Güntherschen Philosophie stimmte E mit Heinrich Förster, Fürstbischof von Breslau, vollkommen überein. Förster schrieb dem Dichter bereits am 2.2. 1857, es mache ihm „die Verurteilung Günthers in der Art, wie sie geschehen soll, [...] ohne Angabe des Verwerflichen – schweren Kummer. Wo kommen wir hin bei solcher Mißachtung der Wissenschaft! Wir stehen in Gefahr, ihr Feld, welches eben von neuem zu ergrünen begann, in die kaum überwundene Sterilität zurücksinken zu sehen. / Doch das darf der Bischof heutzutage nicht jedem sagen, ich habe es darum nur zu Ihnen gesprochen." (*HKA* [1] XIII, S. 225 f.)

Abhandlung

Der unter dem Titel *Abhandlung* überlieferte Text stellt den Entwurf einer Streitschrift dar, über deren Form Eichendorff keine endgültige Entscheidung getroffen hat. Neben der *Abhandlung* wird die Form von *Briefen und Reisebemerkungen* und die eines *humoristisch-ironisch-witzigen Briefes* erwogen. – Der Entwurf ist vermutlich in der zweiten Jahreshälfte 1845 in Danzig entstanden (s. unten). Anlaß war das Aufse-hen, das die im Herbst 1844 von Johannes Ronge gegründete und sich rasch ausbreitende deutschkatholische Bewegung erregte (vgl. zum folg. *Graf*, S. 27 ff.). Diese Protestbewegung des deutschen Katholizismus war als Reaktion auf die Ausstellung des Heiligen Rocks im Dom zu Trier durch Bischof Arnoldi (1798–1864) im August 1844 und die Wallfahrt hunderttausender Pilger nach Trier entstanden. Diese Maß-nahme wiederum ist im Zusammenhang mit der seit den sog. „Kölner Wirren" der Jahre 1837/38 erstarkten katholischen Bewegung zu sehen. Im Herbst 1837 war es zum Streit zwischen dem Kölner Erzbischof Droste zu Vischering mit dem preußischen Staat in der Mischehenfrage gekommen, da der Erzbischof eine mit Preußen vereinbarte Geheimkon-vention seines Vorgängers in dieser Angelegenheit nicht anerkannte. Die Auseinandersetzung fand mit Drostes Inhaftierung am 20. November 1837 („Kölner Ereignis") ihren dramatischen Höhepunkt. Angesichts des Drucks der öffentlichen Meinung und drohender diplomatischer Verwicklungen mit Österreich und Bayern sah sich die preußische Regierung im Januar 1838 zum Einlenken gezwungen. Diese Ereignisse und der Sieg der katholischen Kirche über den Staat gaben dem sich formierenden politischen Katholizismus, insbesondere im Rheinland und in Bayern, erheblichen Auftrieb. Nachdem Kirche und Staat anläß-lich der Grundsteinlegung zum Weiterbau des Kölner Doms am 4. Sep-tember 1842 Eintracht demonstriert hatten (s. S. 495), führte nun die Ausstellung des Heiligen Rocks zu einer erneuten Belastung. – Die Ausstellung der Reliquie, die die Einheit der wahren Kirche Christi symbolisieren sollte, und die Wallfahrtsbewegung waren getragen vom katholischen Adel und der hohen Geistlichkeit, während sich die Teil-nehmer an der Pilgerfahrt nach Trier, die als größte organisierte Mas-senbewegung des Vormärz gilt, sich überwiegend aus der sozialen

Unterschicht ländlicher katholischer Gegenden, vor allem des Rheinlands, rekrutierten. Der überraschend große Erfolg ließ die Wallfahrt zu einer Demonstration der gesellschaftlichen Macht der katholischen Kirche werden. Entsprechend groß war die publizistische Resonanz. In zahlreichen Schriften und Zeitungsartikeln von Gegnern und Befürwortern – unter letzteren ragte Joseph Görres mit seiner Kampfschrift *Die Wallfahrt nach Trier* (1845) heraus – wurde das Ereignis kommentiert.

Gegen Rockausstellung und Wallfahrt regte sich allerdings nicht nur unter Protestanten, sondern auch in katholischen Kreisen Widerstand, zumal unter Anhängern eines rationalistisch orientierten (z. T. spätjosephinischen) Reformkatholizismus, die den sich verstärkenden ultramontanen Kurs der Kirche (übrigens eine Folge der Säkularisation; vgl. die Anm. zu S. 34) nicht mitvollziehen konnten. Diesen Teil der katholischen Bevölkerung verstand Johannes Ronge zu mobilisieren. – Der aus Oberschlesien stammende Ronge (1813–1887), Kaplan in Grottkau, war 1843 wegen seiner Gegnerschaft zum Papsttum von seinem Amt suspendiert worden und seitdem als Lehrer tätig. Er nahm die Ausstellung des Heiligen Rocks zum Anlaß, öffentlich gegen den Ultramontanismus vorzugehen. Sein *Offenes Sendschreiben an den Bischof Arnoldi*, am 15. Oktober 1844 in den bürgerlich-liberalen, von Robert Blum redigierten *Sächsischen Volksblättern* (Leipzig) erschienen und bald in zahlreichen Drucken verbreitet, gilt als Gründungsdokument der deutschkatholischen Bewegung. In dem Schreiben wird die Verehrung des Rocks als Götzendienst und unchristliches Schauspiel der römischen Hierarchie – mit unabsehbaren schädlichen sozialen und moralischen Folgen für die leichtgläubigen und irregeführten armen Volksmassen – gebrandmarkt. Der Brief, der scharfe Angriffe gegen Arnoldi – den „Tetzel des 19. Jahrhunderts" – enthält, endet mit der Aufforderung an die Mitbürger, „entschieden der tyrannischen Macht der römischen Hierarchie zu begegnen", und mit dem Appell an die katholische Geistlichkeit, nicht länger zu schweigen und „sich als wahre Jünger dessen" zu erweisen, „der alles für die Wahrheit, das Licht und die Freiheit geopfert; zeigen Sie, daß Sie seinen Geist, nicht seinen Rock geerbt haben" (zit. nach *Graf*, S. 199).

Der Offene Brief, der Ronges Exkommunikation zur Folge hatte, wurde in kurzer Zeit populär und tat seine Wirkung vor allem unter bürgerlich-liberal gesinnten Katholiken in Schlesien, Sachsen und in den (mehrheitlich protestantischen) Städten Norddeutschlands. Auch eine Reihe weiterer Schriften Ronges fanden einen starken Widerhall. Unter der Devise „Frei von Rom!" entstand innerhalb kürzester Zeit eine katholische Massenbewegung gegen die Amtskirche; Ronge wurde als „Reformator des 19. Jahrhunderts" gefeiert.

Unabhängig von Ronge hatten im selben Jahr die Katholiken in Schneidemühl (Posen) auf der Grundlage örtlicher Traditionen eine von der Amtskirche unabhängige Reformgemeinde gebildet. Unmittelbarer Anlaß hierfür war, daß die Gemeinde die Suspension ihres Pfarrvikars Johannes Czerski (1813–1893), der trotz Zölibats in einer „Gewissensehe" lebte, zurückwies. Die im Oktober 1844 gegründete „Christlich-apostolisch-katholische Gemeinde" wandte sich u. a. gegen den Papstprimat und den Zölibat, verwarf die Heiligenverehrung und den Reliquienkult und strebte eine Reform der Kirche auf der Grundlage ihrer eigentlichen Zwecke an. Nach seiner Exkommunikation schloß sich Czerski Anfang 1845 mit seiner Reformgemeinde der oppositionellen Bewegung Ronges an, mit der ihn vor allem die Ablehnung der Hierarchie verband.

Auf ihrem 1. Konzil im März 1845 in Leipzig – von Eichendorff als „Leipziger Plauderkonzil" verspottet (Bd. III, S. 46) – gab sich die nationalkirchliche Bewegung den Namen „Deutschkatholische Kirche". Die Emanzipation von Rom, der Bezug auf die Bibel als alleinige Glaubensgrundlage, die Reduktion der Sakramente, Tilgung des Erbsündedogmas, die Ablehnung der äußeren Formen der katholischen Frömmigkeit und die Abschaffung des Zölibats waren die wesentlichen Programmpunkte. – Die Protestbewegung, die im Namen von Rationalität und Nationalismus gegen Ultramontanismus, Jesuitismus und Geistesdespotie auftrat und die katholische Kirche zu spalten drohte, wurde in Österreich und Bayern verboten, in Preußen dagegen geduldet. Hier fand sie Anhänger insbesondere in den städtischen Mittelschichten, in liberalen bürgerlichen Kreisen, die wenige Jahre später die Revolution von 1848 trugen, und erfreute sich der Unterstützung der liberalen Presse und auch protestantischer Intellektueller. Ronges Fahrt nach Leipzig und die anschließenden Rundreisen, die den Zweck hatten, öffentliche Unterstützung offizieller Stellen und der Repräsentanten des politischen Liberalismus zu mobilisieren, gestalteten sich zu Triumphzügen. In Berlin wurde er u. a. vom preußischen Kronprinzen und von Kultusminister Eichhorn, in Königsberg von Theodor v. Schön empfangen. In der Tolerierung der Deutschkatholiken durch Preußen sah man vielfach „den Willen der Regierung, ihren Machtverlust bei den Kölner Wirren dadurch auszugleichen, daß sie nun die katholische Amtskirche nicht in der Niederhaltung ihrer Konkurrenz unterstützte" (*Graf*, S. 56). In zahlreichen Städten entstanden deutschkatholische Gemeinden, die erste übrigens in Breslau. Königsberg war eines der Zentren des Deutschkatholizismus; allein in Berlin (eine weitere Station auf dem Lebenswege Eichendorffs!) gab es 1847, auf dem Höhepunkt der Bewegung, 259 deutschkatholische Gemeinden. – Die sich allmählich politisierende Bewegung (s. *Graf*) war in die revolutionären Ereignisse des Jahres 1848 verwickelt und wurde nach dem Scheitern der Revolution von der Reaktion zerschlagen. Ronge lebte von 1849 bis 1861 als politischer Emigrant in England. Reste der Bewegung gingen 1859 im „Bund freier religiöser Gemeinden Deutschlands" auf.

Eichendorffs *Abhandlung* greift die zentralen Programmpunkte der deutschkatholischen Bewegung heraus: die Ablehnung des päpstlichen Primats und die Loslösung der deutschen Kirche von Rom. Beides traf die katholische Amtskirche in ihrem Kern. Keine Frage, daß Eichendorff die Notwendigkeit des Papstes als Zentrum der Kirche und letzte Autorität in Glaubensfragen mit Entschiedenheit verteidigt. Er tut dies, indem er die deutschkatholische Emanzipationsforderung ad absurdum zu führen versucht. Freiheit der Kirche, zunächst von Rom, sei das Ziel. Da es eine allgemeine Kirche nicht ohne ein Zentrum, nicht ohne „einen gemeinsamen Mittelpunkt der ewigen Wahrheit" (S. 408), geben könne, wäre die Konsequenz der Zerfall in Nationalkirchen und die Durchführung des Episkopalsystems. Letzteres aber bedeute eine Einschränkung der inneren Freiheit, ersterer führe zum Verlust der äußeren Freiheit der Kirche: zu ihrer Abhängigkeit vom Staat. „Nehmt der Kirche ihr Zentrum, das sie mit Vergangenheit und Zukunft in lebendigem Zusammenhange hielt, und sie wird von der Gegenwart säkularisiert werden, die der Staat repräsentiert." (S. 411) Aufgabe der Kirche sei es, im „Wechsel das Ewige festzuhalten" (ebd.); der Staat aber, von der ständig wechselnden öffentlichen Meinung abhängig, habe die Neigung, eben dieses Beharrende der Kirche zu bewältigen; daher sein Interesse an der Zersplitterung in Nationalkirchen. – Man kann in dieser These eine verdeckte Anspielung auf die wohlwollende Duldung der Deutschkatholiken durch den preußischen Staat sehen. Kein Zweifel jedenfalls, daß hier jahrelange dienstliche Erfahrungen Eichendorffs als Beamter im preußischen Ministerium der geistlichen Angelegenheiten ihren Niederschlag finden.

Eichendorff griff das Thema in einer weiteren Streitschrift noch einmal auf (S. 414 ff.). Während die *Abhandlung* spontaner auf die Herausforderung der deutschkatholischen Bewegung reagiert (was für ihre Entstehung noch im Jahre 1845 spricht), scheint die *[Streitschrift gegen den Deutschkatholizismus]*, die eine Kritik und geschichtliche Einordnung des Gesamtphänomens versucht, aus einer gewissen zeitlichen Distanz heraus – jedenfalls n a c h der *Abhandlung* – entstanden zu sein. Vielleicht

war die Arbeit an der *[Streitschrift]* der Grund dafür, warum Eichendorff
darauf verzichtete, der entworfenen *Abhandlung* die endgültige Gestalt
zu geben.

Literatur: W. Frühwald (Einführung in *v. Steinsdorff/Frühwald*, S. 57
bis 63).
D/DV: *HKA*[1] X, S. 363–369.

407 (*Briefe und Reisebemerkungen…*): Hierbei handelt es sich offenbar nicht um einen Untertitel, sondern um Arbeitsnotizen für eine
spätere Ausführung des Entwurfs. – *die kirchlichen Wirren …
Feldzug gegen die katholische Kirche:* Gemeint ist die deutschkathol. Oppositionsbewegung. – *seidne Schnur … Judeneinwand:*
Manche Sultane pflegten sich ihrer Feinde dadurch zu entledigen,
daß sie ihnen eine seidene Schnur sandten, was die Aufforderung
bedeutete, sich damit zu erhängen. Dieselbe Anspielung findet
sich in vergleichbarem Kontext auch in einem am Schluß der
Abhandlung erwähnten Aufsatz (s. S. 314). Dort heißt es: „So
haben ehedem die türkischen Sultane als Antwort auf eine mißlie-
bige Einwendung ganz lakonisch die seidene Schnur gesandt."
(Anon.: *Die Staatsstreiche der Regierung von Aargau gegen die
Katholiken,* in: *HpBl* 2, 1838, S. 218.) – *das bekannte Messer ohne
Klinge, …:* Die sprichwörtlich verwendete Bezeichnung rührt her
aus Georg Christoph Lichtenbergs ironisch-satirischem *Verzeichnis einer Sammlung von Gerätschaften, welche […] öffentlich
verauktioniert werden soll* (*Schriften und Briefe,* hrsg. von Wolfgang Promies. Bd. 3. Darmstadt 1972, S. 452: „Ein Messer ohne
Klinge, an welchem der Stiel fehlt.")

408 *Kosmopoliten:* Weltbürger; Menschen, die nicht von national-
staatlichem Denken bestimmt werden.

409 *ökumenische Konzilien:* allgemeine Konzile, im Unterschied zu
partikularen (Provinzial-, National-)Konzilen. Das letzte ökumenische Konzil war das von Trient von 1545–63 (das erste in
neuerer Zeit war das I. Vatikanische Konzil von 1869/70).

410 *Episkopalsystem:* ein im 13. Jh. entstandenes Programm einer
Kirchenverfassung, nach der die einzelnen Bischöfe alle Jurisdik-
tionsrechte haben sollten, die Gesamtheit der Bischöfe über dem
Papst stehen und der Papst auf ein Ehrenprimat beschränkt werden sollte.

412 *divide et impera:* (lat.) Teile und herrsche! – *Dotationen:* Zuwei-
sungen von Geldmitteln oder anderen Vermögenswerten; auch:

Besoldung. – z. B. *in Rheinpreußen....:* In den 1815 an Preußen
gefallenen Rheinprovinzen war das in der Zeit ihrer Zugehörigkeit
zum Rheinbund (1808–15) eingeführte franz. Recht nach wie vor
in Kraft; daher rührten die von E angesprochenen Verhältnisse.

413   *bei sogenannter Volksrepräsentation:* Zu E's Auffassung des repräsentativen Systems vgl. seine Schriften zur Verfassungsfrage
(S. 66 ff.). – *der katholische Kirchenrat in Stuttgart:* E bezieht sich
auf die *Beobachtungen eines Reisenden über die kirchlichen Verhältnisse in Baden und Württemberg (HpBl.* 2, 1838, S. 543–555),
deren (nicht genannter) Verfasser über die staatliche Bevormundung der kathol. Kirche in den beiden Ländern Klage führt und
u. a. schreibt: „man traut seinen Ohren kaum, wenn man hört, daß
dem allgemein verehrten Professor Hirscher, der jetzt die Zierde
und Hoffnung der Universität Freiburg ist, bei einer Domherren-
wahl durch den katholischen Kirchenrat in Stuttgart die Exklusive
gegeben worden sei." (S. 553; Exklusive: Ausschließung eines
Kandidaten als nicht genehm. – Johann Baptist Hirscher,
1788–1865, kathol. Theologe, lehrte seit 1817 in Tübingen; Mit-
begründer der „Tübinger Schule"; 1837–63 in Freiburg i. Br.) –
die Verfolgung der Klöster ... im Aargau: Über die Vorgänge im
Aargau berichtete die (ebenfalls anonyme) Artikelserie *Die Staatsstreiche der Regierung von Aargau gegen die Katholiken (HpBl.* 2,
1838, S. 179–184, 214–218, 295–306). Der Versuch, die kathol.
Kirche und die Klöster im Aargau staatlicher Administration zu
unterstellen, rief heftige Reaktionen hervor. Die einschränkenden
Maßnahmen gegen die Klöster (1836 Einsetzung staatlicher Verwalter) wurden vor allem mit deren schlechter Wirtschaftsführung
begründet. 1841 wurden sämtliche Klöster im Kanton Aargau
aufgehoben. Politischer Hintergrund waren die seit etwa 1830
eskalierenden Auseinandersetzungen zwischen den konservativen
(kathol.-klerikalen) und den liberalen (protest. bzw. freisinnig-
kathol.) Kantonen, die 1845 zur Gründung des Sonderbunds und
1847 zum Sonderbundskrieg führten, der mit einer Niederlage der
konservativen Kantone endete. – *Berufung des famosen
Strauß...:* („famos" hier im Sinne von: berüchtigt) David Friedrich Strauß (1808–74), evangel. Theologe und Philosoph (Links-
hegelianer). Sein Erstlingswerk *Das Leben Jesu, kritisch betrachtet*
(2 Bde., 1835/36) erregte großes Aufsehen und verhinderte die
akademische Laufbahn des Verfassers. Für Strauß waren die Evan-
gelien nicht geschichtliche Berichte, sondern Mythen; diese Prämisse ermöglichte ihm eine die christliche Wahrheit nicht aufhe-

bende radikale Bibelkritik. Er gilt als einer der Wegbereiter der historisch-philologischen und quellenkritischen Bibelkritik. 1839 wurde Strauß als Professor nach Zürich berufen, konnte sein Amt jedoch nicht antreten, da die konservativ gesinnte Gemeindevertretung den Sturz der Regierung herbeiführte.

[Streitschrift gegen den Deutschkatholizismus]

Die vermutlich 1845/46 in Danzig entstandene, erst seit einigen Jahren bekannte Schrift greift den Gegenstand der *Abhandlung* (S. 407 ff.) noch einmal auf. Im Unterschied zu jenem Entwurf ist die *[Streitschrift]* zwar titellos, aber in einer durchgeteilten, druckreifen Textfassung überliefert, wurde allerdings von Eichendorff – aus unbekannten Gründen – nicht veröffentlicht.

Eichendorff führt den Deutschkatholizismus (vgl. hierzu S. 531 ff.) auf den Gang der Entwicklung des Protestantismus seit der Reformation zurück. Diese hatte „einst den Grundsatz des freien Forschens sanktioniert und über die kirchliche Autorität gesetzt" (S. 415), was zwangsläufig den Auseinanderfall der neuen Lehre in verschiedene Sekten zur Folge hatte und später unter dem Einfluß der Aufklärung zu zersetzender Kritik, zur Vergötterung der Subjektivität und zu religiöser Indifferenz führte. Während „die Massen und die ernsten Gemüter, welche die Weltgeschichte machen" (S. 420), sich inzwischen längst wieder der positiven Religion zugewandt hätten, habe sich jetzt „jener scharfe Geist" der Aufklärung, der zunächst auf die Studierstuben der Gelehrten und die Salons der Gebildeten beschränkt war, bei den ewigen Nachzüglern der Kultur, „in den unteren Schichten der Gesellschaft als zäher, fetter, materialistischer Schlamm" abgelagert (S. 417). Diese (protestantische) „Influenza religiöser Zerfahrenheit" beginne nun auch unter den Katholiken „die breite Schicht von Halbgebildeten" zu infizieren (S. 418). Richtig ist, daß die Oppositionsbewegung des Deutschkatholizismus ihren Rückhalt im städtischen Bürgertum, im gebildeten Mittelstand hatte (während das Wallfahrtsbewegung zum Heiligen Rock nach Trier, die den Anstoß zu deren Entwicklung gab, vom Adel, von der hohen Geistlichkeit und der ländlichen sozialen Unterschicht getragen wurde). Eichendorffs Ausführungen verraten etwas von den tieferen, geistig-religiösen Motiven seines Vorbehalts gegenüber dem aufsteigenden, „materialistisch" gesinnten liberalen Bürgertum und davon, warum er kein Zutrauen in dessen gesellschaftsbildende Kraft hatte. Die Hoffnungen des Dichters ruhten nach wie vor auf den Eliten des vorbürgerlichen Zeitalters sowie auf der Masse der ländlichen Bevölkerung. Sein vielfältig artikuliertes Unbehagen am bürgerlichen 19. Jahrhundert hat hier seine tieferen Wurzeln. Da die deutschkatholische Bewegung in die revolutionären Ereignisse des Jahres 1848 verstrickt war, wird Eichendorffs Streitschrift in Zukunft auch im Zusammenhang mit der Analyse seiner komplizierten und widerspruchsvollen Haltung zur 48er Revolution Beachtung finden müssen.

Der geistige Ursprung des Deutschkatholizismus liegt nach Eichendorffs Auffassung im Protestantismus; dies erkläre, warum die katholische Oppositionsbewegung in protestantischen Gegenden entstand und dort ihre Anhängerschaft hatte, warum sie auch Unterstützung von protestantischer Seite erfuhr. Es liegt in der Logik seiner Argumentation, daß er ihren Anspruch, eine R e f o r m der katholischen Kirche anzustreben, zurückweist und zu belegen versucht, daß ihre Programmatik auf deren Z e r s t ö r u n g und darüber hinaus auf die Zerstörung jeden positiven Glaubens hinauslaufe. Seine Hoffnung geht nun dahin, daß das Auftreten der Deutschkatholiken zu einer entschiedenen Auseinandersetzung mit der „alles Positive unterminierende[n] Nihilistenpropaganda" (S. 422) führen werde, die christliche Religiosität selber in Frage stellt. „Nicht katholisch oder protestantisch daher gilt es vor der Hand, sondern Christentum oder Heidentum." (Ebd.) Daß Eichendorff am Schluß seiner Streitschrift b e i d e Konfessionen auffordert, in diesem Kampfe zusammenzustehen wie einst im Befreiungskrieg gegen Napoleon, ist insofern eine überraschende Pointe, als Reformation und Protestantismus doch gerade für jene unheilvolle Entwicklung verantwortlich gemacht wurden. (Er selbst hat diesen Widerspruch zweifellos bemerkt, wie drei signifikante Textkorrekturen belegen; vgl. die entsprechenden Anm. zu S. 417, S. 418 und S. 419.)

Die Streitschrift kann nicht vor dem Sommer 1845 entstanden sein, da im Text auf Ereignisse des Frühjahrs 1845 angespielt wird und auch die Kenntnis der im März des Jahres erschienenen Kampfschrift *Die Wallfahrt nach Trier* von Joseph Görres vorauszusetzen ist (s. *v. Steinsdorff/ Frühwald*, S. 65; ferner die Anm. zu S. 421 und S. 422). – Es gibt zwei Textstellen, die eine relative Datierung erlauben: eingangs ist vom „Gepolter" die Rede, das „s o e b e n zwei Revenants der [...] Aufklärerei machen" (S. 414), etwas später von der „Andacht, welche n e u l i c h über eine Million Christen nach Trier geführt" (S. 420f. ; die Wallfahrt fand zwischen dem 18. August und 6. Oktober 1844 statt). Diese Formulierungen sprechen für eine Entstehung der Schrift noch im Jahre 1845. Nicht ganz von der Hand zu weisen ist allerdings die Vermutung von Sibylle v. Steinsdorff, Eichendorff habe das am Schluß (S. 423) zitierte

Gedicht F. Schlegels einer im Mai oder Juni 1846 erschienenen Publikation entnommen (ebd.; vgl. die Anm. zu S. 423), was für eine Entstehung erst im Sommer 1846 spräche. Vielleicht hat man davon auszugehen, daß sich die Arbeit an der Schrift über einen längeren Zeitraum erstreckte, noch 1845 begonnen und erst im Sommer 1846 beendet wurde.

Das Manuskript zeigt im ersten Teil Spuren einer späteren redaktionellen Bearbeitung, die wahrscheinlich auf Hermann v. Eichendorff zurückgehen (s. v. *Steinsdorff/Frühwald*, S. 66). Von seiner Hand stammt jedenfalls der am Rande notierte unverfängliche (insofern für sein Bearbeitungsverfahren typische) Titel *Eine Zeitbetrachtung 1845*. Es ist denkbar, daß Hermann v. Eichendorff die Absicht hatte, den Text in die *VSV* aufzunehmen, den Versuch einer glättenden Bearbeitung dann aber aufgab, weil sie sich letztlich als nicht durchführbar erwies.

D/DV: v. *Steinsdorff/Frühwald*, S. 69–76 (handschriftengetreue, die Textgenese dokumentierende Edition; nach S. 64 das Faksimile der Hs. – Der im vorliegenden Band abgedruckte Text gibt die endgültige Fassung der Schrift wieder. Der Abdruck erfolgt mit freundlicher Genehmigung von Sibylle v. Steinsdorff).

414   *Revenants:* Wiedergänger, Gespenster. – *Ronge und Czerski:* s. S. 532 f. – *den wahrscheinlichen Ausgang:* „Ausgang" bedeutet hier: das, worauf etwas hinausgeht; die Absicht. – *den alten Ammenaberglauben ... an den Kinderschuhen abgelaufen:* Im Unterschied zu einer ähnlichen Formulierung im *[Politischen Brief]* (S. 136, Zeilen 11–13) wird in diesem Teil des Satzes keineswegs der Vernunftglaube der Aufklärung ironisiert (so v. *Steinsdorff/Frühwald*, S. 78, Anm. 46); vielmehr ist die – ganz unironisch behauptete – Überwindung des profanen Aberglaubens die logische Prämisse des bildhaften Gedankengangs in den ersten Sätzen der Streitschrift. Die Empfehlung, sich bei „ungewöhnlichem Gepolter" nicht von „abergläubischer Gespensterfurcht" beeindrucken zu lassen, sondern den „vermeintlichen [!] Geist" scharf ins Auge zu fassen, wird auf das „Gepolter" übertragen, das zwei „Revenants" der „Aufklärerei" (also zwei „Gespenster" neuer Art) verursachen: diesen sollte begegnet werden wie jenen. Denn wie jene „Gespenster" Produkte des alten (überwundenen) Aberglaubens waren, ist die Lehre von Ronge und Czerski (hier liegt die polemische, gegen den Vernunftglauben der Aufklärung gerichtete Pointe) das Produkt eines neuen Aberglaubens („an die Unfehlbarkeit des souveränen Menschengei-

stes"), der wie der alte als Aberglaube durchschaut und überwunden werden soll. Wie der nachfolgende Satz belegt („es ist ja
eben recht im Sinn und Geschmack der Zeit, ..."), glaubt E hier
den aufklärerischen „Zeitgeist" mit seinen eigenen Waffen zu
schlagen. – Der „alte Ammenaberglaube" ist gleichsam die Vul-
gärform des religiösen Aberglaubens, den E in seiner „Probearbeit" auf das „Schwanken des Glaubens" (S. 45), auf die „gebre-
chende Kraft des Glaubens" (S. 46) zurückführt und als eines der
Produkte der Trennung der Einbildungskraft vom Verstande
interpretiert (S. 54). Dort spricht E bereits davon, daß in der
Gegenwart „ein politischer Aberglaube" (die Nützlichkeitsphilosophie) „die Stelle des religiösen eingenommen" habe (S. 48). –
Wanderbuch: das Buch, das früher die wandernden Handwerks-
burschen bei sich tragen mußten und in das Zeugnisse und polizeiliche Bescheinigungen eingetragen wurden.

415 *Voltaire und die Enzyklopädisten:* Voltaire (1694–1778), franz.
Philosoph und Schriftsteller der Aufklärung, von bedeutender
Wirkung auch auf die deutsche Philosophie und Literatur. Enzyklopädisten: die Herausgeber der franz. *Encyclopédie* (1751–80):
Denis Diderot (1713–84) und d'Alembert (1717–83). Sie werden
in E's literarhistorischen Schriften mehrfach als Vertreter des
aufklärerischen Rationalismus und Materialismus und einer mili-
tant atheistisch-antichristlichen Haltung zitiert. – *Kant ... ein
höheres, übersinnliches Reich ...:* E scheint hier erkenntnistheore-
tische Positionen der Kantschen Transzendentalphilosophie (un-
zulässigerweise) religiös zu deuten.

416 *der Wind verträgt:* ... trägt umher. – *Pietismus:* Vgl. hierzu das
Kap. „Die Religion der Moral und der Pietismus" in E's Schrift
*Der deutsche Roman des achtzehnten Jahrhunderts in seinem
Verhältnis zum Christentum* (Bd. III, S. 244ff.). – *Mahomed:*
ältere abendländische Schreibung des Namens Mohammed (um
570–632, Stifter des Islam). – *Konfuzius:* um 551–um 479 v. Chr.,
chines. Philosoph und Staatsmann, dessen ethische, weltanschau-
liche und staatspolitische Lehren in China und Ostasien im „Kon-
fuzianismus" bis heute nachwirken.

417 *caput mortuum:* (lat.) Totenkopf. – *der gebildeten Welt ... dem
objektiven Glauben ...:* E hat die entschiedene Hinwendung ins-
besondere der Spätromantik zum Katholizismus (F. Schlegel,
Adam Müller, Görres, Brentano, Zacharias Werner u.a.), eine
Reaktion auf den Rationalismus der Spätaufklärung, als generelle
Tendenzwende des deutschen Geisteslebens interpretiert (hier lag

nach seiner Auffassung die eigentliche geistesgeschichtliche Aufgabe der Romantik), die in der erstarkenden kathol. Bewegung Ende der 30er Jahre ihren politischen Ausdruck fand. – *Niederschlag in den unteren Schichten der Gesellschaft...:* Gemeint ist hier das städtische Bürgertum; es blieb Träger aufklärerischen Gedankenguts. – *mußten ... jene exponierten Katholiken der Kirche entfremdet werden:* E hat an dieser Stelle in der Hs. einen Teil des Satzes gestrichen. Der Satz lautete ursprünglich: „jene exponierten Katholiken, durch Schul- und Universitätsbildung, Familienbande und Gewohnheit des Lebens in die protestantische Richtung geschoben, mußten der Kirche entfremdet werden." Vgl. hierzu S. 538.

418   *... hinter jeder Tapete einen Jesuiten...:* Vgl. zu S. 143: *katholischer Professoren, ... Rektoren und Oberbürgermeistern:* Sie stehen hier stellvertretend für jene Kreise, mit deren Unterstützung Ronge rechnen konnte (vgl. *Graf*, S. 35 u. ö.). – *des überschwenglichen Klinger ... des rührenden Iffland:* Der Dramatiker Friedrich Maximilian Klinger (1752–1831) wird hier als eines der Kraftgenies „der berüchtigten Sturm- und Drangperiode" zitiert, welche „gegen alle wirklichen und eingebildeten Schranken und natürlicherweise ganz vorzüglich gegen die positive Religion anrannte" (Bd. III, S. 467). Klinger, so heißt es in der *Geschichte des Dramas* weiter, argumentiere „aus der souveränen Eigenmacht des emanzipierten Subjekts", beanspruche die Freiheit, „sich selbst Gesetz zu sein", kämpfe „gegen alles, was sich in Kirche, Staat oder gesellschaftlichen Zuständen gegen seinen natürlichen Vernunftgott rebellisch aufzulehnen unterfängt" (ebd., S. 467–469). – Der Schauspieler und Bühnenautor August Wilhelm Iffland (1759–1814) galt als Vertreter des bürgerlichen Rührstücks, der sentimentalen Empfindsamkeit auf dem Theater (s. ebd., S. 14f. u. ö.). Daß E durchaus einen Zusammenhang zwischen beiden Autoren sah, belegt der Satz, die „ursprünglich Klingersche Virtus" sei „bei dem prosaischen, aber gewissenhaften Iffland zur hausbackenen Moral" geworden (ebd., S. 481). – *nebst obligater Heirat:* Die Anspielung verbindet den üblichen Ausgang Ifflandscher Theaterstücke mit der persönlichen Situation Czerskis (s. S. 533). – *Dioskurenpaar:* Dioskuren: (griech.) „Zeussöhne". In der griech. Mythologie die Zwillingssöhne des Zeus, Kastor und Pollux; Bezeichnung für unzertrennliche Freunde. – *jene Influenza...:* Hier stand in E's Hs. ursprünglich „jene protestantische Influenza..." (vgl. hierzu S. 538). – *die*

breite Schicht von Halbgebildeten: Tatsächlich hatte der Deutschkatholizismus seine Anhängerschaft im gebildeten Mittelstand
(s. *Graf*, S. 31; vgl. hierzu auch S. 532 f.). – *die blaue „Monatsschrift"* *von Biester und Nicolai:* die von Friedrich Gedike
(1754–1803) und Johann Erich Biester (1749–1816) herausgegebene
(blau eingebundene) *Berlinische Monatsschrift* (1783–96), deren
Fortsetzung (*Neue Berlinische Monatsschrift,* hrsg. von Biester)
1799–1811 im Verlag von Friedrich Nicolai (s. zu S. 157) erschien;
eine Zeitschrift von bedeutender publizistischer Wirkung.

419   *Die Ohrenbeicht, die Unauflöslichkeit der Ehe, ...:* Ihre Abschaffung gehörte zum Forderungskatalog des deutschkatholischen
Reformprogramms. – *... ihren nihilistischen Vettern und Basen:*
In E's Hs. lautete die Formulierung ursprünglich „... ihren protestantischen Vettern und Basen" (s. hierzu S. 538). Die Korrektur
ist besonders aufschlußreich. Sie sollte dem Satz offenbar die
Schärfe nehmen; die Auswechselbarkeit der beiden Adjektive
belegt aber zugleich den Zusammenhang von Protestantismus und
Nihilismus, die Verantwortlichkeit jenes für diesen, in der Sicht
E's. Damit wird erneut deutlich, daß die Stoßrichtung der Streitschrift über den Deutschkatholizismus hinaus auf den Protestantismus zielt. Vielleicht ist hier der Grund zu suchen, warum E von
ihrer Veröffentlichung absah. – *wie in Tiecks „Gestiefeltem Ka-
ter":* Für E repräsentierte das phantastisch-satirische Lustspiel
Der gestiefelte Kater. Ein Kindermärchen (1797) von Ludwig
Tieck „die Revolution gegen die aufgeblasene Weltprosa" (Bd. III,
S. 37). Das Stück wird hier jedoch wahrscheinlich irrtümlich
genannt; E meint offensichtlich Tiecks dramatische Satire *Prinz
Zerbino oder Die Reise nach dem guten Geschmack* (1799); s. die
Anm. zu S. 99. – *Ronge wollte berühmt werden und Czerski
heiraten:* Vgl. hierzu S. 532 f. – *mit gehaltvollen Pokalen:* ironi-
sche Anspielung auf die große öffentliche Aufmerksamkeit, der
sich J. Ronge damals erfreute. – *in effigie:* (lat.) „im Bilde",
bildlich.

420   *Vernunftreligion ... nach dem Zuschnitt der achtziger Jahre:* Vgl.
hierzu das Kap. „Die Vernunftreligion" in E's Schrift *Der deutsche Roman des achtzehnten Jahrhunderts in seinem Verhältnis
zum Christentum* (Bd. III, S. 261 ff.). – *mit solcher Klinger-Ifflandschen Komödie:* s. oben. – *die Massen und die ernsten Gemüter ... den positiven, göttlichen Geheimnissen ... wieder zugewendet:* Vgl. zu S. 417.

421   *eine Million Christen nach Trier:* Nach neueren Schätzungen

waren ca. 500.000 Pilger an der Wallfahrt zum Heiligen Rock
beteiligt (*v. Steinsdorff/Frühwald*, S. 58 und 77, Anm. 6). – ... *zu
Tod wundern:* Eine ähnliche Formulierung in Joseph Görres'
Kampfschrift *Die Wallfahrt nach Trier* (Regensburg 1845) weist
darauf hin, daß E die Schrift kannte. Bei Görres heißt es: „jener
Theil des jetzigen Geschlechts, dem nur für das Greifliche noch
ein Sinn geblieben, kann natürlich das Unbegreifliche nicht be-
greifen, und will sich bei seinem Anblick zu todt wundern."
(S. 10) S. auch unten. – *sogenannten Glaubensbekenntnisse:* Im
folgenden nennt E einige der zentralen Programmpunkte der
deutschkatholischen Bewegung. – *Paragraphen einer papiernen
Konstitution:* Vgl. hierzu E's Schriften zur Verfassungsfrage
(S. 66ff.). – *Abendmahl ... unter beiden Gestalten. Nach kathol.
Auffassung des Abendmahls wird Christus* in jeder der beiden
Gestalten von Brot und Wein ganz und ungeteilt (mit Leib und
Seele, Gottheit und Menschheit) gegenwärtig. Die Reformatoren
verwarfen diese Lehre, gelangten jedoch zu keiner einheitlichen
Auffassung. E scheint im folgenden auf die Lehre Zwinglis anzu-
spielen, der im Abendmahl ein Gedächtnismahl des Todes Christi
sah; sie setzte sich im Protestantismus jedoch nicht durch. E's
Polemik zielt auf einen ungelösten Widerspruch in der Abend-
mahlsauffassung der Deutschkatholiken, ein Ergebnis ihres Lavie-
rens zwischen den Konfessionen. – *das bekannte Lichtenbergsche
Messer:* Vgl. zu S. 407.

422 *Abälard von Schneidemühl:* Gemeint ist J. Czerski. Peter Abälard
(1079–1142), franz. Theologe und Philosoph der frühen Schola-
stik, wurde durch seinen (in der Echtheit umstrittenen) Briefwechsel mit Heloise berühmt. Hier liegt das Tertium comparationis zu dem (aus Schneidemühl stammenden, in einer „Gewissensehe" lebenden) ehemaligen Priester Czerski. – *bei der alten Nullität:* Vgl. hierzu J. Görres: bei Ronge zeige „schon Stellung, Wahl
und klanglose aufgeblasene Mattheit des Wortes gänzliche Nullität; die an sie sich anhangen, haben mit ihr in ihren Bettel sich
getheilt, und sind selber Nullitäten zweiter Potenz geworden"
(*Die Wallfahrt nach Trier,* s. oben, S. 205). – *Marodeurs:* plün-
dernde Nachzügler. – *schwadronierende Philister:* schwadronie-
ren: prahlerisch schwatzen. Vgl. auch zu S. 147. – *den Jesuiten:*
Vgl. zu S. 143. – *Boa constrictor:* ungiftige Riesenschlange, die ihr
Opfer durch Umschlingen würgt und tötet. – *einst ... gegen
Napoleon ein Brudervolk:* Vgl. hierzu die Anm. zu S. 32. – Die
Lesung „Napolion" (*v. Steinsdorff/Frühwald,* S. 76, Zeile 323) ist,

soweit das Faksimile der Hs. ein Urteil zuläßt, keineswegs zwingend (es ist zwar ein i-Punkt vorhanden, der Buchstabe selbst ist jedoch eindeutig ein e; wahrscheinlich steht der i-Punkt für den accent aigu der franz. Schreibung des Namens). W. Frühwald kommentiert: „Eichendorff schreibt mit Bedacht ‚Napolion' und überträgt damit die apokalyptische Kampfformel der chiliastischen Bewegung Süddeutschlands, der Tiroler und der romantischen Propaganda gegen den Franzosen-Kaiser auf den rezenten Kampf gegen ‚Apollyon', der nach Offenb. 9, 11 der Engel des Abgrunds ist, im Verständnis der Katholischen Bewegung damit der in neuer Verkleidung – eben der des rationalistischen Deutschkatholizismus – auftretende Antichrist." (Ebd., S. 59) Diese dämonisierende Auffassung Napoleons ist bei E sonst nicht belegt. Adam Müller, dessen großer Einfluß auf das politische Denken E's bekannt ist, scheint dem jungen Dichter jedenfalls ein anderes Napoleon-Bild vermittelt zu haben (s. E's Tagebuchnotiz vom 2. 3. 1810: Bd. IV, S. 643). Im übrigen schließt auch der Kontext die Deutung Frühwalds aus; denn E differenziert sehr genau zwischen dem politischen Ziel des früheren Kampfes gegen Napoleon („um ihrer politischen Freiheit willen") und dem religiösen Ziel des anstehenden Kampfes gegen den Deutschkatholizismus („für unsre höchsten Güter um Gottes willen"); dem entspricht die Differenzierung in den Mitteln („mit dem Schwerte" – „in besonnener Wachsamkeit und unerschütterlicher Treue").

423　Spruch des römisch-katholischen Schlegel: Das nachfolgende Gedicht F. Schlegels (er war 1808 zum Katholizismus konvertiert) ist u. d. T. Geistes Licht erstmals 1807 erschienen, dann in die Gedichte (Berlin 1809) aufgenommen worden. S. v. Steinsdorff vermutet, daß E den Spruch in Guido Görres' Deutschem Hausbuch (1, 1846, Heft 3, erschienen im Mai oder Juni) entdeckte, wo er zusammen mit E's Gedicht Frisch auf! abgedruckt worden war (v. Steinsdorff/Frühwald, S. 65 und 78, Anm. 44). – Die Verbindung von Glauben und Wissen, die Schlegels Spruch fordert, war auch ein Anliegen E's (s. die Anm. zu S. 65, ferner S. 403 f.).

ZUM TEXT DER AUSGABE

Von den Texten des fünften Bandes der Eichendorff-Ausgabe wurden nur zwei zu Lebzeiten des Autors publiziert: der Aufruf zur Unterstützung des Kölner Dombaus (S. 251 ff.) und die umfängliche Schrift über die Wiederherstellung der Marienburg (S. 259 ff.). Sie werden hier nach den Erstdrucken wiedergegeben, ebenso die kürzlich erstmals publizierte Streitschrift gegen den Deutschkatholizismus (S. 414 ff.). Für alle anderen Schriften wurden aus Gründen der Textqualität die Texte der *HKA*[1], Bd. X (1911), zugrunde gelegt, nicht eventuelle frühere ... kleinere Erstdrucke. Erstdrucke und Druckvorlagen sind den Anmerkungen zu den einzelnen Schriften zu entnehmen. – Titel, die nicht von Eichendorff selbst herrühren, sind in eckige Klammern gesetzt.

Wie in den anderen Bänden der Ausgabe wurde die Orthographie, einschließlich der Groß- und Kleinschreibung sowie der Getrennt- und Zusammenschreibung, unter Wahrung des Laut- und Formenstandes modernisiert. Ebenso wurde die Schreibung der Personen-, Eigen- und Ortsnamen normalisiert und vereinheitlicht. – Modernisiert wurden insbesondere ältere Schreibweisen bzw. die Schreibung ursprünglich fremdsprachiger, heute im Deutschen geläufiger Wörter wie beispielsweise: *adelich, allmä(h)lig, Czar, eigends, giebt, Gränze, Pabst, Todt, tuen, wälsch, Zeuch; Compagnie, Corps, Courier, Façade, Intrigue, Militair, Postillon, Scene, Sphynx.*

In die Flexionsformen wurde nur eingegriffen, wenn Schreib-, Lese- oder Setzerfehler vermutet werden konnten; die entsprechenden Stellen sind dem Verzeichnis der Textänderungen zu entnehmen. Nach heutigen Regeln unrichtige Flexionsformen, die in Texten Eichendorffs bei attributiv verwendeten Adjektiven und auch sonst des öfteren begegnen, wurden in den folgenden und ähnlichen Fällen belassen: *Großmut anderer mächtigen Laien* (9/14f.), *seitdem es ... keine eigentliche Volksdichter mehr gibt* (37/11f), *die alle christliche Staaten umfaßt* (59/5f.), *kein bedürftiger Reisende* (60/11), *Auf eigenem breitem Grund und Boden* (69/27f.), *mit großen Rumor* (136/18), *ein einzelner ... Beamte* (197/3f.), *Gesetzgebung ... anderer deutschen Staaten* (197/27f.), *hätte ihm beinahe das Leben gekostet* (305/8), *Verkauf einiger französischen Militäreffekten* (335/8f.), *ein zusammenhängendes Ganze* (365/2f.). Dagegen wurde ein gelegentlich fehlendes Genitiv-s bei Personennamen in eckigen Klammern ergänzt (*Johann[s] III., August[s] II.* etc.).

In der Zusammensetzung *Preßvergehen und -verbrechen*, die bei Eichendorff wiederholt in der Schreibung *Preßvergehen und Verbrechen* erscheint, wurde regelmäßig der fehlende Ergänzungsbindestrich einge-fügt und der zweite Bestandteil der Zusammensetzung mit kleinem Anfangsbuchstaben gesetzt. – Die gelegentliche Verwechslung der Kon-junktion *sowie* mit der vergleichenden Partikel *so wie* wurde stillschwei-gend korrigiert. – Ordnungszahlen, bei Eichendorff häufig in der älteren Weise geschrieben (*2tes Kapitel, am 4ten März* etc.), werden einheitlich in der heute üblichen Form wiedergegeben.

Konsequenter als in den anderen Bänden der Ausgabe wurde die Zeichensetzung, insbesondere die Verwendung der Kommata, dem heutigen Gebrauch angeglichen. Dies schien angesichts des diskursiven Charakters der Texte sinnvoll und im Interesse leichterer Lesbarkeit geboten. Dabei wurde allerdings gewissen Eigenheiten Eichendorffs nach Möglichkeit Rechnung getragen, so der Neigung, bestimmte Satz-teile durch Einschluß in Kommata in Parenthese zu setzen. Die Eingriffe in die Kommaregelung werden nicht im einzelnen nachgewiesen, wohl aber die Tilgung von Doppelpunkten und Semikola bzw. ihre Ersetzung durch andere Satzzeichen.

Buch- und Werktitel werden einheitlich in Anführungszeichen ge-setzt. Fehlende Anführungszeichen bei Zitaten und bei wörtlicher Rede wurden stillschweigend ergänzt, vorhandene Anführungszeichen bei indirekter Rede gestrichen. Ebenso wurden fehlende Fragezeichen nach direkter Frage eingefügt, vorhandene nach indirekten Fragesätzen ge-tilgt. – Getilgt wurden ferner die Apostrophe, sofern sie nicht zur Kennzeichnung von Tempus oder Modus erforderlich sind. – Die in den Druckvorlagen gelegentlich verwendeten Klammern | : : | wurden durch runde Klammern ( ) ersetzt.

Hervorhebungen im Text werden einheitlich durch Kursivierung wie-dergegeben. – Der von Eichendorff gelegentlich durch Großschreibung hervorgehobene unbestimmte Artikel (*Ein, Eine*) wird mit kleinem Anfangsbuchstaben wiedergegeben, die Betonung durch Kursivdruck angedeutet. – Gelegentliche und unsystematisch verwendete Abkürzun-gen werden durch Ergänzung in eckigen Klammern aufgelöst (*v[om]*, *preuß[isch], geistl[ich]* etc.).

An einer Stelle wurde eine notwendig erscheinende Textergänzung in eckiger Klammer eingefügt (230/26), an zwei weiteren offenbar fehlende Artikel, ebenfalls in eckiger Klammer, ergänzt (324/32 und 407/6).

Nicht eingegriffen wurde in Orthographie und Zeichensetzung von Zitaten aus älteren historischen Quellen; Zitate aus zeitgenössischer Quelle wurden dagegen wie die Texte Eichendorffs behandelt.

Das nachfolgende Verzeichnis der Textänderungen führt neben den genannten Konjekturen diejenigen Stellen auf, an denen der Text der Druckvorlage auf Grund vermuteter Schreib-, Lese- oder Setzerfehler geändert oder durch eine Konjektur ersetzt wurde. (Eindeutige Setzerfehler wurden stillschweigend korrigiert.)

Die in Klammern hinzugefügten Hinweise, sofern sie nicht auf die Anmerkungen verweisen, geben die Quellen oder gleichlautende Textstellen an, auf Grund derer die Konjektur vorgenommen wurde.

Nach der Seiten- und Zeilenzahl folgt in Kursivdruck die Lesart unserer Ausgabe, nach dem Doppelpunkt ebenfalls kursiv die Lesart der Druckvorlage. (Leerzeilen und Kolumnentitel wurden nicht mitgezählt.)

10/28	*Neigung, : Neigung:*
13/14	*Bestimmung, : Bestimmung:*
19/31	*suchten, : suchten:*
26/23	*einwenden, : einwenden:*
29/11	*nicht, : nicht:*
30/7	*überhaupt : überhaupt:*
30/29	*mussen, : müssen:*
41/20	*privilegierten : priviligierten*
45/12	*Heimat, : Heimat:*
47/1	*nicht : nicht[s]* (vgl. die Anm.)
53/8	*Und : und*
55/10	*Kirche, : Kirche:*
68/11	*lächerlichste : lächerliche* (nach 90/28 und 123/22)
77/9	*künstlicher : künstlerische*
98/9	*Interimistikum : Intermistikum*
98/32	*aller : alter*
108/26	*Überlassungen : Überlassung[en]*
110/4	*endlich· : endlich;*
113/31	*ohenher : sonderbar* (nach 72/11 und 145/29)
119/17	*ersten : erste[n]*
120/8	*landesherrlicher : landesherrliche*
130/19	*Gemeinplatze, : Gemeinplatze:*
131/21	*darin, : darin:*
133/24	*Band : Land* (nach 80/1 und 149/11)
137/21	*an, : an:*
137/22	*wollen, : wollen?*
137/34	*Volksheer : Volksherr* (nach 68/22 und 123/34)
144/11	*Wo : wo*

157/14	*sei : sein*
157/16	*Prätention : Prätension*
160/20	*Deutschtum wußten : Deutschtum [zu brüsten] wußten* (vgl. die Anm.)
163/21	*um : von*
166/18	*Beschlusses, : Beschlusses:*
177/28	*Dieser : Diese[r]*
187/16	*welche eine : welche nicht eine*
188/14	*1831 : 1830* (vgl. die Anm.)
196/14	*das : das:*
230/13	*worden : werden*
233/28 f.	*Ministerien : Ministerium*
243/29 f.	*Notorietät : Notorität*
254/5	*Hochstaden : Hochsteden*
262/25	*mußte: : mußte;*
272/1	*führte : führt*
287/2	*Muränen : Morenen*
293/29	*Wir : wir*
297/22 f.	*Rusdorf : Rußdorf*
299/24	*Polens : Polen*
310/29 f.	*wildzerfahrenen : wildzerfahrener*
318/1	*Hennenberger : Henneberger*
319/4 f.	*verwirtschafteten : verwirthschaften*
323/23	*klagten : klagen*
336/26	*Westminster : Westmünster* (nach 380/17)
340/2	*worden, : worden;*
353/19	*zeigten : zeigte*
355/27	*Medemschen : Medenschen*
355/31	*ihrer : seiner*
357/29	*erneuern : erneuen* (nach *Voigt*, S. 112)
357/32	*erhalten', : erhalten;'*
359/1	*er : es* (nach *Voigt*, S. 113)
378/25	*wurden : wurde*
392/26	*ausbricht, : ausbricht;*
393/13	*Daseins, : Daseins;*
402/15	*vergänglich, : vergänglich;*
403/4	*wollen, : wollen;*
416/19 f.	*anklammert, : anklammert;*
418/7	*geläufig: : geläufig;*
422/32	*Napoleon : Napolion* (vgl. die Anm.)

ZEITTAFEL

1784 23. Nov.: Heirat der Eltern: Adolf Theodor Rudolf Freiherr v. Eichendorff (1756–1818) und Karoline Freiin v. Kloch (1766 bis 1822). Das kathol. Geschlecht der v. Eichendorff war seit dem 17. Jh. in Schlesien ansässig.

1785 26. Sept.: Adolf v. E erwirbt aus dem Besitz seiner Schwiegermutter Maria Eleonore v. Kloch Gut und Schloß Lubowitz bei Ratibor in Oberschlesien, das zum Wohnsitz der Familie wird

1786 14. Sept.: Wilhelm Josef v. Eichendorff, der ältere Bruder, wird geboren (gest. 1849). Er wird bis nach beider Studienabschluß in Wien der treueste Begleiter und Freund des Dichters.

1788 10. März: Joseph Karl Benedikt Freiherr v. Eichendorff wird auf Schloß Lubowitz geboren.

1791 25. Sept.: Adolf v. E kauft aus Spekulationsgründen Schloß und Herrschaft Tost.
27. Dez.: Geburt der Schwester Henriette Sofie (gest. 1797).

1792 7. Mai: Adolf v. E verkauft das seit 1783 in seinem Besitz befindliche Gut Radoschau.
18. Juni: Aloysia (Luise) Anna Victoria v. Larisch, E's spätere Gattin, wird zu Niewiadom bei Rybnik geboren. Die Familie wohnt ab 1795 in Pogrzebin, einem Gut in der Nähe von Lubowitz.

1793 Sept.: Der kathol. Priester Bernhard Heinke (1769–1840) wird Hofmeister der Brüder E (bis 1801).
22. Okt.: Geburt des Bruders August Adolf (gest. 1797).

1794 Okt.: Reise der Familie E nach Prag. Ältester erhaltener Brief Josephs aus Prag vom 26. Okt.

1795 23. Mai: Adolf v. E erwirbt das bei Lubowitz gelegene Gut Slawikau, zu dem Grzegorzowitz, der Oderwald, Summin und Gurek gehören.
14. Juli: Er wird Mitbesitzer des Gutes Sedlnitz bei Freiberg in Mähren.

1797 Jan.: Paul Ciupke (1771–1855), Freund und Vertrauter der Brüder E, wird Kaplan in Lubowitz (bis 1810).
16. Sept.: Adolf v. E erzielt beim Verkauf der Herrschaft Tost einen hohen Spekulationsgewinn.

17. Okt.: Aufenthalt der Familie in Prag.

1798   7. Jan.: Erste Eintragung Josephs in ein Tagebuch (s. Bd. IV,
S. 375)*, das zunächst nur sporadisch geführt wird.

21. Mai: Rückkauf des Gutes Radoschau durch Adolf v. E.

Joseph verfaßt eine illustrierte Naturgeschichte: *Neue Bildergalle-
rie bey Karl Joseph Benedikt von Eichendorff, Lubowitz 1798;*
ferner ein mehraktiges Trauerspiel aus der röm. Geschichte.

1799   13. Juni: Geburt der Schwester Luise Antonie (gest. 1803).

Juni/Juli: Reise der Familie über Bautzen und Dresden nach Prag
und Karlsbad.

1800   7. Sept.: Geburt des Bruders Gustav (gest. 1803).

14. Nov.: Von diesem Tage an führt Joseph regelmäßig ein *Pro
Memoria.* Die Tagebücher sind erhalten bis zum 5. März 1812
(Bd. IV, S. 379 ff.).

15. Nov.: Joseph beginnt eine *Naturgeschikte* zu schreiben.

28. Dez.: Er entleiht Bücher aus der Leihbücherei des Karl Heinrich Juhr in Ratibor. Das erhaltene Verzeichnis (Bd. IV,
S. 779–781) enthält neben Ritter- und Räuberromanen und Tri-
vialkomödien auch populärphilosophische Abhandlungen sowie
Bürgers *Münchhausen,* Jean Pauls *Quintus Fixlein* und *Die unsichtbare Loge,* den *Lazarillo de Tormes* und Schillers *Räuber.*
Bezeugt ist auch die Lektüre der Volksbücher.

1801   19. Juni: Adolf v. E, am Rande des Bankrotts, flieht vor seinen
Gläubigern zunächst nach Breslau, später nach Hamburg und
Wien.

3. Sept.: Über sein Vermögen wird der Liquidationsprozeß eröffnet. Das Gut Slawikau steht unter Zwangsverwaltung.

5. Okt.: In Begleitung des Hofmeisters Heinke reisen Joseph und
Wilhelm nach Breslau, wo sie für drei Jahre das Katholische
Gymnasium (das spätere Matthias-Gymnasium) besuchen; sie
wohnen im St. Josephs-Konvikt. – Häufige Theaterbesuche; E
lernt nahezu das gesamte zeitgenössische Repertoire kennen. –
Mitwirkung an Aufführungen des Schülertheaters und an einer
Schülerzeitung.

27. Dez.: E sieht zum erstenmal *Die Zauberflöte.*

1802   8. März: Adolf v. E kehrt nach Lubowitz zurück, da es gelungen
war, Kredite zu beschaffen und den Konkurs abzuwenden.

---

*   Mit Band- und Seitenzahl wird hier und im folgenden auf die Eichendorff-
Ausgabe des Winkler Verlages verwiesen (Bde. I–IV), mit einfacher Seitenzahl
auf den vorliegenden fünften Band.

In den folgenden Jahren entsteht eine größere Anzahl von Gedichten, die sich an klassische und zeitgenöss. Vorbilder anschließen.

1803 16. Mai: Erster Griechisch-Unterricht. Privatstunden in Französisch und Zeichnen.

20. Mai: Joseph und Wilhelm bringen das gemeinsam verfaßte Gedicht *Am frühen Grabe unseres Bruders Gustav* (Gustav v. E war am 25. April im Alter von zweieinhalb Jahren verstorben) zu den *Schlesischen Provinzialblättern*, wo es am 30. Mai erscheint.

1804 26. Jan.: Erste (heimliche) Homer-Lektüre.

17. Febr.: E's Schulfreund Jakob Müller stirbt; in den folgenden Wochen entsteht das Gedicht *An dem Grabe meines Freundes Jakob Müller.*

23. März–9. April: Ferien auf den heimatlichen Gütern.

13. April: Die Schwester Louise Antonie Nepomucene (die spätere Freundin Stifters) wird geboren (gest. 1883).

Juli/Aug.: Abschlußexamina.

15. Aug.: E. sieht Schillers *Wilhelm Tell* im Breslauer Theater. Ende der Schulzeit. Ferien in Lubowitz.

Okt.: E verliebt sich in Demoiselle Pitsch, „die kleine Morgenröte".

22. Okt.: Rückkehr nach Breslau. – Die Brüder hospitieren am evangel. Magdalenen-Gymnasium und an der Universität Breslau. Sie hören u. a. Vorlesungen über lat. und griech. Literatur (Horaz, Vergil, Herodot, Sophokles). Mit dem Hofmeister Heinke Lektüre der *Henriade* von Voltaire. Privatunterricht in Englisch und Französisch. – Die Brüder E wohnen jetzt nicht mehr im Konvikt, sondern im „meyerhofschen Hause" (Bd. IV, S. 459).

1. Nov.: E tritt der „Lesegesellschaft der neuesten Journale" bei.

1805 Jan.: E's Mutter besucht die Söhne für drei Wochen in Breslau. In ihrer Begleitung ist Luise v. Larisch.

März: Abschluß der Studien in Breslau. Abreise nach Lubowitz (am 25.). E sieht „die kleine Morgenröte" wieder.

20. April: Abreise nach Halle über Breslau, Dresden und Leipzig.

30. April: Ankunft in Halle.

2. Mai: Mit der Immatrikulation an der Universität Halle beginnt das juristische Studium. Die Brüder hören daneben u. a. Vorlesungen über griech. Literatur bei Friedrich August Wolf, dem Altertumswissenschaftler und Freund Goethes. Als Mitglied der Schles. Landsmannschaft nehmen sie am „poetisch rohen Studentenleben" teil.

Mitte Mai: Ausflug nach Giebichenstein.

28. Juni: Wanderung mit Studiengenossen nach Leipzig, um Iffland in der Rolle des Franz Moor zu sehen.

Juli: Besuch der Vorlesungen des durch seine Schädellehre berühmten Anatomen Franz Joseph Gall, wobei die Brüder Gelegenheit haben, Goethe, der in Bad Lauchstädt zur Kur weilt, aus der Nähe zu sehen. – Henrik Steffens tritt als Widerleger Galls auf. – Kollegs bei Steffens, daneben insbes. in klass. Philologie, Philosophie und Jurisprudenz.

3. Aug.: Wanderung nach Lauchstädt, wo in Anwesenheit Goethes der *Götz von Berlichingen* gespielt wird.

Bei Spaziergängen nach Giebichenstein Lektüre von *Franz Sternbalds Wanderungen* von Tieck; Werke von Goethe und Novalis.

20./21. Aug.: Auf dem Marktplatz von Halle wird E Zeuge der grausamen Bestrafung (Spießrutenlaufen und Auspeitschung) von Teilnehmern an Teuerungsunruhen (s. Bd. IV, S. 485).

10. Sept.: Antritt einer Reise durch den Harz und die Lüneburger Heide nach Hamburg und Lübeck. In Travemünde (22. Sept.) erstes Erlebnis des Meeres. Das Tagebuch bringt erstmals ausgedehntere Natur- und Landschaftsschilderungen.

23.–27. Sept.: Rückreise über Schwerin, Magdeburg und Bernburg nach Halle.

1806 April/Mai: Novalis- und Molière-Lektüre.

9. Juli: Besuch einer Aufführung von Goethes Schauspiel *Die natürliche Tochter* in Lauchstädt.

17. Juli: E sieht Goethes *Egmont* in Lauchstädt.

Anfang Aug.: Ferienreise nach Lubowitz über Dresden und Breslau.

Sept./Okt.: Die Brüder verlieben sich in Benigna Sophie Amalie Hahmann (1774–1848), Gattin des mit der Familie E befreundeten Justitiars Karl Hahmann aus Ratibor. Die Episode dauert bis 1810. Madam Hahmann wird der Anlaß zu mehreren Gedichten E's.

14. Okt.: Sieg Napoleons über das preuß.-russ. Heer bei Jena und Auerstedt.

30. Okt.: E erhält die Nachricht von der Schließung der Universität Halle durch Napoleon (am 19. Okt.).

10. Dez.: Franz.-bayer. Truppen belagern Breslau; das Tagebuch vermerkt „unaufhörlichen Kanonendonner" (Bd. IV, S. 545).

1807 23. Jan.: Die Festung Cosel (nördlich von Ratibor) wird Kriegsschauplatz.

7. Febr.: Die ersten bayer. Soldaten tauchen in Lubowitz und Umgebung auf.

24. März: Beschluß, daß die Brüder in Heidelberg ihre Studien fortsetzen sollen. In E verdichtet sich die Erkenntnis, daß die Lubowitzer „Jubeljahre" vorüber sind.

4.–17. Mai: Reise nach Heidelberg über Troppau, Brünn, Budweis, Linz, Regensburg, Nürnberg und Mergentheim. – In Heidelberg Bekanntschaft mit dem Studenten Nikolaus Heinrich Julius, dem späteren Arzt, Schriftsteller und Kenner des Spanischen. Beginn einer lebenslangen Freundschaft.

19. Mai: Immatrikulation an der Universität Heidelberg, die damals als typische Arbeitsuniversität galt. Erster Besuch einer Vorlesung von Joseph Görres über den Himmelsbau. Die Brüder E werden Görres vorgestellt. – Juristische Vorlesungen u. a. bei Justus Thibaut.

Juni: Ästhetik-Vorlesungen bei Görres. – Bekanntschaft mit dem Übersetzer Johann Diederich Gries.

9. Juli: „Zeigte uns Görres in der ästhetischen Stunde die 4 himmlischen Kupferstiche von Runge [die „Tageszeiten"], ... Arabesken. Unendliche Deutung." (Bd. IV, S. 587) – E lernt Italienisch und Gitarre spielen.

16. Juli: Reise in das (franz.) Speyer.

5./6. Okt.: Wanderung nach Mannheim.

Okt.: E versucht sich an einer Übersetzung von Goethes *Wilhelm Meister* ins Italienische. – Philosophie-Vorlesungen bei Görres.

15. Nov.: E lernt den Grafen v. Loeben (Pseudonym: Isidorus Orientalis) kennen und liest mit Begeisterung dessen Dichtungen. – Fast täglicher Umgang mit Loeben und dessen Jüngern Strauß und Budde, dem „Eleusischen Bund".

Dez.: Spätestens im Dez. liest E *Des Knaben Wunderhorn* (Bd. 1).

1808 Jan.: E dichtet im Stil Loebens und widmet ihm Sonette.

2. Febr.: Die Brüder E begegnen auf einem Spaziergang Achim v. Arnim; am 14. Febr. erneute Begegnung.

5. April–4. Mai: Bildungsreise nach Paris über Straßburg, Burgund, Lothringen und die Champagne – In der Kaiserlichen Bibliothek in Paris exzerpieren die Brüder für Görres aus der franz. Ausgabe des Volksbuchs von den Heymonskindern. – Rückkreise über Metz nach Heidelberg.

13. Mai: Abreise aus Heidelberg (das E nie wiedergesehen hat) über Frankfurt, Aschaffenburg, Würzburg, Nürnberg, Regensburg, von dort mit dem Postschiff die Donau hinab nach Wien. Aufenthalt in Wien bis Ende Juni.

Anfang Juli: Ankunft in Lubowitz. Die Brüder unterstützen als

„Oekonomen" den Vater bei der Verwaltung der Güter. – Briefwechsel mit Loeben.

Durch Vermittlung Loebens erscheinen 1808 in Friedrich Asts *Zs. für Wissenschaft und Kunst* (Heft 1–3) unter dem Pseudonym „Florens" acht Gedichte E's. – Vermutlich entsteht 1808 auch der Romanentwurf *Marien Sehnsucht*. E beginnt mit der Sammlung oberschles. Sagen und Märchen (Bd. IV, S. 101 ff.). 1808/09 entsteht wahrscheinlich auch *Die Zauberei im Herbste*, die erste vollendete Prosaarbeit E's.

1809   In der Lubowitzer Atmosphäre findet E seinen eigenen, am *Wunderhorn* geschulten lyrischen Stil. Zahlreiche Lieder entstehen. – Verlobung mit Luise v. Larisch.

Sept./Okt.: Aufenthalt der Brüder E in Breslau.

Nov.: Von Breslau aus Reise auf einem Kohlenschiff nach Frankfurt a. O. und weiter nach Berlin, um Loeben wiederzusehen. Umgang mit Adam Müller, bei dem E Heinrich v. Kleist kennenlernt (15. Dez.).

3. Dez.: E erkrankt an einem hartnäckigen Nervenfieber, das sich bis Mitte Febr. 1810 hinzieht.

Dez.: Die Brüder hören Fichtes öffentliche Vorlesungen. – Verkehr im seicht-schöngeistigen Salon der Madam Sander. – Stärkste Anregungen gehen von Adam Müller aus.

Ab 1809 rapide wachsende Verarmung der Familie E; vor dem Bankrott schützt sie nur das 1807 erlassene Generalmoratorium. Zur Besserung der wirtschaftlichen Lage schmieden die Eltern Heiratspläne für den Sohn.

1810   Jan./März: Besuch öffentlicher Vorlesungen von Adam Müller. – Freundschaftlicher Verkehr mit Arnim und Brentano.

4. März: Abreise aus Berlin.

14. März: Ankunft in Lubowitz.

Sommer: Entschluß, in Wien das juristische Studium zu beenden und dann in den österreich. Staatsdienst einzutreten, da die wirtschaftliche Situation der Familie immer bedrohlicher wird. – Zahlreiche Gedichte entstehen, u. a. wahrscheinlich die Lieder *In einem kühlen Grunde*, *Wer hat dich, du schöner Wald* und *O Täler weit, o Höhen*. Vermutlich wird im Sommer/Herbst 1810 in Lubowitz der Roman *Ahnung und Gegenwart* konzipiert und begonnen. – In Asts *Zs. für Wissenschaft und Kunst* erscheinen 1810 fünf Gedichte E's.

Nov.: Ankunft der Brüder E in Wien.

29. Nov.: Immatrikulation an der Wiener Universität.

1811 Seit Jahresanfang freundschaftlicher Verkehr im Hause Friedrich und Dorothea Schlegels. – Häufige Theaterbesuche, insbes. im Leopoldstädter Theater.

26. April: E besteht die Semestralprüfung im Natur-, Privat-, Staats- und Völkerrecht (wie alle folgenden Prüfungen mit Auszeichnung).

Juni/Juli: Intensive Arbeit am Roman *Ahnung und Gegenwart*.

20. Juli: Semestralprüfung im Kriminalrecht.

4. Aug.: Die Brüder lernen den Maler Philipp Veit (Sohn Dorothea Schlegels aus erster Ehe) kennen; es entwickelt sich in der Folge eine herzliche Freundschaft.

11. Aug.: Besuch bei Adam Müller, der seit Anfang Aug. in politischer Mission in Wien weilt. Die Brüder E verkehren häufig in seinem Haus. Müller macht sie mit Brentanos Satire *Philister vor, in und nach der Geschichte* bekannt.

Sept.: Angesichts ihrer prekären wirtschaftlichen Lage beginnen sie ein „abentheuerliches standhaftes Hungerleben" (Bd. IV, S. 675). – Lektüre: F. Schlegels *Über die neuere Geschichte*.

9. Sept.: Examen in „europäischer Staatenkunde" (Statistik), am 10. Okt. in „europäischer und insbesondere österreich. Staatskunde (Statistik II)".

8. Dez.: Im Hause F. Schlegels erfährt E von Kleists Freitod.

Dez.: Arbeit am Fragment gebliebenen Drama *Hermann und Thusnelda*, die jedoch zugunsten des Romans aufgegeben wird. Es beginnt die innere Abkehr von dem Dichtervorbild Loeben – bei fortdauernder Freundschaft.

1812 2. Febr.: Examen im römischen Zivilrecht.

3. Febr.: Im Hause Schlegels lernt E den Gründer des Redemptoristenordens Clemens Maria Hofbauer, am 13. Febr. Theodor Körner kennen.

27. Febr.: F. Schlegel beginnt seine öffentl. Vorlesungen *Über die Geschichte der alten und neuen Literatur*, die die Brüder E hören.

5. März: Mit diesem Datum endet das erhaltene Tagebuch. Von den noch einige Jahre weitergeführten Tagebüchern ist nur noch ein Bruchstück aus dem Jahre 1815 erhalten geblieben.

6. März: Examen im allgemeinen Kirchenrecht.

15. Mai–11. Juni: Die Brüder E hören Adam Müllers öffentl. Vorlesungen *Über die Beredsamkeit und ihr Verhältnis zur Poesie*.

Juli: Ferienreise nach Lubowitz, wo E (wahrscheinlich Mitte Sept.) den Roman *Ahnung und Gegenwart* abschließt. Bald danach Rückkehr nach Wien.

30. Sept.: Examen im österreich. Privatrecht.

Sept./Okt.: Der Roman wird von F. und Dorothea Schlegel mit Beifall aufgenommen; Dorothea korrigiert das Manuskript, von ihr soll auch der Titel *Ahnung und Gegenwart* stammen.

Ende Nov.: Adam Müller nimmt die Brüder E als Lehrer in das von ihm gegründete Erziehungsinstitut „Maximilianeum" auf. Zu einer Aufnahme der Lehrtätigkeit kommt es jedoch nicht. – Am 19. Okt. begann Napoleons Rückzug aus Rußland, im Dez. ist die Große Armee praktisch vernichtet; in Deutschland bereitet sich die nationale Erhebung vor.

1813 17. März: In Breslau erläßt Friedrich Wilhelm III. den Aufruf *An mein Volk.*

5. April: Gemeinsam mit Philipp Veit verläßt E Wien, um sich in Breslau dem Lützowschen Freikorps anzuschließen. Die Wege der Brüder trennen sich damit, Wilhelm bleibt in Wien und tritt wenig später in den österreich. Staatsdienst ein.

29. April: E und Ph. Veit erreichen das Lützowsche Freikorps, das bei ihrer Ankunft in Breslau (10. April) von dort bereits aufgebrochen war, in Grimma bei Leipzig. Ihr Bataillon steht unter der Führung von Friedrich Ludwig Jahn.

Mai/Juni: Streifzüge im Spreewald im Rücken der franz. Truppen; zu Gefechten kommt es nicht.

7. Juni: Der Waffenstillstand tritt in Kraft (bis 10. Aug.).

14. Juli: E und Veit erhalten ihren Abschied aus dem Freikorps und gehen nach Berlin.

Juli/Aug.: E reist über Breslau nach Böhmen und versucht (nach der österreich. Kriegserklärung an Napoleon am 11. Aug.) vergeblich, als Offiziersbewerber bei der österreich. Landwehr aufgenommen zu werden. Rückkehr nach Lubowitz.

Sept.: E wird Offiziersanwärter beim 2. schles. Landwehr-Infanterie-Regiment in Glatz. Bis Dez. Garnisonsdienst in Glatz.

1814 Jan.–Ende Mai: Garnisonsdienst in der von Koalitionstruppen eingenommenen Festung Torgau. – Einer scharfzüngigen Bemerkung wegen wird E zum Duell gefordert. – Er versucht mehrfach vergeblich, zur kämpfenden Truppe zu kommen.

Ende Mai: E geht mit Urlaub nach Lubowitz. – Inzwischen war Paris Ende März erobert worden, Napoleon hatte am 6. April abgedankt; 30. Mai: Unterzeichnung des Friedensvertrages.

28. Juni: Um seine Schulden zu tilgen, bietet Adolf v. E seine Güter Slawikau, Summin, Gurek, Radoschau und Lubowitz zum Verkauf an.

Etwa Aug.: E reicht seinen Abschied von der Armee ein, den
er am 2. Dez. erhält. – Bemühungen um Drucklegung seines Romans.

3. Okt.: E schickt das Manuskript von *Ahnung und Gegenwart* an
Loeben, der es am 22. Okt. an Friedrich de la Motte Fouqué
weiterleitet.

Nov./Dez.: E entwirft das von Fouqué erbetene Vorwort zum
Roman und eine (Fragment gebliebene) *Novelle für das Frauentaschenbuch.*

Mitte Dez.: Reise nach Berlin, um seine Ansprüche als freiwilliger
Jäger geltend zu machen und Anstellung bei der Regierung zu
suchen. Da er längere Zeit ohne Gehalt dienen müßte, wird der
Plan aufgegeben. In Berlin verkehrt E u. a. mit der Familie Savigny, mit E. T. A. Hoffmann, Fouqué, Chamisso und Julius Eduard Hitzig.

25. Dez.: E sendet Fouqué das Vorwort zum Roman sowie Gedichte, die im Sept. 1815 in Fouqués *Frauentaschenbuch* für das
Jahr 1816 erscheinen.

1815 Anfang März: Auf Empfehlung Gneisenaus wird E als Expedient
beim Kriegsministerium in Berlin angestellt.

25. März: Erneuerung der Koalition gegen Napoleon, der am
1. März von Elba kommend in Frankreich gelandet und am
20. März in Paris eingezogen war.

Ende März: *Ahnung und Gegenwart* erscheint bei Johann Leon-
hard Schrag in Nürnberg; Fouqué zeichnet als Herausgeber.

7. April: Gegen den Widerstand der Eltern heiratet E in Breslau
Luise v. Larisch.

22. April: Abreise nach Lüttich, um sich Blüchers Armee anzuschließen. Ankunft am 4. Mai.

11. Mai: E wird nach Aachen abkommandiert, wo die rhein.
Landwehrregimenter zusammengestellt werden. Wiedersehen mit
Görres (17. Mai).

Anfang Juni scheint sich E einige Tage in Lubowitz aufgehalten,
dann über Wien (12. Juni) die Rückreise zu seinem Regiment
angetreten zu haben (s. Bd. IV, S. 701–703 und die Anm.).

7. Juli: E rückt unter den Truppen Blüchers in Paris ein, nachdem
Napoleon erneut abgedankt (22. Juni) und Paris kapituliert hatte
(3. Juli). E ist vorübergehend Ordonnanzoffizier im Stab Gneisenaus.

30. Aug.: Geburt des Sohnes Hermann Joseph (gest. 1900).

26. Okt.: E bittet J. A. F. Eichhorn, den er kurz zuvor in Paris

kennengelernt hatte, um Vermittlung einer (dotierten) Stelle als Subalternbeamter.

1816 Jan./Anfang Febr.: E geht mit Urlaub über Berlin nach Schlesien zurück.

16. Jan.: Die väterlichen Güter werden einer Wirtschaftsaufsicht unterstellt.

Juni: Bewerbung um Anstellung als Referendar bei der Regierung in Breslau, wohin E jetzt zieht.

9. Dez.: Er besteht das Eintrittsexamen in den Staatsdienst und wird Referendar bei der Königl. Regierung in Breslau (ohne Diäten).

Beginn der Arbeit an der Novelle *Das Marmorbild*.

1817 8. Mai: E bittet Savigny um Unterstützung bei der Bemühung um Anstellung als Lehrer der Geschichte an einer Universität der seit 1815 zu Preußen gehörenden Rheinprovinzen. Der Plan scheitert.

9. Mai: Geburt der Tochter Marie Therese Alexandrine (gest. 1884).

Aug./Okt.: Zweimonatiger Urlaub in Lubowitz. Wiedersehen mit dem Bruder Wilhelm. Wahrscheinlicher Beginn der Arbeit an der (Fragment gebliebenen) Novelle *Das Wiedersehen*, die stark autobiographische Züge trägt. Vermutlich arbeitet E bereits an der ersten Fassung der *Taugenichts*-Novelle.

Sept.: In Fouqués *Frauentaschenbuch* für das Jahr 1818 erscheinen sieben Gedichte E's.

Mitte Okt.: Die erste Fassung des *Marmorbilds* ist abgeschlossen.

2. Dez.: E sendet das Manuskript der endgültigen Fassung an Fouqué.

Ende 1817/Anfang 1818: Hoffnungen auf eine Landratsstelle im Kreis Rybnik zerschlagen sich.

1818 27. April: Tod des Vaters. Die Brüder E erben das Gut Sedlnitz, mit dessen Wirtschaftsführung Joseph von der Erbengemeinschaft beauftragt wird.

Sept.: In Fouqués *Frauentaschenbuch* für das Jahr 1819 erscheint das *Marmorbild*.

7. Okt.: E beantragt das Zulassungszeugnis für das „große Examen" (Assessorenprüfung), das er am 24. Okt. erhält.

3. Nov.: Antrag auf Zulassung zur Prüfung bei der Königl. Ober-Examinations-Kommission in Berlin.

7. Dez.: Die Zulassung zur Prüfung und das Thema für die „Probearbeit" (s. S. 7 ff.) werden ihm mitgeteilt.

1819 Anfang: Aussichten auf Anstellung als Landrat im Kreise Pleß zerschlagen sich.

19. April: Geburt des Sohnes Rudolf Joseph Julius (gest. 1891).

29. April: Eröffnung des Liquidationsverfahrens über das Vermögen der Familie E. (1823 wird Lubowitz, 1824 Radoschau, 1831 Slawikau zwangsversteigert.)

16. Juni: E reicht seine Probearbeit ein.

16. Okt.: E besteht die mündliche Assessorenprüfung in Berlin.

24. Nov.: Ernennung zum Assessor bei der Königl. Regierung in Breslau, vorläufig weiterhin ohne Diäten.

31. Dez.: E lernt den Schauspieler und Bühnenautor Karl v. Holtei kennen.

1820 19.–20. Mai: Aufenthalt in Wien. Wiedersehen mit seinem Bruder Wilhelm und mit Adam Müller.

20. Juli: E teilt dem Oberpräsidenten von Westpreußen Th. v. Schön mit, daß der preuß. Kultusminister v. Altenstein ihm die kommissarische Verwaltung der Stelle eines kathol. Kirchen- und Schulrats in Danzig anvertraut habe.

Herbst: Aufenthalt in Berlin.

1821 6. Jan.: Geburt der Tochter Agnes Clara Augusta (gest. 1822).

Zweite Januarhälfte: E reist zum Dienstantritt nach Danzig.

31. Jan.: Friedrich Wilhelm III. genehmigt E's Anstellung in Danzig. – 1. Mai: Einführung E's in seine Amtsgeschäfte.

5. Sept.: Ernennung zum Regierungsrat für die Bearbeitung der katholisch-geistlichen und Schulangelegenheiten beim Oberpräsidium und bei der Kirchen- und Schulkommission in Danzig.

1822 15. April: Tod der Mutter.

20. Juni: Anläßlich einer Tafel, die der preuß. Kronprinz im großen Remter der Marienburg gibt, wird das Gedicht *Der Liedsprecher* (Bd. I, S. 169 ff.) vorgetragen, das E auf Wunsch Th. v. Schöns verfaßt hat.

Sommer: Aufenthalt in Berlin. Im Hause Chamissos lernt E. Hoffmann von Fallersleben kennen.

Herbst: Die (vermutlich noch in Breslau begonnene) dramatische Satire *Krieg den Philistern!* ist wahrscheinlich abgeschlossen. – Arbeit am *Taugenichts*.

26. Nov.–13. Dez.: In fünf Nummern der in Danzig erscheinenden Zs. *Der Ährenleser auf dem Felde der Geschichte, Literatur und Kunst* erscheinen u. d. T. *Liebe versteht keinen Spaß* einige Lustspielszenen E's. Daraus entsteht in den folgenden Jahren das Fragment *Wider Willen*, eine Vorstufe des Lustspiels *Die Freier*.

1823   31. Jan.–11. Febr.: In sieben Nummern der *Deutschen Blätter für Poesie, Literatur, Kunst und Theater*, hrsg. von Karl Schall und Karl v. Holtei, erscheint das „Erste Abenteuer" aus *Krieg den Philistern!*

Sept.–Ende Nov.: E ist als Vertreter des kathol. Rats Schmedding im preuß. Ministerium der geistlichen, Unterrichts- und Medizinalangelegenheiten (Kultusministerium) in Berlin tätig. Hier entsteht u. a. ein Gutachten über die „Angelegenheit der Stifter und Klöster im Departement der Regierung zu Danzig" (s. S. 436). – Verkehr mit Chamisso, Willibald Alexis, Friedrich v. Raumer und Julius Eduard Hitzig.

26. Sept.–7. Okt.: In sieben Nummern der *Deutschen Blätter* (s. oben) erscheint das erste Kapitel des *Taugenichts*.

Dez.: Die dramatische Satire *Krieg den Philistern!* erscheint bei Ferdinand Dümmler in Berlin; sie findet in der Presse große Beachtung.

1823 werden Schloß und Gut Lubowitz zwangsversteigert.

1824   April: Die Provinzen Ost- und Westpreußen werden vereinigt, Th. v. Schön wird Oberpräsident der neuen Provinz Preußen mit Sitz in Königsberg.

5. Juni: Eine königl. Kabinettsorder bestimmt, daß E Schön als Oberpräsidialrat nach Königsberg folgen soll.

9. Juli: Abreise mit Schön nach Königsberg.

23. Sept.: E's Familie zieht von Danzig nach Königsberg. Bekanntschaft mit dem Historiker Johannes Voigt.

1825   8. Okt.: Das Manuskript des ersten (im April 1826 erscheinenden) Sammelbandes geht an J. E. Hitzig nach Berlin ab.

1826   Jan./Mai: In der Berliner Zs. *Der Gesellschafter oder Blätter für Geist und Herz*, hrsg. von Friedrich Wilhelm Gubitz, erscheinen Gedichte E's.

Mitte März: Aufenthalt in Berlin.

Ende März: Gemeinsam mit Schön und Eduard Heinrich v. Flottwell (damals Regierungspräsident in Marienwerder) Visitationsreise in Westpreußen.

April: In der Vereinsbuchhandlung in Berlin erscheint der erste Sammelband E's; er enthält den ersten vollständigen Druck des *Taugenichts*, das *Marmorbild* und einen Anhang von 48 Gedichten. Insbesondere die *Taugenichts*-Novelle erregt großes Aufsehen. Zu Lebzeiten E's noch mehrfach gedruckt, wird sie der einzige Bucherfolg des Dichters.

Juli: Erneuter kurzer Aufenthalt E's in Berlin.

Das Trauerspiel *Ezelin von Romano*, an dem E seit 1824 arbeitete, ist abgeschlossen.

1827 April: E sendet Hitzig das Manuskript „eines neuen literarischen Scharmützels" (wahrscheinlich *Meierbeths Glück und Ende*).

Juni: Da die dienstlichen Verhältnisse in Königsberg (s. S. 429 f.) unerträglich werden, bemüht sich E um seine Versetzung nach Koblenz.

12. Juli: Kultusminister v. Altenstein empfiehlt E dem Oberpräsidenten der Rheinprovinz für eine vakante kathol. Schulratsstelle in Koblenz; die Versetzung scheint an der Gehaltsfrage gescheitert zu sein.

Spätsommer/Frühherbst: Urlaubsaufenthalt auf dem Gut der Familiengroßeltern in Regmahin (bei Rastien)

1. 17. Sept.: In zehn Nummern der Ze. *Der Gesellschafter* erscheint die dramatische Satire *Meierbeths Glück und Ende*.

Ende Dez.: Separatausgabe in der Vereinsbuchhandlung in Berlin (mit der Jahreszahl 1828).

1828 30. Aug.: E bittet den im Herbst 1827 an die Universität München berufenen Görres um Vermittlung einer Anstellung in Bayern. Er sucht offenbar Anschluß an die in Bayern entstehende kathol. Bewegung und an die Münchener Romantik. Görres scheint den Brief nie beantwortet zu haben.

Ende Sept.: Im Verlag der Gebr. Bornträger in Königsberg erscheint *Ezelin von Romano*.

In der mehrbändigen Sammlung von Lyrik aus dem 18. und 19. Jh. mit dem Titel *Braga*, hrsg. von Anton Dietrich (Dresden 1828), erscheint eine Reihe von Gedichten E's.

1829 Frühjahr: Das historische Trauerspiel *Der letzte Held von Marienburg*, an dem E, einer Anregung Th. v. Schöns folgend, vermutlich seit Ende 1827 gearbeitet hat, und das Lustspiel *Die Freier* sind abgeschlossen.

11. Juni: E bietet beide Stücke einem (nicht bekannten) Verleger zum Druck an.

1830 Mai: In der Hartungschen Hofdruckerei in Königsberg wird auf Anordnung Schöns *Der letzte Held von Marienburg* gedruckt; die Verlagsbuchhandlung Gebr. Bornträger nimmt das Werk in Kommission.

27. und 29. Mai: E sendet Widmungsexemplare seines Dramas an den preuß. Kronprinzen und an Goethe. Während der Kronprinz den Empfang bestätigt, antwortet Goethe nicht.

Juli: Aufenthalt in Berlin.

26. Juli: Revolution in Paris; Auswirkungen auch in den Staaten des Deutschen Bundes.

20. Okt.: Geburt der Tochter Anna Hedwig (gest. 1832).

1831   27. Febr.: Anläßlich der Eröffnung des Landtags wird in Königsberg E's Trauerspiel *Der letzte Held von Marienburg* aufgeführt. Wohl wegen mangelhafter darstellerischer Leistungen fällt das Stück durch.

6. Juni: E geht mit Urlaub (der später mehrfach verlängert wird) nach Berlin, um dort seine Anstellung bei der preuß. Regierung durchzusetzen.

Verkehr im Kreise der im Jahre 1824 auf Anregung Hitzigs gegründeten literarischen „Mittwochsgesellschaft", der E spätestens seit Anfang 1827 angehört; Mitglieder sind neben Hitzig u. a.: Chamisso, Friedrich Wilhelm Gubitz, Willibald Alexis, Karl Ernst Jarcke, Ernst Raupach, Wilhelm v. Schadow, Karl Simrock, Varnhagen v. Ense, Fouqué und Karl v. Holtei. Bekanntschaft mit Felix Mendelssohn Bartholdy; erneuter Verkehr mit Savigny und Raumer.

1. Aug.–Ende Sept.: Kommissarische Beschäftigung im Kultusministerium (Vertretung Schmeddings). Neben zwei noch nicht aufgefundenen Gutachten (s. S. 437) entsteht in dieser Zeit ein Gutachten, „die Absonderung der Katholiken von den Evangelischen im Flatower Kreise betreffend" (s. ebd.).

Aug.: Altenstein und Eichhorn bemühen sich um Anstellung E's beim Generalpostamt.

1. Okt.: Provisorische Anstellung als „Hilfsarbeiter" im preuß. Ministerium der auswärtigen Angelegenheiten. – E soll hauptamtlicher Redakteur an Rankes *HpZs.* werden; für diese Zs. entsteht etwa Okt./Nov. der Aufsatz *Über Garantien* (S. 66 ff.); er wird jedoch von Ranke abgelehnt.

Nov. bis etwa März 1832: In dienstlichem Auftrag entstehen der Entwurf eines Pressegesetzes und drei weitere Schriften zur Pressegesetzgebung (S. 151–236).

Wahrscheinlich beginnt E bereits 1831 mit der Arbeit an dem autobiographischen Novellenfragment *Unstern*.

1832   Febr.: E erfährt, daß er mit einer festen Anstellung beim Außenministerium nicht rechnen könne. Auch zu der vorgesehenen Redaktionstätigkeit kommt es nicht. Er erwägt die Rückkehr nach Königsberg (L. Ranke am 20. Febr. an F. Perthes: „Herr v. Eichend[orff] sagte mir bereits (unter uns!), daß er Berlin wieder zu verlassen gedenke." *Oncken*, S. 235).

24. März: Tod der jüngsten Tochter Anna Hedwig (vgl. den Gedichtzyklus *Auf meines Kindes Tod*, Bd. I, S. 243 ff.).

2.–28. April: Im *Gesellschafter* erscheint in 16 Folgen E's satirische Erzählung *Viel Lärmen um nichts*. – Vermutliche Entstehung des *[Politischen Briefs]* (S. 134 ff.), aus dem wenig später (nach dem Hambacher Fest) die Satire *Auch ich war in Arkadien* hervorgeht.

5. Mai: E teilt Philipsborn mit, daß er seine Beschäftigung im Außenministerium zum 1. Juli aufgeben werde. Er scheint erneut seine Rückkehr nach Königsberg zu erwägen, bleibt aber weiterhin in Berlin und bemüht sich erneut um Anstellung im General-postamt, dann um Beschäftigung im Kultusministerium.

27.–30. Mai: Hambacher Fest.

Sommer: Vermutliche Entstehung der *Schrift Preußen und die Konstitutionen* (S. 95 ff.). – E lernt Adolf Schöll (1805–82) kennen, dem er bald die Korrekturen seiner Werke, auch die Anordnung seiner Gedichtausgabe (1837) anvertraut.

Herbst: Im *Deutschen Musenalmanach* 1833, hrsg. von A. v. Chamisso und Gustav Schwab, erscheinen sechs Gedichte E's.

Ende Sept.: In der Vereinsbuchhandlung in Berlin erscheint *Viel Lärmen um nichts* zusammen mit Brentanos *Die mehreren Wehmüller und ungarischen Nationalgesichter*.

16. Okt.: In einem Schreiben an Kultusminister v. Altenstein bewirbt sich E um Anstellung beim Oberzensurkollegium; er erneuert das Gesuch am 27. Nov.

Herbst: Im *Schlesischen Musenalmanach*, hrsg. von Theodor Brand, erscheinen Gedichte E's.

Herbst/Winter: Vermutlicher Beginn der Arbeit am Roman *Dichter und ihre Gesellen*. – Seit dem Spätherbst (oder Winter 1832/33?) ist E „gegen Diäten" im Kultusministerium beschäftigt.

1833 März/April: *Die Freier* erscheinen in der Brodhagschen Buchhandlung in Stuttgart.

Ende Sept.: Im *Deutschen Musenalmanach* 1834 erscheinen acht Gedichte E's.

1833 entsteht der Entwurf eines *Votums des Ministers der geistlichen Angelegenheiten zu No. 296* (S. 237 ff.).

1834 7. März: E bewirbt sich (vergeblich) beim preuß. Außenminister Ancillon um eine vakante Ratsstelle.

13. Aug.: E sendet das Manuskript seines Romans *Dichter und ihre Gesellen* einem Verlag zu (vermutlich Duncker & Humblot).

Sept.: Adolf Schöll führt auf Bitten E's die Schlußkorrekturen des Romans durch.

Ende Okt.: *Dichter und ihre Gesellen* erscheint bei Duncker & Humblot in Berlin; der Roman findet ein überraschend großes Echo.

1835 23. März: E bemüht sich – wiederum vergeblich – um feste Anstellung im Kultusministerium.

1. Juni: Im *Museum. Blätter für bildende Kunst*, hrsg. von Franz Kugler, erscheint anonym E's Aufsatz *Zur Kunstliteratur*, eine kritische Stellungnahme zu einem Vortrag von Karl Rosenkranz.

Ende Sept.: Im *Deutschen Musenalmanach* für 1836 erscheinen fünf Gedichte E's.

19. Okt.: Der Verleger Brockhaus bittet E um einen Prosabeitrag zum Taschenbuch *Urania* für 1837.

1835 entsteht vermutlich die nachgelassene Novelle *Eine Meerfahrt*. Seit 1835 entstehen auch eine Reihe von Entwürfen und Fragmenten, die auf ein umfassendes Memoirenwerk abzielen (s. Bd. IV, S. 177 ff. und 217 ff.).

1836 Febr.: Die vorgesehene Anstellung beim Oberzensurkollegium scheitert, da E's Gehalts- und Statuswünsche nicht erfüllt werden.

Juli–Dez.: In den *Jahrbüchern der Literatur* (Wien) erscheint die erste Gesamtwürdigung E's aus der Feder Adolf Schölls.

Ende Sept.: In Taschenbuch *Urania* erscheint die Novelle *Das Schloß Dürande*. Der *Deutsche Musenalmanach* für das Jahr 1837 bringt 13 Gedichte, das *Deutsche Taschenbuch* für 1837 drei weitere Gedichte E's.

Beginn der Beschäftigung mit span. Sprache und Literatur, wobei ihn sein Heidelberger Studienfreund Heinrich Julius (Hamburg) berät.

Ende 1836/Anfang 1837 erscheinen bei Duncker & Humblot in Berlin E's *Gedichte* (mit Jahreszahl 1837). Die Anordnung und Textredaktion hat Adolf Schöll vorgenommen. Die Sammlung findet ein großes und positives Echo.

1837 14. Jan.: E bewirbt sich – wiederum vergeblich – um eine freiwerdende Ratsstelle im Kultusministerium.

11. April: Dem Verleger Brockhaus schickt E seine Novelle *Die Entführung.* – Der preuß. Kronprinz, dem E ein Widmungsexemplar seiner *Gedichte* zugesandt hatte, erkundigt sich nach einem Gespräch mit dem Dichter bei Altenstein, warum E nach sechsjähriger Hilfstätigkeit noch keine feste Anstellung erhalten habe. In seinem Antwortschreiben vom 23. Aug. führt Altenstein dies auf noch ungeklärte Probleme bei der Reorganisation des Zensurwesens zurück.

Juni–Mitte Juli: E weilt zur Vermahlung seiner Tochter Maria Theresia mit Ludwig Besserer v. Dahlfingen (am 2. Juli) in Oberschlesien.

Ende Sept.: Im *Deutschen Musenalmanach* für 1838 erscheinen vier Gedichte E's.

3. Okt.: E bewirbt sich – vergeblich – um die Intendantur der Königl. Museen.

20. Nov.: Verhaftung des Kölner Erzbischofs Droste zu Vische ring („Kölner Ereignis") im Zusammenhang mit dem Konflikt zwischen kathol. Kirche und preuß. Staat in der Mischehenfrage. Die „Kölner Wirren", mit denen E auch dienstlich befaßt ist, führen zur Formierung des polit. Katholizismus in Deutschland (vgl. auch S. 531). Mehrere Gedichte E's beziehen sich auf diese Vorgänge (s. Bd. I, S. 292 f., 293; Bd. IV, S. 53, 66).

1838   27. April: E erbittet einen sechswöchigen Urlaub nach Wien und Trient.

17./18. Mai: Ankunft E's und seiner Frau in München, das zum Zentrum des polit. Katholizismus geworden ist. Vermutlich hat der Dichter dort Joseph Görres, dessen antipreuß. Kampfschrift *Athanasius* im Jan. erschienen war, und Brentano wiedergesehen, wahrscheinlich auch Kontakt zu Guido Görres, George Phillips und Karl Ernst Jarcke aufgenommen, die 1838 die *HpBl.* gründen.

29. Mai: Ankunft in Wien. Wiedersehen mit seinem Bruder Wilhelm; Beratungen über das Lehensgut Sedlnitz. E bleibt nur wenige Tage in Wien.

Ende Sept.: Im *Deutschen Musenalmanach* für 1839 erscheinen drei Gedichte E's. – Das Taschenbuch *Urania* auf das Jahr 1839 bringt die Novelle *Die Entführung*.

1839   20. April: Altenstein unternimmt einen neuen Versuch, E's Anstellung beim Oberzensurkollegium zu erreichen, der aber zu keinem Ergebnis führt.

Sommer/Herbst: E beschäftigt sich intensiv mit Cervantes und Calderón und übersetzt span. Romanzen (vgl. Bd. I, S. 356 ff., Bd. IV, S. 56 ff.).

Okt./Nov.: Entstehung einiger Memoirenfragmente und autobiographisch gefärbter Novellenentwürfe.

E beendet die Arbeiten am *Unstern*-Fragment. Das Puppenspiel *Incognito* wird 1839 begonnen. Zahlreiche Gedichte und Sinngedichte entstehen.

1840   Jan./Mai: Prosaübersetzungen einiger Zwischenspiele von Cervantes entstehen.

15. April: Mit dem Berliner Verleger Markus Simion schließt E einen Vertrag über eine Werkausgabe ab.

April/Mai: Im *Deutschen Musenalmanach für 1840*, hrsg. von Theodor Echtermeyer und Arnold Ruge, erscheinen Gedichte E's.

8. Mai: Altenstein beantragt E's Ernennung zum Geh. Regierungsrat und seine Anstellung beim Oberzensurkollegium.

14. Mai: Tod Altensteins.

15. Mai: Robert Schumann hat die Komposition von 12 Liedern nach Texten von E abgeschlossen.

Mai/Juni: Das korrigierte Exemplar der *Gedichte* geht an den Verleger M. Simion ab, der die Werkausgabe vorbereitet. – E arbeitet an der Übersetzung von Don Juan Manuels *El Conde Lucanor.*

7. Juni: Friedrich Wilhelm III. von Preußen stirbt. Der Regierungsantritt Friedrich Wilhelms IV., des „Romantikers auf dem Thron", ist von hochgespannten Erwartungen begleitet, die bald enttäuscht werden.

Juni/Juli: E ordnet den dienstlichen Nachlaß Altensteins.

Sommer: Rhein-Krise (vgl. die Anm. zu S. 252).

28. Aug.: Eichhorn wird zum Nachfolger Altensteins bestimmt und am 8. Okt. zum Kultusminister ernannt.

31. Aug.: Friedrich Wilhelm IV. lehnt die noch von Altenstein beantragte Ernennung E's zum Geh. Reg.-Rat ab und stellt den Dichter vor die Entscheidung: Rückkehr nach Königsberg oder weitere Beschäftigung als Hilfsarbeiter am Kultusministerium (mit gekürztem Gehalt). Am 23. Sept. wird E dieser Beschluß mitgeteilt.

5.–9. Sept.: Huldigungslandtag in Königsberg, von Theodor v. Schön mit einer von E verfaßten Rede eröffnet (s. S. 245 ff.).

27. Sept.: E lehnt die Rückkehr nach Königsberg ab und bittet erneut um feste Anstellung, etwa im höheren Zensurwesen.

Sept./Okt.: Bei M. Simion in Berlin erscheint E's Übersetzung *Der Graf Lucanor von Don Juan Manuel*; sie findet eine freundliche Aufnahme in der Kritik.

Mitte Okt.: E weilt einige Tage in Dresden, wo er mit Tieck zusammentrifft.

27. Okt.: E sendet Friedrich Wilhelm IV. ein Exemplar des *Grafen Lucanor*, für das sich der König am 11. Dez. bedankt.

Nov.: Im *Rheinischen Jb. für Kunst und Poesie* (1841), hrsg. von F. Freiligrath, Chr. J. Matzerath und K. Simrock, erscheint E's Erzählung *Die Glücksritter.*

13. Dez.: Eichhorn beantragt E's Ernennung zum Geh. Reg.-Rat; bis zur Reorganisation des Oberzensurkollegiums solle er vornehmlich mit Zensurangelegenheiten beschäftigt werden.

1841 Anfang Jan.: Im *Deutschen Musenalmanach für 1841* erscheinen E's Bildnis und einige Gedichte.

12. Jan.: Der König genehmigt die Ernennung E's zum Geh. Reg.-Rat und seine Verwendung zur Bearbeitung von Zensursachen in den drei Ministerien, die gemeinsam das Zensurwesen verwalten (Kultus-, Innen- und Außenministerium).

8. Febr.: Ernennung E's zum Geh. Reg.-Rat.

April: E's Promemoria über den „Gebrauch der polnischen Sprache in den Gymnasien und Elementarschulen des Großherzogtums Posen entsteht (s. O. 440).

Anfang Aug.: Bei M. Simion in Berlin erscheint der 1. Band der vierbändigen Werkausgabe *(Gedichte)*; er ist Friedrich Wilhelm IV. gewidmet, der sich am 23. Aug. für die Zusendung des Widmungsexemplars bedankt. Die weiteren Bände erscheinen in Abständen von etwa zwei Monaten (der letzte Anfang Febr. 1842).

2. Okt.: Eichhorn bestimmt, daß E an den Sitzungen der im Jan. ds. Jahres eingerichteten kathol. Abteilung teilzunehmen habe.

1841 entstehen wahrscheinlich die ersten Calderón-Übertragungen, vermutlich auch der Entwurf einer *Tragikomödie wie Arnims Halle und Jerusalem.*

1842 3. Jan.: Abschiedsgesuch Th. v. Schöns, das der König am 31. März akzeptiert.

3. April: E's Aufruf für den Berliner Verein für den Kölner Dombau erscheint in der *Allgemeinen Preußischen Staatszeitung* (s. S. 251 ff.). E gehört dem Vorstand des Vereins an und ist auch dienstlich mit dem Dombau befaßt.

3. Juni: Th. v. Schön wird von seinen Ämtern entbunden, gleichzeitig zum „Burggrafen von Marienburg" ernannt.

7. Juni: Ein Gutachten über die Wiedererrichtung von Nonnenkonvikten in den überwiegend kathol. Teilen Preußens wird abgeschlossen (s. S. 437); E's Vorschläge werden gebilligt.

Sommer/Herbst: Arbeit an der Calderón-Übertragung.

4. Sept.: Mit einer Rede Friedrich Wilhelms IV. von Preußen werden in Köln die Feierlichkeiten anläßlich der Grundsteinlegung zum Weiterbau des Doms eröffnet.

26. Nov.: Th. v. Schön tritt an E mit dem Vorschlag heran, die Geschichte der Wiederherstellung der Marienburg zu schreiben; E greift den Vorschlag freudig auf.

1843 Ende Febr.: E erkrankt an einer Lungenentzündung.

Frühjahr: Beurlaubung vom Dienst zur Abfassung der *Marienburg*-Schrift. Der Urlaub wird später mehrfach verlängert.

Anfang Mai: Abreise nach Danzig, wo er im Hause seiner Tochter Therese Besserer v. Dahlfingen lebt. Für die Schrift über die Marienburg will E an Ort und Stelle Studien treiben.

3. Juni: Erste Konferenz in Marienburg mit Schön, dem Baumeister Hartmann und dem Historiker Johannes Voigt. In den folgenden Wochen intensive Arbeit an der *Marienburg*-Schrift (S. 259 ff.).

8. Juni: Zur Festschrift anläßlich des 50jährigen Dienstjubiläums von Th. v. Schön steuert E das Gedicht *Der brave Schiffer* bei (Bd. IV, S. 69 f.).

10. Aug.: E's erstes Pensionsgesuch; er begründet es mit seinem zerrütteten Gesundheitszustand.

Aug.: Bei M. Simion in Berlin erscheinen die *Gedichte* der Werkausgabe (1. Band) in einer zweiten, vermehrten Auflage (die dritte erscheint 1850, eine vierte 1856).

Ende Sept.: Der *Graf Lucanor* erscheint in neuer, illustrierter Auflage bei M. Simion. – *Die Wiederherstellung des Schlosses der deutschen Ordensritter zu Marienburg* ist im Manuskript abgeschlossen.

5. Okt.: E wiederholt sein Pensionsgesuch.

Dez.: Nach Durchsicht des Manuskripts und Korrekturarbeiten geht die *Marienburg*-Schrift in Satz.

1844 24. Febr.: Die Drucklegung ist abgeschlossen.

25. Febr.: E wiederholt noch einmal sein Pensionsgesuch.

21. März: Eichhorn beantragt E's Pensionierung zum 1. Juli.

13. Mai: Th. v. Schön schickt dem König drei Prachtexemplare von E's Buch über die Wiederherstellung der Marienburg; der König bedankt sich am 25. Mai.

30. Juni: Der König unterzeichnet die Entlassungsurkunde für E. – Der Dichter lebt weiterhin in Danzig im Hause seiner Tochter.

18. Aug.–6. Okt.: Die Ausstellung des Heiligen Rocks in Trier führt eine halbe Million Pilger in die Stadt an der Mosel. Die Wallfahrt wird Anlaß zur Gründung der deutschkathol. Bewegung (vgl. hierzu S. 531 ff.).

10. Sept.: E bietet M. Simion die Übersetzungen von fünf geistlichen Schauspielen von Calderón zum Verlag an; Simion lehnt am 29. Okt. ab.

15. Dez.: Karl Ernst Jarcke, inzwischen Mitarbeiter Metternichs, teilt E mit, daß die Cottasche Buchhandlung die Calderón-Über-

tragungen herausbringen wolle. Jarcke fordert den Dichter auf, eine deutsche Literaturgeschichte aus kathol. Sicht zu schreiben.

1845 20. Jan.: Aus Danzig sendet E der Cottaschen Buchhandlung das Manuskript seiner Calderón-Übersetzungen.

Ostern: 1. Konzil der Deutschkatholiken in Leipzig. Die oppositionelle Bewegung hat erheblichen Zulauf.

6. Juni: Ankunft E's in Wien (vermutlich zur Regulierung von Nachlaßangelegenheiten seines Onkels Rudolf Joseph v. E). Zusammentreffen mit Jarcke.

13. Juni: Weiterreise nach Sedlnitz; dort letztes Zusammentreffen mit dem Bruder Wilhelm.

1845 entsteht wahrscheinlich der unter dem Titel *Abhandlung* überlieferte Entwurf einer Polemik gegen den Deutschkatholizismus (S. 407 ff.). Vermutlicher Beginn der Arbeit an einer zweiten Streitschrift gegen den Deutschkatholizismus (S. 414 ff.), die möglicherweise erst im Sommer 1846 abgeschlossen wird. – Arbeit an autobiograph. Schriften (vgl. Bd. IV, S. 177 ff.).

Im Winter 1845/46 entsteht die Artikelserie *Zur Geschichte der neuern romantischen Poesie in Deutschland.*

1846 1. März–1. April: Sie erscheint in Bd. 17, Heft 5–7 der *HpBl.*, wie alle weiteren Beiträge in der Zeitschrift anonym. Die Artikel haben in Jarckes Freundeskreis einen großen Erfolg.

21. Sept.: E bricht von Danzig aus mit seiner Frau und der Familie seiner Tochter über Breslau und Sedlnitz nach Wien auf.

27. Okt.: Ankunft in Wien.

Anfang Nov.: Bei Cotta in Stuttgart erscheinen E's Übersetzungen der *Geistlichen Schauspiele* von Calderón. Das Presseecho ist schwach.

1847 Jan.: Freundschaftlicher Verkehr mit Clara und Robert Schumann. In Wien trifft E u. a. mit Eduard v. Bauernfeld, Ignaz Franz Castelli, Grillparzer, Stifter, Anastasius Grün und Giacomo Meyerbeer zusammen. Vertrauter Umgang mit Karl Ernst Jarcke. – E wird auch von den niederösterreich. Landständen und dem „Juridisch-politischen Leseverein" zu ihren Versammlungen eingeladen, zwei Vereinigungen, die im folgenden Jahr eine führende Rolle in der Revolution spielen.

7. Jan.: E bietet seinem Verleger M. Simion vertragsgemäß (aber zu überhöhten Honorarbedingungen) die Schrift *Über die ethische und religiöse Bedeutung der neueren romantischen Poesie in Deutschland* an, eine erweiterte Fassung der 1846 in den *HpBl.* veröffentlichten Artikel. Simion lehnt den Verlag ab.

16. Jan.: In den *HpBl.* (Bd. 19, Heft 2) erscheint E's Aufsatz *Brentano und seine Märchen.*

23. Jan.: E, der inzwischen vor allem durch Vertonungen seiner Lieder bekannt geworden ist, wird in der Wiener Künstlergesellschaft „Concordia" gefeiert.

25. Jan.: Der Wiener Männergesangsverein feiert E und Meyerbeer.

Febr.: Im *Wiener Boten* erscheint E's Gedicht *Gruß an die „Eintracht"* (Bd. IV, S. 71).

16. April: In den *HpBl.* (Bd. 19, Heft 8) erscheint E's Aufsatz *Die deutsche Salon-Poesie der Frauen.*

3. Mai: Die Familie reist nach Baden bei Wien zu E's Schwester Louise.

1. Juni: In den *HpBl.* (Bd. 19, Heft 11) erscheint E's Aufsatz *Novellen von Ernst Ritter.*

Ende Juni/Anfang Juli: Rückkehr nach Danzig.

1. Juli: In den *HpBl.* (Bd. 20, Heft 1) erscheint E's Aufsatz *Lanzknecht und Schreiber.*

18. Sept.: Von Jarcke erfährt E, daß der Leipziger Verlagsbuchhändler Liebeskind seine Schrift *Über die ethische und religiöse Bedeutung der neueren romantischen Poesie in Deutschland* verlegen wolle.

Okt.: Die Schrift erscheint und findet ein breites Echo in der Presse.

1. und 16. Okt.: In den *HpBl.* (Bd. 20, Heft 7 und 8) erscheinen die Aufsätze *Die neue Poesie Österreichs* und *Die geistliche Poesie in Deutschland.*

Ende Dez.: E folgt seiner Tochter und dem Schwiegersohn, der von Danzig dorthin versetzt worden ist, nach Berlin.

1848 22. Febr.: Revolution in Frankreich. Ausrufung der Republik am 24. Febr.

13. März: Revolution in Wien. Metternich flieht nach England.

14. März: Beginn der Revolution in Berlin; in den folgenden Tagen Barrikadenkämpfe. – E, der der Revolution zunächst durchaus mit Sympathie entgegensah, hat sich angesichts der einsetzenden Radikalisierung dann distanziert. Im Zusammenhang mit den Ereignissen des Jahres 1848 entstand eine Reihe polit. Gedichte (s. Bd. IV, S. 72 ff.).

29. März: Wahl einer Nationalversammlung in Preußen.

April/Mai: Angesichts der revolutionären Ereignisse in Berlin geht E mit seiner Familie nach Dresden.

18. Mai: In der Frankfurter Paulskirche tritt die Nationalversammlung zusammen.

1. Aug.: Als letzter Beitrag E's in den *HpBl.* (Bd. 22, Heft 3) erscheint der Aufsatz *Die deutschen Volksschriftsteller.*

Mitte Okt.: E verfaßt ein Vorwort zu den *Gedichten* von Lebrecht Dreves (einem Hamburger Notar und Freund Jarckes), die im Juli 1849 bei Alexander Duncker in Berlin erscheinen.

21. Okt.: Erkrankung der Gattin E's.

Okt./Nov.: In Wien und Berlin wird die Revolution niedergeschlagen.

1849 7. Jan.: Tod des Bruders Wilhelm in Innsbruck.

März: Arbeit an der satirischen Erzählung *Libertas und ihre Freier.*

3. Mai: Republikanischer Aufstand in Dresden

5. Mai: Die Familie E flieht von Dresden nach Meißen und weiter nach Köthen.

31. Mai: Rückkehr nach Dresden, nachdem der Aufstand am 8. Mai von preuß. Truppen niedergeschlagen worden war.

Juni/Juli: *Libertas* wird abgeschlossen. E übersetzt weitere geistliche Schauspiele Calderóns.

Ende Sept.: Rückkehr der Familien E und Besserer v. Dahlfingen nach Berlin. Dort in der folgenden Zeit freundschaftlicher Verkehr insbesondere mit Savigny, Bettina v. Arnim, Peter v. Cornelius und August Reichensperger.

2. Dez.: Erste Aufführung von E's Lustspiel *Die Freier* durch ein Liebhaber-Theater in Graudenz.

1850 Jan./Febr.: E arbeitet an Calderón-Übersetzungen und an Vorstudien zu einer Geschichte des deutschen Romans. – Th. v. Schön bemüht sich, E als Mitautor seiner Biographie zu gewinnen.

Neben den Calderón-Übertragungen und der Schrift über den deutschen Roman entstehen um 1850 autobiographische und erzählerische Entwürfe (s. Bd. IV, S. 182 ff., 199 ff. und 217 ff.) sowie der *Lucius*-Entwurf.

1850 erscheint bei M. Simion in Berlin die 3. Auflage der *Gedichte.*

1851 2. April: Dem Leipziger Verleger Liebeskind bietet E seine Schrift über den deutschen Roman an. Am 17. April sendet er ihm das druckfertige Manuskript zur Prüfung zu. Der Verleger lehnt ab.

April/Mai–15. Sept.: Aufenthalt der Familie E in Sedlnitz. E arbeitet an Calderón-Übersetzungen.

16. Sept.: Ankunft in Berlin.

Mitte Sept.: E's Schrift *Der deutsche Roman des achtzehnten*

Jahrhunderts in seinem Verhältnis zum Christentum erscheint bei F. A. Brockhaus in Leipzig.

1852 8. Juli: Abschluß des Verlagsvertrages mit Cotta über den zweiten Band seiner Calderón-Übersetzungen.

Sommer: E beginnt wahrscheinlich mit der Arbeit am Versepos *Julian*, das Ende des Jahres abgeschlossen ist.

Ende Dez.–Mitte Jan. 1853: Erkrankung E's.

28. Dez.: Tod Jarckes.

1853 März/April: E's *Julian* erscheint bei M. Simion in Leipzig.

Anfang Mai–Ende Sept.: Sommeraufenthalt der Familie E in Sedlnitz.

Sept./Okt.: Bei Cotta in Stuttgart erscheint der 2. Band der Calderón-Übersetzungen; das Presseecho ist gering.

Herbst: Arbeit an der Schrift *Zur Geschichte des Dramas*.

28. Nov.: Maximilian II., König von Bayern, ernennt E zum Mitglied des soeben gegründeten „Maximilians-Ordens für Wissenschaft und Kunst"; dem Orden gehören u. a. auch Savigny, Anastasius Grün, Geibel, Grillparzer und Meyerbeer an.

1853 entsteht wahrscheinlich die Besprechung der *Geistlichen Lieder von L. Frfr. von des Bordes*.

1854 17. Jan.: Der Verlagsbuchhändler Ferdinand Schöningh (Paderborn) tritt an E mit dem Vorschlag heran, eine Literaturgeschichte aus kathol. Sicht zu schreiben.

16. Febr.: Bei Franz Kugler trifft E Storm, Fontane und Paul Heyse.

19. April: E sendet dem Verleger Brockhaus das Manuskript der Schrift *Zur Geschichte des Dramas*.

24. Juni: Er erhält die Freiexemplare der soeben bei Brockhaus in Leipzig erschienenen Schrift; das Echo der Kritik ist überwiegend positiv.

15. Dez.: E bietet dem Leipziger Verlag Voigt & Günther die Verserzählung *Robert und Guiscard* an; am 30. Dez. geht das Manuskript an den Verlag ab.

In der Reihe *Moderne Klassiker* erscheint 1854 in Kassel ein Band, der E's *Marmorbild* und eine Gedichtauswahl nebst Biographie und erläuternden Zwischenbemerkungen enthält.

1855 Jan.: Schwere Erkrankung der Gattin E's.

Anfang März: Beginn der Arbeit an der Darstellung der poetischen Literatur Deutschlands.

Ende März: *Robert und Guiscard* erscheint bei Voigt & Günther in Leipzig.

Ende Mai: Übersiedlung nach Köthen.

4. Juni–15. Juli: Brunnenkur in Karlsbad; E's Frau erleidet einen Rückfall.

16. Juli: Rückkehr nach Köthen.

Sommer: Arbeit an der Literaturgeschichte.

Sept.: Ein Ausflug nach Halle gibt vermutlich den Anstoß zu autobiographischen Niederschriften (vgl. Bd. IV, S. 223 ff.), der Vorstufe zu den 1857 ausgeführten Memoirenkapiteln *Der Adel und die Revolution* und *Halle und Heidelberg*.

Sept.: Die Übersiedlung der Familien E und Besserer nach Neisse wird beschlossen, wohin E's Schwiegersohn versetzt worden ist.

30. Okt.: Abreise von Köthen zunächst nach Berlin.

1. Nov.: Abreise über Bunzlau nach Neisse.

14. Nov.: Ankunft in Neisse. E lebt im Hause der Tochter und des Schwiegersohns.

17. Nov.: E bittet Th. v. Schön, ihn von der Zusage zu entbinden, an dessen Biographie mitzuwirken.

3. Dez.: Tod der Gattin E's.

1855 entsteht wahrscheinlich der *Lucius*-Entwurf.

1856 Jan.: Verhandlungen mit dem Verlag Voigt & Günther über eine Neuauflage der *Gedichte*.

Mitte April: Abschluß der *Geschichte der poetischen Literatur Deutschlands*; das Manuskript geht an den Verleger Schöningh. (1. Juni Abschluß des Verlagsvertrages.)

Mai: Bei Voigt & Günther in Leipzig erscheint die 4. Auflage der *Gedichte*.

23. Juli: Tod Th. v. Schöns.

Aug.: Auf Einladung des Breslauer Fürstbischofs Heinrich Förster verbringt E einige Wochen in dessen Sommerresidenz Schloß Johannesberg.

19. Okt.: August Reichensperger regt den Dichter an, seine Memoiren zu schreiben, ein Vorschlag, der E's eigenen Neigungen entgegenkommt (in den folgenden Monaten entstehen die beiden bereits erwähnten Memoirenkapitel).

Anfang Dez.: Mit Jahreszahl 1857 erscheint E's *Geschichte der poetischen Literatur Deutschlands* bei Schöningh in Paderborn (2 Bde.). Das Werk findet nicht die erhoffte Resonanz.

1857 Mitte Febr.: Abschluß der Verserzählung *Lucius*.

1. März: Das Manuskript geht an den Verlag Voigt & Günther.

Juli: Aufenthalt in Sedlnitz (E's Sohn Rudolf ist seit Okt. 1855 Pächter des Gutes Sedlnitz).

Aug.: Der *Lucius* erscheint bei Voigt & Günther in Leipzig.

8. Aug.–17. Sept.: Erneuter Aufenthalt auf Schloß Johannesberg auf Einladung des Fürstbischofs Heinrich Förster.

19. Sept.: Reise nach Sedlnitz zur Taufe eines Enkelkindes.

Okt./Nov.: Auf Anregung Heinrich Försters Arbeit an der Fragment gebliebenen Biographie der hl. Hedwig (S. 392 ff.). – Erkrankung an einer Lungenentzündung.

26. Nov.: E stirbt in Neisse.

27. Nov.: Beisetzung auf dem Friedhof von St. Jerusalem.

AUSWAHLBIBLIOGRAPHIE
ZUR GESAMTEN AUSGABE

Die Bibliographie verzeichnet neben den Hilfsmitteln und Organen der Eichendorff-Forschung und den wichtigsten Werkausgaben eine kleine Auswahl grundlegender Arbeiten aus der Zeit vor 1970, bietet dagegen eine umfassende Auswahl aus der neueren Literatur über Eichendorff. Sie stellt insofern eine Fortschreibung der „Kommentierten Studienbibliographie" des Verfassers aus dem Jahre 1971 dar (vgl. unter Punkt I); forschungsgeschichtlich interessierte Leser seien auf diese leicht zugängliche Publikation verwiesen. – Das Verzeichnis ist systematisch gegliedert, die Titel sind innerhalb der Sachgruppen chronologisch nach dem Zeitpunkt der Veröffentlichung geordnet.

I. Bibliographien

Eichendorff, Karl v.: Ein Jahrhundert E-Literatur. (= *HKA*[1] XXII.) Regensburg 1927.

Kron, Wolfgang: E-Bibliographie. In: E heute (s. unter Punkt II), S. 280–329. – Nachtrag: 2. Aufl. 1966, S. 330.

Krabiel, Klaus-Dieter: Joseph von E. Kommentierte Studienbibliographie. Frankfurt a. M. 1971.

(Die E-Literatur seit 1945 verzeichnet fortlaufend:)

Meyer, Hans M[oritz]: E-Bibliographie. In: Aurora 13, 1953–37, 1977; seit 38, 1978, bearbeitet von Irmela Holtmeier.

II. Organe der Eichendorff-Forschung, Sammelwerke, Kataloge, Kommentare

E-Kalender. Ein romantisches Jahrbuch, hrsg. von Wilhelm Kosch. 1–19, 1910–1926, 1927/28, 1929/30.

Aurora. Ein romantischer Almanach (seit 1970: Jb. der E-Gesellschaft), hrsg. von Karl v. Eichendorff und Adolf Dyroff; seit 1935 von Karl Schodrok; seit 1970 von Franz Heiduk; seit 1978 von Wolfgang Frühwald, Franz Heiduk und Helmut Koopmann; seit 1984 von Wolfgang Frühwald, Franz Heiduk, Helmut Koopmann und Peter Horst Neumann. 1–12, 1929, 1932–38, 1940–43; 13 ff., 1953 ff. –

Zuletzt erschienen: 46, 1986. – Reprograph. Nachdruck der Bde. 1–12: Würzburg 1972.

Eichendorff heute. Stimmen der Forschung mit einer Bibliographie, hrsg. von Paul Stöcklein. München 1960. – 2., erg. Aufl.: Darmstadt 1966.

Hillach, Ansgar und Klaus-Dieter Krabiel: Eichendorff-Kommentar. Bd. I: Zu den Dichtungen. Bd. II: Zu den theoretischen und autobiographischen Schriften und Übersetzungen. München 1971/72.

Joseph Freiherr von Eichendorff 1788–1857. Leben, Werk, Wirkung. Eine Ausstellung der Stiftung Haus Oberschlesien und des Landschaftsverbandes Rheinland, Rheinisches Museumsamt Abtei Brauweiler in Zusammenarbeit mit der Eichendorff-Gesellschaft. 1983. Köln, Dülmen 1983.

Eichendorff und die Spätromantik, hrsg. von Hans-Georg Pott. Paderborn 1985.

Ansichten zu Eichendorff. Beiträge der Forschung 1958 bis 1988, hrsg. von Alfred Riemen. Sigmaringen (erscheint 1988).

III. WERKAUSGABEN

Sämtliche Werke. Historisch-kritische Ausgabe, hrsg. von Wilhelm Kosch und August Sauer. Regensburg 1908 ff. – Erschienen: I/1,2 (1923), III (1913), IV (1939), VI (1950), X (1911), XI (1908), XII (1910), XIII (1910), XXII (1927).

Sämtliche Werke. Historisch-kritische Ausgabe, begründet von Wilhelm Kosch und August Sauer, (seit 1962) fortgeführt und hrsg. von Hermann Kunisch; seit 1978 hrsg. von Hermann Kunisch und Helmut Koopmann. Regensburg; seit 1970: Berlin, Köln, Mainz, Stuttgart. – Erschienen: III (1984), VIII/1,2 (1962/65), IX (1970), XVI (1966), XVIII/1–3 (1975/76/86).

Neue Gesamtausgabe der Werke und Schriften in vier Bänden, hrsg. von Gerhart Baumann in Verbindung mit Siegfried Grosse. Stuttgart 1957/58.

Werke in fünf Bänden. Mit Einführung, Anmerkungen, Zeittafeln, Auswahlbibliographie und Registern von Ansgar Hillach (Bde. I/II) und Klaus-Dieter Krabiel (Bde. III–V) sowie einem Nachwort zur gesamten Ausgabe von Peter Horst Neumann. München 1970–1988. – Bd. I: 2. Aufl. 1980. Bd. II: 2. Aufl. 1978.

Werke in sechs Bänden, hrsg. von Wolfgang Frühwald, Brigitte Schillbach und Hartwig Schultz. Frankfurt a. M. 1985 ff. – Erschienen: Bd. 1 (1987), Bd. 2 (1985).

IV. Gesamtdarstellungen von Leben und Werk,
allgemeine Deutungen

Brandenburg, Hans: Joseph von E. Sein Leben und sein Werk. München 1922.

Alewyn, Richard: E's Dichtung als Werkzeug der Magie. In: Neue deutsche Hefte 4, 1957/58, S. 977–985. – U. d. T.: Ein Wort über E, in: E heute (s. unter Punkt II), S. 7–18. – U. d. T.: E's Symbolismus, in: R. A.: Probleme und Gestalten. Essays. Frankfurt a. M. 1974, S. 232–244.

Adorno, Theodor W.: Zum Gedächtnis E's. In: Akzente 5, 1958, S. 73–95. – Auch in: Th. W. A.: Noten zur Literatur [I]. Frankfurt a. M. 1958, S. 105–143.

Emrich, Wilhelm: Dichtung und Gesellschaft bei E. In: Aurora 18, 1858, S. 11–17. – Auch in: E heute (s. unter Punkt II), S. 57–65.

Kunisch, Hermann: Freiheit und Bann – Heimat und Fremde. In: E heute (s. unter Punkt II), S. 131–164. – U. d. T.: Joseph von E. Freiheit und Bann – Heimat und Fremde – Dichter und Spielmann, in: H. K.: Kleine Schriften. Berlin 1968, S. 241–272.

Rehm, Walther: Prinz Rokoko im alten Garten. Eine E-Studie. In: Jb. des Freien Deutschen Hochstifts 1962, S. 97–207. – Auch in: W. R.: Späte Studien. Bern 1964, S. 122–214.

Stöcklein, Paul: Joseph von E in Selbstzeugnissen und Bilddokumenten. Reinbek 1963. – 58.–60. Tsd. 1983.

Seidlin, Oskar: Versuche über E. Göttingen 1965. – 2. Aufl. 1978.

Radner, Lawrence: E: The spiritual geometer. Lafayette/Ind. 1970.

Koopmann, Helmut: Joseph von E. In: Deutsche Dichter der Romantik. Ihr Leben und Werk, hrsg. von Benno v. Wiese. Berlin 1971, S. 416–441. – 2., überarb. und verm. Aufl. 1983, S. 505–531.

Schwarz, Egon: Joseph von E. New York 1972.

Kohlschmidt, Werner: Joseph von E. In: W. K.: Geschichte der deutschen Literatur von der Romantik bis zum späten Goethe. Stuttgart 1974, S. 501–539.

Stutzer, Dietmar: Die Güter der Herren von E in Oberschlesien und Mähren. Würzburg 1974.

Frühwald, Wolfgang: E-Chronik. Daten zu Leben und Werk. München 1977.

Pikulik, Lothar: Romantik als Ungenügen an der Normalität. Am Beispiel Tiecks, Hoffmanns, E's. Frankfurt a. M. 1979.

Neumann, Peter Horst: Restauration der Zukunft? Über E und den heutigen Gleichstand linker und rechter Ratlosigkeit. In: Aurora 39,

1979, S. 16–27. – Auch in: Neue Rundschau 91, 1980, H. 2/3, S. 165–182.

Kaschnitz, Marie Luise: Florens. E's Jugend. Nachbemerkung: Helmut Frielinghaus. Düsseldorf 1984.

V. Untersuchungen zu einzelnen Problemkreisen

Politik, Gesellschaft, Religion

Krüger, Peter: E's politisches Denken. I/II. In: Aurora 28, 1968, S. 7–32; 29, 1969, S. 50–69. – Als Buch: Würzburg 1969.

Koopmann, Helmut: E', Das Schloß Dürande und die Revolition. In: Zs. für deutsche Philologie 89, 1970, S. 180–207.

Frießem, Heidrun: Tradition und Revolution im Werk Joseph von E's. Diss. Marburg 1971. Marburg 1972 [vervielf.].

Riemen, Alfred: Die reaktionären Revolutionäre? Oder romantischer Antikapitalismus. In: Aurora 33, 1973, S. 77–86.

Koopmann, Helmut: Heines „Millenium" und E's „Alte schöne Zeit". Zur Utopie im frühen 19. Jh. Ebd. 37, 1977, S. 33–50.

Frühwald, Wolfgang: Der Regierungsrat Joseph von E. Zum Verhältnis von Beruf und Schriftstellerexistenz im Preußen der Restaurationszeit. In: Intern. Archiv für Sozialgeschichte der deutschen Literatur 4, 1979, S. 37–67.

Riemen, Alfred: Der gesellschaftsbezogene Mythos in E's Spätwerk. In: Mythos und Mythologie in der Literatur des 19. Jh.s, hrsg. von Helmut Koopmann. Frankfurt a. M. 1979, S. 173–184.

Riemen, Alfred: E's Verhältnis zum Katholizismus in der Restaurationszeit. In: Joseph Freiherr von E. 1788–1857. Leben, Werk, Wirkung. [Ausstellungskatalog; s. unter Punkt II], S. 49–60.

Riemen, Alfred: Die Kirche in E's Werken. In: Literatur und Religion, hrsg. von Helmut Koopmann und Winfried Woesler. Freiburg i. Br., Basel, Wien 1984, S. 184–197.

Natur und Landschaft

Alewyn, Richard: Eine Landschaft E's. In: Euphorion 51, 1957, S. 42–60. – Auch in: E heute (s. unter Punkt II), S. 19–43. – Ferner in: R. A.: Probleme und Gestalten. Essays. Frankfurt a. M. 1974, S. 203–231.

Meyer, Herman: Raumgestaltung und Raumsymbolik in der Erzählkunst. In: Studium Generale 10, 1957, S. 620–630. – Auch in: H. M.:

Zarte Empirie. Studien zur Literaturgeschichte. Stuttgart 1963, S. 33–56.

Spitzer, Leo: Zu einer Landschaft E's. In: Euphorion 52, 1958, S. 142 bis 152. – Auch in: L. Sp.: Texterklärungen. Aufsätze zur europäischen Literatur. München 1969, S. 187–197, 270–273.

Thum, Reinhard H.: Cliché and stereotype: An examination of the lyric landscape in E's poetry. In: Philological Quarterly 62, 1983, S. 435–457.

Iehl, Dominique: Über einige Aspekte der Landschaft bei Friedrich und E. In: Aurora 43, 1983, S. 124–133.

Schwering, Markus: E und C. D. Friedrich. Zur Ikonographie des romantischen Landschaftsbildes. Ebd. 44, 1984, S. 130–146.

Persönliche, lokale und literarische Beziehungen, Vergleiche

Möbus, Gerhard: E und Novalis. Zur poetischen Symbolik in der Dichtung E's. In: Aurora 17, 1957, S. 39–49. – Auch in: E heute (s. unter Punkt II), S. 165–179.

Schumann, Detlev W.: Friedrich Schlegels Bedeutung für E. In: Jb. des Freien Deutschen Hochstifts 1966, S. 336–383.

Schumann, Detlev W.: E's Verhältnis zu Goethe. In: Literaturwiss. Jb. N. F. 9, 1968, S. 159–218.

Riley, Thomas A.: Der Anfang von E's Abneigung gegen die Weimarer. In: Jb. der Schles. Friedrich Wilhelms-Universität zu Breslau 17, 1972, S. 311–324.

Riley, Thomas: Das Verhältnis des jungen E zu Friedrich Schlegel in Wien (1810–1813). In: Aurora 32, 1972, S. 24–29.

Stopp, Elisabeth: E und Shakespeare. Ebd., S. 7–23.

Löffel, Hartmut: Das Raumerlebnis bei Kafka und E. Untersuchungen an E's Taugenichts und Kafkas Amerika. Ebd. 35, 1975, S. 78–98.

Sauer, Roland: E und Kafka. Ein Nachtrag zum Beitrag von H. Löffel in Aurora 35 (1975). Ebd. 37, 1977, S. 134–140.

Riley, Helene M. Kastinger: E versus Schiller, oder: Die unästhetischen Folgen einer ästhetischen Erziehung. Ebd. 38, 1978, S. 113–121.

Daemmrich, Horst S. und Ingrid: Abenteuer als Daseinsgestaltung. Zur Wechselbeziehung von Figurenkonzeptionen und Themenführung bei E und Alain-Fournier. Ebd. 40, 1980, S. 189–198.

Sims-Gunzenhauser, William D.: The treacherous forest of symbols: dualita and anti-self-consciousness in E and Baudelaire. In: Comparative Literature Studies 17, 1980, S. 305–315.

Hanke, Amala M.: Spatiotemporal consciousness in English and German romanticism. A comparative study of Novalis, Blake, Wordsworth, and E. Bern, Frankfurt a. M., Las Vegas 1981.

Sims-Gunzenhauser, William D.: E, Verlaine and the secularization of symbolist poetics. In: Neophilologus 65, 1981, S. 200–213.

Mühlher, Robert: E in Wien. In: Aurora 41, 1981, S. 55–74.

Steinsdorff, Sibylle v.: „... wiewohl ich gestehe, dass ich gegenwärtig keinen sehr grossen Erfolg davon erwarte." E und seine Verleger. Ebd., S. 35–54.

Feilchenfeldt, Konrad: E's Freundschaft mit Benjamin Mendelssohn und Philipp Veit. Aus teilweise unveröffentlichten Quellen. Ebd. 44, 1984, S. 79–99.

Nehring, Wolfgang: E und E. T. A. Hoffmann: Antagonistische Bruderschaft. Ebd. 45, 1985, S. 91–105.

Frühwald, Wolfgang: Repräsentation der Romantik. Zum Einfluß Achim von Arnims auf Leben und Werk Joseph von E's. Ebd. 46, 1986, S. 1–10.

Verschiedene Themen und Motive

Requadt, Paul: E's Italien. In: P. R.: Die Bildersprache der deutschen Italiendichtung von Goethe bis Benn. Bern 1962, S. 107–125.

Seidlin, Oskar: E und das Problem der Innerlichkeit. In: Fs. für Bernhard Blume. Aufsätze zur deutschen und europäischen Literatur, hrsg. von Egon Schwarz, Hunter G. Hannum und Edgar Lohner. Göttingen 1967, S. 126–145. – Auch in: O. S.: Klassische und moderne Klassiker. Göttingen 1972, S. 61–82.

Günther (geb. Riechers), Anna Dorothea: Zur Parodie bei E. Diss. FU Berlin 1968 [vervielf.].

Kohlfürst, Günter: Romantische Ironie und Selbstironie bei Joseph von E. Diss. Graz 1968 [Masch.].

Stopp, Elisabeth: The metaphor of death in E. In: Oxford German Studies 4, 1969, S. 67–89.

Schwarz, Peter Paul: Aurora. Zur romantischen Zeitstruktur bei E. Bad Homburg 1970.

Sauter Bailliet, Theresia: Die Frau im Werk E's. Verkörperungen heidnischen und christlichen Geistes. Bonn 1972.

Strenzke, Günter: Die Problematik der Langeweile bei Joseph von E. Diss. Hamburg 1973 [vervielf.].

Pikulik, Lothar: Bedeutung und Funktion der Ferne bei E. In: Aurora 35, 1975, S. 21–34.

Frühwald, Wolfgang: Der Philister als Dilettant. Zu den satirischen Texten Joseph von E's. Ebd. 36, 1976, S. 7–26.

Koopmann, Helmut: Von der Wahrheit der Dichter bei E. In: Literatur und Religion, hrsg. von H.K. und Winfried Woesler. Freiburg i.Br., Basel, Wien 1984, S. 150–169.

Heidenreich, Joachim: Natura delectat. Zur Tradition des locus amoenus bei E. Diss. Konstanz 1985 [vervielf.].

Lüth, Christoph: Arbeit und Bildung in der Bildungstheorie Wilhelm von Humboldts und E's. Zur Auseinandersetzung Humboldts und E's mit dem Erziehungsbegriff der Aufklärung. In: E und die Spätromantik (s. unter Punkt II), S. 181–201.

VI. Zum poetischen Werk

1 Sprache Stil Poetik

Kohlschmidt, Werner: Die symbolische Formelhaftigkeit von E's Prosa stil. Zum Problem der Formel in der Romantik. In: Orbis litterarum 8, 1950, S. 322–354. – Auch in: W.K.: Form und Innerlichkeit. Beiträge zur Geschichte und Wirkung der deutschen Klassik und Romantik. Bern 1955, S. 177–209.

Rüdiger, Horst: Zu E's lyrischem Stil. In: Aurora 17, 1957, S. 27–31. – Auch in: E heute (s. unter Punkt II), S. 204–210.

Bormann, Alexander v.: Natura loquitur. Naturpoesie und emblematische Formel bei Joseph von E. Tübingen 1968.

Hillmann, Heinz: Bildlichkeit der deutschen Romantik. Frankfurt a.M. 1971. (S. 207–328: über E.)

Krabiel, Klaus-Dieter: Tradition und Bewegung. Zum sprachlichen Verfahren E's. Stuttgart, Berlin, Köln, Mainz 1973.

Görtz, Heinz-Jürgen: Zur Struktur E'scher Dichtung. In: Philosoph. Jb. 81, 1974, S. 105–120.

Mog, Paul: Aspekte der „Gemüterregungskunst" Joseph von E's. Zur Appellstruktur und Appellsubstanz affektiver Texte. In: Literatur und Leser. Theorien und Modelle zur Rezeption literar. Werke, hrsg. von Gunter Grimm. Stuttgart 1975, S. 196–207.

Wettstein, Martin: Die Prosasprache Joseph von E's – Form und Sinn. Zürich, München 1975.

Hillach, Ansgar: Dramatische Theologie und christliche Romantik. Zur geschichtlichen Differenz von calderonianischer Allegorik und E'scher Emblematik. In: German.-Roman. Monatsschrift N.F. 27, 1977, S. 144–168.

Hillach, Ansgar: Calderón und E. Zur geschichtlichen Differenz ihrer poetischen Verfahrensweisen. In: Aurora 37, 1977, S. 71–76.

Nehring, Wolfgang: E und der Leser. Ebd., S. 51–65.

Hillach, Ansgar: E's romantische Emblematik als poetologisches Modell und geschichtlicher Entwurf. In: Emblem und Emblematikrezeption. Vergleichende Studien zur Wirkungsgeschichte vom 16. bis 20. Jh., hrsg. von Sibylle Penckert. Darmstadt 1978, S. 414–435.

Bormann, Alexander v.: „Die ganze Welt zum Bild". Zum Zusammenhang von Handlungsführung und Bildform bei E. In: Aurora 40, 1980, S. 19–34.

Goodbody, Axel: Natursprache. Ein dichtungstheoretisches Konzept der Romantik und seine Wiederaufnahme in der modernen Naturlyrik (Novalis – E – Lehmann – Eich). Neumünster 1984. (S. 105–160: über E.)

2. Lyrik und Versepik

Schulhof, Hilda: E's Jugendgedichte aus seiner Schulzeit. Prag 1915. – Reprograph. Nachdruck: Hildesheim 1974.

Haller, Rudolf: E's Balladenwerk. Bern, München 1962.

Klussmann, Paul Gerhard: Über E's lyrische Hieroglyphen. In: Literatur und Gesellschaft vom neunzehnten zum zwanzigsten Jh., hrsg. von Hans Joachim Schrimpf. (Fs. für Benno v. Wiese.) Bonn 1963, S. 113–141.

Wilke, Jürgen: Das „Zeitgedicht". Seine Herkunft und frühe Ausbildung. Meisenheim 1974. (S. 246–305: Das konservative „Zeitgedicht": Joseph von E.)

Schultz, Hartwig: Zur Form der romantischen Lyrik. Beobachtungen am Vers E's. In: Romantik in Deutschland. Ein interdisziplinäres Symposion, hrsg. von Richard Brinkmann. Stuttgart 1978, S. 600–610.

Schultz, Hartwig: Form als Inhalt. Vers- und Sinnstrukturen bei Joseph von E und Annette von Droste-Hülshoff. Bonn 1981.

Peucker, Brigitte: Poetic descent in E's lyric. In: The Germanic Review 57, 1982, Nr. 3, S. 98–106.

Scheitler, Irmgard: Joseph von E: Geistliche Gedichte. In: Literatur und Religion, hrsg. von Helmut Koopmann und Winfried Woesler. Freiburg i. Br., Basel, Wien 1984, S. 170–183.

Bormann, Alexander v.: Kritik der Restauration in E's Versepen. In: E und die Spätromantik (s. unter Punkt II), S. 69–90.

Lindemann, Klaus: „Deutsch Panier, das rauschend wallt" – Der Wald in E's patriotischen Gedichten im Kontext der Lyrik der Befreiungskriege. Ebd., S. 91–131.

Zu einzelnen Gedichten:

Gilby, William R.: E's „Der stille Grund" – eine Interpretation. In: Seminar 9, 1973, S. 127–133.

Exner, Peter: Natur, Subjektivität, Gesellschaft. Kritische Interpretationen von E's Gedicht „Zwielicht". In: Naturlyrik und Gesellschaft, hrsg. von Norbert Mecklenburg. Stuttgart 1977, S. 88–101.

Leonardy, Ernst: E's „Nachtblume" als romantisches Gedicht. In: Mélanges de Linguistique et de Littérature, offerts au Prof. Henri Draye à l'occasion de son éméritat, ed. par Jacques Lerot et Rudolf Kern. Louvain 1978, S. 191–215.

Pracht-Fitzell, Ilse: Ein Vergleich zwischen Mörikes „Um Mitternacht" und E's „Zwielicht". In: Literatur in Wissenschaft und Unterricht 11, 1978, S. 211–221.

Wijsen, Louk M.P.T.: Cognition and the synthetic test: An interpretation of E's „Waldgespräch". In: Germanic Notes 10, 1979, Nr. 2, S. 20–27. – Auch in: literature and psychology 39, 1979, S. 185 192.

Heukenkamp, Ursula: Die ungewisse Natur [„Nachts"]. In: Neue Deutsche Literatur 29, 1981, Heft 10, S. 87–95.

Rosenlöcher, Thomas: Zwiespalt [dass.]. Ebd., S. 95–100.

Petri, Walther: Ruhloser Grund für Träume [dass.]. Ebd., S. 100–102.

Lindemann, Klaus: Deutschland 1825. Joseph von E: Vesper. In: Europalyrik: 1775 – heute. Gedichte und Interpretationen, hrsg. von K.L. Paderborn 1982, S. 144–153.

Frühwald, Wolfgang und Franz Heiduk: Zu Joseph von E's Gedicht „Trennung". In: Aurora 42, 1982, S. 233–238.

Pikulik, Lothar: Abendliche Erfahrungen. Zu einem Gedicht E's und seinem Zusammenhang mit der Tradition [„Der Abend"]. Ebd. 44, 1984, S. 7–15.

Koopmann, Helmut: Romantische Lebensfahrt [„Frische Fahrt"]. In: Gedichte und Interpretationen. Bd. 3: Klassik und Romantik, hrsg. von Wulf Segebrecht. Stuttgart 1984, S. 294–305.

Bormann, Alexander v.: „Das zertrümmerte Alte". Zu E's Lorelei-Romanze „Waldgespräch". Ebd., S. 307–329.

Frühwald, Wolfgang: Die Poesie und der poetische Mensch. Zu E's Gedicht Sehnsucht. Ebd., S. 381 393.

Frühwald, Wolfgang: Die Erneuerung des Mythos. Zu E's Gedicht Mondnacht. Ebd., S. 395–407.

Bormann, Alexander v.: „Tief Verlangen nach beßrer Lust". Zu E's Gedicht „Die Heimat. An meinen Bruder". Ebd., S. 452–462.

Frenzel, Elisabeth: In E's thematischer Mitte. Über den Motivkomplex des Gedichts „Die Heimat". In: Motive und Themen romantischer Naturdichtung. Textanalysen und Traditionszusammenhänge ... Bericht über Kolloquien der Kommission für literaturwissenschaftl. Motiv- und Themenforschung 1981–1982, hrsg. von Theodor Wolpers. Göttingen 1984, S. 201–228.

3. Prosa

Wesemeier, Reinhold: Joseph von E's satirische Novellen. Marburg 1915.

Voerster, Erika: Märchen und Novellen im klassisch-romantischen Roman. Bonn 1964, 1966². (S. 276–315: über E.)

Wendler, Ursula: E und das musikalische Theater. Untersuchungen zum Erzählwerk. Bonn 1969.

Schau, Albrecht: Märchenformen bei E. Beiträge zu ihrem Verständnis. Freiburg i. Br. 1970.

Kunisch, Dietmar: Zur genetischen Struktur und Poetologie der Prosaentwürfe E's. In: Literaturwiss. Jb. N.F. 15, 1974, S. 135–143.

Schuller, Marianne: Romanschlüsse der Romantik. Zum frühromantischen Problem von Universalität und Fragment. München 1974. (S. 158–187: über E.)

Köhnke, Klaus: Zum Gebrauch des Konjunktivs in E's Erzählungen. In: Akten des V. Internationalen Germanisten-Kongresses Cambridge 1975 (= Jb. für Internat. Germanistik. Reihe A, Bd. 2). Bern, Frankfurt a. M. 1976, Heft 2, S. 287–293.

Naumann, Meino: Fabula docet. Studien zur didaktischen Dimension der Prosa E's. Würzburg 1979.

Schwarz, Egon: Der Erzähler E. In: Romantik. Ein literaturwissenschaftliches Studienbuch, hrsg. von Ernst Ribbat. Königstein/Ts. 1979, S. 163–191.

Eichner, Hans: Joseph von E. In: Handbuch der deutschen Erzählung, hrsg. von Karl Konrad Polheim. Düsseldorf 1981, S. 172–191.

Eichner, Hans: Zur Integration der Gedichte in E's erzählender Prosa. In: Aurora 41, 1981, S. 7–21.

Riemen, Alfred: „Da fiel ihr ein Lied dabei ein." Gedichte als Strukturkennzeichen in E's Erzählungen. Ebd. 42, 1982, S. 7–23.

Köhnke, Klaus: „Hieroglyphenschrift". Untersuchungen zu E's Erzählungen. Sigmaringen 1986.

„Ahnung und Gegenwart"

Requadt, Paul: E's „Ahnung und Gegenwart". In: Der Deutschunterricht 7, 1955, Heft 2, S. 79–92. – U. d. T.: E's „Ahnung und Gegenwart". „Ökonomie" und „Poesie", in: P. R.: Bildlichkeit der Dichtung. Aufsätze zur dt. Literatur vom 18. bis 20. Jh. München 1974, S. 35–48.

Killy, Walther: Der Roman als romantisches Buch. Über E's „Ahnung und Gegenwart". In: Neue Rundschau 73, 1962, S. 533–552. – Auch in: W. K.: Wirklichkeit und Kunstcharakter. Neun Romane des 19. Jh.s. München 1963, S. 36–58.

Zipes, Jack D.: The great refusal. Studies of the romantic hero in German and American literature. Bad Homburg 1970. (S. 111–120: über E's „Ahnung und Gegenwart")

Kafitz, Dieter: Wirklichkeit und Dichtertum in E's „Ahnung und Gegenwart". Zur Gestalt Fabers. In: Deutsche Vierteljahrsschrift 45, 1971, S. 350–374.

Meixner, Horst: Romantischer Figuralismus. Kritische Studien zu Romanen von Arnim, E und Hoffmann. Frankfurt a. M. 1971 (S. 102–154: über „Ahnung und Gegenwart".)

Schaefer, Heide-Lore: Joseph von E: „Ahnung und Gegenwart". Untersuchungen zum christlich-romantischen Gesinnungsroman. Diss. Freiburg i. Br. 1972 [vervielf.].

Brion, Marcel: L'Allemagne romantique. Bd. 3. Paris 1977. (S. 75–109: „Pressentiment et Présence" de Joseph von E.)

Meyer-Wendt, H. Jürgen: E's Ahnung und Gegenwart: „Ein getreues Bild jener gewitterschwülen Zeit"? In: Der deutsche Roman und seine historischen und politischen Bedingungen, hrsg. von Wolfgang Paulsen. Bern, München 1977, S. 158–174.

Schumann, Detlev W.: Rätsel um E's „Ahnung und Gegenwart". Spekulationen. In: Literaturwiss. Jb. N. F. 18, 1977, S. 173–202.

Breuer, Dieter: Graf Leontin und die alte Freiheit. Zum Selbstverständnis des Adels bei E. In: German.-Roman. Monatsschrift N. F, 29, 1979, S. 296–310.

Farquharson, Robert H.: Poets, poetry, and life in E's „Ahnung und Gegenwart". In: Seminar 17, 1981, S. 17–34.

Naumann, Meino: Des Freiherrn von E Leiden am Dialog. Untersuchung der Dialogverfahren in „Ahnung und Gegenwart". In: Aurora 41, 1981, S. 22–34. – U. d. T.: Dialogdefekte im spätromantischen Roman. Untersuchung der Dialogverfahren in E's „Ahnung und Gegenwart", in: Interaktionsanalysen, hrsg. von Gerhard Charles Rump und Wilfried Heindrichs. Hildesheim 1982, S. 80–97.

Schwarz, Egon: Joseph von E: Ahnung und Gegenwart (1815). In: Romane und Erzählungen der deutschen Romantik. Neue Interpretationen, hrsg. von Paul Michael Lützeler. Stuttgart 1981, S. 302–324.

Schwering, Markus: Künstlerische Form und Epochenwandel. Ein Versuch über E's Roman „Ahnung und Gegenwart". In: Aurora 43, 1983, S. 7–31.

Riley, Thomas A.: Die Allegorie in „Ahnung und Gegenwart". Ebd. 44, 1984, S. 23–31.

Hörisch, Jochen: „Larven und Charaktermasken". Zum elften Kapitel von „Ahnung und Gegenwart". In: E und die Spätromantik (s. unter Punkt II), S. 27–38.

Zons, Raimar Stefan: „Schweifen". E's „Ahnung und Gegenwart". Ebd., S. 39–68.

Schwering, Markus: Epochenwandel im spätromantischen Roman. Untersuchungen zu E, Tieck und Immermann. Köln, Wien 1985. (S. 12–83: über E's „Ahnung und Gegenwart".)

„Die Zauberei im Herbste"/„Das Marmorbild"

Weschta, Friedrich: E's Novellenmärchen „Das Marmorbild". Prag 1916. – Reprograph. Nachdruck: Hildesheim 1973.

Beller, Manfred: Narziß und Venus. Klassische Mythologie und romantische Allegorie in E's Novelle „Das Marmorbild". In: Euphorion 62, 1968, S. 117–142.

Lindemann, Klaus: Von der Naturphilosophie zur christlichen Kunst. Zur Funktion des Venusmotivs in Tiecks „Runenberg" und E's „Marmorbild". In: Literaturwiss. Jb. N.F. 15, 1974, S. 101–121.

Hubbs, Valentine: Metamorphosis and rebirth in E's Marmorbild. In: The Germanic Review 52, 1977, S. 243–259.

Pikulik, Lothar: Die Mythisierung des Geschlechtstriebes in E's „Das Marmorbild". In: Euphorion 71, 1977, S. 128–140. – Auch in: Mythos und Mythologie in der Literatur des 19. Jh.s, hrsg. von Helmut Koopmann. Frankfurt a. M. 1979, S. 159–172.

Böhme, Hartmut: Romantische Adoleszenzkrisen. Zur Psychodynamik der Venuskult-Novellen von Tieck, E und E. T. A. Hoffmann. In: Text und Kontext. Sonderreihe Bd. 10: Literatur und Psychoanalyse, hrsg. von Klaus Bohnen u. a. Kopenhagen, München 1981, S. 133–176.

Breuer, Dieter: Marmorbilder. Zum Venus-Mythos bei E und Heinse. In: Aurora 41, 1981, S. 183–194.

Fink, Gonthier-Louis: Pygmalion und das belebte Marmorbild. Wandlungen eines Märchenmotivs von der Frühaufklärung bis zur Spätromantik. Ebd. 43, 1983, S. 92–123.

Marks, Hanna H.: Joseph von E. Das Marmorbild. Erläuterungen und Dokumente. Stuttgart 1984.

Polheim, Karl Konrad: Marmorbild-Trümmer. Entstehungsprozeß und Überlieferung der Erzählung E's. In: Aurora 45, 1985, S. 5–32.

Polheim, Karl Konrad: Das „Marmorbild"-Fragment E's im Freien Deutschen Hochstift. In: Jb. des Freien Deutschen Hochstifts 1986, S. 256–292.

„Aus dem Leben eines Taugenichts"

Wiese, Benno v. · Joseph von E. „Aus dem Leben eines Taugenichts". In: B. v. W.: Die deutsche Novelle von Goethe bis Kafka. Interpretationen. Bd. 1. Düsseldorf 1956, S. 79–96.

Mühlher, Robert: E's Erzählung „Aus dem Leben eines Taugenichts". Eine Untersuchung der künstlerischen Leistung. Würzburg 1962.

Bormann, Alexander v.: Philister und Taugenichts. Zur Tragweite des romantischen Antikapitalismus. In: Aurora 30, 1970, S. 94–112.

Möhrmann, Renate: Der naive und der sentimentalische Reisende. Ein Vergleich von E's „Taugenichts" und Heines „Harzreise". In: Heine-Jb. 10, 1971, S. 5–15.

Rodewald, Dierk: Der „Taugenichts" und das Erzählen. In: Zs. für deutsche Philologie 92, 1973, S. 231–259.

Koopmann, Helmut: Um was geht es eigentlich in E's „Taugenichts"? Zur Identifikation eines literarischen Textes. In: Wissenschaft zwischen Forschung und Ausbildung, hrsg. von Josef Becker und Rolf Bergmann. München 1975, S. 179–191.

Paulsen, Wolfgang: E und sein Taugenichts. Die innere Problematik des Dichters in seinem Werk. Bern, München 1976.

Anton, Herbert: „Dämonische Freiheit" in E's Erzählung „Aus dem Leben eines Taugenichts". In: Aurora 37, 1977, S. 21–32.

ter Haar, Carel: Joseph von E. Aus dem Leben eines Taugenichts. Text, Materialien, Kommentar. München 1977.

Hesse, W[alter] G.: The equivocal Taugenichts. In: Fs. for Ralph Farrell, ed. by Anthony Stephens, H. L. Rogers and Brian Coghlan. Bern, Frankfurt a. M., Las Vegas 1977, S. 81–95.

Zimorski, Walter: E's „Taugenichts" – eine Apologie des Anti-Philisters? In: Aurora 39, 1979, S. 155–175.

Hotz, Karl: Joseph von E: Aus dem Leben eines Taugenichts. In:

Klassiker heute. Zwischen Klassik und Romantik, hrsg. von Hans-Christian Kirsch. Frankfurt a. M. 1980, S. 217–263.

Nygaard, Loisa: E's Aus dem Leben eines Taugenichts: „Eine leise Persiflage" der Romantik. In: Studies in Romanticism 19, 1980, S. 193–216.

Bormann, Alexander v.: Joseph von E: Aus dem Leben eines Taugenichts (1826). In: Romane und Erzählungen zwischen Romantik und Realismus. Neue Interpretationen, hrsg. von Paul Michael Lützeler. Stuttgart 1983, S. 94–116.

Polheim, Karl Konrad: Neues vom „Taugenichts". In: Aurora 43, 1983, S. 32–54.

Anton, Herbert: „Geist des Spinozismus" in E's „Taugenichts". In: E und die Spätromantik (s. unter Punkt II), S. 13–25.

Bohm, Arnd: Competing economies in E's „Aus dem Leben eines Taugenichts". In: The German Quarterly 58, 1985, S. 540–553.

„Eine Meerfahrt"/„Das Schloß Dürande"/„Die Entführung"

Schwan, Werner: Bildgefüge und Metaphorik in E's Erzählung „Eine Meerfahrt". In: Sprachkunst 2, 1971, S. 357–389.

Müller, Joachim: Das Gedicht in E's Erzählung „Die Entführung". In: J. M.: Von Schiller bis Heine. Halle 1972, S. 175–189.

Schumann, Detlev W.: Betrachtungen über zwei E'sche Novellen. „Das Schloß Dürande" – „Die Entführung". In: Jb. der deutschen Schiller-Ges. 18, 1974, S. 466–481.

Maler, Anselm: Die Entdeckung Amerikas als romantisches Thema. Zu E's „Meerfahrt" und ihren Quellen. In: German.-Roman. Monatsschrift N. F. 25, 1975, S. 47–74. – Auch in: Deutschlands literarisches Amerikabild. Neuere Forschungen zur Amerikarezeption der deutschen Literatur, hrsg. von Alexander Ritter. Hildesheim, New York 1977, S. 226–253.

Lindemann, Klaus: E's Schloß Dürande. Konservative Rezeption der Französischen Revolution. Paderborn 1980.

Post, Klaus-Dieter: Hermetik der Häuser und der Herzen. Zum Raumbild in E's Novelle „Das Schloß Dürande". In: Aurora 44, 1984, S. 32–50.

Krahé, Peter: E's „Meerfahrt" als Flucht vor dem „praktischen Abgrund". Ebd., S. 51–70.

Steinsdorff, Sibylle v.: „Das Gantze noch einmal umarbeiten!" Notizen E's zur geplanten Überarbeitung seiner Novelle „Eine Meerfahrt". Ebd., S. 71–78.

Weitere Prosawerke

Wesemeier, Reinhold: Zur Gestaltung von E's satirischer Novelle „Auch ich war in Arkadien". In: Literaturwiss. Jb. N.F. 6, 1965, S. 179–191.

Kindermann, Klaus: Lustspielhandlung und Romanstruktur. Untersuchungen zu E's „Dichter und ihre Gesellen". Diss. FU Berlin 1973. Berlin 1973 [vervielf.].

Offermanns, Ernst L.: E's Roman „Dichter und ihre Gesellen". In: Literaturwissenschaft und Geschichtsphilosophie. Fs. für Wilhelm Emrich, hrsg. von H. Arntzen u. a. Berlin, New York 1975, S. 373 bis 387.

Anton, Bernd: Romantisches Parodieren. Eine spezifische Erzählform der deutschen Romantik. Bonn 1979, (S. 163–200: E: Viel Lärmen um nichts.)

Meder, A. E. M.: Essays on Joseph von E's „Dichter und ihre Gesellen". Ilfracombe 1979.

4 Dramatik

Heyer, Ilööi E's dramatische Satiren im Zusammenhang mit dem geistigen und kulturellen Leben ihrer Zeit. Halle 1931. – Reprograph. Nachdruck: Walluf b. Wiesbaden 1973.

Sengle, Friedrich: Das deutsche Geschichtsdrama. Geschichte eines literarischen Mythos. Stuttgart 1952. – 2. Aufl. u. d. T.: Das historische Drama in Deutschland. Geschichte eines literarischen Mythos. 1969. (S. 96–100: über E.)

Kluge, Gerhard: Spiel und Witz im romantischen Lustspiel. Zur Struktur der Komödiendichtung der deutschen Romantik. Diss. Köln 1963 [vervielf.]. (S. 132–156: über E.)

Mauser, Wolfram: „Die Freier" von Joseph von E. In: Der Deutschunterricht 15, 1963, Heft 6, S. 45–58.

Catholy, Eckehard: Das deutsche Lustspiel. Von der Aufklärung bis zur Romantik. Stuttgart, Berlin 1982. (S. 269–285: Joseph von E. „Die Freier". – Das „feine Lustspiel" als Ende der romantischen Komödie.)

VII. Zu den literarhistorischen Schriften

Hass, Hans-Egon: E als Literarhistoriker. Historismus und Standpunktforschung – ein Beitrag zur Geschichte der Literaturgeschichtsschreibung und ihrer Methodenprobleme. In: Jb. für Ästhetik und allg. Kunstwissenschaft 2, 1952/54, S. 103–177.

Riemen, Alfred: Heines und E's literarhistorische Schriften. Zum gei-
stesgeschichtlichen Denken in der Restaurationszeit. In: Zs. für deutsche Philologie 99, 1980, S. 532–559.

Neubauer, John: „Liederlichkeit der Gefühle": Kritik der Subjektivität
in E's Studie zum deutschen Roman des achtzehnten Jahrhunderts. In:
Aurora 45, 1985, S. 149–162.

Martens, Wolfgang: Zu E's Nicolai-Bild. Ebd., S. 106–120.

Riemen, Alfred: Der „ungraziöseste aller deutschen Dichter": Johann
Heinrich Voß. Ebd. S. 121–136.

VIII. Rezeption, Wirkungsgeschichte

Rehm, Walther: Jacob Burckhardt und E. Freiburg i.Br. 1960. – Auch
in: W.R.: Späte Studien. Bern 1964, S. 276–343.

Lämmert, Eberhard: Zur Wirkungsgeschichte E's in Deutschland. In:
Fs. für Richard Alewyn, hrsg. von Herbert Singer und Benno v.
Wiese. Köln 1967, S. 346–378. – U.d.T.: E's Wandel unter den
Deutschen. Überlegungen zur Wirkungsgeschichte seiner Dichtung,
in: Die deutsche Romantik. Poetik, Formen und Motive, hrsg. von
Hans Steffen. Göttingen 1967, S. 219–252. (2. Aufl. 1970.)

Gilman, Sander L. (Hrsg.): NS-Literaturtheorie. Eine Dokumentation.
Mit einem Vorwort von Cornelius Schnauber. Frankfurt a.M. 1971.
(S. 141–173: Das E-Bild im Dritten Reich.)

Busse, Eckart: Die E-Rezeption im Kunstlied. Versuch einer Typologie
anhand von Kompositionen Schumanns, Wolfs und Pfitzners. Würzburg 1975.

Niggl, Günter und Irmgard: Joseph von E im Urteil seiner Zeit. 3 Bde.
(= HKA XVIII/1–3.) Stuttgart 1975–86.

Scheitler, Irmgard: „... aber den lieben E hatten wir gesungen." Beobachtungen zur musikalischen Rezeption von E's Lyrik. In: Aurora 44,
1984, S. 100–123.

Sammons, Jeffrey L.: „Welch ein vortrefflicher Dichter ist der Freyherr
von Eichendorff". Betrachtungen zu Heines E-Urteil. Ebd. 45, 1985,
S. 137–148.

PERSONENREGISTER

Das Register erfaßt die im Textteil und im Anhang (Einführung, Anmerkungen, Zeittafel) erwähnten Personen. Nicht berücksichtigt sind Namen aus bibliographischen Angaben. Die Nachweise aus dem Anhang sind kursiv gesetzt; fettgedruckte Seitenangaben verweisen auf ausführlichere Erläuterungen zur Person.

NACHWORT

ZUR GESAMTEN AUSGABE

von Peter Horst Neumann

Mit dem hier vorliegenden fünften Band kommt eine Ausgabe der Werke Joseph von Eichendorffs zum Abschluß, die
sich seit dem Erscheinen ihrer ersten Bande bereits den Dank
vieler Freunde des Dichters, aber auch den Respekt der
Literaturwissenschaft erworben hat. Die Textbereinigungen
der (noch unvollständigen) historisch-kritischen Edition
wurden berücksichtigt, und in die Kommentare von Ansgar
Hillach und Klaus Dieter Krabiel sind alle einschlägigen
Ergebnisse der neueren Eichendorff- und Romantik-For-
schung eingeflossen. So ist eine „zitable" Ausgabe entstanden, die nun in ihrem letzten Band auch die historischen und
politischen Schriften Eichendorffs zugänglich macht, Texte,
die nur wenigen Eichendorff-Lesern bekannt sind. Zu dem
Entschluß, diese für das Verständnis des Dichters folgenrei-
che Lücke zu schließen und damit dem Anspruch auf Vollständigkeit gerecht zu werden, bedurfte es eines gewissen
verlegerischen Mutes. Denn wo es um Vollständigkeit und
historische Kommentierung eines literarischen Œuvres geht,
scheiden sich seit jeher die lesenden Geister, besonders im
Falle Eichendorffs. Der Hinweis auf eine zeitgeschichtliche
Gebundenheit seiner Dichtungen pflegt Abwehrgefühle und
Irritationen auszulösen, gerade bei seinen „treuesten" Lesern. Sie halten ihn durchaus nicht für kommentierungsbe-
dürftig, und sie sind als Träger seiner Popularität leider auch
die Träger des Vorurteils, daß es genug sei, sich jene zwei
Dutzend Lieder und die Erzählungen angeeignet zu haben,

auf denen Eichendorffs unverwüstlicher Nachruhm ruht. Hier wirkt eine falsche Vertraulichkeit; man darf sie so nennen und braucht dabei nicht etwa blind zu sein für ihre oft liebenswürdigen Züge und ihre (vielleicht) Notwendigkeit für das literarische Leben. Was wäre Nachruhm anderes als das Resultat einer Selektion, als solches ein Ausdruck zwar von kollektivem Gedächtnis, aber auf einem Untergrund von Vergessen. Dieses Vergessen nimmt ständig zu, und das Nachruhm genannte Pars pro toto wird immer kleiner. Da wir uns in der Welt der Bücher bewegen, gibt es für dieses Pars pro toto auch die ihm angemessene Buchform: die Anthologie. Ihr Widerpart ist die Gesamtausgabe – sie will den Kanon erweitern, Vergessenes wiedergewinnen, das Ganze zur Diskussion und die Auswahl der Anthologien womöglich in Frage stellen, noch einmal und immer wieder. Ob und wann dies gelingt, läßt sich nicht prophezeien. Als Propaganda für ein zu recht Vergessenes wäre die Mühe vergebens. Darüber entscheiden in jeder Generation die Lesenden neu.

Einer solchen Prüfung kann das Gedenkdatum, das ins Erscheinungsjahr dieses fünften Bandes fällt – Eichendorffs 200. Geburtstag –, ein paar gute Impulse geben. Man wird Eichendorff publizistisch feiern, nachdenklich fragend, auch mit falschen Tönen und sentimentalen Ergüssen. Hinterher werden wir wissen, ob man ihn wieder einmal für irgendetwas vereinnahmen wollte. Das ist ihm schon oft widerfahren, nicht öfter zwar als anderen Autoren, doch es ist peinlich genug: Inanspruchnahmen für deutsch-nationale, für rassische oder politisch-landsmannschaftliche Interessen – Eberhard Lämmert hat sie als „Eichendorffs Wandel unter den Deutschen" beschrieben. Nach solchen geschichtlichen Wirkungen gerade unserer populärsten Autoren zu fragen – andere sind kaum von ihnen betroffen – tut not, aber es wäre ein Irrtum zu glauben, es seien immer die authentischen

Tendenzen der Werke, in denen die verschiedenen Nachwelten ihre je eigenen Botschaften wiederzufinden meinen. Dann wäre Hölderlin anzulasten, daß ihn auch Goebbels und Baldur von Schirach zitierten, und Georg Büchner, daß man ihn bei der Entgegennahme des Büchner-Preises 1987 als Vorläufer der RAF-Terroristen (ihrer »ersten Generation") reklamierte; er wäre einer von diesen gewesen, wenn er noch lebte, befand Erich Fried. Solche In-Dienst-Stellungen wird auch künftig keine Rezeptionskritik verhindern, vor ihnen kann nur das Vergessensein einen Autor bewahren. Dafür, daß sie sich im literarischen Kanon behaupten, zahlen die Werke mit ihrer Verfügbarkeit. Was wir uns von den Dichtern gesagt sein lassen, ist selten das, was sie meinten. Sie haben nicht zu uns gesprochen, sondern für ihre Zeit, manche, ohne gehört zu werden. Der so oft vereinnahmte Eichendorff gehört nicht zu diesen von ihrer Zeit Verkannten, wohl aber Hölderlin, Kleist oder Büchner. Ich nenne sie mit Bedacht, denn gerade ihnen, die an ihrer Zeit exemplarisch scheiterten, ist im letzten Drittel unseres Jahrhunderts ein neuer Nachruhm zugewachsen, einer, der sich von Eichendorffs unaufgeregtem, kontinuierlichem, sehr unterscheidet. An ihnen, nicht an ihm, entzünden sich intellektuelle Debatten, sie sind die „interessanten" Autoren. Sprachfest stehen die Botschaften ihres Scheiterns in ihren Texten und sind durch zerstörte Lebensläufe beglaubigt. Eine Epoche, die für ihre Endzeit-Ängste nicht abzuweisende Gründe besitzt, wird dazu neigen, auch die Literaturgeschichte als eine Folge von Scheiterungen zu interpretieren, sie wird sich stärker den Unzufriedenen und Glücklosen, den Aufbegehrenden und Resignierenden verbunden fühlen als einem Dichter wie Eichendorff. Wie unspektakulär ist seine Biographie – ein nie recht reüssierender Beamter mit leidlichem Auskommen, ein frommer Kirchgänger, treuer Gatte, fürsorglicher Familienvater, einer, der sich die ganz anderen Glücksträume seiner Jugend

schreibend erfüllte. Wer nur den „Taugenichts" gelesen
hätte, könnte ihn für einen Rückzügler halten, für einen, der
sich aus den Streitigkeiten seiner Zeit zurückzog.

Doch gerade ein solcher war Eichendorff nicht. Man lese
seine Satire auf das Hambacher Fest („Auch ich war in
Arkadien", Bd. II, S. 722 ff.) oder seine polemischen Urteile
über den Konstitutionalismus, die Streitschrift gegen den
Deutschkatholizismus oder seinen im Auftrag des preußischen Ministeriums geschriebenen „Entwurf eines Gesetzes
über die Presse und ihre Erzeugnisse" nebst den dazugehörigen „Allgemeinen Grundsätzen". (Sie stehen alle in diesem
fünften Band.) Man wird dann einen kämpferischen Autor
kennenlernen, einen mit Einsichten und Argumenten, festen
Maßstäben, respektablen Ressentiments und streitbarem
Witz, obendrein einen bewundernswerten Stilisten. Seine
literaturhistorischen Schriften sind nicht weniger scharfsich-
tig, pointiert und parteilich wie diejenigen Heinrich Heines;
man sollte beide zusammen und gegeneinander lesen. Eichendorff stand, wie man weiß, auf der anderen Seite, und wer in
den Kontroversen von gestern noch einmal Partei ergreift,
wird sie für die „falsche" Seite halten. (Das wäre kaum mehr
als eine banale Gesinnungsnote; man verkennt die Notwendigkeit der Frontverläufe im historischen Streit der Meinungen, wenn man hier „falsch" für ein gerechtes Urteil hält.)
Heine befragte die Literatur nach ihren Beiträgen zur „Befreiung der Menschheit" von religiösen Doktrinen und obrig-
keitsstaatlichen Fesseln, und ohne daß er darin selbst doktri-
när gewesen wäre, war die Generalperspektive seiner Polemik gegen die Romantik ideologiekritischer Art, ihr Resultat
folglich negativ. Eichendorff aber fragte nach der „ethischen
und religiösen Bedeutung der neueren romantischen Poesie in
Deutschland". Er sah aus einem konträren Blickwinkel
durchaus deren Zwiespältigkeit und begriff die Notwendigkeit ihres Niedergangs, bekannte sich aber zu ihrem „Ver-

mächtnis". Weit besser als die historische Romantik charakterisiert dieses „Vermächtnis" ihn selbst. Die Gegensätzlichkeit ihrer Standpunkte schloß nicht aus, daß sich Heine und Eichendorff in manchem ihrer Befunde bis zur Verwechselbarkeit nahe kamen, etwa in ihrer Einschätzung der Französischen Revolution von 1789, an deren fataler Folgerichtigkeit auch für Eichendorff kein Zweifel bestand. Ihre Urteile über Lessing oder die „Endschaft der ‚Goetheschen Kunstperiode'" (Heine) waren die gleichen, und selbst zu einer so prinzipiellen Feststellung wie der folgenden Eichendorffs lassen sich in Heines „Geschichte der Religion und Philosophie in Deutschland" Parallelstellen finden: „Alle Poesie ist nur der Ausdruck, gleichsam der seelische Leib der inneren Geschichte der Nation; die innere Geschichte der Nation aber ist die Religion; es kann daher die Literatur eines Volkes nur gewürdigt und verstanden werden im Zusammenhange mit dem jedesmaligen religiösen Standpunkt derselben." (Bd. III, S. 52) Dem hätte Heine wohl zugestimmt, nur eben beigefügt, daß der derzeitige „religiöse Standpunkt" sich aus dem Verbindlichkeitsverlust der christlichen Religion ergebe, daß er nicht mehr *einer,* sondern eine Konkurrenz von vielen Standpunkten sei – ein Verlust, der Gewinn bedeute und Fortschritt. Die Zeit der Kirchenfrömmigkeit wäre nun glücklicherweise im Schwinden begriffen – hätte er eingewandt, und er *hat* es getan –, und wenn sie in Deutschland als modriges Mittelaltergespenst noch immer ihr Unwesen treibe, so sei in der Hauptstadt der Welt, in Paris, schon längst die Epoche einer neuen, rein diesseitigen Religiosität angebrochen; sie „resümiere" sich soeben „in dem heiligen Namen: Napoleon! Dieser Glaube herrscht noch immer unter der Masse". Mit solchen Feststellungen und mit einverständlichem Witz schließt Heine seine „Romantische Schule". Als Gegenwort dazu lesen sich die Schlußsätze aus Eichendorffs Romantik-Schrift:

„Alle guten Geister loben Gott den Herrn. Mit diesem einfachkräftigen Exorzismus haben unsere frommen Vorfahren von jeher allen bösen Spuk gebannt und sind unangefochten hindurchgegangen. So wollen wir denn, auch in der Poesie, desgleichen tun gegen den lärmenden Hexensabbat unserer neuesten unschönen Literatur [...]. Hat doch die verblichene Romantik die blanke Waffe meisterhafter Formen uns so gut wie jenen hinterlassen, ja, was die Romantik Großes und Edles angeregt und jene [zu denen Heine gehört] nun als mittelalterliche Tradition zurückweisen, ist ein bedeutendes Vermächtnis, das der neuerstarkten katholischen Gesinnung allein zugute kommt, um daraus jener lügenhaften Phantasterei eine wahrhafte Poesie wieder entgegenzusetzen. Nicht durch juvenile Wiedererweckung der Romantik, noch durch absichtsvolle Kontrovers- und Tendenznovellen, womit die Gegner ihrerseits alle heitere Poesie hinwegdisputieren, sondern einzig durch die stille, schlichte, allmächtige Gewalt der Wahrheit und unbefleckten Schönheit, durch jene religiösbegeisterte Anschauung und Betrachtung der Welt und der menschlichen Dinge, wo aller Zwiespalt verschwindet und Moral, Schönheit, Tugend und Poesie eins werden. [...] Wandeln doch die alten Sterne noch heut, wie sonst, die alten Bahnen und weisen noch immer unverrückt nach dem Wunderlande, das jeder echte Dichter immer wieder neu entdeckt. Wo daher ein tüchtiger Schiffer, der vertraue ihnen und fahr in Gottes Namen!" (Bd. III, S. 76 f.)

Das war schon damals – 1846/47, mehr als ein Jahrzehnt nach Heines polemischem Nachruf auf die Romantik – von einem verlorenen historischen Posten her geschrieben, ergreifend rat- und hilflos, mit einer donquichotesken Tapferkeit und Streitbarkeit. Manches klingt hier wie katholische Propaganda – aber war es das wirklich? Theodor von Schön hatte sicher recht, wenn er von diesem Katholizismus schrieb – in einem Brief an J. G.Droysen im November 1851 –, dieser sei „ganz verschieden von dem der katholischen Geistlichkeit und der Welt", so daß sein Freund, ohne Gefahr des Verkanntwerdens, statt „katholisch-kirchlicher Glaube" lieber „moralischer Glaube (nach Kant)" hätte schreiben sollen: „Er lebt in einem idealisierten Katholizismus und diesen kann man bei ihm, bey einer durchaus Edlen Natur wohl gelten lassen." Und gelten lassen kann man wohl auch Eichendorffs Gleichsetzung der Katholizität mit dem edlen Vermächtnis der deutschen Romantik, freilich: nur für ihn selbst. Nur er noch hatte ein Recht, sich auf dieses romantische Vermächtnis zu berufen; es ist ein und dasselbe Bekenntnis, wenn er zu beiden steht. Welchem Mißverständnis er sich aussetzte, indem er das Bild seines idealisierten Katholizismus als polemisches Argument gegen die Literatur seiner Zeit stellte, dürfte ihn kaum beunruhigt haben. Einer Literatur aus diesem Geist ist jenes romantische Erbe, wie er es verstand, nicht zugute gekommen; eine katholische Literatur von Belang hat es nach Eichendorff und Annette von Droste-Hülshoff in Deutschland nicht mehr gegeben. Die Künste sind ihren Weg nicht in der Gegenrichtung zum Weg der Geschichte gegangen. Wir lesen heute mit distanziertem Staunen Eichendorffs Ausfall gegen den „Hexensabbat unserer neuesten unschönen Literatur" – eine Bemerkung, die wir kaum ins 19.Jahrhundert datieren würden, wußten wir nicht, von wem sie stammt. Als was wäre Eichendorff wohl die Literatur unseres Jahrhunderts erschienen? Es schmerzt, jene im 20.Jahrhundert gegen die Moderne gerichteten Affekte bei ihm vorformuliert zu finden. Aber man wird es als das Zeichen einer großen Ratlosigkeit verstehen, nicht nur vor der „neuesten unschönen Literatur", sondern vor der eigenen Zeit und dem erahnten künftigen Gang der Geschichte. Denn wenn er die neueste Literatur einen „lärmenden Hexensabbat" nannte, zugleich aber doch wußte, daß sie nicht besser sein konnte als ihre Zeit – die zwischen Revolution und Restauration schwankende, auf soziale Konflikte und wissenschaftlich-technischen Fortschritt programmierte Epoche –, dann begriff er sie doch wohl nur als den kleineren Hexensabbat in einem größeren und dämonisierte mit ihr zugleich die *Geschichte*. Ja, da ist Ohnmacht und Ratlosigkeit, fast möchte man sagen: Zukunftsangst. Doch gerade vor dieser bewahrte ihn sein Gottesglaube – deshalb Geisterbeschwörung und Gebet. Eichendorff war überzeugt, daß die Menschen, wo sie ihre Geschichte zu gestalten meinen, nur Werkzeuge ihres Schöpfers sind. „Genug gemeistert nun die Weltgeschichte!" heißt es in dem Sonett „Mahnung", das mit den Versen schließt: „Der Herr die Weltgeschichte schreibt mit Blitzen – / Denn seine sind nicht euere Gedanken." (Bd. I, S. 292 f.) Doch nichts lag ihm ferner, als aus dieser Einsicht etwa eine Abwendung von der Geschichte zu begründen. Vielmehr entstand aus zeitgeschichtlicher Ohnmacht, Ratlosigkeit und Frömmigkeit jene Haltung der Demut, die wir in neuerer deutscher Literatur so nur bei Eichendorff finden – Demut als eine Form von *Lebensmut*. Als solcher gibt sie seiner Dichtung die Strahlkraft, und sie bewährt sich in Eichendorffs Widerstehen auf „verlorenem Posten".

Widerstand – sein Motiv ist mit der Feststellung, daß Eichendorff ein katholischer Konservativer war, nur unzureichend benannt. Weder aus seinem Katholizismus noch aus seiner aristokratischen Herkunft läßt sich die antibürgerliche Tendenz seiner Dichtung erklären, seine Gleichung von Bürger und Philister, seine Sympathie für alle Nicht-Seßhaften, die zweck- und ziellos Wandernden, die immer in Gefahr sind, sich in der Welt zu verlaufen, für die Heimatlosen mit dem Bild einer Heimat im Herzen, die erst noch zu gewinnen wäre und *hier* nicht erreicht werden kann. Man würde Eichendorff gründlich verkennen, wenn man das Heimweh, das er so herzbewegend besang wie kein anderer Dichter deutscher Zunge, nur als Trauer um eine verlorene Seßhaftigkeit verstünde. In seiner Kindheit hatte er auf Schloß Lubowitz in Oberschlesien aufs glücklichste erlebt, was Heimat ist. Der hoch verschuldete Besitz ging verloren, mit ihm die Heimat, und dieser Verlust ist Eichendorff zur prägenden Lebenserfahrung geworden. Wie sollten Vertriebene und Emigranten späterer Zeiten, sofern sie Eichendorff lesen, in seinen Liedern nicht ihrem eigenen Heimweh wiederbegegnen? Aber gerade der Verlust seiner oberschlesischen Heimat hat Eichendorff dafür sensibilisiert, daß Heimat das schlechthin Verlierbare ist, das erst „in der Fremde" wirklich begriffen wird. Die Heiterkeit seiner nie seßhaften Helden, deren *Lebensform* das Wandern, das Unterwegs-sein ist, rührt von diesem Begreifen her. Sie sind unterwegs von einer verlierbaren und *darum* verlorenen Heimat zu einer anderen, die es erst noch zu finden gilt, sie ist bei Gott. Sie mögen sich in der Welt verirren, aber sie können, wenn sie dies begriffen haben, sich schlechterdings nicht in der Welt verlaufen; sie sind heiter auf ihrem Weg, denn er führt sie nach Hause. Eichendorff hat die Helden seiner Romane und Erzählungen mit diesem Urvertrauen, das Demut und Lebensmut bedeutet, begabt. Aus ihm gewinnen sie ihre Widerstandskraft.

Dieser Widerstand ist gegen den „Zeitgeist" gerichtet, hat sein entscheidendes Motiv aber in einem Verständnis der neuzeitlichen Geschichte, dem man in einer Bemerkung nahe kommt, die sich zunächst nur auf die Bedeutung des Protestantismus für die Entwicklung der deutschen Literatur zu beziehen scheint. „Die Reformation", schreibt Eichendorff, „hat die revolutionäre Emanzipation der Subjektivität zu ihrem Prinzip erhoben, indem sie die Forschung über die kirchliche Autorität, das Individuum über das Dogma gesetzt; und seitdem sind alle literarischen Bewegungen des nördlichen Deutschlands mehr oder minder kühne Demon-

strationen nach dieser Richtung hin gewesen" (Bd. III, S. 52).
Daß er mit seiner Betonung des „nördlichen Deutschlands"
ein falsches Bild der Literaturgeschichte gibt, lassen wir auf
sich beruhen; offensichtlich sind hier Norden und Protestantismus insgeheim Synonyme, sonst müßte Eichendorff die
Dichterschulen des protestantischen schlesischen Barock
wohl vergessen haben. Wichtig ist, daß er die Geschichte der
Neuzeit, mit der Reformation als Initiale, als die Geschichte
des Subjektivismus erkennt – ein Befund, dem wir schon bei
Novalis begegnen (in „Die Christenheit oder Europa"), den
Heine „fortschrittlich" interpretierte und den später Max
Weber sozialgeschichtlich vertiefen sollte. Die Reformation,
indem sie die Emanzipation der Subjektivität zum Prinzip
erhob – ein von Eichendorff als zerstörerisch verstandenes
Prinzip –, setzte all jene Kräfte frei, die seitdem den „Fortschritt" vorangetrieben haben. Im Lichte dieser Einsicht
kritisiert Eichendorff seine Zeit, sie bestimmt die Perspektive
seiner Betrachtung der Geschichte, sie enthält die Prämisse
seiner politischen Überzeugungen und seiner Abwehrhal-
tung gegen den Fortschritt von Wissenschaft und Technik,
dessen natur- und menschenverändernde Wirkungen er erkannte, dessen soziale Dynamik er aber nicht wahrnahm.
    Daß mit der industriellen Nutzung der Dampfmaschine
nun auch für die Staaten des Deutschen Zollvereins eine
Evolution der Sozialstrukturen bevorstand, wie Karl Marx
und Friedrich Engels sie bereits in England studiert hatten, als
sie 1848 das „Kommunistische Manifest" schrieben – es lag
außerhalb des Eichendorffschen Wahrnehmungsfeldes. Wie
er aber auf den Aufbau des deutschen Eisenbahnnetzes rea-
gierte, kann man in einem autobiographisch geschriebenen
Vorwort zu einer Novelle nachlesen: er konfrontiert die
Romantik mit dem beginnenden technischen Zeitalter. Leider blieb diese Novelle – „Tröst-Einsamkeit" – ein Fragment,
ihr Vorwort aber ist ein denkwürdiger Text, den man jedem,

der den Autor des „Taugenichts" und des „Marmorbildes"
für einen geschichtsblinden Zeitgenossen hält, als Pflichtlek-
türe nahelegen möchte (Bd. IV, S. 186 ff.). Da kollidiert das
Pfeifen der Lokomotive mit dem Gesang der Waldvögel; die
dem Erzähler Schwindel erregende Zielstrebigkeit des „fliegenden Kastens" (fuhr er denn schneller als fünfunddreißig
Stundenkilometer?) steht gegen die Bedächtigkeit eines „altmodischen Wanderlebens", moderne Rastlosigkeit gegen romantische Waldeinsamkeit. An beidem hat der Erzähler teil,
er hat beides erlebt und teilt mit, wie beides sich relati-
viert, und weiß, daß kein Aussteigen ihn aus dieser Zwischen-
lage befreien kann. Dennoch verläßt er den Zug, findet den
Bergpfad zu einer notdürftig restaurierten Burgruine und
begegnet dort einem anderen Fortschrittsverweigerer, dem
Einsiedler, in dem er einen Freund aus der Zeit der Befreiungskriege wiedererkennt. Das „Aussteigen" gewinnt in diesem Fragment zum ersten Mal jene konkrete oppositionelle
Bedeutung, die uns erst jüngst geläufig wurde. Man erkennt
hier, bei Anwesenheit aller vertrauten romantischen Bilder,
den sonst so sorgfältig verschwiegenen historischen Zeitge-
halt Eichendorffscher Dichtung.
  Dieses Verschweigen entspricht einer Konzeption von
Dichtung, die zwar Züge einer Zeitflucht besitzt, doch einer
Zeitflucht, die bei Eichendorff – paradox genug – Widerste-
hen bedeutet. Auch dafür enthält die oben zitierte Bemer-
kung – „Emanzipation der Subjektivität" als Prinzip des
Fortschritts – das bestimmende Motiv. Dies verbindet ihn mit
Novalis, trennt ihn aber zugleich von der Mehrzahl der
Romantiker und allen ihren Epigonen. Seine Dichtungs-
Konzeption ist so fraglos gegen den Subjektivismus gerichtet,
daß man versucht ist, von einer *Entscheidung* zu sprechen.
Aber was in der Dichtung gelingt, verdankt sich Instinkten,
kaum dem Entschluß des Willens zu einer Konzeption, und
jene Haltung von Demut und Lebensmut teilt sich dem Leser

in Eichendorffs besten Texten so unforciert und mit einer so anmutigen Selbstverständlichkeit mit, daß man für die Dauer ihrer Lektüre meint, eine andere könne es gar nicht geben. Theodor W. Adorno – in seinem Essay „Zum Gedächtnis Eichendorffs" (1957) – meint diesen anti-subjektivistischen Grundzug, wenn er schreibt: Eichendorffs Lyrik wolle „etwas gutmachen von dem uralten Unrecht, Ich überhaupt zu sein". Sie erhöbe, indem sie sich preisgibt an „die Impulse der Sprache, stummen Einspruch gegen das dichterische Subjekt". Jedenfalls gewinnt sie ihre Unverwechselbarkeit gerade dadurch, daß sie auf Eigenheit nicht besteht.

Daß Eichendorff in Prosa und Lyrik Motive aus den alten Beständen der Volks- und Kunstpoesie ostinat wiederholt, weist in dieselbe Richtung. Es sind die gleichen Motive, denen wir bei Novalis, Tieck, Brentano und allen Romantik-Epigonen begegnen. Die Unverbrauchtheit und Frische, in der sie bei ihm erscheinen, ist das Merkmal eines gelungenen Wieder-holens. Als Artisten der Sprache hat man Eichendorff erst spät entdeckt; das Wort mag seine Sprach-Künstlerschaft beleuchten, trifft ihn aber nur halb. Weit besser charakterisiert es Heinrich Heine, den Antipoden, der die Verschlissenheit solcher Motive und Bilder in seinen Gedichten ironisch demonstrierte und dadurch erst originell wurde. Originalität setzt Subjektivismus voraus, sie ist keine ästhetische Kategorie für Eichendorffs Dichtung. Von Heine aber heißt es in der „Geschichte der neuern romantischen Poesie", er habe der Lyrik „das Teufelchen frivoler Ironie" angehängt, und jedes seiner schönen Lieder schließe „mit solchem Selbstmorde" (Bd. III, S. 44). Auch Ironie ist eine subjektivistische Haltung. Deshalb scheint es nur konsequent, wenn Eichendorff seiner Charakteristik des Dichters Heine eine Reflexion folgen läßt, die aufs bestimmteste ausspricht, was ihn von diesem trennt, und nicht nur von Heine:

„So gefährlich ist es, mit dem Heiligen zu spielen. Denn wer hochmütig oder schlau die ewigen Wahrheiten und Geheimnisse als beliebigen Dichtungsstoff zu überschauen vermeint, wer die Religion, die nicht dem Glauben, dem Verstande oder der Poesie allein, sondern allen dreien, dem ganzen Menschen angehört, bloß mit der Phantasie in ihren einzelnen Schönheiten willkürlich zusammenrafft, der wird zuletzt ebenso gern an den griechischen Olymp glauben als an das Christentum und eins mit dem andern verwechseln und versetzen, bis der ganze Himmel öde und leer wird. Wahrlich! die rechte Poesie liegt ebensosehr in der Gesinnung als in den lieblichen Talenten, die erst durch die Art ihres Gebrauches groß und bedeutend werden." (Bd. III, S. 44)

Eichendorff sieht die Kunst in die Verbindlichkeit des Sittlichen gestellt, und dessen Maßstab ist für ihn das Menschenbild des offenbarten christlichen Glaubens. Zum Autonomie-Anspruch der Ästhetik der Moderne führt hier kein Weg. Wie die Ausnahme einer Regel will es erscheinen, daß aus solcher Gesinnung wenigstens dieses eine Mal das Sprachereignis großer Poesie hervorgehen konnte – ein Glücksfall. Wir mögen uns weigern, die *Gesinnung* als Ursache solchen Gelingens anzusehen, aber sie ist hier von ihm nicht zu trennen. Mit einer Selbstverständlichkeit, die jedes Vorurteil entwaffnen muß, erneuert sich in Eichendorffs Lyrik eine alte Verbundenheit von Gedicht und Gebet. Nicht nur in seinen „Geistlichen Gedichten" – zu denen auch die unvergleichliche „Mondnacht" gehört –, sondern bis in die „Technik" seines Schreibens hinein. Sie zeigt sich zuletzt auch in der Art, wie er Motive der literarischen Tradition wieder-holt und sich zueignet, eben jene Motive, vor deren Verbrauchtsein Heine kapitulierte und zum Ironiker wurde. Wie Gebete als Formeln an sich noch gar nichts sind, so verbürgt das Repertoire der geläufigen Bilder noch längst keine Poesie. Wer aber den individuellen Ausdruckswert eines Nachsprechens von Vorgeformtem zuerst am Gebet erfahren hatte, konnte auch gegenüber dem Formel-Erbe der Literatur eine andere Haltung einnehmen. Hier wie dort handelt es sich nur um Hohlformen, die sich erst dann mit Frömmigkeit, Ich-Ausdruck, Leben füllen, wenn einer sich in sie schickt, sich in sie verliert und in ihnen sich findet. Er vermag sich dann zugleich als Individuum und als Typus zu erfahren und auszusprechen; er erlebt sich als der Einzelne, der er immer bleiben wird, und als Teil einer Gemeinschaft von seinesgleichen. Darauf beruht die mögliche Heilwirkung des Gebets. Es scheint, daß ähnliches auch in Eichendorffs Gedichten und Liedern geschieht, in seinen besten.

In diesem Sinne ist er ein Poeta religiosus. Als solchen erkennt man ihn in jedem Teil seines Gesamtwerkes, dessen kritischer Prüfung diese Werkausgabe dienen möge. An Eichendorffs politischem Konservativismus wird man sich kaum noch erbauen wollen. Aber es könnte sich bei der Lektüre der historischen und zeitpolemischen Schriften erweisen, daß der Erkenntniswert vergangener Vorurteile und Fehleinschätzungen gelegentlich größer ist als der Bestätigungswert des Bestätigten. Anders dürfte es sich verhalten mit Eichendorffs konservativem Ressentiment gegen den wissenschaftlich-technischen Fortschritt, seinem „Du schöne Welt, nimm dich in acht!" Fast ein Jahrhundert lang konnte man meinen, der Fortschritt selbst hätte es längst desavouiert. Eine neue Generation von Lesern wird zu einem anderen Urteil gelangen. Sie blickt auf die einst von Eichendorff besungenen, nunmehr sterbenden Wälder und auf vergiftete Meere, sie läßt sich die Ursachen eines Loches in der Ozonschicht der Atmosphäre erklären und sieht dieselbe Sonne, die am Ende von Eichendorffs Erzählungen so mutmachend aufzugehen pflegt, immer prächtiger untergehen, weil sich in abgasgesättigter Luft ihr Licht besonders malerisch bricht. Diese Generation ist soeben dabei, mit ihrer Zukunftsangst leben zu lernen. Sie müßte Eichendorffs Ressentiment verstehen und mit seinem Widerstand auf verlorenem Posten sympathisieren können. Man möchte ihr seinen Lebensmut wünschen.

ALPHABETISCHES VERZEICHNIS
DER WERKE
ZU BAND I–V

INHALT

STREITSCHRIFTEN

ANHANG